本书为国家社会科学基金教育学重点项目
"民办院校办学体制与发展政策研究"（AFA150012）研究成果

国家社会科学基金教育学重点课题研究成果

RESEARCH ON SCHOOL RUNNING SYSTEM
AND DEVELOPMENT POLICIES
FOR PRIVATE UNIVERSITIES

民办院校办学体制与
发展政策研究

徐绪卿 ◎ 著

中国社会科学出版社

图书在版编目(CIP)数据

民办院校办学体制与发展政策研究 / 徐绪卿著 . —北京：中国社会科学
出版社，2018. 8

ISBN 978-7-5203-3244-6

Ⅰ. ①民…　Ⅱ. ①徐…　Ⅲ. ①民办高校–办学组织形式–研究–中国
Ⅳ. ①G648.7

中国版本图书馆 CIP 数据核字(2018)第 224078 号

出 版 人	赵剑英
责任编辑	任　明
责任校对	季　静
责任印制	李寡寡

出　　版	中国社会科学出版社
社　　址	北京鼓楼西大街甲 158 号
邮　　编	100720
网　　址	http：//www. csspw. cn
发 行 部	010-84083685
门 市 部	010-84029450
经　　销	新华书店及其他书店

印刷装订	北京君升印刷有限公司
版　　次	2018 年 8 月第 1 版
印　　次	2018 年 8 月第 1 次印刷

开　　本	710×1000　1/16
印　　张	40.5
插　　页	2
字　　数	664 千字
定　　价	128.00 元

凡购买中国社会科学出版社图书，如有质量问题请与本社营销中心联系调换
电话：010-84083683

序①

潘懋元

一

徐绪卿教授的新著《民办院校办学体制与发展政策研究》，是一部专门研究我国民办院校办学体制与发展政策的鸿篇巨制，是系统地研究民办院校办学体制与发展政策的重要成果。

"高等教育体制是根据国体形式和社会发展需求确定的一种以高等教育的领导管理体制为核心制度体系，是由国家权力机关和领导结构制定的、相对稳定的高等教育体系结构模式，其功能划分为高教管理权限，规范人们高教活动范围、方式和行为，维护和促进高等教育事业的良性循环。"②

高等教育体制，包括办学体制、投资体制、管理体制、评价体制等。在这些体制领域中，办学体制是最基本的体制，是推动其他体制改革的关键。改革开放以后的一个时期，我国的高等教育改革主要是以管理体制改革作为主线来牵动的，曾先后进行了宏观管理体制、内部管理体制等改革。然而进展不快，关系不顺，推进难度大。事实说明，如果仅从领导与被领导、管理与被管理的关系层面开展高等教育体制改革是不够的。

为与市场经济相适应，高等教育体制改革的指向应该是办学体制改革。这种办学体制改革绝不仅仅是在不同业务部门、不同层次政府间的管理权的转换，更不单纯是为了解决办学经费不足，其主要作用是唤起全社会对高等教育的关注，动员社会各界参与高等教育办学，因而形成多样化的办学体制，广泛吸纳社会资源，最大可能地满足人民群众和经济社会发

---

① 徐绪卿撰著：《民办院校办学体制与发展政策研究》，中国社会科学出版社 2018 年版。

② 潘懋元：《高等教育学》，福建出版社 1995 年版，第 66 页。

展对高等教育的需求。正是由于开展和深化办学体制的改革，40年来，我国民办院校从无到有，从小到大，迄今为止学校数和在校生数在国家高等教育体系中已占有29%和23%的份额，民办院校已经迅速崛起成为我国高等教育的重要组成部分，为多渠道筹集高等教育经费，推进高等教育大众化，满足人民群众上大学的需求和社会主义现代化建设对人才的需求，激发我国高等教育发展活力做出了贡献。

民办院校的发展，需要多样化的办学体制。我国人口众多，举办世界最大规模的高等教育，需要大量的办学资金和运行经费。应该多渠道、多样化、多层面动员社会力量的参与和支持，为高等教育的质量提升和可持续发展提供充足的办学经费。同时，这种办学体制的改革也会在全社会起到辐射作用，从而为整个高等教育办学体制改革积累经验和提供借鉴，推动高等教育的健康发展，为实现科教兴国战略和建设社会主义现代化强国提供强大的人才支撑。

当然，高等教育办学体制的改革需要政府政策强有力的推进和保障。纵观世界各国私立高等教育发展的历史，可以发现，各国私立高等教育发展的繁荣和衰落与国家政策的认可程度和行政管理的措施是否得当是息息相关的，而且在发展过程中，几乎每个转折点都是以政策的颁布为标志的。世界银行1994年关于高等教育的报告指出，政府制定的优惠政策和管理框架是私立院校得以繁荣的重要保证。这一结论同样可以作为我国民办院校发展的指导。而由于我国民办院校发展的特殊需要，政策对于民办院校发展的影响更大。诚如本书作者所思考的，当前冲破传统政策樊篱，消除民办院校办学体制的政策障碍，适应新形势制定新政策，推动民办院校办学体制深化发展，仍然是各级政府和民办高等教育研究者共同面临的重要任务。

二

随着我国民办院校办学的兴起，相关研究也逐渐开展起来。尤其是一批办学经验丰富、成绩卓越的民办高校，从办学实践出发，总结经验，提升为民办（私立）办学体制理论。浙江树人大学徐绪卿校长撰写的专著《民办院校办学体制与发展政策研究》的出版，更加展现了我国民办院校研究的水平。专著以我国民办院校起步发展，发挥体制机制优势，在国家高等教育体制中迅速崛起为宏观背景，以我国民办院校办学体制发展中的政策问题为主线，深入思考我国民办院校办学体制可持续发展的重大课题。专著回顾了世界各国高等教育发展进程中办学体制改革和发展的历程，从大学的起源、大学办学体制演变和世界各国私立大学发展的历史逻辑中，阐明我国民办高等教育发展壮大的重要性、必然性，这种从源头研究民办院校办学体制发展演变的论述非常少见。不仅如此，作者还以我国蓬勃兴起的多样化的民办院校办学体制为脉络，以高等教育大众化不断深化和提升为依据，多角度分析了我国民办院校办学体制相关政策存在的问题和趋势，在此基础上，运用民办院校办学体制基本原理和要求，提出我国民办院校未来发展宏观政策设计和微观政策创新的工作思路和政策建议。

在本书中，作者在研究分析后提出了对民办院校办学体制的六个观点，值得重视。

第一，公私并行办学体制是高等教育办学体制改革的基本规律。本书系统回顾了中世纪以来大学办学体制改革进程，总结了私立大学发展的规律。指出公私并行办学体制是高等教育体制改革的基本规律。在公、私立大学的并行发展中，实际上营造了高等教育发展的生态环境，满足了社会多样化的求学需求，促进了高等教育质量的提高，从而使得民办（私立）院校的发展呈现新的价值。

第二，办学体制改革是高等教育发展的关键。办学体制改革是高等教育诸多体制改革的基础。本书对我国高等教育办学体制改革进程进行了梳理，用发展实践说明，没有办学体制改革的基础，教育体制改革就难以形成共识，改革就难以展开并取得成效。全国第三次教育工作会议确立"以政府办学为主体，公办学校和民办学校共同发展的格局"，并提出了一系列具体举措，从而大大推动了民办院校的发展。

第三，民办院校多样化办学体制格局基本形成。书中总结了当下我国民办院校办学体制主要的5种形态：一是个人举办，包括个人合伙举办；二是机构举办，包括企事业单位和社会组织机构举办；三是公私混合举办，具有国资成分参与；四是中外合作举办；五是多元举办。对办学体制类型的分析和划分，能够较为准确地判断我国民办院校发展的政策需求，同时为民办院校实施多样化的治理提供依据。

第四，管理改革成为民办院校发展的关键，管理政策成为民办院校发展的重要影响因素。作者认为，随着办学体制改革的深入，民办院校快速发展，管理问题凸显。传统的面向公办院校的管理不能适合民办院校，管理层与民办院校之间冲突不断，必须制定新的管理制度。而政策作为管理民办院校的主要载体和指导依据，成为民办院校办学体制深化改革、持续发展的关键因素，必须加强民办政策的研究。

第五，我国民办院校发展政策仍然存在亟须解决的问题。专著结合我国民办院校办学体制改革和发展的政策和实践，指出了我国民办院校发展政策中存在的六大问题：一是发展政策缺乏顶层设计，制度缺失严重；二是政策执行力缺乏，政策效率不高；三是产权政策难以操作，制约社会投入；四是扶持政策难以落实，政策导向不明；五是民办院校内部治理关系不顺，亟须政策规制；六是民办院校发展未能及时转型，亟待政策引领。这些问题成为民办院校发展的政策瓶颈。

第六，我国民办院校发展政策应该转型。根据高等教育发展的新任务和新使命，着眼于公、民办高等教育共同发展格局的形成和巩固，着眼于科教兴国战略的实施和高等教育办学体制改革的深化，我国民办院校的发展政策应该转型，从外延式发展走向内涵式建设，从鼓励量的扩张走向质的提高，从规范监管走向鼓励与支持。

以上关于我国民办院校办学体制与发展政策的六个结论，符合中国民办院校发展实际，体现了一定的创新性，为民办院校发展政策的制定、实施与完善提供了依据，为民办院校发展实践提供重要参考。

在本书中，作者并没有仅仅停留在问题的分析上，而是怀着高度的学术责任心，以问题为依据，运用研究成果，大胆提出我国民办院校办学体制深化改革相关政策的六大建议。限于篇幅，这些不再一一列出。

三

粗览洋洋 60 多万字的鸿篇巨制，笔者认为，本书具有以下三个方面的创新。

第一，全面性和系统性。表现在两个方面：一是本书以改革开放后我国高等教育大发展背景下民办院校的发展崛起为背景，全面系统地研究我国民办院校办学体制与发展政策问题；二是本书全面系统地研究世界高等教育办学体制发展及政策演变过程，发掘民办（私立）院校办学体制改革的基本规律，为我国民办院校办学体制改革的深化和政策制定提供重要的依据。

第二，逻辑性和科学性。本书运用高等教育发展最新理论，分析和把握民办院校办学体制改革的重要性和必然性。通过中外比较，立足国情、放眼世界、关照历史、注重现实，从理论和实践两个层面研究和总结我国民办院校发展和改革的经验，揭示世界私立院校发展的共同规律和一般趋势，进而阐明我国民办院校办学体制改革的必然性，探讨规律性，服务于我国民办院校的发展。

第三，实践性和应用性。本书从理论研究分析出发，而重点放在实践性和应用性。本书的写作恰逢我国《民办教育促进法》修法、对民办院校实施分类管理之际，各个层面需要提出实施细则之时，作者抓住了机遇。据了解，专著中多项成果已经应用于政策制定，获得肯定，体现了较好的应用价值和实践价值。

总之，本书将理论研究与实际应用密切结合，具有一定的理论水平和较强的现实指导意义，所提出的政策建议具有针对性、时效性和应用性。部分内容已经为国家和省级有关单位采纳，在服务国家民办教育"新政"的贯彻落实方面发挥了积极作用。

这部专著，是徐绪卿教授主持的国家社会科学基金教育学重点项目的主要成果。应作者之邀，我作为专家组组长主持了项目研究的成果报告会，有机会听取作者对成果的全面介绍，对成果内容有一个比较全面的了解和接触。

课题研究团队实力雄厚。浙江树人大学的民办高等教育研究院是我国民办高等教育研究的专门机构。团队还邀请和吸收了国内多所高校和教育研究机构的学者参与，提高了课题研究的能力，确保了课题研究成果的较高水平。

课题组开展了广泛的调查研究。先后组织6批近40人次，对15个省份以及浙江省内各地市和60多所民办院校开展了调研工作；召开了各类会议14次，参加会议的近400人；问卷发放2000余人；利用各种场合深度访谈50余人，来访会谈100余人，专题采访210余人次，获得了大量的第一手资料，为研究奠定了厚实的基础。

课题研究成果丰硕。课题组成员已发表论文22篇，其中教育研究等C刊论文14篇，被新华文摘和人大书报复印资料全文转载5篇；完成调研报告9篇，3篇被相关部门领导批示采用；提供决策部门的建议文本5篇；课题组成员参加《民办教育促进法》修法讨论和《民办教育促进法

实施条例》修改讨论 30 余次，许多成员直接承担或参与了地方贯彻落实
《民办教育促进法》新政的制定，研究成果得到直接引用，扩大了课题研
究的效益和效率。

　　我与徐绪卿教授认识已经 20 年。他具有多年的民办院校领导实践，
加上本人的兴趣和努力，成为一个丰产而有影响的民办高等教育研究著名
学者，近几年来出版的专著就有 140 余万字。他用自己研究成果和实践经
验，为我国民办高等教育的发展出谋划策，值得点赞。

潘懋元

2018 年 6 月 23 日

目　　录

第一章 概论

改革开放以来，我国教育体制改革取得了快速的进展。1985 年颁布的《中共中央关于教育体制改革的决定》，开启了教育体制改革的序幕。在这以后，中共中央和国务院下发了《关于深化教育改革 全面推进素质教育的决定》（1999）和《国家中长期教育改革和发展规划纲要（2010—2020 年）》（2010）、中共中央办公厅、国务院办公厅印发《关于深化教育体制机制改革的意见》（2017）等一系列文件，引导国家教育体制改革不断深化。

办学体制改革是国家教育体制改革的基础和重要组成部分。通过 30 多年的努力，我国已经基本形成"以政府办学为主体，公办学校和民办学校共同发展的格局"①。民办教育的快速崛起和发展，分担了国家教育改革和发展的重任。民办院校学校数和在校生数在全国普通高校中的占比已经分别达到 1/3 和 1/4，在高等教育大众化、多样化和选择性发展中勇立潮头，担当重任。但是，面临新的形势，对照新的发展目标和未来使命，我国民办院校的办学体制改革还存在许多矛盾、问题和挑战，还需要政府政策的支持、引导和规范，还亟须政府政策的完善和优化。民办院校的办学体制与发展政策，已经成为我国高等教育新一轮改革和发展中的重大课题。

第一节 问题的提出和立项的背景

任何事物的发生与发展，都有其特殊的原因和背景。对于民办院校办学体制与相关政策的研究，本身也是在特殊的历史背景和条件下展开的。

---

① 中共中央、国务院：《关于深化教育体制改革 全面推进素质教育的决定》，见中华人民共和国教育部编《深化教育改革，全面推进素质教育》，高等教育出版社 1999 年版，第 7 页。

参照潘懋元先生的观点，中国的民办高校，就办学体制来说，等同于国外的私立大学①。周远清曾指出："我认为，民办大学跟国外的私立大学在本质上是一致的，之所以称民办大学，是因为能比较确切地反映出现在的多种形式办学。②"

世界各国特别是欧美等高等教育先发国家，最早的大学都是由民间举办的。欧洲中世纪大学，大多是由教会举办或私法人举办。按照当今学术界的划分标准，毫无疑问都是私立（民办）的。17 世纪后期，欧洲各国结束了城邦混战的局面，国家主义、民族主义开始逐渐盛行，政府才逐步介入大学的举办和管理。研究认为，欧洲最早的公立大学，应属德国的哈勒大学和哥廷根大学，它们分别创建于 1694 年和 1737 年，而这距最早的中世纪大学创建已有数百年的时间。美国的哈佛大学创建于 1636 年，比美国建国足足早了 140 年，所谓"先有哈佛、后有美利坚"。美国常青藤大学联盟成员绝大多数是建国以前的大学且是私立的。从公立大学举办开始，大学的办学体制开始有了质的变化。而后，根据工业革命的发展和人才的大量需求，西方国家开始陆续建立了以公立教育为主要形式的高等教育体系乃至整个高等教育体系，有的甚至实施了大学国有化（如法国等）。而在高等教育后发国家，尽管私立高等教育与公立高等教育并行起步，但是由于国家掌握着大学的开办审批权等办学所需要的重要资源，因此国立或公立大学始终占据国家高等教育体系的核心地位，甚至垄断了高等院校的办学权，即只有政府才能举办大学，财政经费成为大学唯一的经费来源。政府的介入为大学提供了稀缺的经费和资源，也提升了大学的社会地位和作用，促进了大学的发展。

近半个世纪来，随着国家经济和社会的发展，大学逐渐走入社会发展的中心，日益成为国家经济和社会发展的利器。随着大学需求的无限扩大和办学资金的巨额缺口，由国家单一举办大学的体制遭遇越来越多的困难。长期以来办学的垄断性也在某种程度上阻碍了大学的改革，降低了大学的效率，引发社会质疑和问责。打破原有办学体制，激发民间办学积极性，积极发展私立大学，扩大高等教育的数量和品种，增强高等教育的发展活力，推进高等教育体制改革，提高高等教育发展效率，服务国家和地

---

① 潘懋元：《关于民办高等教育体制的探讨》，《上海高教研究》1988 年第 3 期。

② 周远清：《我国高等教育改革与发展的回顾与展望》，《高等教育研究》2001 年第 1 期。

区经济和社会发展的需求，已经成为世界高等教育发展的重要趋势。按照美国高等教育研究专家的观点，私立高等教育的发展，已经成为席卷全球的革命①。

表 1-1　　　　　　　**1950—1990 年部分国家公立与私立高等教育**

机构贡献率变化情况　　　　　　　单位:%

国家	1950—1955 年		1980—1990 年	
	公立	私立	公立	私立
美国	50. 30	49. 70	75. 30	24. 70
哥伦比亚	66. 40	33. 60	39. 60	60. 40
韩国	44. 80	55. 20	23. 10	76. 90
日本	43. 00	57. 00	18. 70	81. 30
西班牙	—	—	97. 00	3. 00
印度	—	—	43. 00	57. 00
孟加拉	—	—	42. 00	58. 00
缅甸	—	—	42. 00	58. 00
印度尼西亚	—	—	33. 30	66. 70
菲律宾	—	—	15. 30	84. 70

资料来源：高燕：《不同类型高等教育机构对毛入学率的贡献率研究》，博士学位论文，厦门大学，2012 年。

表 1-2　　　　　　　**部分国家和地区公、私立高等学校比例**

国家	年份	全国高校数（所）	私立高校数（所）	私立高校占全国高校百分比（%）	全国高校在校生数（万人）	私立高校在校生数（万人）	私立高校在校生占全国高校在校生百分比（%）
巴西	1998	973	764	78. 5	212. 59	132. 11	62. 1
智利	1994	270	245	90. 74	32. 71	17. 55	53. 65
俄罗斯	2002	1039	384	37	718. 8	195. 93	27. 26
泰国	1998	65	41	63. 08	42. 2211	19. 5562	46. 32
韩国	1998	1013	819	80. 8	260. 5732	203. 9264	78. 2
日本	2002	1227	987	80. 44	305. 3118	229. 0292	75. 01

---

① 菲利普·阿尔特巴赫：《私立高等教育　全球革命》，胡建伟等译，徐绪卿等校，中国社会科学出版社 2014 年版，第 1 页。

国家	年份	全国高校数（所）	私立高校数（所）	私立高校占全国高校百分比（%）	全国高校在校生数（万人）	私立高校在校生数（万人）	私立高校在校生占全国高校在校生百分比（%）
马来西亚	2002	728	712	97.8	57.6689（2001）	28（2001）	48.5
菲律宾	1995	1185	950	80.2	170（入学新生数）	130（入学新生数）	78
印度尼西亚	2000	1932	1808	93.58	62.8268	44.6324	71.04
中国台湾	2001	154	101	65.58	90.6443	58.8129	64.88

资料来源：潘懋元、林莉：《2020 中国民办高等教育的前瞻》，《浙江树人大学学报》2005年第3期。

中国民办院校正是在这样的背景下起步发展的。

中国是高等教育的后发国家，历史上公立大学和私立大学同时起步。清朝末年有了现代大学发展的萌芽，国人和教会尝试在中国举办现代高等教育。1912 年民国政府颁发了《大学令》，1913 年 1 月又颁布了《私立大学规程》，允许私人或私法人举办私立大学，同时也给予明确的规制。在现代大学产生后的一段时间里，私立大学与国立、公立大学一道共同发展，互相促进，承担着国家高层次人才培养的重任，有的私立大学甚至成为国家名牌大学。1949 年以后，国家的政治和经济体制发生了根本的变化。私立大学因各种原因一度消失于高等教育舞台。大学统一由国家举办，经费全部由财政提供，办学由政府直接管理。公办院校成为国家高等教育的唯一品种，国家财政成为大学经费的唯一来源。这种体制有其特殊的产生条件和形成背景。但是长期单一的办学体制，政府的财政难以支撑巨额的办学经费开支，新大学的兴办和大学规模的扩大受到严重制约，日益增长的人民群众接受高等教育的需求和社会发展对人才的需求难以得到满足；大学之间难以形成竞争态势，大学的活力和发展动力得不到激活；难以提高人才培养质量和凸显办学特色，制约办学效率和质量的提高。从1949 年到 1979 年，我国高等院校长期徘徊在 500 所以内，偌大一个人口大国，高等教育在校生不足百万人。大学在有限财政资金供养下缓慢发展，以至于在世界许多国家已经进入高等教育大众化或普及化的时候，中国高等教育的毛入学率仍然只有 1% 左右，一度成为世界高等教育发展最落后的国家之一。

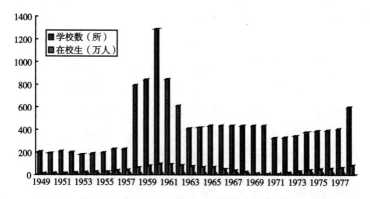

图 1-1 1949—1978 年中国大学数量和大学在校生示意

资料来源：本书数据和相关示意图除注明外，均为本人根据相关资料

整理，文责自负，不再一一标注。

1978 年，国家开启了改革开放的伟大进程，教育也逐渐成为国家改革开放的重点领域。1985 年 5 月 27 日，《中共中央关于教育体制改革的决定》颁布，由此开启了教育体制改革的大幕。针对当时教育"最大的弊端，乃是在于长期计划经济体制下所形成的僵化模式。一个拥有几十个民族、十多亿人口的大国，各地情况迥异，基础各不相同，发展很不平衡，但统统实行同一种办学模式：清一色的全日制，正规化，统一招生，统一考试，统一教材，统一标准，统一学制……大学无论是部办、省办、国办，一概统招统分统配，其结果是，学校吃政府的大锅饭，学生吃学校的大锅饭，学生只要考进大学，就像进了保险箱。在教育结构上，高等教育，基础教育，职业教育，设置比例严重不合理；片面强调高等教育，轻视基础教育，职业技术教育十分薄弱"① 的实际情况，《中共中央关于教育体制改革的决定》要求推进"地方负责、分级管理"的九年制义务教育；调整中等教育结构，大力发展职业技术教育；改革高等学校的招生分配制度。这些举措，极大地解放了人们的思想，启发着全民关心教育、支持教育、办好教育的积极性和创造性。《中共中央关于教育体制改革的决定》还提出了高等教育改革的目标，改变政府对高等学校统得过多的管理体制。在国家统一的教育方针和计划的指导下，扩大高等学校的办学自主权，加强高等学校同生产、科研和社会其他各方面的联系，增强高等院

① 胡启立：《〈中共中央关于教育体制改革的决定〉出台前后》，中国共产党新闻网，ht-tp：//cpc. people. com. cn/GB/68742/73841/73842/8714160. html。

校主动适应经济和社会发展需要的积极性和能力。

　　如果说,《中共中央关于教育体制改革的决定》还只是扯开长期以来教育战线僵化封闭的王国裂裳、开启教育领域改革开放伟大进程的话,那么,1999 年 6 月中共中央国务院下发的《关于深化教育改革　全面推进素质教育的决定》,则是发出了全面快速迈开高等教育体制改革实质性步伐的动员令。

　　办学体制是高等教育改革的重要组成部分,在整个高等教育体制改革中具有基础性的意义。单一的办学体制,难以满足高等教育规模扩张、品种增加和品质提高的需求,制约高等教育的发展。随着改革的深入,社会各界越来越认识到:私立高等教育进一步发展的趋势与当前国家"稳步发展高等教育"的政策不存在相互对立的问题。理由在于:其一,私立高等教育大发展不能等同于乱发展;其二,政府经费紧张与高等教育日益大众化是一对难解的矛盾,当这一对矛盾越来越尖锐的时候,私立高等教育必然崛起并获得发展,从某种意义上来说,此乃整个国家高等教育稳步发展的必要条件;其三,"趋势"是事物发展的动向之谓,而"政策"则是一定历史时期的路线性行动准则之谓。可见,"稳步发展高等教育"政策在未来不可能一成不变,它必将在私立高等教育发展趋势的推动下,进行调整甚至变更。① 正是基于对发展民办院校的共识初步形成,国家才下决心把办学体制改革置于教育体制改革的首位。《关于深化教育改革,全面推进素质教育的决定》提出,要"进一步解放思想、转变观念,积极鼓励和支持社会力量以多种形式办学,满足人民群众日益增长的教育需求,形成以政府办学为主体、公办学校和民办学校共同发展的格局。凡符合国家有关法律法规的办学形式,均可大胆试验。在发展民办教育方面迈出更大的步伐。鼓励社会力量以各种方式举办高中阶段和高等职业教育。经国家教育行政主管部门批准,可以举办民办普通高等学校②"。由此正式吹响了深化办学体制改革、积极发展民办高等教育的进军号。

　　正是这种明确的、坚定的改革决心和态度,鼓舞和激励民间办学的快速兴起,办学体制改革取得较快的进展。以民办院校为例,据教育部统

---

① 李泽:《论我国私立高等教育必将进一步发展》,《辽宁高等教育研究》1998 年第 4 期。

② 中共中央国务院:《关于深化教育体制改革　全面推进素质教育的决定》,见中华人民共和国教育部《深化教育改革,全面推进素质教育》,高等教育出版社 1999 年版,第 7 页。

计，截至 2016 年，在全国 2596 所普通高等院校中，民办院校为 741 所，占比为 28.54%；在 2695.8 万全国普通高等院校在校生中，民办院校在校生 616.2 万人，占比为 22.9%（数据包括独立学院）（见图 1-2）。民办院校还在自学考试助考和职业技能培训等非普通学历教育方面占据重大比例，成为国家高等教育体系中不可或缺的重要组成部分。

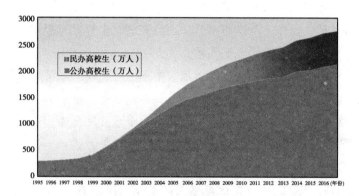

图 1-2 民办院校与公办院校在校生相比示意

中国教育科学研究院蒋国华研究员在《中国民办大学报告 2009》一书中，曾经通过详细数据分析，得出"中国民办大学也是改革开放事业的重要贡献者"[①] 的结论。无锡太湖学院阙明坤博士在本课题调研中，对江苏民办高等教育的贡献做了详细的阐述：

"经过 20 多年的发展，江苏民办高等教育由小到大，由弱到强，取得了显著的成就，为江苏省教育事业和经济发展做出了重要贡献。

一是对我省高等教育大众化作出的贡献。民办高校扩大了高等教育资源，增加了高等教育入学机会，已经成为我省高等教育体系中不可或缺的组成部分，为实现高等教育大众化、探索中国特色高等教育发展道路做出了积极贡献。2014 年，江苏高等教育毛入学率超过 50%，其中 1/4 的贡献是民办高校做出的。

二是对我省高等教育优化布局做出的贡献。作为在社会主义市场经济体系下，顺应人民群众接受高等教育的需求，由公办高校和社会力量共同举办的一类新型的高等学校，民办高校在办学之初即具有较强的市场意

[①] 北京吉利大学：《中国民办大学报告》，红旗出版社 2009 年版，第 24 页。

识、效率效益意识和经营观念，在自觉主动服务经济发展战略、优化区域高等教育布局等方面发挥了积极作用。

三是对应用型人才培养做出的贡献。培养与区域经济社会发展需求相适应、与产业发展相对接的应用型人才，是当前'办好人民满意的教育'亟须解决的重大问题。一些民办高校明确服务区域经济社会和产业发展的办学方向和定位，在人才培养方面，注重提高学生的专业水平和实践操作能力，通过校企合作、产学研结合、理论实践结合等教育模式，积极为区域和产业发展培养技术技能型人才。

四是对中小企业发展做出的贡献。中小企业是我国经济增长的重要推动力量，在促进科技成果转化和产业化、以创新带动就业等方面发挥着重要作用。许多民办高校在办学中主动与中小企业开展合作，依据中小企业的用人需求，确定培养方向、改革教学内容和教学方式，为中小企业不断发展壮大培养了大量的应用型、技术技能型人才。

五是对建立现代产业新体系做出的贡献。民办高校体制机制灵活高效，与行业企业联系紧密，在促进教育与产业、学校与企业深度合作方面具有独特的优势。许多民办高校形成了校企共同规划、共同治理、共同培养、共同教学的办学体制机制，培养了大量产业发展所需的应用型、技术技能型人才，为促进我省传统制造业向现代制造业转变、传统服务业向现代服务业转变做出了积极贡献。"①

当下我国民办院校发展已经进入一个新的阶段。规模基本稳定，条件逐步改善，质量和水平正在提高。但是本着实事求是的观点，我们不难看到，按照国家改革开放的目标和要求，按照形成和巩固"政府办学为主体，公办学校与民办学校共同发展的格局"的要求，按照不断增长的人民群众对高等教育优质化、特色化和个性化的需求，我国办学体制改革还面临着相当艰巨的任务。一方面，已有民办院校办学面临新的困难和问题，投入难以持续，质量提高缓慢，品牌难以创建；另一方面，新的体制尚不巩固，局部地区甚至出现国进民退、助公压民的现象。究其原因，民办院校的发展政策滞后是重要的因素之一。

我国民办院校是在公办院校独占天下的夹缝中发展成长的，是在社会

---

① 见本课题研究报告之二《江苏民办高校营利性与非营利性分类管理与扶持政策研究》，第7页。

资金集聚度不高、民间办学资金不富裕而国家办学能力不能满足需求、民间接受高等教育热情高涨的巨大社会需求驱动下起步的，民办院校承载了太多的责任和担当；与此同时，民办院校刚刚起步之时，就遭遇了高等教育大众化、普及化、多样化快速发展推动的高等教育资源迅猛增加而多年计划生育政策带来的少子化导致生源快速萎缩的影响。在高等教育大众化强劲推动下，短短几年时间，高等教育市场迅即从卖方市场转入买方市场，高等教育发展开始转型，考生接受高等教育逐步走上从"能上大学"向"上好大学"的选择性发展，优质化、特色化和多样化高等教育成为考生的首选。先天积淀不足、后天营养欠缺，发展与挑战并重、成长与危机相伴，民办院校发展脆弱，继续发展面临很多的困难和矛盾。学界研究表明，要解决制约民办院校发展的困难和问题，仅仅依靠民办院校自身的努力是远远不够的。如果不从根本上解决困扰和影响民办高等教育持续发展的政策障碍，我国民办院校的办学体制就难以确立和巩固，民办高等教育的可持续发展就无从谈起。

饶爱京曾经撰文指出："纵观世界各国私立教育发展的历史，各国私立高等教育发展的繁荣和衰败与国家政策的认可程度和行政管理严格程度是息息相关的，而且在发展过程中，几乎每个转折点都是以政策的颁布为标志的。世界银行1994年关于高等教育的报告指出，政府制定的优惠政策和管理框架是私立院校得以繁荣的重要保证。从中国当代民办高等教育发展史来看，政策对民办高等教育发展的作用很大，可以说是关系到民办高等教育的生死存亡。20世纪50年代我国私立大学的完全消失到20世纪80年代民办高等教育的恢复发展无不是政策作用的结果。"① 这一分析是十分有见地的，也适合20世纪80年代以后我国民办院校的发展状况。分析我国民办院校的发展进程，可以说，民办院校的每一次大发展都离不开政策的认可、鼓励和支持。"作为与中国长期以来的经济体制和思想观念格格不入的民办高等教育在赞成与反对、鼓励与控制、欣赏与疑虑等多种认识和看法的交战中艰难地成长。在不同的发展期，民办高等教育的发展面临着不同的焦点问题，比如，可不可以发展的问题；政府支持、促进还是'严格控制'的问题；如何定位的问题；招生管理和文凭发放的问

---

① 饶爱京：《民办高等教育政策及其对民办高等教育发展的影响》，《黑龙江高教研究》2006年第10期。

题等等，对待这些问题的态度和问题的解决措施都要在国家的政策法规中体现出来。事实证明，每一次重大政策的出台，都会影响到民办高等教育发展，并可能会产生完全不同的后果，有些政策会促进民办高等教育的发展，也有些政策会阻碍民办高等教育的发展。"① 因此，"从某种意义上可以说，改革开放这几十年来我国对民办高等教育进行规范的民办教育政策，既是一部政策发展史，又是民办高等教育发展的缩影。它不但体现了民办高等教育的时代特征，代表了民办高等教育发展的时代走向，而且成为民办高等教育健康发展的有力保障。民办高等教育政策作为教育政策的一部分，它是民办高等教育理论研究与实践活动的桥梁和中介，引导和规范着理论研究和实践活动。具体来看：引导和规范着学界如何开展理论研究；引导和规制着民办高校如何开展教育活动；引导和规范着民办高等教育工作者如何具体实施教育实践；引导和规范着民办高等教育机构培养出什么样的学生。因此，民办高等教育政策研究应成为民办高等教育研究工作的重中之重"②。

以上分析告诉我们，深化民办院校的办学体制与发展政策研究意义重大。冲破传统政策樊篱，消除民办院校办学体制的政策障碍，适应新形势制定新政策，推动民办院校办学体制深化发展，是各级政府和民办高等教育研究者共同面临的重要任务。

第二节　主要概念界定

"给概念下定义是非常困难的事情，因为认识水平、看问题的角度、研究方法以及事物发展的实际等的不同，也就可能存在着多种定义。"③ 而准确清晰地定义每一个概念是开展科学研究的首要条件。概念不清晰就难以把研究的现象与其他现象相区别，当然也就难以把握事物的本质。与传统和长期实行的公办院校办学体制不同，民办院校

① 饶爱京：《民办高等教育政策及其对民办高等教育发展的影响》，《黑龙江高教研究》2006 年第 10 期。
② 罗腊梅：《民办高等教育政策变迁研究》，博士学位论文，西南大学，2016 年。
③ 柯佑祥：《适度盈利与民办高等教育的发展》，南京师范大学出版社 2003 年版，第 14 页。

的办学体制是一种崭新的举办体制，这种办学体制与我国以往的办学体制不一样，她的基本要求就是：经费主要依靠学校举办者（组织）筹集，日常运行由举办者或者其受托者负责。由于维系民办院校建设和运行的经费来源不同，为切实保护举办者、办学者和师生员工各方利益，其发展的政策也有很大的不同，由此涉及一整套与公办院校完全不同的概念。

一　民办院校

民办院校，亦称民办高校、民办大学、民办高等学校、民办高等院校（有时甚至与民办高等教育混用），类似于国外的私立大学。私立大学与国立（公立）大学，是办学体制不相同的大学类别。划分国立（公立）、私立大学的界限，比较一致的是建校和办学经费的来源。主要由政府（国家或地方）财政下拨经费举办的是国立（公立）大学，主要由个人（合伙人）或非政府组织筹集经费举办的是私立大学。当下两类大学的划分发生了一些矛盾和困难。"就世界范围来看，公立院校与民办院校的划分越来越受到挑战。最初西方学者是根据学校所有权来划分学校类别的。公办学校归国家或政府部门所有，私立学校归非政府组织所有。比如美国很多由教会创办的大学，学校不仅由教会严格控制，而且归教会所有。随着大学的更加开放，大学很难由某个组织所控制。高等教育更多体现的是一种公益事业，人们开始根据资金的来源划分学校的性质，由政府投资的学校被称为国立和公立学校，由民间投资的学校则为私立的。如美国有完全依靠州政府举办和支持的州立大学，也有财团法人创办的私立院校。但是，政府无条件的财政资助导致了公办院校办学的低效，为提高财政支出的效益，越来越多的国家把财政拨款作为一种控制和激励学校的杠杆，这样'公立'、'私立'的名称对于政府拨款大学来说已经不像过去对于高等学校那样具有重要意义。"[①] 美国丹尼尔·列维教授也曾经指出这种划分的模糊性，他说："尽管不同的研究者，根据不同的标准对'公'和'私'进行着划分，但是标准本身通常是不确定的，含糊的，即使标准是明确的，清晰的，它们也是在不断变化的。被某一研究者定义为'私立'的，却可能被其他研

---

① 刘莉莉：《中国民办高等教育发展的研究》，吉林人民出版社 2002 年版，第 3 页。

究定义为'公立'的。正是这样，美国的一些'私立高等教育机构'自我重新命名为'独立机构'。"①

　　在我国，关于民办（高等）院校或民办（高等）教育的概念也是众说纷纭。我国著名高等教育研究前辈潘懋元先生认为，"民办学校，实质上相当于私立学校。它不同于公办学校的基本点有二：（1）它是由公民私人或私法人所设立的。（2）由设立者筹集学校资金，而不是依靠政府的拨款。……后者才是私立学校的本质特征"②。这一观点影响深远。《浙江树人大学学报》曾根据这一思想，将"民办高校"翻译成"Private U-niversity"（与国外私立大学相同）；而将"民办高等教育"翻译成"Non-governmental Higher Education"，直译为"非政府高等教育"。华中科技大学柯佑祥教授认为"民办高等教育是指建立在基础教育之上，由民间力量实施、培养专门人才的有目的的社会实践活动。民办高等学校则是办学经费主要来源于私人和民间法人，并由私人或民间法人管理和经营、实施高等教育的机构。包括各种独立的私立大学、私立专修学院、私立职业技术学院、私立函授学院、民办二级学院、中外合作办学创办的高等教育机构等。"③华东师范大学刘莉莉博士提出："民办高校区别于公办（普通）高校主要有以下三点：第一，由国家和地区行政机构以外的非政府组织举办或经营；第二，不接受政府统一的财政拨款，而是依靠自筹资金维持学校的存在和发展；第三，学校实施自主投资、自负盈亏的运行机制。"④北京大学教育学院鲍威教授根据费杰保姆（Feigenbaum）、海宁（Hening）、哈姆内特（Hamnet）等针对公私部门的区分界定，提出了新的分析框架⑤（见表1-3）。

　　① Daniel c. levy, *Private Education Studies in Choice and Public Policy.* Printed in the United States, pp. 170-171.

　　② 潘懋元：《关于民办高等教育体制的探讨》，《上海高教研究》1988年第3期。

　　③ 柯佑祥：《适度盈利与民办高等教育的发展》，南京师范大学出版社2003年版，第16页。

　　④ 刘莉莉：《中国民办高等教育发展的研究》，吉林人民出版社2002年版，第4页。

　　⑤ 鲍威：《高等教育系统分化中的民办高等教育》，中国海洋大学出版社2009年版，第8页。

表 1-3　　　　　　　　　教育部公、私部门划分的概念框架

区分维度	公立部门		么立部门	局部私立化的实例
财政	主要经济来源＝公共资金	↔	主要经济来源＝个人负担	成本分担制度的引入
服务供给主体	政府	↔	个人/民间组织	服务提供的外部化
责任所在	政府责任	↔	自我责任	规制 缓和/政府责任的民间转移
决策机制	政治型	↔	市场型、经营型	家长或学生参与高校决策

如此分类还有多种。

本研究认为，民办院校的"办"至少有两层含义：一是举办，即由社会（民间）非政府的法人组织或私法人出资创建；二是办学（运行），即由非政府组织来经营学校，主持学校的日常运营。随着办学体制改革的不断深入，许多国家已经将学校的经营（日常运作）主体作为公、私立院校的划分界限。

从内涵上分析，民办院校有广义与狭义之分。广义的民办院校，指经费主要来自非政府财政的从事高中后教育的机构，包括民办全日制普通院校、公办院校附设的民办独立学院、高等教育自学考试助考机构、高等教育学历文凭教育机构、高中后各种技能（证书）培训机构、中外合作办学高等教育机构等。经费来源的非财政性和教育层次在高中后是广义民办院校的两个必备特征。狭义的民办院校，按照 1993 年 8 月 17 日国家教育委员会印发的《民办高等学校设置暂行规定》（教计〔1993〕129 号）的约定，"系指除国家机关和国有企事业组织以外的各种社会组织以及公民个人，自筹资金，依照本规定设立的实施高等教育学历教育的教育机构"。这里的关键词是办学主体的"除国家机关和国有企事业单位以外"、经费来源的"自筹"和办学内容的"实施高等教育学历教育"。那些不开展普通高等教育、不具有独立颁发大专及以上学历文凭资格的院校不包括在内。应该说，这一定义是明晰的。2002 年 12 月 28 日九届全国人大常委会第 31 次会议审议通过的《民办教育促进法》，对民办学校作了新的规定，"国家机构以外的社会组织或者个人，利用非国家财政性经费，面向社会举办学校及其他教育机构的活动，适用本法"。这个定义与《民办高等学校设置暂行规定》中的定义是有区别的。首先，从办学主体而言，前者不包括政府机关和国有企事业单位，后者仅剔除国家机构。按照中华人民共和国中央人民政府网的解释，中华人民共和国的国家机构包括：全国人民代表大会；中华人民共和国主席；中华人民共和国国务院；中华人民共和国中央军事委员会；地方各级人民代表大会和地方各级人民政府；民族自治地方的自治机关；人民法院和人民检察院。① 可以看出办学主体的范围明显扩大，实际上已经蕴含了对大量国有（公有）机构举办民办院校的许可。从这一点上说，经费性质混合型的民办院校始终是合法的。换句话说，从法律上看，国有（公有）经费投入民办院校的合法性和可能性是客观存在的。其次，从办学经费来源看，前者必须是自筹经费，后者则明确"非国家财政性经费"，显然后者经费来源的"度"也要广得多。国有经费不仅仅只是指国家财政性经费，还有大量经营性财政经费，这就排除了公有经费进入民办院校的障碍，个中蕴含着对举办经费的鼓励和支持力度更大。

陈涛、邬大光认为："二战以后，世界各国高等教育的举办主体发生变化，泾渭分明的公私界限逐渐模糊，高等教育办学体制从'国家举办'到'公私并举'，高等教育管理体制从'高度集中'到'权力下放'，高等教育投资体制从'政府拨款'到'多元筹资'。传统意义上的公立、私立高校的分类遇到了困境，判别维度不断升级，区别标准更加复杂化，对各国高等教育制定新的管理政策提出了挑战。"② 实践证明，从发展的趋势来看，简单地用是否"利用非国家财政性经费"的标准来界定"民办院校"，越来越显示出偏颇和缺陷。尤其是进入 20 世纪后期以来，许多国家为体现教育公平，落实公共财政政策，加大高等教育改革的力度，对私立大学采取了不同程度的经费补助，有的甚至补助额度不少。在欧洲一些国家，私立大学甚至与公立大学享受等额的财政经费补助或者享受同等的补助政策。英国甚至"公""私"不分，连基建费用都给予补贴，"公立大学要花私人的钱，私立大学也在花公家的钱"③。利用自身的职能，发挥体制的优势，争取包括政府财政经费在内的各种经费支持，已经成为当下私立院校增强核心竞争力的重要路径。因此，正如美国高等教育研究

---

① 中国政府网 http://www.gov.cn/gjjg/2005-08/28/content_27083.htm。
② 陈涛、邬大光：《高等教育公私并举与分类管理走势分析》，《教育研究》2017 年第 7 期。
③ 邬大光：《大学姓"公"还姓"私"》，《中国教育报》2010 年 7 月 12 日，第 5 版。

专家所说："今天如果仅仅从经费来源来划分学校的性质，恐怕是比较难的一件事情。"① 随着政府财政经费的增加和公共财政对民办教育扶持政策的实施，民办（私立）院校也在为社会服务中取得政府的财政性经费支持，经费来源中财政性经费比重会逐渐提高。"在世界上绝大部分国家，公立学校和私立学校之'公'与'私'都不是绝对的，公立学校很可能从政府之外收取学费或接受政府资助，许多国家的私立学校也接受政府提供的公共经费资助。在一些国家（如荷兰），私立学校不仅可以获得与公立学校同等的财政资助，甚至也同样是由政府出资建立的，只不过拥有更大的管理自主权而已。"② 本人多次访问过的日本京都府福知山市的京都创成大学，甚至由政府负责出资建设后，交给民间财团法人负责经营，也被列入私立大学序列。"OECD 等国际组织对各国公、私立教育进行统计时，有时会将教育机构分为三类：公立学校、依赖政府的私立学校和独立的私立学校。其中依赖于政府的私立学校在很大程度上是由公共财政提供资助，只是在管理上有更大的自主权。"③ 在世界上许多国家，即使一些营利性大学，也可以通过购买委托服务的形式取得政府财政性经费。因此，仅仅以经费来源作为界定民办院校的标准，或者说民办院校不能有政府财政性经费的观点，已经不足以反映民办院校的举办特征。学者方铭林甚至建议："为了与国际惯例接轨，更重要的是为我国民办高等教育的快速发展提供宽松的制度创新空间，未来政策选择的制度设计首先是要拓宽民办高等教育的内涵，'将国家机构以外的举办主体和非国家财政性经费来源'的标准拓展为'凡是由非政府或非公共机构直接管理的高校或其他高等教育机构，都属于民办高校'。即民办高等教育的界定，不以办学主体和所有权为界定标准，而以管理权为主；所有权和经营权分离，以经营权为主。"④ 文东茅教授也曾提出修改"民办教育"定义，主要从"管理"而不是从"经费"或"经费及管理"来定义民办教育，与

---

① ［美］菲力普·G. 阿特巴赫：《高等教育变革的国际趋势》，蒋凯主译，北京大学出版社 2009 年版，第 66 页。

② 洪成文：《荷兰私立中小学教育——一种独特的模式》，《外国中小学教育》1995 年第 1 期。

③ 文东茅：《办学体制的国际比较及其启示》，《中国民办教育协会简报》2008 年第 27 期。

④ 方铭林：《我国民办高等教育政策分析和制度创新》，博士学位论文，中国人民大学，2009 年。

国际接轨。①

　　综合各方观点，依据国家现有法律规定，从当下民办院校发展的实际和趋势出发，本研究将"民办院校"（民办高校、民办高等院校）的概念界定为：国家机构以外的社会组织或个人，主要利用非国家财政性经费，面向社会由个人或组织举办或由民间负责经营，并得到教育行政部门批准的具有独立颁发高等教育（大专及以上）学历文凭资格的高中后学历教育机构。借鉴国际私立大学划分界定的经验和发展趋势，本研究认为，我国民办院校的特征有三个。一是经费主要在民间筹集。民办院校办学经费来源多样化，但主要经费来源于社会，包括学生的学费，当然也不排除部分来自政府财政的资助。随着公共财政的好转和相关政策的落实，民办院校中政府的财政性经费将逐年增加。二是学校由民间经营。长远来看，经费来源的区别将逐渐淡化，经营（办学）主体将成为区分和界定民办院校的重要依据之一。如前所述，一些经济困难的地区，公办院校的转制和股份化或政府投资建设民办院校都是可能的。三是办学层次为高中后的学历教育。那些社会举办的高中后的职业培训机构严格来说还不能算是民办院校，因为它不符合"大学"或"院校"的基本要件。民办院校只是民办普通院校的简称。

　　从概念上来说，民办高等教育的外延要比民办院校更大。民办高等教育是民办院校、独立学院、民办高等教育机构等的集合，民办院校只是民办高等教育的其中一个品种。换句话说，民办高等教育不仅仅是由民办院校所组成。但是，由于民办院校是民办高等教育的主要组成形式，因此在实际工作语言表达中，民办院校和民办高等教育经常混用。当然，民办院校办学体制、民办院校发展政策与民办高等教育办学体制、民办高等教育发展政策也经常混用。这里特别做出说明。

　　还需要说明的是，根据我国教育行政部门的相关规定，民办院校还包括公办院校中设置的民办独立学院。独立学院是由公立普通本科院校按新机制、新模式举办的本科层次的二级学院，主要有三大特点。一是采用民间办学机制。独立学院是公立普通院校的优质办学资源与社会资本相结合的民办高等教育机构。独立学院所需的办学经费投入及其他相关支出，均

---

① 文东茅：《办学体制的国际比较及其启示》，《中国民办教育协会简报》2008 年第 27 期。

由合作方承担或以市场机制共同筹措，学生收费标准也按国家有关民办院校收费政策制定。二是实行新的办学模式。重点是突出六个"独"字。独立学院根据国家有关规章设立，拥有独立的法人资格、独立的校园校舍、独立的教学和财务管理、独立招生和颁发文凭资格。三是实行新的管理体制。独立学院的管理制度和办法由申请者和合作者共同商定，申请者要对独立学院的教学和管理负责，并保证办学质量，合作者要负责提供独立学院办学所需的各项条件和设施，参与学院的管理、监督和领导。随着国家对独立学院考核的加强和独立设置进程的要求，考虑到独立学院的过渡性，为研究方便，这里将独立设置的民办普通院校作为主要研究对象。经批准转设后的独立学院将纳入民办院校一起研究。对于尚处于过渡阶段的独立学院相关问题会有所涉及，但不会展开。

我国民办院校多样化的举办模式，丰富了民办院校的业态，满足了社会多样化的高等教育需求，适应了经济和社会发展的多元化生态，因而能够在经济社会发展的进程中发挥重要作用。

二　高等教育体制改革

什么是高等教育体制？潘懋元先生的定义为："根据国体形式和社会发展需求确定的一种以高等教育的领导管理体制为核心制度体系，是由国家权力机关和领导结构制定的，相对稳定的高等教育体系结构模式，其功能划分为高教管理权限，规范人们高教活动范围、方式和行为，维护和促进高等教育事业的良性循环。"[1] 彭玉芳等人给出的定义是，"关于内部的结构设置、隶属关系和权限划分的体系和制度的总称。内涵包括高等教育从中央到地方各结构的设置、各结构的责任，权利、利益的规定、高教系统内部各结构相互之间关系的规范原则和程序。高等教育管理的基本方式和方法，高教系统内部设立保障、监督的措施等等"。[2] 刘海波博士给出的定义是："关于高等教育的结构设置及隶属关系，主体职责和利益划分等的组织体系和制度的总称，反映教育内部各要素之间、高校与政府、社会之间的关系以及相对的组织形式，对某一具体的体制而言，它既是一种

---

[1]　潘懋元：《高等教育学》，福建出版社 1995 年版，第 66 页。

[2]　彭玉芳等：《关于高等教育体制改革的若干思考》，载《建设有中国特色社会主义高等教育理论研究》第 2 集，兰州大学出版社 1999 年版，第 381 页。

各行为主体必须遵守的行为规则，也是一种要素间相互关系的制约和保障。"① 蔡克勇中把高等教育体制定义为"关于高等教育事业的结构设置，隶属关系和职责、权益划分的体系和制度的总称，它主要反映高等学校与政府、社会三者的关系，这种关系是动态的，是随着社会的发展而变化的。……我们认为，体制改革是高等教育改革的关键，在整个高等教育系统发生变革的时候，其体制的变革处于关键的地位，这是由教育的基本规律所决定的，一个社会的教育必须是一定社会的经济、政治、科技、文化的要求，这是教育的一条基本规律。所谓适应，包括两方面的含义，第一要'受制约'，第二是为之服务，受制约是前提，为之服务是方向，不受制约就不能为之服务，这条基本规律，决定了教育体制必须随着政治、经济、科技体制的变革而改革，使之受其制约为之服务，作为与经济、政治、科技、文化关系最为密切的教育的最高层次——高等教育，其体制的改革就成为教育改革等其他各项改革创造必要的条件、环境的前提和关键"②。本研究认为这一概念准确地反映了高等教育办学体制的内涵。

　　根据党中央的部署和我国高等教育改革的进展，迄今为止在高等教育领域共开展了高等教育办学体制、宏观管理体制、经费筹措体制、招生就业体制、内部管理体制等五大方面的改革。"通过五大体制的改革，改变了我国大学按科类设置的状况，使一部分学校的科类更加综合，为我国高等学校培养高水平、高素质的人才，为出高水平的科研成果打下了基础。实行办学体制改革，使我们发展了民办高等教育。实行管理体制改革，使我们的高等学校加大了办学自主权，各地市基本上实现了建有一所高等学校的目标，大大增强高等教育为地方和区域经济、为社会主义市场经济服务的能力；也使我们基本结束了行业办学的局面，使所有的大学都面向地方、面向区域、面向社会办学。实行经费筹措体制改革，使我们实现了多种渠道即'财、税、费、产、社、基'多渠道筹措资金，特别是经过多年的努力，实现了大学生缴费上学，大大改善了学校的办学条件和增加了学校的办学容量。实行招生就业体制改革，使我们实现了面向社会双向选择的就业体制，招生的改革也进行了多种探索。实行学校内部管理体制改

---

　　① 刘海波：《高等教育大众化与体制改革》，博士学位论文，北京大学，2002年。
　　② 蔡克勇主编：《〈20世纪的中国高等教育〉体制篇》，高等教育出版社2003年版，第2页。

革和后勤社会化改革，使学校各类人员的积极性有了提高，高等教育健康可持续发展有了保障。总之，体制改革使我们的高等教育适应了社会主义市场经济，为规模的发展和质量效益的提高打下了基础、创造了条件。"①

"五大体制改革的第一个就是办学体制改革，当时是想改成'主办体制'改革，因为'办学体制'这个词有点含糊，这个'主办'是谁主办呢？后来因为社会上已经用过这个词了，不用再去改了，所以还是叫办学体制改革。"②

邬大光教授认为，高等教育体制是国家组织和管理高等教育的方式、方法与制度的总称。③它在宏观层面是指办学体制、管理体制、投资体制，三个方面在总体上构成一个相互制约的体系，从其内涵和外延来讲，既有相互重叠的部分，又有各自独立存在的属性。高等教育管理体制主要是指各级政府对各种形式高等教育的管理和监督方式，其中也含有部分的办学主体关系和投资关系，其本质属性是政府的宏观调控、管理和监督。高等教育管理体制主要反映国家对高等教育的基本要求，它的形成是高等教育发展到一定阶段的产物。高等教育办学体制主要是指高等学校与举办者之间的关系，包括不同办学主体关系所构成的一个国家的高等教育办学模式。高等教育投资体制主要是指筹集高等教育经费的运作方式。早期高等教育的投资体制与办学体制有很大的重叠性，即办学主体就是投资主体，尤其是在以私人作为办学主体的条件下，两者没有根本的区别。高等教育体制中的管理体制、办学体制、投资体制是一个完整的体制系统，各自之间既有某种天然的联系，又有各自独立的问题和研究领域，充分认识三者之间的相关性是高等教育体制改革的关键。相比较而言，办学体制是高等教育体制中的重点，管理体制和投资体制中出现的问题都与办学体制有极大的相关性。投资体制与办学体制之间同样存在着极大的相关性，办学体制在相当大的程度上直接制约着投资体制④。因此，他认为，在高等教育系统内部，其管理体制、办学体制、投资体制是相互影响、相互作用

---

① 周远清：《把高等教育科学研究做强》，《中国高教研究》2008年第3期。

② 周远清：《在高等教育强国的目标下推进各级各类强校建设》，《浙江树人大学学报》2009年第2期。

③ 邬大光：《试论高等教育管理、办学与投资体制改革的相关性》，《高等教育研究》1999年第2期。

④ 同上。

的，而办学体制在其中具有举足轻重的地位，管理体制和投资体制能否顺利运行往往受制于办学体制的合理与否。因此，在高等教育体制这个系统中，关键是办学体制。高等教育管理体制改革也应该在办学体制改革的基础上进行，而且这种办学体制改革绝不仅仅是在不同业务部门、不同层次政府部门间的管理权的更换，更不是单纯地解决在市场经济条件下由于原来的管理部门教育投入发生困难而寻找一个新的管理部门的问题，应当建立新的办学体制。我国高等教育办学体制改革的关键，是超越国家政府作为高等教育唯一举办者和管理者的观念，打破国家垄断高等教育的格局，形成多样化的办学体制。从理论上讲，单纯的国家办学体制具有先天的缺陷，首先是因为举办主体之间力量比例失衡，高等教育较难适应社会多方的需求。再者，由于单一主体是国家和政府部门，高等教育体制难免会显得僵化和缺乏活力。更为严重的是，由于高等教育的一切活动都要由政府来调控，政府的局部政策偏差极易造成高等教育的整体偏差。市场经济为中国高等教育体制改革提供了良好的经济体制基础，更为办学主体的多元化创造了条件。在管理体制改革的基础上，加快办学体制改革，以此带动高等教育整体的体制改革，仍然是未来高等教育改革的重点任务。

三　民办高等院校（教育）办学体制

关于高等院校（教育）办学体制，目前还没有非常严谨的概念，有关的理论研究也很少见。从办学体制的概念来看，查阅现有文献，主要有以下观点。上海教科院胡卫教授提出，"办学体制是一个国家对设置其教育机构的主要制度安排，规定教育机构可以由哪些组织或个人（即办学的主体）来举办，各类主体有资格举办或参与举办哪一级哪一类的教育机构"[①]。这一观点强调了办学主体的概念，即谁在举办学校？谁有资格举办学校？谁有资格办什么层级的学校，实际上反映了国家（政府）与学校之间的关系。刘幼昕等认为，高等教育办学体制一般是指举办高等教育的方式、方法与制度，主要是反映高等教育管理（管制）者与办学者之间的关系，以及由此而形成的办学模式。这一观点与前者相差不多。厦门大学邬大光教授认为："高等教育办学体制主要是指高等学校与举办者

---

① 胡卫等主编：《办学体制改革：多元化的教育诉求》，教育科学出版社 2010 年版，第 1 页。

之间的关系，包括不同办学主体关系所构成的一个国家的高等教育办学模式。"① 这里的关键词有两个：一个是关系，即高等学校与举办者之间的关系，显然与前两个定义有较大区别；一个是模式，即由一个国家内各种办学主体所构成的办学模式。这一论述的内涵与前者显然不尽相同。杨民刚、李代玉等提出："高等教育办学体制一般指举办高等教育的方式、方法与制度，主要反映高等教育管理者与办学者之间的关系，以及由此而形成的办学模式。"② 这一观点与胡卫的观点相似并有所拓展，与邬大光的观点也有接近之处。

文东茅教授认为："办学体制是由政府和民间在教育中的权利和义务关系构成的制度安排，其中主要涉及两个方面：教育经费的提供和教育活动的管理。典型的公办教育体制是由政府通过财政经费提供全额资助并通过行政体系管理教育活动；典型的民办（私立）教育体制是由民间（包括家长、个人以及非政府组织等）提供教育经费并由非政府机构对教育活动进行管理。"③

薛天祥教授指出："一个国家办学体制的形成根植于该国的文化传统和社会的政治、经济生活。分权制国家的办学主体主要为地方政府和个人，集权制的国家主要是中央政府，而西欧福利国家则包括各级政府。除去把教育作为福利的西欧国家，在市场化的国度里，高等教育办学主体主要为国家、地方政府和个人三种形式，而这三种办学主体在办学体制中的不同结构，大致形成了五种办学模式：国家、地方、私人办学并举型；地方、私人办学并重型；国家办学主导型；地方办学主体型；单一国家办学型。就总体而言，世界范围内高等教育办学体制已经相对稳定，恪守单一办学主体模式的国家相对减少，发展私立高教和三种办学主体并存正在成为办学体制改革的主要趋势。"④

在中国知网等文献数据库进行搜索，篇名中含有"办学体制"的文

① 邬大光：《试论高等教育管理、办学与投资体制改革的相关性》，《高等教育研究》1999年第2期。

② 杨民刚、李代玉：《论管理、办学与投资体制之间的互联性与高等教育体制改革》，《山东商业职业技术学院学报》2010年第6期。

③ 文东茅：《办学体制的国际比较及其启示》，《中国民办教育协会简报》2008年第27期。

④ 薛天祥：《加入WTO与我国高等教育体制创新》，《国家高级教育行政学院学报》2003年第2期。

献非常缺少。在已有的研究成果中，针对公办院校办学体制改革的内容占据绝大部分，而专门研究民办院校办学体制的理论文章少之又少。系统研究民办院校办学体制的理论研究，应属厦门大学博士生刘铁。他在《中国高等教育办学体制研究》的博士学位论文中，较多地论述了办学体制问题。文中指出："高等教育办学体制是有关举办或创立高等教育机构的主体结构形态及其相应制度规范的总和，其内涵主要有：（1）有关举办或创立高等教育机构的主体的规范。（2）有关举办主体结构形态的规范。（3）有关高等教育机构的举办者和投资者、办学者、行政管理者（中央和省级政府）责权划分及其相互关系的制度规范及其运行机制。具体来说分两个层面：一是由谁来举办，如政府举办、社会力量举办等等；二是怎么办，如每所高校具体的办学行为。"①

周远清指出："办学体制改革，说到底就是在中国兴办民办高等教育。民办高等教育的兴起，是改革开放后体制改革最重要的一个成果，没有体制改革就没有民办高等教育。今天的民办高等教育已经成为中国高等教育的重要组成部分。"②

鉴于我国公办高等教育长期以来一统高等教育舞台的现实，过去的大量研究主要是围绕计划体制下公办高等教育办学体制改革方面展开，尽管其中不乏提出发展民办院校的呼吁，但是所占比例很小。因此，对于民办院校办学体制，目前还少有相关文章提出明确清晰的概念。其实，民办院校的办学体制和公办院校的办学体制，还不完全是一码事。前者主要是指社会力量（非政府主导、非财政投入）举办大专院校的体制，而后者还包含了各级政府（中央部委和地方政府）、同级政府各个部门、各个社会团体等举办高等教育的体制，两者的主要区别在于举办主体的不同。同时，由于社会力量办学本身就是整个办学体系的一部分，所以也不存在囊括全部办学在内的模式和结构。显然，这两者在概念上并不完全相一致。

综合目前对高等教育办学体制的论述，本研究提出，民办院校的办学体制就是"国家对设置民办院校的主要制度安排、责权划分以及办学过程中的相关关系的总和"。它具体规定政府财政性经费以外的什么组织

① 刘铁：《中国高等教育办学体制研究》，广东教育出版社 2006 年版，第 7 页。
② 周远清：《在高等教育强国的目标下推进各级各类强校建设》，《浙江树人大学学报》2009 年第 2 期。

（机构、人）可以（有资格）举办民办院校，举办民办院校应该如何处理相关关系等，主要包括两个层面：一是民间举办高等教育的主体构成（组织、机构、个人）；二是规范民间举办大专院校的各办学主体运行与管理的制度总和。

这里特别指出，本项目的主要对象是"民办院校"。作为办学体制改革，公立院校与民办院校的着重点显然不同。公立大学改革的重点是，改变以往中央部门办学的格局，逐渐把高等院校的举办权下放给地方，发挥地方政府举办高等教育的积极性，并更好地实现大学为地方经济和社会发展服务。而"民办院校"的办学体制，顾名思义，就是民间（社会力量）举办大专院校的办学体制。现有法律规定，我国民办院校举办大专院校的主体可以是个人，也可以是合伙人或机构（组织）。由于投入结构、办学动机和办学诉求的差异，民办院校举办大专院校呈现多样化的特征。

四　公共政策①

教育政策作为公共政策的组成部分，它具有公共政策的一切基本属性与特征②。因此，在阐述教育政策之前，我们可以先了解一下公共政策的概念。

公共政策有多种定义，并且迄今为止尚没有完全达到统一。

美国学者威尔逊（T. Wilson）认为，政策就是由政治家（具有立法权者）制定的而由行政人员执行的法律、法规。③ 这一结论将公共政策等同于国家制定的法律、法规。相比之下，拉斯韦尔（H. Lasswell）的理解归纳较为宽泛，他认为，政策就是包含目标、价值以及策略的大型计划。④ 即认为政策与计划对等。而美国政策学家戴伊（T. Dye）对公共政策含义的解释比较简单，他认为公共政策是关于政府所为和所不为的所有内容⑤，亦即他把公共政策等同于政府的活动。美国另一位政策学家安德森（J. Anderson）对公共政策含义的解释就比较复杂，他把政策含义定义

---

① 参考褚宏启《教育政策学》，北京师范大学出版社 2011 年版，第 1 页。

② 同上。

③ 转引至伍启元《公共政策》，商务印书馆 1989 年版，第 4 页。

④ 转引自陈振明《政策科学——公共政策分析导论》，中国人民大学出版社 2003 年版，第 48 页。

⑤ ［美］托马斯·R. 戴伊：《理解公共政策》，彭勃译，华夏出版社 2004 年版，第 2 页。

为一个或一组行动者为解决一个问题或相关事务所采取的相对稳定的有目的的一系列的行动。①

我国学者对于公共政策含义的理解，更加强调公共政策制定主体的特定性与权威性，把公共政策视为对人们行为产生影响与制约作用的一系列规则、策略以及计划等。例如，谢明认为，公共政策是"社会公共权威在特定情境中，为达到一定目标而制定的行动方案或行动准则。其作用是规范和指导有关机构、团体或个人行动，其表达形式有法律、法规、行政规定或命令、国家领导人口头或书面指示、政府的大型规划、具体行动计划及相关策略等"②。张国庆认为，"公共政策是公权力主体制定的和执行的用以确定和调整广泛社会关系的行为规范"。③ 张金马认为，"政策是执政党和政府采取的用以规范、引导有关机构团体和个人的行为准则和行动指南"。④ 陈振明认为，"政策是国家机关、政党及其他政治团体在特定时期为实现或服务于一定社会政治、经济、文化目标所采取的政治行为或规定的行为准则，它是一系列谋略、法令、措施、办法、条例等的总称"⑤。

在本书中，我们主要采用黄忠敬的定义，他认为，公共政策是指"政府和政党为代表的公共权力机构为了解决公共问题实现一定的政治、经济、文化目标，通过一定的程序制定的行动方针、准则及相应的行动过程，其表现形式包括方针、路线、战略、规划、规章、条例、决定、纲要、办法、通知、法律和法规等外显的形式以及相应的行动策略等动态的形式"。⑥ 根据这一定义，政策具有四个方面的构成要素。①政策的主体。政策要体现主体的意志，这个主体是指国家权威机构、政党等政治实体，在我国主要是指中央和地方各级党委、各级人民代表大会和政府。②政策的客体。即政策所作用的目标对象，包括所要处理的事和所要作用的人两

---

① ［美］詹姆斯·安德森：《公共政策制定》，谢明等译，中国人民大学出版社 2009 年版，第 3 页。

② 谢明：《政策透视——政策分析的理论与实践》，中国人民大学出版社 2004 年版，第 25 页。

③ 张国庆：《公共政策分析》，复旦大学出版社 2004 年版，第 4 页。

④ 张金马：《公共政策分析——概念过程方法》，人民出版社 2004 年版，第 42 页。

⑤ 陈振明：《政策科学——公共政策分析导论》，中国人民大学出版社 2003 年版，第 50 页。

⑥ 黄忠敬：《教育政策导论》，北京大学出版社 2011 年版，第 10—11 页。

方面。③政策的目标。政策总是为了解决一定的社会问题，为了实现一定的目标，这反映了政策的方向。④政策的过程。政策是由一系列的行为规范和活动过程构成的，规定了目标对象应该做什么和不应该做什么，以及哪些行为受鼓励和哪些行为被禁止等，并要求目标对象开展一系列的政治行动以及实现政策目标。

在日常生活中，人们对于政策的理解与应用更为广泛与多样性，它既可以指国家政策与地方政策，也可以指特定单位组织内部制定的政策等。政策所研究的政策系指公共政策。那些由单位自行制定的用于单位内部的规章不属于政策研究的范围。

公共政策就其本质而言是一种对人们行为产生引导与约束作用的价值准则与规范，但并不是所有的对人们行为产生约束与规范作用的价值准则与规范都可以称为公共政策。能够被称为公共政策的价值准则与规范需要具备如下几个方面的特点①。

第一，与日常生活中的传统、习俗、价值观念以及意识形态等相区分，具有正式性与强约束性特征。正式性是指这种价值准则与规范是由正式组织机构制定与颁布的。强约束性具有两方面的含义：其一是普遍性，即这种价值准则与规范对政策所涉的每一个地区、每一个成员都具有约束与影响作用。其二是刚性，即这种价值准则与规范对人们的行为所产生的影响比较稳定，不易变化，并且带有一定的强制性。

第二，由掌握公权力的机构制定与组织实施的。掌握公权力的机构主要是指各级党委和国家机关。国家机关包括立法机关、司法机关与行政机关。其他社会机构，如公司、工厂、商店、学校所掌握的权力，严格地来说都不是公权力。根据掌握公权力的大小来划分，可以把掌握公权力的机构划分为中央机构与地方机构。中央机构制定的价值准则与规范被称为国家政策，地方机构制定的价值准则与规范被称为地方政策。

第三，具有广泛的社会适用性。公共政策具有广泛的社会适用性，其社会适用性的大小与其制定主体密切相关。一般情况下，其制定主体所掌握的公权力越大，那么该政策的适用范围就越为广泛，反之就会减小。中央机构制定的政策在全国范围内适用，地方机构所有的政策只能在本辖区的范围内适用。

---

① 褚宏启：《教育政策学》，北京师范大学出版社 2011 年版，第 3 页。

五　教育政策

从逻辑学意义上分析，教育政策是公共政策的下位概念。

所谓教育政策，简单地说，就是指教育领域中的政策或关于教育问题的政策。这种解释比较简单，理解起来也比较容易，但并不利于对教育政策内涵的深刻理解和把握。为进一步深刻地揭示教育政策的内涵与本质，国内学者进行了诸多的研究与探索。

萧宗六认为：教育政策是国家或政党为了实现教育目标而制定的行动准则，它是根据教育所面临的形势和任务所决定的。①

刘复兴认为：教育政策是公共政策的一部分，它是由政府及其机构和官员制定的、调整教育领域社会问题和社会关系的公共政策。②

成有信认为：负有教育的法律或行政职责的组织及团体为了实现一定时期的教育目标和任务所制定的行为准则就是教育政策。

孙锦涛认为：教育政策是一种有目的有组织的动态发展过程，是政党、政府等政治实体在一定历史时期为实现一定的教学目标和任务而协调教育的内外关系所规定的行动依据和准则。③

张新平认为：教育政策是有关教育的政治措施，是有关组织和个体的教育权利和利益的具体体现。④

从以上观点中，我们可以看到，对于教育政策的理解，目前主要存在以下几种。①从方针、准则、计划的角度界定。代表性的观点有："教育政策乃是实现教育目的的公共方针之体系"，"教育政策是负有教育的法律或行政责任的组织及团体为了实现某一时期的教育目标和任务而制定的行为准则"，"教育政策是一个政党或国家为实现一定时期的教育任务而制定的行为准则"，这些主要是从静态的角度理解教育政策，强调的仅仅是外在形态的教育政策。②从权利的角度界定。认为教育政策本质上是教育权力和利益问题，它涉及教育权力的分配与再分配。代表性的观点是："教育政策是有关教育的政治措施，是有关教育的权利和利益的具体表

① 萧宗六：《教育方针、教育政策和教育法规》，《人民教育》1997 年第 11 期。

② 刘复兴：《教育政治学》，江苏教育出版社 2003 年版，第 30 页。

③ 孙锦涛：《教育政策学》，武汉工业大学出版社 1996 年版，第 10 页。

④ 张新平：《简论教育政策本质、特点与功能》，《江西教育科研》1999 年第 1 期。

现。"③从过程的角度界定。认为教育政策是指问题认定、政策形成与评估等多阶段的过程，也是一个政策循环的过程，这个循环与政策文本生产、执行和影响的背景密切相关。教育政策是一种有目的、有组织的动态发展过程，是政党政府等政治实体在一定历史时期为实现一定的教育目标和任务而协调教育的内外关系所规定的行为准则和依据。④从多维度的视角界定。主张从现象形态、本体形态、过程特点和特殊性质四个维度理解教育政策。教育政策的现象形态就是教育领域政治措施组成的政策文本及其总和；教育政策的本体形态即教育利益分配；教育政策的过程形态即动态连续的主动选择过程；教育政策的特殊性质，即指教育兼具公益性与特殊性的特点。①

尽管对教育政策的理解不尽一致，但我们认为，理解教育政策至少应当掌握以下几点：第一，教育政策往往是政府和政党的行为，它属于公共政策范畴，这就有别于私人组织或机构制定的规章规则；第二，教育政策具有非常明确的政治目的和政治色彩，它体现的是官方的意志；第三，教育政策是对教育所作的权威性的价值分配，它是价值负载与意识形态渗透的；第四，教育政策建基于政治的和实践的逻辑，而不是学术的和科学的逻辑，它追求的是改变教育的实践而不是为了揭示教育的规律，但它并不否认或排斥在教育政策研究中会运用规律和发现规律。

综上所述，教育政策作为公共政策的组成部分，具有公共政策的一般属性，但是，其作为一个特定领域的公共政策，又有自身一些独特的属性与特征。概括起来主要有以下几个方面。

首先，目的与任务层面。教育政策所要实现的是教育目的、目标与任务，并且这些目的、目标与任务最终都是通过影响与作用受教育的对象——人来实现的。

其次，制定的机构层面。教育政策制定的机构主要是教育立法机关与教育行政机关。教育行政机关是一个独立行使教育行政职能的机构，它与其他行政机关之间存在着明显的不同。

最后，原则与依据层面。教育政策制定的原则与依据，除了教育相关法律以外，还需要遵循教育规律的要求。教育规律主要体现在：其一是教育与其他社会系统发展之间的关系方面；其二是教育教学过程层面；其三

---

① 黄忠敬：《教育政策导论》，北京大学出版社 2011 年版，第 11—12 页。

是人的成长与发展层面。

　　因此，概括的讲，教育政策就是指由执政党与政府（中央与地方）制定与颁布的用于指导规范教育事业发展的一切价值准则与行为规范的总称。广义上教育政策不仅包括教育行政法规、教育行政规章，而且还包括了教育法律。教育政策的制定需要以相关的法律法规为依据，同时也要遵循教育规律的要求。如果教育政策与相关法律法规要求相冲突，那么它就会失去其存在的合法性；而如果教育政策违背了教育规律的要求，那么就很容易失去它存在的合理性。

六　制度与政策的关系

　　制度是指激励、支配和约束人与人之间关系的行为规则、规范或稳定的习俗与意识形态。新制度主义理论框架下的"制度"不仅是问题认识和分析的"对象"，也是分析问题的"方法和视角"。作为研究对象的制度，狭义的理解，是指由政策共同体的政治权力机构自上而下地设计出来、强加于社会并付诸实施的规则（更多的是由正式颁布实施的政策与法律所安排的外在制度）；而广义的理解，既包括由国家和政府所提供的正式的制度安排，也包括国家和政府的政治力量所不能或难以触及的社会领域内部人们之间相互交往的规则。而作为方法和视角的制度分析就是从新制度主义视角透视政策的内容、过程和价值的分析。

　　新制度主义认为，制度潜在地制约着行动者潜在的行为方式和可能的性情倾向，影响着权力的较量和争斗，以及利益（资本）的分配等。在理解教育政策活动情境时，制度作为隐性影响因素发挥着重要的作用。

　　对于民办高等教育政策和制度关系的理解应具有历史维度、动态、发展和情境性。民办高等教育政策与制度的关系表现在：民办高等教育制度深刻影响和制约着民办高等教育政策，相反，民办高等教育政策又保护、修复和建构民办高等教育的制度。民办高等教育政策和民办高等教育制度处于一种相互影响、互相制约、相互交织纠葛、相互促进的关系模式中。民办高等教育政策制度分析的主要目的是：将教育政策放在变迁的制度环境中，考虑其如何在制度环境中发挥作用，并如何受到制度环境的影响；用制度分析的"方法和视角"认识和分析在政策制定、执行和产生效果的各个环节中的制度背景或平台①。

第三节　主要基础理论

民办院校办学体制研究涉及许多与之密切相关的理论。这里就笔者认为最主要的列出四种加以介绍，以方便读者理解。

一　教育产权理论

（一）教育产权理论概述

社会力量出资举办民办院校，涉及较多的资产所有权和产权问题。在研究民办院校办学体制时也不能回避产权的界定、保护等相关问题。

产权理论，作为新制度经济学的核心理论，是由美国新制度经济学派即"芝加哥学派"创立的。1991年度诺贝尔经济学奖得主——罗纳德·哈里·科斯发表的《企业的性质》及《社会成本问题》被公认为西方产权理论的开山之作②。

通常所说的产权是经济领域企业研究的特有名词，指的是财产所有权，即对给定财产的占有权、使用权、收益权和转让权，亦即对所投入资产而带来的一系列权利。通常是根据谁投资，谁所有的原则，界定投资产权。但是实际上，财产所有权主要是指物权——物力资本产权，属于"狭义产权"，并不能真实反映民办高校资本投入状况，而"广义产权"指的是使自己或他人受益或受损的权利③，即物进入实际经济活动后引发的人与人之间相互利益关系的权利界定。这样，产权概念不仅从物权扩大到债权、人力资本产权等，而且扩大到所有交易中的权利，包括财产所有权（狭义的产权）及由所有权派生出来的占有权、支配权、使用权、收益权。

可以想见，产权是一项有价值的权利，与使用资源或财产有关。资

---

① 方铭林：《我国民办高等教育政策分析和制度创新》，博士学位论文，中国人民大学，2009年。

② 张军：《产权经济学》，上海三联书店1991年版，第87—90页。

③ ［美］哈罗德·德姆塞茨：《关于产权的理论》，银温泉译，《经济社会体制比较》1990年第12期。

源与财产是两个不同的概念。资源或物并非天然都是财产。只有当资源稀缺之时，人们才有欲望去占有它。所以，任何物要成为财产，需要有两个条件：一是稀缺性；二是设置财产权。"正是这种主体排他的支配使用权或财产权，使物、对象成为财产。"可见，"资源"是指"财产的来源"。

对于教育的各种条件（要素），不但可以从资源的角度来认识，而且可以进一步提高到财产的高度来认识。只有把教育活动的各种条件（资源）看作财产，才会引起人们的重视，并使其发挥出最大、最好的效益。教育资源特别是高等教育资源，显然是一种稀缺性资源。但是，人们长期以来已形成一种固有的观点，即无论你用什么方法来研究教育，都不能用经济尺度来衡量其价值。因此，在教育领域引入资源、财产和产权概念，必须克服诸多传统观念的束缚。

市场经济的发展，不但使教育适应了经济尺度，而且更多的教育条件将成为资源、财产、产权、交易、价格等概念衡量的对象。这是因为资源、财产等本身就是一个历史的范畴。自然界中很多物品不是天然成为财产，而是随着社会经济条件的变化，出现了稀缺性时才有可能成为财产。事实上越来越多的自然物已逐渐成了财产。社会历史的发展已经证明，有越来越多的资源将在社会经济发展中成为稀缺性资源，教育领域也是如此，比如，大学的举办权、学生的受教育权、大学的办学权、教师的知识和技能等，原先并不当财产来看，而在市场经济条件下，它们事实上已经成为一项重要的资源和财产。

在高等教育还不为多数人普遍享用、其社会需求和整体规模还比较小的情况下，原有的以政府为主体投资的教育形式不会发生任何矛盾，而且往往是通过国家垄断的方式提供的。因此，接受高等教育只能是一部分人的特权。随着社会民众的教育需求不断增大，特别是接受高等教育不再是一部分人的特权，而是所有人的基本权利的时候，恐怕最富有的政府也会在这种巨大的需求面前感到力不从心。优质的教育特别是优质的高等教育永久是社会追捧的社会稀缺资源。在这种情况下，经济规律必然要作用于教育领域，高等教育资源配置及其效率提高问题将成为人们关注的焦点，而财产与教育产权正是解决这一问题的关键。

根据产权的概念推延，教育产权应该是指国家或其他教育投资主体对投资形成的教育设施、教育设备及其他教育资源、教育资产的所有权，包括占有、使用、收益和处分的权利。但是细细考量民办院校的资本要素，民办院校是物力资本所有者和人力资本所有者之间形成的一系列契约关系的载体和结果。① 而且人力资本是高等学校的核心资源，将人力资本产权引入民办院校产权关系分析非常重要，也有非常深刻的实践意义。这一观点的确立，区别了民办院校产权与企业产权的不同，凸显了民办院校产权的独特内涵，有助于在民办院校领域建立人力资本产权观念，也有助于厘清民办院校各利益相关者的价值。但是迄今为止只有著名高等教育专家潘懋元及他的博士生胡赤弟等学者提出相关观点，在实践中顾及不多。也有研究提出滚动发展起来的民办院校产权应归校长所有的观点②，但是研究不深入，依据不充分，实际操作层面也有许多难以逾越的困难，当下也缺乏现有法律法规的支持。当然，出资所形成的产权在学校办学初期具有原始产权的性质，因此作用可能会发挥得更早、更多、更重要。

我们也可以将民办院校理解成各产权主体按照一定的规则签订相应的"合约"而组成的集合体。根据现代企业理论，结合民办院校的具体情况，可以将由合约不完备而导致的剩余产权界定为民办院校所有权，包括剩余索取权和剩余控制权。由于机会主义、信息不对称等因素造成合约不完备，使得要素所有者在签订合约时，无法将事后将要发生的一切事情预测清楚，从而产生剩余控制权。周其仁将企业控制权定义为："排他性利用企业资产，特别是利用企业资产从事投资和市场运营的决策权。"③ 若将学校控制权理解为对学校经营管理有关事项的重大决策，则"学校所有权"就是指学校剩余索取权和控制权，显然，与剩余索取权相比，控制权才是实质性的权利，剩余索取权可以看成控制权的一种逻辑延伸。从这个意义上说，民办院校所有权的实质在于学校控制权。

（二）产权理论在分析民办院校办学体制中的适用性

民办院校作为一个独立的法人，其财产所有权（物力资本所有权）、人力资本所有权的初始界定、划分和维护，解决的是民办院校财产归属权

---

① 张宏博：《中国私立大学有效经营的制度研究》，人民出版社 2009 年版，第 40 页。

② 方铭琳：《民办高校产权明晰的法律保护》，《高等教育研究》2005 年第 8 期。

③ 周其仁：《"控制权回报"和"企业家控制的企业"——"公有制经济"中企业家人力资本产权案例研究》，中国战略与管理研究会官网，http：//www.cssm.gov.cn/view.php? id = 4901。

到底归谁所有以及各办学主体拥有哪些权利和资源等问题。另外，通过对民办院校内部各项产权权能的具体分解和重组，也能便于确定民办院校治理的结构和机制。

首先，产权体现了投资者的诉求。经济领域的产权原则是谁主办谁所有。在高等教育领域引入社会投资，也必然会产生产权问题。而根据我国民办院校的特点，为维护民办院校独立办学，最大限度地降低民办院校的办学风险，保护民办院校利益相关者的权益，政府要求在学校存续期间所有投入民办院校的资产属于学校法人资产，而民办院校举办者本身并不符合办学要求，往往聘请"外人"担任校长经营学校，从而使学校资产与投资者相分离。这样一来，民办院校的产权问题就产生了。举办者不能拥有产权，由此产生对投入的担心和顾虑。如何解除举办者的担心，鼓励举办者放心投入，产权问题成为民办院校举办的首要问题。其次，与企业的产权决定企业的治理结构一样，民办院校的产权结构也在某种程度上对民办院校的内部治理体制起决定性的作用。若产权模糊，会滋生出所有者与经营者之间的"激励不相容"和权责利不对称，举办者（投资者）和办学者（校长等执行团队）以及广大教职工的工作积极性就难以得到充分发挥。再次，由产权结构决定的学校管理体制影响着办学者的素质（能力）高低和努力程度。有什么样的产权结构决定采用什么样的管理体制，进而决定聘用什么层次的校长和教师。最后，办学者的能力和努力水平，决定学校的发展战略和管理水平，这两者同时影响学校的营运。投资者可以通过管理体制影响办学行为，但是办学的实践毕竟是办学者和广大教职工的工作成果。还有，民办院校的产权也决定了学校的性质，从而决定了政府参与治理的程度。可见，不同的产权结构，决定了不同的学校治理体制，也就从某种程度上决定了学校的发展。

民办院校办学体制运行中很多问题都与产权的界定有关，比如说民办院校到底如何定义？是根据经费来源主体界定还是学校产权归属来界定？当学校运营发生不可预见的情况时，到底谁负责？这表面上看涉及剩余控制权的分配，实际上也同时反映了产权拥有者的责任。校长拥有民办院校产权之所以难以实施，很大程度上在于目前民办高校校长的职责还不是非常到位，一旦出错，举办者难以问责。但是人力资本产权占据一定的比重的确是民办院校与企业组织不同的一个显著特点，值得关注和研究。因此，办学者、高层管理人员、教职工等作为人力资本所有者及出资人作为物力资本所有者之间的权、责、利关系如何配置就显得更加复杂，这也是民办院校办学体制中的一大难题。

二 高等教育选择理论

（一）高等教育选择理论概述

自 20 世纪 80 年代以来，教育选择成为西方国家教育体制变革浪潮中的热点问题，包括教育学、经济学、政治学在内的不同领域学者都从不同角度对这个问题进行了研究。这些理论研究以及在此指导下遍及世界各国的教育选择运动，对世界各国的教育发展产生了重要影响，并且还将影响世界教育在未来的发展趋势。

早在 20 世纪 50 年代，美国学者米尔顿·弗里德曼倡导的学券制实际上已包含着教育选择理论的若干要素。但是，系统、全面、深入地论述这一理论，则是在 20 世纪 90 年代初。1991 年，美国著名学者、教育经济学家亨利·莱文发表了《教育选择经济学》（*The Economics of Educational Choice*），标志着这一理论已渐成熟，成为指导美国及其他西方国家择校及教育私营化的主要理论依据。

1. 教育选择理论的立论基础

任何理论的建立都必须要有自己的理论基础。从经济学方面，消费者主权理论为教育选择理论提供了阐释力。西方经济学家认为，物质生产的最终目的是满足消费者的需求。生产什么，生产多少，生产什么质量和规格的产品，都必须以消费者的需求为依据，只有尊重消费者选择产品和服务的主权，产品的生产才能顺利进行并持续发展。这是经济活动的一项基础原则。

在教育活动中，既然学校教育是一种服务，学生及家长便是该服务的对象和顾客，他们之间构成生产者和消费者、服务与被服务之间的关系。从消费者角度，学生及家长有权对所享受的教育服务的质量、方式、方法等进行选择，政府应当尊重并满足他们的选择要求。

2. 教育选择的内容

教育选择的基本内容包括以下几个方面①。

---

① Henry Levin . The Economics of Education of Choice, *Economics of Education Review*, 1991 (2) .

（1）对学校类型的选择。各种不同背景的学生及家长可以根据自身的需求，选择进入公立或私立、宗教或非宗教、学术或职业等不同类型的学校。

（2）对特定教育计划、教育形式或方式的选择。各个学校的课程设置，特别是选修课可能是不同的；各个学校的校风可能有别；各个学校的办学特色和教育教学方法也可能差别较大；各个学校的校规和校纪也不尽相同，学生及其家长有权根据自己的愿望进行选择，以满足其教育需求。

（3）对教育质量和教师的选择。在各种因素的共同作用下，各个学校的教育质量和办学效益是不同的，有的差别还很大；教师自身的素质和个性化等原因使教师提供的教育服务产品各具特点，质量也会参差不齐，学生及其家长有权选择不同质量，特别是高质量的教育。

3. 教育选择的形式

在教育选择的形式上，教育经济学家认为，教育选择可以分为市场选择和公共选择两大类。所谓市场选择，主要指通过市场机制的运作满足学生及其家长需要的教育选择。其主要实施途径是建立和改进私立学校，推行学券制，实行税收优惠或减免等；公共选择是学生及其家长在公共学校体系范围内做出的教育选择。

4. 教育服务产品消费者的救济方式

在受教育者及其监护者选择教育服务时，由于教育服务本身的特点决定了这种选择行为不同于选购一般商品和服务那样，如果感到不满意可以很容易地决定退还。教育服务的特殊性使消费者在消费这种服务时由于时间的不可逆性会付出巨大的机会成本，机会成本形成沉淀成本，一旦出现消费者不满意消费品，有两种救济方式可以采用，即"退出"和"发表意见"。一般来说"发表意见"可以使消费者不必再追加更高的成本；"退出"则意味着要丧失之前的教育投资，使成本偏高。因而，消费者一般会先选择"发表意见"以降低成本，只有当双方努力均无法使双方都谋取最大利益时，"退出"选择才会以必然的姿态出现。

5. 教育选择的四种模式

1997 年道格拉斯·拉姆丁（Douglas J. Lamdin）和麦克尔·明乔姆（Michael Mintorn）在《学校选择理论的回顾和前瞻》（*School Choice in Theory and Practice：Taking Stock and Looking Ahead*）一文中，将教育服务的提供、生产总结为四种不同的模式（见表1-4）。

A. 私人资助私人生产；B. 公共资助私人生产；C. 私人资助公共生产；D. 公共资助公共生产。

表 1-4　教育的类型——以教育的资助和生产方式为标准进行的划分①

教育资助	教育生产	
	私人生产	公共生产
私人资助	A：私立学校和家庭学校	C：消费者付费的和非公共资助的高等教育
公共资助	B：教育凭证制度、特许学校、磁石学校等	D：传统的公立学校

在这四种模式中，以传统的公立学校为代表的 D 组合，政府负责提供教育经费的同时，直接开办公立学校提供教育服务，政府对教育服务的干预最多，控制力最强。然而这却是目前世界各国普遍存在的教育资助、生产方式。所有的教育选择研究都主张改变这种状况，减少政府对教育过多的干预，给予学生和家长更多选择权。

翟静丽将教育选择划分为三种形式②：教育公共选择、教育市场选择和教育完全市场化，并对三种形式做出了细致的分析。

教育公共选择，顾名思义，是由政府主导的教育选择。教育公共选择不一定主张改变传统公立体制的基本形式，而主张通过体制内的变革为学生和家长提供更多的选择机会，包括在学校内部提供更多可供选择的课程，也包括提供更多可供选择的学校。教育公共选择的具体形式有很多，但是，都具有以下两个基本特点：①政府是教育的资助者，而且是唯一的资助者；②所有的学校都遵循一个教育标准。教育公共选择学派坚持政府对教育服务提供和运营进行强有力的干预，它们的理论依据主要是市场失灵理论。新古典经济学认为，市场失灵是政府干预社会经济生活的唯一理由。造成市场失灵的因素包括：自然垄断、公共物品、不完全市场、外部性和不完全信息。教育公共选择学派认为，教育服务提供、生产的过程中，外部性和不完全信息的问题不可避免，因此，教育服务的提供、生产

---

① Douglas J. Lamdin & Michael Mintrom. School Choice in Theory and Practice：Taking Stock and Looking Ahead, *Educational Economics*, 1997, 5（1）：211-245.

② 翟静丽：《西方教育选择理论述评——2005 年中国教育经济学学年会会议论文集》（内部资料），第 986—991 页。

无法通过市场的方式完成，必须要有政府的介入。

与教育公共选择学派不同，教育市场选择学派认为教育的社会目标和个人目标是一致的，如果每个家庭都能实现自己的教育偏好，学校教育的社会目的就自然得到了实现。因此教育目标的实现应该由市场做出选择。同时教育市场选择学派倡导通过教育凭证制度建立起广泛的教育市场，让每个家庭都有机会为子女选择教育服务。具体做法是：政府不再直接开办学校或给学校拨款，而是把用在每个学生身上的生均教育经费以有价证券的形式发放到家庭，家长可以自由选择子女就读的学校，用教育凭证充抵部分学费，学校再到政府有关部门将教育凭证兑换成现金。教育凭证制度的具体做法简单明了，但是其中蕴含的思想却是丰富而且有变革意义的。

教育私营化或市场化这一学派主要由笃信古典经济学的经济学家组成，他们坚信亚当·斯密"看不见的手"的自由市场模型在教育中也同样可以发挥作用。在学校教育的背景下，实行市场化运作意味着家长支付的学费将涵盖绝大部分教育成本。政府资助，不管是对学校的直接拨款还是发给家长的教育凭证，都将不复存在。既然政府不再资助教育，教育税自然要取消，这就减轻了社会的税收负担，家庭的教育支付能力相应增强。教育机会将由营利性组织提供，它们为了追求自身利益会尽可能满足学生和家长的教育需求。

（二）教育选择理论对民办院校办学的影响

以上三种教育选择的理论，各有特色，也各有缺陷，任何一种都有致命的问题存在，也难以实施。相对而言，笔者认为后两种（即教育市场选择和教育完全市场化）更适合于民办院校选择教育的分析。首先，就整个社会的教育系统来说，任何单独的一种模式至少在现实条件下是难以实现的；其次，在当下各国教育体系中，公共教育、民办（私立）教育都只是国家教育系统的一部分，不可能独占天下，并且始终受到政府的强有力的管制；再次，不管民办（私立）教育的机构或在校生占比高低，公共教育始终是国家教育体系的示范，换句话说，民办（私立）教育大多是边缘的，尽管也有一些优秀机构的存在，甚至像美国这样，私立大学的排名在大学排名前列中占比很高，但也难以改变整个私立高校在国家教育体系中处于边缘的事实。美国私立大学占全国大学总数的 70% 以上，但是其私立大学在校生不足 1/4。美国一方面是世界私立高等教育发展的示范；而另一方面也是世界上"野鸡大学"最多的国家。2012 年美国教育机构公布的全球 691 所"野鸡大学"黑名单，美国仍是"野鸡大学"重灾区。在被曝光的全球 342 所院校和机构中，美国私立大学几乎占到总数的一半。其中仅加利福尼亚和夏威夷就分别有 45 所和 30 所。而在 2010 年，美国以 855 所占据总数的 56%。

表 1-5　　　　　　　　2012 年全球"野鸡大学"数量分布情况

美国 342 所	加拿大 11 所
英国 67 所	比利时 9 所
尼日利亚 19 所	爱尔兰、瑞士、澳大利亚、日本各 8 所
意大利 18 所	西班牙、巴基斯坦、巴拿马、荷兰各 6 所
印度 16 所	俄罗斯、巴西、新加坡、法国、丹麦各 4 所
利比里亚 15 所	黎巴嫩、中国香港、中国台湾各 3 所

资料来源：网易：《美曝光"野鸡大学"新黑名单》，http://news.163.com/12/0809/07/88ESNLP600014AED.html。

就发展趋势而言，民办院校应该将选择性教育作为自己重要的办学思路和发展战略。迄今为止的高等教育选择，大致上是从机会选择到特色选择，再从特色与优质选择。当下我国民办院校大多数还是机会选择，特色不彰显，质量还不高，层次也较低。随着高等教育资源的增加，考生接受高等教育的难度将大大缓解，机会选择将逐渐淡出，取而代之的是特色选择和优质选择。

教育选择也意味着大学治理模式的变化。既然个人具有选择高等教育的机会，意味着受教育者对大学教育的治理也有着改革权和参与权，这在某种程度上加剧了民办院校治理结构的分化和深化，有助于大学进一步深化改革，提高质量，最终提升学校办学实力和竞争力。

三　利益相关者理论

（一）利益相关者理论概述

公司治理结构是一整套法律、文化和制度安排，这些安排决定了企业的目标、行为，决定了在企业众多的利益相关者（如股东、债权人、经营者、职工、供应商和用户）中，由谁来控制企业、怎样控制企业，决定了风险和收益如何在不同主体之间分配等。

按照现代契约理论的观点，公司治理结构的本质是一个关于企业所有权的契约，企业所有权（包括企业控制权和剩余索取权）成为公司治理结构的客体，治理的功能是权、责、利的分配，治理的起因是产权的分离，治理模式有效率的前提是剩余索取权与控制权的对称分布。

在公司剩余索取权和控制权的归属问题上，传统的公司治理理论（如团队生产理论、委托代理理论等）大多遵循"股东至上"的逻辑，认为只有股东承担公司剩余风险并掌握剩余收益。在现代公司中，只有股东承担剩余风险，因此他必然要求完全享有剩余收益，并实施监督者的功能。也就是说，公司剩余索取权与控制权应当全部归股东所有。许多国家（包括我国）的公司法也体现了如下观点，即股东是公司的所有者，经理必须并且仅仅为股东服务。然而，在现代社会中，随着人力资本作用的加强和地位的上升，现代公司治理结构的安排越来越偏离"股东至上"、仅仅追求物质资本所有者利益最大化的逻辑，人力资本所有者在公司治理中逐渐发挥着不可忽视的作用，传统"股东至上"的治理模式在微观经济领域的地位日渐衰退。

在这一背景下，20世纪80年代末美国29个州相继修改了公司法，要求经理人员对各利益相关者负责，而不仅仅是对股东负责，从而给予经理拒绝恶意收购的法律依据。这种修改引发了理论界的激烈争论，也促进了"利益相关者"共同治理模式的理论深化和向实践进一步转化。

利益相关者共同治理理论的代表人物是布鲁金斯学会的 M. 布莱尔[①]，与传统公司治理理论不同的是，利益相关者理论认为，企业的目的不能仅限于股东利益最大化，而应该同时考虑其他企业参与人（包括职工、债权人、供应商、用户、所在社区以及经理人）的利益。股东利润最大化不等于创造财富的最大化，各利益相关者的利益最大化才是现代企业追求的目标，它将社会公平和经济效率结合起来。利益相关者理论对"股东是企业的所有者"这一传统观念提出挑战，认为职工、经营者、供应商和用户与股东一样，都对企业进行了专用性资产投资，都承担了风险，所不同的只是股东投入的是物质资本，而职工和经营者投入的是人力资本。随着现代资本市场的发展，股东变得分散而消极，且更容易在资本市场上"用脚投票"来转移风险，对企业承担的责任日益减少；相反，其他利益

---

① Blair Margaet. *Ownership and Control—Rethinking Corporate Governance for the Twenty First Century*, Washington D. C.：The Brookings Institution，1995. pp. 195–203.

相关者（特别是经理人）与企业的利害关系更为密切，企业的倒闭意味着他们人力资本的损失，他们更关心企业的发展。因此，该理论认为，各利益相关者都应该成为企业的所有者，公司治理不能仅限于调节股东与经理之间的关系，董事会中除了股东代表以外还应有其他利益相关者的代表。

关于利益相关者理论的主要观点有以下几种①：

（1）该理论认为，在现代公司中，所有权（ownership）是一个复杂的概念，讨论公司治理以所有权为起点"是彻底错误的，是高水平的误导"，股东并不是唯一的所有者，他们只能拥有企业的一部分。传统理论把作为所有者的一切权利和责任赋予股东，并非出于社会科学的规律，而仅仅是一种法律和社会惯例而已。

（2）该理论认为，并不是只有股东承担剩余风险，工人、债权人、供应商都可能是剩余风险的承担者，所有利益相关者的投入都可能是关系专用性资产，这部分资产一旦改作他用，其价值就会降低。因此，投入公司的这部分资产是处于风险状态的。为激励专用性资产进入公司，需要给予其一定的剩余收益，应该设计一定的契约安排和治理制度来分配给所有的利益相关者一定的企业控制权，即所有的利益相关者都应该参与公司治理。

（3）该理论还从对企业发展的贡献上说明了重视非股东的其他利益相关者的必要性。他们认为，在现代经济生活中，绝大多数资本所有者只是小股东，只不过是市场上的寻利者，大多只会"用脚投票"，而放弃"用手投票"权，对企业承担的责任日益减少；真正为企业的生存和发展操心的，是与企业利害关系更为密切的经理人员和广大职工。公司治理结构不能仅仅局限于调节股东与经理之间的关系，董事会等决策机构中除了股东代表以外还应有其他利益相关者的代表。

（4）该理论还从产权角度论证了其"新所有权观"的合理性。他们认为，出资者投资形成的资产、公司经营过程中的财产增值和无形资产共同组成公司的法人财产，法人财产是相对独立的，不同于股东的资产。因此，即使从这一角度来看，忽视股东以外的其他利益相关者对公司财富的创造也是不利的。

---

① 李传军：《利益相关者共同治理的理论基础与实践》，《管理科学》2003 年第 4 期。

（二）利益相关者管理理论在民办院校治理中的应用

毫无疑问，民办院校是一个利益多元组织，与公办院校相比，由于投资者的参与使得各利益主体之间呈现错综复杂的利益关系。从《民办教育促进法》的规定看，我国民办院校治理的利益相关者，至少包括出资人、校长、教师、学生与政府。其中，出资人既是学校资产形成的利益主体，也是学校经营利益归属的相关者。校长本来是学校的一个雇员，本质上是同教师或者其他管理人员相当的角色，然而，一方面，校长毕竟与教师及其他管理人员的权力与责任有明显区别；另一方面，在激励机制方面，校长（特别是营利性学校）还可能在利益上与出资人，甚至教师、学生之间存在着方向不同的利益关系，因而在治理结构的设计中，通常将其作为重要的利益相关方予以考虑。教师、学生，既是学校教学活动的重要主体，其个人利益与学校治理之间存在着典型的利益关系，其作为直接利益相关者的地位自不待言。除此之外，学生家长、依相关优惠政策为学校提供贷款的金融机构，以及不特定的捐款人，均为明显的然而是间接利益相关者，甚至如一般社会公众，也因其纳税行为在不同程度上享受源于税收的国家财政利益，而成为间接的利益相关者。这些主体，虽无与学校形成法律上直接的利益关系，却需要由政府作为社会公共利益的代表者，以及社会管理者，与民办院校形成利益关系。这些利益关系，通常借由法律与学校章程的规定，在学校的组织机构内部及某些特定方面的外部，赋予相应的法律地位，享有不同的权力与权利，承担不同的职责与义务，形成一定的相互关系。这就是学校法人治理结构的本原。① 实际上，民办院校的法人治理结构旨在回应冲突和多元利益要求的决策权安排问题，进而研究和构架合适的组织框架及其机制，有效管理内部事务。

利益相关者管理理论，对于民办院校治理至少有两层意义。第一，在保证投资者利益的同时，必须考虑利益相关者的利益。单独治理也好，共同治理也好，更多的是强调大学内部所有利益相关者，尽可能采用讨论的方式进行决策，教师、行政人员以及其他利益相关者的责任将通过治理过程进行分配。利益相关者管理理论认为，企业的成长不能仅仅追求企业股东利益最大化或者利润最大化，应该兼顾整个企业的利益相关者。借鉴利益相关者管理理论，民办学校的相关利益者包括政府教育行政部门、学校

① 曾志平、杨秀英：《民办高校法人治理结构的比较》，《教育学术月刊》2009 年第 12 期。

出资人、学校人力资源（包括校长等核心管理人员和专任教师）、学生及学生家庭等。在民办院校决策、运行、经营过程中，不能只顾投资者的利益，丢弃高等教育的规律，忘却相关利益者的利益。这里，"利益"不仅限于经济利益，还包括政治利益和民生利益。第二，要实施学校可持续发展的长远利益，民办院校必须充分调动广大管理人员和专任教师的积极性，建设和谐校园。利益相关者管理理论告诉我们，企业的利润是广大利益相关者共同创造的，企业的绩效取决于利益相关者的共同努力。注意发挥各个阶层、各利益相关主体的积极性和创造性，才能取得企业效益的最大化。民办院校办学是一个整体，一个庞大的系统。在民办院校的办学过程中，也不能片面强调某一方面的地位而忽略了另一方面的作用。只有不断增强办学共识，凝聚人心，共建共赢共享，才能促进学校各方面的工作协调发展。

四　治理与共同治理理论

（一）治理和共同治理理论概述

治理（governance）一词是相对于传统的统治（government）而言的。"治理"与"统治"在英语中，原本是交叉运用或混用的，指的是以政府为主体的公共事务的管理。"治理"作为一种理念，最早是由世界银行在1989 年发布的研究报告《撒哈拉以南的非洲：从危机到可持续增长》中提出的，该报告首次使用了"治理危机"一词。此后，治理的概念开始被应用于低度现代化（underdeveloped）国家的政治发展问题。1992 年世界银行在主题为"治理与发展"的年度报告中关于治理概念的提出被认为是治理理论的发端。随着治理的应用，西方学者逐步开展研究和阐释，"治理"一词被赋予新的含义，并在许多国家的政治、行政、社会管理改革中得到广泛的运用，逐渐被西方学术界发展成为内涵丰富、适用广泛的指导公共管理实践的一种新理论。它不再只局限于政治学领域，而被广泛运用于社会经济领域。正如研究治理问题的专家鲍勃·杰索普（Bob Jessop）所说的那样："过去 15 年来，它在许多语境中大行其道，以至成为一个可以指涉任何事物或毫无意义的'时髦词语'。"①

---

① 鲍勃·杰普索：《治理的兴起及其失败的风险：以经济发展为例的论述》，漆芜译，《国际社会科学》1999 年第 2 期。

　　迄今为止，对于治理的含义还在不断探索和丰富中。联合国开发计划署将治理定义为"行使政治、经济和行政权力来对国家事务进行管理"，"它是一些复杂的机制、过程、关系和制度，通过这些公民和各种团体清楚地表达他们的利益，行使他们的权利和义务，并调和分歧。治理包括各种方法——可能是好的，也可能是坏的——社会可以利用这些方法来分权，并管理公共资源和问题"。全球治理委员会在 1995 年出台的《我们的全球伙伴关系》中给治理下的定义最为权威：治理是各种公共的或私人的、个人和机构管理其共同事务的诸多方式的总和。它是使相互冲突的或不同的利益得以调和并且采取联合行动的持续的过程。这既包括有权迫使人们服从的正式制度和规则，也包括各种人们同意或以为符合其利益的非正式的制度安排。① 治理理论的创始人詹姆斯·N. 罗西瑙（Rosenau）认为，治理是一系列活动领域里的管理机制，它们虽然未得到正式授权，却能有效发挥作用。治理是有共同的目标支持的活动，这些管理活动的主体未必是政府，也无须依靠国家的强制力来实现。② 治理是一种内涵极为丰富的现象，既包括政府机制，也包含非正式、非政府的机制。英国学者格里·斯托克在《作为理论的治理：五个论点》指出：统治（government）是"在民族国家层次上运作以维系公共秩序、便利集体行动的正式而制度化的过程"。治理（governance）"意味着一种新的统治过程，意味着统治的条件已经不同于前，或是以新的方法来统治社会。③"治理的本质在于，它所偏重的统治机制并不依靠政府的权威和制裁。治理的概念是，它所要创造的结构和秩序不能用外部强加；它只发挥作用，是要依靠多种进行统治的以及互相发生影响的行为者的互动。

　　治理理论的提出和兴起有其历史必然性，概括地说，与经济全球化、行政国家的困境以及行政改革的世界潮流是密切相关的。其兴起的条件和诱因有如下几点：①世界经济一体化及全球化对公共行政管理的影响；②行政国家的扩张造成的治理危机和困境需要新的理论和工具的创新；

---

　　① 全球治理委员会：《我们的全球伙伴关系》，牛津大学出版社 1995 年版，第 23 页。

　　② 詹姆斯·N. 罗西瑙：《没有政府的治理》，张胜军、刘小林译，江西人民出版社 2001 年版，第 5 页。

　　③ ［英］格里·斯托克：《作为理论的治理：五个论点》，华夏风译，《国际社会科学》1999 年第 2 期。

③行政改革的世界潮流也为治理理论的兴起和传播提供了有利的背景和强大的动力。① 梅因茨认为，治理理论的历史起点是：现代国家履行其职责的失效，即统治失效：其一是西方民主社会越来越无治理能力；其二是福利国家的危机。② 治理理论的理论渊源，一是以极端自由主义为代表的当代西方哲学和政治思潮。主张消极的自由观和有限政府。二是公共选择学派，用经济学方法分析政治现象，得出了政府失败的结论。它把经济学家的工具和方法大量应用于集体或市场决策而产生。三是后现代主义，张扬不确定性、非中心化、小叙事差异和分散等为主要精神的思维方式。

由此可见，在西方现代政治学中，治理绝不是指那种依据国家强制性权力维系的统治形态，而是指社会政治共同体成员，以公益为基础，以共同参与、民主协商的方式形成的决策机制、社会政治管理方式，以及由此而构成的社会政治体制。它既体现政治共同体内部成员之间的权力关系，也反映共同体成员对社会、法律规范的自觉遵从。治理概念的应用并不局限在国家或国家内部各层行政实体范围内，还被广泛应用于一般社会组织和经济组织方面。从治理理论所包含的内容和所强调的重点来看，治理理论具有如下一些特征。首先，治理理论是对国家权力中心论的超越。国家已不再是唯一的统治权威，这种权威是可以和其他主体共同分享的。其次，治理理论也是对传统管理方式的超越。民主协商和谈判能够更多地取代正式的强制性的管理，达到同样甚至更加突出的成效。再次，各个治理主体以互信、互利为基础，以相互依赖为特征，追求共同目标和共同利益，实现社会发展和公共利益最大化。

由于治理理论在解决国际社会问题上的突出表现，并且社会问题带有大量的普遍性，因此逐渐被推广应用到政治学、社会学和管理学领域，也受到高等教育研究和管理者的青睐。他们认为治理理论解决问题的逻辑与方法能够为处于变革期的大学目标与理念的实现提供新的途径。面对迅速变化的外部世界，治理理论为分析与解决大学内在危机与外部挑战提供了新的理论依据与方法论。大学治理成为高等教育多样化背景下均衡各利益主体权力的制度安排与保障，大学治理研究为迫切需要解决的新建地方本科院校的管理问题提供了重要的分析框架，具有重

---

① 张连国：《治理理论：本质是复杂科学范式》，《学术论坛》2006 年第 2 期。

② 见俞可平《治理与善治》，社会科学文献出版社 2000 年版，第 213—214 页。

要的理论与实践价值。

治理理论受到我国学术界的重视，引发学者研究兴趣。俞可平在考察了有关治理的多种定义后指出，"治理是指在一个既定的范围内运用权威维持秩序、满足公众的需要"①，其目的是最大限度地增进公共利益。他认为，治理"意味着一系列来自政府但又不限于政府的社会公共机构和行为者，政府不是唯一的公共权力中心；治理意味着在为社会和经济问题寻求解决方案的过程中存在着界限和责任方面的模糊性，各种私人部门和公民自愿团体正在承担着越来越多的原来由国家承担的责任；意味着在涉及集体行为的各个社会机构之间存在权力依赖，意味着参与者将形成一个自主的网络；意味着对公共事务的管理在政府权威之外还有其他的技术和方法"。② 治理是只有被多数人接受才会生效的规则体系。李风华从治理理论的渊源出发，指出治理的根本精神是契约观念和效率精神。③ 胡象明、唐波勇从公共管理的研究范式入手，指出整体性治理是公共管理的新范式，是治理理论的新发展，通过分析整体性治理的结构，阐述了整体性治理的协调、整合、信任机制④。杨雪冬提出社会管理治理化的概念，通过把社会有效地组织起来，控制国家与社会以及社会内部的冲突，这是治理理论的一次深化。⑤ 我国学界对治理理论的探讨和阐释，既体现了治理理论对公共管理理论的借鉴与超越，也表明学界注意到了治理理论的适应性要求。如果从治理与统治的区别来理解治理的内涵，我们可以清晰地看到，第一，尽管二者都需要权威，但统治的权威一定是政府，治理则不必是。第二，在权力的运行方向上，统治过程中权力的运行是自上而下的，而治理定位于合作，其权力运行是多向的和相互的。第三，有效的治理必须建立在国家和市场的基础之上，通过协调多个治理主体，以共治的方式实现善治即良好治理的目标。

学者也阐述了治理与统治的区别。俞可平认为，治理与统治具有五个

---

① 俞可平：《治理与善治》，社会科学文献出版社 2000 年版，第 213—214 页。

② 俞可平：《权力政治和公益政治——当代西方政治哲学评析》，社会科学文献出版社 2000 年版，第 210—213 页。

③ 李风华：《治理理论：渊源、精神及其适用性》，《湖南师范大学学报》2003 年第 5 期。

④ 胡象明、唐波勇：《整体性治理：公共管理的新范式》，《湖南师范大学学报》2010 年第 1 期。

⑤ 杨雪冬：《走向社会权利导向的社会管理体制》，《华中师范大学学报》2010 年第 1 期。

方面的不同。其一，权威主体不同。统治的主体是单一的，就是政府或其他国家公共权力；治理的主体则是多元的，除了政府外，还包括企业组织、社会组织和居民自治组织等。其二，权威的性质不同。统治是强制性的；治理可以是强制的，但更多是协商的。其三，权威的来源不同。统治的来源就是强制性的国家法律；治理的来源除了法律外，还包括各种非国家强制的契约。其四，权力运行的向度不同。统治的权力运行是自上而下的，治理的权力可以是自上而下的，但更多是平行的。其五，两者作用所及的范围不同。统治所及的范围以政府权力所及领域为边界，而治理所及的范围则以公共领域为边界，后者比前者要宽广得多。① 龙献忠认为，治理与协调有联系又有区别。协调着眼于对涉及多方的矛盾冲突的解决，一旦冲突得以解决，协调行动就可画上句号。治理的重要手段之一是多方协调，但这种协调过程通常是没有句号的；此外它还着眼于建立在协调之上的行政（公共）管理，甚至可以包括执法管理活动。② 这些分析和阐述力图廓清两个概念之间的边界，但要做到泾渭分明却不容易，因此现实生活中治理与统治混用的情况仍然存在。

治理理论不仅得到了我国学界的认同，在党和政府治国理政中也越来越得到重视和关注。1978 年以前，我国经济领域和社会领域处于政府的严格控制之下，形成单一而集中的权力中心，整个社会高度统一化和高度政治化。改革开放以后，随着市场经济体制的确立，各市场主体逐渐成长起来，政府的职能主要是提供公共服务，公民的经济自主权增加，经济地位上升，民主要求和参与诉求越来越强烈。为此，在政策设计和制度建构上，党和国家不断调整发展目标，重视社会发展，保障公民当家做主权利的实现。特别是党的十八届三中全会通过的《中共中央关于全面深化改革若干重大问题的决定》中提出，"全面深化改革的总目标是完善和发展中国特色社会主义制度，推进国家治理体系和治理能力现代化"。就如何推进国家治理现代化做出了总体部署，并提出到 2020 年，在重要领域和关键环节改革上取得决定性成果，形成系统完备、科学规范、运行有效的制度体系，使各方面制度更加成熟更加定型，从而使"国家治理"从一

① 张小劲、于晓红：《推进国家治理体系和治理能力现代化六讲》，人民出版社 2014 年版，第 2 页。
② 龙献忠：《城市治理理论及其在中国的实践》，《学术研究》2007 年第 7 期。

个理论命题变成实践课题。这一全新的政治理念，集中体现了我们党对社会政治发展规律有了新的认识。现在，"国家治理体系和治理能力现代化"已经在全国各条战线、各个层面、各个领域全面展开，可以想见，随着这一进程的强力推进，必将促进整个社会治理理念的推广和治理能力的提高，使经济、政治、文化、社会和生态文明等各方面制度和体制机制更加科学、更加完善，推动国家各项工作制度化、规范化、程序化，全面完成和谐社会的发展目标。

（二）共同治理理论在民办院校政策与管理中的适用性

任何组织的治理都存在外部治理和内部治理。民办院校群体作为一种新型的社会组织，其治理同样存在着两个方面。对于民办院校，其外部治理的主体虽然多元，但是毫无疑问，政府治理是最重要最主要的治理内容。社会治理理论倡导治理主体多元化，政府不再是唯一的治理主体，但是政府仍然在组织协调其他治理主体中发挥着重要的作用。政府职能发挥的效果，在很大程度上决定着治理的成效。我国民办院校依赖于国家改革开放的政策而发展壮大，政府治理始终伴随着民办院校的成长。同时，民办院校的发展壮大甚至崛起，需要政府加快转型，以问题为导向，转变职能。一方面，民办院校与公办院校的办学体制截然不同，在治理方式上需要有不同的工具和路径；另一方面，以往政府对于高等院校的管理都是以公办院校为对象的，对于民办院校的治理缺乏足够的治理准备和治理手段，政府在这一领域的治理方面表现出明显的能力不足。新公共管理理论给政府的地位是"掌舵"，而不是"划桨"，新公共服务理论更进一步地指出，政府的功能在于"服务，而非掌舵"。无论是新公共管理还是新公共服务，都在反思传统公共行政（官僚制）"万能政府"的弊端。在办学方面，政府也不可以既当"裁判员"又当"运动员"，应该果断地走出这一怪圈，回到"办教育"的本义中来。另外，让其他利益主体尤其是举办者和学校内部治理结构来参与治理，既是这些主体的强烈呼声，也可以发挥比单一政府治理更加积极的作用。

就民办院校内部来说，也需要推进共同治理。根据我国相关法律，我国民办院校办学主体来源多元，举办形式多样，办学动机复杂，仅仅依靠一两个文件是不够的。根据国内外其他学者对民办高校利益相关者与高校之间双向关系的研究，我国民办高校利益相关者可以分为确定型利益相关者、预期型利益相关者和潜在型利益相关者三类①。①民办高校确定型利益相关者。投资人和举办者、高校的管理层、教授、产学研合作者、学生等对高校的发展举足轻重，应积极参与到高校的治理，是高校最为重要的利益相关者，具备利益相关者的三个关键属性，这类群体的利益诉求必须引起管理层的高度关注，是高校的确定型利益相关者。②民办高校预期型利益相关者。教职工、家长、政府、银行其他债权人、社区、其他高校、校友、用人单位等群体在高校中同样重要，但是他们只具备三个关键属性其中的两个，属于高校的预期型利益相关者。③民办高校潜在利益相关者。媒体、社会公众、环保组织、行业协会、工会这些群体在民办院校的发展过程中也有一定的影响，但是相比其他利益相关者而言，影响力相对不是很强，他们只具备了利益相关者三个关键属性中的一个属性，是民办高校的潜在利益相关者。如此复杂多样的利益相关者，必然对民办院校的办学提出和实现自身的诉求。根据我国民办院校的实际情况，在明晰民办院校产权的前提下和各个利益相关者准确分类的基础上，构建民办高校利益相关者广泛参与下的董事会、校长、校党委会和教职工代表大会共同治理模式是解决我国当前民办院校治理难题的一种可行途径和有益探索。

第四节　国内外相关研究②

对于办学体制，国内外都有一些研究。本节运用文献法，对国内外已有成果进行搜集、梳理和分析。

一　国外相关研究的梳理

民办院校办学体制，是指在教育基本法规定的原则下，国家对于社会力量（民间）举办民办院校的相关制度体系。民办院校办学体制突出强调的是民办院校的办学主体，即由谁出资举办、由谁兴办学校和由谁经营学校以及由此所涉及的制度架构，如民办院校办学的国家政策，政府如何

---

① 刘玉敏、张改霞、阎秀莹：《我国民办高校共同治理模式及机制》，《第六届公司治理国际研讨会论文集》（内部资料），第1—7页。

② 本节由于较多地涉及观点引用，对相关观点随文括注作者和时间，具体出处可在参考文献中查找。

规制民办院校的办学行为，民办院校办学过程中应履行哪些义务，民办院校举办者、办学者和利益相关者的权益保障，等等。可见，民办院校由于其举办体制与传统的公办院校不同，需要相关的制度（政策）环境与其配套，使之更好地生存和发展。

1. 国外学者对私立大学及其办学体制的相关研究

20 世纪后期；随着"公共治理"这一政治学和行政学理论的兴起，国际社会开始重新审视政府的作用以及公共服务的有效提供方式，并对大学办学体制进行了有关的研究和改革。

美国诺贝尔经济学奖获得者 Milton Friedman 在美国教育管理改革中发挥了重要作用，他在 1955 年首次提出"教育券"的思想，力图把学校的管理和运作从负责发放教育拨款的官员手上释放出来，探索选择教育的路径。在该制度下，政府给学生家长下发一批学券，由家长自行选择学校，取得学券的学校可凭此从政府取得相应的经费和资源，用于学校改善教学条件和学校运行，从而实现由家长自主掌握教育选择权。教育券在世界上产生了重要影响。南美很多国家普遍采用教育券制度。我国浙江长兴等地也曾经引入这一理论开展了教育券制度的试点。

以美国约翰·霍普金斯大学 Salamon 为代表的一批学者提出的"公私合作伙伴关系"理论，对教育改革也产生了较大的影响。所谓"公私合作"即"政府与非营利组织的合作"。"市场失灵理论"认为市场失灵后就应该通过政府机制来解决问题，但是"公私合作"理论认为，市场失灵后应该首先考虑私人非营利部门，因为后者会对被觉察的"市场失灵"做出最迅速的反应，只有在非营利部门不足的情况下，才会依靠政府部门。由此认为国家应有适量的私有机构和私法人举办。

Snauwaert（1993）指出，教育公共管理模式中有太多的官僚制，而教育官僚制脱离了家长，生产效率低下，形成了准垄断局面。Campbell（1987）认为官僚管理与教育的神圣价值和目的不相容，他们质疑与官僚制意义紧密相关的意识形态是否符合民主社会的要求。认为教育官僚制已不适应民主社会的要求，公共教育必须从治理结构上进行根本性的改造。

Murphy 和 Joseph（2000）梳理了 20 多年来世界教育公共治理改革的基本框架：变革政府垄断生产教育的局面，构建政府、市场与市民社会共同生产与治理教育的制度体系，改变政府生产教育的低效率状况，实现学校之间的充分竞争，颠覆标准化、模式化、程序化的教育生产体系，满足顾客多样化的教育需求；改善教育管理集权与分权之间的关系，给予学校更多的自治权，变革官僚控制的局面；变革教育管理中的专家控制局面，构建民主控制、市场控制等多种控制格局，实现教师、学生、家长等广泛参与教育治理的目的。世界银行专家刘易斯和帕特里诺斯（2013）指出，教育改革是为了提高教育系统的竞争性、灵活性和效率，而教育私有化是解决该问题的一条途径。他们在多国研究的基础上指出，不论公立教育系统还是私立教育系统，有效的教育系统需要满足学校自主性、竞争环境、家长的选择和参与、问责制等条件。

20 世纪 70 年代以来，随着大学获取公共资金额度逐渐减少，寻求更有效的管理方式成为西方国家高等教育改革的主基调。G. Keller 将这一时期的高等教育变革称为"高校管理革命"。Richard Krachenberg（1972）率先提出高等教育要进入市场以接受市场竞争的考验。克拉克（2001）提出了著名的"高等教育协调三角"模式。在这一模式中有三种势力制约着高等教育：国家权力、学术权威、市场。他发现当大学从国家的严格管制中获得更多自治时市场往往会侵蚀大学学术研究的自由，迫使大学放弃一部分基础理论研究而服务于市场的需求，所以大学总是要在政府与市场之间寻求最大的自治。David Kirpd（2008）分析描述了不同类型与层次的美国大学在面对市场的残酷竞争时所采取的管理变革措施与美国大学一直期待成为"思想自由的园地"的纠结。

William Zumeta 将美国各州的公共政策划分为三种类型：一是自由放任型（Laissez-faire），即政府对于私立教育采取不作为的态度；二是集中计划型（Central Planning），即政府像对待公立高校一样对待私立院校进行集中的统一管理；三是市场竞争型（Market Competitive），即政府遵循市场发展规律，对于私立高等教育不是采取直接干预的方式，而是采取间接控制的方式。

2. 国外学者对中国民办院校办学体制的研究情况

中国民办高等教育的快速发展，吸引了不少国外学者的关注。如加拿大多伦多大学的许美德（Ruth Hayhoe）教授、美国纽约州立大学阿尔巴尼分校的列维（Daniel C. Levy）教授、宾夕法尼亚州立大学的盖格（Roger Geiger）教授、哥伦比亚大学的列文（Henry Levin）教授和日本东京大学的金子元久教授等。他们不仅关心中国民办高等教育事业的发展，而且指导中国留学生研究中国民办高等教育问题。国际组织如世界银行、联合国教科文组织、福特基金会等，也积极资助中国民办高等教育的研究项目，并召开相关的学术会议。2002 年，受世界银行和教育部政策法规司的委托，北京大学教育学院和上海民办教育研究所合作，对 50 多所民办教育机构进行了调查，并在此基础上完成了研究报告。2003 年，在福特基金会的资助下，北京大学、浙江树人大学等院校与美国马里兰大学合作，共同开展了关于中国民办高等教育政策、管理和质量认证的课题研究。2009—2012 年，在福特基金会的资助下，马里兰大学的林静教授和北京大学合作开展了中国民办院校能动性学习的研究，包括浙江树人学院在内的国内多家民办院校参与了此研究。

二　国内相关研究的梳理

1. 对办学体制改革的研究

随着民办院校的发展壮大，有关办学体制改革的相关研究也迅速得到重视和关注。许多著名学者参与相关研究，推动了办学体制改革的深入，推动了民办院校的发展和相关政策的制定。

首先，在办学体制改革的必要性方面，周远清、潘懋元、顾明远和胡瑞文等走在前列。他们从经费需求、管理改革和民办院校发展等方面，开展相关研究。潘懋元教授早在 1988 年就在《光明日报》上发表《关于民办高等教育体制的探讨》一文，指出"随着经济体制的改革，多种所有制经济成分的发展，民办高等学校的出现与发展不是不可能的，事实上也已经出现了。因此，重新探讨民办高等教育的体制问题，在社会主义初级阶段教育体制改革中，是有现实意义的"。教育部原副部长周远清（2001）指出，"我个人认为，民办高等教育是中国社会主义高等教育事业的一个非常重要的组成部分。根据我们的国情和我国经济社会的发展，中国必须办好民办高等教育"。上海教科院原院长胡瑞文（2002）提出，为了实施从人口大国向人力资源大国转变的发展战略，国家必须加快办学体制改革，积极发展民办高等教育。北京师范大学著名比较教育研究专家顾明远（2004）认为，私立大学的发展是世界高等教育的重要发展趋势。随着高等教育体制改革的深入和民办院校办学的增加，民办高等教育办学体制的研究开始越来越多。

对于办学体制改革带来的教育管理改革，也引起了许多学者的关注。大部分学者认为，政府应该放松对民办学校的管制，赋予学校更大的办学自主权。劳凯声（2012）对当前我国教育的一个基本判断是政府过度干预学校的问题仍未彻底解决，应该使教育真正回归民间。吴康宁（2012、2013）指出，政府部门对于学校的超强控制已成为妨碍教育改革深入推进的一个要害性问题。政府部门常常集教育改革的设计者、指导者、管理者、监督者、调控者及评价者等多种角色于一身，导致学校难以真正成为教育改革的主体；不受限制的权力，是政府部门得以对学校实施超强控制的主要原因；限制政府部门的权力，乃是有效推进教育改革的必由之路。石中英（2013）进一步强调，当前教育改革已经超出大中小学教育机构以及教育行政部门的能力了，需要加强顶层制度设计和更大范围的协调。

与此同时，部分学者以政策文本为分析对象，对我国教育政策进行了研究，代表性学者有谢维和（2006）和林小英（2010）。谢维和分析了1985—2001年国家和教育部所出台的1511件政策文本后指出，在重大教育政策的制定和出台上，应该更加重视教育改革和发展的长远目标，使教育政策具有更长的时间周期和效力；而在具体和局部政策的制定上，则应该更多地考虑现实和短期的需要。

很多学者从社会治理的视角对高等教育体制改革的方向、目标、途径等问题进行了深入论证。康宁（2005）研究了中国改革开放25年以来高等教育资源配置转换与制度创新的变迁过程，发现社会中介机构的活跃程度反映了搭建在学校与社会、市场与政府之间桥梁的稳定性。李明忠（2010）指出，政府需要转变自身职能，重新定位自身角色，从"全能政府"向"有限政府""有效政府"转变，从"既掌舵又划桨"的管制型政府向"掌舵而不划桨"的调控型政府转变，从大学的控制者、管理者向大学提供者、服务者、监督者转变。孟繁华（2014）指出，当前我国高等教育改革的关键是优化治理结构，完善中国特色的现代大学制度。学者们普遍认识到，治理视野下的政府不再是高等教育管理的唯一权力中心，而是通过政府权威的"去中心"，还权于社群，还权于大学，允许其他社会组织作为权力主体积极参与到高等教育事务的管理之中。

近年来，"大学行政化"及"去行政化"问题受到了很多学者的关注，学者分析了当前大学行政化的表现、症结及解决对策。陈学飞（2010）指出，能否逐步去除行政化关键在于政府的决策和作为。王嘉毅（2012）则认为，高等学校去行政化不能依靠政府权力下放实现，只能通过高等学校内部治理结构的重构，取得行政权力、政治权力和学术权利之间的平衡。周光礼（2012）用制度经济学的理论分析了中国大学行政化的制度根源：宏观制度背景制约了中国大学办学自主权的落实与扩大；行动者认知方式使他们陷于"行政化"的思维定式之中；制度的累积效应则把中国大学锁定于"行政化"的路径依赖之中。眭依凡（2013）认为长期以来政府把大学纳入官僚体系，将大学视为一类行政机构，忽视了大学作为教育和学术组织的特殊性及其规律性，对大学实施了过多过度的行政控制，包揽了许多本属于大学自己的权利，所以去行政化显得非常迫切。张力（2013）分析了中国部分公办普通院校实际存在的行政化倾向和管理模式问题，对学界和社会各界所提出的批评性意见进行了客观分析。

对于办学体制改革的相关研究，有利于优化民办院校的办学环境，有利于民办院校相关政策的制定和出台，也为民办院校办学体制改革研究奠定基础。

2. 对民办院校办学体制改革的相关论述

民办高等教育在我国具有先发展后规范的特征，民办高等教育的复杂性为公共政策制定者提出了许多课题。

学者们普遍认识到，应该降低对民办院校的监管，提高民办院校的办学自主权。杨丽琳（2000）分析了政府对民办院校的价格管制、审批管制、信息管制、质量管制以及资金财务管制上存在的负效应。徐绪卿（2013）论述了我国民办教育政策从"管制"向"扶持"转型的重要性。施文妹、周海涛（2014）认为，落实民办院校办学自主权是民办院校自身发挥办学体制机制优势、办出特色、构建现代大学制度的内在需求。

我国的民办院校投入先天不足，又缺乏公共财政资助，所以其发展面临特殊的困难和挑战。政府对公办高等教育的投入不断增加，公办院校的生均经费标准大大超过民办院校的收费标准，公、民办院校之间生均经费差距悬殊；民办院校教师待遇下滑，流失严重；各种税费使民办院校负担沉重；公办院校的扩招挤压了民办院校的生源。针对这些困难，周海涛（2012）认为需要构建政府与学校的合作互动关系，要完善民办院校扶持与资助制度、教师及学生权益保护制度、国家监管制度，建立健全民办学校的组织机构，培育中介机构。

创办者（举办者）在我国民办教育的发展中处于关键地位，所以保护举办者的产权诉求、激励其办学积极性是我国民办高等教育发展的一个重要问题。无论是研究民办教育的学者（如潘懋元，2005；阎凤桥，2006；邬大光，2007），还是民办院校办学者（如黄藤，2007），都认识到产权是影响我国民办院校健康发展的关键问题。张铁明（2007）认为，要通过积极有效的产权激励机制来促进民办高等教育健康发展。文东茅（2007）分析了民办院校的产权和控制权问题，并指出举办者加强控制权是在所有权不清晰的背景下的必然选择。王一涛（2014）集中分析了民办院校的所有权问题。

自《国家中长期教育改革和发展规划纲要（2010—2020年）》提出进行民办学校分类管理试点以来，对民办院校的分类管理成为民办院校办学体制研究领域内的焦点问题，很多学者对民办院校的分类管理进行了研究。如徐绪卿（2011）、吴华（2011）、胡卫、董圣足（2011；2013）、沈剑光（2011）、王善迈（2012）、潘懋元（2013）、阎凤桥（2014）、周海涛（2014；2015）；部分具有官方背景的学者也将民办院校分类管理作为重要的研究方向，如王锋（2010）、王建（2012）。

政策工具是政府为实现特定政策目标而采取的一系列机制、手段、方法与技术，它是连接政策目标与政策结果的纽带与桥梁，恰当的政策工具对公共政策的成功有重要作用。阎凤桥（2005）认为，我国民办高等教育政策具有目标单一和工具单一的特点，政策目标以效率为主（解决公共经费不足的问题），政策工具主要是管制。郑丽君（2008）分析了民办院校风险保证金的利弊。王邦永和黄清云（2013）分析了我国政府在民办高等教育发展的不同阶段所采用的不同的政策工具，特别对长兴、宁波和陕西等地方政府所采用的政策工具进行了比较分析。

民办院校的内部治理结构既是学校内部治理的基础，也是国家对民办院校实施治理的基点。徐绪卿（2013）研究了民办院校的内部管理制度；屈潇潇（2011）分析了我国民办高等教育内部治理政策。在不同阶段，民办院校的内部治理体现了政府和民办院校之间规制权的变化与反复，地方政府在民办院校内部治理中发挥了重要作用。

我国很多民办院校存在家族化管理色彩，这是研究我国民办院校办学体制改革所不能回避的问题。徐绪卿（2009a；2009b）、卢彩晨（2011；2012）和王一涛（2013；2014）等学者研究了我国民办院校家族化管理的现状、导致民办院校家族化管理的原因以及今后的应对策略。研究发现，当前我国民办院校的举办者年龄普遍偏大，正处于交接班的高峰期，所以稳妥地处理民办院校举办者的子女接班问题，事关我国民办院校的可持续发展。

政府管理有其自身的逻辑，一味地批评政府管理的不足无助于问题的解决。只有对政府管理民办院校的出发点、政策制定过程有所了解，才可能提出更具有可行性的对策建议。很多具有政府工作背景的学者，从管理民办院校的实际需要出发提出了优化监管民办院校的对策建议。朱坚（2007）认为政府应该树立监管意识，实施主动监管；创新监管方式，完善监管制度。李蔚（2010）认为在投资办学的背景下，建立公共财政扶持机制需要两手抓，一手抓扶持，一手抓管理，在公平、稳定的前提下制定更加灵活、可行的政策措施，引导和支持民办院校健康有序发展。

在民办高等教育领域中建立新型的公私合作关系是提高民办院校竞争力的必要途径。董圣足等（2009）借鉴了公私合作理论，对我国民办高等教育领域中的公私合作前景进行了展望。周海涛（2012）从"国家与社会关系"的视角出发，认为政府与民办学校的互动合作会形成"政府是融入社会的政府，民办学校是纳入体制的学校"的良好局面。

独立学院是中国特有的民办高等教育形式，既具有与独立设置的民办院校相近的特征，也有其本身的特殊性。王富伟（212）在调研的基础上将独立学院划分为"公办型独立学院"和"民办型独立学院"，分析了两类独立学院各自所面临的制度性困境。阙海宝（2009）以委托代理理论为基础，分析了独立学院董事会的现状，认为应对投资方形成有效的激励。阙明坤（2015）对独立学院转设进行了长期跟踪研究，总结了独立学院转设的基本规律和影响因素。

人才培养是民办院校的基本职能，人才培养的质量决定了民办院校的社会声誉。人才培养涉及目标定位、专业设置、课程安排、教学方法、师资队伍建设等方面内容。目前大多数民办院校都提出了培养应用型或高级应用型人才的目标定位。陈新民（2009；2012）对包括民办院校在内的新建本科院校的人才培养进行了论述。刘莉莉（2012）等学者认为，民办院校也要关注学生的心智成长，注重培养学生广阔的知识视野，促进其各方面能力的培养与个性的完善，尽管技能的传授不可缺少，但真正的教育必须超越于此而上升到培育人的精神、安顿人的心灵的高度，以接近教育的本质。

三　对已有相关研究成果及观点的分析评价

学界围绕我国民办院校办学体制问题的研究积累了丰富的实践经验和理论资源，为我国当前进行民办院校办学体制综合改革提供了良好的基础和条件。不过，我们也要看到，迄今为止，虽然人们对民办院校办学体制改革的历史、现状以及未来的建设方向已经形成了一些基本的共识，但也存在不少的分歧，值得我们进一步的思考和探索。对此，我们择其要者简述如下。

1. 达成的共识

共识一：民办院校的办学体制需要相应的政策支持。民办院校的办学体制是对传统办学体制的探索、突破和创新，这种创新已经取得了显著的成效。但是，在政府掌握绝大部分教育资源配置权的背景下，制定民办院校办学体制的相关政策，对于民办院校的健康和可持续发展，具有重大意义。

共识二：应该建立民办院校的分权管理体制。民办院校具有较强的地域性特征，所以适宜采取分权管理方式。在分权管理体制下，由全国人大和中央政府制定一般性的法律和政策，把制定地方性民办院校法规和政策的权力交给地方人大和政府部门。地方政府可以根据当地的社会背景和发展需求及时地制定和调整相应的政策，统筹当地公立院校与民办院校的发展，提高民办高等教育政策的适切性以及整个教育系统的多样性。

共识三：给予民办院校更大的自主权。政府制定民办院校的政策往往滞后于实践的发展。只有制定优惠的政策，给予民办院校更大的自主权，才能充分发挥民办院校面向市场灵活和创新的特点，激发民办院校的办学活力，营造我国丰富多样的高等教育生态。政府应该在制定公正、合理的办学标准基础上，给予民办院校专业设置、学费收取、招生等方面的自主权，激励民办院校不断提高教育质量，坚持走特色发展之路。

共识四：民办院校应逐步建立和健全自我管理和自我发展的良性机制。民办院校的健康发展，必须依靠自身的内部制度建设。加强董事会（理事会）建设是实现上述目标的重要内容。董事会（理事会）是民办院校自身发展和规范管理的组织保证。董事会不能成为举办者等少数人的利益代表，要具有一定的专业性和社会代表性。在董事会的领导下，校长在教学、科研等方面要具有充分的办学自主权。要赋予党委政治保障作用，建立教师、学生和家长等利益相关者参与民主管理的机制。

2. 存在的分歧

学界虽然取得了上述共识，探讨也由最初对基本概念的界定深入到具体制度的设计，但在一些重要问题上，尚未形成统一认识，存在着"一个概念，各自表述"的现象。由于在一些基本问题上没有取得完全一致，往往出现"公说公有理，婆说婆有理"的现象。

分歧一：分类管理问题。

自从民办教育诞生之日起，对民办院校进行分类管理的主张就被提出。2010 年国家提出开展民办学校分类管理试点以后，分类管理被正式提上了日程。学者们进行了广泛的调查，发表了大量的论文，召开了多次学术会议，温州等地的试点也产生了不小的影响。但是，就目前全国的整体情况来看，民办院校分类管理试点并不成功，目前尚没有一所民办院校选择成为"营利性民办院校"，很明显，如果所有的民办院校都选择成为"非营利性民办院校"，那么，分类管理试点实际上就失去了存在的意义。

教育实践中没有实质性进展，教育理论界也存在重大分歧：民办院校分类的标准是什么？如何在土地税收、财政补助、教师社保、准入门槛等方面区别对待不同类型的民办院校？此外，很多学者认为目前我国并不具备分类管理的社会环境，强制推进民办学校分类管理会导致我国民办教育的倒退。总而言之，民办院校分类管理问题存在重大分歧，需要在今后的研究中重点突破。

分歧二：产权与合理回报问题。

产权问题是我国民办院校政策的基本问题。根据原有法律规定，产权主要包括所有权（决定学校终止办学后的资产归属）、收益权（决定合理回报问题）和控制权等三大权利。表面上看，《民办教育促进法》和《民间非营利组织会计制度》明确了民办院校的产权问题。但是，相关法律对产权的规定不详细，而且一些规定与民办院校的举办者等关键利益相关者的诉求存在重大分歧，导致法律规定实际上很难有效执行。学者本希望通过民办院校的分类管理来解决民办院校的产权问题，但是由于分类管理本身遇到了较大困难，所以未来如何解决民办院校的产权问题，还需要更深入的研究。

合理回报问题可以看作产权问题的组成部分。虽然原来的《民办教育促进法》规定举办者可以获得合理回报，但是文件缺失依据不清，程序烦琐条件苛刻，现实中举办者一般通过其他方式来回避审批而自行获得回报。应该进一步保护举办者的产权主张、理解并通过一定的制度回应他们经济回报的诉求从而激发他们的办学积极性，还是限制他们的营利行为并引导更多民办学校向非营利性的方向发展？这些问题还需要深入研究。

分歧三：市场机制在教育领域中的作用问题。

党的十八届三中全会提出，让市场决定资源配置。但是，在教育资源的配置中，市场应该发挥多大的作用？市场调节和政府调节应该保持怎样的平衡关系？对这些问题的研究还显得十分薄弱。

对于民办高等教育而言，学者普遍认为，市场机制可以在其中发挥更大的作用，但是政府调节的机制、模式、途径等问题还需要加大研究。此外，如何避免我国和世界多国普遍存在的民办教育"过市场行为"和"过产业化行为"，也需要进一步的研究。

第五节　项目研究的基本框架

一　确定主要研究框架的依据

1. 理论依据

根据孙绵涛等学者的观点，教育体制是教育机构和教育规范这两个要素的结合体。教育机构包括教育实施机构和教育管理机构。前者主要指各级各类学校，后者包括各级各类教育行政机构和各级各类学校内部的管理机构。教育规范指的是建立并维持教育机构正常运转的制度。

有学者认为，办学体制是教育行政部门对各级各类学校的兴办进行管理的一套制度体系，是指在国家教育基本法规定的原则之下，办学者或办学主体是由哪些团体或个体组成的，国家赋予其什么样的权利和义务，对其有何种最基本的要求，等等。总之，办学体制所突出强调的是办学主体，即由谁出资，由谁兴办学校，在此基础上还涉及办学主体在什么样的制度环境中办学，办学过程中享有什么样的权利，应履行哪些义务和遵守哪些规章制度，等等。办学体制改革是优化教育资源配置，提高教育资源利用率，化解教育投入不足与资源相对浪费之间矛盾的有效途径。通过办学体制改革，我国逐步形成了以政府办学为主体、社会力量共同参与、公办学校和民办学校协调发展的多元化发展道路。具体而言，办学体制主要涉及以下三个问题：

第一，同一层级政府内部不同职能部门之间的关系。特别是教育行政部门与负责教育财政资源配置的财政部门和负责教师资源配置的人力资源保障部门之间的关系。

第二，不同层次政府的教育管理权限划分。民办院校的管理权限主要是中央政府和省级政府。

第三，政府、学校和社会三者之间的关系。这三者关系，有的时候是一致的，有的时候是矛盾的甚至冲突的。如何处理好三者之间的关系，不是纯粹的平衡和迁就，也不是简单的排序和组合，需要分清主次，明晰职责，共治共享。

2. 政策依据

第一，1985 年颁布的《中共中央关于教育体制改革的决定》。这是改革开放以来我国最早的关于教育体制改革的专门文件，也是国家教育体制改革文件中的纲领性文件之一，对于启动和开展我国教育体制改革发挥了重要的引领作用。《中共中央关于教育体制改革的决定》认为，我国的教育在管理权限、教育结构以及教育思想、教育内容和教育方法上都存在弊端。为此，"必须从教育体制入手，有系统地进行改革"。教育体制改革的主要内容包括：改革管理体制，实行简政放权，扩大学校的办学自主权；调整教育结构，相应地改革劳动人事制度；改革同社会主义现代化不相适应的教育思想、教育内容、教育方法。2015 年是《中共中央关于教育体制改革的决定》颁布 30 周年，30 年后，当时一些教育改革的基本思想对于今日的教育改革仍具有指导意义。

第二，1999 年中共中央、国务院《关于深化教育改革　全面推进素质教育的决定》。决定认为：当今世界，科学技术突飞猛进，知识经济已见端倪，国力竞争日趋激烈。教育在综合国力的形成中处于基础地位，国力的强弱越来越取决于劳动者的素质，取决于各类人才的质量和数量，这对于培养和造就我国 21 世纪的一代新人提出了更加迫切的要求。我国正处在建立社会主义市场经济体制和实现现代化建设战略目标的关键时期。新中国成立 50 年来特别是改革开放以来，教育事业的改革与发展取得了令人瞩目的巨大成就。但面对新的形势，由于主观和客观等方面的原因，我们的教育观念、教育体制、教育结构、人才培养模式、教育内容和教学方法相对滞后，影响了青少年的全面发展，不能适应提高国民素质的需要。全党、全社会必须从我国社会主义事业兴旺发达和中华民族伟大复兴的大局出发，以邓小平理论为指导，全面贯彻落实党的十五大精神，深化教育改革，全面推进素质教育，构建一个充满生机的有中国特色社会主义教育体系，为实施科教兴国战略奠定坚实的人才和知识基础。可以看出，与第一个文件相比，这一文件敢于直面教育体制存在的问题，为深化改革提供了空间和依据。不仅如此，这一决定明确提出："进一步解放思想、转变观念，积极鼓励和支持社会力量以多种形式办学，满足人民群众日益增长的教育需求，形成以政府办学为主体、公办学校和民办学校共同发展的格局。凡符合国家有关法律法规的办学形式，均可大胆试验。在发展民办教育方面迈出更大的步伐。鼓励社会力量以各种方式举办高中阶段和高等职业教育。经国家教育行政主管部门批准，可以举办民办普通高等学校。在保证适龄儿童、少年均能就近进入公办小学和初中的前提下，可允许设立少数民办小学和初中，在这个范围内提供择校机会，但不搞'一校两制'。积极发展以社区为依托的、公办与民办相结合的幼儿教育。要因地制宜地制定优惠政策（如土地优惠使用、免征配套费等），支持社会力量办学。"这一文件，明确提出开展办学体制改革的目标，明确发出社会力量"经国家教育行政主管部门批准，可以举办民办普通高等学校"的信号，消除了设置争议、徘徊多年的民办院校发展的障碍，推动了民办院校的发展。

第三，2010 年国务院颁布的《国家中长期教育改革和发展规划纲要（2010—2020）》（以下简称《规划纲要》）。到 2020 年我国将进入实现全面建设小康社会奋斗目标、加快社会主义现代化建设的新阶段。《规划纲要》从我国现代化建设的总体战略出发，描绘了我国未来 10 年教育改革的宏伟蓝图。《规划纲要》高度重视"办学体制"问题。其第十四章专门论述"办学体制改革"，涉及民办教育方面的体制改革主要包括：深化办学体制改革，形成公办教育和民办教育共同发展的格局（第四十二节）；大力支持民办教育的发展，将民办教育视为教育事业发展的重要增长点和促进教育改革的重要力量，依法落实民办学校、学生、教师与公办学校、学生、教师平等的法律地位，健全公共财政对民办教育的扶持政策（第四十三节）；依法管理民办教育，积极探索营利性和非营利性民办学校分类管理，完善民办学校法人治理结构，积极发挥民办学校党组织的作用。完善民办高等学校督导专员制度（第四十四节）。

第四，2012 年颁布的《教育部关于鼓励和引导民间资金进入教育领域促进民办教育健康发展的实施意见》（以下简称《实施意见》）。《实施意见》是在《规划纲要》颁布后，我国教育尤其是民办教育面临着新形势、新机遇背景下所出台的专门针对民办教育发展的重要文件。《实施意见》指出，要"健全以政府投入为主，多渠道筹措经费的教育投入体制"，要"进一步激发民小教育体制机制上的优势和活力，满足人民群众多层次、多样化的教育需求，探索完善民办学校分类管理的制度、机制"。

第五，2013 年颁布的《中共中央关于全面深化改革若干重大问题的决定》（以下简称《决定》）。《决定》集中了中共全党和各方面的智慧，成为新形势下全面深化改革的纲领性文件，标志着始于 1978 年开始的改革开放进入了新阶段。《决定》指出要"深化教育领域综合改革"，特别强调要深入推进管、办、评分离，扩大省级政府教育统筹权和学校办学自主权，完善学校内部治理结构。《决定》也对大力发展民办教育提出了指导性意见，要"健全政府补贴、政府购买服务、助学贷款、基金奖励、捐资激励等制度，鼓励社会力量兴办教育"。

第六，2016 年 11 月 7 日全国人大常委会通过并于 2017 年 9 月 1 日实施的《民办教育促进法》修正案以及相关配套文件。这一法律要求加强党对民办学校的领导，允许举办义务教育阶段以外的营利性民办学校，从而突破了中国具有国家教育制度以来"教育不得以营利为目的"的传统观念，为社会投资举办民办教育扫清了最后一道障碍，成为未来国家办学体制改革的重要指导和推进器。修法以后，国务院专门下发了配套文件，相关部门印发了实施办法，使得新的法律规定尽快形成制度体系。

3. 实践依据

我国民办教育恢复办学已近 40 年。民办院校合法办学也已 20 多年。多样化的民办院校办学体制，为社会提供了更多的高等教育资源，满足了社会求学的需要，为社会培养大量的人才，积极参与社会主义现代化建设，受到社会欢迎。而这一新生的办学体制，也在不断地探索和改革之中。边探索、边实践，边总结、边提高，是我国民办院校办学体制改革的显著特点。民办院校办学体制改革和发展的实践，也为国家高等教育改革和发展提供了重要实践依据。

二　课题主要研究框架

根据课题研究需要，研究工作设计了"一条主线"、"两个主题"和"五大子课题"的研究框架。

（一）一条主线，是指本课题的研究紧紧围绕"民办院校办学体制与发展政策"这条主线展开。这条主线贯穿于本课题研究活动的始终，渗透于本课题的研究内容之中。

（二）两个主题，是指为始终贯彻上述主线，本课题系统深入地回答了两个具有内在逻辑关系的关键性问题。

第一：微观上，解决"民办院校如何办学"的问题。即研究民办院校如何完善内部治理体制及人才培养机制，从而提高决策的科学性和资源配置效率，以实现民办院校可持续发展，建设高水平民办院校。

第二：宏观上，解决"政府如何管理民办院校"的问题。即研究各级政府（尤其是教育部和省级教育行政部门）如何完善对民办院校的管理，既保证民办院校充分的办学自主权，使其根据社会需求的机动灵活办学，又完善对民办院校的宏观管理，防范民办院校的办学风险。

（三）五大子课题，是指本课题重点研究的五个领域。

子课题一：民办院校政府管理体制及发展政策。

政府管理民办院校时经常出现"放则乱，收则死"的结果。导致这种现象的主要原因是政府所采取的政策工具存在问题。本子课题重点研究政府管理民办院校的政策工具。当前我国政府管理民办院校的主要政策工具是"管制"，今后应该综合采用法律、评估、财政等政策工具。

子课题二：民办院校分类管理的诉求调研及政策建议。

从逻辑上讲，该子课题所研究的内容属于第一子课题的研究内容，但是，由于分类管理试点在我国民办院校办学体制中具有非常重要的理论和实践价值，并且是刚刚试点开展，所以我们将该子课题单列以便于对其进行重点研究。

子课题三：民办院校内部管理体制改革及发展政策。

民办院校的内部管理具有自身的特殊性，也是民办院校区别于公办院校的主要地方。本子课题在深入调查基础上，了解当前我国民办院校内部管理的基本现状，提出优化民办院校内部管理的对策建议。

子课题四：民办院校人才培养体制改革及发展政策。

　　人才培养是民办院校的主要职能，也是民办院校提高核心竞争力和可持续发展能力的关键。当前大部分民办高校定位于培养应用型人才，如何将应用型人才培养目标落实到位，培养出具有较强竞争力的毕业生，是民办院校面临的严峻挑战。此外，民办院校也要防止人才培养过于强调应用型的状况，不能将民办院校作为人才培训机构，而要与通识教育相结合。

　　子课题五：民办院校的国际比较及发展政策。

　　公办高校受到我国特殊的政治体制和教育管理体制的影响，而我国的民办院校则同时受到政治体制、教育管理体制和市场体制的影响，所以民办高等教育更具有国际比较的可能和优势，更可以借鉴国外先进的管理体制。本课题在民办院校发展的历史回顾、国际比较和现状调研基础上，提出今后我国民办院校可持续发展的政策建议。

三　课题成果呈现结构（专著章节）

　　本研究的主要成果为专著《我国民办院校办学体制及发展政策研究》。根据研究设计，征求专家意见，专著的主要框架为9章。

　　第一章，概论，主要论述课题研究的背景和依据。本章从我国高等教育发展的宏观背景出发，提出民办院校办学体制的必要性、重要性和必然性。介绍本课题研究主要的基础理论，为课题研究提供重要的理论支撑。对相关概念进行了分析阐述，介绍了国内外研究状况和特点、课题研究的重点和目标，最后交代了研究方法和路径。

　　第二章，大学的起源和办学体制的演变过程。根据"下游的水是从上游流下来的"原理，本章从分析中世纪大学起源开始，详细研究大学的办学体制及其发展进程，从中探寻在世界范围内办学体制变革的必然性和规律性。

　　第三章，大学办学体制变革的进程和经验。秉承第三章的逻辑，深入分析研究世界上一些典型国家和地区的高等教育办学体制演变的改革进程、办学体制改革的现状，从国际经验中研究分析世界高等教育发展潮流中私立大学办学体制的兴起和趋势。

　　第四章，我国民办院校办学体制发展进程。详尽叙述我国改革开放以来高等教育体制改革进程中，民办院校办学体制的探索、形成和完善，分析了我国民办院校办学体制的特殊性和阶段性、主要类型和特征、存在问题以及未来的发展趋势。

第五章，我国民办院校办学体制发展的政策分析。本章承接上一章的分析，对我国民办院校办学体制与发展政策现状进行"相对静态"的梳理，根据五个阶段的划分，回顾民办院校发展进程中与之相适应的政策逐步建立和不断完善的过程。从政策演变、政策文本和内容、政策工具等多维度、多角度分析民办院校发展政策的价值，并对相关文本进行了细化研究。

第六章，民办院校发展政策的问题与趋势。着重研究当下我国民办院校办学体制和政策存在的问题和矛盾，在贯彻落实《民办教育促进法》新法及其相关系统的配套政策的背景下，研究民办院校办学体制与发展政策的未来导向和趋势，奠定政策研究的"问题基础"。

第七章和第八章，从内、外部两个方面，从政府与民办院校两个层面，系统全面研究民办院校办学体制深化改革和民办院校内部治理的政策问题。按照深化教育改革和办人民满意教育的要求，研究提出我国民办院校办学体制发展的相关政策建议，提出我国民办院校内部治理的体制机制创新对策。

第九章，研究小结。对整个研究工作和研究成果进行梳理分析，从中提炼研究结论，提出相关建议，服务政策研究和制定，服务民办院校办学体制的改革，服务民办院校的可持续发展。

第六节　项目研究的重点问题

一　课题研究的基本思路

根据对我国民办高等教育的深入、系统地跟踪性研究，调研我国民办高等教育办学体制的基本现状，把握我国民办院校办学体制的基本矛盾，通过对美国、英国、日本、韩国等国家和我国台湾地区私立高等教育的比较研究，探寻世界高等教育办学体制改革的规律和经验，提出优化我国民办院校办学体制改革和政策的对策建议。

（一）研究视角

1. 政校关系视角

该视角是国家和社会关系的视角在民办高等教育研究的具体应用。政校关系视角可以帮助我们更好确立政府和民办院校的边界：哪些事务属于民办院校内部事务，哪些事务属于公共事务而需要政府加以规制。

国家和社会的关系是经济学、政治学、管理学等学科非常重要的研究领域，很多学者借此视角分析非营利性组织（包括民办院校）的产生和发展。威斯鲍德（Burton Weisbrod）等学者从"政府市场失灵"（government failure）角度解释非营利组织存在的合理性。他认为，政府工作机制决定了它在提供公共产品方面的能力是有限的。政府根据"选民中位数"（voter median）原则（即根据多数选民的意愿）配置公共资源，提供公共产品，因此中位数周围的人可以较好地享受到公共产品，而中位数以下或以上人的需求，则难以得到有效的满足，没有得到满足的公共需求就构成非营利组织的生长空间。公共需求多样化程度越高，政府提供公共产品的能力越有限，非营利组织的生长空间就越大。

20 世纪 80 年代，汉斯曼（Henry Hansmann）等学者从"合约失灵"（contract failure）角度解释非营利组织存在的合理性。萨拉蒙（Lester Salamon）稍晚提出了"第三方政府"（third-party government）理论。他把非营利组织和营利组织看成社会服务的主要提供者，政府的出现则是"自愿失灵"（voluntary failure）的结果。在这个意义上，他提出了应该发挥非营利组织的主导作用，政府组织应该与非营利组织建立合作伙伴关系，更好地满足社会对公共产品的需求。

2. 制度演进的视角

制度演进的视角可以看作"理性有限"视角的一部分。"理性有限"理论的核心观点是，制度是演变而来的，是自生自发的，而非国家设计的结果。具体到民办高等教育，很多学者认为，民办高等教育的基本现状以及国家对民办高等教育的政策，都是经过漫长的历史演变而来的，无论是私立高校发展早、发展水平高的国家如美国，还是发展起步晚的东南亚国家，都是如此。

这个视角提醒我们，民办院校的发展受到历史、文化以及其他组织的深刻影响，也受到环境因素的深刻影响。因为影响的因素太多，而其中的大部分因素都是难以控制的，所以，如果我们对民办院校的监管太多，可能会阻碍民办高等教育"自生自发"秩序的形成，导致"理性的自负"，最终影响民办高等教育的可持续发展。这个视角的建议是，在保持对民办高等教育宏观监管的同时，应该给予民办院校必要的自主权。

（二）研究的路径

该课题并非就民办院校而谈民办院校、就办学体制而谈办学体制，而是将民办院校的办学体制放在一个宏大的背景中，广泛吸取经济学、管理学、政治学中等相关学科的理论基础，从民办院校的发展历史、制度环境约束、地域文化等方面讨论民办院校的办学体制问题，以拓宽研究视域，增加寻求答案的可能性，并提出相应的对策建议。

本研究从宏大叙事着眼，从实地研究着手，虚实结合，收放有度。既重视理论研究和国际比较，又注重扎实的实证调查。在具体的实证研究中，既包括大范围的实地调查定量研究，重视数据库的建设，如完善"中国民办院校基本信息数据库""中国民办院校董事会信息数据库""中国民办院校校长信息数据库"等，又包括典型的案例研究和深入的访谈，进而"窥一斑见全豹"，了解我国民办院校的办学特色，对民办院校的发展进行总结和反思。

二　课题研究的重点问题

本课题确立了以下九大重点问题。

重点问题之一：民办院校的举办体制问题。需要根据我国民办院校的举办类型，课题研究对我国民办院校进行划分。我国民办院校的办学体制包括：一是个人举办，包括个人合伙举办；二是企业机构举办；三是民主党派、社会团体和学术团体举办；四是混合所有制和股份制举办；五是部分国有资金举办；六是国外合作举办；七是多元投资举办；八是公办院校转制举办。课题研究了各种举办体制的主要特点。

重点问题之二：民办院校顶层制度设计问题。顶层制度设计是各项具体制度设计的统领和指引。我国民办高等教育中所出现的很多问题，很重要的一个根源是顶层制度设计不周全，政策多变不稳定。完善顶层制度设计，很重要的是要完善国家制度。这主要体现在国家如何在整体上定位民办院校的地位和作用问题。

重点问题之三：民办院校产权问题。产权问题是民办院校所面临的特殊问题，也是影响我国民办高等教育可持续发展的重要问题。比较世界私立大学发展，产权问题是我国民办院校发展的特殊问题，在很大程度上影响了我国民办高等教育的发展，也是制约民办院校分类管理的重要问题。

重点问题之四：民办院校举办者与董事会问题。董事会是我国民办院校的最高决策机构，但是目前民办院校的董事会存在举办者个人或家族控制的现象，部分民办院校的举办者将董事会视为控制学校的工具，董事会成员结构不规范，决策程序不民主，作用发挥不明显。目前我国大部分民办院校的创办者年龄偏大，是我国民办院校领导权代际更替的关键时期，而许多举办者都在培养子女接班。应对这个关键挑战的重要步骤就是借鉴美国等国家和地区董事会建设的经验，制定民办院校董事会建设的相关规定，提高董事会成员结构的"专业性"和"代表性"，加强董事会议事规则和决策程序的公开、透明和民主，从而提高董事会决策的质量。

重点问题之五：民办院校校长队伍建设问题。目前我国民办院校的校长主要由两大部分人组成：举办者兼任或者举办者聘请的公办高校退休领导担任。外聘校长的权力过小、年龄偏大、公办院校的管理经验不适应于民办院校等问题都影响着民办院校的管理质量。校长队伍的年轻化和职业化是未来我国民办院校中非常重要的一个问题。

重点问题之六：民办院校分类管理问题。分类管理问题是我国民办高等教育理论研究和实践改革中的热点和焦点问题。可以说，分类管理问题从民办高等教育诞生之日起就被提了出来。《国家中长期教育改革和发展规划纲要（2010—2020年）》第一次正式提出"开展民办教育分类管理试点"以来，学术界和实践界进行了认真的讨论和研究。新修订的《民办教育促进法》第十九条已经明确，"民办学校的举办者可以自主选择设立非营利性或者营利性民办学校。但是，不得设立实施义务教育的营利性民办学校"。这一规定意味着从法律实施之日起举办营利性民办院校取得合法的地位。接下来民办院校的发展将在很大程度上受到这一规定的制约，当然也有许多具体问题需要认真的研究。

重点问题之七：民办院校的财政扶持问题。经费是大学的脊柱，我国大部分民办院校的经费来自学费，只有少数地区的少数民办院校可以得到政府的财政资助，这使得民办院校和公办高校无法站在相同的平台上竞争。国际上大多数国家都有对私立大学实施财政扶持的政策，有的甚至资助的比例较高。我国上海、陕西、重庆等部分省市已经制定政策开始对民办院校进行一定程度的财政补助，但是大部分省市尚未实施，已经实施地区的财政补助数额也有待提高。实行分类管理以后，政府应该加大对非营利民办院校的扶持力度，给予非营利性民办院校更多的经费支持，以体现政府鼓励非营利办学的政策导向。

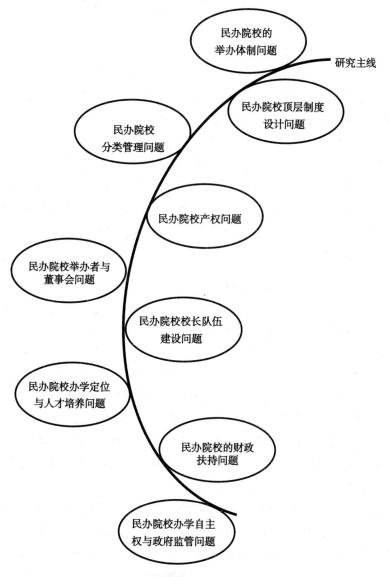

图1-3　课题研究重点问题示意

　　重点问题之八：民办院校办学定位与人才培养问题。人才培养是民办院校的主要任务。而目前我国民办院校人才培养定位不准，层次较低，质量不高。2014年《国务院关于加快发展现代职业教育的决定》指出："独立学院转设为独立设置高等学校时，鼓励其定位为应用技术类型高等学校。"国家倡导民办院校培养应用型人才。目前我国大多数民办院校都定位于培养应用型人才。现在所面临的挑战就是要如何使应用型人才培养落实到位。此外，也要注意过于强调应用型而忽视本科人才培养的规格，或者放弃通识教育的片面问题。

重点问题之九：民办院校办学自主权与政府监管问题。很多学者和民办高校的办学者认为当前政府对民办高校的管理过于严格，民办院校缺乏必要的自主权，尤其是专业设置、招生、收费等方面的自主权偏弱，丧失了民办院校办学的活力和优势。面对日益激烈的竞争，民办院校发展需要更多的办学自主权，政府应该认识到办学自主权对于民办院校发展的重要性。当然，自主不等于自由。在强调办学自主权的同时也不能忘却和放弃政府的责任。加强监管，搞好服务，仍然是政府在民办院校发展进程中所应承担的职责。所以必须处理好政府监管与民办院校办学自主权问题。

三 课题研究的难点问题

本课题研究具有以下三个难点。

难点一：实证资料的获得问题。

能否获得符合实际的客观的实证数据，既决定了本研究能否实现理论创新，也决定了本研究能否提出具有可操作性的、"接地气"的对策建议。本研究需要掌握的基本数据包括：我国民办院校发展基本数据，包括基本建设、教学、科研等数据；我国民办院校内部治理的基本信息，包括董事会的基本信息、民办院校举办者（董事长）的基本信息、民办院校校长的基本信息等。

除了要获得上述"面上数据"之外，更需要获得民办院校关键利益相关者（特别是举办者）的心理层面的信息。民办院校利益相关者的办学动机、利益诉求等心理层面的问题，在深层次上影响和制约了我国民办院校办学体制改革的方向。比如，分类管理之所以没有取得实质性突破，主要的问题在于举办者的反对和抵制。举办者是民办院校实际上的掌舵者，目前他们已经成为一支不可小觑的政治力量，这一群体对我国民办高等教育的发展起到了非常重要的作用。只有通过访谈等方式，深入了解他们的所思所需，才能够真正提出务实的对策建议。

除了量大面广的实地调查研究以外，课题组在获取高质量的数据方面也进行了积极地探索。浙江树人学院和武汉大学邱均平教授合作，已经连续 6 年发布了"中国民办本科高校科研竞争力排行榜",成为评价我国民办院校科研发展水平的权威依据,媒体广泛报道,在社会上产生了较大的影响,成为政府部门和社会公众评价我国民办本科高校的重要依据。浙江树人学院的其他研究人员也建立了"中国民办高校基本信息数据库""中国民办高校举办者基本信息数据库""中国民办高校董事会和董事基本信息数据库"等重要的数据库,在民办院校的数据收集和分析方面奠定了良好的基础。此外,浙江树人学院的研究人员和我国 50 余所民办院校的董事长有密切的交流与合作,通过访谈的方式获得了相关数据。

难点二:研究过程中校内成员与校外成员的协作问题。

作为一所民办院校,浙江树人学院牵头研究"民办院校办学体制"有"长"有"短"。优势在于:作为民办院校,课题组主要成员可以"以内部人的眼光"观察民办高校,而且课题组与国内众多民办院校有广泛的交流,调研渠道畅通。不足在于:研究视野受限,而且在价值观上可能因为过于"钟爱、同情、怜悯"民办院校而失去客观。为了扬长避短,课题负责人邀请和浙江树人学院有长期学术合作关系的上海教科院、北京大学等单位专家参与研究,加强了研究力量,克服了团队不足,拓宽了研究视野。

为了解决与校外专家的沟通问题,课题组采取如下几个步骤加以应对:第一,子课题负责人为校外成员时,子课题主要成员均为校内人员,从而减轻对校外成员的依赖性。第二,定期召开由校外成员参加的学术研讨会;第三,派遣青年教师分别到北京大学和北京师范大学做访问学者,及时沟通信息,协助相关教授展开课题研究。

难点三:多部门的协调问题。

多部门协调问题既是实践中的难点,也是理论研究中的难点。学界认为,当前有十大问题影响了我国民办院校的健康发展,包括法人属性、产权归属、学校权益、师生权益、会计制度、分类管理、合理回报、优惠政策、市场监管和政府服务。上述问题有的是教育系统内部的体制性机制性障碍引起的,但大部分问题是由教育系统外部的体制和机制所引起的。要彻底解决影响民办院校发展的问题不能仅仅依靠教育部门一家,而是需要财政、税务、编办等多个部门和地方政府的支持和配合。关于民办院校的一些文件之所以迟迟无法出台,很重要的一个原因是缺乏其他部门的支持和配合。所以,如何协调这些部门,出台协调完善的涉及民办院校的政策，从而促进政策的落实和推进民办院校更好更快发展，是本研究必须克服的一个难点问题。

在本课题研究进程中，恰逢我国《民办教育促进法》修法，本课题组成员抓住机遇，积极参与相关研究，为修法发声撰文，献计献策。同时，经过联系争取，课题组承担了区域贯彻落实《民办教育促进法》新法、制定区域民办教育发展政策的调研和文件起草工作，为课题组全面深入了解民办院校发展的现状和政策需求，争取到有利的条件。课题开题以后，课题组根据分工和研究计划，积极开展项目研究活动。在调研方面，课题组先后组织 6 批近 40 人次，对广东、广西、贵州、山东、湖北、云南、山西、上海、江苏、内蒙古、宁夏、陕西等 15 个省、区、市以及浙江省的杭州、台州、金华、衢州、湖州、绍兴、宁波等地市开展了调研工作；召开了各类会议 14 次，参加会议的近 400 人；问卷发放 2000 余人；利用各种场合主动出击，扩大访谈，其中一般访谈 180 余人，深度访谈 50 余人，来访访谈 100 余人，专题采访了 210 余人次，获得了大量的第一手资料，为课题研究奠定了良好的资源基础。

第七节　课题研究目标与研究方法

一　课题研究目标

（一）理论创新方面的目标

（1）探索、总结我国民办高等教育的客观规律。

我国私立院校从 19 世纪后段开始创建。1949 年之前私立院校一直是国家高等教育体系的重要组成部分，多所私立高校的办学水平高，社会声誉好，在我国乃至世界具有重要的影响，如燕京大学、东吴大学、南开大学、复旦大学和厦门大学等。私立高校在新中国成立之后的院系调整中被并入公办高校或被终止办学。改革开放后兴起的民办院校是在公办高校占据绝对地位的背景下发展起来的，主要发挥满足社会"能上学"的"补充性"的作用。现在，民办院校办学已经深入人心，并逐步得到社会认可，民办院校已成为国家高等教育体系的重要组成部分，与公办院校共同发展。当然，由于各方面条件的制约，民办院校还需要不断增强办学实力，要更多地满足人民群众"上好学"的"差异性"

需求，走特色发展之路，实现有特色、高水平的发展。这一发展目标的实现依赖于对我国民办高等教育发展规律的精准把握。本课题研究放眼世界、立足国情，关照历史、注重现实，从理论和实践两个层面研究和总结我国民办院校建设和发展的经验，揭示世界私立院校发展的共同性做法和普遍性趋势，进而阐明必然性，探讨规律性，服务于我国民办高等教育的发展。

（2）形成具有我国特色的民办高等教育理论体系。

很多学者用国外的理论和分析框架分析了我国民办高等院校的发展，但是我国的民办院校诞生在我国的社会环境中，受到我国的政治、经济和文化环境的影响，具有浓郁的"中国特色"。用国外的理论体系和分析概念来指导我国民办院校的发展，既是必需的，也是不够的。因此，本课题在借鉴国外私立高等教育研究的基础上，充分考虑我国的国情，构建形成具有中国特色的民办院校办学体制与发展政策理论体系。

自1978年改革开放以来，中国社会科学工作者（包括高等教育研究人员）从西方国家"进口"了大量的学术术语、概念、理论和方法，抱着对中国社会的现实关怀和改变中国落后状况的良好愿望，采取了一种批判现实和寻找中国发展途径的研究范式，试图从"他者"那里找到解决自身问题的"灵丹妙药"，为中国问题"把脉"和"开处方"。这种范式具有"向前看"（未来）和"向外看"（特别是少数发达国家）的特点。这种现象在民办高等研究中也不鲜见。在这种范式下，研究人员往往缺乏一种"文化自觉、文化自信"意识，不加区别地以西方理论判断我国民办院校的发展规律，把与西方理论不完全吻合的实践案例当作规律之外的偶然事件，忽视中国民办院校发展实践特殊表象可能具有的理论意义和世界意义。

很多学者从制度经济学等视角分析了我国民办院校的发展。总的看来，我国民办高等教育研究的理论水平还处于较低的水平，大部分学者侧重于对我国民办高校发展实践案例的描述和实际问题的诊断，没有将实践上升为理论高度。也有部分学者进行了尝试，比如阎凤桥提出了"商业性的市民社会"的概念，并用这一概念解释我国民办高等教育中的诸多现象，邬大光等学者用"投资办学"来解释我国民办高等教育的基本特征，这些概念和理论深化了对我国民办院校发展现象的理解。但是，这些理论还很初步，需要进一步深化和完善。

（3）促进我国高等教育学的学科建设。

在我国高等教育学三十余年的发展历程中，一直存在着一种矛盾现象。很多学者希望将高等教育学作为一门学科来建设，把建设理论体系作为高等教育学的发展目标。但现实中人们却总是以各种理由把高等教育作为一个研究领域来对待，不同学科的学者运用不同学科理论和方法来研究和解决具体的高等教育问题。根据张应强等学者的观点，解决这种矛盾的方法是"突破经典学科框架，建设作为现代学科的高等教育学"。现代学科的价值和声誉不在于其深奥的理论和严密的体系，而在其解决现实问题和满足社会需要的能力和水平。这就要求高等教育学者运用多学科理论和方法来研究高等教育问题或者吸收其他学科学者的高等教育研究成果。民办高等教育作为我国高等教育的重要组成部分，借鉴经济学、管理学和政治学等学科的知识对这个领域进入深入研究，将有助于促进高等教育学的学科建设。秦国柱教授曾经指出："实事求是地说，民办高等教育研究，是当代我国高等教育研究领域中，理论与实践结合较好的一个重要研究分支领域。"① 这是非常有见地的。

（二）实践应用方面的目标

本研究成果有利于促进我国民办高等教育的发展。民办高等教育的发展将会促进民办高等教育和公办高等教育的良性竞争，丰富我国的高等教育生态，整体上提高我国高等教育的质量和发展水平。本研究实践应用方面的具体目标包括4个方面。

（1）为政府管理民办院校提供理论支撑和政策选择。

对民办院校的管理往往出现"不管则乱，一管则死"的现象。之所以出现这个现象，很重要的一个原因是我们对民办高等教育的发展规律缺乏深入的了解，本研究成果密切结合民办高等教育发展的实践，为政策制定和实施提供理论基础，提高政策的科学性和合理性。

（2）为促进民办院校完善内部治理、建立现代大学制度提供理论依据。

我国民办院校尚没有建立起足以支撑可持续发展的现代大学制度。"董事会领导下的校长负责制"是我国民办院校的基本领导体制。当前民办院校的董事会成员结构不完善，家族成员在董事会中的比例过高，举办者个

---

① 秦国柱：《私立大学之梦》，鹭江出版社2000年版，第25页。

人的权力过大，校长的权力很小，任期过短。党委的作用还没有得到充分发挥。这些问题都是今后民办院校建立现代大学制度亟须解决的问题。

当前，我国民办院校处于一个重要的历史发展阶段，整体上处于由第一代创办者向第二代接班者的权力交接过程中。第一代创办者的管理才华在民办高校之间的激烈竞争中得到了检验，但是第二代接班者（大多是创办者的子女或其他家属成员）往往不具备第一代创办者所具有的管理品质和创业精神。如民办院校在领导权代际更替中出现了重大变故，则学校会遭受重大创伤。保证民办院校领导权代际传承的关键是建立现代大学制度。

（3）为公办院校办学体制改革提供启示、借鉴。

民办院校办学改革的探索，能够为公办院校办学体制改革提供借鉴和启示。简政放权是当前我国教育体制改革的关键，要把该放给学校的管理权限交给学校，该由社会和市场承担的责任交给社会和市场，让政府从纷繁复杂的具体教育管理实务中解脱出来，专注于宏观教育规划与决策，专注于教育标准的制定与发布，加强顶层设计，形成富有国际视野、中国特色的高等教育标准体系，真正做到教育的管、办、评相分离。但是，如何做到"简政放权"和"管办评"分离，还没有成熟的经验可借鉴，民办院校办学的探索可以为公办高校改革提供启示和借鉴。

（4）为民办院校提高人才培养质量提供对策建议。

大部分民办高校都确立了培养应用型人才的目标定位，但是如何将应用型人才的培养落到实处，则是很多民办院校面临的巨大挑战。本研究为民办院校培养应用型人才提供了较为具体可行的对策建议。

（三）服务决策方面的预期目标

本课题对民办院校办学体制改革中法律、制度和政策问题进行了专题研究，向中央和地方有关部门提供案例分析、经验总结、立法建议、制度设计及政策咨询，为中央和地方政府完善相关的法律、法规和政策的制定提供支持。具体包括如下几点。

（1）形成了若干项关于民办院校办学体制的提案。

课题研究正值全国人大常委会修订和颁发《民办教育促进法修正案》之时，课题组成员抱着强烈的责任感，参与多次相关会议，提出许多政策建议，为修法建言献策，得到相关方面的肯定。民办院校群体中有多位全国党代表、全国人大代表和全国政协委员。这些党代表、人大代表和政协委员心系民办教育事业，多次提出关于促进我国民办教育事业发展的提案、议案。我们与多位党代表、人大代表或政协委员加强业务和学术上的交流，为全国党代表、全国人大代表和全国政协委员的提案、议案提供基础，为完善国家层面的政策提供参考。

（2）直接服务于教育部有关司局以及省级教育行政部门的决策。

课题组聘请浙江省教育厅等省级教育行政部门的相关负责人担任课题的政府顾问，以帮助课题研究更好地把握政府工作目标，适应政府建设需要，解决政府在管理民办院校中所遇到的重大实践问题，努力使整个研究过程的结论不发生方向上的偏移，最大限度保证研究的科学性、客观性和政策价值。根据课题研究安排，课题组定期向省级教育行政部门和教育部有关司局提交了调查研究和咨询报告。课题组部分成员直接参与相关文件的研究，承担了所在区域地方政府贯彻落实《民办教育促进法》新法的政策制定，提供了 10 个研究报告、6 个政策建议，将研究成果及时物化为政策文件，扩大了课题研究的价值和影响，收到了良好的效果。

二　研究方法和研究手段

研究民办院校办学体制研究，涉及多学科、多领域，需要运用多种研究方法和手段。

（一）研究方法

1. 文献研究

通过查阅、鉴别、分析研究各种现有的相关文献资料，从而对研究课题形成科学认识的一种研究方法，也是人文社科研究领域的必要步骤和基础性研究方法。本研究文献研究的目标主要是解决"做了什么"及"还需做什么"的问题。课题研究根据研究目标和内容，通过网络数据库、图书馆藏资源等途径，广泛搜集国内外经济学、政治学、管理学、教育学等学科涉及民办（私立）高等教育发展研究的相关文献，并运用本研究的理论基础，对所搜集的资料进行分析、比较、筛选、借鉴和归纳，从而对现有相关研究形成科学认识，把握本领域研究的基本现状、发展趋势，为课题研究奠定良好的资源基础，在现有研究基础之上进行新的研究，避免重复研究。

2. 比较研究

这是以求同或求异的角度，为研究的对象找到可以分析的基本参照框架，抽象出所研究对象的独特性的研究方法。本课题比较研究的目标主要是解决在民办院校办学体制与发展政策方面别的国家"做了什么"及"可否借鉴"的问题。本研究运用比较研究方法，将国际上一些国家或地区的私立院校办学体制与发展政策作为具体的参照对象，紧紧围绕研究目标，从实际出发，吸取教训，避走弯路，借鉴经验，坚持特色，提高研究质量。本研究选取英、美、日、韩等国家和我国台湾地区私立大学办学体制和发展政策，具有一定的典型性和代表性。

3. 政策研究

本研究梳理并分析国家层面现有涉及民办院校发展的法律、法规、办法、条例等政策文本；梳理并分析税务、金融、财政、人事编制、民政等部门所出台的对民办院校具有约束作用的部门规章等；梳理并分析近年来各地所出台的涉及民办院校的政策文本，尤其是温州、陕西、上海等民办教育发展较快地区所出台的政策文本，从中寻找对全国其他地区可资借鉴的地方。鉴于日本、韩国和我国台湾地区的私立院校发展规模大、质量高，而且在文化传统方面有许多类似之处，对以上地区的私立院校发展政策文本也进行了需求性梳理。

不仅对政策文本进行分析，根据课题研究的主题和目标，本研究还对我国民办院校发展政策的工具使用进行分析，从中发现问题，发掘潜力，有针对性的提出民办院校办学体制和发展政策的建议。

4. 实证研究

实证研究是本研究的特色和主要研究方法，具体而言包括如下几种实证方法：

第一，典型个案分析。个案是可以被视为一个整体的分析单元，可以是一个地区（国家、省、区、市），可以是一所学校，可以是一个政策或一起事件，也可以是其他可视为整体的事物。本研究重点探寻浙江、陕西、江苏、上海四地民办院校发展的基本经验，寻找其他地区以及全国范围内民办院校办学体制改革的启示。

第二，专家咨询与同行交流。通过头脑风暴等方法，对教育行政部门领导、各级民办教育协会领导、民办学校的举办者和办学者开展交流，他们熟悉教育实践和政策运行的基本原则；对经济学、公共管理学、教育管理学、教育社会学、民办教育等领域的专家学者开展讨论交流，他们熟悉与本课题相关联的理论。通过交流和咨询，求同存异，相互启发，从中寻找规律性的结论。

第三，深度访谈。对于人文社科研究而言，访谈是获得第一手资料的经典性方式。本研究对民办院校举办者、民办院校领导、民办院校教师、民办院校学生和家长等群体进行访谈，了解他们对民办院校的看法和政策诉求，发现影响我国民办院校发展的深层次问题。

第四，问卷调查和统计分析。本课题研究对民办院校举办者、管理者、教师、学生、家长、用人单位等利益相关者进行问卷调查。问卷结果采用SPSS20.0进行分析，将采用卡方检验、回归分析、结构方程分析等统计方法进行分析。

5. 会议研究

本校与国内外各类民办（私立）院校建立了广泛深入的交流和沟通，本研究充分利用这一有利条件。2016年11月举行了第七届中外民办（私立）高等教育发展论坛暨中外民办（私立）高校办学体制改革专题学术研讨会，邀请国内和我国台湾地区及日本、韩国、美国民办（私立）学校和相关研究人员到会交流相关情况，围绕民办（私立）院校管理体制设计和创新相关问题开展研究，借此形成我国国情条件下民办院校办学体制的共识。此外，本研究还召开了若干次小型学术研讨会。

6. 规范研究

民办院校办学体制不是一个单纯的自然过程，其中内含着人们的价值判断和追求。为此，在研究过程中需要坚持"中立"的立场。不仅对实践中人们的价值取向和目标进行分析，也对政府治理民办院校的需求和目标做出独立的判断。社会科学研究的最终目标是改善人们的生活，促进社会的进步，特别是致力于提高教育公平、社会公平。因此，在研究中我们主张促进社会公平正义的价值追求，当然在学术研究中课题组严格遵循科学规范，以客观事实为依据，进行规范的学理分析，对我国民办院校办学体制中所存在的问题、发展方向提出自己的判断，并做出理论解释。

三　突破方向和创新目标

（一）突破方向

第一，提高研究的针对性、适切性和政策指导性。

学者围绕民办院校发展问题，提出了赋予民办院校更大自主权、加大经费和政策扶持力度、培养社会中介机构等治理措施，但这些对策建议还仅仅限于理念层面上，操作性不强，一些对策建议仅具理论探讨性，不具实践操作性。其实，政策制定者最关心的问题是如何实施这些对策建议以及这些对策建议在实施过程中会遇到哪些困难和障碍，收到怎样的效果。民办院校办学体制改革是一种制度变迁，是一个复杂和长期的过程，需要研究的问题很多，在研究的过程中必须坚持问题导向，做到理论联系实践并最终指导实践。本课题组认为，课题研究归根到底是一个应用对策类课题，因此，根据研究的性质，在研究过程中加强了研究工作的针对性，突出研究成果的应用性。

第二，提高研究方法的科学性。

民办院校办学体制的研究本质上是一项政策研究，但是政策研究需要建立在坚实的理论基础之上，否则就会成为"拍脑袋式"的研究而失去政策的科学性和合理性。当前我国民办高等教育研究文献数量并不少，但是研究的系统性很弱，从文献中难以看出研究方法，缺少系统的研究数据。少数学者采取实证研究方法对民办高等教育进行了研究，但是这些研究大都是基于个别民办院校的案例，难以涵盖丰富民办院校多元多样的办学实际。因为缺乏大样本的实证研究，结论缺乏可信性。

本课题研究注重提高研究的科学性。首先，研究范式要从"开处方式"向"分析式"研究范式过渡。遵循研究的客观性和中立性，避免研究者个人情感因素对于研究过程和结论的影响。其次，坚持实证研究取向。高质量的研究工作需要在一定的理论框架指导下通过实证手段进行。再次，加大行动研究和院校研究力度，广泛吸收民办院校举办者、管理者、教师的支持和参与，最大程度上提高理论和实践的结合力度。

第三，提高理论的原创性。

美国、英国、日本、韩国和我国台湾等国家和地区的私立高等教育较为发达，这些国家和地区的许多私立院校是本国、本区域甚至世界名校。国内很多学者借鉴了国外（地区）私立高等教育的概念、分析框架来研究我国民办高等教育问题，试图在"国际语境"下研究我国民办院校与国外（地区）私立大学之间的共性，体现了学者理论研究的努力。但是，任何理论都具有时间和空间的约束性，与国外（地区）私立高校相比，我国民办院校具有独特的概念内涵、发展阶段和发展环境，因此，产生于国外经济、社会和教育环境中的私立高等教育理论体系不能直接或完全用来指导我国的民办高等教育实践，照搬照套外国私（地区）立大学发展的经验并不能完全适合我国民办院校的研究。应该在深入了解我国民办高等教育实践的基础上，适当参考现有国际经验，形成能够指导我国民办院校发展的理论体系，加强理论研究的创新性。

（二）本课题研究创新之处

1. 问题选择的创新

本研究选择民办院校办学体制中宏观和微观两个层面的重大问题进行研究，同时回应了政府和民办院校两方面的诉求。

宏观层面上，研究了"政府如何管理民办院校"。具体研究内容包括：对民办院校分类管理进行历史性回溯并进行跟踪性研究，为当下讨论激烈、分歧较大而法律已经确定的民办教育分类管理提供实践性的对策建议；及时推广研究成果，积极参与政府分类管理政策的制定和完善；总结提炼部分地区对民办院校扶持的经验并探讨对全国的启示，健全公共财政等措施扶持民办院校的制度建设。

微观层面上，研究"民办院校如何办学"。本课题对民办院校的举办类型、内部治理、人才培养和队伍建设等问题进行深入研究。在举办类型方面，课题组按照举办类型，对我国所有民办院校进行划分，这是学术界第一次对我国民办院校进行系统的类型划分。在民办院校内部治理方面，本课题对民办院校董事会、民办院校举办者、民办院校校长等问题展开深入的专题性研究。

本课题的内容选择具有全面性和系统性的特点。对民办院校办学体制与发展政策的研究，过去学术期刊上本身就很少见，仅有的一些研究成果呈现零散性而缺乏体系化，阐述浅显，长期以来停留在一般鼓励的表面层，缺乏全面切实有效、便于落实的理论系统，难以成为有价值的学术成果和付诸实施的理论支撑。本课题系统全面地研究了我国民办院校办学体制改革及发展政策，为政府决策提供依据，为民办院校选择发展道路提供参考。

2. 学术观点的创新

课题组在深入研究的基础上，深刻提出并论证了具有创新性的六大结论（详见第九章），并根据当下民办院校办学体制与政策发展的需要，提出当下我国民办院校办学体制和发展政策的六大建议，这些结论和建议本身就是研究成果的总结，集中体现了课题研究学术创新的应用成果。

3. 研究方法和分析工具的创新

本研究综合运用多种研究方法，特别是借助课题组与国内众多民办高校的举办者联系紧密的优势，采用 Buddy Research（通过与受访者交朋友的方式开展研究）等方法，在研究方法上具有较好的创新性。

四　本课题研究的重大意义

根据教育部2015年6月发布的全国普通高校名单，我国共有"大口径"意义上的民办高校732所，占我国普通高校总数（2553所）的28.31%，是我国高等教育的重要组成部分，为我国实现高等教育大国做出了历史性贡献（见表1-6）。当前我国民办院校数和民办院校在校生数都处于稳定增长状态中，在这个背景下，研究民办院校办学体制改革具有十分重要的学术和实践价值。

表1-6　　　　我国不同类型民办院校的数量分布及占比

学校类型			数量（所）	百分比（%）
独立设置的民办高校	民办本科院校	民办高职升格的民办本科	94	12.8
		独立学院转设的民办本科	47	6.4
	民办高职院校		309	42.2
独立学院			275	37.6
中外合作办学			7	1.0
合计			732	100

（一）本课题研究的学术价值

1. 有助于形成具有中国特色的民办院校发展的理论体系

改革开放以后，我国办学体制不断深化，民办院校从无到有，从小到大，发展成为我国高等教育中的重要组成部分。世界上没有任何一个国家的私立高等教育能在如此短的时间内实现如此大规模的发展。

我国民办院校所面临的制度环境、社会环境、法律环境与世界其他国家私立高等教育的发展环境完全不同。在民办院校的发展过程中，一直是实践走在理论的前面。而民办院校发展的实践证明，办学体制改革的深化和民办院校的发展壮大，主要受到政策的制约。由于办学体制改革不完善，民办院校发展政策资源匮乏，以及已经出台政策的模糊性，导致政策对于民办院校办学体制发展方向不明，动力减弱，办学激励机制不清晰、不稳定、难落实，民办院校举办者很难做出长远的办学规划和持续的资源投入。民办院校办学体制的改革深化和办学实践，迫切需要理论的指导和政策的定位和规划，以指导办学体制健康发展和民办院校的长远发展。伴随着我国办学体制的不断完善，研究民办院校的办学体制和发展政策，不仅可以为办学体制改革实践提供政策理论层面的支持，而且丰富民办院校办学体制和发展理论的研究成果，形成富有中国特色的民办高等教育理论体系。

2. 有助于形成具有中国特色的民办院校现代学校制度理论

迄今为止，我国教育管理仍然是以政府为主导的公办教育为主体的管理体系。而民办高等教育由于理论研究缺失，缺乏管理创新的理论支撑，具体实践无章可循。对民办院校办学体制及其政策体系开展研究，能够丰富我国民办院校治理理论和现代大学制度理论，进而支持民办院校建设现代大学制度，为国家制定相关政策提供依据，为民办院校内部管理体制和运行机制的创新提供规范和导向。

3. 有助于形成具有中国特色的民办院校分类管理体系

世界银行（2007）认为，在私立教育领域内划分营利性民办学校和非营利性民办学校比在教育领域内划分公办教育和私立教育更重要。但是由于我国民办院校的特殊性，在进行营利性和非营利性试点时遇到了非常大的困难和障碍，主要原因在于对如何分别治理这两种不同的学校并没有可以遵循的成熟经验和可以作为指导的理论体系。民办院校到底应该分成几类？每种类型分别如何治理？如何制定分类发展的决策？对这些问题的研究有利于形成具有中国特色的民办院校分类管理理论体系，从而更好地指导实践。

4. 有利于形成具有中国特色政府治理民办院校的理论体系

实施政府由管理向治理转变，是我国高等教育体制改革的重要内容。教育治理是伴随着"公共治理"这一政治学和行政学理论的引入而进入中国教育研究视域的，它的建构基础是"公民社会"。我国"公民社会"的发育比较迟缓，尤其是教育领域作为国家意识形态的重要领地而受到了较多控制，我国的民办高等教育是在政府的默认、鼓励、互动、支持中发展起来的，每一个发展阶段都离不开政府的作用。因此，探究政府从管理民办院校到治理民办院校的转型，以及在这个过程中各类民办院校的不同成效，有助于我国民办院校办学体制的发展，能够丰富具有中国特色的政府治理民办院校的理论体系。

（二）应用价值

从根本上说，开展民办院校办学体制与发展政策的研究是为了促进我国民办高等教育的健康可持续发展，办人民满意的民办高等教育。具体而言，应用价值包括如下几点。

1. 有利于民办院校发展得更好、更快、更有特色

从数量和规模来看，民办高等教育已经成为我国高等教育的重要组成部分，但是民办院校总体实力不强、社会声誉不佳，民办高等教育还属于"补充性教育"而难以成为"选择性教育"。在我国很多地区，最好的中小学都是民办学校，但是高等教育的局面却与此不同。导致上述问题的原因之一是我国民办高等院校体制改革的步伐缓慢，国家对民办院校的赋权不足，民办院校自主权缺失，民办院校的办学优势和活力不能得到充分释放，同时缺乏公共财政资助民办院校的通道，民办院校的发展受到重大阻碍。研究和推进改民办院校的办学体制与发展政策，将会促进民办院校向更高的水平发展，建设高水平民办院校。

许多调查研究都说明了政策对于民办院校发展的重要性[①]。刘莉莉的调查表明，84%的民办院校认为政府政策不到位是阻碍其发展的最主要原因，社会环境和其他原因分别仅为10%和6%。而记者张立勤在采访数十位民办高校的董事长、校长时，总要提问："您认为制约民办学校发展的最大问题是什么？"实践者都无一例外的回答"是政策，还是政策。无论是资金的困难，还是师资的紧缺，都受制于政策的不公平对待"。而在中国，谁都明白，政策就是最大的资源。在笔者主持的"我国民办高校发展现状调查与风险管理的探究"课题研究中，校长访谈中问及"在民办高校的办学实践中您认为面临最大的风险是什么"时，15位民办高校校长中有12位都认为是政策风险。2004年底，杭州时代教育管理公司对132位民办教育投资者就"影响民办教育发展因素"进行调查，"地方政府及教育行政部门的偏见"以及"现实的法规政策环境"两项，分别占到63.3%和52.5%。中国民办高等教育之所以形成独特的发展轨迹和发

---

① 方铭林：《我国民办高等教育政策分析和制度创新》，博士学位论文，中国人民大学，2009年。

展现状，就是在历史和现实的国情条件下，由"市场""实践""政策""理论"这四大要素相互影响、复杂作用下的结果，而"政策"因素已经再一次上升为影响民办高等教育发展的主要矛盾。

理论的发展在于创新。但是创新不仅是理论的需要，更是实践的需要。纵观民办高等教育的研究与实践，反映比较多的问题是政策和制度的缺失，但是还是有许多问题没有搞清楚，诸如政策的制度基础对民办院校发展到底起着什么样的作用？如何判断与评估现有政策对民办院校办学实践活动的影响力及其后果？到底什么样的政策设计和制度安排更能适应我国民办院校的发展？政策设计和制定需要什么样的制度创新条件？如何发挥政策的效益和效率？回答这些问题，分析制约现实民办高等教育发展的政策和制度性障碍，探索促进民办院校健康发展的政策设计和制度安排，提出建设性的政策建议，有利于解决民办高等教育大发展的未来预期与低迷的发展现状之间的矛盾和困境。

2. 为民办院校办学体制改革提供决策依据和操作性方案

在民办院校办学体制改革问题上，我国虽然形成了初步的顶层设计，但是在很多重大的问题上依然存在重大分歧。比如，民办院校如何进行分类管理？如何清晰民办院校的产权？在操作层面，由于对这些重大问题缺乏认识，导致我国很多民办高等教育政策相互矛盾，而且很多政策带有明显的滞后性、纠错性、碎片化，缺乏前瞻性、统一性。本课题从促进社会公平正义的视角探讨并解决上述问题，为政府提供决策依据。

民办院校办学体制改革是一项艰巨复杂的系统工程。完成这一系统工程，既要解决理论指导和政策设计问题，也要解决操作性方案问题。有鉴于此，本课题立足于国家层面，本着先进性与实效性相结合、全面性与重点性相结合、政府积极作为与社会全面参与相结合、统一规划与因地制宜相结合的原则，研究全面推进我国民办高等教育领域政府治理的总体布局和实施方案。

3. 为公办高校办学体制改革提供借鉴和启示

我国公办高校存在诸如行政化泛滥、效率低下、人浮于事等问题，这些问题的改革都十分复杂，牵一发而动全身。这些改革应该慎重，应该循序渐进，应该在小范围内积累经验后再在全国范围内推广，否则会对我国教育形成较大的冲击。民办院校诞生在市场环境之中，一直是在风险中前行，在应对各种风险和危机中积累了丰富的经验。我国民办高校在招生、就业、专业设置等方面的探索为我国高等教育体制改革提供了经验积累。民办院校办学体制与发展政策研究，将为推进公办院校的办学体制改革提供有益的经验和启示。

第二章　大学起源和办学体制的演变历程

大多数高等教育理论的研究都是从研究高等教育发展的历史开始的，这不仅是由于下游的水是上游流下来的缘故，还有很多经典的告诫。"从历史中我们可以看见自己就好像站在时间中的一点，惊奇地注视着过去和未来，对过去我们看得愈清晰，未来发展的可能性就愈多。"① "读高等教育史最重要的原因是它教我们欣赏传统的力量。实际上当代高等教育的每个方面都能溯源到 19 世纪后半期大学的形成，还有很多方面追溯到殖民地时期的学院。有些方面在中世纪欧洲的大学就存在了。大学这种稳定的本质导致一种平衡，那些试图对大学的任何方面进行改革的人对此深谙于心。"② "在二战后的数十年中，各种各样大学改革的失败说明，如果没有对大学发展及其悠久传统的更深认识，就不可能做到真正有效地解决大学的问题。"③

第一节　大学起源简要回顾

一　现代大学的起源④

大学，是世界上最古老、最悠久、最有影响的组织之一。美国加州大

① ［德］雅斯贝尔斯：《什么是教育》，邹进译，生活·读书·新知三联书店1991年版，第58页。

② Cohen, A. M., *The Shaping of American Higher Education: Emergence and Growth of the Contemporary System*. San Francisco: Jossey-Bass Publishers, 1998: 1.

③ Walter Rüegg (ed.). *A History of the University in Europe*, VoI. Cambridge: Cambridge University Press, 1992: xxi.

④ 参见徐绪卿《教学服务型大学：理论研究和制度框架》，中国社会科学出版社2016年修订版，第34—47页。

学原校长克拉克·科尔（Clark Kerr）曾经在《大学的功用》一书中这样写道：在 85 个创立于公元 1520 年之前、至今仍然一脉延续、拥有相似功能和不间断历史西方机构名单中，包括少许主教座堂，爱尔兰、冰岛议会，以及大不列颠、瑞士的几个州议会；另外，就是接近 70 所的大学。当那些曾经不可一世的专制王朝、封建领主和垄断行会都已烟消云散，这 70 所大学，依然矗立在相同的地址，沿袭着同样的称谓；仍然有教授和学生在一些古老的房子里做着大致相同的事情，遵循着一脉相承的治理方式。① 作为一个纵贯人类文明千年沧桑变化历史的社会组织，大学的组织建构权力、组织文化价值取向、组织资源获取方式、组织活动内容和方式等，都无不经受千年历史过程中整个人类社会政治、经济、文化以及知识进步等变化的影响。因此，当代学者对于大学诸多问题的探讨和理论演绎，都可能自觉不自觉地把大学起源作为探索问题的起点，力图从大学发展的本源上，探寻问题的产生原因和解决问题的各种关系。因为"观今且鉴古。历史是现实和未来的一面镜子，我们想知道一个东西的性质和未来，有一个很重要的手段就是弄清楚它的过去，也只有知道了大学的历史，才能知道自己所处的地位及应尽的责任，也才能知道大学未来应走的路"。②

我国高等教育研究鼻祖潘懋元先生曾指出，"'高等教育'这个概念出现得很晚，人类社会对于相对较高层次的学校教育的需求却很久远，并促成古代高等教育的出现"③。在欧洲中世纪大学创办前，古代高等教育已经存在了数千年。古埃及、古印度、古中国等都是古代高等教育的发源地。据考证，汉语中的"大学"一词就出自中国 2000 多年以前的西周，儒家经典著作《礼记》中就有《大学》篇。在古希腊、古罗马、古拜占庭及阿拉伯国家，都建立了较完善和发达的古代高等教育体制。但是，中国古代"大学"与今天的大学没有直接联系。"希腊人和罗马人有高等教育，但其与大学是两个并不相同的概念。"④ 尽管许多人士出于各种动机

---

① ［美］克拉克·科尔：《大学的功用》，陈学飞等译，江西教育出版社 1993 年版，第 1 页。

② 宋文红：《欧洲中世纪大学的演进》，商务印书馆 2010 年版，第 8 页。

③ 潘懋元：《多学科观点的高等教育研究》，上海教育出版社 2001 年版，第 26 页。

④ ［美］查尔斯·霍默·哈斯金：《大学的兴起》，梅义征译，上海三联书店 2007 年版，第 1 页。

想方设法把上述高等学府也称为大学，或者归并为现代大学的初态和渊源，然而呼者声嘶力竭，应者寥寥无几。当今世界公认的"大学"是拉丁文"universitas"一词的译名，是专指在中世纪西欧出现的一种开展高层次人才培养的专门机构，这种机构具有自己独有的特征，如它设置了系（faculty）和学院（college）等二级教学机构，雇用了稳定的教学人员（教授），规定了学习的年限（学制），具有规范的教学内容和教学安排，开设了规定的课程，实施了正式的考试。学习考核合格，将颁发被社会认可的毕业文凭或学位证书，等等。现代大学发源于中世纪的欧洲，已经成为今天学界的共识。

据考证，现代欧洲语言中的"大学"一词，例如，英语的 university，德语的 die universitat，等等，都源于拉丁文的 universitas。它最初是罗马法律中的一个普通名词，其意为社团或行会，并且在 13 世纪以前它还不是一个专有的名词，凡商业、手工业等任何结社和组织，都可用 universitas。直到 14 世纪末，它才专指为法律所许可建立的学术团体，也就是大学。

研究表明，世界上最早建立的意大利博洛尼亚大学至今已有千年历史。即使从 1088 年获得教皇的敕令开始算起，至今也已跨越 900 多年的漫长进程。在中世纪中后期，当手工业从农业中分离出来，新兴手工业者聚集在一起，新兴自由的工商业城市兴起，稳定有序的社会关系亟须建立，人们急需古典罗马法的释法时；当理性主义生长，要求用"辩证的和批判的方式"阐释神学，改变过去对于宗教教义盲目和绝对的信仰，将神学纳入科学的轨道，把宗教教义发展成为科学的体系时；当战乱动荡、部分古希腊、古罗马璀璨文化回流欧洲，依赖翻译、写作、诠释这样的一些古典理论为生的知识分子群体开始出现并逐渐集结，形成一个知识分子阶层，需要用自己的组织方式，来保护自己和争取新的权益的时候，大学，就开始应运诞生了。

诚然，中世纪大学的起源是一个复杂而漫长的历程，"教堂的钟声""骑士的马蹄声""城市的熙攘声"和"行会的劳作声"等一系列"声音"在以"知识"为特征的音符中，共同谱写了作为"高等学业"的实体性组织，它与圣职主义、帝国主权通力协作，构筑了基督教世界长久安定的生活空间。①

现有研究成果表明，中世纪大学的产生原因，主要有以下五个方面。

第一，宗教发展，形成了大学产生的需求和土壤。

宗教对知识传播的控制性、战争对文化的拓展性、城市对市民社会的自治性以及行会对知识传授的专业性等一系列复杂而综合的社会因素成为大学孕育的"温床"，这就是为什么大学出现在12—13世纪的欧洲大陆，而非罗马帝国文明、拜占庭文明、伊斯兰文明或者中国文明。尽管它们也有名为"大学"的高等教育形式，但它们与中世纪大学没有任何联系。②

中世纪西欧是罗马天主教的天下，它不仅在文化方面占据统治地位，而且在政治和经济方面也有很大势力，甚至与世俗政权平分秋色。公元9世纪后，欧洲经院哲学兴起，基督教神学家和哲学家试图通过理性思考和抽象推论证明上帝存在和基督教义具有永恒合理性。作为论证基督教教义的教父学，把希腊、罗马哲学视为异端，反对任何理性和思考，提倡绝对信仰。当然这种盲从的说教并不能永远取信于人。而十字军东征（1096—1291年），客观促进了东西方制度、法律、风俗、文化的交融，开阔了人们的眼界。人们逐渐对基督教哲学产生了怀疑。古希腊、古罗马文化的回流传播动摇了人们原有的信仰体系。教会为了保持自己的权威地位，转而利用亚里士多德的哲学思想来解释神学的合理性，显然是力不从心和徒劳的。随着生产力的发展和社会经济结构、政治格局的不断分解变化，代表各种不同阶层和不同利益的神职人员、哲学家对"教父哲学"和原始基督教基本教义开始产生疑问。对"圣经"的阐释和理解也出现了许多的分歧，不同观点的"大家"曾举行了多次大规模的辩论活动，教会和国王双方对教育的目的也开展了辩论。以教会为代表的教权派拥护唯实论，教育目的弘扬神性；以国王为代表的王权派拥护唯名论，教育为现实生活准备。辩论活动进一步动摇了基督教神学不可侵犯的理论地位，拓宽了人们的视野，启发和促使学者以一种更加理智的眼光和更为科学的思维方式对自然、社会和神学进行进一步的思考和探索。在一些哲学问题辩论的中

---

① 海斯汀·拉斯达尔：《中世纪的欧洲大学——大学的起源》，崔延强、邓磊译，重庆大学出版社2011年版，第1页。

② 陈涛：《大学本质属性探源——基于三所欧洲中世纪大学的分析》，《高等教育研究》2016年第10期。

心，聚集了大批来自西欧和其他地区的学者，其中一些比较著名的学者还各自设立了讲学机构，招纳弟子，传播自己的学术思想和观点，而这正是现代大学的雏形。经院哲学的发展，为大学的形成产生了积极的推动作用。

另外，西方社会教会和修道院教育功能的弱化，客观上形成了大学产生和发展的需求空间。教会和修道院在很长的时间里一直是欧洲教育职能的主要执行者，它们通过培养僧侣、修士等神职人员，成为传承文明和延续知识的文化堡垒。许多修道院专设有供研习、抄写经卷的文书房（ori-um），拉丁语古卷得到重新抄写和妥善保存，客观上起到了文化桥梁的作用。但到了中世纪中期，修道院的功能开始发生了改变，逐渐转向一种隐居的生活，重视忏悔、修身等，对教学工作的兴趣降低了，客观上弱化甚至放弃了它原有的对所有教民的那种具有济世意义的教育功能。在此情形下，教会学校被迫承担起弥补教育空白的更多责任。另一个角度上看，社会也迫切需要产生新的专门机构承担教育职能，这客观上给大学的发展留出了空间。

第二，城市崛起是大学形成的外部条件。

有人认为，欧洲城市的兴起为中世纪大学的"出生"冠以了地源性的称谓，直到现在，世界上大多数大学的名称都是以城市名来命名的，是有一定道理的①。

公元前 8—前 6 世纪，希腊人向意大利南部移民，并建立城邦。公元前 7 世纪，以帕拉提乌姆为中心开始部落联合过程，由单一的拉丁人部落联合包括萨宾人和伊特拉斯坎人等三个部落组成罗马人公社。前 7 世纪末至前 6 世纪末，罗马人公社处于伊特拉斯坎人的统治之下。此时，完成了由氏族部落公社到城邦的过渡。前 5 世纪末，高卢人从阿尔卑斯山以北进入波河平原。这些部族经过长期融合同化，形成了意大利人的祖先。公元前 509 年建立起由罗马贵族掌权的罗马共和国。公元前 27 年元老院授予盖维斯·屋大维·图里努斯（Gaius Octavian Thurinus，前 63—14 年）"奥古斯都"的尊号，建立元首制，从而确立了屋大维的个人专制统治，成为事实上的皇帝，罗马共和国结束，古罗马进入罗马帝国时代。公元 1 世

---

① 汤普逊：《中世纪经济社会史》（下），耿淡如译，商务印书馆 1997 年版，第 415—429 页。

纪前后，罗马扩张成为横跨欧洲、亚洲、非洲称霸地中海的庞大帝国。经朱里亚·克劳狄王朝（前27—68年）、弗拉维王朝（69—96年），至安敦尼王朝（96—192年）五贤帝时代（96—180年）达到全盛，国家稳定、经济繁荣，进入罗马和平时期。

公元3世纪（235—284年）危机后罗马帝国在内忧外患中逐渐衰落，后经戴克里先实行四帝共治政策，至君士坦丁大帝重新统一帝国。最终于395年，由狄奥多西一世死后将帝国分给两个儿子，罗马帝国自此分裂为东罗马和西罗马两部分。西罗马都城罗马。公元410年8月，日耳曼的西哥特人攻入罗马城，在城内奴隶的配合下打开城门，此后在西罗马帝国境内建立许多卫国，西罗马帝国皇帝沦为高级将领的傀儡。476年，日耳曼人首领奥多亚克废黜西罗马帝国皇帝罗慕路斯·奥古斯都，西罗马帝国灭亡。东罗马帝国的都城君士坦丁堡，是在希腊古城拜占庭的基础上建立起来的，因此又称拜占庭帝国（亦称新罗马），起初其疆域包括巴尔干半岛、小亚细亚、叙利亚、巴勒斯坦、埃及、美索不达米亚及外高加索的一部分。到了皇帝查士丁尼在位时，又将北非以西、意大利和西班牙的东南并入版图。最后在1453年被奥斯曼土耳其人所灭亡。

史学家将西罗马灭亡至东罗马灭亡的近1000年的历史，称为中世纪（Middle Ages）。中世纪是欧洲（主要是西欧）历史上的一个时代。由于这个时期邦国林立，没有一个强有力的政权来统治，因此整个西欧成为一个四分五裂、高度分权之地。封建割据带来频繁的战争，基督教对人民思想的禁锢，造成科技和生产力发展停滞，人民生活在毫无希望的痛苦中，所以中世纪或者中世纪早期普遍被称作"黑暗时代"。传统上认为这是欧洲文明史上发展比较缓慢的时期。这一时期多民族和不同文明之间的冲突与融合，形成了王权、神权和贵族权等多元权利并存、斗争与妥协的独特格局。世俗的与宗教的、帝国的与教皇的、神圣罗马帝国与罗马教皇管区以及国王和教皇都自称为古代罗马皇帝的合法继承者。他们争权夺利，连年混战。这种特有的多元权利土壤，为城市兴起及城市自治权的发展创造了充分的条件。新兴城市在皇权和教权争斗的夹缝中逐渐崛起了。

公元11世纪，西欧社会在经济、政治和文化等方面得到初步的恢复，世俗国家和教会的力量在相互制衡、争权夺利中发展。出现了一个相对和平安定的环境，经济开始逐渐繁荣发展。自给自足、相对封闭的庄园经济被新兴的近代农业所打破，纺织业、采矿、冶炼、金属制造业和建筑业开始兴起，社会的商业兴趣显著扩大。在手工业者和商人聚集、商品交换活动活跃的市集附近逐渐出现并形成自治城市。教堂、广场、市政厅和契约（宪章），成为城市化市民社会的重要标志。商人逐渐在固定城堡、市场、集市集聚，并逐渐占到城市人口的大部分，进而成为城市居民的主体，成为建立西欧中世纪城市的中坚力量。手工业者和商人组成的市民阶层通过和教会势力、封建领主势力的长期斗争，逐渐拥有了更多的城市管理权。各个独立的封建领主，为了获得工商业税款和其他利益，也为了削弱对手，往往提供一些优惠条件，如供应并建立住房，提供店铺的位置，租金优惠等助推经济发展和社会稳定。

随着城市财富和人口的增长，市民们在享受自由的同时也期望国家权力给他们提供保护以便使其免除领主盘剥的愿望日益强烈。12 世纪开始一些国家的君主顺应这股潮流，站到城市一边。法国国王菲利普二世（1180—1223 年）给王室直属领地内的许多城市颁发特许状，让它们直接隶属于国王，免除它们向原有领主们所负的封建义务，并给予市民诸多自治特权；不仅如此，他还宣称自己是王室直属领地以外所有城市的保护者，这一方针为他的后继者们所继承。在整个 13 世纪，随着王室领地的扩展，法国越来越多的城市成为摆脱封建领主统治的特许自治城市。这些特许城市逐渐建立了完备的城墙和防御体系。其他地区也出现了与法国相似的情形。

在英格兰，由于 1066 年的威廉征服后，英国国王的直接统治相对比较完整，特许城市的自治权利没有法国或西班牙城市那样彻底。德意志和北意大利的许多城市也从帝国政府那里获得特许状。尽管当时的国家权威较为软弱，从皇帝那里得不到多少物质支持，但由此他们获得了更多的自主性和独立性。"各类城市的市议会，都是主权实体；每个城市都是一个自治的市民社会，各自制定法律、自行征税、自管司法、自行铸币，甚至根据各自需要结成政治联盟、自行宣战或媾和。"① 当时的城市不仅拥有独立的司法权和立法权，而且拥有组织城市管理体系的权力。

---

① ［美］詹姆斯·W. 汤普逊：《中世纪晚期欧洲经济社会史》，徐家玲等译，商务印书馆 1996 年版，第 174 页。

　　"每个城市都是一个自治的市民社会。"① 自治城市的出现和发展，对各类城市管理和经营人才产生了急切的需求，呼唤着大学的诞生。各种势力为了培养自身所属事业的代言人和接班人，以及管理日益错综复杂社会事务的人才，需要并开始兴办高层教育机构，传授高深知识和实用技术，培养优秀管理人才。大学的建立是城市化过程中一个非常重要的成果和组成部分。因此，从某种程度上说，城市的崛起催生了大学。

　　第三，学术复兴成为大学形成的知识基础。

　　古希腊和古罗马是欧洲文明的发源地，其文化辐射范围广大，在欧洲享有深厚的影响。公元 400 多年的时候，日耳曼人等游牧蛮族的攻击，最后突破了罗马帝国的防线。战乱也严重破坏了古希腊、古罗马文化。而那些古罗马帝国的残余部分，包括它的知识精英，权力精英，在罗马城即将被攻破以前匆忙逃离，远走他乡，他们带着欧洲的文化流向了东方，聚集在君士坦丁堡（今土耳其伊斯坦布尔），建立了东罗马帝国（拜占庭帝国），在这里部分保留了古希腊、古罗马文化的遗产碎片。中世纪中期开始，随着边境的稳定和边贸的发展，流落到东方的古老文化开始缓慢回流。从 1095 年开始，前后 8 次、历时 200 年的十字军东征虽然给东西方人们带来了严重的灾难，但客观上也促进了东西方文化的沟通，特别是 1204 年的第四次十字军东征、君士坦丁堡陷落以后，原来在拜占庭帝国的部分知识分子带着由阿拉伯人保存的古希腊知识文本又逃回到了欧洲，并获得极大的欢迎、尊重和推崇。这些知识文本有托勒密的天文学、欧几里得的数学、盖伦的医学，还有亚里士多德的物理学、逻辑学和伦理学等。东方的拜占庭帝国和阿拉伯帝国在继承古代希腊罗马文明的基础上，曾经形成了灿烂的拜占庭文明和阿拉伯文明。大量回流欧洲的知识文本的翻译需求和由此产生的文化复苏，传承了一批成果斐然的著作。毕达哥拉斯、柏拉图、亚里士多德等经典教育著作、思想与教育活动奠定了后来意大利、法国"七艺"教育、文科教育、医学教育等一些课程内容及教育方式形成的基础。知识急增推进了学科的形成，积淀了大学教育的学科基础。在东西方文化传播与交流中，西欧形成了许多学术研究中心，尤其使亚里士多德等古典学说得以较为完整继承，同时也使中世纪大学的课程在

① ［美］詹姆斯·W. 汤普逊：《中世纪晚期欧洲经济社会史》，徐家玲等译，商务印书馆1996 年版，第 174 页。

13 世纪中期之后增添了许多新的内容，而且导致了学习和研究方法的转变。

第四，知识群体是大学形成的实践主体。

这里指的主要是翻译和文化传播群体。经过数百年漫长的演变，中世纪中、后期，拉丁文已经成为欧洲教会和学校的通用语言，欧洲人变得不懂得希腊文了。十字军东征后从东方回流到欧洲的古老文化知识和思想，大多是用希腊文或阿拉伯文写就的，必须翻译成拉丁文后才能学习和传播。从伊斯兰国家引进的阿拉伯文原著、用阿拉伯文改写的古希腊著作以及希腊文原著，都需要翻译成拉丁文才能被学者所理解。在翻译、写作、诠释新理论、传播和传承阿拉伯文化、重拾古希腊古罗马文化光辉的过程中，出现了许多以知识和学术为业的知识群体和阶层。他们中许多人以写作或教学为生计，更准确地说是同时以翻译、写作和教学为职业，以教授与学者的身份进行专业活动，并寻求职业的更大发展。大量知识群体的出现、聚集和知识传播的影响，吸引着许许多多欧洲的年轻人翻山越岭、跨河越洋，聚集到当时最为著名的文化发达城市，如巴黎、威尼斯、博洛尼亚等这些地方来求学。而这样的一个阶层一旦出现了以后，它就需要寻求适合自己的组织方式，来保护和争取自身的权利，保证工作和生活的秩序。

正是由于大量知识分子群体的劳作和创造，正是因为大量知识阶层的形成和聚集，为大学的产生准备了师资团队。正是因为新生的知识群体生存和发展的需要，成就了大学的形成和发展。由于中世纪中、晚期"知识分子"作为一种自觉意识到自己身份的社会群体的出现，中世纪大学的出现才获得真实的可能性。

第五，行会组织方式是大学的最佳组织机构参照。

中世纪形成和出现的知识分子团体虽然代表了崭新的文化倾向，推动了西欧的文化发展，但它缺乏独立、世俗、专门的体制支撑，偶然依靠的修道院、教会学校等组织也难以从根本上支持和巩固学术的发展。新兴的知识分子必须建构新的组织机构，按照新型运行机制处理教学、研究等学术活动，保证自身合法权益。而在中世纪的欧洲，最流行、最有效、最富特征性和最具合法性的机构形式是行会。这是一种为了维护本行业群体权益而赢得社会地位、团结一致对外，限制业内竞争、规定业务行为、保证经营稳定、解决业主困难而成立的自治组织。这种社会机构的组织方式日益成熟并向社会广泛渗透，成为社会组织自身保护普遍采用的重要机构形式。中世纪行会是人们倾向于置身合作架构的体现，也对欧洲政治思想的演进产生了深远的影响。中世纪大学是非常简单的组织机构，它没有董事会，没有图书馆，没有建筑物，甚至也没有地产，有的只是志同道合的一批人，所谓"学者共同体"和"教者共同体"。为了保护自己的权益不受侵害，避免那些不公平的竞争，保持秩序的稳定，更好地立足社会，一些知识分子群体从行会组织中受到启迪，在探索学术组织架构的进程中，借鉴行会的形式并不断进行改造和创新。知识分子群体所进行的组织创新在结果上导致了大学组织的建构，形成了大学组织特性的坚实基础。

综上所述，欧洲社会复兴、新兴城市出现和逐渐发展是大学形成的外部条件；西方社会专门教育机构缺失是大学形成的市场空间；西方社会的学术复兴是大学形成的知识基础；知识分子群体和知识需求群体的出现是大学形成的实践主体。行会组织形式是大学机构最初借鉴的机构外形。换一种说法，"基督教及其组织对中世纪文化的塑造和早期知识的累积、近代城市及其自治联盟的出现为大学奠定的物质基础和组织原型、古典翻译运动与文化传播奠定大学学术复兴的知识综合材料和基础、持续的文化复兴和知识价值认同，形成了智力活动凝聚的土壤。最终，教师和学生组成教学共同体，通过教学活动满足社会专业化及对专业人员、专业训练的需要，从而促成了大学的诞生"[1]。

二　最早大学的产生

中世纪大学也是逐渐形成的，早期更没有专门的法令作为依据来创办的大学。许多大学的发展本身也经历了一个较长的演变过程。因此一些早期创办的大学甚至不可能确定一个真实的创建时间。尽管这样，人们还是费尽周折地寻找标志性的依据给予他们一个确定的时间点，以便做出比较和方便研究。从大学本身来说，所有的大学都必须有一个确切的时间作为自己的建校纪念日，因为这个日子往往是一个大学的精神符号和文化象征，一种表达大学凝聚力的方式——校庆日。从比较普遍的认知来看，获得许可（皇帝或教皇的敕令）的时间是确定早期大学创建时间的重要标志之一。

---

① 宋文红：《欧洲中世纪大学的演进》，商务印书馆 2010 年版，第 33 页。

现有研究表明，最早的大学诞生在意大利。博洛尼亚大学是公认的欧洲历史最悠久的大学，它坐落于意大利艾米利亚-罗马涅大区的首府博洛尼亚，是延续至今最古老的大学。尽管大学的章程最早制定在 1317 年，但事实上早在 11 世纪末在博洛尼亚就已经出现了第一个法律学院。在大学举行 800 年校庆期间，由乔苏埃·卡尔杜奇所领导的历史委员会经过考证，将大学的创建时间确定为 1088 年，创办者是依内里奥①（翻译不一致，亦有称为"欧内乌斯"或"伊尔内留斯"的——笔者注）。

据考证，早在 1088 年，博洛尼亚大学的前身——博洛尼亚法律学校就获得了教皇批准成立的正式敕令，由此奠定了它"最早的大学"的地位，这一时间后来被确定为博洛尼亚大学的校庆纪念年份。1158 年神圣罗马帝国皇帝腓特烈一世（Federico Ⅰ）在听取了伊尔内留斯（Irnerius，约公元 1055—1130 年）的四位学生的建议后颁布法令，批准博洛尼亚法律学校为正式的大学，这一时间早于法皇路易七世（Louis Ⅶ）正式颁布巴黎大学"大学"称号的年份（1180 年），因此博洛尼亚大学也被公认为"大学之母"（拉丁文：Alma Mater Studiorum）。腓特烈一世还规定了大学是一个不受任何权力影响、可以进行独立研究的场所，从而确立了欧洲大学作为独立研究机构的性质。因此，在 12 世纪博洛尼亚大学就得到了市政当局一定程度的保护，具有了合法的资格。1988 年博洛尼亚大学建校 900 年之际，欧洲 430 所大学校长在共同签署的"欧洲大学宪章"中，将博洛尼亚大学正式宣布为欧洲所有大学的母校，接受"大学们"对"母亲"华诞的致敬，从而确认了博洛尼亚大学的历史地位。这里强调的是博洛尼亚大学建校历史的悠久以及对后来大学创建和运行的影响之大。

意大利是古罗马的发祥地。西罗马帝国灭亡后，封建领主的统治开始，外族入侵，领土被早期的欧洲其他国家瓜分，意大利也被分割成多个自由城邦。黑暗时代的法律观念十分淡薄，连年的战乱和社会的退化使法律难有用武之地，当时天主教的教义又拒绝和排斥法律的作用，使法律和法学失去独立存在的意义；宣誓证据和神明裁判使明确的法律规定丧失权威性和必要性；由于当时盛行弱肉强食的法则，个人和集团之间的纠纷往

---

① XIEZUOPING 的博客：《世界上最古老的十所大学与世界十大名校》，新浪博客，访问时间：2018 年 3 月 2 日。

往诉诸武力，既有判决也往往靠私力执行。罗马法，即使一些简本和摘要，很快就变得太深奥、太复杂、太陌生了。事实上其中的学者法已被大众自发实施的通俗法所变更和代替。天主教及其教义当时还没有太强的法律意义。虽然对罗马法的研究没有停止，却处于极度的沉寂之中。

但是，作为古罗马发祥地的意大利，毕竟还是沿袭和承载了古罗马帝国的部分文化。在混杂的战乱中，意大利首先开始出现了良好的发展势头。威尼斯先期获得独立，建立了威尼斯城，主要从事海上贸易，并最终垄断了东地中海上的交通。在经历了五六百年的缓慢发展以后，意大利由于自己得天独厚的地理优势，加之本身沿袭古文明的文化底蕴，在地中海沿岸获得了较快发展，特别是北部城市的繁荣。共和时期，人人注重公民权利的观念，注重对人身安全、财产安全方面的保护，形成相对稳定的社会秩序。

与此同时，封建统治开始，封地竞争、君权和教权之间的竞争从未止息。在优胜劣汰、你死我活的激烈竞争中，统治者逐渐认识到法律的作用，意识到运用法律来解决纠纷、维护社会秩序稳定的重要性，并从古罗马法中得到许多启迪，逐渐运用罗马法解决现实问题。快速发展的城市管理导致了对罗马法学者的大量需求。

"很显然，地理因素是原因之一。……博洛尼亚的地理位置极佳，它是意大利北部通往罗马的一个天然十字路口，人口流动频繁，货物贩运集中，因此博洛尼亚很早就成为一个社会和经济上的国际性城市。"[1] 博洛尼亚建城于公元前534年，坐落于意大利波河平原东南部雷诺河畔，地处意大利北部商业要道，是南北交通和商贸往来的十字路口，亦是朝圣者前往罗马的必经之地。优越的地理位置使博洛尼亚很早就成为一座国际化的城市。

博洛尼亚方便的交通、良好的建筑、充足的食品供应、适宜的气候、丰裕的资金以及合理而稳定的环境等，使得它在来自阿尔卑斯山北麓的商人与贩运拜占庭产品的意大利商人的贸易交流中，确立了战略性的显赫地位。大量流动人员的往来和聚集，包括大批经常到罗马的一些旅行者，使得博洛尼亚人丁兴旺，名声大振，成为一座著名的城市。然而正是由于商

---

① A. B. Cobban. , *The Medieval Universities*: *their development and organization*. Methuen & Co. Ltd. , 1975. p. 49.

旅络绎不绝，导致商业纠纷频繁发生以及诉讼案件不断增多。为了保证商人权利和贸易公平，以及城市的地方权利和城市独立，维护城市生活秩序和稳定，法律知识在博洛尼亚市民的日常生活中日益扮演起重要角色，这也为大学这个诞生初期流动性极强的学术团体固定在博洛尼亚创造了良好的外部环境。

　　尽管地理因素对博洛尼亚大学的产生具有重要意义，"但学者和学术因素对博洛尼亚大学成为最早的中世纪大学更为重要"①。在大学出现之前，博洛尼亚地区就云集了众多法学学者，他们在博洛尼亚法律学校所从事的教学活动也初具规模，这些法律学校也多以罗马法的研究与教学为主要内容，具有明显的自治与世俗特征，教育内容注重语法和修辞的教学，对实用法律技能（如法庭辩论和官方文件的编撰等）的训练在学校教育中占有很大比重。特别是中世纪早期最著名的法学学者、被誉为注释法学派的创始人和"法学泰斗"的伊尔内留斯，早在1088年就在博洛尼亚大学讲授罗马法《民法大全》，随后在这里从事专门的教学活动。《民法大全》是6世纪由罗马皇帝君士坦丁编撰的罗马法汇编，伊尔内留斯成功地对罗马法作了合理的阐析，使其既适合职业性的需要，又适合作为高等教育的一门专门学科而进行学术研究，从而使博洛尼亚法律学校的研究、教学水平和影响远远领先于意大利的其他学校，博洛尼亚大学一时学术昌明，人才辈出，学生云集，成为著名的具有革新精神的罗马法教学中心。伊尔内留斯由此被认为是1088年博洛尼亚法律学校的建立者。②

　　继伊尔内留斯之后，他的学生们——最著名的是"四博士"：马尔体努斯（Martinus）、雅科布斯（Jacobus）、胡戈里努斯（Hugorinus）和布尔加鲁斯（Bulgarus）继续执教，名声不减。正是由于这些著名学者在法学上的声誉，大批教师和学生慕名而来，从欧洲各地涌入这座城市，博洛尼亚大学学生一度超过万人，这在当时的人口总数和交通条件下是难以想象的。在12世纪40年代和50年代，由于引入了教会法的研究以及作为罗马法重要的研究中心的快速发展，博洛尼亚具有了更加鲜明的世俗性质。随着博洛尼亚法律学校的日益兴盛，到12世纪中期，博洛尼亚大学

---

① Alan B. Cobban, *Universities in the Middle Ages*, Liverpool University Press, 1990, p. 8.
② 宋文红：《欧洲中世纪大学：历史描述与分析》，博士学位论文，华中科技大学，2005 年。

已经成为欧洲教会法和罗马法研究与教学最重要的中心，教皇亚历山大三世（Alexander Ⅲ）和英诺森三世（Innocent Ⅲ）都曾是博洛尼亚大学的学生。14世纪时博洛尼亚大学就已经开设了法学、艺术、药学、哲学、数学、天文、逻辑学、修辞、语法等学科，1364年还建立了神学院。众多科学史和文学史上的名人都曾经在这里求学、研究或从事教学工作，其中有但丁（DanteAlighieri）、雷·恩佐（Re Enzo）、丢勒（Albrecht Dürer）、塔索（Torquato Tasso）、哥尔多尼（Carlo Goldoni）等，波兰人哥白尼（NicolòCopernico）当年在这里学习教皇法规的同时，也开始了天文学的研究。从中世纪开始，博洛尼亚大学在整个欧洲一直享有非常高的声誉，是当时欧洲最好的大学之一。

大批学生聚集在博洛尼亚，而这些学生来自不同民族、不同地区。起初的学生大多是中产阶级的代表，其主要出身于富裕家庭，有能力支付学习费用。他们尽管年轻，但地位显赫，有权论政。出于自己政治地位以及在求学过程中不放弃公民身份的考虑，他们迫切渴望架构一种组织来进行自我保护。加之这些外地学生在博洛尼亚生活招致诸多麻烦与纠纷，如外地学生的大量涌入使得当地食宿价格上涨而造成生活成本增加，学生与市民之间经常发生纠纷等，为此，外地学生仿照意大利出现的手工业、商业行会等组织形式，建立起旨在自我保护、自我管理的学生联合体，经过长期演变和完善，造就了"博洛尼亚大学"。世界最早的大学产生了。

三 教会与大学的关系

如果说博洛尼亚大学来自世俗，是城市的大学，那么，巴黎大学则是完全意义上的教会大学。

巴黎大学是由巴黎圣母院的附属学校演变而来，是欧洲北部大学的原型，也是公认的中世纪早期著名大学之一。由于巴黎大学其独特的历史和发展，在世界高等教育史上拥有崇高的地位。

巴黎大学与教会之间有着紧密的联系。欧洲有着悠久的教会学校教育传统。在欧洲中世纪从混乱到形成秩序的过程中，教会学校起到了很大的作用。早期，遍布欧洲大陆各地的修道院，其实就在执行着学校教育的功能，许多主教的深厚修为和渊博学识使其在学术方面成为领军人物。最早的修道院学校大约出现在公元6世纪。7世纪在修道院教育基础上发展起来的主教学校，就已经成为较为正规的教育机构了。随着修道院教育功能的淡出，教会学校逐渐代替修道院行使教育的职责。公元787年，法兰克国王查理曼（Charlemagne）大帝曾下令所有教堂和寺院开办教会学校，训练神职人员。发展至11—12世纪时，设立在城市的教堂学校日益显得重要起来，逐渐占据了教育和学术的领导地位，巴黎、沙特尔、奥尔良、图尔、莱昂、兰斯、列日、科隆、约克、坎特伯雷等等城市都有著名的教会学校。这类学校的学生部分是专为各类教职储备人才，这部分学生的学费是由教会基金支付的。其余类别的学生则需要支付适度的学费。1179年由教宗亚历山大三世（Alexander Ⅲ）主持的第三次拉特兰会议（The Third Council of the Lateran）颁布，为了使贫穷家庭孩子不被剥夺读书与进修的机会，应该在每一座教堂拨出一笔足够的圣俸给专业教师，让他免费教授同一教堂的办事员和贫苦的学生。

公元11世纪中叶时，巴黎还算不上一个自治的城市，而仅仅是法国君主国的首都和一个重要的主教职位所在地。国王尽管拥有具有威严的称号，但实际上只控制了巴黎周围的一小块叫作"法兰西岛"的地方，周边大多数地方实际上仍由许多具有强大势力的亲王分割管理。经过一个多世纪的治理，到12世纪之初，法兰西岛才逐渐成为法国真正的中心。在腓力普二世（Philip II Auguste）时期，扩张王室领地，财产剧增，实力猛增，并加紧对公爵和伯爵的控制，摧毁和控制了其他对自己潜在威胁的小国，逐渐成为欧洲大国。也就是这个时期，法国王室才在迁移动荡中逐渐安定下来，巴黎才真正成为法国王室所在的首都。

13世纪初期，巴黎出现了一批由慈善家们筹办的客栈，专门用来接待求学的学生。后来客栈就慢慢转变成学校。由于独特的地理位置和资源，以及相对安定的政治环境，使得巴黎经济迅速发展，成为全国的中心。而随着经济社会的发展和城镇本身追求特权的需要，坐落于巴黎的主教堂学校越来越多地分享了特权。作为主教职位所在地——巴黎，成为学者们流动过程中最具吸引力的城市。许多著名的学者，如中世纪的阿伯拉尔（Pierre Abelard）在发表演说和讲授课程，凭借其自身的个人素质，将精深的辩证法造诣、理智的信仰、宗教的狂热和求知的激情融为一体，成为社会各界共同仰慕的偶像，也吸引了大批慕名前来的学生。一批学者的讲学、辩论等贡献，使得巴黎主教堂区会聚学者，成为巴黎大学的雏形。这些学生不仅是为了来追求高深学问，更多的是为担任高层神职人员做准备。由于学生的数量增长快速，学校的规模越来越大，教师的数量成倍地增加。原有的圣母院教会学校已经显得拥挤而不够用，大量教师开始把授课地点转移到私人宅邸、自家居所、巴黎城岛乃至塞纳河的桥上。大批来自不同国家、不同地区的教师与学生为了学术研究聚集到一起。为维护自己的利益，免遭当地教会和世俗封建主的破坏，学生们先按原籍组织成各式"同乡会"。随着学生的增多和教师的大量增加，教师职业从业人员之间的竞争逐渐变得激烈，加剧了教师从业人员资格的紧缺状况。为维护教师群体利益，保证教师队伍的质量和品质，教师们也自发组织成教师行会，对于符合一定资格和水平的人授予教学许可证。日益增加的教师群体自然地形成了一种教师的同业公会，以此来获得维护自身的各种利益和权利。比如，以前学校的教学管理、教师资格认可、教学程序安排、司法裁判、生活管理等方面的事务，属于主教的权限，现在的教师同业公会取得了对此的独立管理权。这样就实现了向大学组织的转变。所以，巴黎大学是由一群学者联合而成的、由校长控制的导师团体。通常，建立大学的批准权由罗马教廷掌握，教廷也可以委托各地君主设立大学。1200 年法王菲利普二世（Philip Ⅱ Auguste）承认了巴黎大学的学者具有合法的牧师资格，具有司法豁免权。

　　巴黎大学获得的第一个特权是 1208 年的教皇特权敕令。资料记载，1200 年巴黎发生了学生与酒吧老板冲突事件，此事引起市民的愤怒，市民们在市长带领下杀死了巴黎大学的几名大学生，引起师生们强烈不满，便向国王提出申诉。1208 年，针对这次事件，教皇英诺森三世颁布了旨在保护大学师生的特权敕令。敕令规定：巴黎大学师生可以免于城市官员的审判，法官和市长不能参与涉及大学师生及其侍从的案件，更不能逮捕未定罪的师生，市民必须尊重大学师生的特权，市长就职时必须发誓保护大学师生的特权。教皇特权敕令给予巴黎大学独立的司法权，这意味着巴黎大学获得了当时社会的承认，所以这一敕令也被认为是巴黎大学正式建立的标志。① 1215 年教皇英诺森三世为巴黎大学制定了第一个章程，取消圣母院主事对巴黎大学的控制权，巴黎的教师协会获得了合法团体的资格，至此完成了由习惯认可到法律认定的大学的转变。章程对艺术和教育进行改革，对教师资格作了具体规定。此后，巴黎大学快速发展，成为在北部欧洲形成的绝大多数大学的模式和标准。

---

　　① 李兴业：《巴黎大学》，湖南教育出版社 1988 版，第 7—65 页。

据考证，巴黎大学的校戳，1241 年写的是"巴黎师生联合会"，到了 1252 年才改为巴黎大学。

1257 年法国国王圣路易九世的忏悔教士索邦创办索邦神学院，专门招收贫困子弟攻读神学，培养神职人员，索邦出任院长。索邦神学院的开办受到罗马教皇的赞赏，并两次颁布谕旨恩准学校。不久神学院就允准开始授予神学博士学位，获得学位的人才有资格被任命为神职人员。由于考试非常严格，神学院授予的学位在社会上认可度极高，学院的影响也越来越大。从 1261 年开始，索邦神学院正式使用巴黎大学的称谓。

巴黎大学也是欧洲有重要影响的大学，对欧洲乃至世界现代大学的发展做出了贡献。

研究证实，英国在 12 世纪之前是没有大学的，人们都是去法国和其他欧陆国家求学。1167 年英格兰国王同法兰西国王发生争执，被英王召回的英国教师与学生聚集于牛津，继续从事教学与研究，并逐渐组建成牛津大学。1209 年，牛津一位学生练习射箭时误杀了镇上一名妇女，引发师生与市民冲突。12 名牛津师生流落到剑桥，在这里建立了一所新的大学——剑桥大学。1636 年 10 月 28 日，马萨诸塞海湾殖民地议会通过决议，决定筹建一所像英国剑桥大学那样的高等学府，由于创始人中不少人出身于英国剑桥大学，他们就把大学所在的新镇命名为剑桥，学院最初定名为"剑桥学院"（Cambridge College），1639 年，为了纪念学院的创办者和建校费用的主要捐献者约翰·哈佛（John Harvard），学院改名为"哈佛学院"。

大学是一个开放的组织。作为一个纵贯人类文明千年沧桑变化历史的社会机构，它的组织建构权力、组织文化价值取向、组织资源获取方式、组织活动内容和方式等，都无不经受历史过程中整个人类社会政治、经济、文化以及知识进步等变化的影响。随着社会的发展和演进，大学也在发展、变化，不断地适应新的环境。在漫长的历史长河中，大学的传统虽然大部分被继承下来了，但是也有许多方面被打破、被改变、被摒弃，或是被拓展和创新。

中世纪大学的产生和发展，是欧洲经济社会发展的必然结果，同时又反过来对社会发展起了积极的推动作用。至少在最初几个世纪中，大学所产生的影响主要是积极的、正面的。在教会权力至高无上、压迫一切的黑暗时代，大学代表着自由；在宗教愚昧人民的年代，大学象征着科学和理性；在中世纪后期的几百年间，大学代表的是自由思想之家。由于独特的组织形式和功能，能为社会各界培养精英人才，大学迅速成为欧洲文化复兴和传承的中心，成为思想的产生和传播、培养教廷和城市精英的核心机构，更是随后发生的文艺复兴、宗教改革和近代启蒙运动的重要阵地，因而引发各界的高度关注和重视。在王（皇）权和教权的较量中，大学成为双方争夺的对象，大学也在两权争斗的夹缝中起步成长。

第二节　中世纪大学的发展

一　与中世纪大学发展直接关联的几个事件

大学产生初期，其作用并没有很快被认识。换句话说，大学的作用在大学产生初期并没有得到广泛的及高度的认可。随着社会的发展和一些重大事件的推动，大学的影响力逐渐扩大，人们对大学的认识不断深化，大学的功能被不断地挖掘和丰富，大学也开始慢慢地发展起来了，在社会发展中发挥越来越重要的作用。

推动大学发展的几个重大事件，第一是"地理大发现"（又称大航海时代）。地理大发现是指 15—17 世纪，欧洲航海者开辟新航海路线和发现"新大陆"的通称。15 世纪中叶，奥斯曼帝国攻陷君士坦丁堡，占领巴尔干等地，从而控制了东西方之间的通商要道，对过往商品课以重税。在此情况下，另辟一条通往东方的商路成为西欧商人的需求。而传播基督教也是推动西欧人向海外发展的另一种精神动力。1418 年，亨利王子在葡萄牙拉古什港附近的圣文森特角上的萨格里什创设了世界第一个地理研究院。他从地中海周围收罗了不少地理学家、制图学家、天文学家、数学家以及懂得各国语言的翻译家一起研究地理学，规划并开始海上探险。随着地圆说理论的成熟与航海、造船技术的改进，欧洲人开始对离之遥远的地方进行探寻和掠夺。1486 年葡萄牙人巴瑟罗缪·迪亚士发现非洲南端风暴角（好望角）；1498 年葡萄牙人瓦斯科·达·伽马开辟绕过好望角通往印度的航线；1492 年意大利人克里斯托弗·哥伦布到达美洲，发现美洲新大陆；1519—1522 年，麦哲伦开始环球航行。"地理大发现"拓展了人的视野，使得欧洲资本主义发展步伐加快。殖民政策开始实施，欧洲海盗从亚洲掠夺了大量的财富。大航海带来的资本主义工商业的发展和对外扩张的人才需要，为大学的发展提供了强大的驱动力。

第二是庄园经济的崩溃。西欧的封建经济形态以庄园经济为最基本内容的。这是因为封建庄园是在土地的层层封授的基础上形成的，这种土地的封授关系及与此相应的等级制度乃是西欧一切封建关系和整个封建制度的基础。在庄园经济的汪洋大海中，又存在另一种独立的经济体系——城市经济。它之所以成为一种独立的经济体系，是与中世纪城市的性质和作用密切相关。因为这种城市是在封建王权统治之外的一种独立的和自治的城市，其居民都是具有"市民权"的、基本上摆脱了封建依附关系的特权市民。因此，这种城市充满自由的空气，能置身于封建王权统治的干涉和管制之外。由于城市所具有的这种性质，使中世纪西欧的手工业和商业呈现出自己固有的特点。它们与封建王权并不发生多少联系，形成为相对独立的手工业者阶层和商人阶层。他们的生产生活不受封建政权或地方封建主的管制，他们通过行会组织来管理自己的事务，每一个市民都是一定行会的成员或准成员，城市实际上是由行会组成的。

西欧中世纪的商人阶层是在 11—12 世纪从城市手工业者中分离出来的。他们以经商为独立职业。12 世纪以后，城市商业日益发达，国际贸易的发展更为迅猛。发达的国际贸易可以说是西欧中世纪商业的最大特色。12—13 世纪，西欧就形成具有国际贸易色彩的大型定期集市。在众多定期集市中，法国香槟集市最为有名。到 14—15 世纪，西欧出现四个区域性贸易区，即地中海贸易区、北海和波罗的海贸易区、汉萨同盟、不列颠贸易区。15 世纪哥伦布发现美洲新大陆以后，新航线不断扩大，加快了商业资本主义的发展，东西方贸易也达到相当大的规模。16 世纪以后，由于新航路的开辟和重商主义思潮的弥漫，西欧的国际贸易进一步发展，进入了一个空前发展时期，庄园经济逐渐为商业资本主义所替代。大量商业活动的开展，需要大批的人才作支撑。伴随庄园经济的崩溃，政治结构也开始发生变化，在与教会的不断冲突中，世俗政权逐步取得主导地位，高等教育开始体现民族国家和地域性，并逐步成为国家发展的重要利器。

第三是文艺复兴运动。这是正在形成中的资产阶级弘扬资产阶级思想文化的运动，13 世纪发源于意大利的佛罗伦萨和威尼斯，16 世纪扩及德意志、尼德兰、英国、法国和西班牙等地。由于当时欧洲的资本主义萌芽刚刚产生，资产阶级正处在形成时期，力量还十分弱小，还没有能力完全摧毁西欧的封建制度和封建神学，因此它以古典面目出现。但是，复兴古典文化只是表面现象，其实质是资产阶级性质文化的兴起。作为资产阶级性质的文化运动，它必然以维护资产阶级的利益为其根本目的。文艺复兴的核心思想是人文主义精神，这种精神要求是以人为中心而不是以神为中心。人文主义思想肯定了人的尊严与价值，提倡和主张人生是为了追求生活中的幸福，并提出解放人的个性，反对迷信而愚昧的神学思想，将人视作为现实生活的缔造者和主人。而文艺复兴时期的作品也集中体现出人文主义思想，反对中世纪的宗教统治观和禁欲主义，提倡人类个性解放和科学文化，反对蒙昧主义，努力使人们摆脱教会的思想束缚。文艺复兴时期的艺术思想是歌颂人的美，认为人体比例是世界上最协调和谐的比例，并将其应用在建筑上，即使是以宗教故事创作的绘画和雕塑，表现的也都是普通人的场景。人文主义标榜理性，要求文学艺术来表现人的思想感情，用科学来造福人类，并发展人的个性。

　　文艺复兴的人文主义思想对历史的发展有着极大的进步作用，从而使得社会各个方面都得到了迅速发展，并对人们产生了极大的教育意义和解放作用。随着文艺复兴运动的扩张，人本主义、人道主义或人文主义逐步在教育领域确立，理性取代神性，推动大学办学的指导思想、组织机构、课程和教学内容等方面的改革，世界性、国际化为本土化和地域性所取代，促使了大量新型大学的产生和发展。

　　第四是宗教改革运动。与前面三个相比，宗教运动与大学的发展联系更为紧密。宗教运动起源于大学。1517 年 10 月 31 日，德国维滕贝格大学教授马丁·路德不满和反对罗马教廷出售赎罪权，在维滕贝格教堂的正门上公开贴出自己亲笔写出的"九十五条论纲"，痛斥贩卖赎罪券的教皇"特使"的卑劣行径，要求公开辩论赎罪券的功效问题，从而点燃了宗教改革的导火索。维滕贝格大学的大多数教授坚定地站在马丁·路德一边。因戈尔施塔特大学教师埃克博士在一次公开辩论中向路德发出挑战，维滕贝格大学很快接受了埃克的挑战，辩论由莱比锡大学承办，巴黎大学和爱尔福特大学的资深教授充当裁判，萨克森公爵亲自宣布辩论赛开始。这场神学教授之间的冲突是历史上最为著名的辩论之一，也是导致宗教改革运动的开始。宗教改革运动促使欧洲的宗教发生分裂，马丁·路德开始组织新教，即"每个人通过自己读《圣经》，直接和上帝进行面对面的对话，不需要教会来解决自己的信仰问题"。"教随国定"原则允许和要求每一个臣民都跟自己的诸侯王的信仰一致。

宗教改革对大学入学人数也产生了重要影响。初期的认识比较负面，导致大学有所减少。经过一段时间的动荡，各派别逐渐认识到，高等教育的作用比以往更为重要。教会需要新的具有改革了的信仰的神职人员，政府需要更多的受过教育的官员，只有高等教育才能承担这项使命。宗教改革以后，德国新建了9所大学，其中路德教派建立了马堡大学、耶拿大学和柯尼斯堡大学等，还对维滕贝格、杜宾根、莱比锡、法兰克福、格赖夫斯瓦尔德、罗斯托克、海德堡等原有的大学进行了彻底的改造。天主教会建立了维尔茨堡和格拉茨大学。在西班牙，新建了两所大学，大学注册人数明显增长。在瑞士，茨温利组建了苏黎世大学，加尔文派则于1559—1563年建立了日内瓦学院（大学）。宗教改革"以地方世俗政府的治理权威取代天主教会的权威"，这一变化意味着高等教育机构较之以往更加成为政府的工具。大学对政府来说实在是太重要了。大学既为政府部门培养世俗官员，也为教会培养神职人员，因此政府想方设法控制大学。甚至大学教授和政府工作人员一样被要求进行效忠宣誓，不仅要宣誓效忠国王或国家，还要效忠政府承认的教义。不仅教师，学生也处于更为严格的限制之下。如某地的学生常常被明令禁止进入对立教派的大学学习。在这种干预下，欧洲有80所大学从国际性大学变成了国内大学。

第五是启蒙运动。启蒙运动发生在18世纪的欧洲，最初产生在英国，后发展到法国、德国与俄国，荷兰、比利时等国也有波及。启蒙运动就是启迪蒙昧，反对愚昧主义，提倡普及文化教育的运动，其精神实质是宣扬资产阶级政治思想体系的运动，而并非单纯的文学运动。启蒙思想家们从人文主义者手里把反封建、反教会的旗帜接过来，进一步从理论上证明封建制度的不合理，从而提出一整套哲学理论，政治纲领和社会改革方案，要求建立一个以"理性"为基础的社会。他们用政治自由对抗专制暴政，用信仰自由对抗宗教压迫，用自然神论和无神论来摧毁天主教权威和宗教偶像，用"天赋人权"的口号来反对"君权神授"的观点，用"人人在法律面前平等"来反对贵族的等级特权。他们用这些思想启发教育群众，去推翻封建主义的统治，进而建立资产阶级的政权。因此，可以这样说，启蒙运动是文艺复兴时期资产阶级反封建、反禁欲、反教会斗争的继续和发展，直接为1789年法国大革命奠定了思想基础。

　　启蒙运动使人们更加认清了大学的重要性，许多大学成为启蒙运动的中心，但是传统大学大多为教会控制，难以承担启蒙运动的任务，于是创建新大学就成为启蒙运动的一个很重要的成果。如荷兰 1575 年建立的莱顿大学，也被称为荷兰的第一所新教大学，它吸收新知识，把自然科学的一些知识引入到大学的课程当中，成为当时欧洲最好的一所大学。苏格兰的爱丁堡大学也是个新教大学，它学习莱顿大学，把学科专门化，所以爱丁堡甚至被称为"不列颠的雅典"，可见它的地位很高。德国 1694 年成立哈勒大学、1737 年成立哥廷根大学。这两所大学不同于以往的大学，它们不是由私人办起来的，也不是由教会创建的，而是国家当局开办的，学界认为它们是首开政府办学（公立大学）的先河。哈勒大学（哈勒维腾贝格大学）打破经验哲学和神学的垄断地位；将哲学从神学当中独立出来；使用德文授课；在教学过程中贯彻实际有用的知识，把自然科学的知识引入课堂。哥廷根大学由乔治·奥古斯特（乔治一世·路易）出资举办，闵希豪森担任校长时哥廷根大学完全废弃了神学的垄断地位，使用精良的装备来装配学校的实验室，创建图书馆，一度成为世界优秀的大学。

二　中世纪大学的发展

　　中世纪大学的发展，主要体现在以下几个方面。

　　1. 大学规模的发展

　　首先是学校增加。创办大学需要条件。尽管中世纪初期的大学不像当下大学这样，需要宽敞的校园、豪华的建筑、足够数量的图书设备，创办大学不需要今天这样巨额资金的投入，但是优质的师资和声誉、敕令许可和能够招收到一定数量的学生也是创办大学的必备条件。因此在中世纪初期，大学的增加还是十分不易的。尽管这样，在欧洲，大学开始缓慢地发展。13 世纪意大利萨莱诺大学、巴勒摩大学，西班牙的萨拉曼加大学，德国的海德堡大学，法国的奥尔良大学等相继成立，扩大了大学阵营。大学在欧洲大陆慢慢发展起来了。

　　英国最早的大学建立在牛津。公元 1 世纪大不列颠被罗马征服，成为罗马帝国的属地，其接受了罗马文字、基督教的传播，社会文化也受到了罗马帝国的影响。公元 5 世纪，随着罗马帝国的衰亡，罗马人远离了大不列颠，随后欧洲大陆上的盎格鲁—撒克逊人入侵，并将大不列颠一部分称为"英格兰"。在随后的 150 年内，入侵者与当地居民发生冲突，最终入侵者获得胜利，建立了蛮族王国，不列颠进入了七国时期。这一时期，基督教得到了广泛传播，大教堂多处修建，而正是这些以大教堂为中心的聚居地成为了中世纪英格兰城镇起源地之一。公元 7 世纪，在宗教统一的同时，英格兰南部的沿河海岸地区分布的商业中心开始出现，与宗教相关的教育与文化也不断发展，一些学者开始传授拉丁文、希腊文、罗马法、神学、史学等。在 960—1066 年，英格兰新建了许多修道院。1066 年诺曼底公国的公爵威廉横渡英吉利海峡与英王交战，获得胜利，成了英国君主威廉一世。而威廉一世之子的王权之争造成的混乱局面在 1154 年得到了解决，安茹伯爵之子继承王位，成为了英格兰国王亨利二世，开启了英格兰金雀花王朝的序幕，保持了相对持久的和平。

早在 11 世纪初，牛津大学建立之前，罗马教会教士就在牛津的一些修道院中讲学。据考证，1117 年一位有名望的教师——西奥博尔德·斯塔姆彭斯（Theobald Stampensis）在牛津讲学四年，曾自称为"牛津学士"，至少有 50 名学生前来听讲。1129 年牛津城建立奥古斯丁教派的圣弗里德斯怀德修道院和奥斯尼修道院，这些修道院成了做学问的地方。1133 年神学家罗伯特·普伦（Robert Pullen）在牛津作了一系列关于《圣经》的讲演。1149 年意大利人伐卡琉斯（Vacarius）在此讲授罗马法。由此可见，牛津在 12 世纪上半叶已具有一定的学术基础①。换言之，牛津具有举办大学的文化基础。

英国的第一所大学之所以在牛津产生，还有其独特的地域优势。牛津地处韦塞克斯（Wessex）和麦西亚（Mercia）两地（这是南部地区两个最大的区域，也是王国内最重要和文明程度最高地区）的边境，交通便利，有利的地理环境方便遥远的北方和西方学生前来求学。它离伦敦很近，距欧洲大陆也不远，对于任何一个来自北部或西部的学生来说牛津都是一个非常便利的南部小城。另外，牛津盛产粮食，粮价便宜，能满足大量教师和学生食宿等物质上的需求。牛津发达的商业满足了来自各地师生的生活和生存需要。犹太人很早就选择牛津作为商业中心，12世纪初牛津商业发展迅速。正如拉斯达尔所总结的："牛津纯粹由于其

① 赵颖：《论中世纪英国大学与市民的冲突：以牛津大学为例》，硕士学位论文，吉林大学，2007 年。

商业的重要性才获得了其学术地位。"最后还有一个重要的原因：当时亨利二世把他的一个宫殿建在牛津，学者们来到了这里，可以取得国王的保护。

牛津大学的创建有些偶然，甚至有些戏剧性。1167 年，由于亨利二世与法兰西国王菲利普二世发生争执，英王召回在巴黎求学的学生，禁止他们再去巴黎大学。为了"要让英格兰不致缺乏服务于上帝及国家的优秀人员"，翌年部分学者在牛津建立大学。1201 年，牛津大学有了第一位校长。

随着学生的增多，牛津校运昌隆，英才辈出，英国国王对它刮目相看，学生因此飘飘然，对自己的身份过于自豪，这使周围市民颇为不满。傲气十足的大学生和冷静务实的市民时常发生冲突。1209 年，大学生和城市市民发生械斗，一位妇女被杀，市民们气愤至极，冲进校园内，逮捕了几个牛津的大学生。此后，牛津大学又数度遭到攻击，师生纷纷逃离了牛津城。为数甚多的学者来到了相距牛津城一百余千米的剑桥。同年 12 名逃离牛津大学的学者与当地学术团体共同创办了英国另一著名的高等学府——剑桥大学。为了抗议市民对师生的攻击，牛津大学自动停办 5 年。师生离开造成了极其严重的后果，也引起了教会的不满，英王约翰遂请求罗马教皇英诺森三世（Innocent Ⅲ）调停此事，以便使师生重返牛津。1213 年牛津大学从罗马教皇的使节那里得到了第一张特许状[①]，成为受教皇许可的合法大学。

1225 年，剑桥大学获得亨利三世国王的批准，1233 年格列高利九世发布了特许令或教令，剑桥镇的学园得到了教皇的承认，授予了校长和大学的学者以特别豁免权。美国著名的哈佛大学又是剑桥大学的复制品。1636 年 10 月 28 日，马萨诸塞海湾殖民地议会通过决议，决定筹建一所高等学府，并拨款 400 万英镑。由于创始人中不少人出身于英国剑桥大学，他们就把哈佛大学所在的新镇命名为剑桥，学院最初定名为"剑桥学院"。1639 年，为纪念学院的创办者和建校费用的主要捐献者约翰·哈佛，马萨诸塞议会通过决议，将学院改名为"哈佛学院"，亦即今天的哈佛大学。

大学的兴起原因是多方面的，大学迁徙也是原因之一。由于有了迁徙

---

① 牛津大学，http：//baike.baidu.com/view/9720.htm#3。

权，当大学与市政当局发生冲突时，往往是大学迁往别的城市，或者重新建立新的大学。1222 年，部分博洛尼亚的学生迁到帕多瓦，创办了帕多瓦大学。而当时大学本身的简陋条件和统一的拉丁语教学也为随时行使这些权利提供了方便。迁移权的运用，对大学本身来说，目的是保护自己的利益，虽然也存在办学不稳定等不确定因素，也给当地经济生活的稳定造成一些影响，但在客观上却产生了两个重大的后果：一是促进了学者、学术之间的交流，从而增长了大学的活力；二是由于一些设立较早的大学的迁徙，扩大了大学的影响，促进了新大学的产生。

中世纪的大学在建立之初就表现出了其国际性和开放性，当然当时的各国版图和疆域尚不确定。早期的博洛尼亚大学和巴黎大学，师生都是来自不同的地区和民族，拥有各自不同的经济社会背景。牛津大学的学生通常都不是牛津本地人，他们大多数是英格兰人，也有苏格兰人、爱尔兰人、威尔士人以及少数尼德兰人。因此，牛津大学师生难以得到当地法律的保护。当大学和市民发生冲突时，大学总是处于不利地位，这在牛津大学建立初期屡见不鲜。牛津大学建立后，首先遇到的问题就是住房问题。当地市民为了谋求更大的经济利益而提高房租，这是牛津大学与当地市民经常发生冲突的重要原因之一。为解决这一问题，牛津师生向英国国王或教皇寻求庇护。当时的国王和教皇则以颁布特许状的方式授予牛津大学不同的特权，这成为牛津大学早期生存和发展的保证。

很明确，由于利害关系，牛津市民对于牛津大学教师和学生的到来并不欢迎，"现在他们来了，开始只是一些转租的房客，但后来就像候鸟一般，他们越来越频繁地往返逗留，不断地扩大自己的建筑并形成奇怪的传统。而这个城市用不信任的眼光注视着这种繁忙的景象，好像牛津大学是他们巢里令人讨厌的杜鹃"①。国王庇护的政策使市民更加反感和厌恶大学，他们不满这些师生享有的诸多特权。这便构成了中世纪流行的城镇和学袍（Town and Gown）之间的矛盾，其中 Town 是城镇，代表市民一方，Gown 原意为长袍，代表大学一方。

牛津大学与市民的冲突，直接导致了剑桥大学的建立。与此类似的还有从博洛尼亚大学分离出来的帕多瓦大学（1222 年）、维切利大学（1228—1244 年帕多瓦大学师生迁徙的结果）等。诞生于 13 世纪上半叶

---

① ［德］彼得·扎格尔：《牛津——历史和文化》，中信出版社 2005 年版，第 5—6 页。

的大学，多数是在位于欧洲大陆南端亚平宁半岛上的意大利（11 所）、伊比利亚半岛上的西班牙和葡萄牙（5 所），其次就是法国和英国的几所大学，因为东西文化的接触和传播最早影响到这里。这些大学基本上是由博洛尼亚或巴黎大学的师生迁移而建立起来的衍生型大学（见图 2-1、表2-1）。

图 2-1　11—13 世纪诞生的欧洲中世纪大学

资料来源：Hilde de Ridder-Symoens, *A History of the University in Europe*, Vol. 1, Cambridge University Press, 1992, p. 69。

表 2-1　　　　　　　　　　　**因迁移而产生的大学**

迁移产生的大学	在中世纪延续的时间	迁移的原因或方式
雷吉纳（Regio）	1188—14 世纪初	推测是由于一批博洛尼亚的教师和学生迁移所产生的
维琴察（Vicenza）	1204—1210	因一些博洛尼亚教师和学生的迁移产生
阿雷佐（Arezzo）	1215—15 世纪中叶	由一位早期脱离博洛尼亚的教师建立的

续表

迁移产生的大学	在中世纪延续的时间	迁移的原因或方式
帕多瓦（Padua）	1222—	因大批博洛尼亚学生的迁移所产生。后又多次迁移来此
维尔切利（Vercelli）	1228—14 世纪中叶	因帕多瓦的学生迁移而产生，签订了整体迁移 8 年的合同
锡耶纳（Siena）	1246，1357—	因博洛尼亚学生的迁移而产生。1275 年博洛尼亚学生移民回去，1321 年又迁移来一批学生，1357 年获得查理四世颁布的敕令
牛津（Oxford）	1168—	英法两国交恶，英国召回了在巴黎的英国籍学者，回国后选择了牛津建校
剑桥（Cambridge）	1209—	牛津的部分教师和学生迁移而建立
奥尔良（Orleans）	1231—	1229 年巴黎的教师和学生迁移之后建立
昂热（Angers）	13 世纪—	主要是巴黎的师生迁移的结果。自 1219 年巴黎对民法的禁令始，就陆续有迁移者

资料来源：《欧洲中世纪大学的演进》，商务印书馆 2010 年版，第 67 页。

　　世俗当局和教会出于自己的目的创建大学，成为大学兴起的一个来源。并且随着大学职能的开发、作用的发挥和影响的扩大，世俗当局和教会越来越热衷创建大学。1224 年，腓特烈二世创办那不勒斯大学，意在展开与博洛尼亚大学之间的竞争，培养所需要的法学人才。在法国，国王创建了图卢兹大学（1229 年）。1245 年，教皇英诺森四世也在罗马教廷创办了一所大学。葡萄牙国王于 1288 年创建了里斯本大学。随着民族国家的出现和大学的民主化，许多国家开始建立新大学，这些新大学越来越注重从本民族招收学生、甚至只从本地区招生，有的国家或地区开始禁止学生到其他国家和地区求学。到 14 世纪，意大利有大学 18 所，法国有大学 16 所，整个欧洲共计有 47 所大学，但是获得特许的大学却只有 25 所。到 16 世纪，欧洲共有大学 75—80 所，其中意大利 20 所、法国 19 所、德国 14 所、英国 5 所、西班牙 4 所、葡萄牙 2 所等（见表 2-2、表 2-3）。在这些大学中，有的长盛不衰，有的在兴盛一段时间后就消失了。有的甚至有了敕令，但从未开张过，成为"纸上大学"。

表 2-2 　　　　　　　　　　中世纪意大利的大学

大学		诞生的时间
萨莱诺（Salerno）	12 世纪	最早的中世纪大学，1231 年得到皇帝敕令
博洛尼亚（Bologna）		1088，1158 年得到皇帝敕令
雷吉纳（Reggio）		1188，生存到 14 世纪初
维琴察（Vicenza）	13 世纪	1204，1209 年之后消亡
阿雷佐（Arezzo）		1215
帕多瓦（Padua）		1222
维尔切利（Vercelli）		1228
锡耶纳（Siena）		1246，1357 年重建，根据皇帝敕令创办
那不勒斯（Naples）		1224，根据皇帝敕令创办
罗马教廷（Roman Curia）		1245，根据教皇训令创办
皮亚琴察（Piacenza）		1248，根据教皇训令创办
罗马（Rome）	14 世纪	1303，根据教皇训令创办，14 世纪末消失，1431 年重建
佩鲁贾（Perugia）		1308，根据教皇训令创办
特雷维索（Treviso）		1318，根据皇帝敕令创办，14 世纪末消失
比萨（Pisa）		1343，根据教皇训令创办，约 1360 年消失，15 世纪初重建
佛罗伦萨（Florence）		1349，根据教皇训令创办，因迁到比萨而于 1472 年关闭
帕维亚（Pavia）		1361，根据皇帝敕令创办，1398 年迁到皮亚琴察，1412 年重建
费拉拉（Ferrara）		1391，根据教皇训令创办，1394 年消失，1430 年重建
都灵（Turin）	15 世纪	1405，根据教皇训令创办
卡塔尼亚（Catania）		1444，根据教皇训令创办

资料来源：宋文红：《欧洲中世纪大学的演进》，商务印书馆 2010 年版，第 70 页。

表 2-3 　　　　　　　　　　中世纪法国的大学

大学		诞生的时间
巴黎（Paris）	12 世纪	12 世纪末
蒙彼利埃（Montpellier）		1180
图卢兹（Toulouse）	13 世纪	1229，根据教皇训令创办
奥尔良（Orleans）		1231
昂热（Angers）		约 1250

大学	诞生的时间	
阿维尼翁（Avignon）	14 世纪	1303，根据教皇训令创办
卡欧尔（Cahors）		1332，根据教皇训令创办
格勒诺布尔（Grenoble）		1339，根据教皇训令创办
奥朗日（Orange）		1365，根据皇帝敕令创办
埃克斯（Aix-en-Provence）	15 世纪	1409，根据教皇训令创办
多勒（Dole）		1422，根据教皇训令创办
普瓦蒂埃（Poitiers）		1431，根据教皇训令创办
卡昂（Cane）		1432，根据教皇训令创办
波尔多（Bordeaux）		1441，根据教皇训令创办
瓦朗斯（Valence）		1452，1459，根据教皇训令创办
南特（Nantes）		1460，根据教皇训令创办
布尔日（Bourges）		1464，根据教皇训令创办

资料来源：宋文红：《欧洲中世纪大学的演进》，商务印书馆 2010 年版，第 71 页。

　　世界范围内从一国到另一国的学术迁移和大学发展是殖民地带来的结果——美国建立的哈佛大学直接受到英国的影响就是例子。1636 年，一批剑桥学子在美洲大陆建立了哈佛大学，哈佛大学初建时就成为剑桥学院，足以见得深受剑桥大学的影响。随后产生的耶鲁大学（1701 年）、宾夕法尼亚大学（1740 年）、普林斯顿大学（1746 年）、哥伦比亚大学（1754 年）、布朗大学（1764 年）、达特茅斯大学（1769 年），都在不同程度上受到了英国大学的影响。非洲和亚洲各国的大学深受英国和法国学术影响，也是由于殖民主义的原因。

　　其次是规模的扩大。关于中世纪大学学生规模的资料很少。研究分析，"在 13—15 世纪，如果一个人不在乎路途的遥远和路途中数不尽的艰难险阻，那么他进入大学并成为一名大学生实际上是相对容易的"[1]。中世纪欧洲大学对入学的学生不做国籍、社会地位、智力和语言的规定，甚至没有年龄的限制。单凭这些因素，就今天的理解来说，大学规模应该不会小。但是现实中的中世纪大学规模，无论是总规模和校均规模来说都比较小的，

---

　　① ［比利时］希尔德·德·里德-西蒙斯（H. De Ridder-Symoens）：《欧洲大学史》（第一册），张斌贤等译，河北大学出版社 2008 年版，第 187 页。

这主要是因为当时欧洲的人口稀少，加上交通不便，信息闭塞，像今天这样的大学规模是难以想象的。据相关资料统计，欧洲人口自公元 1000 年起迅速增长，1150—1300 年，人口从 5000 万增加到 7300 万。从 14 世纪初开始，在经历了 1316 年的大饥馑、1347—1351 年的黑死病后，到 1350 年时，欧洲人口只有 5100 万了，到 1400 年时只有 4500 万；城市人口则到处都有停止增加的迹象，一些城市的人口少得可怜，14 世纪初城市的人口状况是：最大城市的人口为 5 万—10 万，一个拥有 2 万人口的城市，就算是一个大城市，而在大多数城市里，居民人数一般介于 5000—10000 人之间。在如此少的人口中，大学生的数量难以激增，就不难理解了。

中世纪大学生的数量实际上也不是一开始就留存统计数据的。有的大学从招收学生开始就注意统计注册学生的人数，但是大多数学校比较粗疏，相关数据特别是早期的数据零散无序，残缺不全，难以统计确切的人数。从趋势来看，大学生的数量是在快速增加的。仅在欧洲，从 14 世纪中期到中世纪晚期，大约有 25 万人获得了学生身份，保守估算，同一时期欧洲大约有 75 万学生进入了大学。[①]

但是，由于各个地区大学的数量不同，各大学的地理位置和影响力也不一样，因此，地区间大学生的数量和规模也不尽相同。博洛尼亚大学凭借有利的地理位置和著名的法学学科影响，一度成为大学的中心。巴黎大学则享有"哲学家的天城"的美誉，在随后的发展中逐渐成为欧洲各国学生云集的胜地，鼎盛时期师生达 5 万多人。但是就大多数学校来看，规模都不大。按中世纪的标准，大型大学是指最少有 1000 名学生、每年注册人数至少为 400—500 名的大学。[②] 并且受人口因素制约，大学招生经常有"大小年"。受城市变迁的影响，每年各大学的招生数都会发生一些变化（表 2-4）。

表 2-4　　　　　　　中世纪大学部分时段的学生人数举隅

大学	时间	学生人数（人）	备注
博洛尼亚大学	12—13 世纪	6000—7000（最多不超过 1 万）	
	15 世纪	3000	

---

① ［比利时］希尔德·德·里德-西蒙斯（H. De Ridder-Symoens）：《欧洲大学史》（第一册），张斌贤等译，河北大学出版社 2008 年版，第 204 页。

② 同上书，第 206 页。

续表

大学	时间	学生人数（人）	备注
巴黎大学	13—14 世纪	5000—7000（最多不超过 1 万）	
牛津大学	1209 年	3000 以上	
	1315 年	1500—3000（或 2000 左右）	
	1348 年	1000 以下	
剑桥大学	14 世纪	不超过 3000	
布拉格大学	1409 年前	1500	
维也纳大学	14 世纪末	3600	
其他大学	15 世纪	80—1000 不等	

资料来源：宋文红：《欧洲中世纪大学的演进》，商务印书馆 2010 年版，第 123 页。

图 2-2　1500 年前后欧洲的中世纪大学分布

资料来源：宋文红：《欧洲中世纪大学的演进》，商务印书馆 2010 年版，第 115 页。

2. 大学职能的演变

中世纪大学以培养人才为唯一职能，培养社会管理人才和神职人才。自中世纪大学产生直到 18 世纪的漫长岁月里，大学的主要职能就是为世俗政权和教会培养顾问和官员，也为城市培养具有较高层次的读、写、算能力的文职人员和律师。大学所开设的"七艺"基础课程仅有法学、医学、神学等专业。除了保存和传递知识的教学活动之外，大学还没有把科学研究纳入自己的活动。17—18 世纪自然科学兴起，新的科学知识甚至还未能进入大学的课程。研究和发展科学的工作无法在大学中取得自己的地位，大学在它所在的国家的知识创新中并不起大作用，许多重要的引起工业革命的科学技术发现和发明甚至都与大学无关。

　　1809 年 1 月，洪堡（VonHum-boldt，1767—1835）受命出任普鲁士教育部部长。7 月，他敦请腓特烈·威廉三世创建柏林大学（创建于 1810年）。这所新型大学充分体现了洪堡提倡学术自由、强调教学与科研相结合的办学思想，对欧美各国的高等教育产生了深远影响。洪堡认为大学是"以纯知识为对象的学术研究机构。而纯学术的研究活动正是大学孤寂和自由的存在形式的内在依据。据此，大学应有一种精神贵族的气质和对纯粹学术的强烈追求，而不考虑社会经济、职业等种种实际需要"。洪堡的大学理念包括，①大学是以纯学术研究为任务的教育机关。大学应该实施普遍人性与个性化教育，要向社会提供具有完美人性的人。②大学应兼顾研究与教学两方面。③大学不应受政府和教会等外界势力的干扰，而应享有充分的学术自由和学校自治。由此可见，洪堡提出的教学和科研相结合，是要将大学办成远离社会的"象牙塔"。尽管这一思想与今天的科技开发应用差距甚远，却被学界认定为鼓励大学开展科学研究，成为大学科研职能的师祖。柏林大学是德国现代大学的样板，因此，洪堡也被后人尊称为"现代大学之父"，足以见得这一思想的重要地位。德国的大学理念后来广泛传播，美国的大学体制在很长一个时期都受到德国柏林大学模式的决定性影响。

　　大学的第三个职能是服务。1862 年美国国会通过"莫利尔"法案，鼓励建立赠地学院，即按照各州国会议员的数量，由联邦政府划拨给一定数量的土地，用这些土地创建、维持和资助至少一所学院，而这些学院主要开设有关农业和机械技艺方面的专业，培养工农业急需的实用人才，成为大学走向社会、服务社会的学术机构。这一事件成为大学服务社会标志性的发端。1906 年威斯康星大学校长海斯提出一个扩大校外教育的计划，认为"州的边界也就是校园的边界"，实行开放性的入学制度，为本地区公民提供继续教育。硅谷的成功，更成为大学服务社会的典型案例，"服务"的理念在世界高等教育发展史上持续发挥效应。

3. 大学办学的规范

首先是大学办学的物质条件规范。中世纪大学最初只是"人的组合体",没有图书馆、实验室、博物馆,没有建筑物,没有固定校园,没有理事会,没有基金会,没有学生社团(除非这所大学本身起源就是一个学生团体),没有学院报刊,没有演出活动,没有体育活动,更没有现代大学的"校外活动",大学之间也缺乏交流。按照今天的要求,它实在算不得"大学"。随着大学的发展和社会对大学认识的转变,大学办学逐渐固定下来,办学积余和社会捐赠逐年增加,大学逐步有了自己的财产、校园、实验室和图书馆。

其次是教学体制的规范。中世纪欧洲还没有分段教育。学生13—14岁进入中世纪大学,首先学习西方古典的"七艺",即三艺(文法、修辞、辩证法)和四艺(算术、几何、天文、音乐),修业年限5—7年,授予学士学位;然后再学习3—7年,分别学习法学、医学、神学等专业课程;到了15世纪以后,七艺的学习逐渐低于其他科目的学习,成为大学的预科;后来预科与大学逐渐脱节,成为欧洲的古典中学,七艺则成为古典中学的课程内容,而当时的初等教育主要是通过聘请家庭教师进行的。

工业革命之后,生产力的发展对劳动者的素质提出了新的要求,在宗教团体和社会倡导下建立了一批现代小学;19世纪下半期,以电的发明为标志的第二次工业革命,对劳动者的素质提出了更高的要求,西方又建立了一批现代中学。这种学校系统是在国家和社会要求下,通过"自下而上"的形成发展起来的。因此,西方学校系统的发展,它是倒挂的,即先有大学,然后才有中学和小学。

再次是教学内容和组织形式的规范。起初,博洛尼亚大学、萨莱诺大学和巴黎大学这三类学校是各不相同、各具特色的。后来,一些大学从彼此的经验中互得裨益,将最初几所专门的大学加以综合,形成了这样一种模式,即每所大学基本上包括四个学院或学部(facultas):文、法、医、神,其中以神学的地位最高。如博洛尼亚大学1316年增设了医学,1360年又增设了神学。巴黎大学1200年增加了法学和医学。只有在这个时候,大学才能称为"大学"。法国大革命后,随着自然科学的发展,建立了理学院,大学成为文、理、法、医、神五个学院。法国拿破仑高教改革中建立的帝国大学就包括这样五个学院。其中,文、理学院属于初级学院,法、医、神学院属于高级学院。19 世纪初，哲学开始逐渐取代神学。哲学博士学位（PHD）享有很高的声誉，它代表着较高的学术性和理论性。

系（faculty）是按所教学科而形成的教师组织。从时间上看，它后于学生"同乡会"。在巴黎大学，它形成于 13 世纪下半叶。Faculty 的原义是指知识或科学，以后逐渐演变为指知识的分支和部门，最后才成为指与人相关的机构，虽然中世纪大学"系"的组织与现代大学不同，但就最基本的方面而言，二者有相同之处，即都是一种教师组织，而且是按学科划分的。

学院的出现。中世纪大学产生初期，并没有学院的组织。最早的"学院"（拉丁文为 collegium）产生在博洛尼亚大学，但不是作为教学的机构，而只是为学生解决住宿的宿区。几个或更多的学生（文学士）住在一个旅店或另外的地方，由教师对其学业加以辅导，以获得硕士学位，这就形成了一个学院。在德国大学中，学院是由教授组织形成的。这些教授由大学教师聘请，为其补习，这样，随着时间的推移，学院成为一种教授会的基础。较早的、现代意义上的学院，是巴黎大学的索邦（Sorbonne）学院，建于 1258 年。1263 年牛津大学建立了巴利奥尔学院，1264 年建立默顿学院。在中世纪，学院作为一个正式的、与教学有关的机构，其主要作用是授予学位。

三　中世纪大学的特征

现代大学源于中世纪大学，现代大学的许多特征是直接从中世纪大学继承发展而来的，后人对中世纪大学的特征从多个角度进行了归纳，主要有以下四个方面的共识[①]。

（1）学术自由和大学自治。学术自由和大学自治是两个既有联系又有区别的概念。学术自由主要指大学教师的教学和研究的自由；大学自治是指大学作为一个独立的社会机构本身不受外来干涉而具有的自我管理的权限。应该说，这两个概念都是中世纪大学的遗产，也已成为现代大学孜孜以求的目标。英国当代研究中世纪大学的学者科班（A.B.Cobban）说："学术自由思想的提出以及永久的警戒保护它的需要，可能是中世纪大学史上最宝贵的特征之一。"1158 年，罗马皇帝腓特烈一世颁

① 参见贺国庆《中世纪大学若干特征分析》，《教育学报》2008 年第 6 期。

布法令，规定学者在国内受到保护，如遭到任何不合法的伤害将予以补偿。该法令被看作是向学者保证其学术活动不受干预、不会招致惩罚的最早的法令。1219 年，教皇颁布敕令，规定未经其许可，巴黎主教不得开除任何教师的教籍或学生的学籍，成为大学内部自治获得许可的发端。

　　然而，大学获得的所谓的自由和自治常常是短暂的，教会和世俗统治者常常对大学进行多方面的干预，以达到控制大学的目的。尤其在中世纪后期，一些大学在很大程度上被迫放弃它们的自治权力。例如，法王 1437 年下令取消巴黎大学免税的特权，1445 年又免去巴黎大学的司法特权，1449 年再取消巴黎大学师生的罢课权。尽管如此，从中世纪至今，学术自由和大学自治始终是大学坚持不渝的目标和理想。在社会中作为独立力量的大学模式已经成为大学理想中永久性的标志。正如加拿大学者许美德所说："大学一旦失去自治和成为教会或国家的卫道士的时候，也就失去了它的高水平的学术地位和可贵的社会批评职能。"①

　　（2）宗教性和国际性。中世纪大学的宗教色彩是非常浓厚的，早期建立的大学有的来自教皇的敕令许可获得其合法性，与教会有着较密切的联系。更多的大学直接来自教会下属的学校，它基本上是教会的"侍女和附庸"。大学虽然不是教会，但大学继承和保留了教会的许多特点。教会接受来自任何地区或任何种族的成员，成员之间赤诚相待，不拘囿于地区利益，并使用一种超越地区障碍进行交谈的共同语言——拉丁语和共同的神学观。教会的这些特征都对中世纪大学产生了较大影响。几乎所有的中世纪大学都会组织神学的教育，建立神学院的大学也不在少数，教义成了它们教学的基本原则和内容，教会的通用语言也是它们的语言。大学的成员，无论教师或学生，多数都是享受'僧侣生活待遇'的在职人员或预备人员。中世纪大学的学生和教师来自世界各国，"国际性"是中世纪大学的又一特点。大学招收来自各地的学生，也接纳来自世界各地的教师。随着国家主义、民族主义的盛行，大学才逐渐被视为国家私有的机构。直至现代，大学的宗教性特征逐渐被剔除，但国际性特征经过一段时

---

① 赵荣昌、单中惠：《外国教育史教学参考资料》，华中师范大学出版社 1991 年版，第167 页。

间的衰微后，又成为现代大学的重要特征之一，甚至成为衡量大学水平和影响的重要尺度。

（3）职业性和实用性。大学本来就是职业性的机构。大学期望能够对其从社会各领域得到的有限资源有所回报，不管这些资源是来源于统治者个人、市政当局或一些个人的捐助者。即使是逻辑学和辩论术的训练，也会带有浓厚的功利和实用色彩，被看作适合于大多数职业活动的基本的准备。作为职业性的机构，中世纪大学为满足世俗和教会的管理及统治的多方面需要而培养所需人员，大学的毕业生就职于各级国家机构和教会机构。他们有的担任了政府的主要官员、王室的顾问和牧师、主教、教堂的院长、教会团体的领导等，有的担任了世俗和教会法庭的法官、议会成员、高级官员、大教堂的牧师和名誉牧师、主教和副主教以及贵族家庭中的各类职务。大学的职业性和实用性提升大学的社会地位，为大学的发展提供源源不断的动力。当然，大学并不总是职业性或功利性的，大学也常常为少数大学内外的学者提供一定的空间，让他们从事非功利性的基础研究和智力探索，这些基础研究和智力探索超越了当时社会上最为关注的问题。而他们所需要的东西得到了终身的保障和支持，这样他们就能致力于具有永恒价值的学术研究之中，而无须向教育的功利性妥协。

（4）民主性和平等性。中世纪大学是相对民主和平等的机构，这与中世纪社会等级森严的特征是相悖的。在大学里，没有特权阶层，教师人人有权利竞选校长或院长。中世纪大学生更多的来自市民或农民家庭，上大学同当神职人员一样，成为普通人子弟跻身上流社会的途径。中世纪许多学者闻名遐迩，却无人知道其出身门第，这与大学的民主气氛不无关联。现代大学也标榜是民主和平等的机构，但这种民主和平等是建立在比较进步的政治和社会基础上的。相比而言，中世纪大学的民主性和平等性更加难能可贵。

第三节　中世纪大学的体制

一　中世纪大学的办学体制

"从世界教育发展的历史看，民间办学与民间经商一样，由来已久，源远流长。"① "在大学发展的早期最先出现的是私立大学。"② 现代大学发源于中世纪欧洲大学,而中世纪大学毫无例外都是私立的。也就是说,高等教育办学体制,最初都是私立大学的办学体制。

中世纪大学非常简陋,我们不能从今天的标准去界定办学的主体。这里从出资(投入)和主持办学(办学者)两个方面来做点分析。可以看出,中世纪大学主要有两种,教会学校发展而来的大学和社会自发举办的大学,而后者还可以分为师生自发创办和知识分子群体自发创办。

中世纪大学的第一种办学主体是教会。教会,主要是指基督教,公元1世纪传入罗马,是宣传人人平等、互济博爱的平民宗教。基督教开始并未被蛮族国王接受。公元4世纪罗马帝国皇帝君士坦丁(Constantine,公元272—337年)本人受洗入教,公元380年,罗马皇帝狄奥多西一世(Theodosius I,公元379—476年)就宣布基督教为唯一合法的宗教信仰。从此基督教逐渐成为国家宗教。在中世纪,基督教的地位非常强势。恩格斯指出:"中世纪只知道一种思想意识形态,即宗教和神学。""政治和法律都掌握在僧侣手里,也和其他科学一样,成为神学的分支。一切按照神学中通行的原则来处理。教会教条同时也是政治信条,圣经词句在各法庭都具有法律效力。甚至在法学家已经形成一个阶层的时候,法学还久处在神学控制之下。神学在知识活动的整个领域中的这种无上权威,是教会在当时封建制度万流归宗地位的必然结果。"③

教会具有办学的传统,这主要为了满足宣传阐释教义和主持各种祭祀活动的教职人员培养的需要。

教会学校开始于基督教的寺院和修道院。公元6世纪前后,修道院开始创办学校。学校的课程基本在七艺范围内,教学方法注重记忆,教师口授,学生记录,多采用问答法。七艺来源于古希腊哲学家柏拉图提倡的算术、几何、天文、音乐和智者学派提出的文法、修辞、辩论术。6世纪时,意大利威维尔(Viviers)僧院院长克修都若斯(Cassiodorus)著的《学术通论》一书中正式使用"七艺"的名称,至此七艺作为基督教教育

① 徐辉:《民办教育五问》,《新华日报》2015年9月10日,第12版。
② 赵硕:《欧洲私立大学高等教育的发展嬗变》,中央编译出版社2015年版,前言。
③ 恩格斯:《路德维希·费尔巴哈和德国古典哲学的终结》,《马克思恩格斯选集》(第四卷),中共中央编译局编译,人民出版社2009年版,第29页。

的课程便定型了。① 到 9 世纪，大多数修道院都办起了学校，12 世纪初法国修道院学校有 72 所。② 爱尔兰的法律学校、文学学校，英格兰的约克郡大教堂学校都是当时比较有名的学校。

由于有着与博洛尼亚大学截然不同的发展渊源和办学特征，巴黎大学与天主教会的微妙关系，成为它被视为"教会"大学的重要原因。

在巴黎大学以前，许多教会学校就承担培养人的职能。12 世纪之初，法兰西岛逐渐成了法国真正的中心。菲利普二世时，法国逐渐成为欧洲大国，巴黎成为法国的首都，也成为主教所在地。那些在巴黎的教会学校也越来越多地分享了特权，巴黎成为学者们流动过程中具有吸引力的地方。许多著名的讲学者在此发表演说，吸引了大批慕名前来的学生，他们踊跃参加学习，为担任神职人员做准备。大批青年来到巴黎，为维护自己的利益，免遭当地教会和封建主的欺凌，学生们按原籍组织成"同乡会"以保护自己的利益。随着学生的增多，教师需求量大增，教师资格审定成为制约教师的重要手段。为维护教师职业权利，保证教师资质，教师自发组成教师联合会，严格把关，自主授予教学许可证。并在此基础上，通过多次师生组织之间的谈判，逐渐形成了"巴黎师生联合会"，即巴黎大学的前身。1200 年法王菲利普二世给"巴黎大学"颁发特许令，成为"合法"的大学③。巴黎大学由教师掌管校务，因此也称作"先生大学"，后来欧洲北部建立的大学，多属此类型。

如果说巴黎大学是一所教会举办的大学，可能还有点牵强。虽然主教教堂学校和巴黎大学有着千丝万缕的联系，但并没有确凿的证据表明巴黎大学是由天主教会创办的。尽管如此，教会是大学的主要办学者，也是中世纪大学的不争事实。由于上帝赋予的特权和相对富裕的经济条件，以及传播教义的人才需求和颁布敕令的便利，教会举办大学的数量占绝对比例。教会大学的举办，在为传播教义，研究教礼服务的同时，客观上在传播社会文明和文化，培养学生的文化素养和科学知识等方面为社会做出了贡献。

---

①　曹孚：《外国古代教育史》，人民教育出版社 1981 年版，第 95 页。

②　戴本博、张法琨：《外国教育史》（上），人民教育出版社 1989 年版，第 188 页。

③　宋文红：《欧洲中世纪大学的演进》，商务印书馆 2010 年版，第 73 页。

学者李晓艳曾经发文，分析中世纪教会学校对近代大学的影响①，认为在以下四个方面，基督教会学校及大学对近代大学的具体影响。一是建立了近代大学采用固定场所和固定人员教授的基本模式。中世纪修道院学校以前，教育的主要模式还是学者以结社的形式宣传自己学派的观点和见解。随着生产发展，越来越多的人开始追求知识，探索事物的本质，巴黎圣母院经常聚集文人学士探讨神学、哲学问题，组成"学者行会"（Universitas Scholarium），后来有了固定的房舍，开始教学活动，形成了学府（University），为后来大学形成固定场所奠定了基础。中世纪时期学校的教授者主要是修道院的教皇、主教以及一些著名的学者和教育家，他们的主要职责就是教授教会学校的僧侣和学生有关神学、哲学和其他方面的知识，也使古代的学术多少为一部分人所了解。二是建立了近代大学基本课程科目的框架。中世纪教会学校和大学的课程除了圣经的经文教义外，主要还开设了逻辑、文法、修辞、算术、几何、天文和音乐"七艺"。这七门课虽然是为了基督教教义服务，但事实上"七艺"的内容比较广泛，客观上向人们传授了一些自然科学知识，重视人们的理解能力，启发了人们的逻辑思维方法，形成了辩论风气，使人们产生了对宗教的怀疑和挑战。三是建立了近代大学基本的教学方法。中世纪教会学校教师进行口授，说明意义，学生记录讲授的内容，诵读牢记，多采用问答方式。这种教学方法有助于提高学生的分析、抽象、概括能力，并引发学生的哲学思考。四是开创了注重理性的思维方式。教会学校对基督教义的一套系统解释虽然是为神学服务，并且后来发展成为无意义甚至极端荒唐无聊的争论，却唤起了人们的理性思考方式，对信仰的怀疑，不再信奉过去的绝对信仰而盲从信教。开创了理性思维方法，对近代大学的产生和发展起到了促进作用，对近代大学的办学模式，教学方法，授课内容，思维方式都有深远的影响。

在中世纪中期，欧洲经济稳步好转，尤其是在巴黎，城市发达，经济发展，商业繁荣，人口集聚。在巴黎的教堂，也成为主教所在地，教堂遍布城市。与此同时，教职人员奇缺，原有的巴黎圣母院的教会学校已经不能满足快速增长的需求。在这种情形下，教会学校逐渐放松了人

---

① 李晓艳：《中世纪基督教会学校对近代大学的影响》，《西南交通大学学报》（社会科学版）2003年第6期。

才培养的限制，一些有教学资格的教师就在教堂学校外面的地方开展人才培养工作，宅居、私人住所甚至大街上，到处都可以看到学生学习的场景。师生大量的增加，外来人口的集聚，需要有一种组织结构形式，来保护自身的合法权益，规范和自律自身的行为，保证教学的质量。他们借鉴行业协会的组织形式，从师生联合行业协会开始，逐渐走上大学的办学之路。

严格地说教会不是一个营利性的机构，本身并不产生效益。但是中世纪的教会在欧洲是最大的财富持有组织，加上教徒众多，支持力大，从教会学校过渡而来的中世纪大学，主要的办学资金来自教会资助，当然，培养的人员也主要是神职人员。随着学校的日益庞大，教会大学的资金也出现了短缺，因此也开始收取"学费"，以弥补经费不足。但对于一些家境贫寒的学生，教会明示学校必须给予补助甚至免除学费，甚至食宿等生活费用也有适当的补助。这些我们可以看作为后续现代大学的奖助学金制度建立做了有益的探索。

中世纪大学的第二个办学主体主要来自社会。这是一种世俗的伴随城市力量成长、满足城市发展需要而产生的大学。这类大学自发产生，没有具体"举办者"，是由学者和学生们为探究学问自发聚集，通过最初建立的"学者行会"、"学生行会"和"师生行会"逐步形成的大学。此类大学以意大利的博洛尼亚大学为典型。由于具有得天独厚的地理优势，在经历了五六百年缓慢发展后，中世纪意大利在地中海沿岸获得较快发展，导致社会对罗马法学者的大量需求。而封建统治、封地竞争、君权和教权之间的竞争，也使得统治者逐渐认识到需要运用法律来解决纠纷，使得社会秩序安定的重要性，刺激了罗马法律研究的复兴，博洛尼亚大学应运而生。许多欧洲青年跋山涉水，来到这里求知求学，学习古罗马法。与巴黎大学不一样，这些人主要是自费来学习罗马法的，他们自发组织起来，自己出钱雇用教师，租用校舍，购置教材，管理学校等。当然，中世纪大学非常简陋，没有校园、没有图书馆、没有实验设备，连教室可能都是租用的。因此，这里也用不了什么大钱。所谓"举办"今天来看也就是出点小钱而已。但在当时经济条件来说，已经是非常富有了。

为了维护自身的权益，免遭当地市民和世俗政权的欺凌和纷扰，师生们借助行会形式，组织了"教师联合组织""学生联合组织"等，选举出自己的会长（校长）作为领导人。这就是中世纪大学的原型。由于博洛尼亚大学的法律研究有利于国王政权的合法性和地位巩固，因此 1158 年得到国王颁发的敕令，成为世界上"最早"的大学①。

中世纪社会举办的大学还有一种是知识人士举办的大学②。在社会对知识、对人才空前需求的背景下，部分具有"知识"的"大师"利用自己的某种知识优势，举办大学，开展讲学活动。据研究考证，中世纪中后期讲学盛行，一些"哲学家""古罗马法翻译家""医学家""神学家"纷纷组织讲学，他们或者讲授古希腊的哲学经典，或者讲授拉丁文翻译要领，或者讲授古罗马法要义。这些大学办学规模大小不一，教学内容各有特色。偶尔遭遇事件，大学有可能迁移或分离，出走学者重新组织大学。英国牛津大学、剑桥大学的创建就是典型的案例。

中世纪大学的举办主体，大致上属于以上三种。值得注意的是，中世纪没有政府直接举办的大学。有的人认为：国王举办的大学可以视作国家办的大学。如德国皇帝腓特烈二世就曾于 1224 年举办那不勒斯大学。③美国的威廉·玛丽学院（建于 1693 年）得名于时任英国国王的威廉三世和玛丽二世。但是从现有的研究可以看出，当时仅仅是根据皇帝的敕令（或委任状）允许建立，即皇帝"赐"名和允许办学，没有任何证据说明皇帝出资、皇家出钱等。当然，就算有个别出资，按照今天的界定，它仍然是私立，因为其出资的性质个人，并且是捐资，他们没有产权和利益诉求，没有直接参与管理和控制，也不会过问学校的经营状况，也就是说，学校与出资者没有任何关系。美国常青藤大学都是建国前建立的，当然也都是私立的。从现有的研究来看，中世纪大学都是收费的大学，最早的大学生家庭应该都有一定的承担能力，学生听课必须缴纳学费，教会学校对家庭临时困难的学生可以有一些减免。从这些来看，也可以确认中世纪大学都是私立大学。

政府没有参与举办中世纪大学，一方面鉴于中世纪欧洲世俗政权是弱

① 徐绪卿：《教学服务型大学：理论研究与制度框架》，中国社会科学出版社 2014 年版，第 40 页。

② 同上书，第 50 页。

③ 宋文红：《欧洲中世纪大学的演进》，商务印书馆 2010 年版，第 100 页。

势政权，经济实力也不宽裕。中世纪欧洲城邦林立，"国家"众多，与教会之间争夺控制权的斗争异常激烈，政府没有"能力"和精力来举办大学。另一方面，大学这种机构对政府到底有什么好处，在社会发展中能够发挥什么作用，还是有待于观察的。需要强调的是，政府虽然没有直接办学，但是在形成大学的办学体制方面，今天来看也做出了应有的贡献。首先，政府对于办学的主体没有限定，但是办学必须得到政府的许可（敕令），至少也有"没有门槛"的门槛。办学敕令最初由教皇颁发。也有一段时间较为混乱，有的由教皇颁发，也有的由皇帝（国王）颁发。而从13世纪后半叶起，世俗政权建立并得到巩固，规定只有政府颁发敕令许可举办的大学才是合法的，这一点逐渐成为惯例。也只有政府认可的大学，其办学行为和师生权益才能得到认可和保护。对于师生的基本权益，大学的建制、课程、学制和学位等等大学的基本规定也在多个政府颁发的敕令中逐渐完备，逐步规整完善。

二 中世纪大学的经费来源

对于中世纪大学经费的研究，是迄今为止中世纪大学众多研究中十分稀少的研究，但是作为办学体制研究的重要内容，还是需要尽最大努力去探寻其中的奥秘。并且对于物质生活极为贫乏的中世纪大学来说，经费也是极为重要的。

中世纪大学由民间举办，经费自然是自筹的。部分大学由教会举办，教会提供办学经费。当然，由于大学本身的简陋，办学经费主要用于教师薪酬和必要的教材、文具等。尽管这样，在中世纪物质极其贫乏的年代，这些经费也是来之不易的。

1. 学生缴纳的各种费用

中世纪大学生需要缴纳学习费用和生活费用。学习费用主要由两部分构成：长期性的支出和一次性支出。其中，注册费是较为典型的一次性支出，是指学生注册时应付的三种费用：校长收的普通注册费；学院的注册费；如果大学有同乡会，还要缴同乡会注册费。一般来说，注册费的多少取决于维持大学费用的多少。在中世纪大学里，注册费收入成为中世纪大学收入的最重要来源之一。事实上，大学在很大程度上都依赖于注册费。因此，每所大学都特别关注收费问题。以至于在博洛尼亚大学和帕尔玛的法律大学里，把"注册"与"支付登记"两个术语当成了同义词来使用。① 直至今天，国外许多大学仍延续缴纳注册费的传统。

大学既然是"行会"，也就有行会的规矩。大学的入学费用都需要明文写入大学的章程，适用于全体学生。贫困家庭的小孩很难读得起大学，因而这些规定也只能主要适用于"中产阶级"的学生。在进入大学时，他们必须事先缴纳所需要的各种费用。

在长期性支出中，主要是博士生和硕士生攻读学位的课程费用。一般情况下，研究生比本科生缴费多，富人比穷人缴费多。比如，里斯本—科英布拉学舍根据国王胡安一世于1392年颁布的法令，法学专业的穷学生每次听讲座需要向主讲教授缴10镑，"中间阶层的学生"要缴20镑，有钱的学生缴纳40镑。② 各个专业的学费也不一样。神学、法学和医学专业学生的实际开支与文科生不同，与欧洲大学体系中学生的总体开支相比也明显不同。这些学生的开支在不同的地区也有一定的出入，更不用说拿欧洲北部和南部相比，拿伊比利亚半岛、米迪、意大利以及奥尔良的"富裕"大学与欧洲中部那些较穷的大学相比了。即使在意大利境内，对于阿尔卑斯山外的法学专业学生来说，博洛尼亚是最昂贵的大学城。上流社会学生中的"穷"学生大都就读地位高的西班牙高级学舍，按照该学院的有关章程，只有年收入总计不超过50个博洛尼亚弗罗林金币（相当于75里拉）的学生，才允许进入此学院学习。所缴费用主要包括申请博士学位、考试、庆典所需的费用及送给主考官和学监、服务人员、博士以及公证人的礼物（手套和礼金）所需要的费用。这是一笔不菲的费用，也许这正是导致博洛尼亚大学在15世纪注册人数下降的一个原因。不少学生考虑到这笔费用，就在博洛尼亚大学上课，而到别的地方去拿博士学位。像在费拉拉、帕维亚、帕多瓦、锡耶纳等大学获得学位的费用要低得多。③ 考试本身也需要一定费用。申请学位者要给教师团、同乡会、助理员等一定数量的钱，甚至还要给教会代表钱。1424年，在巴黎的英格兰同乡会，申请者通常要为学士考试付半个法郎。而后当他回到稻草街的学

---

① ［比］希尔德·德·里德-西蒙斯：《欧洲大学史：中世纪大学》，张斌贤译，河北大学出版社2008年版，第203页。

② 同上书，第256页。

③ 同上书，第259—260页。

校时要花 4 个苏，考试时要花 2 个苏。教会法专业的学生要在长篇演讲这天给每个任课教师 4 个苏。医学专业的学生在寻求被接纳为博士的期间，要给主持人 10 个金克朗（crown），还要给所有的任课教师提供帽子和袍子①。

学生缴纳的各种费用，是中世纪大学的主要经费来源，是大学生存和发展的基础。因此，在中世纪大学里，要取得学位是要大量耗钱的。事实上，通过授予学位而赚取钱财是教师的主要收入之一。由于与金钱有莫大的关系，公正就难以保证了。1395—1500 年期间，在巴黎大学的医学专业学位申请者全都通过了。如果这些人都达到规定的课程的年限，这也无可厚非。但事实并非如此，有时学生们只要提供一个曾在就学期间听过课的证明就可以了。随着大学的增加，这种腐败也在增加。有些大学在考试方面很随意，甚至还出售学位。②

2. 教会对大学的资助

基督教会对欧洲中世纪大学的资助来自教会的各个层面，上到教皇、罗马教廷、地方教会、修道院，下到一般教会人士。其资助形式也是多样的，最直接的是将钱财、房产、图书捐赠给大学，间接的是给师生一定的理念上的支持。③

基督教会在经济上有力地支持了中世纪大学的办学，推动了大学的发展。很多教会组织和成员向大学捐赠了大量的钱财、房产、书籍等。如著名的法国路易九世的皇家教士罗伯特·德·索邦，创立了索邦神学院，还捐出了自己的私人图书馆，此图书馆是 13 世纪最重要的私人图书馆之一。再如 1291 年，副主教斯蒂芬的遗嘱将私人图书馆的 27 部书赠给了巴黎大学，供贫苦的神学院学生借用。

如果没有教会的资助，中世纪大学这个自发形成的新生事物的发展是很难想象的。尤其是对于教会举办的学校而言，教会对中世纪大学的经济资助是师生们最基本的生活保障。教会对大学的资助仅是为了给教会培养人才的理解是狭隘的。虽然教会在主观上通过对大学的资助确实对大学起

---

① 石广盛：《欧洲中世纪大学研究》，博士学位论文，复旦大学，2007 年。

② 刘河燕：《欧洲中世纪大学的经费来源研究》，《黑龙江高教研究》2014 年第 3 期。

③ 刘河燕：《民族调适张力与宗教救世压力下的历史选择》，《贵族民族研究》2011 年第 2 期。

到一定的控制作用，但客观上对于中世纪大学来说，这些资助也确实起到雪中送炭的作用。事实上，当时无私的资助也是有很多的。[①]

3. 城市对大学的资助

在学生型大学，教师的薪水起初是由学生缴费而筹集的，在教会所办大学，主要是由教会支付。13 世纪以后，随着社会物质财富的增加，大学逐渐活跃和繁荣起来。大学为城市带来的益处也逐渐被城市当局注意到了，因而城市就开始重视本市的大学，往往还会出资留住一些教授。1228年，帕多瓦大学的一些师生不满意其待遇，就迁移到意大利的维尔切利，并与该城市签订了合同。按合同规定，教授的薪金由维尔切利城提供，大约是两个学生和两个市民的生活费用之和；除此以外，两位教会法专家、一位神学家、两位文法学家、两位逻辑学家、三位法学大师、两位自然哲学教师的薪金也是由该城承担。1848 年，佛罗伦萨在遭受黑死病的打击后就对大学非常重视，把大学视为力量的源泉，不但聘请了最优秀的教师，并且每年拿出金额总数达 2500 金弗罗林用于学校的运行。博洛尼亚对大学支付比佛罗伦萨还要多，用于大学的经费大约是税收的一半，约20000 打开特（ducat）。[②]

在博洛尼亚大学，有记载的第一次由市政支付大学教授薪金是在1280 年，即西班牙法律学者格西阿斯（Garsias）同意以 150 里拉的薪水在博洛尼亚任教一年。最初制定这一合同是学生负责的，但后来由于学生的请求，博洛尼亚市政提供了这一费用。1342 年一份大学的章程规定：讲授上午《教令集》的教授有 150 里拉，讲授下午其他课程的教师有 50 里拉，讲授《学说汇编补遗》的教授，可以得到 100 里拉。据记载，博洛尼亚大学 1342 年获得这种年薪的人只有 4 人。随着教师薪水逐渐增加，教师的薪金由学生支付逐渐转到由市政承担。大学选举带薪教授的情况慢慢少了，一个名叫"改革教学"的委员会负责了博士任命和学校与政府之间关系的处理。[③]

---

① 刘河燕：《欧洲中世纪大学的经费来源研究》，《黑龙江高教研究》2014 年第 3 期。

② ［美］克伯雷：《外国教育史料》，任宝祥、任钟印主译，华中师范大学出版社 1991 年版，第 177—178 页。

③ 刘河燕：《欧洲中世纪大学的经费来源研究》，《黑龙江高教研究》2014 年第 3 期。

4. 国家对大学的资助

国王和政府也可以对大学进行资助。西欧各国和西班牙的国王、政府从 13 世纪开始就对学生进行资助，资助的范围超出了他们自己创建的学舍。英国和法国的国王们素以赞助学生著称，他们很早就开始以各种名义向大学生进行资助。13 世纪末，菲利浦四世统治时期，向大学生提供学习费用的条款就已出现在国库账目的消费分册中。[①]

另外，免税及居住权是中世纪大学变相的收入的一部分。在中世纪，税收的名目很多，如市场税、货物税、酒税、运输税、关税、售货税等。农民和平民都得上税，免税的是贵族和教士。大学的师生也逐渐享有这种优待。如在 1340—1341 年，法国国王菲利普六世在对巴黎大学的颁布有特许状，给予其特殊政策。

综上所述，中世纪大学的经费来源也是多渠道的。教会为了传教的需要，对部分教师及贫困学生的资助是巨大的；市政对教师薪金的资助在大学里发挥着重要的作用；社会对大学逐渐认同，一些大学生获得了许多的赞助与捐赠。这些对于处于极端困难的中世纪大学的生存和发展，是十分重要的。

三　中世纪大学管理体制

管理无所不在。中世纪大学作为一个新兴的社会组织，显然也离不开管理。从最初的"学生大学"和"先生大学"，到现代大学组织形式和管理体制的形成，大学管理伴随着大学的发展而发展，并为大学的发展提供组织保证，创设良好的发展环境。中世纪大学的显著特征是大学自治。在中世纪大学诞生以后相当长的时间里，大学一直是自我管理的机构。教皇和国王的矛盾冲突，国王与贵族之间的矛盾，以及世俗政府干预社会的能力不强，这些使大学自治获得了生存的土壤。在教皇和国王、教会和世俗矛盾和争斗的夹缝中，大学自治获得社会的广泛尊重和认可。教皇、国王颁发的敕令和相关文件，既是大学自治管理的依据，也是大学自治的保证。

中世纪大学最初的管理是朴素而自发的。中世纪大学主要实行自治，内部管理是中世纪大学的管理主体。从内部管理来区分，中世纪大学可以

---

① 刘河燕：《欧洲中世纪大学的经费来源研究》，《黑龙江高教研究》2014 年第 3 期。

分为"学生大学"和"先生大学"。在后期也现出"师生大学"。

1. 学生大学

所谓"学生大学",顾名思义,就是学生管理的大学,即由学生主持校务和管理的大学。学生推举学生代表担任校长,主持校务,教授的选聘和酬金、学费的数额和时限、学期的起始和授课的时数等,均由学生决定。学生通过行会选举学校领导,当选者要接受学生行会的监督和制衡。当然不是每一个大学生都能参与管理,严格意义上来说,"学生大学"就是学生推举的代表来承担管理的职责,承担管理的任务。

学生大学以博洛尼亚大学为代表,也是博洛尼亚大学管理中的最大特色。实际上,博洛尼亚大学最初也是由从事教学的博士们管理的,他们自然对学生具有管理权,但情况很快发生了重大变化,管理权逐渐转移到学生手上。

博洛尼亚大学的产生完全是民间的自发行为,之前它作为一所研究罗马法的学校时,就已经闻名于世。1088 年伊尔内留斯在博洛尼亚开始教授法律,并编写了一本《查士丁尼法典》的注解。德皇赐赠一笔基金,一群日耳曼学生也来就读,很多人从欧洲赶到这里学习罗马法。到 12 世纪上半叶,博洛尼亚的民法博士们就已享有很高的声誉。他们引用《查士丁尼法典》解释法律问题和其他问题,体现出对理性的重视和热爱。新的法律哲学在西欧迅速传播开来,给予理性以强烈的刺激,推动了经院哲学的形成。1140 年,伊尔内留斯的学生格拉蒂安将新方法应用于宗教法律,编写了第一本宗教法典。从此,博洛尼亚不仅成为民法教育的伟大中心,而且成为教会法教育的伟大中心。教皇亚历山大三世和英诺森三世都曾是博洛尼亚大学的学生。

但是,博洛尼亚大学却是一所完全意义上的"世俗"大学。它的教师中有很多是俗人,它 1364 年以前没有开设神学课,只有宗教法规。而博洛尼亚大学的学生来自欧洲各地,不同民族、不同地方,且大多是主要出身于富裕家庭的中产阶级的代表。尽管他们年轻相对成熟,家境富裕,有权论政,但按照博洛尼亚城市的法律,他们只能被当作侨民对待,这意味着不论一个人在本国的家庭背景如何优越,他在这里都可能要面对苛刻而不公平的法律和税金,此外,还有贪婪的地主、沉重的地方税及义务兵役制等。相对来说,教师却大多是当地人,他们可以享受当地人的许多权利。而当这些外地学生在博洛尼亚生活发生麻烦与纠纷时,教师们往往站在城市当局的政治立场上，无法给这些学生提供充分的保护。出于自己政治地位以及在求学过程中不放弃公民身份的考虑，学生们迫切渴望一种组织来进行自我保护。为了保护自己，他们首先按照学生的籍贯（以阿尔卑斯山南北为界）组织了山南和山北两个同乡会，推选出自己的代表，与社会各界打交道，维护自己的权益。经过多年的运作，这些学习法律的外地学生仿照意大利当时盛行的手工业、商业行会形式等，建立了旨在自我保护、自我管理的学生联合体——博洛尼亚大学，并选出了自己的会长（校长）。

博洛尼亚大学成为"学生大学"，部分的原因是由于博洛尼亚大学的大部分学生具有更为成熟的年龄和较高的社会地位，他们已经在处理着自己的事务，能够掌握自己学习和研究的条件，许多学生已经是政府的官员和律师，所以，博洛尼亚以及承袭了博洛尼亚传统的意大利大学主要是一些学生团体，是学生们联合建成的。这些团体不仅是针对教会、政府、市民而组织起来互相保护和自治，而且最终确立了他们对自己的导师的控制，把导师视为他们的雇员而不是他们的主人。对于学生和老师的关系，威尔·杜兰有一段具体详细的描述："在波隆那，（即博洛尼亚大学，笔者注），可对不满意的教授抵制，并结束其教书生涯；由很多案例得知教授的薪水由学生所付，而被迫宣誓服从大学的'校长'（rectors）——学生团体的领袖。如老师渴望放假离开，即使只有一天，将对学生领袖准假感到异常惊喜；但他们被禁止'随意放假'。学生协会决定规则限制老师，何时应开始讲课，何时应下课，以及若违规需受何种处罚。若他讲得太久，超过了预定时间时，学生协会即命令学生离开，另规定对遗漏一章或其法案之解释的教授罚锾。同时还决定教科书上哪些部分授几堂课。……学生委员会被指定考察每位老师的行为，向'校长'报告其犯规和过失。……教授不是雇主，而是自由席位的演讲者，且须令学生信服。"[①]

在博洛尼亚，学生们联合起来首先需要对付的是市民、教会和王权——房租、学习和生活必需品的价格以及学生自我保护的需要，使他们集体的博弈力量和能力更为强大。为便于管理，组织内部成员推选出一名

---

① ［美］威尔·杜兰：《世界文明史》，《信仰的时代》下册，台湾幼狮文化公司译，东方出版社1998年版，第1277—1278页。

领导者管理（相当于今天的校长），由学生组织赋予其在学校管理中的主导地位。除此之外，他们最重要的"对手"就是教师，于是诸多约束教师的规则被制定出来。通过罢课、课程内容与进度的确定、薪酬的谈判、上课质量的评价等，为了使他们的学费"物有所值"，这些学生型大学的基本管理制度逐渐生成。特别是 12 世纪后半期开始，学生行会开始谋求对大学事务以及教学博士更多的管理权。1182 年，学生行会试图强迫博士们宣誓，承诺在两年之内不会到博洛尼亚大学之外的地方从事教学活动。这次努力虽然没有成功，不过到 1189 年，学生们的要求成为现实，博洛尼亚大学的博士们被迫向学生行会宣誓。这次事件成为博洛尼亚大学的一个重要转折点，博士们被剥夺了原有的独立地位，而学生则开始通过自身的行会以管理者的姿态出现在大学之中，学生及学生行会在博洛尼亚大学中管理控制大学事务的主导地位逐渐确立。从教师来看，起初，在博洛尼亚大学从事教学的一般是博洛尼亚公民，他们不具备学者行会会员资格（具备的大都是外地的教师）。他们对学生的管理行为不满，师生之间冲突不断，而在学生行会与教师权力的斗争中，学生行会赢得了胜利，成为了大学的管理阶层。在博洛尼亚，大学教师的俸禄大部分来自学生的学费，13 世纪末以前，博洛尼亚教师的薪水一部分是由学生直接支付的薪资，一部分是与学生协议的薪资。当时一些意大利其他城市也要成立大学，为稳定教师，博洛尼亚市政府再支付某些教授薪资以提高待遇。1289 年博洛尼亚市政府决定支付两位教授的年薪，至于具体是哪两位教授以及具体数额则要由学生决定。直到 14 世纪时，这样的权力才被移交给市政府。由于教师薪酬牢牢掌握在学生手中，从而使得学生的主导地位和大学教师的从属地位得到了稳定和巩固。

博洛尼亚大学的学生对教师的管理十分严格。一般在学期开始前几个月由学生选举讲师，被选择的讲师必须宣誓，保证遵守学生行会制定的有关学校事务的所有规定。在大学的会议上教师没有表决权，所有的教学人员必须遵守由学生行会制定的法令。参加活动都须经过学生的允许，讲师请一天假须得到学生或学生负责人的同意。如果讲师按照规定的时间上课迟到一分钟或延长一分钟就会被罚款。如果忽略了难点或在学期末到学生规定的日期没有讲到课本上已有的要点，也要被罚款。更有甚者，为了确保教学的进行，讲师必须在学年初到城市的银行中存入一笔钱，以备罚款之用。教师唯一可以完全控制的领域是考试制度。① 这种状况一直延续到16世纪前。因此，博洛尼亚大学成为名副其实的"学生大学"。

博洛尼亚大学的奇特管理体系，除了与它的学生的特殊性相关之外，也与意大利城市组织的发展也密切相关。这其中，公民观念起着关键性作用。对于中世纪的博洛尼亚来说，公民权就像对于古代的雅典一样，是一种具有无上价值的世袭财产。对于那些完全有资格在自己的城市里参与政治生活的地位良好的人来说，长期在外意味着一种公民权的严重缺失和受损。因此，由于在外追求知识而暂时放弃了公民权的学生们，便组织起来形成保护和争取自身利益的大学协会。这个协会向教会、政府、市民以至于他们的导师提出自己的一切权利要求，以另外一种形式享用公民权。在此鲜明地体现了博洛尼亚大学所具有的一种世俗精神，这种精神既同意大利的城市发展密切相关，也与它的历史传统有深刻的关系，这在欧洲其他教育中心是少有的现象。

12—13世纪时，意大利的大学和欧洲南部其他国家的大学（巴黎大学除外）几乎都是以博洛尼亚大学为样板建立的，并大都采用了"学生大学"的管理模式。正像巴黎大学作为一个伟大的基督教神学——哲学中心，对整个欧洲发挥着国际性影响一样，博洛尼亚作为一个伟大的法律中心则成为欧洲法律的先师，它对法律研究的复兴及其影响遍及整个欧洲。法律学者们纷纷从全欧各地聚集到这里，一些著名的导师们又从这个中心走出去，播撒新学术的种子到各地，法兰西、英格兰、西班牙等地的法律学院都受到了极大的推动。于是，"数个世纪以来，巴黎和博洛尼亚是中世纪研究领域为之而转动的两个对立的极。在伟大的意大利哲学家圣波纳文图拉、圣托马斯、阿夸斯帕塔（Acguasparta）的马太和罗马的伊基丢斯等人被吸引往巴黎的同时，那些向往教会的公职生涯的来自北欧的教会人员则在博洛尼亚求学，并在那里组成了一个独立的团体，即Universitas Ultramontanorum（山外团体）。因而，博洛尼亚大学的学位，特别是民法和教会法的双博士学位被公认为世界上最高的学术荣誉"。②

---

① 《中世纪两种大学》，http：//blog. sina. com. cn/s/blog_ 56a84e810100ri22. html。

② ［英］克里斯托弗：《宗教与西方文化的兴起》，长川某译，四川人民出版社1989年版，第215页。

2. 先生大学

与博洛尼亚大学迥然不同，巴黎大学的管理则以教师为主导，被称作"先生大学"的代表。在巴黎大学，大学教师是学校管理的主体。教师行会掌握着大学的内部管理，并且负责维护大学外部的权力和利益，在该大学具有权威性的地位。学位的要求、课程、教师的任用等是由教师做出决定的，有关大学内部管理问题的全部决策，也几乎都是由教师做出的。

巴黎大学成为"先生大学"，也有其特殊的原因。巴黎大学的前身是教会学校。在中世纪早期，教育中心都在修道院的学校。以修道院为中心的中世纪早期教育，发展至 11—12 世纪时，设立在城市的教堂学校随着城市的发展日益显得重要起来，逐渐占据了教育和学术的领导地位。这类学校的学生一部分是专为各类教职储备人才，其学费由教会基金支付，其余的学生则支付适度的学费。1179 年的第三次拉特兰会议颁布，为了使穷孩子不被剥夺读书与进修的机会，应该在每一座教会教堂拨出一笔足够的圣俸给专业教师，让他免费教授同一教堂的办事员和贫苦的学生。可见，教会学校的经费来源大都与教会相联系。

在中世纪全盛时代的 12—13 世纪，欧洲思想界的领导者是法国。早在 11 世纪初叶，法国的教会学校就已享有国际性声誉。到 12 世纪中期时，在越来越繁荣的城市里，主教座堂学校和修道院学校及其学生人数日益增加，逐渐地成立了他们的团体组织，这种组织发展到顶点，终于形成了由大学校长控制的庞大的统一体——大学。所以，最初的大学并非有计划地建设起来的，而是自发形成的。当渴望求知的学生集中于某些杰出的学者周围时，大学便开始孕育了。

巴黎大学就是从著名的巴黎圣母院教堂学校演变而来。原来所有的教学活动都在教堂和修道院内进行，教师成为学校的主导，而教师的数量也由宗教方面的权威机构来管制。至 12 世纪中叶，巴黎学校的规模越来越大，学生大量增加，对教师的需求也在激增。日益增加的教师群体自然地形成了一种教师的同业公会，以此来争取和维护自身的各种利益和权利。以前学校的教学管理、教师资格认可、教学程序安排、司法裁判、生活管理等方面的事务，原来属于主教座堂的权限，现在经过多方努力，教师公会取得了独立管理权。

以教师资格获得为例，原来的主要权力在教会。随着学校规模的扩大和学生的增加，教师人数也在不断增多，地方主教就把教师的准入权委托给一名专门的教士，而这名教士一般是从主教属下全体教士中挑选出来的，称之为掌校教士（ecolatre）。由于学校的人数增加，主教逐渐不再有能力承担掌管学校的职责，因而，一般主教将挑选和任命教师的权力交给了掌校教士。掌校教士有授予合格者教学的权力，并有权把学校的日常事务处理再委托给其他人。这样一来，掌校教士的主要职责，慢慢的就演变为对自己所属教会或教堂控制下的整个地区教学职业候选人进行审查，根据审查情况决定是否授予执教权，甚至拥有开除申请者教籍的权力。在巴黎，当一个人要求开办学校或成为一名教师时，就必须获得执教权，并经过就职礼。而教师具有掌管就职礼的权利，即教师可以挑选符合自己群体利益的教师职位继任者。可见，教师的权力相对来说是比较大的。为了保护自己的群体地位与身份免遭外来者和宗教机构的侵犯，教师自发地组织成一个联合会，与教会和学生的联合会进行谈判，最后获得成功，教师公会开始有权力独立承担教师资格的审准工作。巴黎大学成为由教师为主导构建的"先生大学"逐步形成。

公元 1200 年，法王菲利普二世承认了巴黎学生、教师公会的合法性，"先生大学"的模式得以认可。1212 年，新颁布的教皇诏书赋予了教师更多的权力。1213 年，大学与教会之间发生了冲突，其主要起因是教师法团抵制经由主事执教授予执教权人员的就职，拒绝他们加入法团，罢课引发了一连串动荡。在这样的冲突中，教师集体以法团的名义进行谈判，最终取得了胜利。1215 年，教皇英诺森三世（Innocent Ⅲ）批准了巴黎大学的条例，教皇特使为巴黎大学制定了第一个章程，取消圣母院主事对巴黎大学的控制权，巴黎的教师协会获得了合法团体的必要资格，至此完成了由习惯认可的大学向被法律承认的大学的转变。1229 年，巴黎大学学生与国王的警察发生流血冲突，引起学潮，大学宣布罢课，学生们各奔东西，投往牛津、剑桥、图卢兹、奥尔良等地，持续两年多时间。1231 年，教皇格雷古雷斯九世（Gregorius Ⅸ）出面调停并发布谕旨，同意颁布新的章程，确认师生自 1200 年以来所有的司法保证，取消主教对学校的控制，使巴黎大学最终摆脱了主教的控制，并拥有结盟权和罢课权，具有授予学士、硕士和博士学位的专一权等。同时，国王圣路易郑重承认"巴黎教师学生团体"作为独立的团体，拥有法人资格，使巴黎大学完全摆脱了被监护的地位。也使得巴黎大学"先生大学"的组织形式得以确立与稳固。1231 年通过的章程被称为创办巴黎大学的"真正的'大宪章'",巴黎大学正式成立。

以巴黎大学为代表的"先生大学",在世界高等教育史上具有重要影响,成为在北欧多数大学形成的模式和标准。如英格兰、苏格兰、瑞典、丹麦、德国等地的大学,则多采用这种模式,特别是英国的牛津大学、剑桥大学和美国的哈佛大学等。因此,巴黎大学也被称为欧洲"母大学"。以巴黎大学为模式,12世纪后期在英格兰建立了牛津大学,13世纪建立了剑桥大学等。牛津大学同巴黎大学一样,设有艺术、神学、医学和法学四科,也同巴黎、剑桥一样,民法都不在大学里教授,学院的形成也是从穷学生免费居住的地方开始的。这些地方逐渐变成讲堂,学生和老师都住在里面,进而这些讲堂就成了大学的组织和教学实体——学院。牛津大学就是由这些学院以教师公会的名义组成的协会,由教师选出的董事及一位主教区秘书长负责管理,而董事和主教区秘书长又受制于主教和国王。在1300年前,牛津大学作为知识活动中心,地位仅次于巴黎大学。正像威尔·杜兰所述:自从亚里士多德以来,没有一个教育机构能和巴黎大学所造成的影响相比拟。在三个世纪里,它不但吸引了最大量的学生,并且招来了心智最敏捷最突出的人士,例如阿伯拉尔、索尔兹伯里的约翰、大阿尔伯特、布拉班特的西格尔、托马斯·阿奎那、波纳文图拉、罗吉尔·培根、邓斯·司各脱、威廉·奥卡姆等,几乎构成了从公元1100年到1400年之间的哲学史。而这些伟大的学者,又必然是由那些伟大的教师,在一种令人们的心智激荡高昂的气氛中,在人类历史达到文明的巅峰状态下造就出来的。巴黎大学无疑就是这样一块最能激发人的灵智的天地。在法国除了最著名的巴黎大学之外,还有一些非常著名的大学,如奥尔良、沙特尔、昂热、图鲁兹、蒙皮利埃等,它们都对法国成为欧洲文化的领导者做出了杰出的贡献。

作为一所产生于教堂之中并深受主教控制的学校,巴黎大学与宗教之间的关系是不言自明的。即便后来大学以行会的身份自居,摆脱了宗教"座堂学校"的雏形,但并不影响它与宗教的关系,这点从教会对大学的物质资助中便可得到印证。由于受到"科学是上帝赐予的礼物不能被出售"这种宗教观念的影响,中世纪学生缴纳的费用都是屈指可数的,这就使得部分教师不得不加入教籍以寻求教会薪俸的资助。同样,这种资金方面的互动也惠及学生。到14世纪,学术机构定期向教皇通报学生和毕业生的名单,教皇通过发放薪俸资助学习的方式形成了一种固定的制度,此即教会奖学金制度。除资金要依靠宗教以外，大学在政治制度上同样需要宗教的庇护。大学诞生之初由于缺乏良好的社会根基与认同，加之社会环境的动荡不安，所以亟须外界给予特权保护。1215 年，教皇特使库尔松为巴黎大学制定了第一个章程，明确规定了巴黎大学所享有的特权，包括"为那些受到严重不公对待的学者准备辩护词，确定旅舍房间的租金，设定上课的时间和辩论的程序等"。可见，从巴黎大学诞生到各种特权的获得，大学与宗教的互动贯穿始终。作为回报，巴黎大学始终把培养神职人员作为重要职责，把神学作为教学的主要内容。神学院一直是巴黎大学的重头戏。由于特殊的创建经历，巴黎大学最初设置了神学学科，而后，为兼顾世俗的需要，才逐步开设了法学、医学、文学等学科。

综上所述，中世纪大学的管理带有浓郁的自发色彩，同时也与大学所在地区的风土人情、文化传统以及大学产生的源校有关。"学生大学"和"先生大学"作为两个不同的管理模式，代表了世俗学校和教会学校在管理模式上的差异，而师生在学校中的地位也与他们在社会上的地位相关。但这些条件发生变化，某些因素不再发生作用的时候，这种管理模式也就不再具有存在的理由。还有一点需要强调的是，中世纪大学管理纯粹是大学的"内部事务"，外人不得干涉。"大学自治是大学作为一个法人团体享有不受政府、教会及任何其他官方或非官方法人团体和任何个人，如统治者、政治家、政府官员、教派官员、宣传人员或企业主，干预的自由。"① 但是，当大学内部或者大学与社会之间矛盾难以调和的时候，皇权和教权就趁机而入，充当矛盾调解的中介人角色，从而也引发了皇权和教权介入学校管理的可能性。在本书的后面章节中我们可以很清楚地看到这一点。

四　中世纪大学的自治

中世纪大学是相对自治的独立机构，具有相当大的自主权，这种自主权一方面是以城市自治为背景的，自由宽松的环境和相对弱化的王权，再加上大学的不断斗争，成就了大学独立和自由的性格。大学自治是大学与王权、神权、贵族权、城市市民博弈和斗争中获得的生存权利。还应该指

---

① ［美］爱德华·希尔斯：《学术的秩序——当代大学论文集》，商务印书馆 2007 年版，第284 页。

出的是，中世纪大学中立的政治立场为大学提供了生存的价值取向；社会服务职能赢得大学赖以生存的社会支持；大学的社团性结构奠定其生存基石，为其提供精神的引领。中世纪大学的自治权包括居住权、内部自治权、独立司法权、免除赋税及兵役权、学位授予权及自由讲演、罢教及迁校权等。这些自治权前面阐述其他问题时多有涉及，这里集中做点归纳。

（1）居住权。居住权是大学师生教学和学习活动得以顺利进行的基本条件，它不但赋予师生们基本的公民权利和人身保护，同时也包含了一些普通公民享受不到的优待。中世纪大学具有真正的国际性。师生们大都是外国人，不能自由居住，因此需要获得在当地居住的许可。腓特烈一世授予博罗尼亚大学的《完全居住法》最早给予到博洛尼亚求学的学者以居住权："他们……可以平安地到学习的地方并安全地居住在那里……保护他们免受任何伤害。"① 当局承认外地学生享有本城居民同等权利，以换取学生保证不迁校的承诺。通过居住权的赋予，学者们不仅可以在城市里居住，城市要提供合适的房屋供他们居住和学习，而且还可以免受非法侵入和财产的丧失；如果学者的住所遭到偷窃，可以得到赔偿；在房屋的租金上，学者们也享受一定的优惠；如果学者们住所的租金超过了设定的价格，他们可以不必再居住在那里，而那些收取高额租金的房主则要受到惩罚。居住权不仅保证了大学师生们的人身安全，也使得教学和学习活动得以不受干扰地进行。

（2）内部自治权。大学作为城市自治的产物，一开始就是自由的。在内部管理上，大学享有高度自治权。学校内部运作、领导推举、课程设置、教学安排、学位授予、收费标准等，主要的还是大学内部决定的。尽管有"学生大学"和"先生大学"之分，但是管理的主体都来自内部，社会鲜有参与管理的权力。

内部自治权也包括颁发教学许可证的特权。在大学之前，颁发教学许可证的制度就已经存在了。在巴黎，根据规定，只有巴黎教会中负责教育事务的教务长才有权颁发教学许可证。随着大学的发展壮大，在教皇的帮助下，大学逐渐从教务长的手中取得了这一权力。1219 年，教皇贺诺利斯三世（Honorius Ⅲ）规定，只要学生达到了标准，不管巴黎的教务长

---

① ［美］E.P. 克伯雷：《外国教育史料》，华中师大教育系等译，华中师范大学出版社1990 年版，第 169 页。

是否愿意，大学都可以颁发教学许可证给他。1252 年，大学从教皇英诺森四世（Innocent IV）手中完全获得了此项权力。

（3）独立司法权。在中世纪，大学的成员不受城市普通司法体制的管辖，大学有自己一套独立的司法程序。一方面，当大学成员是原告时，他们有权将被告传唤到大学所在地来审判；另一方面，当他们被指控时，他们可以在宗教法庭和大学法庭之间做出选择。《完全居住法》中最引人注目的一条就是有关司法审判方面的特权。规定："如果有人由于商业方面的问题要对学生起诉，学生可以享有选择的机会；可以传唤起诉者到教授面前，也可以传唤到本市的主教面前，我们已经给了教授和主教对于这类事件的审判权。"[①] 此后这项特权先后授予各地的大学。如 1170 年，兰斯（Reims）大学的一些学生遭到了人身伤害并被开除了学籍，他们向教皇亚历山大三世求助，教皇立即明确提出禁止任何人以任何方式侵害学者们的自由权，由他们的教师对他们实行司法审判[②]。1244 年英王亨利三世（HenryIII）给予牛津大学教师广泛的司法权，如可以审判债务纠纷、确定住房租金、租用马匹、违反合同、购买食物等诉讼案中涉及大学人员的案件。在 1248 年，国王又进一步授予大学监督市内食品贸易的特权。[③]独立的司法权在阿尔卑斯山以南（尤其是在意大利）的大学获得较早，而在法国等地的大学相对较迟，原因在于"学生大学"更多的是被看作一个阶层，而一些教会学校延伸而来的大学大多数教师和学生被看作是僧侣，大学从属教会司法体制的管辖，在司法方面的自治权利自然要少一些。

（4）罢课权和迁徙权。罢课权和迁徙权是欧洲中世纪大学最经常使用的权利之一。如果大学师生同城市当局或教会发生矛盾，或者教学、学习活动受到干扰时，可以举行罢课，以示抗议；如果问题得不到满意的解决，大学可以自行迁校（migratio）。1231 年，教皇格雷戈里九世（Gregory IX）授予巴黎大学这一权利，规定在房价提高而受到损失，或

---

① ［美］E. P. 克伯雷：《外国教育史料》，华中师大教育系等译，华中师范大学出版社 1990 年版，第 170 页。

② Lynn Thorndike, *University Records and Life in the Middle Ages*, New York：Columbia University Press, 1944. pp. 19-20.

③ Hilde de Riddler-Symoners, *A History of the University in Europe*, Volume I -Universities in the Middle Ages, Cambridge：Cambridge University Press, 1992. p. 92.

者丢失东西或身体受到令人难忍的伤害，或受到非法的逮捕时，大学可以立即中止讲课①。当城市当局提高房租和食物价格或者大学生遭到攻击甚至是被市民杀害时，大学常常采取罢课、罢教的手段以示抗议，结果常常是获得赔偿；但如果冲突没有得到解决，大学整体或部分就会迁移到另一座城市。1209 年牛津大学的罢教事件是一个典型。

（5）免税、免役权。中世纪的平民和农民承受着繁重的税收负担。税收名目繁多、五花八门。在中世纪，税收完全来自平民和农民，贵族和教士是免税的。随着大学的发展，大学的师生们也逐渐享受了贵族和教士的待遇。1340 年，法王腓力四世（Philip Ⅳ）授予巴黎大学此项特权，他规定，任何俗人不论地位、声望如何，都不得对学生和教师进行干扰，或用其他方法进行敲诈勒索，不准以捐税进行勒索。② 1386 年，在海德堡大学获得的特许状中，这一特权得到了更具体的规定。即师生携带的一切物品都免除进口税、租税、监务税以及其他所有苛捐杂税，师生购买生活必需品也免除上述税费。③

大学师生不仅获得了免税的权利，也获得了免除兵役的权利。这一豁免不仅包括战争时期的兵役，也包括为了保卫城镇而参加民兵团的义务。法国国王的特许状规定："除非危险即将来临，大学所有的成员都免除各种巡查和放哨的义务。"④ 同样的特权在意大利只授予大学的高级成员。1264 年费拉拉（Ferrara）大学的一条章程具体说明这项特权只授予法律、医学和文学的博士。但是，据说师生们有时候为了大学的荣誉会自愿履行兵役义务，如 1356 年巴黎面临英国威胁时，大学师生曾在校长的指挥下拿起武器保卫城市。⑤

以上所列举的是大学在当时所获得的一些主要特权，除此之外，一些大学还获得过其他权利。如 1319 年，英王亨利二世（Henry Ⅱ）授予教

---

① Hilde de Riddler-Symoners, *A History of the University in Europe*, Volume Ⅰ-Universities in the Middle Ages, Cambridge：Cambridge University Press, 1992. p. 35.

② ［美］E. P. 克伯雷：《外国教育史料》，华中师大教育系等译，华中师范大学出版社 1990 年版，第 176 页。

③ 同上。

④ Gabriel Compayre, *A belard and the Origin and Early History of Universities*, New York：Charles Scriber's Sons, 1910. p. 186.

⑤ Ibid. , p. 87。

龄达 40 年的大学教师可以在他管辖的领域内享有同公爵、侯爵和伯爵一样在公共场合和私人场合携带武器的特权；在奥尔良大学，英王亨利四世（Henry Ⅳ）批准德国民族团的学生可以佩带剑和匕首等武器；1420 年，西班牙国王阿方索五世（Alfonso Ⅴ）授予巴伦西亚（Valencia）大学的博士和获得民法从业资格证书的人享有骑士的特权，等等。

　　中世纪大学的特权主要有三个来源①。①教皇的训令。主要有教皇亚历山大三世（Alexander Ⅲ）、教皇格雷戈里九世（Gregory Ⅸ）、教皇贺诺利斯三世（Honorius Ⅲ）和教皇尼古拉斯四世（Nicholas Ⅳ）等几位教皇的训令；②皇帝和国王的敕令。主要有 1158 年神圣罗马帝国皇帝"红胡子"腓特烈一世颁布的敕令、1200 年法国国王"奥古斯都"腓力二世颁布的有关授予巴黎大学特权的敕令等；③大学特许状。如 1340—1341 年法国国王腓力四世给巴黎大学的特许状，1386 年海德堡大学获得的特许状，等等。应当指出的是，这三种不同来源文本所规定的特权，实际上是有较大不同的。教皇的训令与皇帝的敕令所涉及的特权，主要与大学师生的民事权利相关，如 1158 年，弗雷德里克一世发布旨谕，规定博洛尼亚大学的学生可以自由通行，不受阻碍，甚至大学的信使也享有同样权利。又规定大学教授有裁判权，凡外人与大学生发生诉讼时，均由大学审理，结果外人一定败诉。1219 年，教皇奥诺里奥确认博洛尼亚副主教拥有授予学生学位的权力；学生有权到其他地区组织学校，教师可以到其他城市任教。而特许状主要涉及大学的学术事务，如 1362 年博洛尼亚大学从教皇那儿获得了一份建立神学系的特许状。在巴黎，主教曾直接掌管学校事务，1215 年，教皇特使为巴黎大学制定了第一个章程，取消圣母院主事对巴黎大学的控制权。1229—1231 年的大罢课，迫使教皇出面调停并颁发新的章程，使巴黎大学最终从主教的控制中解脱出来，并拥有结盟权和罢课权，具有授予学士、硕士和博士学位的专权等。随后国王圣路易确认巴黎大学具有法人资格，巴黎大学作为一个独立的团体正式成立。在海德堡，当大学于 1385 年创办时，洛伯特一世（Rupert I）许可大学师生免除各种义务或捐税，甚至这些特权有时还扩及到与大学有关的人员，如大学敲钟人、书商、书册装订工、羊皮纸工等。

---

① 张斌贤、孙益：《西欧中世纪大学的特权》，《北京师范大学学报》（社会科学版）2004年第 4 期。

第三章　大学办学体制变革的进程和经验

　　私立高等教育今天已经成为各国高等教育中不可或缺的重要组成部分。私立高等教育的崛起极大地改变了世界很多国家乃至全球高等教育的整体生态。它显著地改变了一国高等教育经费的构成，进一步强化了人们对于高等教育属性由公共性向准公共性转变的认识，加强了人们对办学成本与效率的关注，增强了学生与家长的消费意识，促使学校更加重视教育质量和个性需求，促进了高校与社会的全面联系。同时，它还引发了人们对高等教育一些深层次问题的思考，比如国家与高等教育的关系问题、市场与高等教育的关系问题、高等教育供给机制问题、高等学校办学的自主性问题、公立高等教育与私立高等教育的关系问题等。因此，私立高等教育也成了全球高等教育实践与理论研究领域一个重要的课题①。

　　办学体制是私立高等教育研究中的起点。分析各国大学的发展和办学体制可以发现，大学的办学体制不是一蹴而就的，现代大学的办学体制有一个演变的过程，个中充满曲折和探索努力。

　　我们今天所研究的现代大学是一个历史概念。现代大学办学体制具有历史性和多样化的特性，自建立以来，始终处于一个不断探索完善的过程中。那种认为现代大学办学体制已经形成固定模式或者认为世界上大学办学体制只有西方模式的观点，是不准确的，也是极其片面的。这里先梳理一下部分国家办学体制变革的过程，介绍几个典型国家高等教育办学体制改革的情况，为后续研究做一些铺垫。

---

　　① 宋鸿雁：《印度私立高等教育发展研究》，陕西人民出版社 2010 年版，第 2—3 页。

第一节　部分国家办学体制变革的进程

一　中世纪大学办学体制变革的缘由

如前分析，中世纪大学都不是政府举办的，按照今天对办学体制的划分界定，它们毫无疑问都是私立的。教会举办的也好，知识群体举办的也好，社会自发举办的也好，其经费主要来自学费或教会补贴，都不是政府财政性的经费，因而其办学体制都是私立的。

从大学内部来看，大学运行和发展的困难和危机，构成对办学体制改革的强大需求。中世纪大学在许多方面又不同于现代大学。中世纪大学没有自己的资产，没有图书馆、实验室或博物馆，没有捐赠和自己的建筑，因此，供学生利用的物质设施远远无法与当今大学相比。教师上课有时在家里，有时在教堂里，有时是租地方授课，甚至有时在街道旁上课，大学的办学流动性大而不稳定。中世纪的大学不像现代大学那样有正规的入学要求，学生学习随意性大，其辍学率远远高于现代大学。中世纪大学生可以自由地从一所大学转入另一所大学，因为它没有语言障碍，拉丁文是中世纪教会和大学通用的语言；中世纪大学规模较小，尤其是办学初期，一所典型的中世纪大学学生人数约为 200—800 人，主要大学如牛津大学和博洛尼亚大学可能有 1000—1500 名学生，巴黎大学曾有 2500—2700 名学生。规模无法稳定，收入时多时少。从上述数字可看出，有机会受大学教育的人仅仅是欧洲人口中微乎其微的一小部分，就是说，中世纪大学仅仅是服务于极少数人，男性公民、教士和富家子弟成为大学生的主体。从这些问题来看，中世纪大学实际上是很难稳定发展的。许多大学开办不久被迫关闭，不少大学成为纸上大学（即仅有成立的敕令，实际没有招收过学生、开展过教育活动的）。事实证明，物质贫穷的社会难以支撑大学的发展。大学已经不可能是一个生活在自我空间的脱离现实的社会机构。随着大学的发展演变，对大学的办学条件尤其是物质条件需求提高。如校园的固定，需要校园，也就需要有自己的土地，当然还要造房子，才能便于教学；便于图书保管和使用，就需要建造图书馆和购买图书；自然科学课程的引入，就需要相应的实验设备，还有师生的生活设施；等等，都需要有巨额资金持续的供给。而在世俗政权日益强大、单边掌握社会资源的背景下，由政府提供办学资金是一个可靠而稳定的来源。

从管理方面来看，似乎也有政府参与的必要。

作为一个大学，一个新兴的社会组织，其管理不外乎两个方面：内部管理和外部管理。在相当长的一段时期内，"学生大学"和"先生大学"作为两种比较稳定的管理模式，得到认可和稳定，成为中世纪大学管理的基本模式。特别是在内部管理方面，能够做到良性运行。但是，大学既然是一个社会组织，就不可能自我封闭，与社会隔离。因此，处理与社会的关系成为中世纪大学的薄弱环节。而一旦大学与社会产生矛盾和冲突，只能依靠教皇或国王"敕令"的权威，而这终究不是处理问题的最普遍、最通用的办法。因此，中世纪大学的管理也在不断发展、演变和调整中。

中世纪大学的内部管理是比较松散的，不像现在的大学科层等级分明。一般说来，大学内部设有教授会、同乡会、学院。最初，在教会学校，教会代表是大学社团的首脑，是大学的校长。在学校管理权不断争夺中，教会的管理权逐渐消解，而以教师或学生为主导的力量增强，大学日常事务的管理开始转移。教师和学生是构成大学的主体。对于教师来说，谁拥有资格来任教，凭什么资格来任教，任教的要求是什么，取多少酬金，诸如此类等等问题，在初期并没有严格的规定。只要能招到学生，就具备从教资格。但学生增多，教师行业的竞争增加，教师从教资格发生了改变。而对于学生来说，最初也是自由流动慕名求学的人。但随着不同地区、不同民族的求学者增多，学生的组成日趋多样，为便于管理，学生入学时逐步出现了一系列规范的注册事宜。为了维护自身利益，学生们先是按照地缘关系组成了同乡会。而教师也组成了类似教授会的组织。这些组织机构往往以不同群体的利益为优先条件，使得本身由于群体获得权力欲望的增强，加入了与教会、市政争夺大学管理权力的纠纷中。胜者就理所当然地成为大学实际上的管理者，拥有相当大的管理权限。如博洛尼亚大学，学生的权力高于教师，他们有权决定教授的选聘、学费的数额、学习的年限、授课的时数、支付的薪酬等。而巴黎大学与此相反，教授会成了巴黎大学的管理主体。大学管理者或拥有权威的力量者有着管理上的话语权，具有大学的管理权限，包括课程、学位体系的管理、财务的管理和对外司法事务等。

还有一点值得指出，人们都认为中世纪大学具有完全的自治权。但是实际上这种自治权不是凭借自己的军事势力或经济实力得到的，而是一种

"被授予"型的。尽管大学利用世俗势力与教会势力的矛盾和冲突，通过斗争和博弈，从国王或教皇手上争取到诸多自治权利，获得特许状，作为法人，享有民事权利。但是这些权力本身来说主动权不在大学自身，换句话说，这种权利是外来的，其本身是比较脆弱的。既然国王或教皇可以授予大学某些权力，也就意味着随时可以收回这些权力。这些所谓的自治权在国王或教会势力面前非常容易受到侵害。大学的自治权力经常出现增加或缩小，对于这一点我们就不难理解了。

　　中世纪的大学虽然具有较大的自治权，但它们也不能为所欲为。学术自由和大学自治是两个既有联系又有区别的概念。学术自由主要指大学成员教学和研究的自由，大学自治是指机构本身不受外来干涉而具有的自我管理的权限。中世纪的大学自治具有相对的独立性，它们的学术研究和言论对当时的舆论有很大的影响。在教会神权与世俗政权的斗争中，大学成为它们所争夺的对象。学者行会为了抵制外界控制势力，利用国家与教会之间的矛盾，保持某种相对独立性和中立性，以求得自身的发展。实际上，中世纪巴黎、牛津和剑桥等大学始终没有也不可能摆脱宗教的束缚、教皇和他的代表对其拥有的监督权。"以巴黎、牛津和剑桥大学为代表被教会势力控制的中世纪大学，教皇和他的代表对这些学校拥有监督权。在早期，这些学校的教师几乎都是由牧师担任，整个学府笼罩着神学教育的气氛；大主教有权干涉教务；考官一般由主教或教皇使节所任命，医生执照是以教皇的名义颁发，并在教堂中由教会中有权位的牧师依照庄严肃穆的宗教仪式授给。"① 大学获得的学术自由常常是有限的、短暂的，教会和世俗统治者担心作为一个独立社会阶层的大学在其主管教区或管辖区域内的挑战，常常对大学进行多方面的干预，以求控制大学。尤其在中世纪后期，一些大学在很大程度上被迫放弃它们的自治权力。可见，大学自治是有限的、相对的，大学必须在总体上服从教皇和国王的权力秩序，这是大学生存的一个前提条件。否则，大学的自治权利就有可能被收回或剥夺。

　　实际上，无论是"学生大学"还是"先生大学"，都难以包括中世纪大学的全部管理。"学生大学"或是"先生大学"，主要都是面对内部事务处理的主体而言，在大学与城市的冲突中，这种管理的机构和模式就显得非常乏力、非常脆弱，往往渴望和需要教会或世俗政权的介入和调解。

---

①　宋文红：《欧洲中世纪大学：历史描述与分析》，博士学位论文，华中师范大学，2005 年。

而这一机制也为社会介入大学事务提供了机会和空间。对大学内部而言，单纯的"学生"或"先生"都只代表大学成员的一部分，师生之间管理也需要调和，师生组织之间也需要和谐。因此，在巴黎大学以后的牛津大学等，一度出现了"师生大学"的管理模式，即师生共同组成管理的机构和成员。由于大学的发展，学生入学年龄逐年趋低，管理诉求和能力逐渐减弱，参与管理的兴趣和能力逐渐丧失。在一些地区，教师逐渐独占大学的控制权。

而作为政府来说，也日益关注到大学的作用和地位，有参与办学、管理大学和控制大学的冲动。大学作为的日益显现也成为世俗政权垂涎的目标。初期，建立大学的批准权由罗马教廷掌握，教廷也可以委托各地君主设立大学，授予大学应有的权力；后期，国王也开始发布设立大学的敕令，成为政府介入大学的一个切入口，并一度出现教皇和国皇争相下达敕令的状况，体现了各方对于大学的重视和关注。而从国家发展来看，政府需要大学为自身培养建设和经营人才。由于世俗政府取得了政治权力，成为能管理国家、治理社会、调解各阶层利益的强有力的政府。政府与大学的关系开始出现了明显的变化，政府不再一味放任大学的发展。从 14 世纪末开始，一些政府开始有意识地回收和剥夺曾经授予中世纪大学的自治权，同时逐渐开始给大学提供经费资助以换取对大学管理的参与，甚至由政府直接出资或募资建立地方性的和民族性的大学，并最终获得所有大学的批准权。而许多大学为了保证足够的学校经费，为了吸引大批的有才华的教师和学生以保持现有学科的生命力，为了使学校成为本地区关注的中心以及成为有国际影响的大学，以及为了对校外机构保持大学自治的不懈努力等，大学也在想方设法努力与社会各界建立良好关系，包括争取政府和社会的支持，以营造大学健康良好的运行环境，而这又为政府和社会对大学管理的介入提供了机会和缘由。

14—16 世纪，欧洲基本完成了从封建割据城邦向统一的、具有现代意义的国家形态转型，民族国家逐渐形成，强有力的政府开始出现。每一民族国家都以共同的语言、共同的文字和共同民族意识为其特色，随之出现了以专制君主为核心的集权制的政府。到了 15 世纪末，原始的、封建的、地方性的自由权利已经开始消亡，为民族资产阶级的发展扫清了障碍。宗教改革后，统一的基督教会不再存在，"教随国定"开始出现。各国的政治制度实行了世俗化，国家政权已经掌握在世俗君主和行政官僚手中，政治和教会实现了比较彻底的分离，这些为建立统一的主权民族国家创造了条件。随着封建社会的解体，政府作为公共权利的化身，代表公共利益进行专业化的社会管理，取代了封建时代的私人管理和业余性质的司法管理。蓬勃兴起的民族主义主张在国家层次实现最终的国家主权。1648年各国达成威斯特伐里亚公约，承认了各自拥有对外对内的最终主权，同时也标志着欧洲现代民族国家的最终成型。

大学是政府统治不可或缺的社会机构。一方面，随着大学的发展和社会变革的推进，政府越来越关注大学的人才培养。世俗政府的成长壮大，需要大量各类人才的支撑，大学在人才培养方面的优势和作用，引发政府的高度关注。另一方面，政府统治必然体现在大学管理中。为了争取对大学的控制和管理，政府千方百计削减大学的自治权，最大限度地参与大学的管理，最终达到控制大学的目的。随着大学的发展，举办大学对所需要的物质条件、资金条件等资源的要求越来越苛刻和必需。而在民族国家主义盛行的年代，世俗政权逐渐掌握了国家资源配置权，掌握了教育和科技的主动权，逼得大学不得不贴近政府办学，为政府服务办学，大学开始成为国家的大学、民族的大学。世界各国开始了大学办学体制的改革。

从18世纪末开始，西方发达国家相继完成了资产阶级革命，国家政权的强大和巩固，经济和社会的发展，都需要大量适应社会发展的人才。教会势力无力再与世俗政权分庭抗礼，政府的行政管理职能开始扩张。大学的作用渐渐为越来越多的人所认识，一些国家政府开始重视高等教育的发展对国家的贡献，力图将私人或教会创办的大学进行改造，并逐步纳入国家的管理轨道。当然，在民族国家和世俗政权建立的进程中，大学既是益友，也可能是障碍。因此，对大学的介入和控制，逐渐成为政府的目标。对传统大学进行改造，使之成为国家高等教育体系的主体，纳入政府统一领导，是国家发展高等教育的一种基本形式。政府通过经费资助等多种形式，逐步将一些私立（非政府举办）大学占为己有，甚至利用执掌的权力，关闭或没收大学。

二　政府大举进军举办大学

世界上最早的大学都是民间自发创办或教会创办的，按照目前大多数国家的分类标准，毫无例外都是私立大学，世界高等教育的发展史首先是私立高等教育的发展史。随着国家主义的盛行和世俗政权的强大，随着工业革命、技术进步以后社会对专业人才的需求大增，人才培养的支撑条件越来越重要，举办大学所需要的经费支持远远超出了民间组织的能力。而教会举办的一些经典大学又往往成为国家发展的保守力量。因此，政府开始重视大学的作用，逐渐担负起发展公共教育的责任，高等教育的资源和大学的举办权逐渐转移到政府手中，大学开始逐步国有化，也可以说是世俗化，大学逐渐成为国家发展的利器，成为政府主导提供资源支持的公共机构，大学也从为国家服务的过程中获取资源和支持，在为社会提供服务的进程中丰富自身的价值和发展壮大自身。

世界各国大规模兴办公共高等教育是 20 世纪以后开始的。17 世纪末至 18 世纪初，世界上才有真正意义上的公立大学出现。为了培养优秀人才，许多国家的政府也直接出资举办大学，直接为自身服务。

德国首先举办国立大学，哈勒大学和哥廷根大学成为世界上最早的公立（国立）大学，从此开启了国家举办大学的先例。德国是世界上第一个遭受到工业文明的冲击并通过自上而下的改革来迈向现代化社会的国家。19 世纪以前，德国有 60 多所大学，是拥有欧洲最多大学的国家，但是好的大学并不多。

17 世纪末，德国大学依然笼罩在中世纪大学学术传统的阴影之下，教学用语为拉丁文，神学争论充斥着大学讲坛，耗费了师生们的大部分时间，亚里士多德学说统治着哲学领域，真理的确定必须依赖于引经据典，划时代的自然科学和数学仍被排斥在大学之外，哥白尼、伽利略、开普勒、笛卡儿、牛顿、莱布尼兹这些著名科学家的成就都是在大学之外取得的。在宫廷文化盛行时期，大学被看成是过时和逐渐衰亡的教育机构。一些著名人物如莱布尼兹、莱辛等都离开了大学，他们以大学为耻辱，认为置身于这样的机构有损自己的尊严。莱布尼兹甚至要求取消大学，以科学院取而代之，他曾说服勃兰登堡统治者创建一所科学院而不是大学。德国大学的声誉和欧洲其他国家大学一样已是一落千丈。到 17 世纪末，德国知识界发起了对大学的全面抨击，许多人要求彻底废除大学，德国大学已到了生死攸关的地步。[①]

为了改变这种现状，勃兰登堡的弗雷德里克（Frederick）于 1694 年

---

① 易红郡：《哈勒大学：现代大学的先声》，《内蒙古师范大学学报》（教育科学版）2005年第 1 期。

创办了哈勒大学（University of Halle），这是"第一所现代大学"①。这所位于普鲁士邦的哈勒大学创建之初就会集了当时全欧洲一些卓有远见的进步人士，其中包括法律教授托马西乌斯（Thomasius）、哲学与数学教授沃尔夫（Wolff）和东方语言与宗教教授弗兰克（Francke）。正是他们发起了哈勒大学的现代化运动，从而形成了与经典大学完全不同的保守风格。

哥廷根大学是由德意志汉诺威王国国君同时又当上了英国国王的乔治二世（即乔治·奥古斯特）于1737年创建的，全称为"乔治-奥古斯特-哥廷根大学"。19世纪中期以前，该校便涌现出一批饮誉世界的著名学者。自19世纪中期以来，它一直是德意志三大研究型大学之一。②

哈勒大学（1694）和哥廷根大学（1734）由于是政府直接举办，不受教会的约束，教学内容按照政府的需要精心规划，培养政府所需要的各类人才。哈勒大学首任校长托马西乌斯在位时，打破经验哲学和神学的垄断地位；他将哲学从神学中独立出来；使用德文授课；在教学过程中贯彻实际有用的知识，把自然科学的知识引入课堂。使用民族语言讲课，这与当时普遍用拉丁文讲课的主流是格格不入的，也反映了民族国家的需要；把哲学从神学中分离出来，并且降低它在大学教学中的地位，这在当时以神为尊的年代，是需要莫大的勇气和胆量的。当然，这里的关键是两个大学的举办主体发生了重大变化：不同于以往的大学，它们不是由私人举办，也不是由教会举办，哈勒大学、哥廷根大学是国家当局开办的，这是政府重视大学、举办大学的开始。哥廷根大学的校长闵希豪森是哈勒大学的毕业生，他担任校长以后，完全废弃了神学的垄断地位；使用精良的装备来装配学校的科学实验室、解剖示范室、植物园、学校的医院和化学研究所；他还创建了大学图书馆。从1737年到1810年的70多年里，哥廷根大学都是世界上最好的大学。此后德国开始大量创建公立高等教育系统，办学体制开始发生了重大改变。

1807年普鲁士战败，被剥夺了一半的领土，还得向拿破仑法国交付

---

① ［美］S. E. 佛罗斯特：《西方教育的历史和哲学基础》，吴元训等译，华夏出版社1987年版，第334页。

② 拉尔夫·于尔根·利希克（Ralph Jürgen Lischke）：《在弗里德里希·阿尔特霍夫特别关注下的科学与科学组织上的成就》（*Zur Wissenschaftlichen und wissenschaftsorganisatorischen Leistung Friedrich Althoffs unter Besonderer BerücksichtigungSeines*），柏林，1984年，第64页。详见李工真《哥廷根大学的历史考察》，《世界历史》2004年第3期。

战争赔款。10月，普鲁士政府就经济困境与办教育的关系问题举行了一次专门的内阁会议，威廉三世在会议上再度明确了他的态度，正是由于贫穷，所以要办教育，我还从未听说过一个国家是因为办教育办穷了、办亡国了的。教育不仅不会使国家贫穷，恰恰相反，教育是摆脱贫困的最好手段！国防大臣沙恩霍斯特也深表赞同：普鲁士要想取得军事和政治组织结构上的世界领先地位，就必须首先要有在教育与科学上的世界领先地位！即将出任内政部教育司司长的威廉·冯·洪堡也指出，大学是一种最高级的手段，唯有通过它，普鲁士才能为自己赢得在德意志以及全世界的尊重，从而取得在启蒙与教育上真正的世界领先地位！这里强调的是大学的作用，强调的是国家办大学。

国王把太子宫让出来作柏林大学的校舍。让洪堡做教育司的司长，同时也是柏林大学的筹办人。1810年9月29日，柏林大学开学典礼。洪堡就做了这一天的校长，发表了一个讲话，阐述关于大学建校的三个原则和关于科学的五个原则。大学三原则："大学自治，学术自由，教学和科研相统一"。话讲完以后洪堡宣布他辞去柏林大学的校长职务，把大学校长的位子让给了费希特。临走前，他送给全体师生一个口号：为科学而生活。

在大学管理上，德国大学实行自治，同时体现政府的利益，走的是折衷的道路。尔后，国家在维护大学自主办学权的同时，通过制定法律，加强了对过于分权的高教体制的控制和影响，强调大学为国家服务。尽管各州负责各大学的管理，但政府对大学的管理偏重于教育立法和经济资助，在方向性、原则性问题上调控大学。

法国是世界上大学起源最早的国家之一，是经典大学最早的发源地。巴黎大学的规模一度达到5万人以上，这在当时的交通条件和经济条件下是难以想象的，巴黎大学也一度成为欧洲最负盛名的大学代表。传统大学由教会学校发展而来，受教会影响，主要归教会管理。但是15世纪以来世俗政府与大学之间的关系一直在调整之中。如从15世纪中期开始，巴黎大学的多项自治权被法国国王查理七世撤销：1437年，它被撤销了大学的税务特权；1445年，它被撤销了其法律特权；1452年，它被迫进行新的改组；1499年，它失去了其罢课权。至此，巴黎大学完全"成了国王的掌中之物"。1789年7月法国大革命爆发，许多经典大学站在革命的对立面。有鉴于此，拿破仑上台以后，颁布了《公共教育组织法》，规定关闭和取消所有传统中世纪大学，所有大学收为国有，新大学一律由政府举办，从此建立起了单一的公立院校办学体制。由于巴黎大学政治上反对国家，学术上保守，组织上封闭，1791 年巴黎大学所属的学院和学校全部被国民公会和督政府关闭；1804 年第一帝国建立后，法国在欧洲第一个把教育纳入政府规划。1806 年颁发的《教育法》，决定建立由帝国统管的教育行政管理机构——帝国大学（教育部），作为掌管全国教育行政最高权力的领导部门统管大学，并将全国分为 27 个大学区，每个区设立一所大学。无论公立大学和私立大学的创办，未经帝国大学的同意，一律不得开办，至此高等教育完全成为国家的事业，大学完全置于中央政府的管理统治之下，私立大学实际上被取缔。日本也借鉴了这一经验，将高等教育的管理权全部归于中央政府，对高等教育采取了垂直管理的方式，实行中央集权的大学区制，在文部省的统一管辖之下，全国分为 8 个大学区（后来改为 7 个），各设大学一所。

根据历史文献的记载，博洛尼亚在十世纪中后期就已成为古典学者们的聚集之地。由于这一地区商业发达因而对能够有效解决商业纠纷的法律有着格外的需求，博洛尼亚也因而逐渐发展为古典法律研究的重镇，并会聚了大量的语法学者、诠释学者、逻辑学者和修辞学者。11 世纪末期博洛尼亚城已经成为全欧洲研究罗马法的中心，这些罗马法研究者会聚的研究场所不断地吸引来自全欧洲各地的年轻学者加入并投身其中，从纯粹的研究到研究与授业并举的功能性转变，造就了真正意义上的大学。对这种功能变化的官方认定程序可追述至 1158 年神圣罗马帝国皇帝菲特烈一世颁布的诏书，根据这份法律文件博洛尼亚法学学者们所在的研究场所享有可不受任何权力影响的独立性，博洛尼亚的各个研究场所就此被法律定义为大学。同一份法律文件也被认为是大学自治和学术自由这两块现代大学制度基石的历史源头。[①]

受其他国家大学发展的影响，意大利大学发展也开始出现了新的状况。教师资格从学生代表提名改为由公社任命，教师报酬也逐渐开始由公社支付并不需要学生代表的许允，学生管理大学的依据和条件逐渐不复存在。学生大学逐渐消失。王国时期（1861—1946），意大利第一任首相加

---

① Giuditta Alessandrini. *Pedagogia e formazione nella società dellaconoscenza.* Milano：Franco Angeli，2002：6-7.

富尔伯爵签署命令成立公众教育部（MPI），并规定所有意大利境内的中小学和各类除教宗掌管的宗教大学外均划归该部管辖，从而奠定现代意大利现代高等教育的基础。公立大学体系逐渐建立，"国立大学"的概念也从此形成。依据 1861 年公众教育部发表的声明，大学教育的主要职责是向具备中等文化者传播高级知识，启发他们进行独立的深入研究和创造并将这些高级才能应用于适当的领域中。① 意大利及其他地方的相类似的私立大学，此后均受到早期国家的影响，逐渐开始举办公立（国立）大学。

"欧洲早期的大学发展史可以看成是私立大学的早期发展和繁荣时期，到了近代，由于历史、文化与自身发展因素，欧洲许多私立大学逐渐转变成了公立大学，私立大学的发展一度进入低谷。"②

在亚洲高等教育后发国家，例如日本、韩国等，高等教育发展起步较晚，现代大学起步时，政府已经掌握强大的财政。因此，尽管公、私立大学是同时起步的。但是不管是否承认，私立大学在发展过程中都受到不同程度的限制，并且由于起步阶段投入不足，很多私立大学在发展的进程中被政府接管。尽管也有一些有较大影响的私立大学名校，但是总体来看私立高等教育体系一直处于弱势状态。

从 18 世纪到 20 世纪上半叶，各国政府逐渐认识到大学的作用和地位，开始重视和投资创办大学，政府成为大学举办的主体。世界高等教育先发国家逐渐形成了公立大学为主体的办学体制，大学举办权牢牢掌握在政府手中，开始建设强大的公立高等教育体系。有的甚至实施了大学国有化。部分国家私立大学消失，形成公立大学一统天下的办学格局。学校由政府举办，经费由政府供给，校长由政府委派，教师由政府招聘，私立大学逐渐被边缘化，有的国家甚至中断了私立大学的办学。

第二节　部分国家和地区私立大学的发展

这一节，我们深入研究世界典型国家私立大学办学体制的演变和发展状况，从中洞悉办学体制变革的规律和经验。

---

① Giovanni Genovesi. *Storia della scuola in Italia dal Settecento aoggi*. Roma：Laterza，1998：176 -178.

② 赵硕：《欧洲私立大学高等教育的发展嬗变》，中央编译出版社 2015 年版，前言。

一　英国私立大学的发展

1. 英国私立大学的起源

英国大学历史悠久，文化传统深厚。在近千年的历史长河中，英国建立了体系完备、享誉全球的高等教育体系，其中既有古典大学，又有近两百年建立的各类大学。

英国现有 165 所院校拥有独立的学位授予资格。根据英国高等教育基金理事会（Higher Education Funding Council For England，HEFCE）的标准，这 165 所高等院校可以分成四类：①大学（University，共 147 所）；②独立学院（College，共 3 所）；③高等教育机构（Institution，共 10 所）；④初等机构（Institution with foundation degree，共 5 所）。其中，初等机构只能授予基础学位（类似于专科学位），相当于美国的 2 年制学院（社区大学）。英国高等教育统计机构（Higher Education Statistics Agency，HESA）的统计数据显示，2014—2015 学年，英国共有在校生 226.6 万人，高等教育毛入学率约为 60%。在校生中，本科生大约为 172.8 万，研究生为 53.8 万，研究生占比高达 23.7%。英国高校的国际化程度很高，国际学生在 2015 年达到 43.7 万人，接近全体在校生的 20%，这一比例大约是加拿大的 2 倍，美国的 4 倍①。

英国的高等教育十分发达，在 2016 年 QS（QS World University Rankings）的榜单上，世界排名前 50 名的高校中，英国高校占据了 9 席，其中 4 所学校位列前 10 名，分别是剑桥大学（Cambridge University，第 4）、牛津大学（Oxford University，第 6）、伦敦大学学院（University College London，第 7）和帝国理工学院（Imperial College London，第 9）。在 2015—2016 年泰晤士高等教育世界大学排名（Times Higher Education World University Rankings）榜上，世界排名前 50 名高校中，英国高校占 7 席，其中 3 所学校位列前 10 名，它们是牛津大学（第 2）、剑桥大学（第 4）和帝国理工学院（第 8）。

英国也是世界上最早举办私立大学的国家，是中世纪大学的发源地之一。在 19 世纪前的相当长时期内，英国的大学都是私立大学，私立大学担当大学教育的主要角色。"19 世纪中叶英国争议是否要颁布《初等教育

---

① http://www.sohu.com/a/120464981_374087.

法》时，对公办教育的定性是'填补空缺'（filling the gap），也就是说，在民间办学无法顾及的地方，由政府出资兴办学校，满足社会需求。"①后来工业革命、技术进步对人的素质要求越来越高，教育普及所需要的办学经费远远超出了民间组织的能力，加上城市化的快速扩张需要将大批青少年组织起来学习文化知识，政府逐渐担负起发展公共教育的责任，大学的经费也开始由政府拨款。

12 世纪中下叶，牛津大学逐渐建成，这是英国历史上的第一所大学，也是欧洲最古老的大学之一。牛津大学起源于欧洲中世纪下半期。当时天主教会主宰的学术领域中经院哲学盛行，教士的讲学活动十分频繁。11 世纪末，在位于英国伦敦西北泰晤士河上游的牛津城，开始出现了讲学和听讲的人；这类讲学活动因 1129 年牛津奥古斯丁教派圣弗里德斯怀德修道院和奥斯尼修道院的建立而日益兴盛。在这种情况下，当 1167 年英王亨利二世与法兰西国王菲利普二世发生口角而从巴黎召回英国学者，并在一个时期内禁止他们去法国求学或讲学的时候，这些学者便聚集到牛津城，于是牛津逐渐发展成为英国经院哲学教学和研究的中心：英国的"总学"也就是最初的牛津大学。至 12 世纪末，牛津总学亦被称为"师生大学"。1249 年，牛津大学利用达勒姆副主教为资助该校神学硕士的学习生活而遗赠的一笔钱，建造了其第一个学院——大学学院。其后牛津大学又利用私人（主要是教会人士）的捐赠建造了贝利奥尔学院（1263）和默顿学院（1264）。14 世纪又出现了以同样方式创办了埃克塞特学院、奥里尔学院、王后学院和新学院；15—16 世纪则陆续创建了林肯、众灵、莫德林、布雷齐诺斯、基督圣体、圣约翰、三一以及耶稣等 9 个学院。牛津大学的身份在 1571 年通过的一项法案才得到正式的确定。

13 世纪初，剑桥大学也逐渐建成。1209 年，一批因牛津市民与学生冲突产生骚乱而逃离牛津大学的学者来到英格兰东南部平原剑河畔的剑桥镇。他们和剑桥镇原有的学者一起，仿照当时在法国、意大利一些早期中世纪大学采用的教学模式，进行"七艺"教学，由此开始创建了剑桥大学。从 1226 年起，随着外来学者的增多以及 1229 年部分巴黎大学学生的加入，学校逐步发展，并在因房租金和食宿费等问题与市民及市政当局发生的摩擦中，屡屡受到国王的庇护和教会的支持，更从王室方面获得了许

---

① 徐辉：《民办教育五问》，《新华日报》2015 年 9 月 10 日，第 12 版。

多特权。1250 年，剑桥大学在牛津大学之前形成了最初的大学章程。1284 年，剑桥镇所属的艾里教区主教巴尔森出资建成剑桥大学的第一个学院——彼得学堂；1318 年被罗马教皇约翰二十二世正式宣称为"总学"。此后，剑桥大学在 14 世纪建成王家大厅、迈克尔豪斯等 7 个学院，15 世纪建成白金汉、上帝之家、王家、王后等 6 个学院，16 世纪改建为新建基督、圣约翰、莫德林、三一等 6 个学院。

　　若干所学院、学院制的形成和发展，使得两所大学得以不断完善，出现了神学、宗教学和罗马法、哲学、医学及人文学的教授，从而成为英格兰的学术中心，为英国的两所古老的大学带来了辉煌和名誉，为英国大学的发展与完善奠定了坚实的基础。

　　如前所述，英国这些大学都是私立的。随着大学的作用发挥，政府开始关注大学的发展，伺机参与大学的管理。16 世纪 30 年代，英格兰亨利八世发动宗教改革，取代教皇成为英国的最高首脑，随后又将管辖权延伸至大学，牛津大学、剑桥大学先后归属国王管辖之下。但是当时的管辖更多的是名义上的，实质性的内容并不多。因为英国有一个传统的教育观念，认为教育是公民的个人权利，是父母和监护人的责任，学校应由私人举办，受控于教会或是慈善团体等，国家不应干涉。同时，英国又是一个宗教传统悠久的国家，整个国家受宗教影响甚深。宗教领袖们认为教育与宗教不能分离，否则将会导致教会世俗化，因此反对政府加入教育。由于上述原因，英国长期以来私立高等教育构成国家高等教育的主体。由此造成国家对私立院校长期以来采取自由放任的政策。英国中世纪大学和维多利亚时期建立的私立大学一般都依靠个人、社会捐赠和学费，自主运行。

　　18 世纪以前，英国共有 5 所大学。牛津大学、剑桥大学、苏格兰古老大学圣安德鲁斯大学（University of St Andrews，1413 年）、格拉斯哥大学（University of Glasgow，1451 年）、阿伯丁大学（University of Aberdeen，1495 年）和爱丁堡大学（The University of Edinburgh，1583 年）。这些大学大都是因宗教的原因举办，办学之初的宗旨是为宗教服务，其目的在于培养传教士、教会工作者和虔诚于宗教的政府官员。从办学体制上说，它们都是非政府举办，因而都是私立的。

　　在 19 世纪以前，英国的高等院校，如古老的牛津、剑桥大学，一般都依靠社会私人捐助和自身学费办学，自主运行，大学保持一种良好的自治状态。即使到了 19 世纪英国高等教育中出现了伦敦大学和城市大学等这些新型的高等教育机构的时候，政府和高校之间也并没有什么直接的联系。

2. 英国私立大学的发展演变

工业革命以后，随着社会和科技的发展，工程技术人员奇缺，而牛津大学、剑桥大学等经典大学的招生人数十分有限，难以满足社会需求。在维多利亚时期，英国又创建了5所规模较大的大学：兰彼得大学（1822年）、杜伦大学（1832年）、伦敦大学（1836年）、贝尔法斯特女王大学（1845年）和威尔士大学（1893年）。与此前的大学一样，这些大学主要由社会捐赠举办，当然也是私立的。

从19世纪50年代到20世纪初的半个世纪里，英国一些具有功利主义思想的地方政治家、实业家和学者创办了十余所宗教无甄别、课程讲究实用的城市学院。如1880年成立的曼彻斯特大学，1881年成立的诺丁汉大学，1900年成立的伯明翰大学，1903年成立的利物浦大学，1904年成立的利兹大学和1905年成立的谢菲尔德大学，等等。城市学院特别重视与生产实践密切相关的科学和技术教育，带有强烈的职业教育与科技教育的特点，并且关注高等教育的地域性，提出了高等教育直接为当地经济服务的目标。地方城市学院不仅开启了高校的服务职能，成为推行高等职业教育的主要力量，而且发展了高校的科研职能，不失为英国高校产学研相结合的重要探索。新式高校成功的巨大压力最终促使古典大学进行改造。牛津、剑桥也面向社会，废除国教主义，并在科学教育和科学研究等方面做了不少改革。值得注意的是，这些城市新型大学与中世纪大学一样，一般都依靠个人、社会捐助举办，大多依赖学费运行，政府不提供经费，从这一方面来说，他们还是私立的。在办学内容方面，由于都是面向社会需求，因此更加注重应用科技的开发和推广使用。为了节省学校建设资金，把有限的经费主要用于学生培养，学校甚至鼓励学生走读。尽管如此，人才仍难以满足，社会上又开展了大学推广运动，由大学教师向工人提供科技教育，满足社会发展需求。

自19世纪中后期以来，政府和高校之间的联系方式逐渐开始发生变化。政府不再与高校保持不相干的距离，而是开始了关注高等教育的发展，通过成立一些中介机构，运用评估和拨款等方式介入高等教育的发展。政府对大学拨款的形成主要有以下三个原因。一是受德国经验的影响，大学能够为国家培养专门人才，为国家发展做贡献，对大学资助的理应由国家来承担。二是大学和学院主要依靠私人捐助和学费办学，但是学费有限，不可能无限上调；私人捐助受其经济状况的波动，资助不稳定。部分私立大学经常发生财政困难，出现经费不稳定带来严重的财政危机，因此热切希望获得政府的资助。三是新大学运动的兴起，大学在科技研发、人才培养，推动国家经济高速运转方面作用发挥明显，高校的发展切实关系到未来英国的发展。政府认为应该更加关注大学的发展，为部分愿意接受的私立大学提供经费补助，进而影响大学的发展。

19世纪中后期开始，英国政府开始为大学提供经费补助，也趁此机会介入大学事务。据现有档案记载，1881年政府首次为威尔士的两所大学提供4000英镑的年度补助，开创了政府资助私立大学的先例。1889年索尔兹伯里政府拨出15000英镑资助伦敦大学的英王学院大学学院和其他一些比较成熟的城市大学学院。1905年政府的资助为27000英镑。到第一次世界大战爆发时，政府资助已超过150000英镑。

1914年爆发的第一次世界大战彻底改变了大学与政府的关系。大学因承担战时的研究开发工作，不仅密切了与政府的联系，而且引发政府对大学科学技术研发功能的关注。政治家认识到大学的重要性，思考大学在国家生存与发展中的地位。政府与大学开始走近，期望大学培养政府需要的人才。另外，大学财政拮据，战争的破坏及带来的经济困境使得大学学费、捐献收入减少，加上通货膨胀，这些大学几乎全部破产。战前英国共有14所大学，战争几乎中断了大学的教学职能，收入几乎丧失源头。这一问题更因战后学生重返大学学习而加重。大学也有与政府合作的强烈愿望。在这种背景下，大学的拨款功能被重视。1919年7月，当时的中央教育委员会主席费希尔（H. A. L. Fisher）主持召开了一次专门会议，研究增加政府资助的问题。英国所有大学都派代表参加了这次会议。会后即成立了大学拨款委员会（University Grants Committee，UGC），它的职责是"调查大不列颠大学教育的财政需要，就议会可能作出的满足这种需要的任何拨款申请向政府提供建议"。一方面通过这一专门机构，调查大学的教育经费需求；另一方面，逐渐启动对大学的拨款，将议会通过的教育经费分拨给各大学，给大学提供经费资助。当年，英国财政部为大学提供的拨款即上升至100万英镑，并在此后的20年内翻了一番，从而使政府拨款占到大学总收入的1/3。显然，政府已开始利用经济杠杆来介入高等教育的管理。

大学拨款委员会设在财政部而非中央教育委员会，目的在于降低大学对政府资助的敏感性，统筹兼顾大学需求。由于当时的机构权力和宪法地位含糊不清，因此大学拨款委员会的角色已经是充当政府和高校的中间机构了，它维护着传统英国大学的自治地位，只是对大学进行财政拨款支持。而政府在大学拨款委员会成立初期的干预角色并不明显。这是因为大学拨款委员会从中央政府资助得到的资助不多，其余很大一部分是来自捐赠和地方当局的资助。多种渠道的资金筹集，避免了因大学经济来源中政府因其占主导地位而施加对大学的自治地位的干预。同时大学拨款委员会独特的拨款特点，使得大学能够保持一种自治权力不受干预的地位，其在对待大学的关系上是一种拥有责任而非权力的原则。但是，大学拨款委员会对未获得大学地位的大学学院却拥有较大的权力。大学拨款委员会在作为大学学院拨款适宜解决机构之外，也是一个属于枢密院（有权授予一个机构皇家特许状）的咨询机构。大学拨款委员会规定了评判的标准。

　　二战以后，社会各界对于高等教育与战争胜败的关系认识深化。英国首相艾登意识到："胜利不属于人口最多的国家，而属于拥有最佳教育制度的国家。科学和技术使十几名当代人拥有了 50 年前数千人才拥有的力量——我们需要培养更多的科学家、工程师和技术员，我们决心要补偿这种缺陷。"[①] 1945 年和 1946 年，英国政府连续发表了《帕西报告》和《巴洛报告》，提出"为了振兴英国经济、改变科技人员数量和质量严重不足的问题，大学和技术学院必须联手大力发展科技教育，中央政府应该提供有力的财政支持"。依据这一精神，在随后的时间里，英国政府采取了一系列措施，通过私人赞助建成地区性学院或技术学校，兼并当地医学院或其他开设高等文科课程的大学附属机构，市政府支持成为大学学院升格为独立大学。同时逐渐新建一批新的大学——多科技术学院。这些大学与现存大学显著不同的特点是：它们是由国家创办，全部办学经费来自政府的财政拨款，列入地方税款开支。而且根据政府的计划进行合理布局，从而打破了仅由民间团体或个人办学的传统；由于新大学恢复了学生的寄宿制，从而打破了近代大学以走读制为主的传统。从此，英国高等教育被分为"自治"的大学和"公立"的多科技术学院、教育学院等两大部分。从而使信奉"精英，教育"传统的英国较好地调节了"精英型高等教育"

---

① 薛晓燕、张向前：《英国高等教育发展及其启示》，《唐山学院学报》2009 年第 2 期。

与"大众型高等教育"之间的矛盾。与此同时，政府加大了对已有私立大学的拨款，1945年政府的年度拨款增加到战前规模的两倍，并且首次资助基本建设项目。1949—1950年度政府的拨款占到大学总收入的61.5%。拨款进一步加密了政府与大学之间的关系。

　　二战以后，英国政府和高校之间的关系进一步嬗变。战争使得大学服从于国家的需要，使得人们对大学增加了新认识。人们开始思索大学与国家之间的关系，很多人意识到大学自治相比国家和民族的发展显得不那么重要了。1945年的《帕西报告》和1946年的《巴洛报告》强调政府应该为大学提供更有力的财政支持，改变科技人员数量和质量严重不足的问题。20世纪50年代以后，高等教育在社会经济中逐渐承担起经济"发动机"的重任。政府通过出台的政策和加大对大学的财政支持，将大学90%的基建款项和75%的办学经费，纳入政府补助。同时重新规定了大学拨款委员会的职责，使得其实际权力发生变化，开始增加了教育部门和工业界的代表，使它开始掌握了制定和发展计划的实权。这一举措使得大学随着政府收入增加而逐渐变成了由公共资金扶持的机构，所有私立大学都开始接受政府的财政资助，从而使得英国大学的"私立"色彩开始变得逐渐淡薄和模糊。从经费方面来说，所有的私立大学慢慢地都变成"公立"的了。当然，政府对于大学的干预也大大加强了。

　　1965年，英国政府开始推行高等教育双重制，把高等教育分为两部分：一块是大学，是自治的、获得特许的机构，称为独立自治部分，有学位授予权，经费由政府通过拨款委员会拨给；另一块是大学以外的高等教育机构，以多科技术学院为主。它们称为公共部分，由地方教育当局负责管理和提供经费，不具有学位授予权，由全国学位授予委员会授予学位。

　　1968—1973年，英国政府共设立了30所多科技术学院，它们是由31个地方当局所管辖的50多所技术学院和其他学院组建而成的。到了1973年，多科技术学院共包括150000名学生，其中全日制学生和非全日制学生几乎各占一半。随着时间的推移，多科技术学院的数量和学生规模也在不断增加；1989—1992年，又有4所高等教育学院成了多科技术学院；根据1994年英格兰高等教育基金会的统计，1992年34所多科技术学院拥有的学生数量超过了450000人，其中2/3以上都是全日制学生。不过多科技术学院之间的办学规模差距很大，当时曼彻斯特多科技术学院的规模最大，学生人数达到了25000人以上；而在伯恩茅斯多科技术学院和蒂赛德多科技学院，其学生人数刚刚超过 8800 人。①

  在新的背景下，大学拨款委员会在角色和地位也发生了重大变化，虽然它依然坚持战前的大学理想，即大学应该通过自由教育而非职业教育培养全面发展的人，继续在政府和大学之间开始发挥"缓冲器"的作用，尽力在大学自治和国家需求之间保持平衡，对英国高等教育的发展保持了极为广泛和深刻的影响。然而，随着教育管理权的逐渐上移，政府对高等教育介入的不断深入，大学拨款委员会处在政府的压力下，维持政府干预与大学自治之间的平衡变得越来越困难，在维护学校自治方面也受到了很多人的批评，在平衡政府和学校关系方面越来越显得力不从心。

  1988 年，英国国会通过了由教育大臣贝克负责制定的教育改革法案，即《1988 年教育改革法》，成为当代英国教育体制全面进行改革的法律依据，掀起了自第二次世界大战以来英国最大规模的一次教育改革。该法的主要精神是改革普通教育，但是也同时兼顾高等教育。该法提出改革高等教育的管理和经费预算。废除英国高等教育"双重制"（即各类学院由地方管理，而大学则由中央管理的体制）。一些高等院校脱离地方教育当局的管辖，成为独立机构，取得法人地位。同时，该法其中有一项规定就是以大学基金委员会（Universities Funding Council, UFC）取代大学拨款委员会（UGC），在基金会委员组成中增加了工商等方面的人员的比例，并且分配给大学的经费要有"财政备忘录"，以使这些资金的使用符合基金委员会的要求，这使得大学的教学和科研给了作为买方的政府，从而使得拨款机制发生了变化，更具有合同制的特点。相比以前的拨款机制，大学的自由度减少了，但是，大学的许多学院也摆脱了地方政府的控制。

  1991 年英国政府发表《高等教育的框架》白皮书，建议对高等教育体制做出重大变革。1992 年，政府又颁布了《继续与高等教育法》，以法律形式肯定和固化《高等教育的框架》白皮书的建议，地方政府不再举办大学，从大学直接治理中退出。1992—2012 年又有一大批技术学院等高等教育机构获得大学地位，其中有许多大学是从古老的私立大学发展而来。目前英国共计 111 所大学构成了英国高等教育的主要阵容。

  与此同时，英国一批现代私立大学开始成长。原先英国大学的"公""私"性质多数情况下是根据是否接受英格兰高等教育拨款委员会（HEF-

---

① 司俊峰：《英国大学自治样态的流变研究》，博士学位论文，华东师范大学，2017 年。

CE）的拨款作为评定标准，随着大学自身的发展，尤其是社会、政治、经济、和教育环境的变化，英国大学的"公""私"性质变得非常模糊和淡薄。

英国大学的管理机构一般由理事会、校务委员会和学术委员会等构成。理事会是大学的最高管理机构，由教授代表、地方教育当局和各界人士的代表组成。校长由理事会任命。英国的大学校长是一个荣誉职位。一般不参与大学的具体事务。英国大学的真正首席行政领导是副校长。校务委员会是英国大学的执行机构。学术委员会负责大学的学术事务，主席由副校长担任。

1976 年之前，英国没有一所大学的经费是完全由政府提供的，但也没有一所大学不接受政府的公共拨款。1976 年以白金汉大学学院的校名创立白金汉大学。这所大学享有高度自治权，是不愿接受政府资助的非营利大学。按照举办者的办学宗旨，成立白金汉大学的根本目的，就是为了追求"独立性"，为了与政府办学相区别，为了使学校不受政府的控制和影响。为了达到这些目的，白金汉大学在办学经费上完全独立于政府，拒不接受政府资助，而是以完全依靠企业和个人捐助以及学费收入办学，成为当代英国高等教育体系中唯一一所皇室特许的真正意义上的独立大学。尽管这样，也有一些私立大学仍在顽强的生存和探索。近几年来，公立大学学费飞快上涨，相关数据显示，在私立大学学习的学生每年只需支付3000—6000 英镑的学费，而公立大学的学费平均达到 8300 英镑。公立大学高昂的学费对私立大学客观上形成学费优势，一些私立大学又开始兴办。据资料显示，2013 年英国共有私立大学 65 所，注册学生 5.6 万人，约占全部在校大学生的 2.33%。以各种合作形式提供证书课程和学位课程的院校 60 所。① 目前英国的私立大学分为两类：一类是由英国国内大学颁发文凭的，除了白金汉大学外，还有 BPP 大学、伦敦法学院、阿什里奇管理学院和英国金融管理学院等；另一类为外国大学在英国建立的分校，有 100 多个相关机构，大多是美国大学分校，由国外大学颁发文凭。据英国《每日电讯报》网站 2013 年 7 月 27 日报道，2012 年，约有 16 万名学生进入英国 674 所私立大学进行学习②。有关专家指出，产生这种现

① 赵硕：《欧洲私立大学高等教育的发展嬗变》，中央编译出版社 2015 年版，第 34 页。
② 《英国就读私立大学新生人数增至 16 万》，《世界教育信息》2013 年第 19 期。

象的原因在于近年来公立大学学费持续上涨，而私立大学的学费要低于大部分公立大学。低廉的学费和灵活的有特色的课程，使得私立大学绝处逢生，展现新的生命力。

郭敦荣教授曾经提到，"有人认为，英国大学都是私立的，因为英国大学不隶属于任何一级政府部门，不论是中央政府还是各郡市政府都没有直接下辖的大学，所以，英国没有所谓的国立大学、郡立大学或市立大学。也有人认为，除了白金汉大学外，其他大学都是公立大学，因为在英国只有白金汉大学的办学没有任何政府资金来源，其他大学都接受政府拨款，包括牛津大学和剑桥大学。政府拨款占学校总收入的比例达到 90%以上，尽管如此，大学办学并不接受任何政府部门的行政指令，完全根据自身的价值理念和决策办学，政府也谨守法律和传统，主要通过法律手段和相关中介组织对大学办学予以引导和调控，并不直接插手大学具体办学事务，更不会运用行政手段干预大学办学"。[①] 由此也模糊了英国大学的私立性质。

二　美国私立大学的发展

1. 美国私立大学发展的历史

美国现代高等教育发源于欧洲。独立以前的美国高等教育甚至完全是前宗主国英国高等教育的移植。

北美洲是印第安人的故乡。从 16 世纪上半叶开始，西班牙、荷兰、法国和英国等国的殖民主义者先后侵入了北美大陆，开拓和争夺殖民地。英国于 1607 年在弗吉尼亚的詹姆士城建立了第一个北美殖民地，同时开始向那里移民。到 1763 年，英国排挤了其他国家的殖民势力，在现在美国东起大西洋西岸、西至阿拉巴契亚山脉之间的土地上建立起了 13 个殖民地。美国殖民地时期的高等教育，即是适应当时当地的政治、宗教、思想文化以及经济上的需要而建立和发展起来的。

美国最早创建的大学是 1636 年建立的哈佛大学。17 世纪初期，英国国内的宗教斗争非常激烈。国教会和王室疯狂地迫害反对国教会的清教徒（Puritian，历史上，将在英国的新教徒，那些信奉加尔文教义、不满英国国教教义的人称为清教徒）。清教徒们既不愿意抛弃自己的信仰，又无力

---

① 郭敦荣：《现代大学制度的典型模式与国家特色》，《中国高教研究》2017 年第 5 期。

摆脱国教会的专制，因此许多人纷纷逃离国外。1620 年首批清教徒中的激进分子 102 人（分离派）取道荷兰，漂洋来到北美大陆的普利茅斯，1630 年又有大约 1000 名清教徒被迫移居北美，于年底到达马萨诸塞。在以后的十年中，每年大约都有 2000 余名清教徒移居马萨诸塞。清教徒抵达殖民地以后，最关心的是自己这一代传教士谢世后，教会会不会落入"不学无术"的牧师手里？因此，他们每到一处即兴建教堂和学校，传播宗教教义。在这些清教徒中，有一些人是英国剑桥大学伊曼纽尔学院的毕业生。他们雄心勃勃，要把"古老英国大学的传统移植到北美的荒野"，希望以后子孙也能接受到高贵的大学教育，因此萌发在美国的土地上建一所大学的想法。在清教徒的积极倡导和影响下，经过一段时间的筹划，1636 年马萨诸塞海湾总法院和该殖民地总督批准，拨款建立一所学院。次年 11 月 5 日，总法院命名学院的所在地为坎布里奇（Cambridge，中文译作剑桥），校名为坎布里奇学院（中文为剑桥学院）。1639 年，该校更名为哈佛学院（Harvard College），以纪念临终前将一半家产及 400 册藏书捐给该校的牧师约翰·哈佛。这就是以哈佛大学的前身哈佛学院为代表的殖民地学院的缘起。

1693 年 2 月 8 日，根据英国皇家特许状："……在未来建立一所提供通识教育的学院、一所永久性的教授神学、哲学、语言学和其他文理学科的学院并加以大力支持和维护……"由英国国王威廉三世和女王玛丽二世创立威廉玛丽学院（College of William and Mary），为美国殖民地创立的第二所大学，1776 年美国发表《独立宣言》，脱离英国的统治，该校也与英国脱离关系。美国内战期间，学校暂时关闭。内战结束以后，因财务状况多次陷入危机。1906 年 3 月，州议会通过法案接管前殖民地学院。威廉玛丽学院自此完全成为一所公立大学并持续至今。1701 年创办的耶鲁学院（Yale College），也就是今天的耶鲁大学的前身，为美国第三所大学。

1747 年之前殖民地内只有三所院校。18 世纪中期，受各宗教的影响，各个教派都希望建立自己的学院，几乎每一个主要的基督教教派都建立了自己的高等教育机构。到 1776 年美国脱离殖民统治独立以前，美国一共成立了十所大学。它们是：哈佛学院（Harvard College）；耶鲁学院（Yale College）；威廉玛丽学院（William and Mary College）；新泽西学院（New Jersey College）；国王学院（King's College）；皇后学院（Queen's College）；

费城学院（Philadelphia College）；罗得岛学院（Rhode Island College）；达特茅斯学院（Dartmouth College）；宾夕法尼亚学院（Pennsylvania College）①。当时创立这些大学的动机主要是宗教性质的，其目的在于培养具有高深学问的传教士、教会工作者和虔诚于宗教的政府官吏。17 世纪哈佛学院一多半的毕业生都进入教会并为之服务。耶鲁学院院长克拉普明确宣布："学院是传教士的社团，耶鲁学院的伟大意图，是按我们的途径培养传教士。"但客观上这些大学也为经济和社会发展培养了高层人才。按照现有相关界定，这些大学毫无例外都属于非政府举办的私立大学②。

　　历史地看，美国早期大学都不是政府举办，其办学体制无疑都是私立的。"在殖民地时期，有的殖民地政府参与了早期学院的举办和经营，但这种参与不是直接的控制和管理，而是通过一定的财政支持和参与学院董事会事务，影响学院办学。"③ 从学校办学宗旨来看，这些院校大部分是宗教的动机，培养神学人才。在 18 世纪末以前，典型的殖民地学院一般由一名校长和数名指导教师组成，校长往往还有另一重身份——牧师。在这样的情况下，我们就不难理解当时的大学课程设置的内容了。同时，殖民地早期的大学课程设置是建立在以古典主义为导向的英国大学课程基础之上的。因而拉丁语是占主导地位的课程，大部分的教材都是用拉丁语来书写的，同样，教师在授课时也会用拉丁文。逻辑和修辞要求学生能够正确、有效地使用拉丁语。在课程设置上，不难发现它与英国大学一脉相承，但是二者有一个最大的区别，那就是英国大学采用的是学术自治，但由于在殖民地没有一个行会可以来管理，于是地方院校的职责就落在了社区议员的身上。还有殖民地的大学往往位于一块殖民地中心地块，因此知识与社区公共生活联系十分密切。

　　美国建国初期仅有 25 所高校，并且都是私立的。只有很少的教员和很少的学生，有的大学学生数仅为个位数，完全靠私人团体的支持来维持与控制，难以满足教育的发展和社会经济、政治发展的需要。联邦政府建

---

① 顾宝炎：《美国大学管理》，武汉大学出版社 1989 年版，第 2 页。

② Richard Hofstadter and Wilson Smith. *American Higher Education：A Documentary History*. Vol. 1. p. 10.

③ 郭敦荣：《现代大学制度的典型模式与国家特色》，《中国高教研究》2017 年第 5 期。

立以后，民主派领袖们深感高等教育对国家发展的重要，关注大学的创办和管理，并计划把私立大学改造成由国家管理和主办的学校，从而建立起一个完整的国家高等教育体系。鉴于私立大学办学的历史性和自主性，为进一步发挥大学在经济和社会中的作用，加强政府对大学的管理和渗透，新政府力主高等教育应由政府主办。因此，美国建国之初就有过对国立大学的憧憬和努力。据记载，1787 年 5 月到 9 月国会在费城召开制宪会议，重新设计合众国的联邦体制，是否应该将国立大学的设立作为国会的一项权力写入宪法也曾被与会代表提出三次，并最终提交大会予以表决，但决议未获通过。华盛顿 1790 年 1 月 8 日在对国会做的第一个国情咨文中，他本人亲自撰文呼吁国会要资助现有学院并筹建新的国立大学，足以表明他对国立大学的重视是经过长期慎重考虑的结果："参众两院应该大力促进科学和文学的发展。在任何国家，掌握文化知识都是社会福祉最可靠的基础。在我们这样的国家中，政府措施可以很快得到公众意见的反馈。因此，掌握相应的文化知识非常重要，它以多种方式保障自由宪法。……通过资助现有的学院并筹建新的国立大学，或者通过其他办法，是否能很好地促使这一理想目标的实现，须由立法机关作为一项议题予以慎重考虑。"[1] 1796 年 12 月 7 日，华盛顿作为总统最后一次向参众两院发表国情咨文，演讲中他再次表明建立这一国立大学的根本目的是"向年轻人教授政治科学"，"通过对各地年轻人中的一部分进行普遍的教育，将我国国民中不同的原则、观点和习惯加以同化"，他甚至向议员呼吁道："对于国会来说，什么职责比资助这样一所大学以将这门科学传授给这个自由国度里未来的主人们更为紧迫呢？"遗憾的是，这一努力最终还是因为"如果同意了国立大学计划，一方面就像开了一道权力的口子，以后联邦政府所在地就可以循此计划获取更多的权力，这种权力过于集中的现象不能不为人担心，另一方面该计划就像一根楔子（entering-wedge）嵌入国会的财政，在今后的无限期内国会都要为之提供保障，这将是一份沉重的负担"。因此造成了美国历史上并无国立大学的局面。[2]

---

[1]　1790 年 1 月 8 日向国会发表的第一个国情咨文，约翰·罗德哈梅尔选编：《华盛顿文集》，吴承义等译，辽宁教育出版社 2005 年版，第 638—639 页。

[2]　王慧敏：《美国建国初期国立大学的理念及其失败（1786—1796）》，《清华大学教育研究》2014 年第 2 期。

在美国建国以后的一个时期内，美国大学的"私立"性质实际上也不是非常明确。受英国大学发展影响，私立大学在很长一段时期内一直都从州政府获得不同程度的资助，导致人们逐渐淡化了学院的私立性质。但是实际上大学与政府之间不存在隶属关系，也不受政府控制和管理。当然，政府也希望从立法、拨款和资助等方面开始将大学逐步纳入为国家服务的轨道。

2. 美国私立大学办学体制的发展

"哈佛学院、耶鲁学院等早期学院都是社会自治组织，它们不属于殖民地政府机构，尽管与特定的教会组织有密切的联系，往往带有明显的宗教派系色彩，但从组织关系上它们并不属于教会机构。"[1] 佐治亚大学（1785 年）、迈阿密大学（1789 年）、俄亥俄大学（1795 年）、北卡罗来纳大学（1795 年）等。密执安大学（1817 年）等甚至被认为是当然的"公立大学"。[2] 人们甚至理所当然地认为，州政府有权拥有一所或更多的私立学院来为所有公民的教育福利事业服务。随着美国社会"民主政治"的演进和高等教育自身的发展，政府部门越来越要求加强对私立大学的控制。一些州政府试图把私立大学改造成公立大学，于是私立大学展开了保护独立办学权的斗争。著名的达特茅斯案就是一个典型的案例。

达特茅斯学院是 1769 年由埃利沙·惠洛克（Eleazar Whee-lock）牧师创办、由英皇室特许的一所典型的私立学院。根据特许状，学院的董事会是全院最高的决策机构，具有自行选择继任的董事、管理学校财产的权力；校长可以选择继任的校长，并亲自负责学校的日常行政管理工作。

惠洛克本人担任第一任校长。虽然特许状规定学院的董事会为最高权力机构，但当时董事会出于对惠洛克的尊重并没有直接管理学院。1779年惠洛克去世后，其儿子约翰·惠洛克接任校长职务。小惠洛克在管理方

[1] 郭敦荣：《现代大学制度的典型模式与国家特色》，《中国高教研究》2017 年第 5 期。

[2] 余承海在博士学位论文《美国州立大学治理结构研究》中指出，大学宪章将这些早期的州立大学视作私人性质的公司，法院也支持这种解释。因为"1791 年佛蒙特大学成立时，其特许状将董事会成员看做是私人性质的个体，而非公共官员。直到 1810 年立法机构才规定董事会成员需选举，从而将大学置于公共控制之下。同样，成立于 1789 年的佐治亚大学拥有永久的董事会成员，同时佐治亚大学从私人渠道募集的资金保管在州政府手中，直至 1876 年佐治亚大学的董事会成员才由立法机构任命，1881 年州政府才直接拨款支持公立大学"。见余承海《美国州立大学治理结构研究》，博士学位论文，南京师范大学，2011 年。

式上也想继承先辈的传统，希望仍采用原来的管理方式管理学院。然而学院董事会希望在学院的日常事务中发挥应有的权力和作用。因此小惠洛克和学院董事会之间产生了一些摩擦和冲突：小惠洛克坚持认为他实际上有权不受董事会的控制而管理学院，而董事们则以解除他的职务来显示权威。① 为此，小惠洛克向新罕布什尔州立法机关申诉，控告达特茅斯学院董事会。

　　不难看出，达特茅斯案本身是学校内部治理权的争夺，但是在审判过程中，新罕布什尔州的一些官员和社会人士想乘机将达特茅斯学院改成州立的达特茅斯大学，以达到控制高等教育机构的目的。随后，案例的实质发生了变化：随着美国社会"民主政治"的演进和高等教育自身的发展，政府部门越来越要求加强对私立大学的控制，从而使得本来是大学内部的权力分配问题，变成一个政府与举办人争夺大学控制权的案件。联邦集权派认为，英国王室颁发的特许状是一种契约，应被世人所认可，而且认为学院的董事会应是学院的最高权力机构，其权力神圣不可侵犯。杰斐逊派则支持取消达特茅斯学院的特许状，将其改为新罕布什尔州立大学。1816年他们向州议会施加压力，要将达特茅斯学院更名为达特茅斯大学并将其归为州政府管辖。但达特茅斯学院的特许状的修改必须经过校董事会的许可才能生效。因此，州立法机关通过立法、增加校董事会成员，使新的校董事会支持小惠洛克，以此达到修改特许状的目的。而原校董事们坚持主张只有达特茅斯学院才是合法的。一时间达特茅斯分成"学院"和"大学"两个行政系统，分别代表了校董事会和州立法机关的利益。在州法院做出"该学院属于公共机构，州议会有权修改其特许状；如果校董事会拒绝这样做，州政府将强行接管该学院"的判决后，学院最终上诉到美国联邦最高法院。案件最后的判决认为，契约神圣不会因美国独立而失效，它能够保障法人存在的永久性。因此达特茅斯学院的私有性质得以维持。

　　1819年达特茅斯学院诉讼案的判决，说明政府确实有接管私立大学的企图，而这涉及政府作为的合法性。判决实际上否定了议会对私立大学

---

　　① 参见［美］丹尼尔·J. 布尔斯廷《美国人（建国的历程）》，上海译文出版社1997年版，第249页。

管理的干涉，赋予了"文化机构以稳定性和不可侵犯性"①，从法理的高度进一步重申和确认私人团体（尤其是教会）具有办学许可权，而且规定州政府不得违反宪法对私立学校采取监督、干涉、侵权等措施，私立大学可以在不至于受到政府接收的威胁下自由发展，这一判决确保了私立院校的合法性，使私人办学、助学的积极性受到极大鼓舞。任何团体、组织和个人都可以建立私立学院或大学，特别是教会院校更是如雨后春笋快速发展。在19世纪前20年，私立大学仅有12所，在"达特茅斯学院诉讼案"判决后的10年中，又成立了12所。到1860年前后，美国共有182所大学，其中116所皆为私立。1820—1860年成为美国教育史上私立大学发展的鼎盛时期。

　　学界对于达特茅斯学院诉讼案的解读众说纷纭。但是达特茅斯学院诉讼案的判决结束了州政府试图控制私立院校的努力，只能另行拨款创建州立高校，从而促使州立大学也得到相应的发展，这是一个不争的事实。比尔德（Charles Beard）在《美国文化的勃兴》一书中认为，这项判决给私立院校和州立院校的前进都廓清了道路，它使教会掌握的学院在风暴中感到安全，又提醒州政府不能违反原有学院的意愿而把它们改为州立学府。② 1776年，弗吉尼亚州在州立宪法中规定可以独立设置州立大学。州立大学是指由州政府控制的四年制大学和学院，由各个类型和层次的大学与学院构成，具有多样性，一般为地区综合性院校，为社会提供专业性教育服务。主要具有以下特点：第一，以公共机构的形式建立，并由州政府控制；第二，采取开放性入学政策；第三，主要由州政府税收资助，采取低学费政策；第四，由州级高教管理机构管理或协调。就弗吉尼亚州立大学而言，"首先，它是完全公立的，经费由州政府提供，接受州立法机关的控制，校董事会由州长任命。其次，它是完全世俗的，不允许宗教势力的渗透，不设神学讲座。另外，这些新型学院的课程和专业设置，在当时也是相当先进的"③。由此可见，这是由政府直接举办的院校。美国州立大学的起源可以追溯到18世纪的启蒙运动，但是直到1819年美国第三任

---

① 陈学飞：《美国高等教育发展史》，四川大学出版社1989年版，第44页。

② 滕大春：《美国教育史》，人民教育出版社2001年版，第205、207页。

③ 陈荟：《移植超越创新——美国高等教育本土化历程及启示》，《北京教育》（高教版）2004年第1期。

总统托马斯·杰斐逊才在弗吉尼亚州的夏洛特镇创建了美国历史上首所独立于教会的州立大学——弗吉尼亚大学①，它具有的特征为："第一，办学伊始，其目标就是提供比现存的学院更为高级的教育，允许学生进行专业化学习，并享受选修的自由。年开学时所开设的课程比当时的其他学府要宽泛得多。第二，弗吉尼亚大学明确表示它是一个完完全全的公立学府，而非私立或半公立半私立学府。第三，其早期的办学定位明确无误地是世俗性质而非教派性质。第四，这所大学有一个由州长任命的校外董事会。第五，州政府为这所大学的运行提供了启动资金与后续资金。第六，学校章程规定，对于在全州范围挑选的贫穷学生免除学费。"② 说明比较以往的大学它的办学体制是全新的。之后州立大学在各州相继建立并保持着迅猛的发展势头。到 19 世纪 60 年代，美国的州立大学多达 66 所，致使美国赢得了学院之国的美名。州立大学和私立大学竞相发展的局面促使了美国高等教育的兴旺发达，以至于耶鲁学院院长斯泰尔斯曾称当时为学院热时代。正是 18 世纪美国政府创设州立大学这一创举，使大学的行政管理权从教会全部垄断到部分政府直接管理，开了美国历史上高等教育公有的先河。州立大学问世之初正值美国独立战争结束之时，当时国家建设急需大量实用的建设人才，这使得州立大学在课程设置上开辟了一条与传统私立大学截然不同的方向发展，它更注重传授实用的课程和科目，坚持面向现实、学以致用的办学方针，为当时美国的国家建设提供了大量实用人才，加速了美国现代化的进程并为它的发展输送了新鲜血液。

达特茅斯学院诉讼案的判决使美国公、私立高等院校相互分离，从此"公""私"分道，界线明晰，促使整个美国高等教育系统进一步朝着多元化、多样化的方向发展。自此以后，美国各州普遍出现了放任高等教育自由发展的局面。虽然大批不具备办学条件的学院也纷纷创立，但全美高等教育系统出现了百花齐放、百家争鸣的局面，形成了多样性发展的格局，这不仅保证高等教育能够适应美国经济和社会发展的需要，而且使美国大学形成一种自主发展的逻辑，整个高等教育系统之间充满激烈的竞争，在这种激烈竞争的环境中，为了赢得市场，他们特别注重塑造自己的个性和特色。美国开国以来并未建立起中央集权的政治经济和思想文化制

---

① 余承海：《美国州立大学治理结构研究》，博士学位论文，南京师范大学，2011 年。
② 同上。

度，也为这一时期及以后美国高等教育的多元化和多样化奠定了基础，促使一个具有美国特色的高等教育体系初步形成，为整个美国高等教育体系的建立奠定了基础。

"在19世纪初期，美国明确了公、私立大学的界限，公立大学由州政府出资举办，私立大学可以接受州政府补助。但不论公、私立大学，都不接受州政府直接的行政管理。换句话说，就是大学的法人地位使其与政府拥有平等的社会组织地位。但这并不意味着州政府完全无所作为。在高等教育发展走向大众化和普及化的时代，高等教育与几乎每一个民众都息息相关，与州政府的社会发展战略密不可分，因此，州政府需要在合法的范围内行使相关职能，对高等教育事业发展发挥积极的影响。"① 达特茅斯案判决生效以后，随后美国大量的州立大学开始创建，在大学总量中逐渐占据主体地位，政府开始有效介入大学管理。当然，由于认为"创办国立大学有违反美国宪法之嫌，而且担心国立大学的创办有可能成为国家权力无限扩大的起点"等因素的制约，作为联邦国家，美国迄今没有举办国立大学。

但是相对而言，从总体上看，州立大学的发展仍较缓慢，私立大学仍占绝对优势。到1860年，全美264所大学中州立大学仅占17所。

1862年林肯总统签署了著名的《莫雷尔法案》（Morill Act）后，州立大学开始有了相当的发展，有69所院校在此期间成立，为美国赢得了"学院之国"的美名。美国州立大学贯彻学以致用的办学方针，使高等教育进一步走向了世俗化，高等教育开始向收入较低的平民开放。

赠地学院源自林肯总统签署的1862年《莫里尔法案》。《莫里尔法案》的颁布、赠地学院的产生开创了联邦政府资助教育的先河，同时也使高等教育的职能延伸到服务社会的方向，从而带来了美国高等教育的第一次大发展，使美国一跃成为新的高等教育中心，对于美国乃至全世界的高等教育产生了极为重大影响。

在所有的赠地学院中，最著名的是康奈尔大学和威斯康星大学。康奈尔大学提出了"科学直接服务于农业和其他生产行业"的办学新理念。而威斯康星大学查尔斯·泛海斯教授的"威斯康星思想"，即帮助州政府在全州各个领域开展技术推广和函授教育以帮助本州公民，直接有利于促

---

① 郭敦荣：《现代大学制度的典型模式与国家特色》，《中国高教研究》2017年第5期。

进农业发展，使工业效率更高，明确地把服务社会作为大学继教学、科研之后的又一项重要的基本职能。美国也因此而逐渐成为新的世界高等教育中心，成为各个国家大学发展纷纷效仿的样板。此外，赠地学院的建立促进了新型农工学院和各种类型大学的发展，间接推动了综合性大学和研究型大学的产生，也为美国研究生教育的发展奠定了基础。

与此同时，私立大学也在增长。工商业的快速发展，加速了资本的集中及大企业大公司的创立，许多资本家从满足自身所需要的人才培养出发，同时根据政府政策又可以少缴赋税，于是捐献资金与地产兴办大学者众多。例如，遵照霍普金斯先生的遗言，以他的遗产于 1876 年在马里兰州巴尔的摩市（Baltimore）建立了约翰·霍普金斯大学（John Hopkins University）。又如加州铁路大王、曾担任加州州长的美国参议员斯坦福夫妇，由于 16 岁的独子在欧洲旅行时不幸患病去世，悲痛之余倾其所有筹建大学，于 1885 年在加利福尼亚州建立了斯坦福大学（Stanford University）。两年后斯坦福逝世，学校由其夫人掌管继续办学。此外，还有芝加哥大学（University of Chicago）等一批私立大学也建立起来了。随着生产力水平的不断提高，加之大批赴德留学的美国学者纷纷回国，在注重实用知识教学的赠地学院发展的同时，美国开始学习德国重视科学研究，创办研究型大学、发展研究生教育被逐渐提上了日程。约翰·霍普金斯大学代表了面向学术建设的高校成长方向，使学者们第一次能够在自己的专门领域把教学与创造性的研究结合起来，成为美国研究型大学的开端，大学第一次尝试将培养研究生作为其重要职能之一。此后，美国的研究生教育获得了一定的发展，有 150 多所高校开设研究生课程，还有 50 多所高校开设了博士课程，在校研究生达到了 5800 名。[1] 当然，美国研究型大学及研究生教育的发展发生质的飞跃主要是从二次世界大战开始的，尤其是二战以后高校的科研水平有了很大的提高，一些主要的州立大学也进入了研究型大学的行列。

这一时期，也有一些类似性质的私立大学建立，著名的麻省理工学院（Massachusetts Institute of Technology）就是这时建立的私立理工科大学。历史上，美国的私立高校多于公立，教学和科研水平也以前者为高。南北战争以后，政府和社会大力支援公立大学及公立工农学院的开办，它们的

---

① 王廷芳：《美国高等教育史》，福建教育出版社 1995 年版，第 180 页。

作用与水平也不断提高，逐渐形成了公、私大学分庭抗礼、比翼齐飞的局面。

从 19 世纪末开始外部势力开始干涉大学机构的管理，大学自治由以内部自我控制为主逐步向内外部势力协调方向发展，如高等教育鉴定委员会、专业协会、教育基金会对大学的管理起了一定的干预作用。联邦政府尽管不负有高教管理的责任，但各州拥有领导和管理高等教育的职责。

3. 美国私立大学发展现状

20 世纪初，美国高等教育大体形成了基本框架。20 世纪中期则进入高等教育大发展阶段。二战后大批退伍军人和社会青年涌向学校，要求学习。20 年后，战后出生的新一代又一次开始冲击学校的大门，高校学生数 1940 年为 140 万人，1960 年为 310 万人，比 1940 年翻了一番。1970 年达到 760 万人，比 1960 年又翻了一番。其中不仅本国学生增加，而且外国学生也大幅度增加。1957 年苏联发射人造卫星以后，再一次刺激了美国高等教育的发展，政府鼓励私人办学，私立四年制高校发展到 700 多所，吸收了全日制高校 1/4 的学生，由教会控制的四年制高校也有 700 所左右，主要集中在东部，规模一般比较小。其中有一半与罗马天主教会有关系。发展最惊人的是一些二年制的初级学院。1969 年有 1000 多所这样的二年制初级学院吸收了 1/3 的大学生。1971 年发表的卡耐基基金会高校教育报告，建议撤销一切进入公立初级学院的障碍，实行开门招生，使每个有中等文化程度要求接受高等教育的人，都能享受到高等教育，并希望到 1978 年所有的适龄青年都能首先进入二年制学院学习。二年制学院中也有许多为私立院校。截至 1985 年发展起来的私立二年制学院有近 250 所，公立的更多，达到 950 所①。公立高校在校生开始逐渐多于私立大学，并且集中在本科教育。尽管如此，私立高等教育仍是美国高等教育的重要组成部分。2006—2007 学年，美国共有四年制大学 2629 所，其中公立大学 643 所，私立大学 1986 所（占 75.5%），私立大学中大部分为非营利性私立大学，有 1533 所。② 在校生方面，2007 年，公立高校在校生 1318.0123 万人，其中四年制大学 695.6013 万人，二年制大学 622.512 万人。私立大

---

① 顾宝炎：《美国大学管理》，武汉大学出版社 1989 年版，第 8 页。

② 占盛丽：《我国民办高等教育发展中政府的角色——基于美国私立高等教育政策类型分析》，《教育发展研究》2008 年第 24 期。

学在校生 457.8737 人，约占在校生总数 1775.897 万人的 25%，其中在四年制私立大学的 428.5317 万人（营利性 81.1607 万人），二年制 29.342 万人（营利性 25.4264 万人）。[①] 相关数据表明，私立高校比公立高校多，但若论学生数，还是在公立高校就读的学生人数多，两者之比估计在 1∶3 左右。另外在私立营利性大学的学生占 6% 左右（见表 3-1、表 3-2）。

表 3-1　　　　　　　　　1980—2000 年美国私立大学数

时间		1980—2000 年美国私立大学数（所）								
		1980	1985	1990	1995	1996	1997	1998	1999	2000
总数		1734	1842	1992	2051	2307	2357	2367	2402	2484
占所有大学比例（%）		53.7	55.1	56.0	55.3	57.5	58.0	58.5	58.8	59.4
四年制大学	总数	1405	1463	1546	1636	1653	1694	1723	1749	1828
	非营利性大学	1387	—	1482	1519	1509	1528	1531	1531	1551
	营利性大学	18	—	64	117	144	166	192	218	277
两年制学院	总数	329	379	446	415	654	663	644	653	656
	非营利性大学	182	—	167	187	184	179	164	150	144
	营利性大学	147	—	279	228	470	484	480	503	512

资料来源：黄丽：《美国私立高等教育概况》，《北大教育经济研究》（电子季刊）2004 年第 2 期。

表 3-2　　　　　　　　　美国近几年高等学校数量演变

年度	全部高校（所）			公立高校（所）			私立高校（所）		
	总计	本科	专科	总计	本科	专科	总计	本科	专科
2002	4168	2466	1702	1712	631	1081	2456	1835	621
2003	4236	2539	1706	1720	634	1086	2516	1896	620
2004	4216	2533	1683	1700	639	1061	2516	1894	622
2005	4276	2582	1694	1693	640	1053	2583	1942	641
2006	4314	2629	1685	1688	643	1045	2626	1986	640
2007	4352	2675	1677	1685	653	1032	2667	2022	645
2008	4409	2719	1690	1676	652	1024	2733	2067	666

资料来源：［美］约翰·奥布雷·道格拉斯、徐丹：《寻求高等教育的明智增长——美国高等教育结构的历史与趋势》，《大学教育科学》2010 年第 5 期。

---

① ［美］约翰·奥布雷·道格拉斯、徐丹：《寻求高等教育的明智增长——美国高等教育结构的历史与趋势》，《大学教育科学》2010 年第 5 期。

　　另据介绍，2015 年美国高等教育总规模达到 1953 万人，毛入学率达到 85.8%。2014—2015 学年度，美国有学位授予大学 4627 所，其中，四年制大学 3011 所，两年制大学 1616 所；公立大学 1621 所，私立大学 3006 所。有非学位授予大学 2524 所，其中，公立大学 343 所，私立大学 2181 所。作为在现代大学发展上相对后发的国家，美国不仅办出了世界上数量最多的一流大学，而且最早实现了高等教育大众化和普及化，引领了 20 世纪以来世界高等教育发展的潮流。

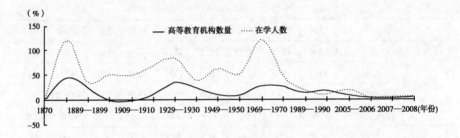

图 3-1　1869—2008 年美国高等教育机构数量与在学人数增长率变化

　　资料来源：高燕：《不同类型高等教育机构对毛入学率的贡献率研究》，博士学位论文，厦门大学，2012 年。

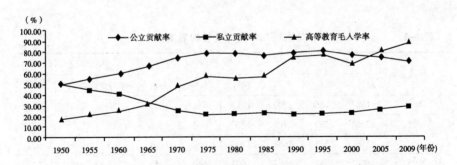

图 3-2　1950—2009 年美国公立与私立高等教育机构贡献率变化

　　资料来源：高燕：《公立与私立高等教育对毛入学率的贡献率研究》，《教育与经济》，2013 年，第 55—59 页。

　　美国私立大学分为两大类：一类是非营利性的私立大学，另一类为营利性的私立大学；但以第一类为主体，第二类则是极少数。美国联邦教育统计中心的统计显示，2000—2001 学年，非营利性私立高等教育机构的总收入为 821.74 亿美元，而营利性高等教育机构的总收入仅为 49.67 亿美元，后者仅占前者总收入的6%。在此，本书所涉及的美国私立高等教育机构在没有特别限定的情况下，特指非营利性的私立高等教育机构。

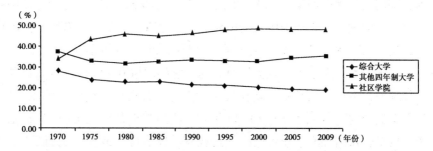

图3-3 1970—2009年美国营利与非营利高等教育机构贡献率所占比例

资料来源：高燕：《不同类型高等教育机构对毛入学率的贡献率研究》，博士学位论文，厦门大学，2012年。

一般来说，私立院校的学杂费由于政府资助较少而高于同档次公立院校。营利性的私立院校由于主要以教学为主、极少有捐赠和校产经营收入等，收费与同类非营利院校相比虽然不高，但其学费收入在总收入中所占比例很大。同为非营利性的私立院校，越是名声大的私立院校收费越高，如麻省理工、哈佛、斯坦福、耶鲁等收费都比较高，但由于其他收入较多，学费在学校总收入中所占比例并不高。反之名气小的私立学院则收费低廉，但由于这类院校其他收入较少，学费反而在学校总收入中所占比例较高。

据美国教育部教育统计中心2003年对1996—1997年到2000—2001年5个学年的统计结果显示，在这5个学年里，私立非营利性高等教育机构的生均学杂费分别为11566美元、11702美元、21970美元、12079美元、12095美元，其学费收入分别占到该年度总收入的27.8%、27.8%、29.3%、244%、38.1%；其中二年制私立高等院校的生均学杂费分别为6360美元、5968美元、6525美元、7656美元、8083美元，其学费收入分别占该年度总收入的43.9%、47.9%、40.1%、21.9%、53.1%。另据统计，1997—1995年到2000—2001年4个学年的营利性私立院校的生均学杂费分别为8548美元、10410美元、10006美元、11048美元；学费收入分别占该年度总收入的87.0%、85.5%、86.1%、87.5%，而同时期公立高等教育院校的学杂费在其总收入中的比重都不足20%。

"美国现代大学制度的发展经历了一个由移植、借鉴到自主创新的过程。这就使它从理念和形式都具有多样性，在某些方面像英国，在另一些方面像德国，但更多的还是像自己。也就是说，即便是它移植和借鉴了英国、德国大学制度的某些元素，也不是简单的嫁接，更不是生硬的拼凑，而是有机的融合，是在美国社会文化土壤上培育起来的、具有鲜明美国特色的现代大学制度。"① 纵观美国私立大学的发展，这段话同样贴切。

美国的私立大学占有很大比重，这与它的国情有关。除了有教会办学的传统外，由于是联邦制，联邦政府对高等教育很少运用行政手段干预，且根据美国的《权利法案》（1789 年对宪法的修正案）规定："凡本宪法所未授予合众国和未禁止各州行使之权利，皆由各州或人民保留之"，法律赋予民间办学有很大的自由度。私立大学从规模到水平一直占据重要地位。

三　日本私立大学的发展

1. 日本私立大学的发展缘起

英国、美国以及欧洲的一些国家，高等教育起步较早，并且在大学产生以后的几百年里，私立大学独领风骚，牢牢占据高等教育的塔尖地位。其他高等教育后发地区，大学是在国家政权强大、政府掌握大学办学资源的背景下发展起步的。公、私立大学同时起步，但往往是公立大学排挤私立大学，私立大学在体制外发展崛起的过程。日本就是一个典型的例子。

日本是一个现代高等教育的后发国家，公、私立大学同时起步。日本现代大学发展起源于 19 世纪末。始于 1868 年的明治维新是日本政治、经济制度转型的标志，同时也开创了日本现代意义上的高等教育。维新初期，日本社会崇尚西方文化，主张学术自由，西学、汉学、和学和神学并存，各种宣传和传授这些学术思想的机构在学术争鸣中相继产生和成长。明治维新之后，政府提出殖产兴业、富国强兵和文明开化的施政政策，鼓励私人兴办企业，吸收西方的法律、政治、经济和教育方面的理论、制度。在高等教育方面，政府扬弃封建主义的教育宗旨和内容，利用原有高等教育相关的人力和物力等，通过学习西方，特别是法、德等国的高等教育模式，开始创建自己的高等教育，建立新的大学。同时，日本政府财政拮据，无力大规模投入高等教育，对民间举办高等院校采取不支持、不确

---

① 郭敦荣：《现代大学制度的典型模式与国家特色》，《中国高教研究》2017 年第 5 期。

认和不干涉的政策。以 1868 年成立的应庆私塾为开端的日本现代私立大学迅速发展起来。1872 年日本已有 9 所私立大学。总的来说，这一时期私立大学的发展既没有得到政府的认可和支持，也没有受到政府的干预和限制。日本私立大学发展以 1877 年为转折点。此年东京大学（国立）的成立，尤其是 1886 年《帝国大学令》的出台，政府开始限制私立大学的发展，重点支持和发展国立高校，日本公、私立大学之间的差距开始拉大。

　　帝国大学全部由政府举办，政府先后在日本国内及其侵占的别国领土陆续设立九所帝国大学，按时间先后分别位于东京、京都、东北（仙台）、九州（福冈）、北海道（札幌）、韩国首尔市、中国台北、大阪及名古屋。根据《帝国大学令》决定，帝国大学以适应国家的需要，传授学术理论、技能艺术和探究学术理论为目的，培养政府官吏和社会精英。而私立大学不具有这样的职能，它不仅没有得到政府的确认，而且只能从社会的实际需要出发，培养一般的专门技术人才，适应国民求学之愿望，唯有如此，私立大学才能获得支撑办学的基金，得以生存和发展。可以看出，政府对私立大学采取的是一种偏见、歧视和打压的政策。1903 年，政府又颁布《专科学校令》，承认私立高等专门院校的私立，而不承认大学的私立，规定"专门学校是一种传授艺术及科学的场所"，只能拥有单个学科专业。这与帝国大学"可以拥有多规格、多层次和多学科的综合大学"、兼具"教育和研究"职能形成鲜明的对照，当然也是政府限制和打压私立院校的手段，由此造成帝国大学资金充沛而私立大学则生存困难的局面。不仅如此，为了强化政府对私立大学的控制，确保帝国大学的质量和地位，政府还同时规定，帝国大学的教师不得到私立大学讲课，使得私立大学的教师聘请受阻。类似的政策还有：私立大学必须具有足够的资金，否则不得申报新的专业；必须接受政府的监督和干预等。这些政策对私立大学的发展起到了很大的制约作用，阻碍了私立大学的正常发展。显然，日本政府力图将政治生活中等级森严的官僚制度复制到高等教育系统，通过一系列倾斜政策来树立国立大学的权威，逐渐形成以国立大学为"塔尖"、广大私立大学作"基底"的金字塔结构。但是私立大学也不完全甘心于垫底塔基，它们通过各种路径力促发展，创造条件与国立大学竞争，并获得了成功。通过培养各种专业性和适应性人才，不仅为自己的生存开辟道路，而且逐渐壮实强大，早稻田大学、庆应义塾大学、上智大学、东京理科大学、关西学院大学、立命馆大学等私立大学也都是日本久负盛名的一流大学。在学校数和培养规模总量上逐渐达到或超过帝国大学，担负起企业人才培养的主要责任。

日本政府限制私立大学发展的政策一直延续到1918年。时年12月，在早稻田大学等学生的"骚动"冲击和促进下，日本政府修正和重新颁布了《大学令》，规定"除帝国大学和其他官立大学外，根据本法规定，可设置公立或私立大学"，"高等教育除依靠国家举办外，也欢迎地方政府和团体以及私人办学"，从而私立大学的法律地位才得到真正确认。

2. 日本私立大学的发展

第二次世界大战结束以后，日本社会经历了由美国占领军主导的民主化改革，在民主理念涤荡日本高等教育界封建传统和保守观念的背景下，日本政府开始改变对私立大学压制、歧视的政策，从"严格控制"转向"私学自由""振兴私学"，从而奠定了日本私立大学蓬勃发展的基础，私立大学得到进一步的巩固和发展。1947年日本政府公布的《教育基础法》明确指出："法律规定之学校具有公共性质"，提出"除国家或公共团体外，只有法律所规定的法人才能开办学校"。从而确认了私立大学的公共性质。帝国大学改为国立综合大学后，日本本土的七所帝大的名字也拿掉了帝国的名称，淡化"帝国"的影响，但学制上仍保留旧制。1949年制定的《私立学校法》、1950年制定《私立学校法实施令》和《私立学校法实施规则》，进一步肯定了私立大学的公共性质，首次提出了作为学校经营主体"学校法人"的概念，确保私立大学的自治权，承认私立大学的文凭证书，并废除了保证金制度。尤其值得关注的是，政府在相关法律法规中明确提出，"根据文部省及地方法程序，如果认为需要，政府可以资助学校法人，以便资助发展私立高等教育"。从此开始了日本政府资助私立大学，使得私立大学的社会地位大大提升，生存环境大为改观，从此进入一个稳定快速发展期。20世纪60年代，世界高等教育规模扩张的浪潮从美国波及到了日本。随着高等教育适龄人口的迅速增长，日本的高等教育入学率也开始迅速提高。20世纪70年代，日本的经济由高速增长期转向缓速增长期，为适应高等教育规模扩张进程中私立大学的快速发展，日本政府对教育进行了改革，对私立学校的态度大为转变。一方面，1962年废止旧制大学，帝国大学不复存在，消除了歧视政策的影响；另一方面，对私立大学采取积极振兴援助的政策，大幅增加对私立大学的补助，

帮助解决私立大学由于经济的衰退而出现的财政危机。1975 年政府专门
制定了《私立学校振兴援助法》，1976 年《私立学校振兴援助法实施令》
等一系列的法律法规颁布，强化了私立学校的财政基础，形成了比较完善
的私立学校法律体系，从法理上保障了私立高等院校的法律地位。[1] 进而
提高了私立大学的经营水平，促进了私立大学的健康发展。20 世纪 80 年
代以后，政府又提出了"以自立、互助，有效使用民间的活力"的基本
方针，重新确立国家与地方、与社会的关系，借助民间的活力来发展社会
事业，私立大学从此进入快速发展阶段，并初步形成了日本私立大学发展
的新格局。

表 3-3　　　　　　　1960—1970 年日本国、公、私立大学的增长情况

年份	学校数（所）			学生数（万人）		
	国立	公立	私立	国立	公立	私立
1960	99	72	354	20.1	4.0	46.9
1961	100	73	368	20.9	4.2	51.4
1962	112	76	396	21.8	4.5	57.4
1963	124	79	422	22.6	4.8	64.5
1964	137	78	461	23.6	4.9	70.0
1965	144	79	517	25.0	5.2	78.8
1966	141	80	592	27.1	5.8	91.9
1967	140	84	650	29.2	6.3	105.3
1968	147	82	676	31.1	6.6	116.3
1969	146	81	685	32.3	6.8	124.2
1970	146	80	695	33.1	6.8	128.6

资料来源：胡建华：《战后日本大学史》，南京大学出版社 2001 年版，第 145 页。

日本私立大学的发展成长，有几个因素和启示。一是随着经济和社会
的发展，对人才的需求拉动了私立大学的发展。尽管政府想方设法加以限
制，然而社会需求政府却难以满足，因此私立大学可以在市场中获取营养
和资金，获得发展条件和机会。二是在社会适龄青年大幅增长、大学就读
机遇得不到满足的情况下，私立大学更是适应就读要求，承担起帝国大学
难以承担和满足社会需求的职责，从而获得了难得的发展机遇。三是政府

① 赵应生、钟秉林、洪煜、姜朝晖、方芳：《国外及港澳台地区私立高等教育发展的经验
与启示——我国民办高等教育改革与发展探析》（五），《中国高等教育》2011 年第 15 期。

的法律法规，最终将回归社会的选择。当这些法律法规顺应社会潮流和发展趋势时，私立大学便可以获得更大的发展。

从 20 世纪 60 年代开始，日本高等教育的毛入学率一直处于上升的状态，图 3-4 中最上面的曲线表示日本高等教育的毛入学率，其他的曲线分别表示各类机构的入学率，即四年制大学、短期大学和高等专门学校、专修学校专门课程，以及大学和短期大学及高等专门学校三者的入学率。日本大学和短期大学数、日本大学和短期大学学生人数的公、私立比例（见表 3-4 和表 3-5）。

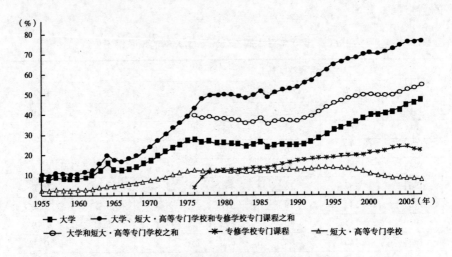

图 3-4　日本高等教育毛入学率的变化状况

说明：大学是指四年制的大学，短大是指短期大学（以下同）。

资料来源：王幡、刘振敏：《浅析私立大学在日本高等教育发展过程中的作用》，《北京城市学院学报》2010 年第 1 期。

表 3-4　　　　　日本大学和短期大学数以及构成比率　　　单位：所，（%）

		私立（比例）	国立（比例）	公立（比例）	总数
2006 年	大学	553（76.2）	87（12.0）	86（11.8）	726
	短期大学	436（89.3）	10（2.0）	42（8.6）	488
2001 年	大学	478（73.7）	99（15.3）	72（11.1）	649
	短期大学	497（86.9）	20（3.5）	55（9.6）	572

资料来源：根据日本《文部科学统计要览》2001 年版、2006 年版整理。

王幡：《从经营状况看日本私立大学的生存与发展》，《北京城市学院学报》2009 年第 3 期。

表 3-5　　　　　日本大学和短期大学学生人数以及构成比率　　单位：人，(%)

		私立（比例）	国立（比例）	公立（比例）	总数
2006 年	大学	2112291 （73.7）	627850 （21.9）	124910 （4.4）	2865051
	短期大学	203365 （92.7）	1643 （0.7）	14347 （6.5）	219355
2001 年	大　学	2008743 （73.3）	624082 （22.8）	107198 （3.9）	2740023
	短期大学	298847 （91.2）	7772 （2.4）	21061 （6.4）	327680

资料来源：根据日本《文部科学统计要览》2001 年版、2006 年版整理。

研究表明，日本私立大学发展进程经历了三个时期。[1]

第一，"大扩充时期"，从 1960 年到 70 年代中期，这是日本经济高速增长的时期。在此期间，日本的四年制大学入学率由 8.2%增长为 27%，如果将短期大学包括在内则由 10.3%增长到近 40%，扩大了约 4 倍。私立大学为日本高等教育实现从精英阶段向大众化阶段的过渡做出了重大贡献。

第二，"停滞时期"，从 70 年代中期至 1990 年前后，这一时期，由于私立大学的大幅增加，四年制大学的入学率停滞不前，甚至出现略微的下降，由 1976 年的 27.6%降低到 1990 年的 24.5%。此阶段，政府认识到发展和扶持私立大学发展的重要性，主动介入私立大学的发展，仅 1970年，政府就向私立大学提供了 132 亿日元的资助。1975 年政府更是颁布《私立大学振兴助成法》，以法律形式规定政府每年向私立大学提供一定数量的资助，并允诺逐年提高资助标准。在这个时期，大学以外的高等教育机构得到了扩充，而且新创办的专修学校的入学率大幅度上升，1990年达到 16.9%。因此，高等教育的毛入学率由 43.2%提高到 53.7%。

表 3-6　　　　　日本国立大学与私立大学的教学条件

	师生比		生均校园面积 （平方米）		生均建筑面积 （平方米）		生均经费（千日元）	
	国立	私立	国立	私立	国立	私立	国立	私立
1960	8	26.4	6.7	0.1	32.2	9	169	55

---

[1]　王幡、刘振敏：《浅析私立大学在日本高等教育发展过程中的作用》，《北京城市学院学报》2010 年第 1 期。

续表

	师生比		生均校园面积 （平方米）		生均建筑面积 （平方米）		生均经费（千日元）	
	国立	私立	国立	私立	国立	私立	国立	私立
1965	8	29.3	5.4	0.1	31.6	7.8	262	104
1970	8.4	30.7	4.1	0.1	32.7	8.3	415	152
1975	8.5	31.5	3.6	0.1	31.8	9.2	881	360
1980	8.5	27.9	3.2	0.1	34.7	11.4	1168	704
1985	8.7	24.6	3.0	0.1	—	13.3	1426	1062
1990	9.6	24.4	2.5	0.1	—	14.1	—	—

资料来源：日本文部省《学校基本调查》《私立学校财务状况调查》，见陈永明《日本私立学校》，山西教育出版社 1996 年版，第 209 页。

第三，"再扩大时期"，从 1990 年前后期至今，这一时期日本的高等教育毛入学率又开始提高。四年制大学入学率由 25% 左右上升到了 2007 年的 47.2%，并且高等教育毛入学率由 50% 多上升到了 70% 以上。可以说，这一时期日本的高等教育完全进入了普及阶段。

在 1960 年到 1976 年这 16 年间，日本高等教育的发展速度最快，大学的数量几乎增加了一倍，从 525 所增加到 934 所，学生数量由 70 万增加到 210 万。其中学生增加总数的 83.9%、高校增加总数的 94.4% 属于私立高校。20 世纪 70 年代中期高等教育毛入学率达到了 37%，远远超过了马丁·特罗所设定的精英阶段与大众阶段的界限——15% 的指标。根据日本文部科学省统计，2008 年日本共有 4 年制本科大学 755 所，其中国立大学 86 所，地方公立 90 所，私立大学 589 所，私立大学占 78%；另外还有两年制的短期大学 417 所，其中国立 2 所，地方公立 29 所，私立 386 所，私立大学占 92%。[①] 在校生方面，根据 2005 年的统计显示，私立大学在校生人数 211 万，占在校大学生人数的 73.8%，即在校大学生中约有 3/4 在私立大学学习。目前，日本私立大学比例基本稳定。在日本私立大学中，既有饮誉世界的名牌大学，如早稻田大学和庆应大学，也有普通四年制本科大学、短期大学、高等专科学校和专修学校。在大学、短期大学

———————

① 严峻嵘：《日本教育面临百年危机解读日本大学首次倒闭潮》，搜狐出国网，2009 年 7 月 10 日。

和专修学校这三种类型中，无论是学校数量还是在校学生人数都占据了日本高等教育的绝对多数。日本是世界上最早实现高等教育大众化的国家之一，其私立大学在国家的高等教育发展中起着重要作用，承担着日本高等教育普及化的主要任务。日本的私立大学的发展受到了政府以及社会在政策、经济、文化等方面的支持和帮助。因此，借鉴日本私立大学治理，特别是其中有关私立高等教育的立法、私立大学的资金来源、私立大学的内部治理体制以及私立大学的评价体系等，对于促进我国的民办高等教育的发展，提高我国民办大学的办学质量有着重要意义。

日本私立大学的举办主要有三种类型。一是自主团体举办。这类大学的举办团体由国立大学教师或社会活动家构成并拥有卓越领导人的知识分子团体所设置创办的私立高等教育机构。举办者创办高校的主要动机在于推动国家的近代化进程。在这些私立高校创办者中，相当一部分持有与当时的明治政府相异的政治观点。如早稻田大学、庆应大学等创建于明治时代后期的部分著名私立大学基本属于这一范畴。在多数情况下，这类高校的创办者实际参与高校的教学或管理工作。二是赞助者举办。部分私立高等院校由拥有充足财源的社会组织直接创办或得到其经费支持。这类高校中的大多数是由包括国外基督教传教士或佛教宗派的宗教组织创办或支持，其中一部分高校则是由财团创办或得到其支持。三是企业家举办。这种类型私立大学的典型特征在于，学校举办者在最初阶段多数创办以中等教育机构为主的学校，在学校进入成熟阶段之后创办短期大学，最终在此基础上发展为四年制本科院校。学校创办人往往通过将自己的亲属纳入董事会的方式，巩固自己在学校管理运作中的权威。在引退的时候，举办者往往指定其亲属为自己的后任。

表 3-7　　　　2010—2015 年日本本科以上高校机构数及在校生数

年度	全国		国立大学		公立大学		私立大学	
	机构数（所）	学生数（人）	机构数（所）	学生数（人）	机构数（所）	学生数（人）	机构数及占比（%）	学生数（人）
2005	726	2865051	87	627850	86	124910	553（76.2）	2112291
2010	778	2887414	86	625048	95	142523	597（76.7）	2119843
2011	780	2893489	86	623304	95	144182	599（76.8）	2126003
2012	783	2876134	86	618134	92	145578	605（77.3）	2112422
2013	782	2868872	86	614783	90	146160	606（77.5）	2107929

年度	全国		国立大学		公立大学		私立大学	
	机构数（所）	学生数（人）	机构数（所）	学生数（人）	机构数（所）	学生数（人）	机构数及占比（%）	学生数（人）
2014	781	2855529	86	612509	92	148042	603（77.2）	2094978
2015	779	2859869	86	610694	89	148762	604（77.5）	2100413

资料来源：周海涛：《民办学校分类管理政策研究》，经济科学出版社 2016 年版，第 83 页。

　　无论何种组织团体举办，日本法律规定私立大学只能非营利性运行。《私立学校法》是战后日本第一部有关私立学校方面的专门法律，明确的法律条文严格规定了私立学校经营的非营利性。围绕《私立学校法》第一条中"提高其公共性"的立法目的，《私立学校法》从学校法人的设立、经营和解散一系列过程对私立学校经营管理进行了非营利性的规范。

　　首先是在学校法人的设立方面。《私立学校法》第三十条第一项规定：欲设立学校法人者，必须按照文部省令规定的手续，以其设立为目的的捐赠行为必须……"从中我们可以看出，国家依法将社会或个人投入资金设立私立学校行为明确界定为"捐赠行为"，从而明确了设立的私人学校不再是个人财产，而是捐赠，这就从源头上使其与私有财产进行了剥离，保证了其在经营和解散过程中的公共性。

　　其次是学校的经营方面。《私立学校法》第二十六条明确规定："1. 学校法人可以从事营利性的事业，但不得妨碍其设置的私立学校的教育，且其从事营利性事业所得收入必须作为私立学校的经营费用。2. 前项事业的种类，由主管机关听取大学设置和学校法人审议会或私立学校审议会的意见后做出规定，并由主管机关公布其所从事的事业种类。3. 学校法人从事符合第一项要求的其他事业的会计必须与该学校法人设置的私立学校经营的会计分开，作为特别会计进行管理。"可见，该法律条款虽然允许学校法人在经营私立学校过程中从事以收益为目的的事业，但从事的事业必须不能妨碍私立学校的教育，同时对其所从事的营利性事业也进行了严格的限制，而且营利性事业所得收益也必须用于私立学校的自身经营，从而保证了私立大学办学本身的非营利性。另外该条文中还要求所从事的营利性事业必须具有独立会计，与私立学校经营的会计分开，从而确保从事营利性事业不损害私立大学经营的公共性。

　　对于私立学校从事以收益为目的的事业出现违背第二十六条规定行为

时,《私立学校法》给出了如下惩罚:第六十一条规定:"主管机关依第二十六条第一项规定对从事以收益为目的事业的学校法人以为有符合以下各号之一的事由时,可命令该学校法人停止其事业。1. 该学校法人从事的事业是捐赠行为规定之外的事业。2. 该学校法人将营利性事业产生的收益用于私立学校经营目的之外的其他目的。3. 该营利性事业的开展对该学校法人所设置的私立学校的教育产生不利影响。"第六十三条第二项规定:"对依六十一条规定的处分不得依行政不服审查法〔昭和三十七年(1962 年)法律第一百六十号〕提出不服申诉。"第六十六条第七项规定:"如学校法人违反第六十条所规定的命令而从事收益事业将对学校法人的相关法定代表人诸如理事、监事或清理人处以一万日元以下的罚款。"

最后是关于学校的解散事宜。《私立学校法》第五十一条规定:"1. 除合并及破产的情况之外,学校法人解散后的剩余财产,在向主管机关申报清理终结时,依照捐赠行为的规定剩余财产归于其应该归属者。2. 无法参照前项规定处理的剩余财产,归属国库。3. 国家资助私立学校的教育,将对依照第二项规定归属于国库的财产(金钱除外)无息贷给或转让给学校法人。但是国家还可以将等同于该财产价额的金额用作补助金支出……"

综上所述,我们可以对《私立学校法》中对私立学校的非营利性管理的规定做一个形象的比喻:把私立教育作为一个募捐箱,募捐箱所得将用于全体国民的教育公共事业,社会和个人的资金以捐赠行为筹办私立学校,相当于把钱放入了该募捐箱,由此直到某个私立学校因为某些原因解散,那么募捐箱里的钱还是要用于全体私立教育运营。

四　俄罗斯私立大学的发展

1. 俄罗斯高等教育的发源

俄罗斯的高等教育起源于彼得大帝的改革。1640 年英国爆发了资产阶级革命,这场革命对俄罗斯社会产生了极其深远的影响,在彼得一世开始亲政的 1689 年就已经确立了资产阶级的统治。然而此时的彼得一世面对的是一个封建而闭塞的俄国,封建农奴制度使俄罗斯的生产力发展缓慢,社会经济文化的发展也相对落后于当时西欧的其他国家。年幼时期所经历的血腥残暴的宫廷争斗和屠杀也使他对俄国的现状充满了厌恶和不满，青年时期出访欧洲又使他看到了俄国和西欧在文化教育方面的巨大差距，意识到俄国的愚昧落后也在于文化教育的落后。为了使俄国摆脱愚昧落后的状况，把俄罗斯从中世纪的泥潭中拖出来，同时确立至高无上的皇权，进一步加强中央集权，引进西欧的先进科学文化技术，进而实现富国强兵的真正目的，彼得一世励精图治，进行了大刀阔斧的西化改革，其中也包括教育领域的改革。

彼得一世将改革教育看作改革政治、经济、军事的不可或缺的重要环节，把培养人才视为俄国进步的根本大计，把教育提高到一个前所未有的水平，使教育世俗化，并成为政府行为。在文化教育领域的改革措施和成就主要包括如下几点。

（1）1714 年创办了俄罗斯历史上最早由国家开办，招收除农奴以外的社会各阶层子弟入学的普通学校①，教授读、写、算技能和代数、几何、三角的基本知识，开设航海、建筑、法学等课程，并颁布法令规定贵族子弟必须进校学习，否则以后不准结婚。甚至青少年不识字或者有逃学行为，其家长要受到严厉处分②。

（2）创办了图书馆、博物馆、剧院等文化设施。于 1718 年下令将彼得堡的亚历山大·基京大厦改建成彼得堡博物馆和图书馆，并且他早在游历欧洲时就为未来的俄国博物馆搜集了第一批展品。彼得一世为此专门颁布了几条敕令，号召居民上缴一切"古旧和稀罕"物品以及古代的文书、手抄本和印刷的书籍。到 1725 年，彼得堡图书馆的各种藏书已达 11000卷。彼得堡图书馆和博物馆于 1719 年向居民正式开放。为了吸引各界居民来这里参观和读书，彼得一世下令对于来者一律免费，而且无论任何人能够动员其他人来博物馆和图书馆，还可以免费享受一杯咖啡或者一杯烧酒，这笔费用由国家来支付。

（3）从西欧聘请和吸引来大批科技人才和各行各业的专家学者，并亲自选派大批俄国青年到西欧留学，学习西欧各国先进的军事、教育、艺术、医学、数学、物理、建筑、航海等方面的知识。

（4）创办了世俗性的国立学校，以自愿入学为招生原则招收中下层

---

① 安方明主编：《社会转型与教育变革——俄罗斯历次重大教育改革研究》，社会科学文献出版社 2006 年版，第 95 页。

② 智仁：《千年俄罗斯的世纪轮回》，中国友谊出版公司 2007 年版，第 107 页。

子弟入学，改变了东正教教会垄断教育的局面，扩大了受教育的范围，开创了由国家出资兴办学校的先河。

（5）开设实科学校是彼得一世改革在高等教育领域的重大表现。1701 年，彼得一世下令开设炮兵学校和数学与航海学校，并准许开设技术学校、医疗学校等专门性实科学校，甚至允许外国人在俄罗斯开设私立外国语学校。这项改革对俄罗斯高等教育产生了极其深远的影响，因为有些实科学校实质上就是俄罗斯高等实科教育的发端，也是高等工科教育的雏形，不仅为海军、医疗等行业输送了骨干力量，还为国家培养了造船专家、航海人才、建筑师、工程师及有关学科的教师。

（6）在高等教育领域的最重要举措就是筹办了俄罗斯科学院，创办了俄罗斯第一所大学即科学院附属大学（圣彼得堡大学的前身），创设了数学、航海、造船、炮兵、矿业、工程技术、建筑、医学等早期的专科学校，为俄国培养了一大批科技专门人才，也为后来的俄罗斯高等教育的发展奠定了基础。

俄罗斯科学院的设立是在叶卡特琳娜一世时期，但开设科学院的想法却是在彼得一世时期，而且是由彼得一世亲自签署了创建科学院及其附属大学和中学的命令。当时，彼得一世的宠臣不仅建议在俄国所有 8 个省中都开办"学院"，即大学（1755 年叶卡特琳娜一世签署了建立莫斯科大学的法令）；还仿照剑桥大学和牛津大学的模式设立附属于这些"学院"的专门的图书馆；同时还建议仿照欧洲的样式在圣彼得堡①和莫斯科建立"自由科学院"。1724 年 1 月，彼得一世正式公布在彼得堡创立科学院的敕令和章程；1725 年彼得一世去世后，叶卡捷琳娜二世当政，俄国城市工商业有所增长，对教育的需求也相应增长。为了能把 18 世纪在俄国迅速发展的各个知识领域的科学工作统一起来并加以指导，叶卡特琳娜一世正式建立科学院。俄国科学院计划的特点是将科研机构、大学和中学结合成为一体，从而也就将研究和教育的功能集于一身。科学院的科研工作集中在三个"部"——数学部、物理部和社会科学部；科学院的教育活动

---

① 1703 年 6 月 29 日，彼得一世把建于靠近海边扎亚奇岛上的海军要塞及其周围的新兴城市称为"圣彼得堡"。该名不是为了纪念彼得一世自己，而是为了纪念彼得一世的基督教圣徒彼得。据传说圣徒彼得是通往天堂大门的"掌钥人"。彼得一世以此名字表示一种对海军发展的象征。参见［苏］马夫罗金《彼得一世传》，余大均译，商务印书馆 2000 年版，第 158—159 页。

集中在中学和大学，大学里设有三个系：法律系、医学系和哲学系。科学院的院士多邀请西欧著名学者来担任，如大数学家赫尔曼、物理学家马蒂尼等。科学院院士一方面要关注自己专业领域一切新的成就并进行个人的研究与发明；另一方面还要"为青年学生"准备本学科的教程，担任一定的教学工作。① 俄罗斯的科学院为促进俄罗斯科学的发展发挥了巨大的作用，不仅使俄国的科学研究从一开始就脱离了教会的影响而为其发展提供了较自由的思想空间（科学院进行教育活动的集中之地大学就不设当时在西欧普遍开设的神学系），为 19 世纪俄罗斯科学的重大成就作好了前提准备；并且培养了大批以自己的发明为世界科学做出巨大贡献的俄罗斯学者和科学家。实质上，对科学发展的重视正体现了俄罗斯的"强国精神"，因为它满足了俄国发展经济和巩固专制体制的要求，并为克服国家落后状态而服务。但是从办学实践来看，彼得—叶卡特琳娜时期俄国的高等教育基本还是西方大学在俄国效仿的产物。

2. 俄罗斯私立大学办学体制的变化

18 世纪末，随着俄国资本主义的发展，农奴制开始瓦解，法国启蒙思想给俄国进步民主思想注入了新鲜血液，法国革命的浪潮一再激起俄国反抗专制统治的斗争，在教育领域也酝酿着变革。1804 年沙皇政府颁布了《大学规程》和《大学所属学校规程》，构成了学校之间相互衔接、上下沟通的统一的学校制度，开始在全国实行以大学为中心的学区制：将全国分为 6 个学区，每区设一所大学，大学不仅是教学和科研单位，而且负责管理本学区所有学校的行政与教学工作。同时，沙皇政府第一次在具有法律效力的文件中规定了包括大学在内的各级学校均不得收费。②

在办学体制方面，因为彼得一世改革，使国家成为办学主体，所以俄国的高等教育经费长期以来主要是由国家财政提供。虽然在当时也有由私人出资兴办的学校（如雅罗斯拉夫高级法政学校就是由企业家出资兴办的），但数量极少，这就使其教育发展的速度与质量在很大的程度上取决于国家所提供的教育经费的数额及其分配和使用状况。19 世纪后期，农奴制废除以后政府颁布的一些教育法规则，规定了私人、社团可以开办国

---

① ［苏］马夫罗金：《彼得一世传》，余大均译，商务印书馆 2000 年版，第 250 页。

② 吴式颖：《俄国教育史——从教育现代化视角所作的考察》，人民教育出版社 2006 年版，第 187 页。

民学校。1868 年出台的《关于私立学校的章程》详细规定了私立学校的活动，国家鼓励私立学校的活动。私立学校的创办者获得了政府官衔，其教育工作者获得了拥有国家退休金的权利，在患重病时他们还可获得医疗补助。20 世纪初，私立学校的命运发生了重大变化。1914 年制定的章程鼓励社会力量办学，这时，俄罗斯的高等私立学校和"非政府"教育机构开始出现。1917 年 2 月以前这样的高校有 60 所左右。① 自此，俄罗斯逐渐建立了以双轨制为特点的相互衔接的学校系统：一轨是初等小学、高等小学、职业学校、师范学校和师范专科学校；另一轨是中学预备学校、文科中学、实科中学、大学和其他高等学校。

1917 年，列宁领导的"十月"革命取得成功。在苏维埃社会主义制度确立后不久，政府就明令禁止了私人和私人团体办学，国家成为办学的唯一主体。1918 年，人民委员会颁布的《关于将教育和教养事业从宗教部门移交给教育人民委员部管理的决定》和列宁签署的《关于信仰自由、教会和宗教团体的法令》，决定"教会与国家分离，学校与教会分离"，同时正式下令废除一切旧的教育管理制度，撤销了原来的学区制，全部学校由教育人民委员部和各地方教育委员会统一领导和管理，学校的经费由国家和地方政府提供，教会所办的一切学校都由国家接收。随着对旧学校的改造，私立学校也不复存在。② 此后高等教育呈现单一的办学体制，国家是唯一举办主体，任何组织和个人无权承办高等教育，因此也不会产生和存在私立大学。一直到 1988 年，所有的私立学校活动在苏联还属于是非法行为。苏联部长会议在该年底颁布的第 1468 号条令，第一款规定就是禁止把组建普通学校作为商业活动的一部分。③

3. 俄罗斯私立高等院校的兴起

1989 年 12 月召开的全苏国民教育工作者代表大会，为教育改革奠定了基础，确定了教育改革的主要方向，主要包括教育的民主化、多样化、教育的创新开放性、教育系统的区域化，教育内容的人文化、教育的连续性、教育的发展特点等。④

---

① 孟令霞：《俄罗斯非国立教育的发展历程》，《黑龙江高教研究》2009 年第 3 期。
② 王义高、肖甦：《苏联教育 70 年成败》，北京师范大学出版社 1999 年版，第 50 页。
③ 肖娃：《俄罗斯教育的私有化进程》，《比较教育研究》2000 年增刊。
④ 孟令霞：《俄罗斯非国立教育的发展历程》，《黑龙江高教研究》2009 年第 3 期。

1991 年 5 月，苏联和俄罗斯加盟共和国的教育部门几乎同时向各自政府提交了有关私立学校的议案。苏联部长会议做出的《私立学校组织程序及功能》的决议，明显带有对私立学校的限制和很强的程序性——私立学校只能在当地政府的许可下开办并由当地政府关闭；禁止在国立学校的基础上组织非国立学校；国家对在私立学校就读的学生不给予财政补助；对私立学校的教师不给予社会权利保障（如最低工资保障、休假权、退休金保障等），对私立学校本身不给予独立办学权，而要接受严格的行政管理，等等。种种规定表明，当时苏联政府对私立高等学校的态度仅仅是允许其存在、承认其存在的合理性和合法性而已，并没有在政策上给予支持和资助。私立高等学校只有向学生收取学费，自主创收，才能保证生存和发展。

1991 年，苏联解体，独立后的俄罗斯其政治经济体制发生了剧烈的变化，加上全球化与国际化的影响，俄罗斯的高等教育开始了市场化改革。在政治上民主化、经济上市场化的推动下，俄罗斯私立大学开始发展。1991 年 1 月，俄联邦颁布了《企业与企业活动法》，规定开办公司、股份公司和私营企业的任务之一是为满足社会需要提供服务。高等教育活动是为国民服务的一种形式，这一法律自然也适用于高等教育领域。于是，俄罗斯产生了第一批非国立高等教育机构。1992 年《教育法》又以法律的形式明确规定，可以创办具有各种法律组织形式的教育机构。教育机构的创办者可以是国家机关、社会团体组织、境内外公民个人。这就确立了社会、个人在办学中的主体地位。根据不同的办学主体，可以把俄罗斯的学校分为三种类型：国立学校，由国家财政拨款提供教学经费；地方学校，由地区财政预算办学；非国立学校即私立学校，自己解决经费来源，其中学费占很大比重。

俄罗斯的私立高校大致可分为三类。第一类比较正规，一般都脱胎于名牌大学，有固定的教学基地，雄厚的师资力量，并且同传统的有实力的大学挂钩。其教育质量可以与重点国立高校相媲美。这类学校主要集中在莫斯科、圣彼得堡、喀山等城市。其年收费达 2000—5000 美元，是俄罗斯收费最高的私立大学。属于这类私立高校的有：莫斯科国际大学、喀山商学院等学校。第二类是老牌国立大学附属的私立学院，也享有一定的声誉。如附属于莫斯科大学的商校、附属于国民经济学院的商业经济学院、外经贸部的高等商业学校等。这类私立高校有 30—40 所左右，一般年收费在 800—3000 美元。这些学校办学严谨，虽然各方面还略显单薄，但其发展趋势是向第一类私立高校看齐。校方为了培养人才，提高学校知名度，每年根据入学考试成绩，让 10% 的优秀考生免费入学。第三类私立高校占多数，可称为公司性学校，不少学校都没有教育管理部门颁发的办学许可证。这类学校不抓教学质量，只在广告上下功夫，号称不必经过考试即可入学，短期内可颁发高校文凭。这类学校收费标准差别很大，最低的每年仅约 400 美元。

自 1992 年《俄联邦教育法》颁布之后，私立高等院校迅速发展起来。在法律颁布后的两年时间，俄罗斯就有 157 所非国立大学首次得到了官方的正式认可，并从此后开始政府在俄罗斯教育部公报中公布非国立高校的数据。《俄联邦教育法》还规定了国家对在私立大学就读的学生给予一定的经济补偿。十年中俄罗斯高校数量增加了近三倍，超过 1300 所，其中私立院校 700 余所，在校生 550 多万。

1994 年 7 月在莫斯科召开的"第三届世界教育大会——私立教育"，是俄罗斯非国立教育发展进程中的一件大事。会上通过的《莫斯科宣言》中关于私立学校的资金问题表达了如下思想：①资金并不属于国家和政府，国家和政府只有合理支配这些资源的权利，因此税收应以最有利的方式来使用。②私立学校的学生应与国立学校的学生得到同样的资源。③国家应对私立学校的学生及其家庭给予补助。这份宣言进一步明确了 1992 年《教育法》赋予的私立学校在社会中的合法地位，也只有这份宣言才标志着俄罗斯的私立教育正逐渐与国际私立教育理念和趋势接轨。

从办学主体看，俄罗斯高校（军事院校除外）有三种类型，即国立的（联邦的）、地方的（共和国和地区亦即联邦为主体的）、非国立的（亦称私立的，办学主体为个人、社会团体或宗教组织等）。高校类型的不同，其经费来源亦不同。国立高校的办学主体主要是国家权力机关，其费用主要靠国家财政拨款；地方高校的举办者主要是地方自治机关，办学经费主要靠地方财政拨款；非国立高校举办者可以是本国或外国的各种所有制形式的企业、机关，以及它们的联合公司和协会。此外，还有已经注册的各种社会组织、宗教团体乃至俄罗斯及其他国家的公民也可以成为办学主体，以上各种办学主体还可以联合办学。目前由多方甚至跨国集资联合创办高校的事已不鲜见。非国立高校办学经费主要由办学主体自行筹措，其中相当一部分是来自学生所缴学费。多主体办学体制的确立，有利于俄罗斯高等教育从社会及个人那里吸纳到更多的资金。

表 3-8　　　　　　　　1993—2005 年俄罗斯高等院校相关数据　　　　　　单位：所

	1993	1994	1995	1996	1997	1998	1999	2000	2001	2002	2003	2004	2005
大学总计	626	710	762	817	880	914	939	965	1008	1039	1047	1071	1061
国立	548	553	569	573	578	580	590	607	621	655	654	662	648
私立	78	157	193	244	302	334	349	358	387	384	392	409	413

资料来源：李艳秋：《俄罗斯私立高等教育微探》，《世界教育信息》2008 年第 7 期。

表 3-9　　　　　　　　1993—2004 年俄罗斯高等教育在校生分类数据

教学形式	1993				2000				2004			
	国立大学		私立大学		国立大学		私立大学		国立大学		私立大学	
	数量(所)	占比(%)	数量(所)	占比(%)	数量(所)	占比(%)	数量(所)	占比(%)	数量(所)	占比(%)	数量(所)	占比(%)
总计	2542.9	—	69.9	—	4271	—	471	—	5860	—	1024	—
全日制	1624.4	63.9	36.8	52.7	2442	57.2	183	38.9	3144	53.7	29.	28.3
夜授	170.4	6.7	5.3	7.6	258.5	6.0	44	9.3	300	5.1	62	6.1
函授	748.1	29.4	21.7	31	1519	35.6	243	51.6	2279	38.9	662	64.6
自学考试	—	—	6.1	8.7	51.5	1.2	1.0	0.2	137	2.3	10	1.0

资料来源：李艳秋：《俄罗斯私立高等教育微探》，《世界教育信息》2008 年第 7 期。

五　印度私立大学的发展[①]

　　印度与中国同属文明古国和发展中的人口大国，都处于由计划经济向市场经济转型的过程中，也面临着许多相似的问题。两国高等教育发展也同样面临着很多相似的经历和矛盾，比如促进高等教育入学机会与提升高等教育质量并存的压力、公共经费紧张与高等教育扩充需求之间的矛盾等。印度高等教育发展的经验和教训会对我国民办院校的发展更有借鉴意义和启示作用。

　　根据宋鸿雁的研究，印度私立高等教育的发展经历了独立前的自由发

――――――――

　　① 这一部分较多参考了宋鸿雁《印度私立高等教育发展研究》，山西人民出版社 2010 年版。

展、独立后很长一段时间的沉默和 20 世纪 80 年代末期以来的快速发展。① 独立前的印度私立高等教育由三部分组成：一是殖民时期以前印度的高等教育；二是随着英国在印度殖民活动的展开，出现了一些外国人、特别是外国传教士举办的私立高等教育；三是随着殖民活动的深入，印度本土民族观念的提升而出现的印度民族主义者举办的私立高等教育。

1. 独立前殖民地国家的私立大学起步发展

相对于亚洲其他国家，印度的高等教育起步较早。印度有着"中世纪世界大学"的美誉，特别是在 2000 多年以前的塔克什舍拉（Taxila）和那烂陀寺大学（Nalanda），以及第四、第五世纪时的超戒寺大学（Vikramshila）。那烂陀寺是专门供人们学习研究巴利语文学和佛经的场所，超戒寺佛教大学曾作为古印度著名的教育和科学中心。这些中心代表着当时的高深知识所在，吸引了世界各地钟情于多元文化以及追求知识的人们。这些高等教育中心的杰出成就部分归于宗教秩序和僧侣的存在，部分归于帝王和私人的慷慨捐赠。②

殖民地时期，议会讨论出台了《伍德急件》，主要内容有：在各省设立公共教育部，以视导学校和学院，就其状况提出报告，并在创办学校和学院的过程中指导管理者和校长；以英国伦敦大学为模式，在三个管区城市各创办一所大学；将原有的私立学院作为这些大学的附属学院设置补助金制度，对符合条件的教育机构给予财政补助，但学校需传授良好的世俗教育，公开接受国家的视导，等等；建立上下衔接的学校制度，如小学、中间学校、中学、学院和大学各级教育机构，这些学校基本构成了后来殖民地印度教育的学校类型；英语作为最有效的教学语言被用于高等教育，而地方语言仅在初等教育中使用。《伍德急件》成为印度教育史上一个里程碑，开启了印度的现代教育③，其所规定的附属制高等教育结构和补助金制仍然是现在印度高等教育的显著特征，并持续影响印度高等教育的发展。

1857 年，印度最早的三所大学即加尔各答大学、孟买大学和马德拉斯大学正式创办，1882 年和 1887 年，旁遮普大学和阿拉哈巴德大学建

---

① 宋鸿雁：《印度私立高等教育发展研究》，山西人民出版社 2010 年版，第 28 页。

② 同上书，第 16 页。

③ 同上书，第 32 页。

立，开启了印度高等教育的新发展。当然，由于殖民统治者的控制，这几所大学完全是按照当时英国伦敦大学的模式建立的，属于附属制的、作为考试机构的大学。大学本身不进行教学和科研活动，而主要是为附属学院制定教学大纲、举行毕业考试，并给通过者授予学位。

殖民地时期，除了英印政府举办的高等教育外，外国传教士以及其他外国人员也建立私立大学。在殖民议会 1813 年通过的法令中就规定了传教士可以在印度举办各种层次的教育。当时传教士所举办的高校在私立院校中所占的比例非常高，特别是天主教传教士，他们为当地的经济社会发展做出了积极的贡献。如始建于 1817 年的加尔各答的总统学院（Presidency College），原名印地学院、始建于 1844 年位于蒂鲁吉拉伯利（Tiruehira Ppalli）的圣约翰学院（Saint Joseph's College 附属于巴拉蒂达桑大学）等。这些传教士既有来自英国的，也有来自其他国家的。后来虽然这些高校有些已经接受政府资助，或者转为国家举办的大学，但是它们的创办和发展在很长的历史过程中都是由私人或宗教团体组织、管理与提供资金支持的。从动机看，外国传教士举办的高等教育具有很强的慈善动机，同时具有推广基督教和西方文化的动机，当然客观上也为社会的发展培养了部分人才。

在殖民地时期，印度民族主义者也开始举办私立高等院校。有一批旨在发扬印度文化、宗教、语言、精神、人性尊严和完整性的团体或个人陆续创办了为数不少的私立高等院校。这些高等学校培养的人才很多成为印度民族运动的中坚力量，不仅在本地而且在全国的民族革命运动中都发挥了重要的引导和骨干作用，极大地推动了印度的独立运动。如德干教育社团 1885 年在普纳创办了弗格森学院（Ferguss College），1887 年穆斯林们在迪奥班德也创建他们自己的高等教育机构，称为 daralulum。1921 年印度诺贝尔和平奖获得者泰戈尔把 1901 年在尚蒂尼克坦创办的学校扩展为"国际大学"，其办学宗旨体现了当时印度民族教育的最一般特征，即要把人民从一切精神桎梏中解救出来，这样他们才能坚定不移地投身于祖国独立的斗争；乞助于人，不能受益，自助之人，才能有救；要从自己的文化传统中去寻求优点并继承发扬，从而在世界上获得应有的地位。[①] 在甘地 1921 年领导自由运动后，产生了更多的民族大学。

---

① 赵中建等：《印度基础教育》，广东教育出版社 2007 年版，第 12 页。

据帕坦贾利的统计，1947 年印度独立时，有 20 所大学，500 所学院，大约 10 万在校生。[①]

这一阶段印度私立高等教育的特点主要有以下四个方面。一是在地位上，私立高等教育构成印度高等教育的主体，甚至在殖民时期。当时直接由政府举办的大学很少，而且大学中接受殖民政府财政拨款的附属学院也不多。这种状况主要是因为当时印度还没有形成一个具有独立主权的民族国家。英印政府举办高等教育并非把它当作一个事业，而只是培养满足殖民政府事务所需要少量的公职人员。英印政府虽然制定了对印度的教育政策，但是真正管理印度高等教育的是各省区。而当时印度很多省区政府都对私立高等教育采取了自由鼓励的政策，给各种社会力量举办高等教育留下了极大空间。二是在动机与目的上，独立前私立高等教育的主要目的或者任务就是文化传承、人格培养、社会转型等的宣传与铺垫，而不是为了营利，经济目的几乎不在当时印度私立高等教育发展的理念之中。无论是很早时宗教圣地所形成的高等教育，殖民时期传教士举办的高等教育还是民族主义革命者们举办的高等教育，都主要是为了促进社会转型，而且也确实在这方面发挥了极为显著的作用。这与独立以后印度私立高等教育的发展有明显的区别。三是在经费来源上看，独立前私立高等教育的经费来源主要是慈善捐款，而不是学费。这些慈善捐款既有来自王公贵族的，也有来自宗教团体和个别慈善企业家的。这与独立后的经费来源有很大不同。慈善行为不仅包括企业家的个体行为，还包括有组织的行为，而且覆盖范围非常之广。私立高等教育是独立前印度慈善行为的主要对象之一。四是在学科专业上的同一性和质量标准上的多样性。私立高等教育与当时的公立高等教育在学科专业类型上存在很大趋同性。除了经费结构不一样外，它们在学科专业方面存在极大的一致性。当时主要是举办各种满足政府官员所需要的知识的学科专业，因此主要是文科教育，也就是语言和其他文科教育，而像医学、工程、管理、农学等，即便不是没有，也是极少数的。与在学科专业类别上的趋同性相反，它们在办学质量上存在着极大的差异。办得好的学校现在已经成为印度优质高等教育的组成部分，办得不好的或者被政府接管，或者倒闭。

---

① 宋鸿雁：《印度私立高等教育发展研究》，山西人民出版社 2010 年版，第 37 页。

2. 独立后至 20 世纪 80 年代末的私立大学发展

1947 年印度独立，成为一个独立的国家。新政府充分重视教育在国家发展中的重要地位。政府先后组织了多个委员会对教育问题进行专门的调查和研究，提供教育政策的咨询意见。其中最著名的包括 1946—1948 年的大学教育委员会和 1964—1966 年克塔里教育委员会。独立后到 20 世纪 80 年代前，印度的私立高等教育继续发展。这一段时间的发展主要有两方面的情况：一是赞助费筹资模式的出现及赞助费学院的发展；二是独立初期开始对私立高等教育的国有化政策。

独立后的最初一段时间，赞助费作为一种新的高等教育资助模式，逐渐得到广泛效仿，极大地推动了印度私立高等教育的发展。实行赞助费计划有两方面的动因。一方面，是为了回应马德拉斯政府的招生保留制政策。因为保留制政策排挤了本来可以进入高等教育的婆罗门种姓的孩子，对婆罗门和医生的子女客观上造成了惩罚。他认为这对他们是不公平的。另一方面，就是为了解决当时普遍存在的私立学院财政困难问题。当时的很多私立学院主要依靠慈善捐款，虽然被纳入政府资助体系，却难以获得稳定的支持。赞助费资助模式要求学生入学时缴纳一笔费用，用于弥补学校的集资费用，后来称为赞助费。实际上这笔费用就是学生必须为自己所接受的所有服务付费。由于这一计划既可以解决私立大学运行的经费问题，在后来政府给予补助的背景下又使得学校办学有所积余，因此受到私立大学的广泛欢迎和借鉴。一些本来依靠其他方式筹集资金的高等教育机构也转变了筹资模式，开始收取赞助费。有的学校甚至不仅向学生收取赞助费，也向教师收取赞助费。由于赞助费筹资模式的推广和政府对私立高校的补助金制度，私人和其他社会力量办学的潜力得到极大的发挥。赞助费筹资模式充分吸纳了社会资源，为高等教育争取了宝贵的资金，大力推动了私立高等教育的发展。但是也有许多学校管理非常混乱，他们收取的费用中很大一部分进到了管理者和举办者的腰包，教育的商业化色彩凸显，一时受到教育部门的高度关注。教育部甚至把依靠赞助费举办的高等教育称作"教育黑市"。因为这些学院的举办者几乎完全是为了赚钱，而不是满足那些有能力上学而因各种原因落榜学生的需求。而且，有些进入这些学校的学生根本就不够资格，却通过这种方式进入大学，因此是不公平的。只是举办者发现专业教育的需求很大，不愁生源，很容易办起来。家长似乎也只是要一个学位，由此造成高等教育学历文凭颁发的混乱。为了确保质量和公平，后来一些邦也制定了相关法案，对赞助费学院进行规制，情况有所好转。

独立后，一方面是赞助费私立学院的大力发展；另一方面，印度政府也开始雄心勃勃地试图承担高等教育的任务，试图把它们全部纳入国家管理之下。于是出现了独立初期以后开始的印度高等教育的国有化。1947年印度独立时，政府几乎把所有的大学及学院进行了"国有化"。主要方式就是对它们进行直接资助，纳入政府拨款资助制度，即政府提供私立学院的运行经费，主要是工资，偶然也会提供一些资本金。于是那些原来由私人创办和维持的学院就顺理成章地成为受助私立学院。所接受的政府资助基本上涵盖学校运行经费的。随着公共资助而来的是大量的政府控制，即对这些学院办学自主性的侵蚀。在很长时间里，这类受助私立学院成为当时私立高校的主体。其余的就是未接受政府资助的私立学院。

高等教育国有化的道路并非一帆风顺。事实上，国有化的过程，或者说国家寻求对私立院校控制的过程遇到了很多的抵制。这种抵制与学校教育系统对政府控制的抵制是一致的。大量的抵制活动最终导致高等教育国有化计划难以彻底实施，但是由于政府对私立高等院校实行的补助金制度范围不断扩大，在20世纪80年代之前，印度的学院有70%都属于私立学院。其中大部分的私立学院都被纳入政府补助体系，接受政府资助，在财政上更多地依赖政府拨款。这些私立学院教职员工资与公立学院同等待遇。以至于这些私立高等教育因此其私立性质被忽视，受助私立高校与公立高校的区别被忽视，因此在很长一段时间里，人们并不认为印度存在真正意义上的私立高等教育。一直存在的真正的私立高校也被湮没在这种误解之中。私立高等教育的发展似乎从人们的视线中消失。

3. 20世纪80年代以后的私立大学发展

1990年印度实施高等教育结构调整改革，意味着政府对高等教育的支持将缩减，而代之以高等教育的私有化。其主要表现就是公立高校通过提高学费、举办自筹经费专业等措施提高经费自足能力，受助私立学院的转制，以及自筹经费私立高校的大力发展。总之，就是私有资金在高等教育发展中的作用加强。这股东风推动了私立院校的迅速发展，包括自筹经费学院的大力发展以及私立大学的创建和私立非正规高等教育的大力发展。

首先是自筹经费学院在80年代末90年代初期以后获得快速发展。这主要有三方面的原因：一是高等教育规模的扩张；二是政府经费紧缩及其提出的受助私立学院转制政策；三是印度高等教育学科结构的失衡，需要大力发展各类专业教育。从 1950 年到 1985 年，印度的学院从 578 所发展到 5600 所，大学、准大学和国家重点高教机构从 27 所增加到 126 所。普通高等教育机构增长 9.9 倍，专业高等教育机构增长 6.4 倍，大学、准大学和国家重点高教机构增长 3.7 倍。到 2004 年，普通高等教育机构、专业高等教育机构和其他类高教机构较往年的机构数的增长分别达到 27 倍、14.4 倍和 14 倍。印度高等教育的规模在战后一直处于快速增长之中。高等教育规模的持续发展，必然需要社会力量的参与，需要体制外解决部分高等教育发展的资源支撑。

高等教育规模的增长意味着政府用于高等教育的公共经费也必然增加。到 20 世纪 80 年代中期以后，政府明显感觉到公共经费的紧张。经过了独立以后的不断增长之后，高等教育经费终于在第五个五年计划中出现下降，无论其在五年计划预算经费中的比重，还是在五年计划教育经费总额中的比重，都是如此。此后一直处于下降的态势。印度政府在高等教育发展中所能够投放的公共经费越来越少。事实上，政府在各种压力下，毅然决然地削减了高等教育经费，使很多高校的运行与发展面临严冬。在这种自身难保情况下，很多邦政府采取各种措施减少对受助私立学院的补助，并采取其他措施减少高等教育公共经费的支出。安德拉邦政府甚至在 80 年代中期后逐渐退出普通高等教育领域，对新建立的私立专业学院，邦政府不再提供任何形式的补贴。对现存私立受助学院，也通过相应措施减少补贴：空缺教职员的岗位不再补人；不再增加新岗位；提高教师工作量；提高各专业最低学额标准等。

这些情况导致新的私立学院，即自筹经费学院的发展。作为纯粹意义上的私立高等教育，自筹经费学院的办学不依靠政府的经费。到 20 世纪末，一些邦的自筹经费学院比例达到或超过了政府公办高等院校，自筹经费学院成为印度高等教育的重要力量。

表 3-10   1969—1997 年安德拉邦高等教育三类学院发展情况及占比

年段	政府公办 （所）	受助私立 （所）	自筹经费占比 ［所（%）］	总数 （所）
1969—1970	40	80	0（0）	120

续表

年段	政府公办 （所）	受助私立 （所）	自筹经费占比 ［所（%）］	总数 （所）
1979—1980	64	147	1（5）	212
1984—1985	133	181	9（3）	323
1989—1990	147	182	33（9）	362
1993—1994	156	182	88（21）	426
1996—1997	167	187	450（56）	804

资料来源：宋鸿雁：《印度私立高等教育发展研究》，山西人民出版社 2010 年版，第 55 页。

表 3-11　　　1977—2001 年喀纳塔卡邦高等教育三类学院发展情况

年段	政府公办 （所）	受助私立 （所）	自筹经费占比 ［所（%）］	总数 （所）
1977 年前	31	183	17（7.4）	231
1977—1987	82	293	29（7.2）	404
1987—1997	149	300	372（45.3）	821
1997—2001	154	300	532（54）	986

资料来源：宋鸿雁：《印度私立高等教育发展研究》，山西人民出版社 2010 年版，第 56 页。

尽管自筹经费的私立学院有了长足发展，其比例在很多邦已经占据主导地位，在某些学科领域如工程领域还占据绝对地位，但是，印度政府对于私立高等院校获得"大学"名称或地位却非常谨慎。21 世纪之前，印度没有私立性质的大学，大学都是公立的，只有大量私立性质的附属学院。在印度，只有大学有资格授予学位。附属学院的毕业生在通过大学组织的毕业考试并合格后，才能获得大学颁发的学位，而学院没有资格自行颁发学位。但是，随着附属制弊端的凸显、高等教育大众化动力的驱使以及高校要求办学自主权动机的加强，私立大学在 21 世纪得到允准。有的院校甚至得到大学拨款委员会的认可。自 2002 年以来，2005 年有 7 所私立大学获得它的认可，2006 年增加到 10 所，2007 年增加到 13 所。尽管私立大学总的数量还不大，得到大学拨款委员会认可的私立大学数量更少，但是作为 21 世纪以来私立高等教育的一种新的形式——私立大学的产生已经成为不可逆转的事实和备受关注的焦点。

目前，印度的私立高等教育有受助私立学院、自筹经费学院、私立大学等多种不同的类型，它们在创办的法律依据、渊源、资助模式、学科结构、教学研究的重点、管理方式等方面都有很大的区别。根据有关方面的统计，印度现有 367 所大学，其中 100 所为私立的；17000 所学院中，4300 所为公办学院，5750 所为受助私立学院，7540 所为自筹经费学院。即私立大学占 27.2%。这里所说的大学包括中央大学、邦立大学、准大学、私立大学等，其中中央大学和邦立大学都是公立的，而准大学中相当一部分都是自筹经费私立性质的。可见，在全国范围内看，私立性质的大学占到整个大学数量的 27.2%，而自筹经费学院占到整个学院数量的 43.3%。

表 3-12　　　　　　　印度公、私立高等教育机构规模及私立高校的比例

高校类型	公办或私办 且都接受公共经费（所）	私人举办　私有资金 （自筹经费私立高校）［所（%）］
大学	240	7（2.83）
准大学	38	63（62.37）
学院	4225+5750*	7650（43.40）
外国高教机构	0	150（100.00）
总计	10253	7870（43.43）

*：表示 4225 所是公办学院的机构规模，5750 所是受助私立高校机构规模。

资料来源：Pawan Agarwal, Higher Educaion in India, The Need for Change, ICRIER Working Paper 180, 2006. Table 1: Typology and growth trends of higher education institutions. 转引自宋鸿雁《印度私立高等教育发展研究》，山西人民出版社 2010 年版，第 83 页。

有关调查显示，在 2005—2006 财政年度，有接近 30% 的高校学生就学于私立高校。在另一项更为详细的统计中，我们可以看到不同类高校的学生规模，以及其中私立高校学生规模的比例（见表 3-13）。其中在大学方面，私立大学学生规模为 1000 人，占整个大学学生规模的 0.1%。在准大学方面，私立高校学生规模为 4 万人，占了 66.67% 的份额。在学院方面，私立高校学生规模为 315 万人，占据 50.81% 的份额。而在印度的外国高教机构完全是私立的。

表 3-13　　　　　　　　　印度私立高校学生规模情况　　　　　　单位：万人；（%）

高校类型	公办或私办但接受公共经费学生数	私人举办　私有资金学生数
大学	100	0.1（0.1）
准大学	6	4（66.67）

续表

高校类型	公办或私办但接受公共经费学生数	私人举办 私有资金学生数
学院	620	315（50.81）
外来高教机构	0	0.8（100）
总计	636	319（50.3）

转引自宋鸿雁《印度私立高等教育发展研究》，山西人民出版社 2010 年版，第 83 页。

　　这些不同的数据从一个侧面反映了印度私立高等教育体系的特殊结构。印度主要有四种类型的私立高等教育，它们是受助私立学院、自筹经费学院、自筹经费准大学、私立大学。而从办学主体与经费来源看，自筹经费学院、自筹经费准大学和私立大学这三类私立高校代表了印度真正的私立高等教育，自筹经费准大学和私立大学在管理方面还具有很大的自主权。相对而言，私立大学具有独立颁发学历文凭资格，办学自主权更大。尽管大学拨款委员会规定私立大学都应该是单一制大学，而不是附属大学，不应该有附属学院。但是不少私立大学在全国范围内都有不同的分校。在教学研究方面，私立大学主要以教学为主，有些也从事科学研究并培养研究生。自 2002 年以来，私立大学逐渐发展起来，到 2007 年为止其中被大学拨款委员会认可的私立大学已经有 13 所。私立大学的禁忌也已经打破，它为印度高等教育拓展了新的发展空间。

六　韩国私立大学的发展

1. 韩国私立大学的发展简况

　　韩国是世界上私立高等教育最为发达的国家之一。从韩国高等教育发展的历史可以看出，其高等教育首先是从私立大学（包括教会和私人创办的学校）发展起来的，而且一直以私立高等教育占绝对优势。从一定程度上说，韩国高等教育史其实就是一部私立大学发展史。私立大学也是韩国实现高等教育大众化和普及化的中坚力量。1980 年韩国高等教育毛入学率达到 14.7%，初步实现高等教育大众化；1995 年高等教育毛入学率达到 52%，成为世界上第一个实现高等教育普及化的国家。在韩国高等教育大众化进程中，私立大学发挥了主力军的作用。

　　韩国也是近代高等教育的后发国家。1948 年大韩民国成立时仅有高等学校 31 所（含国立、私立高校），在校生 2.4 万人。二战结束时，韩国社会动荡、经济混乱、高等教育十分落后，政府无暇顾及高等教育的发展，采取了"放任自由"的高等教育发展政策，宽松的环境极大地激发了民间兴办高等教育的热情，有力地促进了韩国高等教育的发展，尤其是私立大学的发展。1945—1959 年，韩国的高等教育学生数增长了 10.4 倍。[①] 20 世纪 60 年代，韩国为适应以轻工业产品出口加工为主的外向型经济发展的需要，新建了一批以培养产业技术人才为目标的五年制高等专科学校和两年制的初级学院。同时根据市场的需求，调整高校的科类结构，缩减文科，增加理科。另外颁布了《私立学校法》，加强了私立高等教育办学的规范。1970—1980 年，韩国高等教育学生数扩大了 3 倍多，年均增长 12.4%，1980年高等教育毛入学率达 14.7%，进入大众高等教育阶段。[②]

　　韩国高等教育系统是私立高等教育主导型国家。截至 2005 年，韩国共有各级各类高等院校 1429 所，在校生 3597364 名。其中包括大学 173 所（国立 24 所、公立 2 所、私立 147 所），在校生 1859639 人；研究生院 1051所（国立 164 所、公立 14 所、私立 873 所），在校生 282225 人；专门大学（大专）158 所（国立 7 所、公立 8 所、私立 143 所），在校生 897589 人；产业及技术大学 19 所（国立 8 所、私立 11 所），在校生 188855 人；11 所教育大学（均为国立），在校生 25141 人；另有 1 所放送通信大学（国立大学），在校生 290728 人，远程教育大学 15 所，在校生 53156 人，以及企业大学 1 所，在校生 31 人；等等（相关数据见表 3-14、表 3-15 和表 3-16）。韩国每万人具有大学生占 571 人、成人人口中大学毕业生占 17%，其中，25—34 岁占 23%、35—44 岁占 19%、45—54 岁占 11%、55—64 岁占 8%。[③]

表 3-14　　　　　　　　韩国各类办学性质高等教育机构变化趋势　　　　（单位：所）

年度	高等教育机构总计			普通大学			产业大学			专科大学		
	合计	国·公立	私立	合计	国·公立	私立	合计	国·公立	私立	合计	国·公立	私立
2007	408	54	354	175	25	150	14	6	8	1148	11	137

---

①　孙启林：《战后韩国教育研究》，江西教育出版社 1995 年版，第 349 页。

②　谢作栩：《美、英、日、韩四国高等教育大众化发展道路的比较》，《人大书报复印资料·高等教育》2001 年第 8 期。

③　中华人民共和国驻大韩民国大使馆教育处：《韩国教育概况》，中国留学网（http://www.cscse.edu.cn/publish/portal24/tab1092/info7550.htm.）。

年度	高等教育机构总计			普通大学			产业大学			专科大学		
	合计	国·公立	私立	合计	国·公立	私立	合计	国·公立	私立	合计	国·公立	私立
2006	412	56	356	175	25	150	14	6	8	152	13	139
2005	419	60	359	173	26	147	18	8	10	158	14	144
2004	411	61	350	171	26	145	18	8	10	158	15	143
2003	405	623	43	169	26	143	19	8	11	158	16	142
2002	376	62	314	163	26	137	19	8	11	159	16	143
2001	374	61	313	162	26	136	19	8	11	158	15	143
2000	372	62	310	161	26	135	19	8	11	158	16	142
1990	265	55	210	107	24	83	6	3	3	117	16	101

注：高等教育机构包括专科大学、师范大学、普通大学、产业大学、电视通信大学、技术大学、远程大学、企业经营大学、研究生大学等。

资料来源：中华人民共和国驻大韩民国大使馆教育处：《韩国高等教育机构基本数据统计资料》，中国留学网（http://www.cscse.edu.cn/publish/portal24/tab1092/info9795.htm）。

表 3-15　韩国各类办学性质高等教育机构学生人数变化趋势（一）（单位：人）

年度	高等教育机构总计				普通大学			
	合计	国立	公立	私立	合计	国立	公立	私立
2007	3558711	860548	49221	2648942	1919504	386149	22312	1511043
2006	3545774	862835	48730	2634209	1888436	383267	21989	1483180
2005	3548728	871354	48132	2629242	1859639	379254	21414	1458971
2004	3555115	872211	48835	2634069	1836649	376413	20939	1439297
2003	3558111	886079	48801	2623231	1808539	372605	20565	1415369
2002	3577447	934886	48363	2594198	1771738	366900	20399	1384439
2001	3500560	923179	46896	2530485	1729638	361678	20115	1347845
2000	3363549	899020	44031	2420498	1665398	352733	19345	1293320
1990	1691681	490839	6106	1194736	1040166	249026	5722	785418

注：高等教育机构包括专科大学、师范大学、普通大学、产业大学、电视通信大学、技术大学、远程大学、企业经营大学、研究生大学等。

表 3-16　韩国各类办学性质高等教育机构学生人数变化趋势（二）（单位：人）

年度	产业大学				专科大学			
	合计	国立	公立	私立	合计	国立	公立	私立
2007	169862	83868	—	85994	795519	7757	22615	765147

年度	产业大学				专科大学			
	合计	国立	公立	私立	合计	国立	公立	私立
2006	180435	87374	—	93061	817994	10911	22642	784441
2005	188753	90324	—	98429	853089	13405	22748	816936
2004	189035	86892	—	102143	897589	14721	24026	858842
2003	191455	87377	—	104078	925963	14423	24614	886926
2002	187040	85956	—	101084	963129	14225	24620	924284
2001	180068	83967	—	96101	952649	13775	23765	915109
2000	170622	81186	—	89436	913273	15302	22029	875942
1990	51970	25069	—	26901	323825	26959	—	296866

注：高等教育机构包括专科大学、师范大学、普通大学、产业大学、电视通信大学、技术大学、远程大学、企业经营大学、研究生大学等。

2. 韩国私立大学发展的 5 个阶段

第一个阶段（14 世纪末至二次世界大战结束），私立大学初创时期。

韩国早期的高等教育起源于古代王朝高丽时期的大学——成均馆，成均馆是统一新罗时期的国学，高丽时期的国子监，也是最初的国家高等教育机关，后来由官办学府转为私立大学——成均馆大学。其他知名的私立大学还有：延世大学，起源于 1885 年，其前身是延禧大学校和广慧院以及世博兰斯医学校，1957 年 1 月，延禧大学校和世博兰斯医学校正式合并，从原校名中各取一个字，命名为延世大学；1886 年 5 月 31 日由一位美国牧师之妻史克兰顿（M. F. Scranton）在汉城创办的"梨花学堂"，后改名为梨花女子大学（Ewha University）；始建于 1905 年的高丽大学，其原名为普成大学。这些大学后来都成为韩国享有很高声誉的大学，甚至排名在世界大学的前列而闻名于世。

第二个阶段（1948—1960 年），私立大学的自由发展期。

1948 年 8 月 15 日，大韩民国政府成立（此为第一共和国的开始），当时 41 所大学中私立大学占绝大部分，1949 年实施的"农用土地改革法"，鼓励土地所有者创建学校以保住土地。许多大地主建立学校或把土地捐给学校，3 年内就建立了 23 所。1950 年朝鲜战争爆发，韩国政府延期征召大学生服兵役，从而促进高等教育发展。到 1955 年，韩国共有 71 所高校，其中私立 58 所（占总数的 81.69%），国立 8 所，公立更少，只有 5 所。至此，韩国的高等教育体制出现了国立、公立和私立三分天下的高等教育发展格局，并一直延续至今。

从韩国教育的发展历史看，韩国的私立高等教育也走过弯路。建国初期，在国家财政不足、民众对接受教育的要求比较强烈的情况下，政府积极鼓励私人办学，但是在 20 世纪 60 年代之前，韩国缺乏对私立高校的有效监督和管理，私立高校盲目发展，教学质量降低，甚至出现以营利为目的争办私立高校的现象。

第三个阶段（1961—1979 年），私立大学的整顿与发展时期。

1961 年春朴正熙军人政权上台后，在加强政治经济控制的同时，开始注意对高等教育的控制和管理，并取得一定成效。

首先，制定一系列法律法规，加强对高等教育的宏观控制。朴正熙执政伊始便推出了《大学整备方案》，并修改增订了《教育法》中有关高等教育的内容，此后又颁布了《私立学校法》（1963 年）、《教育振兴法》（1963 年）、《产业教育法》（1963 年）、《大学定员令》（1965 年）、《科学教育法》（1967 年）、《职业训练法》（1968 年）、《私立高等学校财务政策》（1969 年）等一系列教育法规。其中，《私立学校法》和《产业教育振兴法》，规定私立高校一定要保持公共性，并对私立高校的资金运营和财政支配等方面进行了详细的规定和约束。明确规定由政府补助私立学校设备费，但在许多方面要接受政府的统一指导。20 世纪 60 年代是韩国高等教育事业边整顿边发展的 10 年。1965 年时全国已有私立大学校 113 所，占全部大学（164 所）的近 70%，是 1955 年的近两倍。

其次，建立教育改革审议会，推动高等教育改革。自 20 世纪 70 年代起，韩国的高等教育进入改革期。1971 年，政府成立了教育改革审议会；次年政府根据审议会拟定的六点基本改革要点正式提出了高等教育改革方案，比如，进一步明确高等教育要为国家和社会培养各类高级人才并开展社会发展所需的科学研究，放宽高校学生定员额度以扩大受高等教育机会，加强研究生教育，建立定期评估制度以保证教育质量，推动高校自治化，增加高等教育投入，特别是对私立高校实行公费补助，加强大学与地区的合作。其间，还颁布了《私立学校教师退休实施法》（1973 年）和《私立学校教师健康保险法》（1977 年），以鼓励私立学校教师安心教育事业。

第四个阶段（1980—1990 年），私立高等教育的大发展时期。

此时正值韩国第五、第六共和国时期（先后由全斗焕和卢泰愚执政），全斗焕政府 1980 年 7 月 30 日开始继续实施高等教育改革计划，加大高等教育改革力度。其一，为了给高等教育规模的扩张提供较为充足的经费，1981 年韩国政府颁布并实施了《教育税法》，将教育税率确定为11.8%，教育经费较以前有大幅度增长。其二，扩大大学定员额度（每年新生都有大幅度增加），实行大学毕业定员制。1981—1987 年推行的这一新政策允许学校在毕业定员人数之外增招 30%的学生。韩国政府施行大学毕业定员制的目的在于：扩大高校定员，确保大学毕业生质量，取消泛滥成灾的升学补习班，促进私立大学的发展，尽早实现教育正常化，满足多数青年的求知欲，稳定动荡的政局。其三，改革入学考试制度：取消由高校举行的入学考试制度，代之以大学全国统一录取考试并参阅高中毕业成绩。其四，授予私立名牌大学在各地设立分校的权利。通过一系列措施，私立大学得到快速发展。截至 1985 年，韩国的私立大学 206 所，占整个国家全部高校 256 所的 80%，比 1975 年增加 69 所，而国立高校只增加 49 所，公立仅增加 1 所。

第五个阶段（1991 年以后），私立高等教育改革深化期。1992 年 12月 18 日，金泳三当选韩国总统，开创了文人执政的新时代（此为第七共和国），韩国大学教育委员会和 1994 年 2 月正式成立的"总统教育改革委员会"，为推动高等教育改革特别是大学自治做了许多有益的工作。特别是 1994 年确定的高等教育工作目标和 1995 年 5 月 31 日在《教育改革新方案》中提出的高等教育的任务，归纳起来，大致有以下六点。①改革大学入学考试制度。②采用学分制和最低专业学分认定制。③大学向多样化和个性化发展。④大学定员及学校事务管理自律化。⑤加强大学评估、财政支持。⑥使国际教育生动化。1999 年春教育部制订、政府 2000年批准启动的"面向 21 世纪的智力韩国"（即 Brain Korea21，BK21）战略计划，共有 14 所大学入选世界一流大学研究生院重点建设规划，其中9 所是私立大学，分别是：浦项科技大学、延世大学、高丽大学、亚洲大学、成均馆大学、梨花女子大学、汉阳大学、明知大学、庆熙大学。随后，这些私立大学纷纷提出各自的发展战略目标，加大发展力度。高丽大学提出了"高丽大学向世界腾飞"的口号，其全球化发展目标是跻身于世界大学百强。成均馆大学制订的 2010 年发展目标是："聘用一流教师，提供一流教育，开展一流研究，创办一流大学。"延世大学确立的"21 世纪计划"，是通过国际化数字化专业化战略在 2010 年进入世界百强行列，汉阳大学于 2000 年发表"新千年宣言"，2001 年制订新的"中长期发展规划"即"汉阳大学 2010 年之梦"，确立了百年校庆时（2039 年）跻身于世界大学百强行列的目标。目前，韩国许多私立大学已经跻身一流大学行列。据 2010 年相关机构排名，高丽大学、延世大学、成均馆大学、梨花女子大学等已经是韩国前十名的名牌大学。强校工程建设提高了韩国私立高校的整体办学层次，许多私立大学在办学水平上能与国立、公立大学相媲美。一些历史悠久的私立大学质量甚至超过了国立、公立大学。表 3-17 显示，2008 学年韩国由私立大学培养的研究生人才达到了全年总数的 70%还多。可见，韩国私立四年制大学和研究生院办学质量并不比国立、公立大学差，其水平可与国立、公立大学相媲美。形成了韩国私立大学的一大特色。

表 3-17　　　　2008 学年韩国获得研究生学位的大学分类学生数量

	总人数	比例（%）	硕士学位人数	比例（%）	博士学位人数	比例（%）
总数	301412	100	252010	100	49402	100
国立	85306	28.3	70417	27.9	14889	30.1
公立	4378	1.5	3711	1.5	667	1.4
私立	211728	70.2	177882	70.6	33846	68.5

数据来源：2008 Brief Statistics on Korean pdf. http//：eng kedi kr/2009-03-18。

　　根据韩国有关法律，韩国私立大学也只允许非营利办学。与日本私立大学的政策类似，注册私立大学首先必须登记非营利学校法人。

七　台湾地区私立大学发展

1. 台湾地区私立大学的发展起步

　　我国台湾地区私立高等院校从 1950 年的 1 所学校起步，经历了"两起两落"四个阶段，即兴起扩张、整顿调整、跨越式发展和再度调整。

　　第一阶段，兴起扩张阶段（20 世纪 50—60 年代）。

　　1949 年国民党当局迁台，大批党政军人员及其眷属涌入，原有教育资源远远不能满足社会需求，于是各种私立学校开始发展起来。另外，在鼓励出口、发展劳动密集型产业的经济社会发展背景下，各种专门人才需求增加，中学毕业生逐年增加，而当局财力无法支撑社会对高等教育的需求。1950 年私立淡江英语专科学校（淡江大学前身）宣布成立，为岛内第一所私立大学。1954 年，台湾当局提出"鼓励民间捐资兴学"，修订《私立学校规程》，简化私立学校的申请立案手续，鼓励私人兴学。1955 年 1 月核准私立东海大学及私立中原理工学院等立案。1955 年颁布了《私立学校奖助办法》。此后又陆续颁发了《补助私立专科以上学校充实重要仪器设备配给款要点》《私立学校施行法细则》《各级各类私立学校设立标准草案》等规章，逐年提高对私立大专院校的奖助，指导私立院校健全发展计划，帮助私立大学改善师资、充实设备、兴建校舍。1963—1971 年，台湾私立大学快速增加，由原来的 15 所猛增到 65 所，平均每 3 个月增加一所。办学层次几乎都集中在专科。截至 1972 年，台湾地区已有 68 所私立大学（其中大学 3 所、独立学院 9 所、专科学校 56 所）。由此可见这 20 多年来台湾私立高等教育发展速度之快、规模之大。

第二，整顿调整阶段（1972—1985 年）。

20 世纪 70 年代初，由于私立大学增长过快，疏于管理，导致质量下降，遭到了社会的抨击。学校发展过热，法制不健全，办学不规范，师资、设备等办学条件不具备，数量与质量的矛盾等情况变得十分突出，台湾教育行政部门因此开始对私立大学严加整顿，放缓建校速度。专注质量调整成为此时期的主旋律。20 世纪 70 年代初能源危机对岛内加工出口工业带来冲击，台湾经济面临重大转折，当局在经济发展战略上进行了调整，客观上为高等教育调整和优化提供了机遇。1972 年 8 月 10 日台湾当局颁布《暂缓接受私立学校申请条例》，决定大专学校应求质之改进，不作数量扩充，暂缓接受和冻结私立大学的筹设与申请，并着手研究制定保证私立教育健康发展的法律规范。1974 年台湾颁布《私立学校法》，同年又组织专家对私立大学的设置、经费、行政组织等进行评估，借以改进私立大学设置标准。此后，台湾当局相继颁布和修订《私立学校法施行细则》《各级各类私立学校设立标准》《私立学校建立会计制度实施办法》《公私立学校奖助办法》《补助私立专科以上学校充实重要仪器设备配给款要点》等法规，帮助私立学校改善办学条件，引导私立大学健康发展。1985 年台湾重新开放设立私立大学办学申请。在一系列法规、政策引导下，台湾私立大学发展逐步走上了健康轨道。1972 年 8 月以后台湾当局除了在 1979—1980 年，淡江、中原、辅仁、逢甲等 4 所私立学院升格为大学外，台湾私立大学在数量上基本没有增长，仅以增加专业或者增加班级的方式扩充，其注意力主要放在调整系所、提高科技类（理工科）专业比例方面。

第三，跨越式发展阶段（1985—2003 年）。

20 世纪 80 年代以来，台湾经济结构开始向技术密集型、资金密集型产业过渡，第三产业也开始兴起。经济结构的调整，对劳动力素质提出了新的要求，台湾私立高等教育获得了新的发展空间，开始了跨越式发展。私立大学经过十几年整顿调整，办学质量逐步提升，运作逐渐制度化，法规逐渐完备，当局逐步重新开放私立学校的增设。1985 年 4 月 15 日，教育当局制定《开放新设私立学校处理要点》，初期准予筹设工学院、技术学院及医学院，以后又准予开放商业、护理类二年制专科学校及工业类五年制专科学校。1994 年台湾当局成立 "教育改革审议委员会"，两年内提出四份咨议报告书及总咨议报告书，为教育政策提供了很多建议。总咨议报告书中提出：以竞争代替管制，根据评鉴的结果，给予经费上的补助，是缩小公、私立大学资源差距的有效途径。随后，台湾当局进一步放松了对私立大学的限制。1996 年，为确立私立大学分校设立的标准和程序，台湾 "教育部"制定了《专科以上学校及其分校分部专科部高职部设立变更停办法》。1996年第六次 "中华民国" 教育年鉴提出：公立大学数量不宜再予扩充，以免造成资源紧缩压力，并影响私立大学发展的空间。同时，将鼓励各校自行调整内部系所，此外也鼓励部分规模过小、缺乏经营效率及竞争能力的学校与其他学校合并，大批私立院校升格为科技大学；建立多校区大学，使资源有效利用；私立大学应逐步走向市场，使社会资源投入高级人才的培育，减轻当局财政负担。2000 年，台湾颁布《台湾教育经费编列与管理法》，强化了政府支持私立高校发展的公共财政投入责任。

第四，再度调整阶段（2003 年至今）。

2003 年 7 月 20 日，台湾教育界、学界及文化界百余位学者专家发表《终结教改乱象，追求优质教育》（"教改万言书"）宣言，指出了当时台湾教育各类问题，认为 "十年教改基本失败"，并对未来教育发展提出了建议。就 "教改万言书" 提到当局放任大专院校拼命改制扩张、大学数量增加、出生人口下降衍生招生不足、人均经费补助相对减少、教育品质下降等诸多问题，台湾教育当局在回应与说明中提出，"将研订相关措施暂缓私立大学院校的筹设"，"利用评鉴加强奖补助之改进及研修私立学校法草案增列退场等机制"，台湾私立高等教育进入新一轮的质量提速阶段。

2. 台湾私立大学发展现状

20世纪80年代末，台湾地区高等教育就实现了大众化，如今已迈入普及化教育阶段。统计资料显示（见表3-18），2011—2012学年度台湾有163所高等院校，其中私立高等院校有109所，占台湾高校总数的66%。普通高校在校生135.2万人，其中私立高校在校生有91.5万人，占台湾高校在校生133.6万人的67%。私立大学及在校生数基本达到三分天下有其二的比重。

表3-18 2011—2012学年度台湾高等教育基本数据

项目		校数（所）	学生人数
大专院校	总数	163	1352084
	公立	54	436861
	私立	109	915223
大学	总数	116	1132540
	公立	46	407041
	私立	70	725499
学院	总数	32	118244
	公立	5	19121
	私立	27	99123
专科学校	总数	15	101300
	公立	3	10699
	私立	12	90601

说明：截止时间为2012年2月8日。

资料来源：《台湾大专院校概况》，http://www.edu.tw/statistics/index aspx.。

目前，台湾私立大学的发展各具特色。如中国文化大学以弘扬中国文化为宗旨，学校"倡导音乐、美术、戏剧、体育（含舞蹈）及大众传播等学科，以期开展中国文艺复兴之机遇"。大同大学的显著特色之一是首创"建教合作"，学校与大同公司密切合作，强调理论联系实际，通过理论、经验、实践、技术交流，充实教学内容，培养出"学以致用"的人才；二是推行"重质不重量""小规模，大效果"的精英教育理念。中原大学于1953年由笃信基督的热心教育人士张静愚等筹设，提倡天、人、物、我的"全人教育"理念。成立于1996年的南华大学由佛光山星云大师创办，秉承中国古代书院传统，重建人文精神，提出 π 形教育计划，大力推进通识教育，以中外经典教育著称，培育完善人格。

台湾地区私立大学主要由企业、宗教团体、社会知名人士创建。①企业办学。如远东集团通信事业蓬勃发展，其创办的元智大学将通信作为重点研究领域，并成立通信科技中心，双方合作研究多项计划，有效利用学校和集团资源。②宗教团体办学。这类学校的教育宗旨、教育理念皆体现宗教教义。最早建立的几个私立院校多是在宗教教会的支持下兴办的。如东吴大学为美国基督教在中国建立的教会大学；静宜大学的前身为天主教英语补习学校；辅仁大学是直属罗马教廷教育部的天主教大学。③社会知名人士办学。知名人士包括国民党高官、专家学者等。如实践大学由台湾地区前"副总统"谢东闵先生创办。

经过 60 多年的建设，台湾地区私立大学质量大幅提升。在地区名牌高校的行列中，不乏私立大学的校名。辅仁大学、淡江大学、东吴大学、逢甲大学和东海大学都是名扬岛内外的名牌大学。

第三节 世界私立高等教育的兴起及趋势

一 世界各国私立高等教育的兴起

进入 20 世纪中后期，知识经济兴起并得到各国政府的重视，人才逐渐成为社会发展的第一资源。大学作为人才培养的摇篮，从来没有这样高的社会地位。从 1960 年至 1985 年，世界大学生总数从 1300 万增长至 8200 万，而至 2011 年，世界各国大学生总数竟超过 1.82441 亿人。① 大学的发展成为世界各国经济和社会发展的标志性指标。与此相关，对于大学的体制、财政、经费、质量和效率等问题，也日益成为社会关注的课题。

公私并行是世界高等教育办学体制改革的规律。然而从公立大学举办开始，大学的办学体制开始有了质的变化。政府举办大学，大大增加了大学的经费，催生了大学的职能，加快了大学的各项建设，在规制大学发展方面也作了大量的工作，总体来说有利于大学的演进和发展。但是随着时

---

① UNESCO：*Educatioa for All Global Monitoring Report*，2013，Tabel 9A.

间进程的推移，公立高等教育办学体制的弊端也开始显露。尤其是在一些单一公立高等教育体制的国家，问题和矛盾更加突出。由于纯公立体制，制约社会资源参与，经费来源单一，加重了政府的财政负担。再富有的国家，大学的经费还是难以满足；大学办学的趋同性和计划性，难以满足社会对人才和接受高等教育的多样化需求；政府的过多介入导致大学过分功利化；单一的办学体制淡化了大学发展的活力和动力，降低了大学的效率和效能，从而引发了学界和社会的质疑。在实践中各国政府逐渐认识到，要使整个社会高等教育稳定发展，满足社会接受高等教育和对人才培养的多样化需求，就必须坚持两条腿走路方针，改变由政府单一投资的大学办学体制，实行政府和社会共同办学的格局。进入 20 世纪中叶，随着经济社会发展和高等教育民主化、大众化的推进，私立高等教育办学在许多国家重新得到关注和重视。尤其是二战以后，各国都高度认识大学在国家经济和社会中的作用，许多国家制定了科教兴国的发展战略，推进高等教育大众化，积极开展办学体制的改革，在发展私立大学方面迈出坚定的步伐。

公立大学独占高等教育舞台的办学体制，首先是不符合高等教育民主化的要求。始于 20 世纪 60 年代的高等教育民主化，主要内涵有两个方面：一是接受高等教育的机会均等，不因种族、民族、肤色、性别、阶层、家庭、地域等差异而丧失或减少；二是师生员工参与教育管理过程，即高校教师、行政管理人员、大学生在高校管理活动中为维护自身权益争取民主参与的机会。而高等教育大众化，要求大量增加高等教育适龄人口的入学比例。制约高等教育机会均等和大众化的很大障碍在于高等教育资源的有限性。其次，单一的公立办学体制，加重了政府的财政负担，难以解决越来越窘迫的公共财政压力。高等教育公共化，带来的是政府庞大的财政负担，许多国家越来越感觉到大学带来的沉重的财政负担，在社会资源拮据的背景下，社会对提高大学效率的呼声越来越高。再次，单一的公办办学体制，不利于提高公共财政的效率和质量。由于办学体制单一，高等教育内部和大学之间缺乏竞争机制，难以激活大学发展的活力和动力，制约大学办学质量和效率的提高。最后，不能满足社会发展对人才多样化的需求。社会事务是多样的，人的发展的诉求也是丰富的，"因为公共教育要讲机会均等，权利平等，标准统一，它不应也不能像民办教育那样追求服务对象的特定性、教育质量的差异性和社会需求的独特性"①。在这样的背景下，私立高等教育办学体制开始在全世界得到广泛认可和支持，在许多传统国家得到恢复和发展，大量私立大学得到举办。私立高等教育的办学体制成为一个潮流，有的甚至占国家高等教育系统半数以上。"私立大学恢复发展的主要原因是市场经济的大环境和私有化思想唤起了私立高等教育的复苏。其时市场经济的迅速发展，刺激了企业对技术人员的旺盛需求，人民大众自身对中学后教育的需求持续高涨，但政府对公立高等教育的资金投入却不能紧随其后。"②

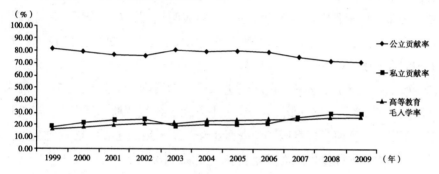

图 3-5 1999—2009 年世界公、私立高等教育贡献率变化

资料来源：高燕：《公立与私立高等教育对毛入学率的贡献率研究》，《教育与经济》2013 年第 2 期。

表 3-19 **1999—2009 年世界公、私立高等教育机构贡献率变化** 单位：%

年份	公立	私立	高等教育毛入学率
1999	18.60	81.40	18.10
2000	21.15	78.85	18.87
2001	23.50	76.50	19.98
2002	24.25	75.75	21.45
2003	19.95	80.05	22.46
2004	21.00	79.00	23.37
2005	21.00	79.00	24.02

资料来源：高燕：《公立与私立高等教育对毛入学率的贡献率研究》，博士学位论文，厦门大学，2012 年。

---

① 徐辉：《民办教育五问》，《新华日报》2015 年 9 月 10 日，第 12 版。

② 菲利普·G. 阿尔特巴赫等：《私立高等教育：全球革命》，胡建伟译，中国社会科学出版社 2014 年版。徐绪卿：《世界私立大学办学体制极其演变：经验与启示》，《浙江树人大学学报》2017 年第 1 期。

　　20 世纪中后期，世界各国积极推进高等教育大众化，给予私立大学宽松和广阔的发展空间。在美国，二战以后随着经济建设对人才的需要和大批退伍军人安置需求，持续推进私立大学办学，在校生占比达到 20% 以上。在英国，汉白金大学宣布不会接受政府捐赠，成为独树一帜的私立大学。一大批应用技术为主要培养对象的私立专科院校开始兴建。在日本、韩国和中国台湾地区，1950 年后私立大学得到政策明晰的指引，学校数量快速增加，在校生占比达到 75% 以上。在苏联和东欧地区，原来绝迹的私立大学也开始得到快速发展。1994 年世界银行对最具代表性的 9 个发达国家和 32 个发展中国家私立高等教育的统计资料表明①，共有 21 个国家私立高等教育机构在校生人数占整个高等教育机构在校生总数的 20%，有 12 个国家的相应百分比超过 40%。联合国教科文组织正式统计资料（列入统计的有 139 个国家/地区）显示②，在已经进入高等教育大众化阶段的 73 个国家（地区）中，多数国家（除上文提及的国家外还有俄罗斯、西班牙、澳大利亚、阿根廷、墨西哥、泰国、马来西亚等）所采用的主要举措就包括支持私立高等教育的稳步发展尤其是可持续发展。部分国家私立大学的发展速度引人惊叹。"私立高等教育日益成为大部分国家和地区高等教育系统中的重要组成部分，欧洲不少国家和地区更是把发展私立高等教育作为实现高等教育'民主化'、大众化、普及化的主要途径。"③ 美国著名比较高等教育研究专家菲利普·G. 阿尔特巴赫认为，私立高等教育的发展，是一场全球革命。④ 在国家经济和社会发展中发挥积极作用。

表 3-20　　　　　　　　　　1999 年以来世界高等教育在学规模

年份	1999	2005	2007	2008	2009	2010	2011
在学规模（万人）	9283.6	13776.9	14372.3	15871.3	16458.2	17716.9	18244.1

　　资料来源：根据相关资料整理。

---

　　① 世界银行：Higher Education：The Lessons of Experience，1994，蒋凯主译，《发展中国家的高等教育：危机与出路》，教育科学出版社 2001 年版，第 24 页。

　　② 联合国教科文组织：《从统计数字看世界高等教育》，《教育参考资料》，2000 年，第 1—2 页。

　　③ 赵硕：《欧洲私立大学高等教育的发展嬗变》，中央编译出版社 2015 年版，前言。

　　④ 菲利普·G. 阿尔特巴赫等：《私立高等教育：全球革命》，胡建伟译，中国社会科学出版社 2014 年版。

办学体制作为国家高等教育的基本体制，既是世界高等教育发展的产物，也是国家国情和历史文化传统在高等教育发展中的反映。正如郭敦荣教授所指出的："在现代大学制度的百花园中，不同国家的现代大学制度都是独一无二的，不仅表现在理念和形式上，也表现在功能上，都具有不可替代性，不能用某一国家的现代大学制度取代另一国家的现代大学制度。"①

世界各国的高等教育办学体制改革，都有其特定的国情、历史和文化影响，由此在世界范围内营造出高等教育多样化的百花园。在积极发展私立大学的过程中，各国还注意根据本国国情和高等教育发展的实际，创造了许多特色和亮点。马来西亚建国较晚，殖民地时期留下来的大学本身也不多，本国经济发展起步较迟，因此，马来西亚除了办好本国国立大学、鼓励本国原有私立大学发展外，还专门出台政策，支持外国大学来马举办分校，进而发展高等教育。

表3-21　　　　　　　　　马来西亚学生在本土公立、
私立和海外高校就读人数　　　　　　单位：人，（%）

	1985 年	1990 年	1995 年	2000 年
公立机构	86330（51.1）	122340（53）	189020（51.5）	167507
私立机构	15000（8.9）	35600（15.4）	127594（34.7）	203391
海外机构	68000（40）	73000（31.6）	50600（13.8）	超过 12794
共计	169330（100）	230940（100）	367214（100）	不详

资料来源：陈爱梅：《马来西亚私立高等教育》，钟海青、刘肖华译，广西师范大学出版社2012年版，第92页。

从现有界定来看，印度少有私立大学。根据政府相关政策，印度鼓励国立大学建立附属学院（类似我国大学的二级学院），而这些二级学院大部分是私立的。根据统计，私立学院占学院总数的3/4，半数以上的学生在私立院校就读。② 另据宋鸿雁的研究，这些二级学院称为受助私立学院，它们由私立或社会团体举办和管理，政府提供以教师工资为主体的维持性拨款。印度大约有70%的学院都是私人/私营部门举办和

---

① 郭敦荣：《现代大学制度的典型模式与国家特色》，《中国高教研究》2017年第5期。

② 李文成、韩和鸣主编：《国外私立高等教育发展研究》，郑州大学出版社2007年版，第29页。

管理的。①

　　而拉美国家在创办私立大学过程中，不论起步时间早晚，绝大多数都是从建立天主教大学开始的，这是因为当时教会权力仅次于国家权力。从1888年拉美第一所私立大学——智利天主教大学宣告成立到1985年，拉美20国共有高校422所，其中私立高校为193所，占45.7%，1988年，20国注册在校大学生627.37万人，其中私立高校学生为238.04万，占38%。②

　　"自从13世纪西方大学的创办以来，私立高等教育一直是大学体制的重要部分，现已成为21世纪高等教育的核心特征。如何看待私立高等教育，并将其融入到一个国家乃至世界范围的更为广泛的大学体制，是一个非常关键的问题。新的私立大学在构建、办学目标、财政背景方面都与传统的私立大学有很大不同。毋庸置疑，理解和制定适合于私立高等教育发展的政策框架迫在眉睫。"③

　　中国也是高等教育的后发国家，直至18世纪末期才出现现代大学办学，与大多数后起国家一样，大学的举办体制是公、私立同时起步的。1949年以前，私立大学的举办主体，主要为政府官员、教会和知识开明人士。与其他国家有明显区别的是，个人出资举办私立院校的占比较高。教会方面，1879年美国圣公会上海主教施约瑟（S. J. Sekoresehewsky）在上海创办圣约翰书院，将西方近代大学教学风格引入中国，成为中国近代最早的教会大学，也是中国最早的近代意义上的大学。1905年圣约翰书院正式升格为圣约翰大学，并在美国华盛顿州注册，1947年向国民政府注册。个人办学方面，1896年盛宣怀管辖下的轮船招商局和上海电报局以商户捐款和每年规银10万两创办上海南洋公学（为交通大学沪校前身），被认为是中国近代第一所私立大学。1902年由著名爱国教育家马相伯捐出全部家产土地3000亩、现洋4万元创办震旦学院（复旦大学的前身）。1906年为解决部分归国留学生的就学问题，资产阶级革命派姚宏

---

　　① 宋鸿雁：《印度私立高等教育发展研究》，山西人民出版社2010年版，第69页。

　　② 王留拴：《拉丁美洲国家公、私立高等教育的主要特征》，《外国教育资料》1995年第4期。

　　③ 胡建伟：《后记》，见菲利普·G. 阿尔特巴赫等《私立高等教育：全球革命》，胡建伟译，中国社会科学出版社2014年版。

业、孙镜清等人四方奔走，劝募经费，在上海创办中国公学。1919 年近代著名的教育家严修和张伯苓先生在天津创建南开大学。1921 年著名爱国华侨陈嘉庚认捐开办费一百万元，经常费三百万元，分 12 年支付，创办厦门大学。这些大学都是我国历史上较为著名的私立大学，虽然年代变迁，至今仍有广泛而深远的影响。查阅资料，20 世纪 30 年代中期 20 所较为著名的私立大学中，10 所是教会大学，10 所是国人所办的私立大学。至 1950 年初，全国有高校 227 所，其中私立高校 65 所，占高校总数的 39%。① 在校生来看，全国专科以上高校在校生 62935 人，私立高校为 23770 人，占在校生总数的 1/3 以上。②

可以说，私立大学不仅在办学体制上一直得到保证，而且事实上成为中国近代高等教育的重要组成部分。这些大学为国家和民族的发展培养了大批优秀的人才，它们在中国高等教育发展进程中做出过重要贡献。1952 年，政府对全国高等院校进行了大规模的院系调整与体制改革。在新的体制下，公办高校成为国家唯一的办学体制，私立大学全部退出国家高等教育舞台。

改革开放以后，国家制定了科教兴国发展战略，重视和鼓励发展高等教育。从穷国办大教育的基本国情出发，政府重新启动民办高校的发展，支持社会力量举办高等院校。从现有的法律法规来看，民办高校举办主体比较广泛而复杂，主要是公民个人、组织机构、企事业单位等。21 世纪初开始，在快速实施高等教育大众化进程中，民办高校快速崛起，大学数量和在校生规模得到快速增长，截至 2015 年年底，民办普通高校数量已经达到全国普通高校数量的 30% 左右，在校生规模占比达到 22% 左右。短短 15 年时间，民办高校已经成为国家高等教育体系的重要组成部分，成为国家高等教育改革和发展新的增长点。但是由于历史的原因，我国民办高校的发展还面临许多体制性矛盾。政策缺失、社会偏见、队伍较弱、层次较低等问题困扰着民办高校的可持续发展。

---

① 瞿延东：《我国民办教育的发展与管理》，中国财政经济出版社 2002 年版，第 374—375 页。

② 《中华人民共和国各大城市私立学校学生人数统计表》，《人民教育》1950 第 2 期。

二　世界各国私立高等教育发展的趋势

高等教育已经成为国家发展的利器，私立高等教育已经成为世界高等教育的重要组成部分。从近几年的发展状况来看，各国私立高等教育呈现以下几个发展趋势。

第一，私立、公立院校之间界限模糊化。

随着高等教育办学体制改革的不断深化，世界各国高等教育出现了私、公立院校之间界限模糊化的趋势。这种趋势主要原因来自以下几个方面。首先是私立高等教育本身的发展和壮大，规模逐渐扩大，从国家高等教育拾遗补阙的补充地位逐渐成为"重要组成部分"。质量提升和特色彰显，使得私立大学开始从高等教育的边缘走向社会中心。其次是政府公共财政普遍加大了对私立大学的资助。政府采取多种形式加大对私立院校的支持，在一些国家里，政府对私立大学的资助越来越多，有的甚至成为大学经费的主要渠道（欧洲许多国家政府资助已经占比 80%以上）。政府在提供大量资助的同时，也加强了对私立大学的控制，在学校设置要求和学术规范方面，公立和私立大学都要执行相同的标准。几乎所有的国家和地区都规定，无论是公立大学和私立大学都要接受专业评估机构的评估认证，师资队伍、专业水准、实验条件、图书资料等必须达到规定的标准。再次是公立大学也加快了市场化进程。公立大学也采用与私立大学同样的市场手段，越来越多的通过多种渠道接受企业、团体和私人的资助，为一些机构培养人才或承担科研任务以及其他服务。公立大学由其他渠道获得经费在整个学校办学经费所占的比例越来越大，政府拨款经费所占的比例越来越小。最后是公立大学与私立大学之间的互动加强。公立机构以各种方式介入私立院校或市场活动，而私立院校也以各种方式接受公共资助，学校资产来源呈现多元化的特点。总之，纯粹意义上的公立机构减少，私立大学，尤其是非营利性私立大学和公立大学以不同的方式提供高等教育服务，共同成为社会公共事业的重要组成部分。[①]

第二，私立院校经费公共化。

从发展态势上看，世界各国都将改革办学体制、发展私立院校作为高

---

　　① 毕振力：《民办高等教育的财政资助——现状、障碍与突破》，经济科学出版社 2015 年版，第 6 页。

等教育体制改革的重要内容。从公私不分到公办为主再到公私并举，私立院校得到政府支持重新快速发展并得到社会鼓励。2009 年世界高等教育大会将私立高等教育作为一个重要议题。会议发表的《联合公报》[①] 指出，高等教育是一种公共产品，应该是政府承担的责任，并由政府提供经费资助。私立高等教育也应被纳入公共政策范围，使其满足社会公益性要求。私立高等教育的规制系统包括法律、政策、程序、质量保证机制、资助与激励、信息系统等内容。政策制定要遵循适度性和渐进性的原则，既要顾及一致性和稳定性，也要兼顾差异性和变动性。越来越多的社会组织参与高等教育，拉近了高等教育与市场的距离；私立高等教育公共化的趋势，也赋予政府在私立院校的治理中更多的权力和责任。

政府给私立高校必要的资助是国家发展私立高等教育的重要措施之一，并且这种资助的力度正在不断加强。政府资助的目的，一是减轻私立高校的财政压力，促使其把注意力集中到教学上来；二是降低私立高校的收费，促进教育机会的均等；三是通过财政资助，对私立高校进行必要的控制和管理；四是繁荣私立高等教育事业，促进高等教育大众化和普及化。在多数发展中国家，政府对私立大学的资助超过大学总收入的 10%以上，发达国家的私立大学从政府获取的经费比例大于发展中国家。

美国政府虽然没有直接给私立高校提供经费拨款，但私立高校学生可以享受政府贷款和助学金。美国联邦政府的助学金中有 35%以上间接流向私立高校。哈佛大学每年接受各种财政支持的学生在 70%以上，麻省理工学院接受财政支持的学生达到 75%。另外，知名私立大学还可以凭借自己的优势通过竞争获得联邦政府的研究与开发经费，如麻省理工学院 70%以上的科研经费来自联邦政府。[②] 而各州政府则根据自身的实际给予私立院校各式各样的支持，甚至对于一部分营利性的私立高校也通过购买服务的方式给予资助。

英国通过给学生贷款、专项补贴、奖学金等方式进行间接资助。目前，英国私立大学 90%的基建经费和 75%的教育经费来自政府资助，议

---

① 阎凤桥：《私立高等教育的全球扩张以及相关政策——对 2009 年世界高等教育大会报告文本的分析》，《2009 年中国教育经济学学术年会论文集》（内部资料），第 1—14 页。

② 王定华：《走进美国教育》，人民教育出版社 2004 年版，第 139、144 页。

会通过大学拨款委员会向大学提供补助金。就连过去从不接受政府资助的伯明翰大学，现在也有 1/3 的学生接受政府个别补助。①

　　1975 年日本政府颁布了《私立学校振兴助成法》，明文规定政府对私立大学给予财政援助，并且资助数额逐年增大。1970 年私立高校经费来自家资助的比例为 7.2%，1975 年上升到 20.6%，1980 年为 29.5%。《私立学校振兴助成法》的颁布实施，使日本的私立大学在数量上、规模上、质量上都得到了快速发展。进入 20 世纪 90 年代，日本政府对私立大学实施倾斜性分配，以帮助私立高校引进最尖端的科研设备，拓展私立高校的高科研领域。亚洲金融危机后，在国家财政很不宽裕的情况下，日本给私立大学的援助，不仅没有减少，反而增加了 75 亿日元，达到 2950.5 亿日元，其中，仅特别援助就达 669 亿日元。此外，日本政府还用贷款手段来为私立高等教育筹集经费，私立学校振兴财团对私立高等教育的校舍重建、土地购置、教学科研设备的购买等事项发放长期低息贷款，其年息为 5.5%。②

　　韩国《私立学校法》也规定，对私立高等职业学校的学校法人，政府给予优先资助。1960 年，比利时政府对私立高校的补贴达到高等教育总预算的 44%，1971 年 7 月 27 日通过的一项法案规定，私立大学与公立大学一样，可以获取完全相同的来自政府的公共资金，政府的财政拨款按统一标准（如根据招生人数、学科专业类型等）发放。1972 年，比利时政府对私立大学的补贴就达到高等教育总预算的 44%。阿根廷政府 1964 年颁布政府令，规定由国家支付私立大学教师工资的 20%。1980 年，智利政府颁布为私立大学提供资助的补助法，政府补助部分约占私立大学经费总支出的一半。澳大利亚政府规定，私立学校可以得到约占学校经费总额 13% 的国家补贴。

　　当然，需要指出的是，无论发展中国家还是发达国家，私立大学经费的主要来源不是来自政府，而是来自学生的学杂费。不过，有些名牌私立大学的捐赠、服务、销售、运营所占的比例也比较大。

---

① 赵红亚：《试论国外私立高等教育的发展趋势》，《北京科技大学学报》（社会科学版）2007 年第 1 期。
② 吴忠魁：《私立学校比较研究——与国家关系用度的分析》，北京师范大学出版社 1999年版，第 116 页。

在世界上大多数国家，私立高等教育已经成为国家高等教育体系中不可或缺的重要组成部分，被列入国家公共财政支持的领域。在欧洲许多国家，公、私立高等教育的界限已日益模糊。从发展趋势看，公立高等教育经费来源日益多样，政府公共财政占办学经费比例已降低到一个较低的比例。私立高等教育已开始接受越来越多的政府公共财政资助，有的地区私立院校的财政性资金补助已达20%—30%，私立高等教育的公共化正逐步发展成为一种一般性特征。

第三，私立高等教育优质化。

从世界主要发达国家来看，发展私立高等教育已经成为许多国家的发展战略。私立高等教育的发展取得巨大成就，地位逐步提升，并且涌现出了一批引领世界高等教育发展潮流的私立高等教育机构。这些机构往往能提供优于公立高等教育的品质，满足社会对优质高等教育的需求，私立高等教育呈现出优质化的一般性特征。

质量是大学生存和发展的生命。在高等教育大众化的背景下，接受高等教育的选择性大大增加，优质高等教育资源稀缺，优质化成为私立院校服务国家战略的重要路径，成为增强办学竞争力的关键要素。提升质量，培育优质资源和品牌，已经成为世界私立大学的重要发展潮流。

私立大学更加重视教学质量的提高和特色的形成[1]。随着高等教育的普及，对私立院校的办学质量提出更高的要求，同时，私立院校数量的不断增加，也加剧了高等教育市场的竞争程度。为了生存和发展。国外许多私立大学都十分重视质量建设和特色建设，以质量求生存，以特色谋发展成为私立高校的经营之道。在日本、马来西亚、英国、美国、荷兰、南非、澳大利亚，私立高校的教育质量一般都高于公立学校。英国的牛津、剑桥，美国的哈佛、斯坦福、麻省理工，日本的庆应私塾、早稻田，等等，都是以质量和特色著称的私立大学，它们在其各自国家的政治、经济、科技等领域发挥着重要的作用，也是各国莘莘学子向往的知识殿堂。据1973年日本《人事兴信录》的抽样调查，社会上公认的名人，包括大企业家、医生、大学教授、律师、政治家、艺术家等，毕业于私立庆应私塾大学的占7.2%，京都大学的占6.2%，私立早稻田大学的占3.7%，其

---

[1] 赵红亚：《试论国外私立高等教育的发展趋势》，《北京科技大学学报》（社会科学版）2007年第1期。

他私立大学的占 14.7%①。办学特色是国外私立大学保持竞争力的又一法宝。譬如，日本的早稻田大学重视培养学生的"在野精神"，形成"理论和实学相融合"以及自由阔达的校风，培养富有进取精神的人才，所以课程设置注重人文与社会学科，政治学部是该校的招牌学部。庆应私塾则以"实学"闻名于世，"理财学"是其优势学科，它不仅教授经济学，还开设其他具有高度教养的课程。

美国私立高校同样以特色取胜。普林斯顿大学、达特茅斯学院重视本科教学，相对稳定规模，以高质量的本科教学而著名；哈佛大学的教授自治、学术自由、崇尚创新的办学理念被视为美国精神的象征；约翰·霍普金斯大学强调大学传播知识与创造知识并重，首创研究生教育与提倡科学研究，开创了美国研究生教育之先河；麻省理工学院重视产、学、研结合，伴随美国工业革命一起成长，被誉为美国现代产业之父；麻省理工学院在航天技术、宇宙科学、原子科学、生物工程等领域处于领先地位，其重大科技发明享誉世界。

第四，私立高等教育发展国际化。

世界经济的区域化步伐加快，金融全球化使各国之间的经济关系变得更为密切，形成了难以分割的整体，各国的经济增长越来越依赖于参与国际经贸市场的程度。而经济贸易全球化的浪潮正以不可阻挡之势冲击着各国的高等教育领域，要求高等教育培养出开放型、创新型的生产和管理人才。因此，进入 20 世纪 90 年代以来，在工业发达国家的推动下，世界性的高等教育国际化潮流开始形成。

高等教育国际化淡化了国家和地域之间的界限，使跨国私立高等教育在组织和办学形式上呈现多样性特征。首先是连锁办学形式，指一国的学术机构与另一国的大学建立联系，建立分支机构，制定合作计划。合作计划采取多种形式，包括特有的国外学位计划，特许课程和学位，成立国外学术中心。其次是在海外建立分校。考生来源的减少和竞争者的增加，渐渐开始反映到大学经营中，拓展国外考生来源，增加私立大学的国际化形象，成为提高大学知名度的一种手段。美国在境外的跨国高等教育形式多样，最突出的形式就是开办海外分校。此外，采用现代技术通过网络、卫

---

① 陈永明：《当代日本私立学校》，山西教育出版社 1996 版，第 185 页。

星传送和可视电话系统等手段进行跨国远程教育；学校与企业联合办学等也是国外私立高校常采用的跨国教育形式。

私立高等教育以终身化教育为目标，趋于向国际化发展，有助于增进学生多元文化意识和国际交往能力；促进不同国家之间的经济合作与文化交流；获取他国的优质教育资源，比如教育经费、人力资源、管理经验、先进学术理论等；扩大学校社会知名度，打造品牌效应；增加经济收入，推动学校整体发展。

第五，私、公立院校办学的趋同性。[①]

在市场化过程中，公立高校与私立高校正在走向趋同，公立、私立的界限将逐渐消失或差距变得越来越小。这种趋同体现在多个方面。

其一，在办学目标上，公立高校和私立高校都是为了促进本国、本地区政治经济发展，推动社会进步，增强本国、本地区的科技竞争力，培养社会需要的各类人才。这种办学使命的趋同性使得私立院校在与公立院校的竞争中取得更多的话语权。

其二，在经营策略上，公立、私立高校都比较重视根据市场发展调整学校发展规划，设置专业和课程，采用灵活的教学模式；都非常重视高层次人才的引进，组建强大的教师队伍，注重学术品位；都非常重视优势学科群的锻造，形成自己的特色和品牌。

其三，在学校设置要求和学术规范上，公立和私立高校基本执行同等的标准。几乎所有国家和地区都规定，无论是公立大学或是私立大学，都要接受专业评估机构的评估认证，师资队伍、专业水准、实验条件、图书资料等必须达到规定的标准，否则国家不予认可，或不能享用相关的优惠待遇，如拨款、减免税等。

其四，在办学理念上，公立、私立高校都趋向多样化。美国人认为，唯有教育的多样化才能保持各种文化的平等性和民主观念。曾担任过普林斯顿大学校长、后任美国第 28 任总统的伍德思·威尔逊，1907 年在哈佛大学的一次讲话中说："普林斯顿不像哈佛，也不希望变成哈佛那样，也不希望哈佛变成普林斯顿。我们相信民主的活力在于多样性，在于各种思

---

① 参见赵红亚《试论国外私立高等教育的发展趋势》，《北京科技大学学报》（社会科学版）2007 年第 1 期。

想的相互补充，相互竞争。"①

多样化的办学理念主要体现在以下几方面。一是在大学功能的展现上，都注重教学、科研、服务和交流均衡发展，但是每个高校会根据自身的历史传统、学科优势及学校品牌特色，在各个方面有所侧重。开展对外教育交流，抢占国内国外教育市场，吸收优质教育，以及服务社会，积极参与本国、本地区政治经济发展，将是公立、私立高校共同关注的话题。二是在办学形式上，都注意学历教育与非学历教育并重，全日制与业余制兼顾，积极扩展与国外高校的合作领域，或加强与企业的技术开发。三是在学制上，都采用了学分制，学生可以根据自己的兴趣、能力及实际需求，自主决定学习的课程、学习年限、学习方式，从而更充分地体现出以人为本这一西方古老的教育理念。

其五，在社会地位和声誉上，私立高校已从过去的从属地位，即仅仅作为对高等教育的补充而迈向高等教育的舞台中心，与公立大学平分秋色，并行发展。在一些私立大学发达的国家，私立大学甚至引领着高等教育发展的走向，尤其在某些研究领域，许多著名私立大学始终保持自己的绝对优势，因此成为莘莘学子求学的首选目标。

总之，私立高等教育势必会随着经济和社会的发展呈现出更加多元化的趋势，其地位将进一步得到强化，其作用将日趋彰显，其发展模式和经营理念将会为公立高校提供更多的借鉴标准。可以坚信，在学习社会中，在高等教育大众化和普及化过程中，私立高等教育将焕发出勃勃生机和活力。

---

① 肖目、丽日：《普林斯顿大学》，湖南教育出版社 1992 年版，第 51 页。

第四章　我国民办院校办学体制发展进程

经过近 40 年的探索和引导，我国民办高等教育从无到有，从小到大，已经具有较大的规模和一定的办学实力，为社会主义现代化建设贡献力量。本章全面介绍我国民办院校办学体制的起步和发展状况，阐述了民办院校办学体制的演变过程，为后续研究提供基础。

第一节　我国民办院校办学体制发展回顾

研究当下民办院校的发展，需要从回顾民办高等教育发展起步乃至私立高等教育发展的历史开始。研究历史本不是课题研究的目的所在。之所以采取这样的形式，诚如美国教育文化史家巴茨所言："其一是叫人看清过去用以解决问题的要素有哪些还存在于目前？其二是叫人看清不同时代和不同民族曾怎样解决类似目前出现的问题？"因为"理解现代社会和现代教育的最高明的渠道之一是从人类文化发展的历史长河来对教育进行展望。"①

一　中国私立高等教育办学历史回眸②

中华民族是世界上有着悠久历史的古老民族。现代考古学、人类学和历史学的研究成果表明，早在 170 万年以前，在这块广袤的土地上就生长、繁衍着我们勤劳勇敢的祖先。现有研究足以说明，在独立起源的世界四大古文明中，历五千年沧桑巨变而从未中断的，唯有中华文明。伴随着漫长的历史发展进程，中国的教育逐步兴起，与经济发展和社会进步共同

---

① 滕大春：《美国教育史》，人民出版社 1994 年版，第 631 页。

② 根据徐绪卿《民办高等教育新发展中面临的问题》整理，见《人大书报复印资料·高等教育》2003 年第 1 期。

演进，并逐步成为推动和促进经济发展和社会进步的重要因素。

就办学体制而言，与世界上许多国家一样，在中国教育发展相当长的时期里，官学和私学始终是教育的主要形式。自从私学产生以后，官学和私学就相互消长、相互并存。据研究，最早的中国私学出现在春秋中期的齐国和鲁国。不少学者认为，《庄子·天下》篇中提及的"晋绅先生"就是中国最早的私学老师。孔子、孟子、老聃、墨翟等都是古代著名的私学教育家。

"'高等教育'的概念出现的很晚，人类对于较高层次学校教育的需求却很久远，并促成古代高等教育的出现。"[1] 中国古代"大学"教育也很发达。"四书五经"中《四书》之首篇就是《大学》，据认为是孔子讲授"初学入德之门"的要籍，至今已经具有 2000 多年的历史了。古文献的记载和最新的考古发掘证明，中国在奴隶制国家的西周时期，就开始有了"小学"和"大学"的称谓和建制。西周的"辟雍"，为"天子"设立的"大学"，多少带有现在的"国立"性质，"泮宫"是诸侯国建立的"大学"，与国外的"州立"很相像，而"畴学"则是王宫中负责天文、水利、建筑、制造等各种技术部门官吏们的父子相传的教育形式。由于周天子与诸侯国势力的消长，"学在官府"格局逐渐被打破，典籍失散，文官出走，"天子失官，学在四夷"，导致学术下移，官学走向衰败。与此同时，中国古代私学兴起，它发端于春秋中叶，繁荣于春秋战国之交，鼎盛于战国中期。由于称雄争霸的需要，各国诸侯竞相纳贤，形成养士之风。"士"阶层的兴起极大地促进了高等私学的发展。受不同阶级利益的驱使和对学术价值的取向不同，诸多私学形成了"诸子百家"的不同风格和流派，如儒家、墨家、道家、法家等，他们各自在培育众多的杰出人才的同时，明确提出了自己的哲学、政治和社会学说，出现了"百家争鸣"的繁荣的学术景象，也促进了私学的发展。在这样的背景下，齐国创立了私学汇聚的"稷下学宫"，它是中国古代高等教育史上的重要里程碑，虽兼具公私性质，但是它对于私学的进一步发展具有重要意义，被英国学者李约瑟（Joseph Needham）称为"稷下书院"。战国时期兴盛的诸子百家不仅在培养人才和推动社会政治、经济、文化繁荣方面贡献卓著，而且奠定了中国古代大学教育的理论基础。在中国教育发展史上，写下了

---

① 潘懋元：《多学科观点的高等教育研究》，上海教育出版社 2001 年版，第 26 页。

光辉灿烂的一页。

封建时代，"大学"继续得到官府的重视。汉代产生了以培养国家行政官吏为主要任务的中央官学，称为"太学"。西晋之后，除保留太学以外，曾设国子学。隋唐时代，又建置了管理中央官学的行政机构国子监，这一建制一直延续至明清时期。与此同时，私立高层次教育也一直得到发展。尽管秦始皇时代的"焚书坑儒"对百家争鸣、众说纷纭的诸子私学来说是一个沉重的打击，但是汉代建国后采用黄老的"无为而治"思想，实行"修生养息"政策，私学又得到很快的恢复和发展，私学的规模、范围和教育质量、效果，都超过了中央政府设立的高等学府——太学。魏晋南北朝时期，统治者忙于应付战争，放松了思想和学术的控制，知识界的思想比较活跃，不少学者为了传播自己的学术观点，创立私学招收生徒，除了传授儒学之外，专业性的如研究天文、历算、庄老与图纬的私学也发展起来。隋唐时期官立高层次教育比较兴盛，但教授经学的私立高等讲学场所仍然在各地设立，同时探讨佛学哲理的寺院讲学也遍及各地。宋代统治者实施重文政策，比较优待知识分子，对于不同政治主张和学术见解，采取宽容态度，一般都不加指责，从而促进了思想和学术的活跃。学者们对儒学研究的重点与着眼点和汉、唐不同，观点也有较大的差别，从而形成了各个儒学派间的自由争论。正是活跃的政治思想与学术思想，促进了教育改革，推动了教育的发展，高等性质的私学也逐步演变成书院。一些深孚众望的学者在各地创办书院，建设独立的校舍，制定比较系统的教学计划与管理制度，以书院的院田维持常年经费，学生来书院求学，不仅免缴学费，还由书院供给食宿。一些著名书院既是教育场所，又是学术研究与自由辩论、交流的中心。书院制度兴盛，成为中国封建高等教育的重要形式。元、明两朝和清朝前期高等性质的私学，仍然采用书院形式。不过后来书院逐渐为官府控制，独立办学、自由讲学的风气被严重削弱，而且只有少数讲求学术的书院才具有高等教育的特征。清末改书院为新式学堂，于是出现了私立高等学堂。高等私学作为封建社会高等教育的重要形式，它在整个封建社会的人才培养和文化繁荣中发挥了重要的作用。

由此可见，中国古代一直存在着培养高等人才的"机构"，它们被称为"太学"或"书院"，但没有被冠以"大学"之名。中国古代的"太学"和"书院"，主要承担着为封建统治阶级输送治国安邦人才的任务，所传授的主要是孔子的儒家学说（后面还会分析），其办学目的、学科设置、所授内容、办学形式与治理方式都与近现代"大学"相去甚远。

严格意义上的中国近代高等教育是 19 世纪 90 年代后期伴随着民族灾难的日益深重而产生的。中国近代大学与世界大学同源。中国古代高等教育历史悠久，资源丰厚，但并不能否定，现代大学毫无例外都是起源于欧洲，并且我国现代大学最关键性的转折是在清廷手中完成的。与此同时，现代大学的起步还是秉承了公、私并行发展的格局。

按其经费来源，中国近代私立大学大致可分为两类：一类是由国人自办的，包括由政府官吏、土地所有者、实业界人士和其他爱国人士等个人捐资或集体筹资兴办的，以及以会馆、同乡会等社团形式集资兴办的；另一类是以外资为主筹办的，这类学校主要是由基督教（天主教）各差会在中国兴办的教会学校，也有少量由外国团体或个人出资在中国兴办的学校。

第二次鸦片战争以后，中国进一步沦为半封建半殖民地社会，闭关自守的政策受到冲击并逐步改变。随着日益频繁的中外交往活动开展和洋务运动中仿造西方舰炮的军事企业对人才的需要，西方近代大学教育思想开始逐步传入我国，教会大学开始兴办。一部分知识分子和有识之士从国家繁荣兴衰的探索中，认识到西方之所以强盛，源之于教育发达、人才辈出。中国要想不受欺凌，就必需改革教育，培养自己的人才。于是一些开明官僚开始了效仿西方办学的探索，开始了创建近代大学的有益尝试。

1. 甲午战后：中体西用，私立大学萌芽

清末甲午战后，在内忧外患的严酷现实面前，中国社会到了变革图存之际，高等教育的变革首当其冲，废科举、兴学堂成为当务之急。近代意义上的高等教育以洋务运动时期各类新式学堂的创办为契机，先后经历晚清、民国初期和南京国民政府三个时期逐步发展起来，形成了覆盖南北的大学群和知识共同体。

中国近代高等教育发轫于晚清的洋务运动时期。西方列强的坚船利炮打开了中国闭关锁国的大门，清朝统治者从"天朝大国"的迷梦中惊醒，兴起了一场"师夷长技以自强"的洋务运动。中国近代高等教育也伴随着洋务运动以及洋务学堂的兴办而开始。洋务派本着"中体西用"这一原则兴办了大批的"学堂"。著名的外国语学堂有京师同文馆（1863年）、上海广方言馆（1863 年）、广州同文馆（1864 年）、福建船政学堂（1866 年）、天津水师学堂（1880 年）、天津电报学堂（1880 年）等。从

1862 年至 1895 年，清政府先后创办了 23 所洋务学堂。这些学堂大致可以分为三类。第一类是方言学堂，也就是外国语学堂。第二类是军事学堂，第三类是技术学堂。后两类亦可合称军事技术学堂。洋务学堂开启了中国近代教育和高等教育的先河，但它与现代大学之间还有一定的差距，它们只是中国近代新教育的萌芽，还不属于严格意义上的大学，可视为中国近代高等专门学校的雏形。

与此同时，外国教会在华机构借鉴西方现代大学的模式，也开始在国内开办大学，成为中国最早的私立大学。1879 年，美国圣公会上海主教施约瑟（S. J. Sekoresehewsky）将原来的两所圣公会学校培雅书院和度恩书院合并而成创办圣约翰书院，引入西方近代大学教学风格，并开始完全用英语授课，成为中国近代最早的教会大学，也是中国最早的近代意义上的大学，当然，这是一所外国人在中国举办的近代大学。1905 年圣约翰书院正式升格为圣约翰大学，在美国华盛顿州正式注册。圣约翰大学后来发展成为拥有文、理、工、医、农五个学院十六个系的著名大学，并于1947 年向国民政府注册，1952 年全国高校院系调整时圣约翰大学并入在沪其他高校。

2. 清末民初：学堂兴起，私立大学创建

甲午战争惨败后，伴随着民族危机的日益加深和民族资本主义经济的发展，资产阶级的启蒙思想应运而生，维新运动登上了历史舞台，中国第一批真正意义上的大学应运而生，这些大学均以"学堂"冠名。第一所正式的新式高等学堂是 1895 年天津海关道盛宣怀奏请设立的"天津西学学堂"的头等学堂（头等学堂为大学本科，二等学堂为大学预科）。盛宣怀在洋务运动的实践中感悟"自强首在储才，储才必先兴学"，1892 年开始筹备办学。1895 年（光绪二十一年），他向李鸿章禀请具奏。由于李鸿章调入内阁办事，盛宣怀又于 9 月 19 日通过新任直隶总督兼北洋大臣王文昭上奏光绪皇帝，要求设立一所新式学堂。1895 年 10 月 2 日（光绪二十一年八月十四日）光绪皇帝在奏折上御笔朱批"该衙门知道"钦此。"天津北洋西学学堂"正式创建。这一大学堂以"科教救国，实业兴邦"为宗旨，以美国哈佛大学、耶鲁大学为蓝本，开展专业设置、课程安排和学制规划，以培养高级人才为办学目标。它的创办标志着第一所国人举办的近代大学的诞生，为我国现代大学初创时期体系的建立起到了示范作用，更重要意义在于：它结束了延绵长达一千多年的中国封建教育历史，开启了近代高等教育的新航程。

1898 年戊戌变法，经光绪皇帝下诏，京师大学堂（今北京大学前身）在孙家鼐的主持下在北京创立，这当然是官办的大学。除了官办的以外，也有一些国内外实业家，包括具有变法革新和图强救亡新思想的开明人士、深受教会影响的知识阶层、归国留学生和受西方文化影响的新式知识分子，出于反帝爱国的根本，开始积极筹资举办近代高等教育，成为中国最早的具有现代意义上的私立大学的鼻祖。盛宣怀认识到，"窃世变日棘，庶政维新，自强万端，非人莫任。中外臣僚与夫海内识时务之俊杰，莫不以参用西制，兴学树人为先务之急"①。1900 年"天津北洋西学学堂"停办，1903 年复校后更名为北洋大学堂。

1896 年盛宣怀管辖下的轮船招商局和上海电报局以商户捐款和每年规银 10 万两创办上海南洋公学（后为交通大学沪校前身），被认为是中国近代第一所私立大学。1902 年由著名爱国教育家马相伯捐出全部家产土地 3000 亩、现洋 4 万元创办震旦学院（后复旦大学前身）。1905 年，日本政府颁布《关于许清国留学生入学之公私立学校之规程》，对中国留学生提出苛刻条件，一些留学生愤而回国。为解决部分归国留学生的就学问题，资产阶级革命派姚宏业、孙镜清等人四方奔走，劝募经费，在上海创办中国公学。由于经费困难，学校难以开张。四川学生郭果能、孙境清、于右任等筹款万金，加上郑孝胥捐款千元，1906 年 3 月，学校正式开办。

宋秋蓉在《中国近代私立大学研究》中指出，"根据现有资料，清末私立高等学校中，由国人自办的有 1905 年创办的中国公学、复旦公学……"②；李华兴也认为，"发展到 1909 年，有私立大学 2 所，即中国公学和复旦公学"③。

田正平、陈桃兰认为，从办学经费来看，南洋公学在清末从 1896 年到 1908 年，十几年间虽几经更名，隶属过不同的部门，但支持其建校、运作、发展的经费并不是来自政府（或主要来自政府），而是来自各种民

---

① 交通大学校史编写组：《盛宣怀，筹集商捐开办南洋公学折》，西安交通大学出版社 1986 年版，第 33 页。

② 宋秋蓉：《近代私立大学研究》，天津人民出版社 2003 年版，第 18 页。

③ 李华兴：《民国教育史》，上海教育出版社 1997 年版，第 594 页。

间资本（主要是盛宣怀本人及轮电两局商户的捐款）。盛宣怀在办学时，是因为学校办学资金来源的特殊方式，取其名为"公学"。在南洋公学章程中他明确指出："西国以学堂经费半由商民所捐，半由官助者为公学。今上海学堂之设，常费皆招商、电报两局众商所捐，故定名曰：南洋公学。"① 这也是清末"公学"之名的由来，后来的中国公学、复旦公学等，也多沿用此意。从学校创办者身份来考量。南洋公学的创办者盛宣怀，是清末重要的洋务官僚，是红顶商人，时任轮船招商局和电报局的督办。他虽然身份特殊，"亦官亦商"，但正如前文所述，他之所以倡设南洋公学，完全是个人有感于时局艰难、人才匮乏，并未受任何人的委托。因而，盛宣怀并不是以政府代表的身份筹办、主持南洋公学。南洋公学在创办与发展过程中，除学堂管理人员的任命和专业的设置要经清政府最高当局的批准外，一切事务均可自理。因此，"无论从经费来源上来考察，还是从办学者身份上来判断，南洋公学都应该是一所现代意义上的'私立'大学，它开启了近代由社会事业负担经费的办学方法……从当代或民国以后对私立大学的界定看，南洋公学是我国现代意义上最早的私立大学，至少可以说是'中国近代第一所私立高等学校'"。② 当然，清末私立学校的概念与其后代有所不同。在清末新式学堂中，共有三类学校，即官立学校、公立学校和私立学校。其中私立学校是指主要由个人直接投资兴办的学校，而不是今天的非政府办学。显然南洋公学虽非政府出资，但也并非由个人出资，因而在清末，南洋公学还算不上一所真正的私立学校。

清末国人依私人之力或捐私产办大学的，最早当数马相伯。1902 年，著名爱国教育家马相伯捐出全部家产土地 3000 亩、现洋 4 万元创办了复旦公学的前身震旦学院。③ 震旦学院的开设，使梁启超"吾喜欲狂"，认为从此中国开始有私立完备之学校，开启了国人私人兴学之风。所以，若要从个人、团体、政府出资这种角度上衡量，个人出资创办的最早的"私立"大学应该是震旦学院④。1912 年民国教育部公布了《大学令》，

<hr>

① 交通大学校史编写组编：《交通大学校史资料选编》（一），西安交通大学出版社 1986 年版。

② 田正平、陈桃兰：《中国近代私立大学创建考辨》，《现代大学教育》2007 年第 4 期。

③ 复旦大学校史编写组编：《复旦大学志》，复旦大学出版社 1985 年版，第 35—36 页。

④ 田正平、陈桃兰：《中国近代私立大学创建考辨》，《现代大学教育》2007 年第 4 期。

明文指出："私人或私法人亦得设立大学"①，允许私人举办设立大学，并承认私法人团体设立的也是私立大学。因有政策可循，从 1912 年开始，许多冠以私立大学之名的学校纷纷成立。民国私立大学的界定与当代基本一致，因而，如果要把近现代私立大学作为一个整体，一个发展序列来研究，显然，南洋公学应该是位列其中的，并且具有开启之功。

与洋务学堂相比，这一时期的高等学堂在体制规模、课程设置等方面都有了很大的扩展。1902 年设立山西大学堂，这是中国第一所省立大学，以后各省相继仿效。1911 年设立了留美预备分校"清华学堂"，1925 年该校大学部成立，1928 年改名为国立清华大学。截至 1911 年，清末的高等学校，除了清华大学堂、北洋大学堂外，还有各省设立的高等学堂 27 所。

除公立高等教育机构外，清末高等教育还包括私立高等教育机构，如中国公学（1905 年）、复旦学院（1905 年）；另有教会高等教育机构，如 1864 年美国北长老会传教士狄考文创办登州文会馆，1876 年改称"文会馆"，1881 年开设大学预科，1882 年纽约长老会总部批准以 Tengchow College（登州学院）为学校英文名称，以"文会馆"作为中文名称。登州文会馆 1882 年开始提供大专课程。到 1911 年，全国共建立起十多所教会举办的高等教育机构。

这一时期，外国教会在华办学也不少，尤其是美国教会相关机构，办学动机主要是通过举办大学培养教会代言人。

表 4—1　　　　　　　　　　中国 14 所基督教教会大学演变

大学名称（创办时间）创设教会	创立时名称和大学时间	现址单位
汇文书院（北京，1888）美国美以美会	燕京大学 1919	北京大学
蒙养学堂（1864）美国长老会（狄考文）	齐鲁大学 1917	山东大学
金陵女子学院（1913）美国浸礼会等	同名 1930	南京师范大学
汇文书院（南京，1888）美国基督教（传教士傅罗）	金陵大学 1910	南京大学
存养书院（1781）美国监理会	东吴大学 1901	苏州大学

---

① 中国第二历史档案馆编：《中华民国史档案资料汇编》第三辑，江苏古籍出版社 1991 年版，第 110 页。

续表

大学名称（创办时间）创设教会	创立时名称和大学时间	现址单位
圣约翰书院（1879）美国圣公会	圣约翰大学 1906	华东政法大学
浸礼大学（1908）美国浸礼会	沪江大学 1915	上海理工大学
崇信义塾（1845）美国长老会	之江大学 1910	浙江大学
福建协和大学（1911）美国公理会等	同名 1911	福建海王福药制药有限公司
华南女子文理学院（1908）美国美以美会	同名 1922	福建师范大学
格致书院（1888）美国长老会	岭南大学 1918	中山大学
文氏学堂（1871）美国圣公会（主教文氏）	华中大学 1924	湖北中医药大学
华西协和大学（1910）美国美以美会等	—	四川大学
北京协和学校医（1906）英国伦教会	协和医学院 1915	—

资料来源：根据曲士培《中国大学教育发展史》（山西教育出版社 1996 年版）等资料整理。

表 4-2　　　　　　　　　　3 所天主教大学往昔

大学名称及创办时间	所在城市	现址单位及创立时间	校史追溯
辅仁大学（1925）	北京	北京师范大学（1902）	不涉及
震旦大学（1903）	上海	上海交通大学医学院（1952）	不涉及
天津工商学院（1921）	天津	天津外国语大学（1964）	不涉及

资料来源：根据相关资料整理。

3. 五四影响：大学形成，私立大学发展

中国现代大学是在向日本学习的过程中开始创建的。日本向西方学习，使明治维新改革获得了巨大的成功，对中国具有巨大的震撼和极大的诱惑作用。声势浩大的留日、学日活动迅速开展起来，而其成果很快就被清政府借鉴并以《壬寅·癸卯学制》的形式确定下来。新学制几乎是日本学校教育制度的翻版，与日本学制所区别的只是名词的不同。这一学制虽然仍以"中学为体，西学为用"为立学宗旨，但教育体系完全不同于封建旧制度。中国近代意义上的高等教育制度开始成型。为保证新学制的实行，1905 年 8 月，清政府宣布废除科举考试，长达 1300 年之久的科举制度寿终正寝，中国近代高等教育进入了新的发展时期。

中华民国成立以后，非常重视现代高等教育的发展，并积极鼓励社会举办私立大学。民国政府成立第 2 年，教育部就专门颁布《私立大学

规程》。外国教会抓住机会，积极发展教会大学。天主教和基督教在中国设立教会大学始于清朝末年和民国初年，最初在中国创办学校，仍然是设立书院，后来才由书院发展为大学。除了前面提及的圣约翰大学（上海）以外，最有影响的教会大学还有：基督教于1911年在南京创办私立金陵大学，天主教于1914年在北京设立"辅仁社"，1922年发展为私立辅仁大学。1917年在济南创办私立齐鲁大学，1919年在北京组建私立燕京大学等。尽管教会大学的办学目的是为了培养神职人员、宣传宗教教义，其中不乏对我国进行文化侵略和控制，但是，在当时的历史条件下，教会大学在体制、机构、计划、课程、方法乃至规章制度诸多方面，更为直接地引进西方近代大学模式，从而在中国高等教育近代化过程中起着示范与启迪作用，在高等教育发展史上也产生了颇为重要的影响。

教会大学的创办也推动了国人举办私立大学的热情。1919年近代著名的教育家严修和张伯苓先生在天津创办南开大学。1921年著名爱国华侨陈嘉庚认捐开办费一百万元，经常费三百万元，分12年支付，创办厦门大学。这些大学都是我国历史上较为著名的私立大学。

20世纪20年代前后，中国大学兴起了一股仿美热潮。一方面，1872—1881年中国留美幼童归国，宣传了美国的先进文化思想；另一方面，民国建立后，中日关系开始淡化，"二十一条"的无理要求恶化了两国关系，留日生数量大为减少。同时，美国的庚款方案掀起了中国学生的留美热潮。仿美运动形成了1922年制定的"六三三四"新学制，1924年又颁布的《国立大学校条例》，规定大学采用选科制，实行教授治校，培养社会需要、重个性发展的资产阶级新人。

从19世纪90年代到20世纪50年代的60年间，中国近代私立大学始终是国家高等教育的重要组成部分。据统计，1931年全国共有专科以上学校105所，分大学、独立学院和专科三大类。在41所大学中，国立13所，省立9所，私立19所，私立大学占大学总数的46%；在34所独立学院中，国立5所，省立11所，私立18所，私立学院占学院总数的53%；在30所专科学校中，国立2所，省立13所，公立5所，私立10所，私立专科学校占专科学校总数的33%。在整个高等教育机构中，私立者占45%；而私立学校的学生人数则占高等学校学生总数的49%。至1947年，全国共有专科以上学校207所（包括大学、独立学院和专科学校三类），私立者 79 所，仍占 39% 以上。1947 年国立大学学生 81153 人，教师 12755 人，职员 8955 人，职员与学生之比为 1：9，师生比为 1：6.3；与此同时，私立大学（包括教会大学）学生 58156 人，教师 5102 人，职员 2598 人，职员与学生之比为 1：22.4，师生比为 1：11.6。[①] 可以说，经过民国时期的发展，在中国已经产生了一批办学卓有成效且有自己特色的私立大学，它们成为中国高等教育体系的重要组成部分：一方面，私立大学在数量、系科设置上弥补了公立大学的不足，为中国社会发展培养了大批人才；另一方面，它与公立大学取长补短，推动高校之间竞争性的发展，促进了中国近代高等教育多元化局面的形成。因此，民国以后私立大学不仅在体制上一直得到保证，而且事实上成为中国近代高等教育的半壁江山。这些大学为国家和民族的发展培养了大批优秀的人才，它们在中国教育近代化过程中立下了不可磨灭的功绩，在中国高等教育发展进程中做出过不可或缺的重要贡献。

表 4-3　　　　　　　　1912—1935 年全国私立高校发展状况

年份	私立大学（所）				公立高校（所）	私校占比（%）
	总数	大学	学院	专科		
1912	36	2	0	34	115	31.3
1913	35	2	0	33	114	30.7
1914	28	4	0	24	102	27.4
1915	34	7	0	27	104	32.7
1916	28	7	0	21	86	32.5
1918	27	6	0	21	86	31.4
1920	24	7	0	17	84	28.5
1925	29	13	0	16	105	27.6
1932	46	19	19	8	103	49.1
1933	51	20	22	9	108	47.2
1934	51	20	22	9	110	46.3
1935	53	20	24	9	108	49.1

资料来源：民国教育部：《第二次中国教育年鉴》，商务印书馆 1948 年版，第 146 页。

[①] 台湾"教育部"：《中华民国教育年鉴》（第二次中国教育年鉴），台北宗青出版社 1991 年版，第 6—9 页。

表 4-4　　　　　　　1936—1946 年全国私立高校发展状况

年份	私立高校（所）	高校总数（所）	私立高校占比（%）	私立高校学生数（人）	高校学生总数（人）	私校学生占比（%）
1936	53	108	49.1	20664	41922	49.4
1937	47	91	51.6	12880	41188	41.3
1938	47	97	49.5	15546	36180	42.9
1939	45	101	44.5	17910	44422	40.3
1940	51	113	45.1	22034	52378	42.1
1941	52	129	40.3	24742	59457	41.6
1942	51	132	38.6	22222	64097	33.1
1943	50	133	37.6	24624	73669	33.4
1944	54	145	30.3	25919	78909	32.8
1945	54	141	38.3	27816	83498	33.3
1946	64	185	34.6	40518	129336	31.4

资料来源：民国教育部：《第二次中国教育年鉴》，商务印书馆 1948 年版，第 147 页。

　　研究表明，我国古代各个历史时期都设有不同形式的私立高层次教育机构。我国近代高等教育的起步和发展，是公立大学和私立大学共同推动的。私立大学与公立大学并行发展，共生共荣，推动了中国近代高等教育的发展和繁荣。"人们自己创造自己的历史，但是他们并不是随心所欲的创造，并不是在他们自己选定的条件下创造，而是在直接碰到的、既定的、从过去承继下来的条件下创造。"① 虽然中国古代大学教育没有直接产生近代高等教育，但是古代大学教育和近代高等教育之间，存在着难以割绝的历史联系。其一，两者都是社会发展不同时期国家最高层次的教育，为社会培养高层次的专门人才，在本质上是相通的；其二，中国近代大学终归是在古代大学教育这个基点上通过吸收西方大学理念改造和发展起来的，中国各个时期的大学都带有深刻的中国文化的烙印。

　　4. 政权更迭，体制巨变，私立大学退出

　　1949 年，中华人民共和国成立，国家的政治体制和经济体制发生了巨大的变化。在新的环境下，私立院校是否需要和能够生存与发展，成为政府和举办者面临的新问题。为了使高等教育同当时国民经济恢复与民主

---

　　① 马克思：《路易·巴拿马的雾月十八日》，《马克思恩格斯选集》（第一卷），人民出版社1972 年版，第 603 页。

改革相适应，确立党在高等教育领域的领导地位，首先，党和政府对私立大学制定了"维持原有学校，逐步加以必要的与可能的改良"的指导思想，接管、接收外国教会大学和接办国人自办私立大学。

1949 年 3 月，文化教育管理委员会曾邀请教育界知名人士，召开"大学教育座谈会"，会上谈到私立大学的存废与改进问题。新中国成立后先后担任教育部部长与高等教育部部长的马叙伦"回溯三十年来中国办大学的历史"，"认为大学一般地不须私立，一个地方不需要很多同性质的大学"。而张西曼则认为"过去著有成绩的私立大学可以存在，各校党义神学的课程一定要取消"①。1949 年 9 月通过的《中国人民政治协商会议共同纲领》及 1950 年 6 月的第一届全国高等教育会议，认为"高等教育应该随着国家的建设逐渐走上轨道，逐步走向计划化"，这明确了党对私立大学进行改造的基本原则。从 1949 年开始，政府已经对部分私立大学进行合并重组，但考虑到当时国内刚刚经历战争创伤，各项事业百废待兴，私立大学仍有其存在的前提。②

1949 年 12 月 23—30 日，中央政府召开了第一次全国教育工作会议。教育部党组书记、副部长钱俊瑞在总结报告中提出："对中国的私立学校，一般采取保护、维持、加强领导、逐步改造"的方针。1951 年 5 月 18 日教育部《关于 1950 年全国教育工作总结和 1951 年全国教育工作的方针和任务的报告》说："开始实行教育事业中的公私兼顾政策：对私立学校一般地采取了积极维持，加强领导，逐步改造的方针，使之逐渐适合国家建设的需要，并实行在城市奖励私人兴学，在农村鼓励群众办学的政策。"

在这一政策精神指导下，鉴于私立大学发展的实际，各地还出台了一些扶持政策。③ 1949 年 12 月 30 日第一次全国教育工作会议"总结报告"指出："对成绩优良的私立学校应予以奖励或补助，对纯粹为谋利而设的私立学校，要予以整顿和改进"，"对经费困难而办理成绩不坏的私立学

---

① 马叙伦：《在第一次全国高等教育会议上的开幕词》，上海市高等教育局研究室编：《中华人民共和国建国以来高等教育重要文献选编》（上），第 213 页。

② 李靖：《建国初期私立大学变迁——以上海大同大学为个案的考察》（1949—1952 年），硕士学位论文，复旦大学，2010 年。

③ 顾来红、刘丽华：《建国初期我国私立大学的国家策略分析》，《南京理工大学学报》（社会科学版）2006 年第 2 期。

校应给予补助"。对私立学校中"办理成绩较好,经多方设法而仍无法维持者,政府应予以适当的经费补助",并采取"减低学费,多收学生"的办法。即使对少数办理太坏而确实无法维持和改造的,也不是简单地予以撤销,而是"可劝导其和其他学校合并",且在合并时,还要求对"其学生及教职员,均应予以适当的安置"。1950 年 7 月 25 日,政务院发布的《关于救济失业教师与处理学生失学问题的指示》中指出:在处理和接受教会学校的过程中,"对接受美国津贴的文化教育医疗机关,分别情况,或由政府接办改为国家事业;私人经营确有困难者,政府予以适当补助"。在一系列措施的引导下,私立大学办学总体稳定。1950 年统计,全国共有高校 227 所,其中私立高校 65 所,占高校总数的 39%。[1] 在校生来看,全国专科以上高校在校生 62935 人,私立高校为 23770 人,占在校生总数的 1/3 以上。[2]

表 4-5　　　　　中华人民共和国各大城市公私立学校
(专科以上) 学生人数统计　　　　单位:人

	北京	天津	上海	南京	武汉	广州	合计
公立大学	9759	4783	9037	2627	3224	3671	33101
私立大学	2376	1401	13139	974	1185	4695	23770
合计	12135	6184	22176	3601	4409	8366	56871

资料来源:《人民教育》1950 年第 2 期。

1950 年 6 月 1 日至 9 月 13 日,第一次全国高等教育工作会议通过了《高等学校暂行规程》《私立高等学校管理暂行办法》等草案,同年 8 月 14 日经政务院批准予以公布。其中,《私立高等学校管理暂行办法》特别规定了私立高等教育的领导权(主权)问题:私立高等学校的行政权、财政权及物产所有权均应由中国人掌握。私立高等学校校(院)长及副校(院)长由董事会任免,其他主要人员由校(院)长任免,报经大行政区教育部核准转报中央教育部备案。应该说,政府对于私立大学的发展,态度是明确、积极的。政府期待私立大学在新的体制下继续发挥作

---

① 瞿延东:《我国民办教育的发展与管理》,中国财政经济出版社 2002 年版,第 374—375 页。

② 《中华人民共和国各大城市私立学校学生人数统计表》,《人民教育》1950 年第 2 期。

用，服务新社会的各项建设。但是在新的社会体制下带来的许多举措，私立大学并不适应。而许多私立大学原有资金渠道丧失，经费拮据，加上收费较高，招生困难，使得私立大学运作艰难。

1950年正值朝鲜战争期间，敌视中国政府和中国人民的事件在接受外国津贴的学校里时有发生。例如，在学校里继续开设宗教课，还美其名曰为伦理课，课程还要进行测验、考试、评分，学校利用每天的晨会时间，进行宗教仪式和宗教宣传。有的学校制止学生参加开国典礼、保卫世界和平大游行等，也不准在校内搞庆祝活动。有的教师辱骂中国学生。更有甚者，一些帝国主义分子还以接受外资津贴学校为据点，搜集情报，散布谣言，搞特务活动。这些当然都违反了中国法律，也是中国政府和中国人民所不允许的。1950年7月，发生了有重大影响的"辅仁大学"事件。由于外国教会与中央政府在辅仁大学的管理体制和经费划拨等问题上难以取得一致，政府决定收回自行办学。这一事件引起了党和中央政府对接受国外资助经费学校中存在问题的高度重视，以此为起点，在全国上下掀起了一场轰轰烈烈的收回接受外国津贴学校的运动。到1950年底统计，全国20所外国津贴的高等学校（不包括已接办的辅仁大学）全部由政府接办。

与此同时，除对个别办学不善的私立大学予以取缔或者接管以外，对于办学成绩优良，而又有困难的私立高等学校，政府给予必要的扶植和经济补助，帮助他们解决各种困难。如在华北，政府对私立大学扶持比较大，像燕京大学、津沽大学等多所高校是重点扶持的对象。大多数私立院校都能很好的配合接收和改造工作，办学积极性大为提高。私立大学作为一笔社会财富和资源被珍惜和利用，并成为新中国高等教育事业的重要组成部分。

这些政策及措施的实施，表明中央政府逐步加强了对私立大学的领导。在改造过程中，私立大学与原来的国立大学的差别逐渐消失，被逐步纳入国家计划经济下统一的高等教育体制中。同时，这些措施对稳定私立大学及其教师队伍，继续发挥私立大学在高等教育体系中所担当的重要角色，保持学生受教育的延续性，减少因社会变动造成对教育事业的冲击等方面，都发挥了较好的作用。

1952年5月教育部拟就了《全国高等院系调整计划（草案）》并开始实施。至1952年底，全国有3/4的高等学校进行了院系调整，到1953

年调整工作全部完成。配合院系调整，政府根据私立大学办学的实际困难，为理顺关系，充分利用资源，把全部私立高校改造、并入公立高校。一种是并入他校组成新的大学，师资、图书设备、校舍等全部统一调配，如辅仁大学并入北京师范大学，燕京大学文理法各系并入北京大学，工科各系并入清华大学，辅仁和燕京两校校名撤销；另一种是改变校名直接归为公办，如北京协和医学院于 1951 年为中央卫生部接管，更名为中国协和医学院。至 1952 年底，全国有 3/4 的高校进行了院系调整，一些在历史上颇有名气的私立大学，如圣约翰大学、齐鲁大学、大同大学等从中国现代大学名册中彻底消失了。私立大学公立化不仅仅是所有权的转换、校名的更改，而更主要的是将这些大学的教师、行政人员、学生、图书设备等并入相关的公立高等学校，使私立大学从组织上、物质形态上完全解体。短短两三年中，已经存在了近半个世纪的私立院校全部退出了国家高等教育舞台。

二　我国早期民办院校的恢复办学①

这里的"早期"是一个特定的概念，时间约为 1977—1997 年。在民办高等教育研究中，对于我国民办院校的办学起步时间，实际上也众口不一，难求一致。许多学校都在宣称自己是中国最早的民办院校。本研究调研中也掌握了大量的资料。本节部分内容虽与前面有些微交叉，但是作为不可多得的资料，还是希望与同人分享。这里还是将早期民办院校②恢复办学细分为三个时期。

1. 最早的"民办院校"

我国民办院校恢复办学是在改革开放初期开始的。其时举办民办院校的政策缺失，条件简陋，环境严峻。只是由于传统的惯性和部分人士的教育梦想，开始举办民办院校的尝试。

1977 年恢复高考，全国百分之四五的高考录取率，出现了"千军万马过独木桥"的壮观景象。改革开放和社会主义现代化建设对人才的巨大需求和人民群众接受高等教育的强烈渴望，引发人们深思，也激发了一些知识分子的办学热情。一些有识之士从举办技术培训班、高复辅导班、

① 此内容应相关部门的要求而整理。
② 这里将改革开放开始至 1997 年以前创办的民办高校成为"早期的民办高校"。

夜校等起步开始办学。

从已有的资料来看，最早的民办高等教育机构，当属北京自修大学（1977 年）、长沙中山专修学院（1978 年）、杭州钱江业余大学（1979 年）、湖南九嶷山学院（1980 年）、中华社会大学（1982 年）等一批学校。这些学校大多是由民主党派或著名知识分子举办，但是缺乏资金。这些学校虽辉煌一时，但除中华社会大学后期在政府扶持下改办高等职业技术学院外，最后都没有单独建校进入普通高校行列，许多学校已经停办多年。

北京自修大学成立于 1977 年，由著名教育家刘季平先生、著名教育艺术家李燕杰先生等创办，刘季平先生（曾任教育部代部长、北京图书馆馆长）担任北京自修大学首任校长，1984 年，邓小平同志亲笔题写校名。

湖南长沙中山业余大学，前身为韭菜园青年文化补习班，创办于 1978 年 10 月，当年招 188 名学生，后日渐发展。1983 年 10 月由民革湖南省委接办，改用长沙中山专修学院校名，已故省政协主席程星龄任董事长。学校几经改名，至今仍在举办自学考试助考班。

1979 年 4 月，在浙江省副省长汤元炳的倡导下，中国民主建国会浙江省委员会和浙江省工商业联合会响应中共中央"广开学路，多方办学"的号召，由工商企业家詹少文等 4 人捐资 10 万元人民币，借用杭州开元中学的部分校舍，创办杭州钱江业余补习学校，浙江省工商业联合会第五届主任委员（会长）詹少文任校长。经浙江省人民政府浙政发〔1982〕47 号文批准，1982 年杭州钱江业余学校开始举办大专班，并由省高教局按程序上报教育部备案，在校生一度突破万人。杭州钱江业余学校如今仍在举办自学考试助考班。

原国家学部委员、北京农业大学第一任校长乐天宇教授 1980 年自筹资金回到家乡湖南创办"九嶷山学院"，得到许多老领导的支持。乐天宇教授任董事长、院长。1985 年时任团中央第一书记的胡锦涛同志曾经给学生写信，鼓励师生艰苦创业、勤俭办学。1999 年"九嶷山学院"更名为"零陵九嶷山专修学院"。2005 年 3 月经省人民政府批准设立"湖南九嶷职业技术学院"。2010 年 5 月，经省政府批准湖南九嶷职业技术学院由民办转为公办。

中华社会大学是 1982 年 3 月经原北京市成人教育局批准成立，由聂真、张友渔，刘达等著名教育家创办。学校实行董事会指导下的校长负责制，原国家教委副主任柳斌任董事长。彭真委员长为"中华社会大学"题写校名。在中华社会大学开办之初，陈云、彭真、薄一波、邹家华、钱伟长、宋健、余秋里、肖克、袁宝华、高扬文等党和国家领导人及社会知名人士都先后题词祝贺或勉励，把中华社会大学的创办看作我国教育领域里解放思想的一次尝试、一个标志。由于缺乏资金来源，中华社会大学办学艰难。1996 年 3 月 16 日，国务院办公厅曾发出"关于一次性拨款资助中华社会大学建校资金等问题的函"，"经商有关部门并报请国务院领导同志同意，现就一次性拨款资助中华社会大学建校资金等问题函告如下：一，由财政部从中央预备费中拨款 2000 万元、国家计委拨款 800 万元、国家教委拨款 20 万元，合计 2820 万元，作为国家对中华社会大学建校资金的一次性资助。国家拨款 2820 万元所形成的资产属国家所有。二，国家教委和北京市人民政府应加强对中华社会大学的管理。要指定专人加入该校董事会，参与其重大问题的决策；要按照有关规定，严格监督管理该校的国有资产，防止国有资产的流失；要采取适当措施，逐步使该校办成一所高等职业学校，为社会培养更多的适用性人才"。① 2002 年 12 月，经北京市政府批准，中华社会大学改名为北京经贸职业学院，开始从事普通高等教育，承担高等职业技术教育。

　　厦门大学副校长邬大光教授认为："我国民办高等教育的复兴究竟从何时算起，众说纷纭。有的认为其起点应从 1978 年 10 月湖南长沙中山业余大学创办补习班开始，有的认为应该从 1982 年 3 月北京创办的中华社会大学开始。目前比较公认的看法，是把长沙中山业余大学作为我国改革开放后民办高等教育的雏形，把 1982 年创办的中华社会大学作为民办高等教育诞生的标志。其实，无论是湖南长沙中山业余大学，还是中华社会大学，都只能说是'助学机构'，而非严格意义上的学历教育。"② 根据1987 年 7 月 8 日国家教委发布的《关于社会力量办学的若干暂行规定》相关规定，这些学校宜统一称作"非学历高等教育机构"。

---

① 国务院办公厅：《关于一次性拨款资助中华社会大学建校资金等问题的函》（国办函〔1996〕19 号），国务院办公厅官网，2010 年 11 月 14 日。

② 邬大光、卢彩晨：《艰难的复兴广阔的前景——我国民办高等教育 30 年回顾与前瞻》，《中国高教研究》2008 年第 10 期。

　　"从 20 世纪 80 年代初开始，一些由民间兴办、私人参与管理、主要依靠学生缴费维持的中学后教育形式，首先在北京、上海、南京、武汉等高等教育资源特别丰富的几个大城市出现，并逐渐发展到了全国。这些民办学校很快就以其较高的办学效益引起了人们的注意。'民办高等教育'经由《光明日报》《瞭望》等报刊的介绍也逐步为社会各界所认识。"①

　　从上面的叙述可以看到，为了支持和鼓励社会力量举办高等教育，许多党和国家领导人为民办院校办学奔走呐喊。在 20 世纪 80 年代，先后有多位领导为一些民办高等教育机构题写校名，如 1984 年邓小平同志为"北京自修大学"题写校名；1985 年胡耀邦同志为"中国农民大学"题写校名；1985 年李先念同志为"湖北函授大学"题写校名；1982 年彭真同志为"中华社会大学"题写校名；1985 年王震同志为"北京人文函授大学"题写校名；等等。在当时人们思想深受"姓资姓社"困扰的年代，这从一个侧面说明，国家领导人和政府在民办高等教育发展初期，对民办高等教育是持支持与鼓励的态度的。② 也从另一个侧面说明当时举办民办院校的艰难。

　　这一时期的"民办院校"有三个特点。一是由大多民主党派人士或退休的知识分子群体的个人或合伙举办。二是经费大多捐赠自筹，得到社会支持。三是办学内容多为自考助学或高复，以及部分成人高等教育（如夜大、函授大学等）。因此，从机构的实质来说，称为"非学历高等教育机构"更为贴切。

　　2. 民办普通院校的恢复办学

　　民办普通高等教育是在 1984 年前后起步的。1982 年新宪法颁布，肯定和鼓励了社会力量办学，鼓舞了一批社会人士举办高等教育的热情。1984 年前后，各地陆续审批了一批民办普通院校筹建，尝试开放普通高等教育。获得批准的学校，有浙江树人大学、中华高等美术专科学校（浙江）、西安培华女子学院、凉山大学、福建华南女子职业学院、邕江大学等。由于国家尚未出台社会力量举办民办普通高等学历教育的相关文

　　① 秦玉柱：《私立大学之梦——中国民办高校的过去、现状、未来》，鹭江出版社 2000 年版，第 2 页。

　　② 陈婕：《我国民办高等教育发展的阶段划分及其特征》，《浙江树人大学学报》2008 年第 4 期。

件，因此出现了一部分学校以筹建名义试办，一部分学校甚至以公办的"帽子"举办。

1984 年 5 月 4 日，陕西省政协五届二次会议上，西北工业大学教授沈慧俐在小组发言时，提出"在陕西举办一所女子大学"的倡议。当即得到十多位委员的附议。由于此提议在一年前的政协会议上已经有人提过，"旧案新提"得到省政协领导的重视，经专门会议确定，沈慧俐等奉命成立核心团队，开始西安培华女子学院的筹建工作。在筹建学校过程中，经人介绍，沈慧俐邂逅了西安市第十三中学校长姜维之，经协商确定由该校提供临时校园，并吸收姜维之为学校筹建核心成员。学校申请报告 7 月份成文，8 月 13 日即获得陕西省政府批准筹建。1991 年学校纳入国家计划招生，1994 年，教育部启动民办高校审批以后，对部分早期成立的民办高校实施备案。据培华学院大事记记载，学校此时备案。

1984 年，民盟中央和四川省民盟负责人费孝通、楚图南、钱伟长、彭迪先、潘大逵等 85 位知名人士发起筹建凉山大学，7 月 23 日经四川省人民政府批准建校。学校由民盟四川省委和凉山彝族自治州政府联合创办，为一所"民办公助"性质的以工科为主的普通院校。1986 年经原国家教育委员会认可，正式纳入全国普通高等院校序列。

1984 年 8 月，浙江省政协部分常委倡议筹办浙江社会大学（今浙江树人大学）。中华国际技术开发公司浙江省分公司筹办中华高等专科学校。这两所院校是新中国成立后浙江省最早产生的民办全日制普通高等院校，经省政府批准筹建，参加全国高等学校统一招生，学生自费走读，国家承认学历，毕业生不包分配。浙江树人大学的办学情况前已所述。中华高等专科学校招生三届学生以后因条件欠缺，整顿后仍未达到开办条件而停办。

1984 年 10 月，旅居海内外的老校友在余宝笙博士的带领下以华南女子文理学院暨附中校友会的名义复办了福建华南女子职业学院。

邕江大学成立于 1985 年 12 月 15 日。它的前身是振中外语学院。中国国民党革命委员会主席朱学范为名誉校长，原中国国民党革命委员会广西区委会主委黄启汉为第一任校长。邕江大学是广西壮族自治区人民政府批准，在国家教委备案，由中国国民党革命委员会广西区委会主管的普通高等学校。

在新宪法和中共中央《关于教育体制改革的决定》精神鼓舞下，

1984—1985 年前后成为民办普通院校建校的小高潮期。当时的形势和社会环境也不宽松，国家还没有批准民办院校的标准和案例。因此这些学校大多是混合型的，公办民助、民办公助的都有，一般不明确"民办"身份。并且大多由民主党派或者政协举办，官方色彩较浓，办学性质不透明，许多学校开办之初都不同程度得到政府或相关部门的支持。如北京城市学院（前为北京海淀走读大学）审批时是用"区办校助"的名义，"区办"指海淀区政府举办，"校助"指清华大学等高校协助。由于政府缺乏资金，办学主要以学费为经费来源，因此政府性质渐淡，从学校提供的资料来看，什么时候开始进入"民办"序列，也没有明确的文件标明。

可以看出，以上这些学校大多数是白手起家，缺乏投资，由一些退休教授或干部办学，有一些官方背景，得到政府的支持。许多学校甚至董事长都是省政协在职或退休领导担任。如浙江树人大学、黑龙江东方学院和上海杉达学院、南京三江学院等院校的董事长都是当地政协的领导，政协由于得天独厚的资源优势，又与政府之间有着良好的关系，在学校创办初期发挥了积极作用。

1990 年 4 月，原华南师范大学日语教授侯德富首先提出了利用离退休专家教授和教育界同人开展办学活动的建议。1992 年 10 月 19 日，广州市教育委员会穗高教〔1992〕37 号文件《关于同意广州私立华联大学进行筹建的批复》下达，由此，"华联实用外语科技职业学校"更名为"广州私立华联大学"，开始正式筹建。经广东省人民政府批准（粤府函〔1994〕113 号）、国家教委备案、具有学历教育招生资格的省属普通高等学府。这是迄今为止全国唯一以"私立"冠名的民办普通院校。南华工商学院是广东省总工会于 1993 年报广东省人民政府批准（粤府函〔1993〕350 号），经国家教育部备案（教计厅〔1994〕9 号），在广东省总工会干部学校基础上建立的全日制普通高等院校，学院行政主管部门是广东省总工会，业务主管部门是广东省教育厅，实行党委领导下的院长负责制。学院是广东省唯一的"国有民办"新机制的普通高等院校。

3. 民办院校设置合法化

如果说 1992 年以前的民办院校，大多具有自发性质和浓厚的地方色彩的话，那么，1993 年国家教委下发的《民办普通高校设置暂行规定》，就是改革开放以后民办院校办学合法化的第一个文件。

1992 年，在邓小平南方谈话精神鼓励下，国内许多地方都在酝酿民办普通院校建校工作。黑龙江省教育厅原副厅长孟新等在黑龙江筹建东方大学,获得省政府同意后,1993年以与他校合作办学名义招生。上海交大科研处原副处长袁济等一批上海交通大学、北京大学、清华大学教授发起筹建杉达大学,意为综合交通大学、清华大学和北京大学三所大学的资源优势,当年获得批准筹建。1992年南京大学、东南大学等高校的一批退休教授和管理人员发起并创办三江大学,1993年6月江苏省政府同意筹建并试招生。早期以办高复班和自考班为主的黄河科技学院,也开始积极筹建普通高等教育。

1991年,四川天一学院在成都筹建。举办者蔡文彬,1942年生于河南许昌,1963年考入成都电讯工程学院(即电子科技大学前身)通信专业。"文化大革命"开始后,他担任成都电讯工程学院"东方红"造反兵团负责人,并成为"成都地区革命造反派联合总部"负责人之一。1968年5月四川省革命委员会成立,26岁的蔡文彬任副主任。1973年6月,任共青团四川省委书记。1982年下派邛崃任县委副书记,后任四川省体改委研究员、国家体改委研究员。1991年蔡辞职"下海"创业。1992年创建成都天一集团公司,以房地产开发和投资高等教育为主要业务,并创办天一学院。1993年12月,天一集团为解决其属下天一学院教育用房,与工商银行广场支行合作开始在人民南路修建约5万平方米、建筑高度118米的"天一教育大厦"。1994年年初,民办天一学院获得国家教委批准,而天一教育大厦却因资金没有到位和双方在建设过程中的多年官司成为烂尾楼,公司随后也陷入资金困境,1998年以后蔡退出举办,学院由负责人冯蜀龙主持艰难运作。2004年5月学院引进新的举办者——欧亚学院董事长胡建波。2008年美国劳瑞德投资咨询(上海)有限公司加盟,成为劳瑞德国际大学联盟成员。尽管学校举办者几经变迁,但是学校办学空间一直没有解决。2010年,华西希望集团下属的希望教育产业集团参与并控股,随即着手建设占地500亩的金塘校区,2012年投入使用。2014年又在绵竹市东城新区文化教育产业园投资兴建500亩的绵竹新校区,从此开始学院新的发展路程。四川天一学院是国内少数迄今为止校名还带着"民办"帽子的民办院校,全称为"民办四川天一学院"。

在社会各界的大力推动下,国家教委根据各地民办普通院校的发展情况,1993年8月17日出台了《民办普通高校设置暂行规定》(教计

〔1993〕129 号），全文 7 章 35 款，明确了民办高等院校的界定、设置标准、申报材料、审批流程和相关管理等等，要求各地尚在筹建中的民办院校，按照本规定审批。1993 年 10 月，国家教委高校设置委员会在长沙召开会议，第一次审批了各省市申报的民办院校，最后同意建校具有独立颁发大专文凭资格的民办院校 4 所，分别为民办浙江树人大学、民办黄河科技学院、民办上海杉达学院和民办四川天一学院。民办黑龙江东方学院和民办江苏三江学院因相关条件未达标准，次年重新申报获得批准。这 6 所学校是《民办普通高校设置暂行规定》颁布后最早获得批准的，并且按照文件精神，其校名前面一律冠以"民办"字样，因此也被研究界称为"国家改革开放以来首批获得批准的具有独立颁发大专学历文凭资格的民办高校"。对于部分早期民办院校（如西安培华女子学院、四川凉山大学、福建华南女子职业学院、内蒙古丰州职业学院、广西邕江大学等），考虑到已获得省政府批准筹建试行招生多年，经省政府报国家教委同意备案，进入国家大计划招生。根据《中国高等教育》1997 年第 11 期介绍，其时经国家教委审批同意的民办院校共 20 所，它们是：民办内蒙古丰州学院（呼和浩特）、民办杉达学院（上海）、民办天一学院（成都）、民办黄河科技学院（郑州）、民办浙江树人学院（杭州）、民办华南女子学院（福州）、民办南华工商学院（广州）、民办三江学院（南京）、民办东方学院（哈尔滨）、上海工商学院（上海）、私立华联学院（广州）、海淀走读大学（北京）、宁夏石嘴山职工大学（宁夏）、湖南女子职业大学（长沙）、广西邕江大学（南宁）、西安培华女子学院（西安）、凉山大学（四川）、天津联合业余大学（天津）、湖北函授大学（武汉）、广州业余大学（广州）。①

　　早期的部分民办高校，除了进入民办普通高校以外，后期发生了一些变化。凉山大学 1992 年以后其行政归属为凉山州政府。2001 年 2 月，凉山州政府决定将凉山州商业技工学校并入凉山大学。2002 年 6 月 5 日，国家教育部明确凉山大学为公办省属普通高校。2003 年，凉山大学与西昌农业高等专科学校、西昌师范高等专科学校、凉山教育学院合并组建西昌学院，圆满地完成了它的历史使命。邕江大学开办时，广西壮族自治区

---

①　金力：《关于社会力量举办高等教育机构若干问题的思考》，《中国高等教育》1997 年第 11 期。

政府安排了 60 万元开办费，办学条件十分简陋。后来因为没有固定的办学地点，学校先后在广西邮电学校、广西华侨学校、区总工会干校、南宁供销技校、广西社会主义学院、南宁市第五医院等单位租用校舍设置教学点，直至 1990 年邕江大学才搬到北湖的石头岭上。2009 年 7 月起，学校由南宁威宁资产经营有限责任公司（国企）与民革广西区委合作共办。2012 年 11 月 23 日，教育部正式下文批准南宁学院升格为本科高校并更名为南宁学院。

表 4-6　　　　　　　　　早期民办普通高校设置基本情况

	校名	日期	说明
1996 1997 备案	海淀走读大学（1984 区办校助）	3.06	先期为公办民助，后为民办，2003 年改名北京城市学院
	内蒙丰州职业学院（1985）	不详	
	仰恩大学（92）	3.24	民办本科，1992 年从华侨大学独立分离
	福建华南女子职业学院（1984）	11.16	校友办学
	私立华联学院（1994）	5.04	
	南华工商学院（1994）	2.25	
	邕江大学（1985）	12.25	现改名为南宁学院
	凉山大学（1984）	7.23	已并入西昌学院
	西安培华女子大学（1984）	8.06	现培华学院。早期为省内筹办，后直接进入国家大计划
1994 批准	民办浙江树人学院（1994）	3.24	1984 年开始普通高等教育办学，当年招生，1994 年获国家批准，2003 年升格本科
	民办黄河科技学院（1994）	2.17	1984 年开始高复办学。1994 年获国家批准，2000 年升格本科
	民办杉达学院	2.17	1992 年省内办学，次年招生，1994 年获国家批准，2001 年升格本科
	民办四川天一学院	3.14	1991 年，四川天一集团创办天一学院。1994 年获国家批准。现为华西新希望教育集团控股
1995 批准	民办三江学院	4.04	1992 年省内办学，次年招生，1995 年获国家批准，2001 年升格本科
	民办黑龙江东方学院	4.01	1992 年省内办学，次年招生，1995 年获国家批准，2003 年升格本科

注：根据调查资料和文献整理，个别数据可能有出入。

三　我国民办院校发展现状

在经历了 30 年的艰难探索以后，借助于国家实行积极发展高等教育决策和实行高校扩招的机遇，民办院校快速成长和崛起，在服务建设小康社会和和谐社会的伟大进程中发挥积极作用。

1. 民办院校的数量和规模

在政府一系列政策的鼓舞下，民办高等教育得到较快发展。一是民办院校数量持续增加。据教育部提供的数据①，截至 2016 年年底，全国有经批准的民办高等教育机构 1547 所，其中具有独立颁发大专文凭资格的民办普通院校已有 459 所，民办性质的独立学院 275 所，两者之和为 734 所，约占全国普通院校学校总数 2358 所的 29.93%。另外还有民办高等教育机构 813 所。二是在校生大幅增加，截至 2015 年年底，全国民办院校在校生（注册生）610.9 万人，其中 275 所民办普通院校的计划内全日制在校生达到 351.48 万人，独立学院计划内全日制在校生 259.42 万人，在校生已经占到全国普通高校在校生 2625.3 万人的 23.27%。全国有 17 个省市的民办高校在校生比例超过 20%，比例较高的省市：海南 37.17%，广东 33.29%，宁夏 29.88%，浙江 29.59%，河北 29.15%，基本实现三分天下有其一，显示我国民办普通院校经过近 20 年的努力，已经具备了一定的办学能力。三是其他民办高等教育机构数和在校生呈现逐步减少趋势，许多原来办学条件较好的"专修学院""进修学院"都先后加入民办普通院校的行列。由于高等教育逐步进入大众化，高考录取率逐年提高，上大学的机会大幅增加，其他形式的民办院校生源相应减少。与 2005 年相比，民办高等教育机构数从 1200 多减少为 800 多，萎缩 1/3，在校生从 200 万人左右减少到 77.74 万人，大致减少 2/3，显示在大众化条件下办学资源的紧张状态已经得到缓解。四是民办普通院校的本科院校有了一定的发展。迄今为止全国民办本科高校为 417 所，其中独立学院 275 所，独立设置的民办本科院校 142 所，不包括中外合作办学机构。有 5 所民办本科院校获得服务国家特殊需求的硕士专业学位研究生培养试点工作，在校研究生 509 人，体现了国家发展民办普通高等教育的决心和导向。

---

① 教育部：《2015 年全国教育事业发展统计公报》，《中国教育报》2016 年 7 月 6 日，第 2 版。

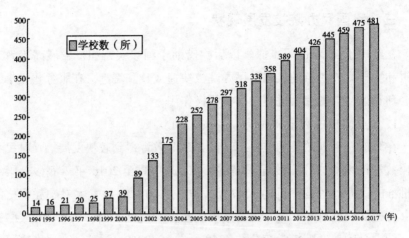

图4-1　历年民办院校数量（不含独立学院）

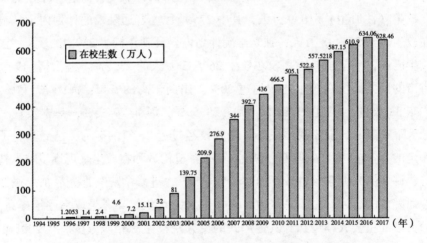

图4-2　历年民办院校在校生数（2004年起含独立学院）

2. 民办院校的主要办学形式①

经过20多年的发展，中国民办院校多样化快速发展，已经达到一定的规模，形成自身独有的特征。从办学形式和内容来说，民办院校具有自考助学形式、高等教育学历文凭考试形式、传统普通高校办学模式、独立学院和中外合作办学等，形成多样化的办学体系。

———————

① 参见徐绪卿《新时期中国民办高等教育发展研究》，浙江大学出版社2006年第2版，第27页。

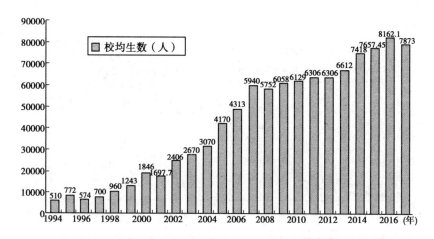

图4-3　历年民办院校校均生数（不含独立学院）

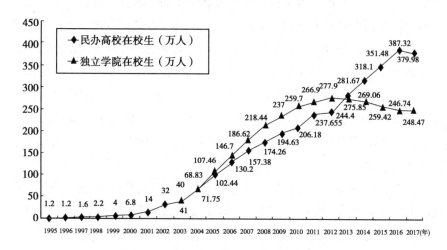

图4-4　1995年以来民办高校和独立学院在校生数量

（1）高等教育自考考试助学形式。1981年初，针对我国高等教育资源十分紧缺的现状，为满足社会对人才的需求和人民群众上大学的愿望，我国创立了高等教育自学考试制度，给未能步入普通高校的有志青年和从业人员提供自学成才的深造机会，为广大社会青年提供、创造学习的园地。由于自考是国家认定的面向社会高等教育学历资格的考试，具有权威性、公正性，产生了极大的社会吸引力，从而也带动了一批以自学考试辅导为初衷的民办高中后教育机构迅速发展。承担高等教育自学考试助考辅

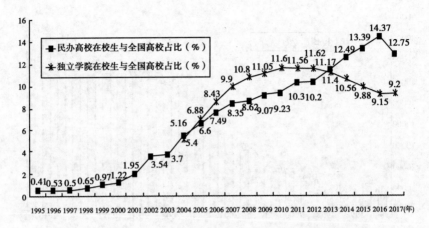

图 4-5　1995 年以来民办高校和独立学院在校生数量在全国占比

导的学校多由省、市、区审批，统称为非学历高等教育机构。由于学员入学不受国家招生计划的限制，宽进严出，培养与考试相分离，所以形式灵活，质量保证，在社会上产生了良好信誉。而这些民办院校的助学，使自学与辅导相结合，提高了学习的效果和考试的合格率，受到学生的青睐。

（2）高等教育学历文凭考试形式。1993 年颁布的《中国教育改革和发展纲要》提出，对于那些不具备颁发学历文凭资格的民办院校和教育机构，可由国家组织学历文凭考试。这项工作从 1993 年在北京开始试点，逐步走向全国。

高等教育学历文凭考试的办学思路是把允许办学和水平认可分开，降低民办高等机构办学的准入门槛，但是要由国家监督办学质量。即省、市、区可以批准民办高等教育机构办学，办学准入条件可以适当降低，但这些学校是否达到国家认可的办学质量标准，所培养的学生需要通过国家组织的统一考试加以鉴定。取得学历文凭考试资格的学生，修完教学计划规定的全部课程和实践性教学环节，参加国家组织的考试成绩合格并经思想品德鉴定合格，由省考办核发国家承认的高等教育自学考试专科毕业证书。

高等教育学历文凭考试是学校办学与国家考试相结合的一种教育形式，它有别于传统学校教育又不同于完全的自学考试。它力图试验一种国家考试为导向，民办高等教育机构办学为依托，实行宽进严出、教考分离为特点的办学模式。在学校总体水平尚未达标时，为保护办学者、上学者的积极性，为坚持国家宏观教育质量的标准，采取国家、省级、学校三级考试的办法，对学生及学校教育质量进行客观评价，三级考试合格者，国家承认其学历。学历文凭考试的层次主要是高等专科，但是后来也有一部分省市开展了本科教育试点。2004 年，鉴于高等教育资源供求矛盾缓解的实际情况，教育部发文取消高等教育学历文凭考试，2005 年起停止招生，学历文凭考试终结。

（3）传统普通高校办学模式。1993 年 8 月，原国家教育委员会发布《民办高等学校设置暂行规定》，其中明确规定："国家鼓励设置专科层次的民办高等学校。设置本科层次的民办高等学校，其标准需参照《普通高等学校设置暂行条例》的规定执行。"并指出："民办高等学校及其教师和学生享有国家举办的高等学校及其教师和学生平等的法律地位。民办高等学校招收接受学历教育的学生，纳入高等教育招生计划。学生毕业后自主择业，国家承认学历。"

2000 年 1 月，国务院办公厅下发《关于国务院授权省、自治区、直辖市人民政府审批设立高等职业学校有关问题的通知》，其中包括审批独立设置的高等职业学校、省属本科高等学校以二级学院形式举办的高等职业学校和社会力量举办的职业学校。同年 3 月，教育部颁发《高等职业学校设置标准》（暂行）。审批权的下放，使民办高等职业学院的数量发展加快。

（4）独立学院。随着高校扩招的展开，原有高等教育资源逐渐饱和。而社会投入举办的民办普通院校成长较慢，民办本科院校稀少，尤其是一大批民办高等职业学院发展以后，引发高等教育人才培养的层次结构发生了显著变化，大专人才培养大幅增加，本科人才相对紧缺。为克服这一状况，改善人才培养结构，适当增加本科人才培养，某些经济发达的地区在加快高等教育发展的过程中，出现了公办高校"二级学院"的办学模式，即在公办院校下设相对独立的二级学院，运用民办机制运作。我国公办高校的办学优势明显，"二级学院"的办学形式，结合了公办高校的智力优势和品牌效应（即多年来凝结的社会信赖感），具有较强的竞争优势，对满足老百姓的上学需求、对高等教育办学资源的增加，客观上起到了较好的效果。但是由于独立学院办学门槛低，利用了国家资源和民办机制，客观上形成与民办普通院校不公平竞争的不利态势，因而引起社会和学界的一些议论。

2003 年，教育部下发《关于规范并加强普通高校以新的机制和模式试办独立学院管理的若干意见》（教发〔2003〕8 号文件），第一次提出

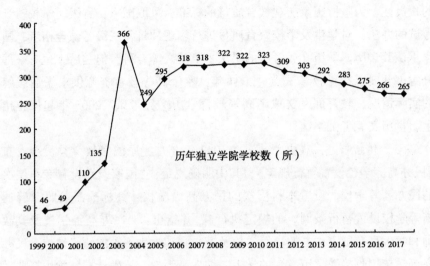

图 4-6　独立学院历年学校数

了"独立学院"的概念，指出："本文所称独立学院，是专指由普通本科高校按新机制、新模式举办的本科层次的二级学院。一些普通本科高校按公办机制和模式建立的二级学院、'分校'或其他类似的二级办学机构不属此范畴。"根据文件精神，"独立学院"有三大特征。一是实行新的机制办学。独立学院本质上属于民办院校，其投入主要由合作方承担或者以民办机制共同筹措，收费标准也按照国家关于民办院校招生收费的相关政策制定，享受国家对民办院校的相关政策。二是实行新的办学模式。在办学和管理上首次提出"五个独立"，即独立学院校本部相对独立、有独立的法人资格、独立颁发学历证书、有独立的校园、实行独立的财务核算，从而赋予了独立学院确切的内涵规定。三是实行新的管理体制。独立学院的管理制度和办法由申请者和合作者共同商定，双方的责、权、利关系通过签署具有法律效力的协议来规范和体现。另外，独立学院实行董事会领导下的院长负责制，校董会的组成及人选由双方商定，院长由申请者推荐、校董会聘任。这些特征已初步具备了民办院校应有的基本要件。2004年，教育部将独立学院的在校生数列入民办院校在校生数统计，2008年独立学院作为民办院校数列入院校总数统计。是年教育部颁布"26号令"，对已经设立的300多所独立学院提出了一个5年的考察验收期。在此期间，独立学院将面临五种选择：或者以独立学院的形式继续办学，或者"回归"申办普通高校，或者转设为民办普通高校，或者并入其他民办院校，或者被终止办学资格。迄今为止，全国先后已有 60 所左右独立学院转设，但是教育部 26 号令规定的时限已经过去 10 年时间，这一目标仅仅部分达到。

（5）其他办学形式。这里主要包括中外合作办学等方式。目前此类学校不多，影响面也不大。《中华人民共和国中外合作办学条例》指出，"中外合作办学机构设立、活动及管理中的具体规范，以及依据《中外合作办学条例》举办实施学历教育和自学考试助学、文化补习、学前教育等的中外合作办学项目的审批与管理，适用本办法"。随着我国加入 WTO 的深入和该条例的实施，各种中外合作办学形式今后必将逐步增加。对于中外合作办学的高等学历教育机构，政府一般作为相当于民办普通高校进行统计和管理。

3. 民办院校的办学层次结构

迄今为止，民办高等教育的办学层次还是以高等专科教育为主。在 2016 年全国 742 所民办普通高校中，独立学院 266 所，当然都是本科的，而独立设置的民办本科院校只有 158 所，余下 318 所全部为专科教育，其中绝大部分为高等职业技术学院。

对于民办普通院校举办本科教育，教育部门从民办高校的实际情况和社会对民办高校的认同度出发，一直非常谨慎。1994 年，福建仰恩大学从华侨大学的独立学院分离出来，作为独立的民办普通本科高校，这是我国最早出现的民办本科院校，此后几年中就再也没有批准。进入 21 世纪，发展我国民办高等教育的办学环境逐步好转，在各方面的大力呼吁和努力下，民办高校升格本科终于得到突破。2000 年，教育部批准黄河科技学院正式升格本科，成为全国首所独立建校升格的民办本科院校。2002 年杉达学院、三江学院又被批准为本科院校。为配合《民办教育促进法》的颁布实施，2003 年教育部批准浙江树人大学等 5 所民办高校升格为本科院校，至此我国共有 9 所民办院校具有独立颁发大学本科学历文凭资格。2005 年教育部批准 16 所民办高校升格本科，2006 年上海市实行自行设置本科院校试点，建桥学院纳入试点升格本科，2007 年河北传媒学院正式升本。2008 年教育部批准 13 所民办高校升本和设置。此后几年，教育部还在继续审批民办高校升本和独立学院转设工作。迄今为止我国共有 158 所民办本科院校，独立学院还有 266 所。总的来说，我国民办高校的本科办学还会继续增加。

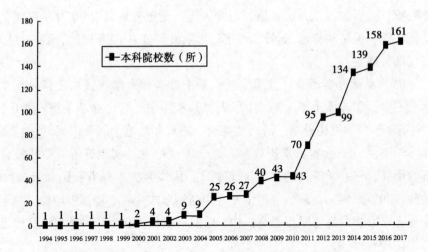

图 4-7　历年民办院校本科院校数（不含独立学院）

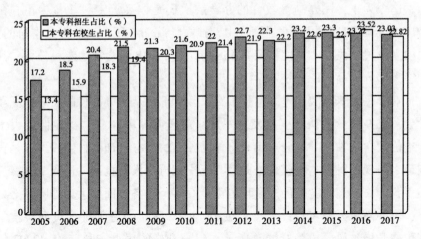

图 4-8　2005 年以来民办本专科招生数和在校生数占全国比例

　　2011 年，国家学位办选择一批"特殊需求的项目专业硕士"试点，有 83 个单位申报，最后批准 52 家。其中北京城市学院、黑龙江东方学院、河北传媒学院、西京学院和吉林华桥外语学院等 5 所民办高校申报全部获得批准，虽然数量稀少，但是还是给民办院校带来了极大的信心和鼓舞。当然，从当前我国民办高等教育的发展现状和政府的政策来看，民办院校提高办学层次还有相当长的路子要走。

　　近几年来随着本科高等教育自学考试的开展，在部分专修学院等民办高等教育机构中，也开展了一部分本科高等教育，但是由于此项工作开始

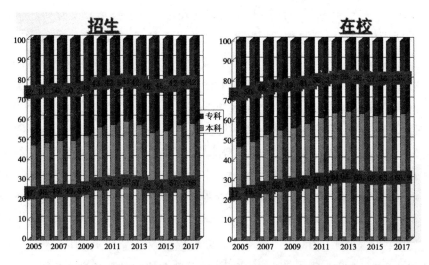

图 4-9　2005 年以来民办院校本专科招生和在校生占比

时间不长，工作经验不足，专业面也有待于拓宽，师资队伍也有待于建设，因此，这部分工作总体来说开展得不多，近几年更是处于停滞状态。

表 4-7　　　　　　　　　　2016 年我国民办院校类型、层次结构

民办高校类型		数量
民办专科（高职）院校		318
民办本科高校 （417 所）	独立设置的民办本科高校（其中包括 60 所由独立学院转设而来的民办本科高校）	152
	独立学院	265
合计		735

我国民办院校办学层次太低，制约了民办高等教育发展的空间和力量的壮大，不符合国际私立高等教育发展的规律，也难以使民办高等教育的发展地位得到巩固，不利于民办高等教育的长远发展。

四　我国民办院校办学的特殊性

从一个偶然的机遇开始，笔者已经从事近 20 年的民办高等教育研究和实践。在长期的研究中，逐步明晰了一个深刻的印象和想法，认为一个国家、一个地区民办（私立）高等教育的发展模式、发展方向、发展规模、发展速度和发展质量，不仅仅在于政府给了多少钱，给了多少人，而决定于是否有一整套完整、系统的既能体现本国国情又能适合于民办

（私立）高校体制和机制优势发挥的制度安排、社会环境和文化传统。由于发展历史、发展资源和发展政策等的差异，各国在私立高等教育发展的制度上也存在较大的差别。由于各国的发展历史和具体国情的不同，私立高等教育的产生背景与土壤也往往不尽一致。私立高等教育发展的历史在不同的国家表现出迥异的特征，有的国家私立高等教育发展延续了历史文化传统，有的国家则由于特定时期经济社会发展环境的剧变，私立高等教育发展出现了历史的断裂。也由于各国政治体制与经济体制的差异，执政党对于高等教育的政策也差异较大，反映在私立高等教育领域就是对于其管理制度的差异。不同的发展特点导致不同的发展结果，有的国家的私立高等教育已占据很大的规模，但是发展程度不高，有的甚至处于低水平的发展阶段。有的国家的私立高等教育发展程度则很高，有的甚至已经全面超越公立高等教育系统。任何一种体制都是在特定的历史背景下形成的，要进行深入的研究就必须和其借以存在的特定的历史背景和具体国情结合起来，否则，我们就难以解释这种体制的内涵和实质。这也要求我们在研究和建立我国民办院校办学体制及发展政策中，既要借鉴世界各国的先进经验，更要考虑到立足基本国情，面向民办高校的实际，从而使民办院校的办学体制既具有鲜明的中国特色，又有着显著的时代特征。

政策是制约民办（私立）院校发展壮大的重要原因之一。"政策是关键！"① 这个结论适合于社会发展的所有领域。民办院校的发展也是如此。尤其是在民办院校发展的关键时刻，需要政策的宽容、引导、激励、扶持和规范。

通过发展高等教育来提高人的素质，加快发展经济，促进社会和谐，已经成为世界各国重要的发展战略。发展私立大学可以增加高等教育资源，解决高等教育投入不足的难题，满足百姓选择高等教育的要求，加快高等教育大众化进程；还可以推进公立高等教育的改革，增强高校办学的活力，促进整个高等教育体系质量、水平和效率的提高。这些也已成为各国政府的共识。但是在发展什么样的私立大学、发展多大规模的私立大学方面，各国都有自身的国家利益，都是制定适合本国私立大学发展的政策，根据自身实际情况和需要来规划和实施。

---

① 斯蒂芬·鲍尔：《政治与教育政策制定》，王玉秋、孙益译，华东师范大学出版社 2011 年版，第 1 页。

吴雪慧曾经专门撰文，从七个方面论述我国民办高等教育发展的特殊性①。

1. 发展过程的特殊性

我国民办高等教育在发展过程上所表现出来的特殊性主要是曲折性与中断性。我国具有悠久的私立高等教育历史，但是现今民办高等教育的发展与历史上的私学教育传统并没有直接的历史继承性。曲折性表现在民办高等教育在历史发展进程中既有快速发展的时期，也有极度萧条的时期，发展过程表现出一定的波动性和复杂性。中断性表现在新中国成立以后随着经济体制的改革，高等教育管理体制随之变迁，私立高等学校收归国有或并入公立高等学校。在近 30 年的时间里，公立高等教育一枝独秀，私立高等教育被政府政策所稀释，退出了历史舞台。正是由于这近 30 年的发展中断期，使得我国私立高等教育再度发展时必须重起炉灶，从头开始，从而形成与公立高等教育发展的巨大差距。

2. 发展环境的特殊性

在社会转型与经济制度变迁的背景之下，我国私立高等教育开始重新获得发展，但是与其他主要国家不同的是，这时的私立高等教育发展面临着特殊的发展环境。首先是在强大的公立高等教育系统背景下萌芽和发展。西方主要国家的私立高等教育发展或早于公立高等教育发展或与私立高等教育发展同步。这种早于公立高等教育发展或与私立高等教育发展同步的情形，使私立高等教育在起始阶段就获得了领先地位或至少是与公立高等教育发展保持相对均衡的竞争格局。我国民办高等教育的发展与西方主要国家的私立高等教育发展不同，主要是因为它在一个强大的公立高等教育系统背景下萌芽和发展起来。我国民办高等教育起步之时，公立高等教育的规模已经相当庞大，实力相当雄厚，即使是经过近 30 年的发展，民办高等教育事业也取得了巨大的发展，但不论是在发展规模还是在发展层次和质量上，与公立高等教育比较起来仍然是相形见绌，民办高等教育整体依旧处于在夹缝中求生存和发展的初级阶段。其次，在不公平的外部竞争环境中发展。民办高等教育是在改革开放的大背景下兴起和发展的，由于受到特定时期政治、经济、文化等的影响，人们观念和对旧制度的路

① 参见吴雪慧《我国民办高等教育发展的特殊性及其统整》，《高教探索》2016 年第 1 期。

径依赖，导致我国民办高等教育一直处于一种不公平的外部竞争环境中发展。在政策环境上，政策歧视民办高校，民办高等教育的话语权缺失；在财政资助上，公共财政资助政策长时间缺位；在教师待遇上，民办高校教师待遇偏低，并未享受与公办高校教师一致的国民待遇；在学生待遇上，民办高校学生在助学贷款、政府资助、学历文凭、公务员招考、就业、研究生入学考试等方面饱受歧视；在招生环节，民办高校永远处在招生链末端。再次，在极深的社会偏见氛围中发展。与西方发达国家不一样的地方在于，由于政府规制措施的滞后以及民办高等教育整体水平不高，导致社会对民办高等教育具有极深的偏见。在我国民办高等教育成为"次级高等教育"的代名词。在普通民众眼中"民办高校 = 赚钱""民办高校 = 质量差""民办高校 = 低层次"，社会上很少有人真心愿意选择到民办高校读书。这种偏见和不信任影响了民办高等教育发展的社会舆论环境，也影响了政府对民办高等教育政策的研拟及执行。最后，在相对不完善的政策法规制度环境中发展。《民办教育促进法》规定："民办学校应当具备法人条件。"这就意味着民办高校具备我国法律关于法人成立的条件，具有独立的法人地位。但目前我国法律对法人的分类还不能囊括民办高校这类新出现的法人。我国现行的《民法通则》将法人分为企业法人与机关、事业单位和社会团体法人两大类，而民办高校无论是哪一类都难以定论，定位于所谓的"民办非企业单位"属于一种不明确的法律地位。我国现行法律框架中没有按照民商法的原理设置民办高校的法人财产所有权，转投资、抵押担保等行为受到一定程度的限制。这种不完全的法人财产权对于必须完全凭借自身在市场竞争中立足并谋求发展的民办高校来说，无疑是不利的。不仅会直接影响社会的教育捐赠以及政府公共财政经费投入，影响其他民间资本的投资行为预期，而且由于资产抵押的限制、转投资的限制，其办学经费来源也主要被局限在举办者投资和办学收入两条途径。《民办教育促进法》规定董事会或理事会的地位、构成与职责等，但在董事会构成的规定上，由于没有亲属关系的限制，极有可能出现董事会或理事会成员全部或大部分为出资人及其亲属的状况。另外，该法对董事会或理事会的监督也没有任何规定。这样也就在事实上形成了一种不完善的治理结构制度安排。

　　3. 发展方式的特殊性

　　民办院校的发展方式也存在特殊性。第一，投资办学的发展模式。邬大光教授认为："我国民办教育的基本特征是投资办学，而不是捐资办学。这既是我国民办教育的一个基本特征，也可以说是一个本质特征。[①]"从世界私立高等教育发展的历史来看，捐资办学在许多国家占据主流地位。而我国民办高等教育的兴起和发展却与世界上其他国家不同，在一开始走的就是投资办学的道路。改革开放之后，我国民办高等教育开始起步，由于当时的经济背景和条件，属于捐资办学的极少甚至可以说是空白。我国民办高等教育的最初举办者绝大多数都是利用市场机制，以较少的资金投入，从举办培训班或开展自学考试助学等做起，再逐步过渡到学历教育的。最初的举办者或多或少地都存在以营利为目的的动机。第二，外延式的发展道路。我国民办高等教育发展至今，走的基本上是一条外延式的发展道路。大多数的民办高校都是依靠滚动发展模式发展起来的，扩大办学规模、完成学校基本建设、改善办学条件成为众多民办高校在现阶段寻求的办学目标。由于学费成为现阶段我国民办高等教育发展经费的主要来源，民办高校想要获取更多的发展资金，必须扩大招生规模，以增加收入，除少量民办高校在短时间内实现规模扩张，已形成规模效应，学校得以良性循环，开始注重内涵建设，致力于建设高水平民办大学外，我国民办高校从整体上来看仍然处于靠扩大办学规模以求生存的发展阶段。第三，模仿公办高校的办学模式。前文述及我国民办高等教育的发展是在一个强大的公立高等教育系统中萌芽和发展的，可以说是白手起家，要想通过政府评估和社会认可，模仿公办高校的办学模式成为不二的选择。加上民办高校的首批创建者多是从公办高校退休的人员，他们所聘请的办学者及教职人员也多是公办高校的教师，这也就使得民办高校很容易走上一条模仿公办高校办学模式的发展道路。

4. 发展资源的特殊性

第一，短缺的经费资源。从西方主要国家来看，学费、政府资助、社会捐赠、社会服务与销售等共同构成支撑私立高等教育发展的经费支柱。但在我国民办院校学费收入占据绝对主体，政府财政支持长时间处于空白期，社会捐赠不见踪影，社会服务与销售仍处于萌芽状态。经费资源短缺已成为制约我国民办高等教育发展的关键性问题。以厦门 8 所民办高校的经费来源为例，学费、住宿费两项收入已占到全部收入的 82%，举办

---

① 邬大光：《我国民办教育的特殊性与基本特征》，《教育研究》2007 年第 1 期。

者投入只占到 8%，而这三项收入已占到总收入的 90% 以上。与美国等西方主要国家私立高校主要依靠社会捐赠支撑办学的情况不同，我国民办高校的社会地位和社会影响力有限，政府政策对引导民间资金捐赠举办民办高等教育也缺乏吸引力和操作性。因此，民办高校接受社会捐赠的机会和额度都非常有限。第二，"剩余"的低端考生资源。民办高校的目标生源主要是公办高校招收剩余的生源市场。我国民办高校的生源与公办高校的生源有着显著的区别，民办高校尚不具备与公办高校争夺生源市场的能力。公办高校的生源是通过全国统一组织的高考择优录取的，而民办高校的生源主要是未能进入公办高校的落榜生以及一些在职的希望获得学历文凭的成年人。民办高校的目标生源主要是公办高校的剩余生源市场，在这个有限的剩余市场内，民办高校之间的竞争也是非常激烈的。第三，频繁变更的校名资源。校名作为民办高校发展的重要资源，在我国特定的环境条件下，也具有其特殊性，即校名变更频繁，这在世界上恐怕很难再找出哪个国家的私立高校校名的变更像这样频繁的。以南昌工学院为例，1988年建校时称赣江大学，1998 年变更为赣江专修学院，后改为赣江职业大学，后又更名为赣江职业技术学院，2012 年又更名为南昌工学院。变更校名时有意无意地在规避"职业""技术""民办"等称谓，以尽量淡化"民办"痕迹对学校发展的影响。目前升格为"大学"的民办高校尚未出现，优质的校名已成为一种稀缺资源。

　　5. 发展能力的特殊性

　　发展能力的特殊性主要体现在发展特色不彰显和缺乏核心竞争力上。我国民办高等教育兴起和发展近 30 年，历经几个发展阶段，业已取得巨大的发展成就，也可以说正走着一条在夹缝中求生存的发展道路，也是一条逐步确立合法性并不断突破与发展的道路。但令人遗憾的是，我国民办高等院校发展特色并不够鲜明，在人才培养、科学研究、社会服务等领域走的依旧是公立高等教育发展的老路，民办高等教育体制机制的优势尚未充分地发挥。民办高校要发展，必须掌握和拥有资源。我国民办高等教育发展的能力不足突出地表现在发展所需要的资源严重短缺上。首先，随着公立高等教育领域的改革持续推进，民办高校的原来所依仗的制度优势正逐步消失。其次，资金瓶颈在短时间内无法解决，学校发展缺乏充足的资金支持，缺乏发展后劲。再次，学术发展资源严重不足，缺乏人才吸引力。人力资源储备与建设、生源质量等与公办高校形成的巨大差距。最后，品牌积累不足，品牌效应缺失。民办高校除少量在长期的办学过程中已完成规模扩张、实现规模发展，开始注重内涵建设，形成了一定的办学品牌和声誉的院校外，其他的要么由于未在民办高等教育发展机遇期内实现规模发展而处在生死挣扎的边缘，要么由于办学条件太差、办学品质不高或者办学行为不规范而处在平庸办学的阶段，基本谈不上品牌积累。

6. 内部治理结构的特殊性

第一，"家族式"治理占据内部治理的重要地位。在我国600余所民办普通高校中，60%左右属于家族式治理。从绝对的"家族式"治理模式逐步演变发展到一种扩大化的"家族式"治理模式。在这种治理模式下，民办高校的所有权和控制权处于一种相对临界的状态，董事长与校长分设，主要或核心的控制权掌握在家族成员手中。在产权制度和民办高校管理体制不进行颠覆性变革前提下，"家族式"治理还将在一定的时期内构成我国民办高校的主要治理模式。第二，内部治理呈现受利益集团控制特征。我国民办高校治理形式以"董事会或理事会制定决策"和"校长执行决策"为特征。这种治理形式主要代表投资者和办学者的经济利益，体现了民办高校由利益团体掌控的本质，其外在的表现形式是民办高校的公益性式微、寻利性趋强。第三，党团系统辅助确立政治合法性。首先，热衷于聘请政府部门及公办高校退休领导担任校长或核心领导，将这些人员置于战略位置，将其所掌握的社会资本或与政府部门的关系视为战略性资源，以期在政治上确立合法性。其次，建置党团系统，开展党建工作，从政治上确立正确性与执政党和政府走在一边，以期获得政府认可。再次，有的民办院校热衷于创造机会让政府官员莅校视察或参访，以作为获得政府部门认可的标志性事件，借由政府权威寻求社会认同。

7. 发展成效的特殊性

发展成效的特殊性主要体现在发展区域性特征显著、地位不高与影响相对有限等方面。我国民办高等教育发展呈现出一定的非均衡性现象和区域性特征。总体来看，拥有发达民办高等教育的区域集中在经济欠发达地区和经济发达地区。民办高等教育发展初期，地方政府在教育政策上从多方面给予支持与鼓励，随着民办高等教育的发展和时间推移，地方政府从教育政策上对民办高校的发展加大了管理、保障与扶持力度，从而形成了我国民办高等教育发展的陕西现象、江西现象、浙江现象和广东现象等，呈现出显著的区域性特征。从国内来看，民办高校虽然经过近30年的发展，但仍旧处于高等教育竞争格局中的弱势地位。在发展规模上，根据教育部 2017 年统计数据显示，截至 2016 年底我国共有民办高校 741 所（包含独立学院 266 所），占全国 2596 所普通高等学校的 28.6%。民办高校在校生为 634.06 人（其中独立学院在校生 2472323 人），占全国普通本专科在校生人的 22.9%。在办学层次上，依旧以高职高专层次为主体，少量本科教育层次，研究生教育刚刚起步。截至 2016 年 12 月，我国已有本科层次的民办高校 158 所，其中有 5 所成功获得硕士学位授予权。从以上数据可以看出，在全国的高等教育格局中，民办高校处于严重的弱势地位。从国际比较来看，我国民办高等教育基本没有竞争力，尚未涌现出一所世界知名的高水平民办大学，国际化程度相对较低，而国外私立高校已有很多走向国际高等教育市场。

以上这些观点，虽属一家之言，却归纳集合了许多人的想法，有一定的代表性。个人认为在这些观点中，值得注意以下几个与民办院校办学体制和政策密切相关的问题。

第一，办学起步较迟，办学实力较弱。欧洲发达国家的高等教育都是在私立大学发展壮大甚至承担国家高等教育领导的状态下开始发展公立（国立）高等教育的，公立大学产生以前，私立大学已经发展了几百年，并且牢牢占据国家高等教育体系的核心地位。新建公立大学虽然也有政府的大量投入，政府也一度另起炉灶举办公立的新型大学，但是总体而言这些大学难以做到与这些老牌的私立大学竞争和媲美。不管过程和原因如何，最后的结果是这些私立大学得以完整保留并享受公立大学同等待遇，继续发挥着大学的重要作用。

美国私立大学的发展历史早于建国，私立大学发展起步较早，历史悠久、实力强大，许多私立大学办学早于建国年代，所谓"先有哈佛，后有美利坚"。美国建国前创建的大学都是私立大学，著名的常青藤联盟中 8 所院校，全部都是私立大学，并且有 7 所创建于美国建国以前，在公立大学产生以前，这些大学就领先一步，牢牢占据国家高等教育的领导地位，获得国家高等教育的发展先机。建国后的州政府，一度计划将部分私立大学收为公有，但是碍于联邦法律和私立大学的反抗抵制而作罢，于是起而创建州立大学。从某种程度上来说，公立大学是在向私立大学的学习中成长起来的。为了发挥私立大学的作用，美国通过各种政策杠杆，努力创建私立大学公平发展的制度环境，以私立大学发展推进整个高等教育水平不断提升。为了保持大学的竞争活力，20 世纪末以来，美国还逐步放开营利性私立大学发展的闸门，给传统的私立大学制造新的竞争因素。但是，在高等教育规模方面，美国私立大学的在校生人数始终控制在高校在校生的 20%—25%，而在营利性私立大学就读的比例就更少，不致影响整个高等教育的品质和稳定，又营造了高等教育的竞争环境，激活了高等教育的内部竞争，促进了高等教育效率的提高。

而在高等教育后发国家，例如日本等国家的私立大学，就没有这么幸运了。强大的政府总是创造各种有利条件，发展公立高等教育。日本私立大学的发展起步早，但是长期以来受到政府发展"帝国大学"政策的强力打压，直到二战以后情况才有好转。许多高等教育后发国家也有类似的现象，私立大学发展总是受到不公平的政策环境制约。换句话说，私立大学总是被边缘的产物。在日本、韩国和我国台湾地区，私立大学和在校生的占比已经达到 80% 以上，成为国家或地区高等教育的主流，但是私立大学被边缘的状况并没有得到改变。这是高等教育先发国家与后发国家之间的显著差别。

在我国，私立大学与公立大学起步几近，并一度成为国家高等教育的重要组成部分。但是 1949 年以后私立大学丧失存在的必要条件和土壤而退出国家高等教育舞台。公办高等教育一统高等教育天下，成为国家高等教育的代名词。正是由于这近 30 年的发展中断期，使得我国民办院校恢复发展时必须重起炉灶，从头再来。民办院校办学体制缺乏国家制度安排，白手起家，根基不牢，缺乏积淀，形成与公立高等教育发展的巨大差距。发展历史的非传承性和发展的中断构成了发展历史进程的特殊性。

第二，举办主体多元，办学诉求不一。许多国家和地区对私立大学举办者都有明确的规定和规范。在日本、韩国和我国台湾地区，举办私立大学首先需要注册非营利法人，然后由非营利法人注册院校申报。换句话说，私立大学与举办者是"不照面"的两个机构。在我国举办民办院校，既可以是一个组织，也可以是一个单位，也可以是一个或多个个人。多元化的办学主体，体现着复杂多样的办学诉求。举办者与民办院校之间联系过于直接，为举办者从中干预办学、控制学校、抽取资金、获取回报提供了可能和便利。可能也是这个原因，诱发了大量的个人"投资办学"。从这一点上说，尽管许多民办院校举办者都公开表白"不取得合理回报"，而现实中存在量大面广的"营利"现象，就不难理解了。

　　第三，我国民办院校发展具有一定的特殊环境。从成长的环境来看。私有经济和私有制与私立大学的产生成长有一定的协调性。就私立大学生存和发展的条件而言，世界上大多数国家实施私有制为基础的资本主义制度，近千年来私立大学发展的环境本质上没有改变，私立大学发展条件趋于成熟。而在公有制为主体的社会主义制度下举办民办院校，本身就是一个重大的制度创新。在世界上许多原实行社会主义制度的国家，私立大学都一度消失过。我国著名高等教育家潘懋元教授就深刻地指出："三十多年来，我国不复存在私立高等教育体制，乃是经济体制所决定的。……并不是社会主义社会的性质不容许办民办高校，而是作为民办高等教育的经济基础，即全民所有制以外的其他经济成分，缺乏举办高等教育的需要与可能。改革开放以来，由于城乡合作经济、个体经济和私营经济的发展，更由于这些经济成分在生产水平上的提高，民办高等学校的出现与发展就有其必然性。"[1]

　　公有制本身与民办院校的"私有性"之间客观上存在矛盾。一方面，在公有制为基础的所有制背景下，许多办学资源都具有"公"的性质，如土地等硬件资源和教师的编制等软件资源，都为"公"所掌握。民办院校要取得这些资源，只有得到公共资源掌握的代表——政府的支持才有可能。从这一点上说，民办院校其实是难以"私立"的。名称，作为观念的映像深深地扎根于历史的文化的土壤中，而名称本身并不一定是对事物完全客观的描述，它总是或多或少、或明或暗地蕴含着不同主体立场的诉求和寓意，在学术研究中，了解不同名称背后的微妙含义，避免简单理解带来的望文生义的错误是十分必要的。我国社会力量办学之所以称为"民办"而不是"私立"，其背后是具有一定含义的。进而分析，那种简单地认为民办院校的资产都应该归举办者所有，往往就难以得到社会公众的认可。而且《民办教育促进法》本身并不排除公共资源举办民办院校，只要不是直接的财政性经费进入举办就不存在障碍。另一方面，由于长期以来公有制一统天下的影响，人们观念和对旧制度的路径依赖，导致我国民办高等教育一直处于一种不公平的外部竞争环境中发展。在政策环境上，原有政策歧视民办院校，支撑民办院校办学体制的政策一片空白，民办院校丧失发展的话语权；在财政资助上，公共财政资助政策长时间缺

---

① 潘懋元：《关于民办高等教育体制的探讨》，《上海高教研究》1988 年第 3 期。

位；在教师待遇上，民办院校教师待遇偏低，并未享受与公办高校教师一致的国民待遇；在学生待遇上，民办院校学生在助学贷款、政府资助、学历文凭、公务员招考、就业、研究生入学考试等方面饱受歧视；在招生环节，民办院校长期处在招生链末端。①

第四，我国民办院校发展政策稀缺的局面仍在持续。从国家导向来看。民办院校政策长期处于空白状态，办学体制的导向还不明晰，一直处于探索过程中，定位不准确，处于自主、自发、自长的状况下。比如，国家法律一再强调民办教育为"公益性"事业，不得以"营利"为目的，但是对于大量的以投资型进入民办高校的行为视而不见，对民办高校中大量的营利行为听之任之，对部分民办院校上市行为到底如何对待沉默不语。如果说《民办教育促进法》及其实施条例中的"合理回报"仍具有"奖励"性质、与不允许以营利为目的办学宗旨还不至于发生剧烈冲突的话，那么《国家教育规划纲要》中"开展营利性与非营利性民办学校试点"就从国家制度上承认了"营利性"民办高校存在的合法性，实际上已经突破甚至颠覆了原有的不允许营利性大学存在和发展的规制。这种缺乏导向的模糊政策因实际上产生的自相矛盾而难以落实。

第五，我国民办院校发展的政府财政资助严重缺乏。美国与日本私立高等院校的发展过程中，政府的资助与支持发挥了重要的作用。20世纪70年代初，日本政府制定了《日本私学振兴财团法》和《私立学校振兴助成法》，开始用公共经费资助私立大学。就国家资助私立学校的目的，《私立学校振兴助成法》指出："鉴于私立学校在学校教育中所发挥的重要作用，根据国家及地方政府支持私立学校的有关规定，为维持与提高私立学校的教育条件、减轻私立学校学生的经济负担并加强私立学校办学的健全性、使私立学校得以健康发展而制定本法律。"日本政府给予私立大学的补助经费占私立大学经常费用总额的比例在1980年时曾经接近30%，20世纪末仍然保持在12%左右。②"美国私立大学经费的特点之一是对学费的依赖程度比较低。规模较大的研究型大学获得的联邦政府研究经费在学校收入中所占比例较高，学校资产运作的收益也比较大。学生人数较少的文理学院虽然获得的政府研究经费在学校收入中所占比例不高，但是个

① 吴雪慧：《我国民办高等教育发展的特殊性及其统整》，《高教探索》2016年第1期。
② 日本文部省：《わが国の文教施策》，大藏省印刷局1999年版，第311页。

人、财团、企业的捐赠以及资金运作收益等成为重要的经费来源。"① 公共教育经费投入不足是我国教育发展所面临的主要问题之一。严峻的公共教育经费投入状况对我国民办高等教育的发展产生了不利的影响。一是公立高等学校在政府财政性经费投入不足甚至减少的情况下，只有面向社会，争取更多的市场性资源，如设立"民办二级学院"从一定意义上讲就是公立院校争取市场资源的一种方式。这在客观上给民办院校的生存与发展增加了难度。二是政府没有能力给予民办院校发展经费上的支持。我国民办院校在很难得到政府及社会资金支持的情况下，只有单纯依靠学费办学，其办学之难可想而知。② 邬大光教授曾经对 39 所民办高校的调研得出③：学费收入占学校总收入 100%的有 14 所，占 90%的有 9 所，占 80%的有 8 所三项合计 31 所，占被调查学校总数的 80%，其中获得政府资助的仅 8 所，占被调查学校的 20%，且资助数额有限。由于我国民办院校多为投资办学而非捐资办学，过分依赖学费的弊端日益显现：就投资者而言，获取资金回报是开办学校的一个目标，过于短浅的经济利益将影响学校的长远发展；就教育者而言，由于办学经费受限于招生情况，办学经验经常短缺，教学条件得不到及时有效的改善。

第六，我国民办院校发展具有区域发展的特殊性④。我国幅员辽阔，各地区在资源拥有、社会经济发展水平、文化传统等方面存在显著差异。在这样的外部环境制约下，民办高等教育的发展不可能呈现一个均衡的状态，而是受到各地区的社会经济发展状况、现有教育规模等因素的制约与影响，凸显出明显的地域性。

浙江——作为一个自然资源贫乏的发达地区，浙江经济发展的主要依托在于民营经济的发展、乡镇企业的异军突起和大量海外企业的加盟。与此形成鲜明对比的是，该地区的高等教育发展出现了明显滞后的状态。高等教育发展与社会经济发展的不协调性为民办院校的成长和发展提供了肥沃的生存土壤。现在的民办本科院校就有 4 家。

① ［日］丸山文裕：《私立大学の経営と教育》，东信堂 2002 年版，第 18 页。
② 胡建华：《我国民办高等教育发展特殊性的若干分析》，《教育研究》2007 年第 1 期。
③ 邬大光：《民办高等教育发展状况分析——兼论民办高等教育政策》，《教育发展研究》2001 年第 7 期。
④ 孟凡：《我国民办高等教育发展的特殊性分析》，《中国高等教育》2009 年第 2 期。

陕西——西安民办院校的发展实现了民办高等教育规模的飞跃式扩大，曾被业界称为民办高等教育成长的"神话"。该地区的物价、地价以及劳务费用低，为民办院校的创办提供了优良的投资环境。这种低成本结构也为民办院校降低收费水准，更多地吸引低收入群体的子女升学创造了有利条件。另外，一部分具有明确的教育目标和经营头脑的办学者参与，他们在办学中对市场的主动适应，也是促成该地区民办院校发展的一个重要因素。尤为重要的是，地方政府所提供的政策性扶持与宽松的制度环境则是该地区民办高等教育发展的重要特征。目前民办普通本科院校最多的是陕西省，共有10所民办本科院校。

江西——江西民间办学历史悠久，家族书院更堪称江西古代教育的一大优势。改革开放又给江西民办学校带来了蓬勃生机。1978年后，在社会经济需求旺盛与人才资源严重短缺、社会成员求学愿望强烈与高等教育资源十分有限的多重矛盾中，民办高等教育开始兴起。经过了20多年的发展，到1998年，江西省民办高等教育机构约五六十所，招生数量位居全国前列，形成了民办高等教育的"江西模式"。2005年教育部又批准两所民办普通本科院校。

广东——广东处于我国改革开放的前沿，具有得天独厚的经济发展和市场机制发育优势，广东的民办院校在办学上具有超前意识，紧贴市场需要。办学机制灵活，形式多样，其开办的专业多为社会急需的专业，培养的人才更适应社会需求。其办学特点是多渠道筹集办学经费、多元办学体制。例如，实用品牌模式和民办学校集团联合模式——和境外联合办学，办学的基本方式是国内招生、国内授课、境外答辩、境外授予学位。

第二节　我国民办院校的办学体制及意义

一　我国民办院校的举办体制

在国家鼓励和支持政策的感召下，我国社会各界参与举办民办院校的积极性得到广泛调动，初步形成多样化的办学体制。

一是个人举办。个人举办的许可最早来自1982年通过的《中华人民共和国宪法》。尽管《宪法》条款中"国家鼓励集体经济组织、国家企业事业组织和其他社会力量依照法律规定举办各种教育事业"，其中没有涉及个人办学的内容，但是彭真委员长在《关于中华人民共和国宪法修改草案的报告》中指出："我国文化比较落后，为了较快地发展教育，既要靠正规的学校教育，又要靠各种形式的业余教育。国家一定要用足够的力量举办教育事业，同时又要发动各种社会力量，包括集体经济组织、国家企业事业组织、其他社会组织以至经国家批准的私人办学者，采取多种形式和依靠广大群众来举办教育事业。"① 这里明确提出了"私人办学者"的概念，结合法律条款中"其他社会力量的理解"，《宪法》实际上承认了私人办学的合法性问题，被看作后来办学体制改革中私人可以办学的主要依据。

前已叙述，早期的民办院校，无论是机构还是普通教育，都是个人举办，或者说私人举办。个人举办，包括个人合伙举办。与周边的韩国、日本以及我国台湾地区的私立大学不同，个人和机构举办民办院校不需要注册学校法人，就可以直接举办。从部分早期民办本科院校举办人的身份来看，大多为高校在职或退休的教师以及退休干部等知识群体。

表 4-8　　　　　　　　我国部分早期民办本科院校举办者

	学校名称	升本时间	创办人	创办人身份
1	仰恩大学	1994	吴庆星家族	华侨
2	黄河科技学院	2000	胡大白	高校教师
3	上海杉达学院	2002	袁济等	高校教师
4	三江学院	2002	陶永德等	高校教师
5	浙江树人大学	2003	集体	高校教师
6	黑龙江东方学院	2003	孟新等4人	教育厅领导、高校教师
7	西安培华学院	2003	姜维之等	高校教师
8	北京城市学院	2003	傅正泰等	高校教师

早期民办高校举办者，经济条件均不具备，除了仰恩大学系菲律宾华侨吴庆星家族出资举办以外，大部分人只有很少的出资或基本没有出资。根据有关资料，北京城市学院创建时创始人傅正泰从清华大学校办厂借款5万元作为开办费；黄河科技学院创建开始是举办高考复习班和自学考试

---

① 彭真：《关于中华人民共和国宪法修改草案的报告——一九八二年十一月二十六日在第五届全国人民代表大会第五次会议上》，《中华人民共和国全国人民代表大会常务委员会公报》2004 年第 S1 期。

助考，创办者胡大白提供36元资金用于购买制作和粘贴招生广告的笔墨和糨糊。三江学院创建时几位创办者曾经出过一部分费用，但是鉴于当时的经济条件，招生收费以后又还给大家。从现有研究的文字方面来看，举办人实际出资比较少。由于民办院校发展初创时期，正值我国高等教育精英化教育时期，巨大的教育需求与匮乏的教育资源形成巨大反差，有限的高等教育资源弥足宝贵，老百姓上大学的求学愿望十分强烈，获准办学意味着可以收费。有的院校虽然没有获得独立颁发高等教育学历文凭资格，但是通过举办高等教育自学考试的助学、学历文凭考试或高中后技能证书培训等，参与高等教育活动，规模盛大，收益良好，积累了办学的"第一桶金"。并且教育服务的收费比较其他服务不同，实行先收费，后服务，因此这类民办院校得以依靠学费积余，逐步建设校园和办学设施，依靠积余滚动发展，办学过程相当艰难，当然也顾不上考虑营利问题。在2003年以前举办的民办高校，大多属于此种类型，对此后面我们还要讨论。

二是企业机构举办，包括家族企业。顾名思义，即举办的民办院校，是由企业出资举办的。这类学校多少有些出资投入，或者有一部分资金来源于其他非教育产业，或者来源于诸如助学考试、驾驶等技能培训积累的资金。2003年我国《民办教育促进法》颁布以后，对于举办民办院校允许取得"合理回报"，虽然缺乏具体配套的操作文件，但是对于举办教育可以获得经济利益的政策明确无疑，这在一定程度上刺激了社会投资举办民办院校的积极性，吸引一些企业投资参与举办民办院校。政府因势利导，在发展独立学院、丰富办学资源的文件中，专门要求"社会资金"参与。要求"参与举办独立学院的社会组织，应当具有法人资格。注册资金不低于5000万元，总资产不少于3亿元，净资产不少于1.2亿元，资产负债率低于60%"。"参与举办独立学院的个人，应当具有政治权利和完全民事行为能力。个人总资产不低于3亿元，其中货币资金不少于1.2亿元。"这些准入条件，非一般的个人或合伙人所能具备，这就为企业参与办学提供了适当的空间。企业举办民办院校，可能为民办院校提供足够的资金，能够加快完善办学条件，保证办学质量。当然，企业举办民办院校，大多具有投资性质和营利动机。

在企业参与投资举办民办院校中，有的企业举办民办院校的资产并没有过户到民办院校名下；有的企业将民办院校作为企业的二级机构，资金混合使用，在企业经营状况遇到问题时，连带伤及民办院校，致使学校办学资金链中断，办学难以为继，学校师生利益难以保证，为学校办学带来巨大风险。此类案例频出，屡见不鲜，引发社会关注。政府数次下文件，要求举办者足额出资，并及时将资产过户到民办院校名下，以避免学校办学风险，当然这也产生了与投资举办企业不同的民办院校产权问题。

在企业办学中，有的企业将办学作为产业上市。早期的如广厦学院、托普学院、吉利汽车学院等，据了解，这些学校的资产与公司资产是分割的，两者互不联系。近年来，独立学院大量被要求"独立"，需要引进大财团的资金，一些企业认为办学"有利可图"，于是转型投入高校。

据了解，目前共有8家A股上市公司旗下有高校资产，有的作为一级子公司直属于上市公司，也有数所高等职业院校作为上市公司子公司的重要资产存在，他们是：陕西金叶（000812）旗下西北工业大学明德学院；博通股份（600455）旗下西安交通大学城市学院；赛为智能（300044）旗下安徽工业大学工商学院；科大讯飞（002230）旗下安徽信息工程学院（原安徽工程大学机电学院）；国脉科技（002093）旗下福州理工学院（原福州海峡职业技术学院）；罗牛山（000735）旗下海南职业技术学院；新华文轩（601811）旗下四川文轩职业学院和新南洋（600661）旗下嘉兴南洋职业技术学院。这些民办高校大部分由独立学院转设，或是高职院校并正在谋求升格。据报道，三一重工曾发布公告，其下属公司湖南三一工学院股份有限公司（以下简称"湖南三一工学院"）于2017年1月26日获股转让系统公司同意湖南三一工学院股票在新三板挂牌，转让方式为协议转让。挂牌后，证券简称为三一学院，证券代码为870999。2017年3月22日，民办高等教育集团民生教育在香港正式上市。民生教育是重庆民办教育机构，目前在内地营办4所学校，3所在重庆，1所位于内蒙古，主要提供大学学历教育，包括本科学历教育及大专教育和中等职业教育。据互联网信息，云南工商学院、江西科技学院、白云学院等也在积极筹备上市中。

上市或许能让民办院校企业获得巨额资金，带来品牌效应，帮助民办院校提高改善办学条件，提高办学质量，同时改善企业治理、提升管理水平。然而，另外，上市后企业上市对利益的追求，与学校非营利性的属性可能会产生根本的矛盾，如果民办院校为了追求利益，可能会牺牲学校本身的办学质量，急功近利，会导致民办院校的办学质量难以得到保障。

表 4-9　　最近几家拟上市、挂牌的民办院校企业最新年度业绩情况

	营业收入	净利润	毛利率
宇华教育（2014.9.1—2015.8.31）	6.98 亿元	2.45 亿元	45%—50%
民生教育（2015 年）	4.26 亿元	2.13 亿元	约 61.5%
新大学集团（2015 年）	2.74 亿元	1.04 亿元	约 49.64%
健坤教育（2015 年）	6718.15 万元	904.54 万元	40.9%
金桥教育（2015 年）	8721.4 万元	3138.2 万元	59%

资料来源：《民办高校别忙着上市，先弄清这三大问题》，搜狐教育，http://learning.sohu.com/20161018/n470616037.shtml。

　　三是民主党派、社会团体和学术团体举办。根据有关方面对《民办教育促进法》的解释，社会力量举办的学校（包括民主党派、社会团体、学术团体以及有关部门批准成立的民办学校）。由民主党派、社会团体和学术团体直接独立举办的民办院校不多，但是参与举办的应该不少。民办院校是个新生事物，尤其是在初创时期，政策空白、管理缺失，摸着石头过河，需要社会支持。因此，一些举办者就瞄准民主党派和社会团体具有的人才、人脉联系和资源优势，吸收民主党派和社会团体办学。早期的民办院校，许多学校董事长都由省政协领导担任，如浙江树人大学、黑龙江东方学院等。后期的民办院校，也有给予民主党派股份的，如浙江长征职业技术学院、浙江越秀外国语学院等。但是一般来讲，民主党派和社会团体属于事业单位，没有资金来源，财政下拨的事业经费也不能用于民办院校办学，因此多是"干股"性质，参与管理，接受相关安排。这类学校在 2005 年以前举办的学校居多。也有一些民办院校，为了扩大影响，创设办学条件，也有将民主党派和社会团体吸纳为学校举办者的，如广西的南宁学院等。现在，由于法律本身的规范和利益处理难度，民主党派和社会团体参与举办民办院校逐年减少。
　　四是混合所有制和股份制举办。"混合所有制"本是经济领域的专业术语，是指由不同产权主体合作而建立的经济组织，从本质上说它是一种股份制经济，通过不同的股份占比来确立运营决策权和合法收益权。不同的产权主体包括国有、集体、私营、外资等，其合作形式则包括国有（集体）资产之间相互叠加形成的合伙制，民间资本相互叠加形成合伙制，以及国有（集体）资产与民间资本共同组成的混合制三种。明确提出积极发展混合所有制经济，是党的十八届三中全会的一个重要突破。

《中共中央关于全面深化改革若干重大问题的决定》指出，国有资本、集体资本、非公有资本等交叉持股、相互融合的混合所有制经济，是基本经济制度的重要实现形式，有利于国有资本放大功能、保值增值、提高竞争力，有利于各种所有制资本取长补短、相互促进、共同发展。根据这一概念的内涵，混合所有制应该具有"国有资产"的成分，但"国有资产"成分所占比例则无明确的要求。在这一理论指导下，我国国有企业从 20世纪 90 年代初开始，逐步推进股份制改革并取得明显成绩，不仅有效增强了国有经济的活力、控制力和影响力，巩固了公有制的主体地位，加强了国有经济的主导作用，而且通过所有权与经营权的分离，提高了企业和资本的运作效率。

2014 年 2 月 26 日，李克强总理在国务院常务会议上部署了加快发展现代职业教育的任务措施，明确指出："积极支持各类办学主体通过独资、合资、合作等形式举办民办职业教育；探索发展股份制、混合所有制职业院校，允许以资本、知识、技术、管理等要素参与办学并享有相应权利。探索公办和社会力量举办的职业院校相互委托管理和购买服务的机制。社会力量举办的职业院校与公办职业院校具有同等法律地位。推动公办和民办职业教育共同发展。"5 月 2 号，国务院正式颁布《关于加快发展现代职业教育的决定》（国发〔2014〕19 号），把探索股份制、混合所有制职业院校以政府文件的方式予以发布，允许资本、知识、技术、管理等教育要素参与办学并享有相应权利。

如何坚持教育的公益性原则，健全政府主导、社会参与、办学主体多元、办学形式多样、充满生机活力的办学体制，形成以政府办学为主体、全社会积极参与、公办教育和民办教育共同发展的格局，充分调动全社会参与职教办学的积极性，进一步激发教育活力，满足人民群众多层次、多样化的教育需求？混合所有制将是办学体制改革的重要突破口。教育部领导非常关心和重视高职院校的混合所有制改革，教育部原副部长鲁昕在多次会议上表示，"要充分发挥市场的作用，通过实行股份制、混合所有制等方式，用市场的力量来办学。这是一个非常灵活的办学体制，首先要对这类学校进行产权制度改革，产权结构和分配机制都发生变化。学校院系主任可以做教师、可以做教授，也可以到企业做人力资源部的部长，校长可以做学校的管理者，同时也可以到企业做 CEO"。①

　　学者认为："各国办学体制有一种从传统的公、私截然分开状态走向公、私融合的趋势，在经费来源和分配方面，公共教育经费有较大比例用于资助私立学校，公立学校也有较大比例经费来自非政府拨款；在办学机构方面，出现了美国的'特许学校'、英国的'独立于地方政府的公立学校'等多种混合制的学校，有人将这些变化视作一次'公共教育体制的重构'"。② 在世界各国教育系统中，几乎不存在所有教育活动都只是由单一公立学校或私立学校提供的案例，几乎所有国家的教育系统都包含有公立教育与私立教育两部分，所不同的是私立教育和公立教育在各级各类教育中的比例，在有些国家，公立教育为整个教育系统的主体，在另外一些国家，私立教育的比例很高。③ 借鉴国外经验，我国在这方面也开展了积极的探索。

　　从法律渊源上看，发展混合所有制的民办院校，最早在《民办教育促进法实施条例》中就有规定。《民办教育促进法实施条例》第六条规定："公办学校参与举办民办学校，不得利用国家财政性经费，不得影响公办学校正常的教育教学活动，并应当经主管的教育行政部门或者劳动和社会保障行政部门按照国家规定的条件批准。公办学校参与举办的民办学校应当具有独立的法人资格，具有与公办学校相分离的校园和基本教育教学设施，实行独立的财务会计制度，独立招生，独立颁发学业证书。"

　　"参与举办民办学校的公办学校依法享有举办者权益，依法履行国有资产的管理义务，防止国有资产流失。"

　　第七条规定："举办者以国有资产参与举办民办学校的，应当根据国家有关国有资产监督管理的规定，聘请具有评估资格的中介机构依法进行评估，根据评估结果合理确定出资额，并报对该国有资产负有监管职责的机构备案。"

---

　　① 鲁昕：《在"中国发展高层论坛2014"上的讲话》，《国土资源高等职业教育研究》2014年第2期。

　　② 劳凯声：《重构公共教育体制：别国的经验和我国的实践》，《北京师范大学学报》（社会科学版）2003年第4期。

　　③ 文东茅：《办学体制的国际比较及其启示》，《中国民办教育协会简报》2008年第27期。

　　以上两条规定说明，国有资产是可以参与举办民办院校的。当然，这种参与举办，主要的还是有限"参与"，而不是"独办"，否则，就不能成为民办院校，而是公办院校。并且，举办和运行的经费不应该是财政性经费。

　　根据制度设计，混合所有制职业院校应当是由国有资本、集体资本、非公有资本等不同所有制的两个及以上主体共同出资举办的新型教育模式，其本质特征是产权结构、治理主体多元化。而"股份制"在我国民办教育，特别是民办高等教育中比较典型。从开办资金的投入形态看，主要有三大类型：一是股份制教育投资公司，也就是前面提到的"台州模式"；二是"股份制"学校，出资主要体现在学校层面，即由两个或两个以上出资人以资金或其他生产要素投入学校的建设和运营。这种形态以温州比较有代表性，因此也被称为"温州模式"。三是"混合所有制"学校，其中以浙江大学城市学院比较具有代表性。浙大城市学院先期由三方投入：浙大以品牌投入6000万元，杭州市政府投入6000万元，浙江省邮电管理局投入5000万元校产。目前一些由公办高校发起、吸收社会力量参与举办的独立学院，也都属于"混合所有制"办学。混合所有制办学的主要办学体制类型有公有民营型；民办公助型，其实现的路径有：公办自行改制；公办吸引民资；国资注入民办；公办接管民办；民办托管公办；中外合作办学，等等。①

　　阙明坤认为②，发展混合所有制职业学院，有利于丰富混合所有制的经济形式、有利于深化办学体制改革、有利于拓宽办学经费来源渠道、有利于提高人才培养质量。在全面深化改革的背景下，探索发展混合所有制职业院校，有利于促进国有教育资本放大效能，吸引各种所有制资本进入职业教育领域，各种所有制资本取长补短、相互促进、共同发展，从而丰富混合所有制经济的形式和内涵。通过多种资本参与职业院校合作办学，可以破除公办职业院校的体制弊端，同时也可以促进民办职业院校发展壮大，促进办学形式多样化、办学主体多元化，增强办学活力，提高办学效益，健全政府主导、社会参与、办学主体多元、办学形式多样、充满生机活力的办学体制。通过发展混合所有制职业院校，可以创造一种吸引社会

---

①　阙明坤、潘奇：《发展混合所有制职业院校初探》，《职业技术教育》2015年第4期。
②　同上。

力量投入的职业教育机制，吸纳更多社会资本投入职业教育，缓解职业教育办学经费短缺。在浙江省台州的"教育股份制"实践中，股份制这种资本组织形式被创造性地运用于筹措教育经费并获得巨大成功。单纯以职业院校自身的力量难以培养出社会、行业与企业需要的技能型人才。通过发展混合所有制，有利于密切职业院校与行业、企业、社区的联系，形成利益共同体，充分利用企业的设备、技术、实训条件，按用人单位提出的用人标准设计教学计划、教学大纲，按行业规范、工作职责培养人才，推进职业教育培养目标、专业设置、课程内容、教学过程与产业升级、行业标准、企业需求相对接，从而提高人才培养质量，促进学生就业。

"纯粹的公办，活不起来；纯粹的民办，大不起来。"要做强做大民办院校，需要探索"混合所有制"这条路子。董圣足将"混合所有制"的功用总结为四个方面：筹集、整合、增效和撬动。筹资指集聚资金，壮大实力；整合指优势互补，各取所长；增效指优化结构，增强活力；撬动指放大当量，扩大影响。①

五是部分国有资金进入举办民办院校。按照《民办教育促进法》，"国家机构以外的社会组织或者个人，利用非国家财政性经费，面向社会举办学校及其他教育机构的活动，适用本法"。根据这一规定的解释，"权力机关、行政机关、司法机关、军队和警察机关等国家机构以外的社会组织和公民个人都可以举办民办院校"。细心研究发现，国有资金也有两种用途，一种经营性的，国有企业用的就是这部分资金，不仅可以举办民办院校，也可以营利；一种是非经营性的，不能用于营利性事业。在我国，国有资金一直在民办院校中有一席之地。通过国企，将资金注入民办院校，举办示范性的民办院校。从办学实际来看，国资举办独立设置的民办院校比较少。有两种情况，一种是国有资金（通过企业）从学校创建开始就直接投资参与办学。浙江宁波大红鹰学院就是通过宁波卷烟厂劳动服务公司的名义举办的，这样的学校比较少。因为如果全部由国资承担经费，也可以直接举办公办高校。二是学院办学过程中，国有资金通过教育投资公司等机构，参与办学。如前面提到的南宁学院，是在升本以后国资开始参与。报载，2016年年底，江苏省教育发展投资中心与南京三江学

---

① 董圣足：《教育领域探索"混合所有制"：内涵、样态及策略》，《教育发展研究》2016年第3期。

院教育发展基金会合作举办三江学院签字仪式在宁举行。新校区项目用地1028 亩，将按照承载 2.4 万名学生的校园规模，规划设计 65 万平方米的建筑。三江学院是一所滚动发展的民办本科院校，在新校区建设中，遭遇一些困难，国资介入，有利于学校尽快完成基本建设，提升学校办学条件。

大量的国资进入民办院校的表现形式，是公办高校举办独立学院。尽管 2008 年 2 月颁布、4 月实施的教育部 26 号令《独立学院设置与管理办法》要求"本办法施行之日起 5 年内，基本符合本办法要求的，由独立学院提出考察验收申请，经省级教育行政部门审核后报国务院教育行政部门组织考察验收，考察验收合格的，核发办学许可证"。但是由于各方面条件和利益的影响，实际上 10 年过去，独立的学校并不多。独立学院大部分仍然是公办高校的"二级学院"。

六是国外资金进入举办民办院校。我国《中外合作办学暂行条例》规定中明确指出："中外合作办学是中国教育对外交流与合作重要形式，是对中国教育事业的补充。"并且规定："合作办学机构的校（院）长或其主要负责人，必须由在中国境内定居的中国公民担任，并报审批机关核准。"因此，外资进入我国民办院校的政策管道是畅通的。同时，2012 年《教育部关于鼓励和引导民间资金进入教育领域促进民办教育健康发展的实施意见》第七条规定，"中外合作办学机构中境外资金的比例应低于50%"。商务部《外商投资产业指导目录》（2015 年修订）中"限制外商投资产业目录"第十一项规定，高等教育机构"限于合作、中方主导"。从现实来看，据报道，湖南涉外经济学院曾经转让部分股权给予美国劳瑞德公司。

2016 年 9 月，湖南涉外经济学院转让股权时间被约谈，主要原因如下。

2009 年 3 月经湖南省工商行政管理局批准，湖南涉外经济学院举办者湖南猎鹰实业有限公司分立为 2 家公司——湖南猎鹰实业有限公司、湖南新猎鹰科教有限公司。原湖南猎鹰实业有限公司名下的 11 家子公司均归于湖南新猎鹰科教有限公司名下，湖南猎鹰实业有限公司名下仅保留湖南涉外经济学院、湖南猎鹰物业管理有限公司，而湖南猎鹰物业管理有限公司仅服务学院物业管理，不对外营业。"通过公司分立，学院举办者名义上没有发生变化，实质上发生了根本改变，由一家实体公司变更为一家空壳公司，学院举办者权益也随之实现了重大转让。"王柯敏认为，湖南涉外经济学院存在违法违规连续两次擅自变相改变举办者，且学院事实上被外资控股。学院举办者在申请公司分立过程中，没有如实向工商行政管理部门报告原公司举办有民办高等学校的情况，存在规避教育法律法规监管的故意。明知举办权实质上已发生变更、举办者权益实现了重大转让、学院内部治理结果也随之发生了重大变更，但是没有依法进行财务结算、发布变更公告，也没有报学院审批机关教育部审批，违反了《民办教育促进法》第六十二条、《高等教育法》第二十九条、《教育部关于鼓励和引导民间资金进入教育领域促进民办教育健康发展的实施意见》第七条、第十九条的规定。因此其负责人被约谈，并要求立即整改①。总体来看，目前见于报端的外资投入举办民办院校的案例还不多。

七是多元投资办学模式。瞿延东指出："由于我国目前家庭的收入普遍不高，巨资企业也为数不多。为此，更多地依靠收取学费的提高或更多地依靠企业投巨资举办民办教育并不现实。从而民办学校的筹资还应探索适合我国上述国情特点的方式。近年来，一些举办者把教育当作有效投资，积极寻求建立自筹资金、自求平衡（以支定收，收支平衡）、自主办学、政府监督的民办教育运行机制。探索在学校发展中，吸纳多方资金，实现投资主体多元、风险分散、经费稳定的投入方式。不少学校通过收取学费、接纳社会各方赞助、吸取学校教职工借款、向银行贷款、争取政府赞助、吸收为数较多但额度并不大的企、事业单位投资等等方式筹资。还有少数学校采取称为'股份合作'形式的办学模式。试图达到资金的联合与劳动的联合。这种学校筹资的特征为：投资主体是由若干个投资者组成的多元结构的联合体。"② 这种形式在民办院校发展初期也存在。其优势是利于融合社会多种办学资金，风险分散共担，经费稳定、利益共享。但是也带来管理上的诸多矛盾和问题。由于投资主体多元，将会带来学校产权的多元和利益的多重性，不同的诉求会影响办学的目标实现。因此，许多主体在后续的发展中随着经济集聚度的提高而逐渐退出。

八是转制形式。即公办的普通院校（成人高校）转制为民办院校。

---

① 姚晓岚：《深陷献金丑闻的劳瑞德违规控股中国一高校》，http：//news. cyol. com/content/2016-09/09/content_ 13937728. htm。

② 瞿延东：《我国民办教育的发展与管理》，中国财政经济出版社2002年版，第88页。

对公立院校转制的内涵，目前还没有形成统一的认识，具有代表性的观点主要有三种。第一种认为，公立高校"转制"，转的是投资体制、管理体制和运行机制。它的核心是在国有教育资源所有制不变的前提下，转变单一的投资体制和运行机制。概括地说，就是学校的所有制没有变，变的是教育经费投入的来源以及政府、社会、家长和学校的关系。① 第二种观点认为，公立学校转制的目的在于建立自我监督和社会监督的机制。持这种观点的专家学者认为，办学体制改革主要是针对国家"包得过多、统得过死"的弊端提出的，其关键在于没有建立基层监督机制，缺乏独立负责的教育中介机构。"故真正需要转的'制'，是缺乏学校自我监督与社会监督之制，是教育中介机构不健全、不独立之制。只要这些问题不解决，政府同学校的关系也就难望理顺，所谓'教育体制改革'就得一直进行下去。"② 第三种观点认为，公立高校"转制"转的是所有制和运行机制。唐国安认为，"转制"的内涵包括两个方面：一是所有制的改变，公立高校可以通过资产转移的方式，转变成完全意义上的民办高校；二是机制的改变，即不改变高校的所有制形式，引入市场机制改变其运行机制。③ 有人甚至提出，"公立高校转制应包括三个方面，一是转变投资体制，二是转换运行机制，三是转变学校资产的所有制。这三者缺一不可，缺少任何一项都是不完整的转制，其关键是转换学校资产的所有制"④。

公立高校"转制"的意义和必要性，主要集中在以下几个方面。一是有助于推进办学体制多元化的教育体制改革进程。"转制有助于切实推进办学体制多元化，有助于理顺宏观管理关系；对扩大高校自主权将产生积极影响。"⑤ 二是有助于摆脱公立高校办学的低效率，高等教育经费供求尖锐矛盾的局面。"在我国进行高等教育'转制'的动因主要有内外两方面因素：外部因素包括教育供求的矛盾、改革传统低效率的高校办学、满足人们对优质教育资源的需求等；内部因素则包括学校内部管理体制改

① 张兴：《高等教育办学主体多元化研究》，博士学位论文，华东师范大学，2002 年。

② 陈桂生：《"民办公助"质疑》，《民办教育动态》2001 年第 2 期。

③ 唐安国、陈飞：《部分高校实施转制试验的思考》，《民办教育研究》2005 年第 1 期。

④ 张兴：《高等教育办学主体多元化研究》，博士学位论文，华东师范大学，2002 年。

⑤ 魏志强、唐安国：《高等教育也可以"抓大放小"》，《上海高教研究》1998 年第 4 期。

革的需要、提高有限资金的利用率、改善高校整体办学条件、提高办学质量的需要等。"① 三是有助于公立高等教育与民办高等教育的协调发展、竞争格局的形成。"转制有利于促进公立高等教育和民办高等教育的协调发展,从整体上促进中国高等教育持续健康发展。"② 四是我国经济体制改革为高等教育改革提供了宝贵经验,国有企业改革的成功经验更是为公立高校"转制"的运作提供了借鉴。杨德广认为,党的十五大提出的"以公有制为主体,多种所有制经济共同发展""公有制实现形式可以而且应当多样化"等政策以及我国非公有制经济的快速发展为公立高校"转制"提供了重大的机遇。③

关于公办高校转制,一度成为研究的重点之一。公立高校"转制"的范围而言,主要有两种代表性观点,一种观点认为要以试点的方式推进公立高校"转制"。张乐天明确提出,要以试点方式推进高校转制的实施。④ 唐安国认为目前建立"试点"或"试验田"是比较稳妥的途径,高校的转制还不具备"全面开花"的条件,建议在各省市分别选择几所高校作为试点,这些"试点"对象的选择可以是一些地方性的薄弱高校。⑤ 杨德广则明确提出转制高校的数量比重,认为"应将现有 30% 的大学转制",并且"转制高校一般是专科学校、普通本科学校。而重点大学,为国家培养紧缺人才的学校是不会改制的"。⑥ 另一种观点认为,转制的数量要占较大比重。如朱永新就提出"国家办好 10—20 所一流国立高校,每省办好 1—2 所省属高校,有条件的地市办好 1 所市属大学。其余的大学逐步进行各种形式的转制"。⑦

刘莉莉认为,国有民办改制运作模式是指由国家、地方政府或行业部门主办并承担教育经费的学校,在学校原所属关系不变的基础上,以一定

① 李祖超、黄文彬:《对我国公办高校办学体制改革的断想》,《教育研究》2002 年第10 期。

② 张乐天:《实施部分公立高校向民办高校的转制》,《复旦教育论坛》2003 年第 5 期。

③ 杨德广:《改制是高等教育走出困境的出路》,《高等教育研究》1998 年第 6 期。

④ 张乐天:《实施部分公立高校向民办高校的转制》,《复旦教育论坛》2003 年第 5 期。

⑤ 唐安国、陈飞:《部分高校实施转制试验的思考》,《民办教育研究》2005 年第 1 期。

⑥ 杨德广:《改制是高等教育走出困境的出路》,《高等教育研究》1998 年第 6 期。

⑦ 朱永新:《声音:大学能否转制?》,http://news.gzhu.edu.cn/newscenter/index.jsp?lm。

的方式转给独立法人承办，从而按民办管理机制，自筹资金、自我管理、自主办学的运作模式。我国普通高校的改制，从形式上看，只是投资体制的一种变革，也就是学校由原来的政府拨款变为多渠道筹措资金。实质上，改制是运行管理机制的变革，是政府在高校管理中的一种主动退出。政府只保留学校所有权，不参与学校的具体运营管理。改制后的高校，通过重新组合和优化配置教育资源，激活机制，很快走出了一条低投入、高起点、高速扩张的自我发展道路。"国有普通高校的改制运作，主要源于改革僵化的高等教育管理体制和提高普通高校办学效益。长期以来，政府对高等教育的高度垄断，虽然维护了普通高校在教育市场中的竞争优势，却助长了普通高校中行政权力的泛化和各种腐败的蔓延，降低了办事的效率，特别是随着教育财政经费的不断削减，普通高校内部的顽疾日益凸显，事实上不仅中国的公办高校面临着财政危机和生存挑战，20 世纪 80 年代，在全球范围内高等教育的政府供给与高等学校的国家垄断都受到了不同程度的冲击，公校私营正在成为一种世界性的趋势。"①

根据改制高校转换主体的不同，转制高校又可以分为以下两种形式。

一是"官办"转"民办"，是指将政府直接管理的学校委托给非政府组织来管理。如浙江万里学院原来是一所有 50 年历史的普通高校——浙江省农村技术师范专科学校，在校生只有 420 人。由于经费短缺，教学设施陈旧，教师人心惶惶。在不改变国有性质的条件下，引进民营机制，实行自筹资金、自负盈亏，不仅促使高校主动地寻找社会资源，而且需要彻底地转变管理机制，变管理为经营。浙江省、宁波市教委正是及时地通过改制使一批陷入困境的普通高校重新获得了生机。以万里学院为例，改制后，万里学院成为一所由省教委主管、浙江万里教育集团承办、按民办机制运行的国有民办大学。

二是"企办"或"行业办"转"民办"，是指将国有企业或行业主办的学校委托给学校法人来经营与管理。需要说明的是，这里的国有企业虽然从性质上属于非政府组织，但是，计划经济体制下，国有企业完全是一种行政式管理机构，企办教育也是一种不同形式的国家垄断教育。随着中国由计划经济向市场经济体制转轨，国有企业被推向了市场，企业的生产也由国家统购统销变成市场选择，企业资金的短缺和企业经济利益的追

---

① 刘莉莉：《中国民办高等教育发展的研究》，吉林人民出版社 2002 年版，第 79—80 页。

逐直接冲击了处于封闭状态的企办教育。在阵痛中的国有企业以及转向市场的一些行业再也无法独立支撑高等教育机构，而政府自身财力的限制也无力接管这些濒临绝境的高校。由企业或行业办学转为民办无疑成为中国高等教育体制改革的必然选择。黑龙江齐齐哈尔工程学院前身齐齐哈尔第一职工机床厂机电学院是一所附属于企业的教育机构，它的改制既是一种偶然也是一种必然。齐齐哈尔工程学院转制前依附的齐齐哈尔第一机床厂是拥有 1.2 万名职工的国有大型企业。计划经济体制下，职工大学曾经是企业人才培养的重要基地。面向市场后的企业失去了计划经济条件下的优势，经营开始陷入亏损状态。1993 年，机电学院只有 137 名在校生，72名教职员，教职工与学生的比例达到 1∶1.9，学校仅靠企业每年 70 万元的拨款维持着低效率的运转。企办高校转成民办高校不仅使企业丢掉了包袱，更重要的是学校则从计划经济条件下的企业"人才生产车间"，转变为市场经济条件下的面向全社会提供教育服务的法人实体。

如果说，齐齐哈尔工程学院作为一所企业职工大学，企业的改制已经使企办学校丧失了生存的基础，而浙江万里学院作为一所既与农业又与师范联在一起的学校，难以得到政府支持和学生的青睐，他们的改制有一定的特殊性与偶然性；那么，20 世纪 90 年代末，国有高校改制的进一步推行则显示改制不是一种偶然，改制既是中国高等教育改革的一种必然选择，也是全球范围内高等教育私营化趋势的一种彰显。高校改制的成功将促进民办高等教育办学模式的多样化，推动高等教育宏观管理体制的改革与创新。宁夏理工学院也是一所职工大学转制的民办院校。1985 年，宁夏石嘴山联合职业大学创建，经宁夏回族自治区人民政府批准为全区教育改革的试点单位；1993 年 12 月，原国家教委正式批准设置宁夏石嘴山职工大学，为全国首批进行学历教育的 5 所民办高等学校之一；2000 年 8月 11 日，经宁夏回族自治区人民政府批准，更名为"宁夏石嘴山职业技术学院"，从事普通高等职业教育；2005 年 3 月 12 日，经教育部批准升格为本科普通高等学校，更名为"宁夏理工学院"。

从现有实践来看，公立高校转制以后，使教育资源的构成从单一走向多元，给办学注入了新的活力。

方铭林认为：目前我国实际主要有三类民办高校主体，第一类是独立的纯民办高校；第二类是公办高校改制形成或叫以民营机制运作的以"国有民营"为特征的民办高校；第三类是公办高校或公有制主体参与举办的独立学院。三类民办高校的办学主体，因各自背景不同，所拥有的体制资源不同，所以引起了民办高等教育整个市场结构的变化和市场行为的变化。在现阶段，凡是发展较好的民办高校都以各种方式得到了公共教育资源的支持，并且这是不可逆转的趋势，就是公共教育资源正在以日益重要的、迅速扩大的方式进入民办高等教育的领域，成为支持民办高等教育发展重要的资源基础。规范公办学校参与举办民办学校的市场行为，重建教育市场竞争秩序，就不应该选择限制民办学校获得两种体制优势，而是应该积极推进让所有的学校都能够拥有两种体制资源和获得两种体制优势，以便所有的学校都拥有更加充足的资源为社会提供优质教育服务。[①]

二   我国民办院校的举办模式

所谓举办模式，简言之，就是民办院校筹集办学资金的方式和性质，从而也就决定了办学的目标和动机。民办院校多样化的举办模式是与我国经济发展进程相一致的。办学初期，长期以来单一的纯而又纯的社会主义公有制使得我国民间资金十分薄弱，集聚度也非常低，民间少有资金投入高等教育，因此早期民办院校大多为以学养学、滚动发展的模式。由于社会介入较少，也为民办院校的家族化管理埋下了伏笔。随着改革开放的深入，经济逐渐发展，资本集聚度逐步增加，民间投资举办高等教育的能力逐年提升，民办院校的举办模式也开始发生变化，逐步出现了民间私人独家举办、集团举办和股份制甚至中外合作等多样化的举办模式。本研究根据民办院校办学的投入性质和举办者对学校资产的诉求，将民办院校的举办区分为滚动发展、捐资办学和投资办学等三种模式，以剖析举办模式与学校办学体制构建以及决策导向的内在联系。

1. 滚动发展模式

以学养学、滚动发展模式是我国早期民办院校的重要举办模式，其突出的特点是没有或是只有少量的初始投入，主要依靠学生缴纳学费运行，并将办学积余再投入学校建设、推动学校滚动壮大的低成本扩张发展模式。从举办主体来看，由于学校没有或者少有初期投入，举办者主要是一些不具有经济实力的个人或非营利性组织，比较多的如高校教师个人，民

---

① 方铭林：《我国民办高等教育政策分析和制度创新》，博士学位论文，中国人民大学，2009 年。

主党派人士、学术组织、老教授会及其他社会团体，他们具有办学育人的情结和高等学校的管理经验，但是没有丰裕的资金，也没有得到社会的投资或捐资。从学校建设的经费来说，滚动发展的民办院校，其建设经费主要来自学校自身的办学积余，当然也不排除部分捐资甚至政府资助。可以说，改革开放后最先创办的民办院校大多是在"三无"的基础上创办和发展起来的，它们构筑了中国民办高等教育的雏形。各地滚动发展的民办院校也基本上采用了以学养学这一模式，而又有些差别。与此同时，由于高等教育资源十分稀缺和珍贵，获得批准建校实际上就是政府授予了收费的资格。而当时社会上也有许多闲散的高校办学资源，如许多闲置的校舍和设备、公办院校大量的退休教师和管理人员等，为学校的创办和运行提供基本的环境，并可大大降低学校的办学成本，为以学养学、滚动发展创造了条件。

从创办时间上看，滚动发展的民办院校呈现了两次创办的高潮，一是在1984年前后，我国的各项改革刚刚起步，私营经济尚在曲折中探索，缺乏有实力的企业家和其他投资主体，面对人们高等教育需求的不断膨胀和各种闲散办学资源的存在，以学养学滚动发展模式获得了生存的机遇，以高校教师（或退休教师）为主体的举办人出现并形成主流。二是在20世纪90年代初期，特别是1992年邓小平同志南方谈话以后。建设社会主义市场经济理论的提出，不仅加快了经济体制的改革，也加快了教育领域的发展，而且凸显了高等教育供求的矛盾。虽然民间资金集聚度发展不快，但是改革开放十多年来大大解放了人们的思想，多样化的办学模式为民办院校滚动发展创造了条件。各地以普通高等教育为目标，以高等教育自学考试、学历文凭考试和驾驶培训、英语培训等为滚动途径的民办高校大量发展起来，掀起了滚动发展的第二浪潮。

以我国最早建校的几所民办院校为例。北京城市学院，其前身为北京海淀走读大学，1984年由海淀区人大代表傅正泰教授等发起成立。由于当时还没有民办高校审批的先例，北京市政府批准时定性为"区办校助"，即海淀区人民政府举办、清华大学等高校助办。实际上，区办高等学校的可能性很小，原因在于其时区级政府有限的教育经费将主要用来承担义务教育的经费支持，难以支撑高校的创办和运行。从相关的经费规定来说，当时的条件也不允许。因此，时任区委书记的贾春旺就明确提出"学校我给你们批回来了，以后靠你们自己了"。于是，当时的办学牵头人——清华大学教授、海淀区人大代表傅正泰，就开始募集资金。"1984年学校初创时，没有经费，没有校舍，没有设备，没有教职工，而其中最突出的是没有最低限度的开办费。作为创办人，我向清华大学核能研究所吕应中同志借了 5 万元，应付急需。从此走上民办公助、自负盈亏的创业道路。"① 1984 年，因公致残的郑州大学教师胡大白不甘心三年多的病榻生活，针对当时上大学困难，高等教育自学考试风靡全国的新形势，她萌发了帮助热血青年自学成才的愿望，开始了黄河科技大学艰难的创业。学校创办伊始，一无所有，白手起家。胡大白用自己的 30 元钱，买来纸墨，制作高考复习班和高等教育自学考试的广告，在大街小巷里张贴。由于行走困难，经常是丈夫用自行车推着她找教室，求教师。身残志坚的胡大白，终于办起了黄河科技学院的前身——郑州市高等教育自学考试辅导站，从而开始了创办民办高等学校的艰难探索，并逐步过渡到自学考试辅导班和全日制的普通高等教育。② 黑龙江东方学院（1992 年创办）、江苏三江学院（1992 年创办）等几乎都有着这种成长经历。而今，这些学校的校产都在 10 亿元以上。

民办高校创办初期，由于办学实在艰难，获批的民办高校或多或少、或直接或间接都曾得到政府的各种支持。这一方面在于学校创始人的社会影响和人格感召，办教育终归是造福社会的公益事业；另一方面，当时办学也没有任何利益可得，社会上对民办高校办学的公益性和非营利性认识比较统一。除了在学校审批方面降低门槛，方便准入以外，许多地方政府在土地征用方式、校园建设规费减免和税收优惠等方面给予民办高校与公办高校同等待遇，降低了建设费用，节约了办学的成本，为滚动发展提供了条件。可以这么说，这些学校巨额资产的积累，既有学校创办者的艰苦奋斗、厉行节约，有学生的学费支持，也有政府的理解和政策的支持。西安培华学院（1984 年建校）、浙江树人大学（1984 年建校）和上海杉达学院（1992 年建校）等在创办过程中，都曾得到过政府各种形式部分资金的直接支持。

民办院校滚动发展的办学内容，并不限于普通全日制教育，实际上，由于环境放宽和社会需求巨大，许多非全日制的办学形式成为滚动发展民

---

① 傅正泰：《海淀走读大学的办学历程》，《中国教育报》2002 年 1 月 22 日，第 4 版。

② 王刚等：《丰碑——黄河科技学院二十年光辉历程》，中央民族大学出版社 2004 版，第180 页。

办院校办学资金的主要来源，高等教育自学考试助考、高等教育学历文凭考试、高级技能培训甚至驾驶培训等，都成为民办院校早期的办学积累来源。

当然，由于举办高等学校需要巨额资金。因此对于只有几万、几十万、几百万的投入举办民办高校来说，根据现有法律规定，也可以列入滚动发展之列。

表 4-10　　　　　　　　　　　公办与民办院校经费支出结构比较

分类	人员经费支出占比（%）	教学以及公共经费支出占比（%）	基建支出占比（%）
公办高校（1997 年地方高校均值）	41.5	41.8	16.7
西安外事学院	18	60	22
黄河科技学院	16	58	26
浙江树人大学	28	51	21

资料来源：根据相关资料整理。

2. 捐资办学模式

捐资办学模式，即出资者将自己的资金（或资产）无偿捐赠给学校建设和运行，不求产权、不求回报、不谋求对学校的控制的办学模式。根据我国《民办教育促进法》的规定，可以由私人或社会团体直接捐资（或资产）办学，也可以成立基金会，由基金会提供经费（或资产）举办民办学校。

捐资办学古今中外都有。在捐资举办大学方面，国内比较典型的有陈嘉庚捐资举办厦门大学。1921 年陈嘉庚认捐开办费 100 万元，常年费分 12 年付款共 300 万元，创办厦门大学。著名爱国教育家张伯苓（1876—1951 年）和严范孙（1860—1920 年）捐资创办了南开大学。捐资办学已成为社会普遍的慈善行为之一，国外捐资办大学的行为更是屡见不鲜，美国的哈佛大学、耶鲁大学等都是捐资办学。许多私立大学都曾接受捐资建校，并持续接收社会捐赠支持学校的运行。

改革开放之初，我国经济发展处于比较落后的阶段，加上长期以来实施单一的公有制经济，民间几乎没有能力捐资办学。比较多的是香港著名人士和国外华侨慷慨解囊，捐资办学。如包玉刚率先捐资创办宁波大学；李嘉诚捐资辅助汕头大学，邵逸夫连续多年每年以数亿巨资捐赠教育事业，总计赠额已达 16 亿多港元。王宽诚出资 1 亿美元设立教育基金会；还有霍英东、李嘉诚等等他们不约而同的做法都是捐资办学，在推动祖国教育事业发展方面率先垂范。

　　在我国现有民办高校中，有一些是捐助创建的。据了解，广东培正学院就是当年由旅居海外的校友捐赠创建的。福建华南女子职业技术学院也是主要由其校友捐赠建立的。但是就民办高校整体来说，捐资办学不多。而部分校产的捐赠还是不少的。比如，浙江树人大学办学之初，举办者和办学者就四处奔走，多方筹款。[①] 时任省政协副主席、省工商联主委的汤元炳先生从省、市工商联筹款资助 12 万元。周春晖校长（浙江大学原副校长）从浙大化工厂联系到资助款 6 万元。王家扬董事长和他的亲属也将自己多年的积蓄 2 万元捐献给学校。1985 年 11 月在汤元炳先生的热心引荐下，香港中华总商会和甬港联谊会会长王宽诚先生，慷慨资助人民币 100 万元作为教育基金，后又以香港王宽诚教育基金会名义捐助人民币 50 万元，合计 150 万元成立了浙江树人大学王宽诚教育基金会。澳门爱国知名人士贺田先生也向学校捐赠 20 余万港元，为学校购置了图书和设备；1986 年 12 月杭州灵隐寺、宁波天童寺、天台国清寺、舟山普陀佛教协会等宗教界团体也解囊相助合计 2.6 万元。1986 年 6 月香港爱国实业家查济民先生决定捐助 100 万美元（约合当时 400 余万元人民币），用于建设学校的第一幢教学楼，后又追加了 60 万元人民币。台湾人士王强华等也先后捐赠百余万元，用于建设学生宿舍以及附属设施。正是这些捐款，解决了树人大学初创时期的主要财源，为树人大学摘除"三无帽子（即无资金、无校舍、无教师）"提供了重要的保证，也使得学校能够建设自己的校园，为争取教育部批准建校赢得了可贵的时间和条件，学校才得以招生开学，学校才有条件注重办学的社会效益，实行低标准的收费原则。虽然经费的总收入减少，但仍获得了社会的认可与好评。

　　上海杉达学院也是得益于社会各界的无偿捐助创建的。建校之初，经上海市高教局局长王生洪同志推荐，上海德高望重的社会活动家李储文先生参与了学校的领导工作，任学校董事长。李储文先生利用在对外交往中的人脉，多方奔走，为学校募集办学资金。1995 年 3 月香港爱国企业家古胜祥先生捐助 100 万美元，建造了 4500 平方米的古胜祥教学楼，在这

---

　　① 浙江树人大学校办：《浙江树人大学校史》（1984—2004 年）。

之前，古胜祥先生还赠送了价值300多万元的教学设备、通信和交通工具建立了计算机实验室和语音实验室。1996年，香港爱国企业家曹光彪捐助100万美元，用于兴建7500平方米的光彪综合教学楼。2002年11月曹光彪先生及其子女曹其镛先生等为造就浙江青年，无偿资助人民币1300万元用以支持在嘉善创办上海杉达学院嘉善光彪学院。① 可见，社会捐助为这两所民办高校快速健康发展和办学质量提升提供了很好的支持。

表4-11　　　　　　　　　浙江树人大学早期受赠捐款一览

捐款人（单位）	时间	捐资额（元）	捐款人（单位）	时间	捐资额（元）
浙大化工厂	1985.4	50000	贺田（港币）	1991.1	200000
省政协	1985.4	100000	查济民	1992.9	600000
浙大化工仪器设备修造厂	1985.5	10000	浙江美院	1992.12	50000
市工商联（助学金）	1985.11	5000	丹下	1992.12	9178
虞劲家长	1986.3	500	厉德馨	1993.3	6000
金志朗	1986.4	20000	科人公司	1993.5	350000
黄瑞林	1986.9	10000	王强华	1993.6	20000
灵隐寺	1986.11	10000	吉泽三义	1993.11	10300.6
省工商联	1986.11	21000	周虞康	1993.12	10000
宁波天童寺	1986.12	5000	浙江美院	1993.12	3000
普陀佛协	1986.12	6000	王强华	1993.12	2100000
国清寺	1986.12	5000	章梓青（王家扬亲属）	1994.5	10000
省侨联	1986.12	1000	丹下（日币）	1994.6	100000
省工商联	1986.12	9000	省国际信托投资公司	1994.9	100000
王宽诚	1987.1	165000	加士进六朗	1994.11	1000
黄瑞林	1987.3	10000	东南国际投资公司	1994.11	10000
查济民	1987.8	4000000	恒逸实业公司	1994.11	3000
余杭县政府	1987.12	50000	科人公司	1994.11	50000

① 《上海杉达学院概况》，http：//www.sandau.edu.cn：8089/Introduce/university_ overview1。

续表

捐款人（单位）	时间	捐资额（元）	捐款人（单位）	时间	捐资额（元）
王宽诚	1988.1	170000	邬伟国	1994.11	5000
王宽诚	1988.1	200000	浙江美院	1994.12	60000
省工商联	1988.11	30000	加士进六朗	1995.4	1000
王爱民	1988.12	100	省教育出版社	1995.4	100000
王宽诚	1989.1	180000	潘天寿纪念馆	1995.11	3000
王宽诚	1989.9	150000	浙江滨江建设有限公司	1995.12	100000
金如新（代学金）	1989.4	10000	吉泽三义（日币）	1996.11	150000
倪铁诚（代学金）	1989.4	10000	冯茹尔	1997.2	40000
闻儒根（代学金）	1989.4	10000	吉泽三义（日币）	1997.7	50000
王家扬（代学金）	1989.4	10000	斋藤真木子（日币）	1997.7	800000
王宽诚	1990.1	219000	周虞康	1997.11	100000
王宽诚	1990.12	266000	小池明美（日币）	1998.9	5000
王宽诚	1990.1	150000	吉泽三义（日币）	1998.12	50000
邵炎忠（代学金）	1990.3	10000	省国际信托投资公司	1998.12	100000
中国文化书院	1990.3	10000	阮忠训	1998.12	4000
金乐琦及夫人	1990.5	10000	冯茹尔	1999.2	30000
沈墨扬（港币）	1991.6	150000	斋藤晋（日币）	2003.1	140000
王家福（日币）	1991.4	300000	丹下（日币）	2003.1	200000
邓汉敏（瑞士币）	1991.4	2000	2004年5月31日计财处提供		

资料来源：浙江树人大学校办：《浙江树人大学校史》（1984—2004 年）。

　　福建仰恩大学是 1987 年由爱国华侨吴庆星先生家族独资创办的仰恩基金会投资创建的。根据学校历史记载，仰恩大学从初创至今，经历了两个发展时期。第一个发展时期为"捐资公办时期"；第二个发展时期为"独资私办时期"。捐资公办时期（1988 年 6 月至 1994 年 6 月）实际上是"私人出资建校，建成后交给政府，由政府办学"的一种办学模式。在捐资公办时期又经历了三个发展阶段：第一阶段（华侨大学仰恩学院，1988 年 6 月至 1989 年 6 月），学校由吴先生家族独资创办的仰恩基金会出资兴建，实行由福建省教育委员会和华侨大学联合办学，共同管理的管理体制，定名为华侨大学仰恩学院。在该阶段，仰恩学院虽然名义上是华侨大学属下的一所学院，但具有完全独立性。在校生发展规模定为 600人。第二阶段（仰恩学院，1989 年 8 月至 1992 年 3 月），1989 年 8 月国家教委同意仰恩学院脱离华侨大学独立办学，学校名称为仰恩学院（正厅级），由福建省省委、省政府配备学校领导班子与教职员工，福建省教委直接管理。仰恩基金会将学校全部校产捐赠给福建省政府。第三阶段（仰恩大学，1992 年 3 月至 1994 年 6 月）1992 年 3 月国家教委下文给福建省政府称"经国务院批准，同意你省在仰恩学院基础上建立仰恩大学"，"由吴庆星先生捐资兴建，国家办学，福建省人民政府领导"。但是这样的例子不多，特别是大笔捐资更是稀少，仅有的捐助也主要是以公办高校为主。仰恩大学也在国家教委建议下 1993 年改制为私人投资兴办，作为国家教育改革试点的私立大学，从根本上彻底改革了原仰恩大学的体制，也使仰恩大学进入了一个崭新的发展时期。[①] 捐资办学在我国还缺乏条件和文化，主要原因在于社会资本的集聚度低和我国民间捐资办学的意识较弱。除此之外，政府政策的不清晰和我国民办高校办学公益性与营利性的混同，也制约了社会捐资办学的积极性。

　　"捐资"是一种转让所有权的行为，按照捐资办学的本义来说，私人或社会团体的财产一旦捐给学校，捐资人对其即不再享有所有权。如果财产捐助的对象是基金会法人，则学校法人一经成立，捐资者便与其脱离关系，既不作为法人成员，也不参与或决定法人事务，更不享受法人所提供的财产利益。从这个意义上说，由基金会性质的机构创办的学校是带有"共有"性质的学校，即私立学校的财产为社会所有。对于这类学校，捐资人自然难以在法人解散后再收回自己的财产所有权，以确保私立学校的公益性。如日本《私立学校法》规定："（捐款行为）在对剩余财产归属问题予以规定时，须从学校法人及其他从事教育事业的人员中选出。"我国台湾《私立学校法施行细则》也规定："若由捐助章程规定剩余财产之归属，则其不得规定归属于特定之私人或营利团体。"因此，捐资办学的学校办学性质是公益性的。正因为如此，《民办教育促进法》明确规定，国家鼓励捐资办学（第六条）。当然，我国现有捐资办学，也有参与内部

---

　　① 《仰恩大学概况》，http：//web. yeu. edu. cn/xxgk/index_ history. asp。

管理的，后续研究会给予分析。

3. 投资办学模式

投资办学模式，顾名思义，投入学校的资金性质是属于投资的，是需要获得利润回报的。"投资"原是经济领域的专用语，是指特定的经济主体（包括国家、企业和个人）为了在未来可预见的时期内获得收益或使资金增值，在一定时期向一定领域的标的物投放足够数额的资金或实物等货币等价物的经济行为。就其本义而言，"投资"的目的是通过经营活动能够使投入的资金带来相应的利润。因此，投资办学和办学中取得盈利，是紧密联系在一起的。投资意味着要求学校办学盈利并可分配利润。当然，由于办学经济效益的滞后性，办学取得直接经济利益的行为不一定要马上发生，但是至少举办者是怀有这种期待和动机的。研究中也有人将没有实际资金投入而有回报动机的行为也视同投资办学。根据现有法律和法规的规定，严格地说，这个还不能算作投资办学行为。本书在此不做讨论。

研究认为，我国民办院校在发展过程中，一个始终未能解决的根本性问题就是教育公益性定位与民间资本寻利性之间的矛盾。研究民办院校的发展进程可以发现，国家层面一直以来秉承"教育公益性"的原则，强调民办教育不能"以营利为目的"，杜绝营利性民办学校产生和存在。另外，出于对公共财政投入不足与教育事业发展需求之间强烈反差的考虑，担心"刹车"带来的影响加剧教育供求矛盾，国家在很长一个时期内没有出台相关严格的管理法律对日趋明显的营利性动机和行为加以规范和制约。2003年《民办教育促进法》及其实施条例做出"合理回报"的相关规定后，在一部分人的理解中"合理回报"成为"营利性"办学的代名词，使得营利性教育在"坚持公益性、杜绝营利性"的法律环境中扯开了一道口子。加上社会"教育产业化"思潮的影响，许多以营利为目的的民间资本开始投入资金，创办民办院校。

投资办学之所以产生，是因为高等教育发展对投资有着实际的需要，也是社会发展的必然产物。"从我国实际情况来看，目前民办学校利用自筹资金来办学，捐资办学者为数不多，多数人是投资办学，大多数民办教育举办者希望拥有所投入部分的产权，并得到相应的回报。"[1] 世界各国

---

① 汪家镠：《关于〈中华人民共和国民办教育促进法（草案）〉的说明》，中国人大网，http://www.npc.gov.cn/wxzl/gongbao/2002-12/30/content_5304811.htm。

举办民办教育的原始动机，大多是源自发展高等教育资金需求巨大和国家财政性教育经费投入不足的矛盾。民办教育的举办可以从社会上筹集教育经费，在一定程度上减轻国家财政性教育经费的负担，扩大教育的总量，满足广大群众对各种不同层次、不同形态的教育需求。就我国来说，一方面，经济体制改革以后，非政府财政性资金的集聚度和自主度逐步增强。特别是一大批民间股份制企业的产生和成长，改变了经济的所有制结构，民间投资举办高等教育的条件逐步成熟。另一方面，高等教育是一项需要高昂投资的事业，因陋就简办学既无法适应知识经济时代对教育条件和教学环境的要求，也无法满足广大受教育者多方面、多层次接受高等教育的需要。随着高教资源的丰富、人民群众对接受高等教育选择性和自主性的增加以及民办院校整体办学条件的不断提高，单纯依靠学费积累来改善办学条件的机遇已经不再，寻求新的资金投入方式和合作道路是走出困境的突破口，投资办学模式因而成为民办高校新的举办模式。

投资办学有两种情况。一种情况是，举办者在办学初期有一定的资金投入（包括举债和贷款），然后借助政策，开展多样化办学，如自学考试、职业培训等，扩大规模，提高效益，逐步积蓄资金建设校园，并利用办学积余再投入滚动发展，逐渐完善。这种情况以个人或家族举办为多，举办者一般有一些产业积累，但是没有很强大的资金实力和产业背景。这类学校构成我国民办院校的大部分。第二种情况是，学校基本建设由举办者负责投资，学校基本建设基本就绪以后，依靠学费运行。这类学校的举办者个人（含家族以及个人和家族控制的股份公司）一般具有大型企业，甚至是上市公司，有较强的经济实力和投资能力。我国20世纪末以后、21世纪初期创办的民办高校，许多都属于这一类学校。如泉州仰恩大学、安徽新华学院、北京吉利大学、浙江广厦职业技术学院和烟台南山学院等。

投资兴办的民办院校，从实际来看也是以家族和企业举办居多。按照《民办教育促进法》及其实施条例的相关规定，国有企业举办的高校应该算作民办高校之列。但是鉴于长期以来民办高校的社会地位和影响以及恶劣的发展环境和社会声誉，国有企业举办的学校一般都列入公办高校管理。国有企业举办的高校实际上是从上缴国家的利润中开支的，这样理解也有一些依据。当然，这与《民办教育促进法》的规定有一些差异。另外，在改革的浪潮中也出现了一些公办高校转制学校，由于原有学校批准或备案时均为公办高校，改制时大多数没有及时办理管理体制转移手续，政府也没有明确的手续要求，因此迄今为止少有转制学校承认自身为"民办院校"的，实际上这些学校的管理体制比若干民办院校更"民办"。宁波万里学院甚至在广告上称自己是"国立万里学院"，就是一个典型的例子。因此，企业举办的民办院校大多为股份制企业或民营企业举办，其中相当多的是个人或家族在股份制公司占绝对控股权。

投资办学模式与投资办企业的共同之处，在于两者都有对经营（学校和企业）利润分配和获得的追求。在投资办学模式中，举办者对于办学的利润追求同样体现了资本的本性，这是当前社会对民办高校办学颇有微词之原因所在。自古以来教育都是公益性的、非营利性的，尽管当今社会越来越开放和包容，甚至法律允许部分营利性民办院校的存在和发展。但是过于关注经济利益的获取，可能会影响办学者和学校的社会形象，这一点也是毫无疑问的。同时，举办民办院校和举办企业还是有许多不同。投资办学的营利目的看起来似乎是一个一目了然、十分简单的问题，但在实质上却非常复杂。因为它不像一般的投资办实业的营利那样具有直接性和外显性，它必须遵循高等教育的自身规律，把提高教育质量，提高学生的科学文化素质，为我国的社会经济建设服务放在首位，更强调教育的社会效益。因此投资办学的目的应该是为社会服务放在第一位，而营利则是第二位的，办学者首先是为社会服务，其次才是为自己营利。美国诺贝尔集团副总裁兼首席教育官员 FontanA 女士认为，作为一个营利性的教育集团，只有具有良好社会效益的民办院校，才能获得良好的经济效益和回报。诺贝尔集团通过向学生收费来实现公司利润的增长，在公司利润最大化和教育质量最好之间，二者是一致的，只有提供最好的教育质量才能够实现利润的最大化，因此无论是关心教育质量也好，关心利润的最大化也好，都有根本的一致，这就使得校长和董事会之间的矛盾并非不可调和，对利润的追求反而可能成为提高教育质量的动力。在教育理念的实现和教育产业追求利润之间，没有根本的冲突，如果没有一流的教育质量就没有好的丰富的生源，利润的实现也就落空了。任何质量如果需要通过用无限的成本来获得，那就毫无意义。高质量的教育和高效率的利润之间的一致，使教育产业同样为教育理念提供了很好的舞台。[1] 这是民办院校公益性与营利性之间关系的最好演绎。

---

① 刘万永：《美国"民办学校"如何生存?》，《中国青年报》2001 年 8 月 7 日，第 4 版。

除此之外，还有中外合作办学模式等。由于情况比较复杂，且学校比例极小，在此不专门展开讨论。

三　我国民办院校发展的意义

严隽琪曾经指出①：社会力量举办的民办教育是我国教育事业的重要组成部分，伴随着我国改革开放 30 多年的发展，从小到大，从弱到强，目前已成为我国教育事业的重要增长点和促进教育改革的重要力量，在丰富资源供给、提供多元选择、创新体制机制、缓解财政压力、激发教育活力、培养合格人才、服务经济转型等方面发挥了不可或缺的重要作用。

按照新政治经济学的观点，完全由政府提供公共教育会产生政府失灵。②"阿罗不可能定理"也认为，政府很难在单一的社会利益目标下满足为数众多的个体对于教育的需求，也即政府办学目标往往不能满足多样的社会和个人的真正需要。此外，政府完全垄断公共教育的供给，加上政府对各个学校支持力度不一样，导致优秀教育资源成为一种垄断供给的产品，教育领域中的竞争程度弱化不利于教育系统自身的发展。而且单一的由政府提供教育服务也会受制于财力的限制而不能满足社会的需要。当前我国高等教育发展的目标是要提高教育组织内部的竞争性，从多渠道筹集教育投入资金，以多样性的教育服务满足社会不同个体的需要。这种制度演化并非内部解决所能为，需要从外部变革开始，这就要改变我国高等教育由国家一手包办的局面，从外部引入民办高校来促进竞争③。因此民办院校与公办院校一样，是我国高等教育体系中的重要组成部分。发展民办高等院校，是国家高等教育发展的重要决策，是高等教育体制改革的重要成果，意义重大。

第一，新增了高等学校数量，扩大了我国高等教育的规格和品种，增加了学生读大学、选择大学的机会，在一定程度上缓解了现代化建设对人才的需求与现有高等教育规模制约的矛盾，满足了人民群众接受高等教育

---

① 严隽琪：《在第七届中国民办教育发展大会上的讲话》，中国民办教育协会网，http：//www. canedu. org. cn/index. php？ m＝special&c＝index&specialid＝11。

② 张学敏：《论教育供给中的政府失灵》，《高等教育研究》2004 年第 1 期。

③ 赵旭明：《民办高校治理研究》，博士学位论文，中共中央党校，2006 年。

的强烈愿望，为社会培养了大批经济建设和社会发展需要的人才。"文革"结束以后，百废待兴。一方面，社会经济复兴急需大批人才；另一方面，由于多年积累，大批社会青年渴望上学。而国家经济落后，高校资源稀少，多方面的原因促成社会资源投资和参与举办高等教育。目前，民办普通院校总数已占我国普通高校总数的 30% 左右，民办普通院校在校生占全国普通高校在校生的 1/4 左右。按照目前我国高等教育毛入学率的测算，民办高等学校和民办高等教育机构在校注册生大致占 30% 以上，在毛入学率计算中所占的比重可能达到 20%—25%。可见，民办院校的兴办，大大缓解了人民群众上大学的需求，同时增加了高等教育供给方式的选择性和灵活性，为更多的青少年提供了接受教育、选择学校、师资和学习内容的机会。由于高教资源的增加和丰富，高等教育逐步向选择性教育形式过渡，为促进以人为本为核心的个性化培养和人的发展创造了条件。

表 4-12　　2002—2010 年分举办者普通高等教育对毛入学率的贡献率　　单位:%

类别	2002 年	2003 年	2004 年	2005 年	2006 年	2007 年	2008 年	2009 年	2010 年
中央部委所属院校	8.20	7.70	7.57	7.38	6.73	6.39	6.09	5.91	5.78
其中，教育部直属院校	6.47	5.94	5.94	5.76	5.23	5.00	4.72	4.55	4.45
地方所属院校	40.40	41.80	44.22	53.64	54.55	52.17	51.97	52.54	52.66
民办院校	1.87	3.17	4.10	9.43	11.18	13.09	13.99	14.88	15.44

资料来源：谭诤：《近 10 年来不同类型高等教育对毛入学率的贡献率分析》，《井冈山大学学报》(社会科学版) 2013 年第 6 期。

第二，增加了高等教育的投入和资源供给，改变了我国高等教育投资长期以来由国家财政独家承担的局面，拓宽了高等教育资金来源的渠道，减轻了国家财政负担，缓解了高等教育供求关系严重失衡的矛盾。通过举办民办院校，有效地增加了教育投入，补充了财政不足，吸纳了社会资金，促进了资源共享，对优化教育资源配置起到了一定的调节作用。据不完全统计，从 1993 年以来，我国民办院校已经培养了数以千万计的各类大学生，在政府投入十分困难的情况下，民办院校的加盟大大拓宽了高等教育经费的渠道，推进了高等教育投资体制的改革。目前估算，民办普通院校和独立学院的资产已经超 2000 亿元。据权威人士提供的信息，目前维系中国高等教育正常运转的经费大约需要 4000 亿元，而国家现有的实际投入只有 800 亿元，高校现在向银行借贷的总金额已经超过了 1000 亿元，差额部分就是各高校靠收学费填充的。① 潘懋元先生曾经撰文指出：
"改革的成效，从 2005 年的统计数据就可以看出：2005 年，高等教育经
费支出 2117 亿元中，政府财政拨款 885 亿元，占当年高教经费的 42%，
而非财政经费高达当年高教经费的 58%。非财政经费包括了学杂费、校
办产业、社会捐集资、银行贷款、设立教育基金等收入。近几年来办学成
本还在不断增加。由此可见，多种渠道的高等教育筹资体系已经初步形
成。据此，我们也可以设想，如果投资体制改革没有取得突破，仍然是仅
仅依靠政府投入来办教育，今天我国的高等教育规模，大约只能有当前的
一半左右，不但高等教育的快速发展不可能实现，而且设备更新、校舍扩
建、待遇提高等，都难以实现。"② 随着高等教育规模的扩大，世界性的
教育财政危机始终伴随着高等教育的发展而存在。即使是在发达国家也不
例外。我国目前支撑着世界上最庞大的高等教育体系，仅仅依靠政府财政
的力量是远远不够的。因此，举办民办院校对我国高等教育投资体制改革
的推动作用是巨大的，对于高等教育的长远发展也具有重大的战略意义。

　　第三，推出了新的办学机制，激活了高等教育的竞争，增强了高等教
育的活力，促进了高等教育的改革、发展和效率的提高。原有公办高校办
学的弊端，集中表现为一切都由国家包下来，一切都由政府统起来的一种
封闭半封闭的办学体制。新时期高等教育体制改革，包括办学体制、管理
体制、招生就业体制、经费筹措体制、校内管理体制的改革。"通过五大
体制的改革，改变了我国大学按科类设置的状况，使一部分学校的科类更
加综合，为我国高等学校培养高水平、高素质的人才，为出高水平的科研
成果打下了基础。实行办学体制改革，使我们发展了民办高等教育。实行
管理体制改革，使我们的高等学校加大了办学自主权，各地市基本上实现
了建有一所高等学校的目标，大大增强高等教育为地方和区域经济、为社
会主义市场经济服务的能力；也使我们基本结束了行业办学的局面，使所
有的大学都面向地方、面向区域、面向社会办学。实行经费筹措体制改
革，使我们实现了多种渠道即'财、税、费、产、社、基'多渠道筹措
资金，特别是经过多年的努力，实现了大学生缴费上学，大大增加了学校

---

　　① 谢湘、刘万永：《大学学费是以何标准计算的》，中青网 http://edu.people.com.cn/GB/
1053/3677455.html。

　　② 潘懋元：《民力民智推进高教事业大发展》，《中国教育报》2008 年 6 月 2 日，第 6 版。

的办学容量，改善了学校的办学条件。实行招生就业体制改革，使我们实现了面向社会双向选择的就业体制，招生的改革也进行了多种探索。实行学校内部管理体制改革和后勤社会化改革，使学校各类人员的积极性有了提高，高等教育健康可持续发展有了保障。总之，体制改革使我们的高等教育适应了社会主义市场经济，为规模的发展和质量效益的提高打下了基础、创造了条件。"① 值得指出的是，高等教育五大体制改革，民办院校始终站在改革的前列，许多改革的具体举措是民办院校首先提出并试验推广的，很多政策是根据民办院校的探索试验情况提炼后出台的，在高校体制改革中，民办院校起到了良好的试验田的作用，为高等教育体制改革积累和提供了经验。另外，民办院校的参与，激活了高等教育内部的竞争，推动了高等教育的改革，促进了高等教育系统质量和效益的提升。

可以想见，随着改革开放的深化和民办高校的发展壮大，民办高等教育将在我国高等教育体系中扮演越来越重要的角色，成为推动高等教育大众化的重要力量。民办院校只要抓住机遇，加快学校各方面建设，加强内部管理，不断提高办学水平，必将会有广阔的发展空间和美好的发展前景。

第三节　我国民办院校办学体制主要问题

我国民办院校发展已经取得可喜的成绩，已经成为国家高等教育体系中新的增长点，成为国家高等教育的重要组成部分，在推进高等教育大众化、多样化和选择性方面，担当了重要角色，发挥了积极作用，对国家和社会发展做出了重大贡献。全社会越来越形成共识：发展民办院校是国家高等教育发展的必须。但是我们也要看到民办院校发展中面临着的严峻的挑战，需要我们正视和解决，为民办院校可持续发展创造条件。"我们也要清醒地认识到，民办高等教育的繁荣掩盖着深层危机。根本原因在于：第一，我国民办高教没有承续原有基础，基本上是重起炉灶，根基不牢，积累不够，没有足以与公办名校相比肩的民办名校，没有排头兵，难以产生品牌效应，使得社会对民办高等教育的认可和接受程度还比较低；第二，民办高教在总体上还没有完全发展成熟的时候，又面临着高等教育市

---

① 周远清：《把高等教育科学研究做强》，《中国高教研究》2008 年第 3 期。

场化、国际化浪潮的猛烈冲击。尤其是近些年我国高等教育体制的一系列重大改革，虽也为民办高校发展提供了机遇，但从根本上将民办高教置于激烈的竞争环境中，民办高教稚嫩的肩膀过早地承担了太重的负担。这种'先天不足'和'长不逢时'导致民办高教发展面临深层危机。"①

一　民办院校办学体制发展的十大问题

2010 年 11 月 7 日在河南郑州召开的中国民办教育发展大会暨中国民办教育协会年会上，教育部原副部长鲁昕表示，教育部经过一个阶段的深入调研和梳理，为民办教育再次发展和创造一个好的政策环境，梳理出来了十个方面的问题，这十个方面的问题也是教育部要解决好的十个方面的问题。②

第一，法人属性问题。民办教育在实践当中存在三种法人形式，与公办学校法人属性存在差异，由于属性不同，大家感到难以落实与公办学校同等的法律地位。

第二，产权属性问题。前些年颁布的《民办教育促进法》和实施条例对投入人的资产和民办学校增值部分财产的规定不十分详细，实践中导致民办学校的财产以及产权问题制约了学校的发展。

第三，学校权力问题。民办学校反映两个问题，一个方面是招生、专业设置、学费受到较多限制；另一方面是举办者在董事会决策过程中权力过于集中。学校内部法人治理结构，尤其是现代法人治理结构还不够健全。

第四，教师权益问题。民办学校教师在身份和社会保障方面，与公办学校的教师还存在一定的差距和差异，这样就难以落实法律规定的与公办学校教师享受同等的法律地位，造成了民办学校教师队伍不稳定的事实。

第五，会计制度的问题，目前民办学校使用的是不同的会计制度，核算办法缺乏统一规范，现行的几种会计制度，应该说都不太适应民办学校法人属性和民办学校的特点。由于这样一个会计、财产、财务和资产核算方面的问题，制约了优惠的财政、税收以及其他方面政策的落实。

第六，营利与非营利的问题，由于理论准备和实践探索还需要深入，

---

① 张应强：《体制创新与建设高水平民办大学》，《高等教育研究》2002 年第 4 期。

② 鲁昕：《落实〈规划纲要〉促进民办教育发展》，腾讯网，2010/12/02/000140. htm。

目前没有建立营利、非营利学校的管理制度，导致我们在实践当中鼓励和规范的政策产生了落实的难度，法律规定的优惠政策也得不到有效的落实。

第七，合理回报问题。主要表现在两个方面：一是现阶段对合理回报的认识和实践，还没有完全统一到《民办教育促进法》的立法本意上。民办教育确实需要找到合理回报的理论边际，到底谁是参照系，以谁为基点来确定什么是合理回报？什么不是合理回报？合理回报是百分之多少？二是现在还没有与合理回报相适应的会计制度和税收制度。

第八，优惠政策的问题。民办教育政策涉及财政政策、税收政策、人事政策、社会保障政策、土地政策、金融政策等多个政策领域，涉及方方面面，并且与民办学校的法人属性的认定，营利、非营利界定等具体实际问题相关，由于认识的问题、法人属性的问题、公共财政政策的支出范围问题和支出方式问题没有一个统一政策，所以民办教育优惠政策的落实还有一定的难度，民办教育机构尤其期盼着公共财政政策还有税收政策能够在国家层面上给予规定和明确。

第九，市场监管问题。民办学校监督和治理机制还需要进一步完善，违法违规办学行为还需要进一步有效治理，学校财务监督、监管和审议制度，还有待通过社会的完善，尤其是监督机构，一是健全国家制度，二是建立一些机构来健全。由于个别民办学校存在一些问题，影响了民办教育发展的政策和制度的环境。

第十，政府服务的问题，民办学校从申请到办学涉及许许多多政府部门，应该说政府部门还缺乏有效的协调和沟通服务机制，政府服务民办教育的体系还需要进一步完善。

鲁昕表示，这十大问题既是民办学校关注的焦点问题，也是民办教育工作者热切期盼解决的问题，更是民办教育工作者今后按照《纲要》的精神，深化改革能否取得成果的一个关键。教育部在制定《民办教育促进发展意见》当中，已经明确，有法律的要依法行政，没有法律的要依据各个省的案例，在这十个方面，很多省份都做出了探索，提供了很宝贵的案例和经验。

笔者也有幸参与了这十大问题的调研和提炼。这10个问题，是从管理的角度提出的。在10个问题梳理和提炼过程中，中国民办教育协会曾经发动民办院校，做过大量的调研和问卷，因此值得关注。10个问题虽然针对整个民办学校，但是在民办院校同样客观存在和需要解决，因此可以作为民办院校办学体制存在问题的一部分。

近几年来，关于民办院校办学体制，国家一直在倡导多元化、多样化的发展方向。国务院办公厅关于深化产教融合的若干意见（国办发〔2017〕95号）中指出："深化产教融合，促进教育链、人才链与产业链、创新链有机衔接，是当前推进人力资源供给侧结构性改革的迫切要求，对新形势下全面提高教育质量、扩大就业创业、推进经济转型升级、培育经济发展新动能具有重要意义。""逐步提高行业企业参与办学程度，健全多元化办学体制，全面推行校企协同育人，用10年左右时间，教育和产业统筹融合、良性互动的发展格局总体形成，需求导向的人才培养模式健全完善，人才教育供给与产业需求重大结构性矛盾基本解决，职业教育、高等教育对经济发展和产业升级的贡献显著增强。"我国民办院校大多是职业院校，培养的大都是应用性、技能型人才。如何发挥体制机制优势，加强校企合作、产教融合，协同推进，创新人才培养模式，也是民办院校办学体制改革下一步深化的方向和趋势。

二　民办院校办学体制面临严峻的挑战

1. 高等教育发展进入新阶段

李钟善、周海涛认为[①]：我们正行进于"继往"与"开来"共生、希望与困难并存、改革与发展同步的21世纪。种种迹象表明，21世纪的高等教育具有不同以往的需求、特征、逻辑和趋势，跨入新时代的中国高等教育发展面临着这些变革的挑战。

进入21世纪，世界各国经济和社会发展进入新阶段，国力之间的竞争更加激烈，各国政府将竞争的焦点转移到人才的竞争和教育的竞争。国内外高等教育发展在对象面向、形态类型、权力格局、资源配置、竞争态势、空间范围等方面已显现了新的内涵，出现了许多新的景象，影响着中国民办院校发展。具体表现为如下几点。

（1）受教育对象大众化。一方面，从绝对量上看，新时代的经济社会进步要求社会成员自觉成为不断接受新知识、学习新技术掌握新技能的

---

① 参见李钟善、周海涛《挑战与对策：跨入新时代的中国高等教育发展》，《辽宁教育研究》2003年第5期。

新型公民，成为不断学习的实践者，整个社会成为学习型社会；另一方面，从相对量上看，知识更新加速是 21 世纪最重要的特征之一。大学毕业不再是受教育的终结，而只是另一种学习的开始。这样，无论是从绝对的"人数"还是相对的"人次"上来考察，接受高等教育需求者趋升；发展高等教育和培养高层次人才已经成为当代世界经济增长的决定性因素。经济社会的发展呼唤大学快速发展。当代高等教育将充分发挥技术进步给教育产业所带来的优势和便利，积极扩充教育资源，提高现有资源的利用率，努力实现教育的大众化，更多更好地造就符合时代要求的新型人才。

（2）发展形态多元化。高等教育形态的多元化趋势主要体现为高等教育结构类型多元化，还包括高等教育主体多元化、高等教育对象多元化、高等教育方式多元化等，这与以往的一元化模式截然不同。高等教育结构类型的多元化包括科类结构类型多元化、层次结构类型多元化和区域结构类型多元化。这些结构类型不是一成不变的，而是随着经济社会的进步而发展变化的，需要在新的历史时期进行适宜的优化调整。此外，高等教育主体的多元化包括：高等教育投资（举办）主体多元化、高等教育行为主体多元化。高等教育和人才已经成为当代世界经济增长的决定性因素，以往那种靠政府为主出资办高等教育，或者由全日制正规学校独揽高等教育职能的格局，已无法满足社会经济发展对高等教育和人才的需要。高等教育方式多元化表现为，除了传统的课堂高等教育，还出现了职业高等教育、在岗高等教育、特种高等教育、老龄高等教育、社区高等教育、民办高等教育、远程高等教育、跨国界合作办学等方式，从而彻底打破了以往传统型官办学校高等教育一统天下的局面。

（3）治理权力分散化。教育的分权化是知识经济时代的重要趋势之一，教育分权化同多元化有着密切的联系，突出体现为集权型教育管理模式的终结。世界银行人力资源开发顾问卡西·盖洛（Cathy Gay nor）在他的新著《教育的分权化》一文中详细考究和描述了当今世界各国特别是发达国家在教育投资和教育管理改革方面的分权化趋势。作者提出，为追求教育产出的最大化，发展中国家应当借鉴发达国家的经验，结合自身的情况积极开发必要的教育分权化改革；政府组织和非政府民间组织应当共同承担各类教师的培训；在推行教育管理和教育活动分权化的同时，应维持适当的法律与规范的集中控制。当然，属于教育重要组成部分的高等教育亦不例外。教育分权化趋势提示我们，知识经济时代的各国高等教育机构将获得空前的自主权——大学的办学自主权将得到进一步扩大，民办教育的比重将持续增加，政府对教育部门的直接管理和干预将大幅度减少。可以预见的是，这无疑将带来高等教育生产力的一次解放；与此同，各类教育机构也必然面临前所未有的竞争压力而不得不"苦心经营"。

（4）办学资源市场化。市场化取向的改革，使各国教育部门获得了前所未有的生机和活力。如今，发达国家基本上都实现了教育资源配置的市场化，它们在扩大教育财政支出的同时，更多地动用市场化手段来筹措教育经费。各类教育机构也开始通过向"人才市场"和"科技成果市场"提供"优质产品"，尤其是科技人才密集的名牌大学通过对产业活动的直接介入、校办产业的蓬勃发展、对学校品牌收益的主动追求、教育界"产业意识"觉醒和"企业家精神"增强等方面，来获得市场的对等回报，从而使收支状况大为改观。高等教育资源走入预算约束的轨道，使教育成本缩减、"投入—产出"结构得到优化，成果和效率得以提高。经济全球化更将加速包括高等教育机构在内的传统部门的市场化。

（5）高校竞争白热化。高等教育的远程化、市场化，必然把高等教育机构和教育从业人员推到了日益广泛的竞争对手面前，极大地提高了高等教育主体彼此替代的可能性，从而必然带来高等教育竞争的普遍化。长期以来，由于高等教育供不应求的格局，使得高等教育部门一直是竞争压力最小的领域。在新时代，高等教育这种游离于竞争以外的状况将成为历史。竞争普遍化必然带来高等教育产业的优胜劣汰和业绩改善，也使高等教育的不断改革和持续创新变得极为必要。值得重视的是，过去高校之间的竞争，还只是停留在一般的水平上。今后的竞争可能会导致有的高校直接遭到淘汰而退出市场。

（6）发展空间国际化。高等教育空间的国际化，既是信息全球化的产物，也是经济全球化的必然要求；当然，高等教育国际化又反过来促进经济、信息的全球化进程。OECD认为，在未来的全球经济中，各国之间的相互交流与合作呈加强趋势，全球化人才的培养将依赖于高等教育的国际化。全球化是21世纪不可逆转的时代潮流，高等教育领域的国际交流与合作将日益扩大，各国的高等教育资源共享日益加深，国际合作办学、相互承认学历等在世界各国都受到普遍欢迎，未来的高等教育将是日趋国际化的开放系统。无论是发达国家，还是发展中国家，主动参与、加强国际高等教育交流与合作将是大势所趋。

2. 民办院校发展的挑战和矛盾

（1）民办院校面临严峻的生源危机。

随着高等教育资源的快速增加，高等教育供不应求的矛盾得到迅速缓解，高等教育市场在不知不觉中开始逐渐从卖方（高校）转向买方（考生）。人民群众接受高等教育的愿望逐渐从被动接受向主动选择转变，从希望上大学向希望上好大学转变，优质高等教育资源供求矛盾突出，成为社会共同的渴求。"随着经济社会的发展和高等教育的发展，民众的高等教育需要发生了重要变化，正在从机会需求向质量需求转变，竞争高等教育机会转变为竞争优质高等教育资源。民众需求量大的是优质高等教育资源，这种质量需求可能会给民办高校粗放式发展模式带来挑战，可能会压缩民办高校的发展空间。"[1] 长期以来实施计划生育政策带来的少子化效应，导致高等教育适龄人口的大幅萎缩，高考生源持续急剧减少（见图4-11），民办院校逐渐表现出社会需求的快速下滑，不少民办院校开始出现招生困难。迅即到来的变化和危机，对民办院校的可持续发展带来重大影响。据新华网报道，"2008 年全国民办非学历高等教育机构 866 所，比2003 年减少了 238 所。由于生源紧张，2009 年全国民办高校的招生人数普遍下降了一半左右。面对中国公办大学十年来的急速扩招和人口出生率的持续下降，民办高校倍感招生萎缩的巨大压力，中国民办高校在国家人口结构变化和教育事业发展的过程中最先感受到寒意"[2]。有学者甚至断言，在不远的将来，"随着出生人口基数的下降，特别是随着 18 岁到 22岁适龄大学生青年数量的减少，某些高校，特别是某些民办学校和独立学院离破产可能不遥远了"。[3] 据报道，"2010 年青岛飞洋职业技术学院在省内的文理科招生计划为 2805 人，第一志愿只有 108 人。并且民办高校

---

① 张应强：《高等教育改革与我国民办高校的可持续发展》，《大学教育科学》2006 年第6 期。

② 王经国、顾烨：《民办高校破产危机吹响教育改革号角》，新华网，http://news.xinhuanet.com/politics/2010-04/01/c_ 1212966.htm。

③ 顾海良：《未来十年某些高校破产》，《中国青年报》2010 年 3 月 24 日"教育·科学版"。

的平均报到率只有百分之六七十，有的甚至不足百分之五十"①。招不到学生，就收不到保证学校运转的足够学费。没有资金的支撑，学校的各项发展就会受到约束，这势必导致来年招生更加困难。调研数据表明实际问题比预想的还要严重得多。

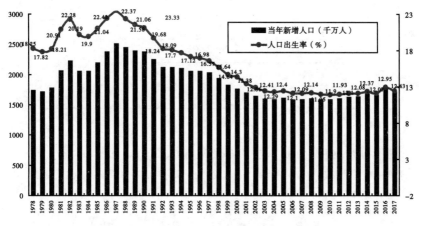

图4-10　1978—2017年我国出生人口变化

（2）民办院校内涵建设任重道远。

我国民办院校发展，既存在政策环境问题，存在市场环境问题，还存在内涵建设薄弱的问题。在第一节中，笔者已经引用和阐述了民办院校发展的特殊性，其中也涉及民办院校体制的问题，这里再提示几个方面。

第一，从发展方式来看，民办院校粗放型发展的路子仍未改变，尽管近几年在整个环境制约下有所收敛，但是本质上还是原来粗放型的发展路子。究其原因，一方面，我国民办院校办学历史较短，条件较差，层次较低、质量不高。由于投入能力不足，建设资金难以到位，民办院校大都将发展重点放在规模扩张方面，希望通过规模效益增加积累，加快条件建设，维持正常运转。但是，由于在大发展中规模带来效益的显著成效和其他方面的准备不足，致使发展很不均衡。在规模快速增加的同时，资源问题矛盾突出，牵制学校大量精力，内涵建设无暇顾及，并且产生了一些新的问题。民办院校的关注点还是停留在规模扩张的相关问题上，如招生指

　　① 臧旭平：《民办高校面临生存大考 出现较大缺额且报到率低》，《青岛早报》2010年8月31日，第6版。

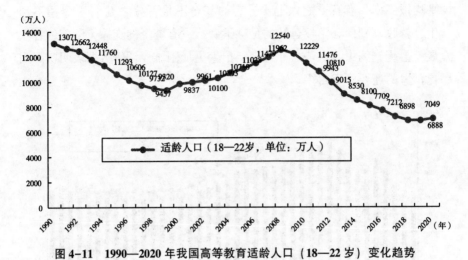

图 4-11　1990—2020 年我国高等教育适龄人口（18—22 岁）变化趋势

资料来源：徐绪卿：《我国民办高等教育发展回顾及中长期改革和发展思路》，《浙江树人大学学报》2009 年第 1 期。

标、报到率、专业增设、校区建设等，还没有脱离合法生存时代的特征。许多民办院校没有自身的办学理念，在人才培养模式方面存在大量模仿和跟随公办院校的情况，趋同性也是民办院校发展的重要问题之一。民办院校发展方式的改革缓慢，影响到民办院校机制优势的发挥。在全社会转变发展方式，提高质量效益的背景下，民办院校也不能置身事外，不能沿着规模扩张、粗放发展、盲目模仿的老路一意孤行，而应及时抓住机遇，果断转变方向，强筋壮骨，苦练内功，探索适合于自身发展的准确的办学理念，开启民办院校发展新征程。

第二，队伍建设尚无显著改观，内涵建设尚待时日。教师队伍建设是高等院校最基本也是最关键的基本建设。由于办学成本的考虑和民办院校创建初期社会闲置教师的广泛存在，因此从社会招聘教师成为民办院校教师的主要来源。其时民办院校生源与同类公办院校生源的基本状况相差不大。时至今日，社会闲置教师资源已经十分匮乏，从社会上聘任教师，尤其是优秀教师十分困难。另外，办学需要自身的专职教师队伍，完全依赖外聘教师主导的内涵建设实际上也难以实施。经过多年努力，民办院校教师队伍的建设有所加强，但是整体而言尚无显著改观，数量不足，结构不佳，品质不高是当下民办院校教师队伍现状的主要问题。民办院校的师生比大大高于全国普通院校的平均水平；民办院校中大多呈现老教师多、年轻教师多的哑铃形结构，中坚力量断层；民办院校高职称、高学历的教师偏少，与同类公办院校形成巨大反差。近几年来，在政府的倡导下，公办院校教师队伍建设加快，师生比持续降低，促进了学校的学科建设和人才培养质量的提升。在这样的情形下，民办院校建设自身的专任教师队伍就显得十分重要、十分迫切。与此形成强烈对比的是，绝大多数民办院校的教师队伍建设进展缓慢，由此制约民办院校教学质量的提高和教学改革的开展。

第三，办学层次和教学质量处较低水平。这里有两层意思，一是办学层次低。民办院校从 1993 年开始准予办学，从 2000 年开始受理本科申请获批，2011 年 5 所民办院校获批举办特殊需求的研究生教育。迄今为止，真正独立设置的民办本科院校仅占独立设置民办院校数的 25% 左右，能够举办研究生教育的民办院校稀少，仅具象征意义。第二层意思，民办院校的办学水平处于较低层次。说这句话似乎理由不充分，但是一个显性的事实是，全国民办院校的录取，几乎毫无例外处于生源的最低端，这一方面有歧视政策因素，也有收费较高的因素，同时也说明了水平较低的现状。梁忠环等在《民办高等教育教学质量保障体系研究》一书中，阐述了民办院校教学质量存在的七大主要问题[1]，分析的非常透彻。

另据教育部高等教育教学评估中心正式发布的《2016 年中国民办本科教育质量报告》[2]，"截至 2016 年 5 月，全国共有本科高校 1236 所，其中民办本科高校 417 所（含独立学院，笔者注），占比超过三成。民办本科教育最初仅作为公立高等教育的有益补充，如今已经成为我国高等教育的重要组成部分，极大促进了人民群众上大学愿望的满足，深刻改变了我国高等教育集中在大城市的结构布局，在我国高等教育迈向普及化的进程中发挥了至关重要的作用。但是，我们也需要认识到，我国民办本科教育起步较晚，基础较为薄弱，发展过程中仍然存在办学条件和办学思路上的问题"。报告中我们可以看到，民办本科院校多项指标与公办院校之间形成巨大的反差：民办本科院校的生均教育事业收入仅为 1.09 万元，远低于公办新建本科院校的 1.45 万元；从 2010 年至 2015 年，民办本科院校

---

[1]　梁忠环等：《民办高等教育教学质量保障体系研究》，中国海洋大学出版社 2012 年版，第 39—42 页。

[2]　百度百科：《中国民办本科教育质量报告》。

生均教学行政用房面积从 14.4 平方米提高至 15.3 平方米，生均教学科研仪器设备也从 4863.3 元提高至 5760.3 元，生均藏书量从 77.0 册提高至 82.9 册，具有硕士与博士学位的专任教师比例从 47.8% 增加至 62.7%，35 岁以下专任教师所占比例从 55.9% 下降至 51.8%，36—55 岁专任教师所占比例从 29.7% 增加至 35.0%，双师型专任教师比例从 20.0% 增加至 22.2%。而从教育部的统计数据来看，2015 年全国普通本科院校硕士以上学位教师占比 78.1%，地方普通本科院校为 75.4%；生均教学设备总值 14766 元，其中地方普通本科院校 10687 元；生均图书藏书量 80.04 册，其中地方本科院校 79.68 册。可以看出，在一些关键的办学条件上，民办本科院校与公办本科院校之间还是存在一定的差距。

第四，政策环境仍然是制约和指导民办院校办学体制发展的重要因素。民办院校办学所处环境的特殊性和特殊的发展阶段，决定了政府政策在民办院校发展中起着举足轻重的作用。民办院校办学需要鼓励和支持，民办院校办学行为需要引导和规制，这些都是民办院校发展政策的目标和内容。民办院校的投融资政策、法人登记、土地划拨、税收优惠、财政支持、师资待遇，政策少且难落实，收费、招生和专业设置等政策，民办院校翘首以盼。民办院校内部管理的相关问题，也需要政策的引导。值得注意的是，一方面，民办院校的政策十分稀缺，制定适合体制特殊需求的民办院校发展政策十分迫切；另一方面，已有民办院校发展的政策执行率不高，有的民办院校缺少专业部门政策的支撑，一些部门政策甚至相互矛盾而无法落实，许多已经出台的政策尚未落实到位，由此使得民办院校政策空悬、空置和空心化。迄今为止，我国还没有完整的专门针对民办院校办学体制的立法。制定和实施好民办院校发展政策，仍然是政府政策制定的重点工作。

第五，营利非营利选择将成为深化民办院校办学体制改革的十字路口。2016 年 11 月 7 日，全国人大常委会通过了《民办教育促进法》修法草案。新法的重要内容就是实施"营利性非营利性民办学校分类管理"。围绕分类管理，意味着需要制定两套差异性的扶持和管理政策，这不仅考验政府的管理理念、管理水平，还挑战政府政策的系统性和实施能力。而对于民办院校来说，又一次走进发展的十字路口。选择营利还是非营利，将成为未来民办院校两大阵营发展的分水岭，从而决定民办院校未来的发展之路。

第五章 民办院校办学体制发展的政策分析

政策的内涵，包括法律、法规和相关文件。根据《中华人民共和国宪法》和《中华人民共和国立法法》的相关规定，我国实行统一的、分层次的立法体制。在国家层面，全国人民代表大会及其常委会行使国家立法权，制定法律。国务院根据宪法和法律制度规定制定行政法规，按照2001年11月国务院发布的《行政法规制定程序条例》第四条规定，我国行政法规的名称为"条例""规定""办法"等。国务院各部委根据法律和行政法规制定规章。在地方，省级人大及其常委会可以制定地方性法规，民族自治地方的人大有权制定自治条例和单性条例；省级人民政府所在地的市和经国务院批准的较大的市的人大及其常委会可以制定地方性法规；省级人民政府及省级人民政府所在地的市和经国务院批准的较大的市的人民政府，也可以制定规章。

民办院校从恢复办学到至今，经历了从最初的自发探索和行政法规指导相结合，逐步向立法、规范和专门立法发展的过程。许多文件实际上主要是针对民办院校发展开始的，文件的制定单位大多为教育部和省级人民政府及相关教育机构。

第一节 我国民办院校办学体制发展的政策演变

我国民办高校是在公办高校独占天下的背景下产生的，是在政策一片空白的状态下起步的。伴随着民办院校的起步、发展和壮大，民办院校办学体制的相关政策也逐步完善，并逐步形成我国民办院校发展的政策体系。

严格地说，我国迄今为止还没有就民办院校办学的专门立法。有关民办院校办学的相关法律法规，除了《民办教育促进法》和《民办教育促进法实施条例》对所有民办学校做出规定以外，主要散见于中共中央、国务院的一些重大改革文件中和国务院、教育部及各省市人民政府的一些"暂行规定"等文件中。尤其是在民办院校发展的萌芽阶段，处于改革的初期，对一些学校的办学行为带有较浓的"试验"性质，在全面改革、"摸着石头过河"的背景下，存在的问题对教育整体发展和社会影响不大，用一般的法规代替法律是一个普遍的现象。

"任何一种主体的活动都不能脱离环境对它的影响与作用，教育政策作为一种主体性的活动与过程，是在一定环境中产生的，它的执行与发展又会受到其所存在的环境的影响，这种能够对教育政策过程产生影响的环境被称为教育政策环境。教育政策环境是由社会经济状况、政治文化与国际环境等构成的。"① 在本人以往的研究中，曾将改革开放以来我国民办高等教育的发展分为五个阶段。② 本研究沿用和深化这一划分，并以此作为我国民办院校发展相关政策的制定和颁布的研究线索。

一　民办院校发展酝酿期（1978—1984 年），政策空白期

这一时期的标志是民办高等教育机构的产生和发展，为民办院校的产生和发展，做了有益的探索和必要的准备。

在中国，私立大学也是随着近代高等教育的诞生而产生的。厦门大学、南开大学、复旦大学都是历史上名赫一时的私立大学。1949 年 10 月中华人民共和国成立，鉴于高等教育资源的稀缺性和人才的紧缺，政府继续发挥私立大学的作用，以满足国家建设需要。中央人民政府教育部曾于 1950 年 8 月 14 日颁布了《私立高等学校管理暂行办法》，涉及学校的设置、举办主体、申报事项、校长任免、财产管理、停办等事宜。颁布这一文件的动机，无疑是继续利用和改造私立大学为我所用，成为社会主义高等教育事业的组成部分。但是由于国家政治体制和经济体制发生了巨大的变化，私立大学客观上失去了生存和发展的经济基础，在管理体制、生源组织、经费筹措等诸多方面遇到了具体困难，私立大学发展渐成萎缩之势。从 1951 年起，全国范围内开展了有计划、有重点的院系调整，至 1952 年私立大学全部调整为公立。至此，中国的私立大学完全匿迹于高

---

① 褚宏启：《教育政策学》，北京师范大学出版社 2011 年版，第 11 页。
② 徐绪卿：《我国民办高校内部管理体制改革和创新研究》，中国社会科学出版社 2012 年版，第 82—101 页。

等教育舞台。

"文革"结束后，为满足经济和社会发展对人才的急需，国家很快恢复了高考制度，高等学校开始恢复招生，高等教育开始了艰难的恢复发展。举办高等学校需要巨额资金，而国家财力有限，现有的高等学校经费都很困难，更不要说建设新的大学。从人才需求方面看，随着改革开放的展开，经济建设发展的需要，许多部门和行业普遍出现了人才严重短缺的局面；从老百姓上学的需求方面看，由于"文革"中大学停招，多年积累的考生众多。1977 年冬天国家恢复高考，有 570 多万人参加考试，并且是经过了"区"级（介于县和乡之间的行政区，机构改革后撤销）预考。很多人并没有参加正式考试，实际上报考的人数还要多，而录取人数只有区区 20 万余人。1978 年夏季又有 590 万考生走进考场。"千军万马过独木桥"的壮丽景观是当年参加高考的真实写照。尽管录取的概率很低，广大社会青年还是抱着极大的热情，想方设法争取升学机会。建设人才的紧缺匮乏，社会求学热情高涨，呼唤着民办院校恢复办学。

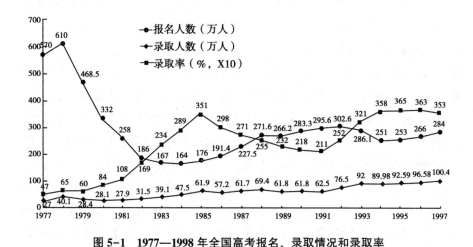

图 5-1 1977—1998 年全国高考报名、录取情况和录取率

我国的改革开放是从经济领域开始的。新中国成立以后，我国逐渐形成了单一的公有制经济，在一切姓"公"的背景下，不仅私有经济不能存在与发展，其他私立机构生存的条件也不复存在。直到 1978 年之后，我国调整了社会发展重点，确立了实行改革开放和以经济建设为中心的基本国策。党的十一届三中全会的召开，抛弃了"阶级斗争为纲"这个不适用于社会主义社会的"左"的错误方针，把党和国家的工作重点转移到经济建设上来，以思想领域的大解放推动国家各项事业的大改革。在农村经济体制改革取得初步成功之后，又适时将重点转向了城市的经济体制改革。

民办院校办学体制的发展是与我国改革开放的伟大进程相同步的，并且办学体制改革的认知相对来说有一个过程。十一届三中全会启动的思想大解放推动教育战线的拨乱反正，带来了教育观念上的转变。随着经济领域的改革开放逐渐推进，教育领域的改革也在酝酿，教育体制改革首当其冲。一些地方开始萌发举办民办教育的尝试，一批对高等教育满腔热情的老知识分子和有识之士勇立改革潮头，他们租借场地、聘用教师、自筹资金，从"小打小闹"开始，一批以高考复习班、夜大、业大等民办高等教育机构相继诞生，为国家经济建设和社会发展培养人才，从此掀开了中国民办高等教育恢复发展的新篇章。我国民办院校开始走上艰难的发展进程。

体制改革的过程是一个漫长而艰难的过程，教育的发展历来与意识形态纠合在一起，因此办学体制改革更是谨慎有余。在民办院校恢复办学初期，我国的教育体制还是一个非常严格、铁板一块的计划体制，办学体制只有政府举办一种形式，因此已有的法律法规都是面向公办院校的。针对民办院校的法律法规和相关政策处于空白状态，民办院校举办、审批、管理都还没有相应的法律依据和空间。由于高教资源由国家集中掌握，高等教育学历教育发展控制严格，民办普通高校的审批始终大门紧闭，在很长一段时间都没有获得建校许可，因此这一时期产生的都是民办高等教育机构，但由于需求拉动，各种名目繁多的"进修大学""专修大学""业余大学"等机构如同雨后春笋，快速涌现。虽说是"大学"，但是办学内容主要还是各种针对高考落榜生、城市待业青年和错过接受高等教育机会的青年举办的高考复习班和业余课程进修班。办得较早的有的长沙中山业余大学（1978年）、浙江钱江业余大学（1979年）、北京自修大学（1977年），中华社会大学（1982年）等。1980年，国务院批准教育部《关于高等教育自学考试试行办法》的报告，在全国启动了自考工作，需要一批机构承担自学考试的辅导工作。民办高等教育机构抓住机会，遵循需要和政府安排，逐步过渡到组织高等教育自学考试助考和学历文凭考试。这一时期产生的大多是民办高等教育机构，所谓的民办大学尚无实施普通高等教育实质性的办学内容。

甚至部分国有企事业单位举办的学校，是民办还是公办都不确定。当然，从办学经费来看，都是自筹的。

1982年11月，改革开放以后第一次修改的《中华人民共和国宪法》获得通过，宪法以法律的形式确认了全国各族人民奋斗的成果，规定了国家的根本制度和根本任务，是国家的根本大法，具有最高的法律效力。尤为重要的是，新修订的《宪法》拨乱反正，实事求是，积极推进教育体制改革，提出了"国家鼓励集体经济组织、国家企业事业组织和其他社会力量依照法律规定举办各种教育事业"的方针，这被认为是最早从国家法律层面提出了民办教育发展合法性和法律地位的标志性条款。有关研究表明，国家教育行政主管部门层面最早印发的有关民办教育的文件政策，是从1984年即《宪法》颁布之后开始的，这也说明只有在顶层设计上开放民办院校的办学，才有民办院校发展一系列政策的制定。

"政策的制定，自始至终都要受到整个教育政策环境的影响和制约。"[①] 在民办院校发展萌芽期，我国改革开放刚刚开始，社会思维的惯性和人们的思想观念都还没有得到很好的解放，因此对于诸如民办院校这样一些新生事物，多少带有歧视的偏见和社会心理。但是鉴于整个社会的改革开放都处于"摸着石头过河"的状态，政府有意开始发展民办院校，允许和默认社会力量办学，政策管理相对宽松。虽然在实践中经常由于新体制与旧体制的不协调和办学者的不规范行为而引发矛盾和冲突，但是，为了营造整个社会的改革探索环境，政府采取宽容、观望的态度，没有因此大动干戈。针对出现的问题，主要采取小改小补（打补丁）的办法来解决，就事论事，便于创建宽松的环境。在这样形势下，民办高等教育机构得到较快的发展。据统计，经各地教育部门批准的"民办高校"已近450所[②]。可以看出，在发展初期，"民办高校"办学空间非常狭窄，办学内容单纯，办学形式还不稳定，经常有名无实。

民办高等教育机构虽然没有获得独立颁发大专以上学历文凭资格，办学规模也不大，办学内容还算不上真正意义上的"大学教育"，但是其产生具有历史性的意义。一方面，这种办学形式作为普通高等教育资源紧缺

---

① 褚宏启：《教育政策学》，北京师范大学出版社2011年版，第109页。

② 瞿延东：《我国民办教育的发展与管理》，中国财政经济出版社2002年版，第374页。

的有益补充，弥补了已有资源的不足，客观上满足了当时众多考生的需求，并且由于许多考生已经参加工作，这种灵活的学习方式更受欢迎。从社会对人才需求的角度来看，由于人才紧缺，学以致用，弥补了高等教育滞后发展的人才缺口，也培养了一批社会紧缺高层次专业人才。另一方面，正是由于这一批"民办高校"的产生和探索，冲破了当时的环境束缚，推进了办学体制的改革，进行了社会力量举办高等教育的有益尝试，孕育了民办普通高校的发展。因此其影响也是不容小觑的。

就政策而言，在这一阶段基本处于无法可依、无章可循的状态。政府管理中基本上借用公办院校的管理办法，当然矛盾冲突在所难免。好在当时学校少，规模小，处理及时，还不至于产生重大影响，也说明对政策的需求还不是十分迫切。一些地方政府针对本地实际情况，制定了一些暂行条例。如北京市人民政府颁发了《北京市私人办学暂行管理办法》（京政发〔1981〕42 号）、河北省人民政府颁发的《河北省私人办学暂行办法》（冀政〔1982〕217 号）等。针对民办学校办学中出现的问题和矛盾，出台一些针对性极强的文件（暂行规定、试用办法）适当指导。由于文件本身针对私人办学，而社会力量办学中，真正"私人"办学的十分稀少，因此对于民办院校关联度不大。普通高等教育是政府严格管制的领域，法律还不允许社会力量举办，还没有民办普通院校获得国家批准。

在民办高等机构的内部管理方面，政府也没有明确作出规定，大部分学校主要还是沿用或者借用国外私立大学或以往私立学校的管理办法，实行董事会领导下的校（院）长负责制，但是也允许"其他形式的决策机构"，允许开展各种探索试验。

二 民办院校发展起步期（1984—1991 年），政策探索期

这一时期的标志是民办普通院校作为省级试点开始办学，为国家层面民办院校产生和发展的政策出台做了准备。

1982 年《中华人民共和国宪法》（以下简称《宪法》）颁布，这是改革开放拨乱反正以后颁布的新宪法，具有特殊的意义。它也是最早在法律上明确民办教育发展地位的法律。《宪法》第十九条规定："国家鼓励集体经济组织，国家企事业组织和其他社会力量依照法律规定举办各种教育事业。"这就从国家的根本大法上赋予社会组织和公民办学权（举办权），确立社会力量办学的合法地位，为民办院校的发展扫清了法律障

碍。但是法律的理解和贯彻需要一个过程，而粗线条的合法化给民办高等教育留下的发展空间本身也不宽敞。从文本上看，也没有直接提及社会力量可否举办普通高等教育。而有关部门也没有出台相应的配套文件，法律的落实尚待时日，所以民办高校发展还是处于"无法无天"、自生自长、自主自律、经验管理的"自为"状态。

新《宪法》虽然没有就举办民办教育和民办高等院校做出详细的规定，但是正是因为粗线条框架规定，给予有教育梦想的人们留出了宽阔的想象空间。经过两年时间的消化理解，孕育积蓄，民办院校终于艰难再生，破土而出。

1984年对于我国民办院校的发展是具有重大意义的一年。这一年全国许多省市根据当地实际情况，尝试性地筹建了一批民办普通高校，实行省（市）内招生和承认大专学历文凭、自筹资金、自主办学，毕业生不包分配，自主择业。由于普通高等院校的审批权在国家教育部，因此严格的来说筹建的院校还不能招生。但是各省市政府从探索出发，安排了部分招生指标。鉴于当时大专院校毕业生实行就业"分配"政策，因此对于这些院校的毕业生，都需要由省人事部门专门下文安排，俗称"地方粮票"，以便于单位接收和毕业生享受相关待遇。

普通高等教育是国家高等教育的主流形式。民办院校举办普通高等教育，意味着社会力量办学可以进入了国家高等教育体系，表明民办院校能够成为国家高等教育系统的组成部分。

当然，与当时社会上普遍存在的姓"社"姓"资"政治环境相关，政府发展民办普通院校的政策慎之又慎，态度暧昧，政策模糊，以至于审批的学校多以"公办民助"或"筹建"的名义居多。如北京城市学院（前身为北京海淀走读大学，1984年），成立之初就是以"区（海淀区政府）办民助"的名义和形式获批的。西安培华学院（前身为西安培华女子学院，1984年）也有类似的情况。举办初期性质不明确，实际上还是偏重于公办的成分。福建华南女子学院（1984年）审批时也不明确是否"民办"。而浙江树人大学（1984年）虽明确"民办"，但只能以"筹建"和"地方粮票"形式获准招生。另外还有浙江的中华美术专科学校（1984年）和浙江东海学院（1984年）、广西邕江大学（现南宁学院，1985年）等，这一时期全国约有30余所这样的民办院校。这些院校的共同特点是，它们都是获得地方政府批准具有独立颁发学历文凭资格的普通高校，举办的都是国家计划内的普通高等教育，标志着政府开始对社会力量办学开放普通高等教育，因而具有特殊的意义，也从此正式开启了民办普通院校的办学历史。虽然没有获得国家正式批准，但是如此多的学校开办教育部也不可能不知晓，显然是采取一种探索、试验性的宽容态度。此后每年都有一些民办普通院校筹建，其中也有因条件不符合后来被停办的。如浙江东海学院和中华美术高等专科学校都被停办。真正从那个时候生存下来的民办普通院校仅有十余所（见表5-1），足以说明办学之艰难。

表5-1　　　　　　　　　早期10所民办院校办学者的简况

学校名称	主要办学者	人员来源	创建年份	首届董事长（理事长）	人员来源
西安培华女子学院现为"西安培华学院"	姜维之等	长春统计学校	1984	王宏基	西北工大
浙江树人大学	政协常委	浙江大学等	1984	王家杨等	省政协
海淀走读大学现为"北京城市学院"	傅正泰等	清华大学	1984	刘达	清华大学
邕江大学	黄启汉	民革南宁委	1985		民革南宁委
华南女子职业学院	余宝笙	福州师大	1985	陈钟英	民盟省委副主委
青城大学现为"丰州职业学院"	李树元	内蒙古民盟	1984	胡钟达	区人大常委
黄河科技学院	胡大白	郑州大学	1994	胡大白	郑州大学、个人举办
上海杉达学院	袁济等	上海交大等	1992	李储文	市政府外事顾问
黑龙江东方学院	孟新等	省教育厅、哈工大	1992	黄枫	省政协、教育厅
江苏三江学院	陶永德等	东南大学	1993	钱钟韩	南京工学院

资料来源：根据相关学校历史资料整理，主要办学者可能是第一任校长，创建年份以政府批准或招收全日制学生开始。

　　早期的民办普通院校，大多由公办高校的退休教师等公职人员发起（虽然有的用民主党派、工会或国有企事业单位的名义）并具体承办。他们利用自身多年的教育教学管理经验，或者利用多年工作所拥有的社会资源办学，办学初期民办院校办学规模较小，生源与公办院校之间差距不大，因而教学组织、教师聘用都采用面向公办高校的退休、闲余教师和工作人员。早期的民办院校几乎全是非营利性的，内部管理矛盾并不突出。比如，浙江树人大学筹建当年设外贸英语和风景园林两个专业，计划招生100 人，实际招收仅 89 人，最后报班 83 人。北京城市学院 1984 年招生287 人，算是比较多的了，但是与今天的动辄数千人甚至上万人的招生规模相比，应该说还是很小的。

这一时期民办高等教育机构仍在继续发展扩张。在 1984—1986 年的3 年间，全国新建的民办院校（机构）多达 250 余所，到 1991 年总量更是达到了 450 余所，其中少量的学校经批准开展了普通高等教育的尝试，形成了我国民办高等教育机构的一个发展高峰。

1985 年，根据改革开放的进程，中共中央颁布了《关于教育体制改革的决定》，开始部署教育领域的改革开放。文件指出："教育必须为社会主义建设服务，社会主义建设必须依靠教育。社会主义现代化建设的宏伟任务，要求我们不但必须放手使用和努力提高现有的人才，而且必须极大地提高全党对教育工作的认识，面向现代化、面向世界、面向未来，为90 年代以至下世纪初叶我国经济和社会的发展，大规模地准备新的能够坚持社会主义方向的各级各类合格人才。要造就数以亿计的工业、农业、商业等各行各业有文化、懂技术、业务熟练的劳动者。要造就数以千万计的具有现代科学技术和经营管理知识，具有开拓能力的厂长、经理、工程师、农艺师、经济师、会计师、统计师和其他经济、技术工作人员。还要造就数以千万计的能够适应现代科学文化发展和新技术革命要求的教育工作者、科学工作者、医务工作者、理论工作者、文化工作者、新闻和编辑出版工作者、法律工作者、外事工作者、军事工作者和各方面党政工作者。所有这些人才，都应该有理想、有道德、有文化、有纪律，热爱社会主义祖国和社会主义事业，具有为国家富强和人民富裕而艰苦奋斗的献身精神，都应该不断追求新知，具有实事求是、独立思考、勇于创造的科学精神。这就向我国教育事业的发展和教育体制的改革，提出了伟大而又艰巨的任务。"文件中虽然没有直接提及社会力量举办民办院校的问题，但是对于国家整个教育的发展目标和要求，开启了国家教育体制改革的大门，为后续改革奠定了基础，客观上为民办院校参与办学提供了依据和空间。文件指出："要动员和教育全党、全社会和全国人民关心和支持教育体制改革，发展教育事业。鼓励各民主党派、人民团体、社会组织、离休退休干部和知识分子、集体经济单位和个人，遵照党和政府的方针政策，采取多种形式和办法，积极地自愿地为发展教育贡献力量。""现在的问题就是如何在有限的财力物力条件下，把教育搞上去，满足社会主义现代化建设的迫切需要。这就要求我们通过改革来更好地调动各级政府、广大师生员工和社会各方面的积极性，团结一致，同心同德，多想办法，发挥各方面的潜力，使教育事业一年比一年更好地向前发展。""地方要鼓励和指导国营企业、社会团体和个人办学，并在自愿的基础上，鼓励单位、集体和个人捐资助学。""发展职业技术教育，要充分调动企事业单位和业务部口的积极性，并且鼓励集体、个人和其他社会力量办学。要提倡各单位和部门自办、联办或与教育部门合办各种职业技术学校。"这些条款虽然主要针对义务教育和职业教育而言，但是对于发展民办高等教育，也同样有着重要的启迪和借鉴意义。

民办院校处于恢复发展的起步阶段，其标志是开始了民办普通院校办学的尝试。民办高等教育机构继续快速发展。中共中央《关于教育体制改革的决定》，肯定了社会力量办学的意义和作用，鼓舞了社会力量办学的信心和积极性。对于处于试验阶段的民办院校办学体制探索，也起到了方向性的指导和鼓舞作用。

随着民办高等教育机构的快速增加和规模的扩大，办学诉求和动机的多样化，一部分学校办学不规范行为和管理问题逐步凸显。由于立法和政策的缺失，政府部门管理无据可依，因此时常陷入"头痛医头，脚痛医脚"、手忙脚乱而疲惫不堪的状态，经常为民办院校发展中出现的新问题而找不到解决依据而被动，社会上呼吁政府加强社会力量办学管理和指导的声音渐强，办学实践对法律法规的制定产生了强大的需求。但是，鉴于整个国家许多改革都是"摸着石头过河"，对整个发展民办教育事业的认识有待于提升和统一，对民办院校发展中出现的一些问题，一下子还看不准。政府只能本着鼓励改革的精神，出台一些临时性的"暂行规定"或"试行条例"，开始相关政策的探索，着眼解决发展进程中所产生的一些现实问题。

早在 1982 年国家教委就针对民办院校发展中的问题组织起草了相关文件，1984 年基本成文后，曾于 10 月 19 日以（84）教成字 039 号文"报请颁发《关于社会力量举办高等学校和中等专业学校试行条例》"上报国务院办公厅，但是这件事情没有办成。① 1986 年年初，国家教委办公厅以〔86〕教高三厅字 001 号的文件"关于建议国务院法制局尽快制定《关于社会力量举办高等学校和中等专业学校试行条例》并报国务院批转试行给李鹏同志的报告"再次上送催办并得以转发。文中提出"有的学校，师资、经费、设备等条件均不具备，就仓促上马，办学中困难重重；有的办学人员不学无术，教学质量低劣；有的利用办学诈骗钱财，奸污女生；有的流窜办学，一个人办三所'大学'（捞到学费就跑掉）；甚至还有利用办学进行封建伦理宣传的"②。这些情况引起了政府主管部门的高度关注，民办院校管理开始进入政府高度关注的视域。

《关于社会力量举办高等学校和中等专业学校试行条例》是第一个在国家层面试行的与民办院校相关的法规，尽管出台仓促，但其内容和框架初步奠定了我国民办高等教育政策的基本框架，表明了国家对民办高等教育发展的基本态度，也是我们目前能够找到的国家层面最早涉及民办院校管理的专门文件。后面我们还会分析，它实际上是 1987 年教育部颁布的《关于社会力量办学的若干暂行规定》、1997 年国务院颁发的《社会力量办学条例》、2002 年 12 月 28 日全国人大常委会审议通过颁布的《中华人民共和国民办教育促进法》和 2004 年国务院颁布的《民办教育促进法实施条例》等法律法规的渊源。在这个文件中可以清楚地看出，管理问题已经引起教育行政部门的关注。管理部门已经认识到，"实践证明，只有积极性，没有必要的条件和领导管理条件，办学质量不能得到保证"③。总体来看，学校发展较快，管理亟待跟上，政策资源贫乏，制约事业发展。而绝大多数民办院校的关注点是在争取办学的合法性和学校规模的扩张方面，管理还不是学校非常急迫解决的问题。进一步说，民办院校与管理部门之间的诉求是有差异的，管理部门的重点是如何强化管理，规范办学行为，防止过分冲突发生。而民办院校关注的重点是突破体制障碍，实现身份合法化和规模扩张。

---

① 杨金土：《职业教育 30 年波澜壮阔的重大变革》，中国网，http：//www.china.com.cn/zyjy/2009-07/14/content_ 18133775.htm。

② 教育部：《报请国务院颁发〈关于社会力量举办高等学校和中等专业学校试行条例〉的请示》（〔84〕教成字 039 号），1984-10-19。

③ 国家教委：《对政协六届三次会议第 270 号简报"教育部应加强对社会力量的领导，取消对社会力量办学征收'管理费'"的答复》（〔85〕教办字 099 号）。

　　根据改革开放以来民办高等教育发展的进程和问题，在总结经验的基础上，1987 年 7 月 8 日国家教育委员会下发了《关于社会力量办学的若干暂行规定》（〔87〕教高三字 014 号），对民办院校办学的相关问题进行了较为系统的规定，连同后来出台的《国家教委关于社会力量办学几个问题的通知》（〔88〕教高三字 016 号）和《国家教委关于社会力量办学教学管理暂行规定》（〔88〕教高三字 017 号），对民办院校管理体制、分校招生、文凭发放以及教学管理等提出了较为系统的意见，客观上为民办院校的办学提供了管理依据。1989 年 9 月，国家教委政策法规司正式将"民办学校法规条例调研报告"起草作为专项研究课题下达给厦门大学高教所，① 在当时政治环境下也足以体现出政府对于民办高等教育立法的重视和关注。

　　1988 年 6 月 22 日，潘懋元教授在《光明日报》上发表《关于民办高等教育体制的探讨》一文，除了呼吁各界关注民办高等教育以外，还提出了"对民办高等教育，应当适时立法。立法的意义不在于限制，而在于扶持、引导"② 的观点，体现了独有的学术洞察力和高屋建瓴的学术眼光。这也是学术界最早正式提出民办高等教育立法的建议。厦门大学博士生魏贻通，其甚至根据课题约定，牵头起草了《私立学校法》（拟写稿）和《私立高等学校条例》（拟写稿），开展了相关的探索。这些对于后来的民办教育立法工作，起到了重要的探索和推动作用。

　　民办院校恢复办学进程中，得到许多时任或离退休老领导、老干部的关怀和支持。他们利用自己丰富的管理经验和广博的人脉资源，为民办院校的办学东奔西忙，推动办学体制改革。许多老同志为民办院校题写校名，体现了对民办院校办学的态度和支持，有的还用自己的威望和人脉为民办院校奔波，争取批文，精神可嘉。在当时民办院校办学政策不明朗，办学合法性难以解决的条件下，老领导、老干部的适度帮忙确实为民办院校解决了一些实际问题。但是，也有一些老干部老同志，对学校实际工作不甚了解，随意打招呼、批条子，干扰了管理工作。有的人没有高校工作的直接经历，不妥当地直接参与学校领导工作。甚至有的民办院校举办者利用老同志、老干部做招牌，在外面干起了学店勾当，大权独抓，管理混乱，

---

① 魏贻通：《民办高等教育立法前期研究》，博士学位论文，厦门大学，1994 年。

② 潘懋元：《关于民办高等教育体制的探讨》，《上海高教研究》1988 年第 3 期。

严重损害了老干部的信誉和党的形象，阻碍教育部门的管理。有人甚至将老干部在民办院校兼职与腐败现象相联系，成为一些人攻击党和政府的把柄。有鉴于此，1989 年 10 月 10 日国家教委专门发出《关于清理、整顿社会力量办学问题的报告》（〔89〕教成字 008 号文件），指出"（社会力量）所办高等学校教学和考试管理大多数不具备必要条件，招生不严，教学质量不能保证，不少学校还乱发文凭，损害了高等教育的声誉，也给劳动人事管理造成了混乱"等问题，要求"社会力量办高等学校的学历文凭必须确保其规格质量……未达到设置标准的学校，不能颁发毕业证书……学员要取得国家承认的高等教育毕业证书，应参加由国家考试机构组织的考试。对以办学为名牟取私利、擅自许诺或颁发毕业证书的，应追究责任，造成严重后果者，须追究法律责任"。根据出现的问题，报告明确："（一）社会力量举办的各级各类学校，不设名誉校长、顾问等虚设职位，可设董事会或理事会。（二）在职领导干部不应兼任社会力量举办学校的任何职务。已经兼任职务的，或辞去领导职务，或不再兼职。（三）已经离任的领导同志如担任学校的领导职务，应对学校的各项工作切实负起责任。（四）离、退休干部在社会力量举办的学校任职期间的各项生活待遇，按《中共中央、国务院关于严禁党政机关和党政干部经商、办企业的决定》〔中发（1984）27 号〕中有关离、退休干部办学方面的条款办理。"可以看出，这个文件本身主要是针对民办院校中过多的老干部任职问题专门发布的，但是文件第一次提出了"可设董事会或理事会"的建议，从主管部门的角度提出了民办院校管理体制的雏形——董事会或理事会领导下的校长负责制。然而由于当时民办院校的发展还处于初步的探索和积累过程中，主要任务是争取办学权、扩大学校规模，积淀学校发展基础，内部管理等问题还没有引起广泛的关注，在立法方面也没有重大进展。

在国家教委颁布《关于社会力量办学的若干暂行规定》之时，一些地方政府根据本地具体情况已经制定了相应的管理办法，如海南、河南等地；有的地方政府将已经制定的试行办法根据国家教委的《关于社会力量办学的若干暂行规定》加以补充，如北京、上海等地。《〈北京市社会力量办学管理办法〉实施意见》对教育行政部门的审批程序做出了较为详细的规定。① 《海南省社会力量办学管理的暂行规定》（1988 年颁布）

---

① 姜言东：《京城民办学校面面观》，《中国教育报》1991 年 6 月 23 日，第 1 版。

规定学校内部管理体制为校务委员会（小组）领导下的校长负责制。1986 年 6 月颁发的大连市人民政府《关于社会力量办学管理办法》中明确指出"社会力量举办的各类学校（班），应以业余学习为主，一般不得占用学员工作时间，必须占用的应经主管部门同意。校（班）名，应与办学性质、规模相称，不得以'中等专业、学校'、'专科学校'、'学院'、'大学'为校名"。在其他省市当时的相关文件中，有的明确规定不得举办全日制的中专和大专院校。

总体来看，从 1978 年民办高校恢复办学到 1991 年的十多年中，一方面，经济体制改革必然触及办学体制改革，民办院校产生的必然条件逐步成熟。民办院校一方面顺应市场需求，积极开展办学，通过各种形式的抗争，采取合法的或合理的手段，争取办学权和合法身份。另一方面，这种新的办学形式、办学行为不是原有政策框架的安排，与原有的旧体制、旧观念经常发生碰撞，包括许多"出轨""打擦边球"的行为，以争取更多更大的发展机会和空间，这是改革必然出现的状况，但是这也客观上给管理带来了许多难题和探索空间。在民办高等教育领域，立法还排不上位置，民办院校的政策总是在实践的牵引下被动"配套"，在办学行为与现有法律的碰撞中迂回前行，滞后于实践的发展。作为内部管理的问题被疏忽，民办院校找不到明确而详细的依据，缺乏一个明晰的政策导向和具体指导。

这一阶段下发的文件还有：《关于不得乱登办学招生广告的通知》（1986）、《关于旧社会由私人创办的私立学校可否恢复校名问题的复函》（1986）、《关于社会力量办学的若干暂行规定》（1987）、《社会力量办学财务管理暂行规定》（1987）、《关于社会力量办学几个问题的通知》（1988）、《社会力量办学教学管理暂行规定》（1988）、《关于跨省、自治区、直辖市办学招生广告审批权限的通知》（1990）、《社会力量办学印章管理暂行规定》（1991）等。可以看出，这些规定大部分为"暂行规定"或临时应急性的"通知"，虽然也有一些比较系统的发展政策思考，但是还没有形成统一系统的政策文件。

总体来说，这一阶段政策出台数量不多，表明政府的态度尚不明确。内容单一，在简单肯定民办院校办学积极意义的同时，重点规制民办院校办学中的"不规范"行为，引导健康发展。在这一时期，民办院校办学的合法性问题初步得到解决。1987 年，国家教委在《关于社会力量办的若干暂行规定》中指出："社会力量办学是我国教育事业的组成部分，是国家办学的补充"，这是从国家主管部门的层面，第一次对社会力量办学确立地位，明晰定位。当然，由于具体政策缺失，民办院校举办普通高等教育仍受限制。一部分试点举办的民办院校，也只能以省级筹办、"地方粮票"的管理体制继续探索试验。

三　民办院校发展探索期（1992—1998 年），政策密集期

这一时期的标志是《民办普通高校设置暂行规定》的颁布，政府启动了民办普通院校正式审批制度，民办普通院校获得国家批准，得到国家认可，以"民办"冠名的普通院校开始出现，但政府仍持谨慎态度。民办高等教育机构继续快速发展。涉及民办院校发展的政策文件发布节奏加快，政府开始探索和重视民办院校的管理。

1992 年初，邓小平发表南方谈话，提出"改革开放的胆子要大一些，敢于试验，看准了的，就大胆地试，大胆地闯"。"没有一点闯的精神，没有一点'冒'的精神，没有一股气呀，劲呀，就走不出一条好路，一条新路，就干不出新事业。"① 在南方谈话精神的鼓舞下，人们的思想观念得到进一步的解放，各项改革继续稳步推进。

在经济领域，1992 年秋中共召开了十四大，提出在建立社会主义市场经济体制的过程中，"国家要为各种所有制经济平等参与市场竞争创造条件，对各类企业一视同仁"。"在所有制结构上，公有制包括全民所有制和集体所有制为主体，个体经济、私营经济、外资经济为补充，多种经济成分长期共同发展。" 1997 年的中共十五大把"公有制为主体，多种所有制经济共同发展"的方针确定为我国社会主义初级阶段的一项基本经济制度，并且指出，非公有制经济是我国社会主义市场经济必不可少、不可替代的重要组成部分，而不再是可有可无、可多可少的"补充"，对个体经济和私营经济等非公有制经济要继续鼓励、支持和引导，使之健康发展。1999 年初，《中华人民共和国宪法修正案》通过，其中第五条将原宪法第十一条"国家允许私营经济在法律规定范围内存在和发展。私营经济是社会主义公有制经济的补充。国家保护私营经济的合法的权利和利益，对私营经济实行引导、监督的管理"的内容修改为"在法律规定范

---

① 《邓小平文选》第 3 卷，人民出版社 1993 年版，第 372 页。

围内的个体经济、私营经济等非公有制经济，是社会主义市场经济的重要组成部分。国家保护个体经济、私营经济的合法的权利和利益。国家对个体经济和私营经济实行引导、监督和管理"。再次对个体经济、私营经济等非公有制经济的地位和作用予以规定。这些重要文件的颁布，为私营经济的发展提供了良好的制度环境。

改革开放的深化，经济的发展和人民群众生活水平的改善，上大学愿望更加强烈，对人才需求更加迫切。政府因势利导，积极探索。1992 年10 月，江泽民在党的十四大报告中指出，"要鼓励多渠道、多形式社会集资办学和民间办学，改变国家包办教育的做法"。12 月 8 日，国家教委印发了《关于加快改革和积极发展高等教育的意见》，明确提出要"积极鼓励和支持社会力量兴办民办高等学校，尽快制定民办普通高等学校有关条例，加强引导和管理"。

1993 年，是民办院校发展的突破之年。年初，李鹏在八届人大所做的政府工作报告中进一步指出，要"积极探索建立以政府办学为主体、社会各界共同办学的新体制和多种办学模式"。高层领导对于办学体制改革和发展民办高等教育给予了高度关注，多次发表讲话，表达政府的认识、态度和决心。2 月，中共中央、国务院印发《中国教育改革和发展纲要》，明确提出要改革办学体制；改变政府包揽办学的格局，逐步建立政府办学为主体、社会各界共同办学的体制。特别指出"高等教育要逐步形成以中央、省（自治区、直辖市）两级政府办学为主、社会各界参与办学的新格局"，并进一步强调"国家对社会团体和公民个人依法办学，采取积极鼓励、大力支持、正确引导、加强管理的方针"。这是从 1985 年中共中央颁布《关于教育体制改革的决定》以来第一次明确提出办学体制改革的目标、要求和路径，为开展办学体制改革，推进教育体制改革指明了方向。会议不久在国家教委成教司附设了社会力量办学管理办公室，作为宏观管理全国民办教育的日常管理机构。在一系列"政策利好"的鼓舞下，考虑到社会办学的积极性，同时也能保证办学质量，1993 年国家在部分省市开展学历文凭考试试点工作。学校按所在省市教育行政部门规定的录取标准和教学计划招收学生，组织教学（规定课程的 70% 由考试机构组织考试，30% 课程及实验课、实践教学环节由学校组织考试），成绩考核合格，颁发由主考单位和助考单位联合签章的毕业证书，国家承认其大专学历。通过这一举措，使得民办高等教育机构的办学逐步走向正轨。由于政策环境宽松，学校发展较快。至 1999 年，民办高等教育机构已经达到 1277 所，在校生 148.8 万人。其中高等学历文凭考试学校 370 所，在校生 29.7 万人，约占全国全日制高校在校生的 7% 左右①。

1993 年，作为民办院校办学体制改革突破之年的标志，是 8 月份国家教育委员会下发了《民办高等学校设置暂行规定》（教计〔1993〕129 号）。文件第一次提出了"民办高等学校"的概念，明确了民办普通高校的设置条件和程序，从此社会力量举办的普通高等教育机构有了一个新的名称，为社会力量举办民办院校制订了操作规范和指南。文件肯定了"民办高等学校是我国高等教育事业的组成部分"，确立了民办高校的办学地位，明晰了民办高校的设置标准，为社会力量举办普通高等教育提供实际操作的依据，有力地推动了民办高等教育政策的制定，刺激了民办高等教育的新一轮发展。文件从总则、设置标准、设置申请、评议审议、管理、变更和调整、其他等七个章节，具体阐述了民办院校办学的政策，使得十多年以来一直困扰民办普通高校设置和管理的工作终于有据可依，有章可循。更可喜的是，根据《民办高等学校设置暂行规定》的精神，1993 年 10 月国家教委高校设置专家委员会在长沙开会，第一次受理 7 所民办高校的办学申请，经专家投票同意，当年批准了 4 所民办普通高校（民办浙江树人学院、民办黄河科技学院、民办上海杉达学院和民办四川天一学院）。第二年又审批了上年审批未通过的两所学校（民办黑龙江东方学院和民办江苏三江学院，以上 6 所学校学界通称为"首批民办高校"），至此，以"民办"冠名的社会力量举办的普通高等学校正式问世，标志着我国实施民办院校办学体制的重大突破。同时，国家教委对 1984 年以来各省市自行批准符合条件的部分民办普通高校实行备案制，使得部分筹建中的民办普通高校办学合法化。这一创举在中国高等教育发展史上具有划时代的意义，它表明中国政府正式开始向社会开放普通高等教育，从此民办高校开始重新登上国家高等教育舞台，逐步走进国家高等教育体系。

在六所民办院校审批过程中，审批部门发现，由于经济水平所限，社会投入不够，民办院校办学条件过分简陋，担心难以保证办学质量。杉达

---

① 瞿延东：《我国民办教育的发展与管理》，中国财政经济出版社 2002 年版，第 374—375 页。

学院、三江学院、东方学院和天一学院甚至还没有自己的校园，靠租借校舍办学。树人学院、黄河科技学院虽然有校园，但是太小，像树人学院只有 17 亩，是真正的"袖珍"大学。已经批准的民办高校条件不足，前期发展过程中暴露的问题比较多，而很多社会力量办学者的兴奋点在于举办高等教育，特别是高等学历教育，要求设置高等教育机构，要求进行国家高等学历文凭试点，进而要求设置为民办高等学校，这类情况几年来有增无减。主管部门更由此担心一哄而上影响质量，在发展的速度和空间上持谨慎态度。1994 年，国家教委专门引发《关于近期全国高等学校设置审批工作的意见》（教计〔1994〕136 号），提出"近期，全国普通高等学校总校数不再增加，成人高等学校校数总体上要有所减少，民办高等学校要严格按标准审批"。"民办高校的审批工作必须按《民办高等学校设置暂行规定》严格坚持标准。近年内，主要选择少数各项办学条件达到国家规定标准，并已经运转一定时间，具有一定办学经验的学校，进行评议审批。"

根据《民办高等学校设置暂行规定》，"民办高校的筹建和进行非学历教育的审批权在省级人民政府。各地在审批筹建民办高校时，要从本地区高等学校的总体布局，人才需求预测，按照国家规定的办学条件要求，从严掌握。

批准筹建的民办高校的实际办学条件，一般应要求基本达到或接近《规定》的设置标准，以防止出现因忽视必要的条件，盲目同意筹建而又长时间不能获得国家批准的情况。

为使民办高校校名规范化，各省、自治区、直辖市人民政府在批准筹建学校时，都要注意冠以'民办'和'学院'字样，以免筹办时称'大学'，正式审批时又必须改为'民办××学院'而造成工作被动。

经批准筹建的民办高等学校，只能举办非学历教育，不得以任何借口自行许诺颁发'学历文凭'。在国家批准正式设置之前，凡欲取得学历教育文凭的，均须通过国家高等教育自学考试验收，这些原则都要向学生事先说明，如在筹建过程乱许愿造成不良后果的，上级审批机关应撤销其筹建资格。"

下发这一文件的动机和起因今天还难以搞清楚，但是受到第一批民办院校审批的影响是可以肯定的。民办院校办学条件的欠缺影响到审批部门的信心，对新批民办院校持更加小心谨慎的态度。处于财政经费的巨大压力，政府既需要民间资金来支持教育事业，又担心社会力量举办民办教育影响整个教育质量，甚至担心一些人趁机非法牟利影响教育的公益性和社会主义性质。这种心态使得有关部门在发展民办院校时缩手缩脚，提防、控制多于支持、鼓励，有时也会因责任重大而不惜牺牲民办院校的发展。民办高等教育的发展缺乏计划和完善的制度保障。现实中，民办院校的发展与否、发展快慢在很大程度上甚至取决于某些领导的意愿，政府主管、分管领导个人的价值取向和态度从一定程度上决定着某地、某一民办院校的命运。而能否享受政府的特殊政策，往往又取决于民办院校的公关能力、民办院校与主管部门的关系。八仙过海、各显神通。所谓"跑部前进""有娘的孩子有奶吃"在这里体现的非常充分。以至于当时建立的民办院校多多少少与政协、民主党派有关联，"找靠山"谋生存是一个发展的好路径。

1997 年 7 月 31 日，国务院第 226 号令正式颁布了我国第一个关于专门针对民办教育的行政法规——《社会力量办学条例》。该条例重申了发展民办教育的"积极鼓励、大力支持、正确引导、加强管理"的 16 字方针，规定了发展民办教育的基本原则、行政管理体制、民办教育机构的设立、教学管理、财产与财务管理、机构的变更与解散、政府的保障与扶持、法律责任等内容。这些规范对于保证民办院校的健康、有序发展起到了一定的作用。但是该《条例》对民办高等教育的发展作了一些限制性规定："社会力量办学应当以举办实施职业教育、成人教育、高级中等教育和学前教育的教育机构为重点，……国家严格控制社会力量举办高等教育机构。"一方面"鼓励和支持社会力量办学"；另一方面又对民办院校，特别是社会力量举办普通高等学历教育作出了许多严格的、限制性规定，政府相关部门这种矛盾的行政行为正是对民办院校办学信心不足心理产生担心的体现和反映。

在这种思维认识指导下，正在启动的民办普通高校审批几乎停顿。从 1993 年《民办普通高校设置暂行条例》颁布开始审批民办院校以后，1994 年获批 4 所，1995 年 2 所，1996 年和 1997 年停止了审批。1998 年颁布的《高等教育法》重新提出"国家鼓励企业事业组织、社会团体及其他社会组织和公民等社会力量依法举办高等学校，参与和支持高等教育事业的改革与发展"，标志着政府对民办高等教育严格控制的禁令开始解除，但由于缺乏相应文件支撑，民办院校发展实际上仍处于严格控制状态。截至 1998 年，加上各省市政府审批上报备案的在内，全国仅有民办院校 25 所，在校生 2.4 万人①。民办普通院校在艰难的探索中探索发展。

民办院校发展受制，而民办高等教育机构就成了社会力量进入高等教育的主要通道，加上精英化教育背景下高等教育资源的奇缺，通过其他形式接受高等教育就成为社会的重要路径，高等教育自学考试、高等教育学历文凭考试成为社会追捧的"读大学"之路。据 1995 年的统计，当年全国民办高等教育机构达 880 所。而到 1999 年，全国共有民办高等教育机构 1240 所，在校生 118.4 万人，其中具有独立颁发大学学历文凭资格的民办高校 37 所，在校生 4.6 万人；高等教育文凭考试试点机构 370 所，在校生 25.8 万人。② 可见，一部分社会力量举办的高等教育机构在政府的扶植下确实努力办出了特色、质量和水平，对广开学路，培养人才，促进办学体制改革，起到了积极的作用。但在发展的过程中，也有相当数量的办学机构存在着一些问题，比较突出的是：一些教育机构办学思想不端正，在招生、收费、发证等方面违反规定，社会反响强烈；一些教育机构缺乏必要的办学条件，教育质量难以保证；还有一些教育机构内部管理较为混乱，这些都严重影响社会力量举办的高等教育机构的健康发展。

根据民办院校发展实际，政府仍在积极探索相关政策。民办院校（机构）绝大多数表现为自学考试或学历文凭考试机构，它们多且杂，办学动机各样，难以纳入统一管理，为此主管部门花费较大精力去"规范"，相关部门对民办院校的专门文件密度明显加大。除了《教育改革和发展纲要》（1993）、《民办高等学校设置暂行规定》（1993）以外，还印发了《关于境外机构和个人来华合作办学问题的通知》（1993）、《关于民办学校向社会筹集资金问题的通知》（1994）、《中外合作办学暂行规定》（1995）、《中华人民共和国教育法》（1995）、《关于加强社会力量办学管理工作的通知》（1996）、《关于社会力量办学管理经费问题的意见》（1996）、《全国教育事业"九五"计划和 2010 年发展规划》（1996）、《社会力量办学条例》（1997）、《关于实行社会力量办学许可证制度有关问题的通知》（1997）、《关于实施〈社会力量办学条例〉若干问题的意

---

① 瞿延东：《我国民办教育的发展与管理》，中国财政经济出版社 2002 年版，第 374—375 页。

② 同上书，第 120 页。

见》（1997）、《关于印发国家教育委员会关于实施〈社会力量办学条例〉若干问题的意见的通知》 （1997）、 《中华人民共和国高等教育法》（1998）等。这些文件从内容来看，主要也是管理性质为主，强调和重申民办高等教育作为国家办学补充的地位，明确了对社会力量办学"积极鼓励、大力支持、正确引导、加强管理"的十六字方针，推动高等教育办学主体多元化，要求坚持民办院校"不得以营利为目的"的办学原则，"营利与非营利问题"开始成为影响政策制定的关键问题之一，体现社会对民办院校办学性质的关注。并为《民办教育促进法》的立法提供素材。

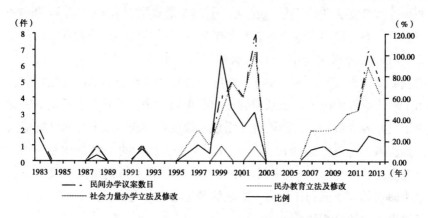

图 5-2 1983—2013 年民间办学相关议案数

资料来源：王江璐：《人大议案和政协提案中民间办学问题的特点分析》，《中国教育财政》2017 年第 6 期。

这个时期，一些地方法规开始涉及民办院校管理，并作了有益的探索。如 1994 年上海市出台的《上海市民办学校管理办法》就设有第三章《民办学校的管理》。该文件 1997 年 12 月 14 日以上海市人民政府第 53 号令的名义修正并重新发布。相对来看，1995 年广东省出台的《广东省私立高等学校管理办法》较为完善。这些都为制定国家层面民办院校的管理制度提供了有益的尝试和积累了必要的经验。

经过近 20 年的探索，我国民办院校的办学取得了一定的进展，亟须有较为全面、完整的法律法规来规范和指导。1997 年国务院颁发的《社会力量办学条例》，是改革开放以来国家颁布的与民办教育发展直接相关的最高法规。它总结了改革开放以来我国民办教育发展的经验，对民办高等教育也提出了相关的规范要求，将正在兴起的民办教育发展纳入法制轨道，对于调动、保护和发挥社会力量办学的积极性，维护举办者、教育机构及其教职工和学生的合法权益，全面提高办学水平和教育教学质量，加强和规范对社会力量办学的管理，推动社会力量办学健康发展，都具有十分重要的意义。当然，限于当时的条件和积累，条例本身还不完善，主要的规定还是探索性、推荐性和试验性的，不具有执行的刚性，但客观上为民办院校的发展提供了政策依据和实践指导。

1994 年 6 月，厦门大学潘懋元教授的弟子魏贻通的博士学位论文《民办高等教育立法之前期研究》通过了答辩，这是当时唯一的专门论述民办高等教育立法的博士学位论文，引起学界的关注。论文提到"1990年国家教委委托厦门大学高等教育科学研究所进行民办高等教育立法前期研究"，说明其研究得到国家教育行政部门的重视。特别是魏贻通博士起草的《私立学校法》（拟写稿），借鉴国外私立学校立法和管理的经验，提出了较为系统的民办学校政府管理的观点和想法。另外也有一些研究者开展了民办高等教育立法的研究。潘懋元教授在 1995 年 11 月召开的亚太地区私立高等教育国际研讨会上宣讲的论文题目，就是"立法——私立高等教育发展的保障"，文中指出了民办高等教育立法的重要意义，分析了立法面临的若干问题，提出了立法的若干要点。对民办高等教育立法进行了较为全面的分析研究。

1998 年 12 月，教育部制定的《面向 21 世纪教育振兴行动计划》获国务院批转，为我国教育事业发展指明了新的方向，其强调的"认真贯彻国务院对于社会力量办学实行'积极鼓励、大力支持、正确引导、加强管理'的方针，今后 3—5 年，基本形成以政府办学为主体、社会各界共同参与、公办学校和民办学校共同发展的办学体制，制定有利于吸纳社会资金办教育和民办学校发展的优惠政策"的内容，成为有力推动高等教育办学体制改革，推进民办高等教育政策制定和实践发展的重要文献。但是由于 1997 年颁布的《社会力量办学条例》提出"国家严格控制社会力量举办高等教育机构"的影响，国家层面对于发展民办院校的限制态度，制约和影响了这一文件的实施和作用的发挥。

从 1978 年到 1998 年的 20 年里，民办高等教育发展经历了发展萌芽期、发展起步期和发展探索期等三个阶段。民办院校的办学轨迹与政策制定的进程是相互交替、相互交融、相互推进的。政策出台的主要动力来自民办院校办学实践的需求。民办院校的发展有了实质性的突破，民办普通院校开始设置，与原有的体制冲突较大。事业的发展推动了政策的需求，突破原有各种限制，扩大已有政策空间，创新原有管理模式，成为政府工作的关键。每年两会有关民办教育发展的相关提案大量出现，反映了事业发展对政策的强烈需求。社会各界呼吁政府重视民办院校的发展。而民办院校与政府的关系也在探索中不断深化。在积极发展民办高等教育的基本精神下，政府在制定法律法规、出台具体政策，规范民办院校办学方面，根据实践中出现的问题和民办院校的政策法规需求，不断探索，不断地创新和调适，逐步探索民办院校发展的政策框架，从自发、松散的混乱局面中理出头绪，明确规范，逐渐主动，努力设计出法律轨道。矛盾双方互相博弈，共同服务于我国民办院校发展的实践，推动我国民办高等教育的健康发展。当然，由于各种主客观条件和环境的限制，政策法规总是难以恰当而充分地满足办学者的需求，政策法规的导向与办学实践走向总是难以做到一致。各种"违规"行为仍时而发生，原有体制框架与实践的发展冲突且难以调和，部门法规终究不能替代法律。国家既然确定了发展民办高等教育的目标，就一定要有相应的法律作出规范。在社会各界的共同努力下，1998 年九届全国人大将民办教育的立法工作列入规划，从此启动了民办教育的立法工作。

四　民办院校发展快速期（1999—2007 年），政策立法期

这一时期的标志是第三次全国教育工作会议的召开和《民办教育促进法》的颁布实施。民办普通院校审批速度加快，规模得到快速扩张，进入快速发展轨道。管理问题快速显现，民办院校发展立法取得重要进展。

1999 年第三次全国教育工作会议召开，描绘了 21 世纪初我国教育改革与发展的宏伟蓝图，向全党全社会发出了深化教育改革，全面实施素质教育的号召，标志着我国教育事业进入了一个崭新的发展阶段。会议通过的《中共中央、国务院关于深化教育改革全面推进素质教育的决定》提出："进一步解放思想、转变观念，积极鼓励和支持社会力量以多种形式办学，满足人民群众日益增长的教育需求，形成以政府办学为主体、公办学校和民办学校共同发展的格局。凡符合国家法律法规的办学形式，均可大胆尝试，在发展民办高等教育方面加大步伐。经国家高等教育行政主管部门批准，可以举办民办普通高等学校。"这一规定打破了 1999 年以前政

策规定民办院校只能举办非学历教育的限制，促进了民办普通高等学历教育的发展。从"严格控制"到"鼓励举办"，民办院校开始从国家政策层面获得难得的发展机遇。会议期间，中共中央总书记江泽民在讲话中提出"要根据需要和可能，采取多种形式积极发展高等教育，特别是社区性的高等职业教育，扩大现有普通高校和成人高校的招生规模，尽可能满足人民群众接受高等教育的要求。也可以动员社会的力量办一点民办高校，作为现有高校的补充"。这是党和国家最高领导人首次直接提到举办民办院校的问题，是政府对以往对于社会力量举办普通高等教育动摇不定政策的反思和明确。国务院总理朱镕基在讲话中分析了我国经济和社会发展的形势，提出"这次会议的一个重要精神，是要进一步改变政府包办教育的状况，鼓励社会力量以多种形式办学，形成以政府办学为主体、公办学校和民办学校共同发展的格局。凡符合国家有关法律法规的办学形式，都可以大胆试验。在发展民办教育方面，可以迈出更大的步伐。要鼓励社会力量以各种方式举办高中阶段和高等职业教育，有条件的也可以举办普通高等学校。发展民间办学，吸引社会各方面力量共同办教育，才能实现大国办大教育"。这就从文件和操作层面，进一步明确和坚定了政府实施高等教育办学体制改革的鲜明态度。同时，他还对加强民办教育管理提出了意见，认为"发展民办教育，关键在于加强引导和管理。各级政府教育部门对各类民办学校应按照办学资格和条件严格审批。民办普通高校的审批权在教育部，民办高中的审批权在省级政府，不能层层下放。国家要加快民办教育立法，促进民办教育健康发展。各级各类民办学校都要依法办学，不断提高办学水平。现在有些民办学校遇到不少困难和问题，有关地方和部门要主动及时地总结教训，切实帮助解决实际问题，把学校办好"。副总理李岚清在讲话中更是提出了"要进一步解放思想，转变观念，积极鼓励和支持社会力量多种形式办学，形成以政府办学为主、公办学校和民办学校共同发展的格局，逐步满足人民群众日益增长的教育需求"的发展目标。在推进高等教育大众化进程中，国家对社会力量举办民办院校有了坚定而明确的态度，从"严格控制"到"鼓励举办"，政策开始发生了较大的转变。从"对公办教育的补充"而改变为"与公办教育并重"，民办教育的发展地位逐渐提高。中共中央和国务院专门颁发文件，加上如此密集的高层领导发表讲话，消除了社会对举办普通高等教育的顾虑，直接激发了社会力量出资举办民办院校的热情，成为我国民办院校发展的一个重大转折点，我国民办院校开始进入一个快速发展的通道。学校数量快速增加，总体规模和校均规模快速扩张，在高等教育中的比例快速提高。事实证明，在高等教育后发国家，推进办学体制改革和私立（民办）院校发展，制定适当的政策是一个关键的因素。从民办院校发展的数据中我们也可以看出这一点。

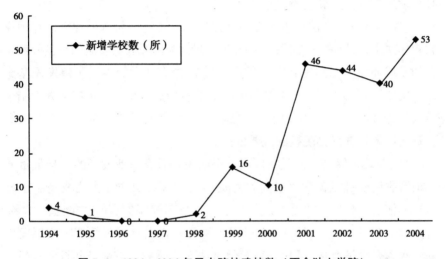

图 5-3　1994—2004 年民办院校建校数（不含独立学院）

我国民办高等教育快速发展是在经济集聚条件尚不具备、政府政策创造的突发机遇背景下展开的，许多民办院校准备不足，条件简陋，仓促上马。在高教资源匮乏的时代，竭尽全力为社会提供了可贵的接受高等教育的机会。但是，随着大量民办高校的产生，能不能保证质量、有没有管理能力受到质疑。民办院校的快速发展，难免会出现一些效益优先、规模至上、关系不顺、管理不善的学校，在此期间甚至发生了几个大的群体事件，给民办院校带来负面影响，也影响了相关地区的稳定，引发国家高层的重视。事实说明，单纯依靠单项政策法规，难以满足事业发展的需求。应从长远发展计议，完善管理法规，加快立法进程。1999 年全国人大教科文卫委员会会同政府有关部门组成了民办教育立法领导小组，正式开始了《民办教育促进法》的起草工作。2001 年 12 月 21 日，《民办教育促进法（草案）》经九届全国人大教科文卫委员会第 46 次全会审议通过，提请九届全国人大常委会（以下简称人大常委会）审议。此后，经历了全国人大常委会的四次审议，2002 年 12 月 28 日，第 31 次人大常委会审议通过了《民办教育促进法》，并决定于 2003 年 9 月 1 日起施行。为贯彻实施《民办教育促进法》，推进民办教育的健康发展，规范政府管理和民办学校办学行为，根据《民办教育促进法》的要求，2004 年 2 月 25 日国务院第 41 次常务会议审议通过了《民办教育促进法实施条例》，配套文件的出台，标志着我国民办教育的立法达到了一个新的阶段，推动我国民办教育发展进入一个新的阶段。

《民办教育促进法》的重点在于促进，对于民办教育的性质、在国家教育体系中的地位，再次做了明确和强调，为民办教育发展创设良好而宽松的发展环境。尤其是其中"民办学校在扣除办学成本、预留发展基金以及按照国家有关规定提取其他的必需的费用后，出资人可以从办学结余中取得合理回报"的相关内容，更是吸引社会上一些大企业、大财团和大资金进入举办民办院校的重要依据。

《民办教育促进法》是我国国家层面民办教育事业发展的一项最重要的顶层制度安排，首次对民办教育提出的"积极鼓励、大力支持、正确引导、依法管理"的方针，用"依法"二字替换了原有的"加强"二字。这是自 1993 年《中国教育改革和发展纲要》提出"加强管理"之后发生的一次重要政策变化。《民办教育促进法》也是我国首部民办教育专门立法，其"依法"二字更加凸显了该法颁布的重要意义，标志着我国民办高等教育步入有法可依的法制化轨道。

第三次全国教育工作会议精神的贯彻和《民办教育促进法》的颁布实施，大大鼓舞和支持了社会举办民办高校的热情。与此同时，国家实施积极发展高等教育和高校扩招的决策，为民办院校发展提供了空间条件。2000 年 1 月，国务院办公厅下发《关于国务院授权省、自治区、直辖市人民政府审批设立高等职业学校有关问题的通知》，其中包括审批：独立设置的高等职业学院、省属本科高等学校以二级学院形式举办的高等职业学校和社会力量举办的职业学校。同年 3 月，教育部颁发《高等职业学校设置标准》（暂行）。在体制内高等教育资源逐渐饱和之时，国家加大了发展民办高等教育的力度，放宽了准入条件，下放了大专层次民办普通高校的审批权限，简化了审批程序，使民办高等职业学院的发展步伐加快，政策支持和优惠进一步得到落实，民办院校及时补充了资源的不足。民办院校的发展规模开始得到有效突破，并迅速得到有效巩固，在某种程度上掀起了民办院校发展的热潮，民办院校如雨后春笋般快速创建。民办院校学校数和在校生数在整个高等教育中的比例连年大幅增加。经过几年努力，民办高校无论从整体还是校均的规模，都得到快速发展（见表5-2、表5-3和表5-4）。从建校数来看，1999年为15所，2000年为6所，2001年46所，2002年44所，2003年40所，2004年达到最高峰的53所。从校均规模来看，扩展速度也很快。短短5—6年时间，校均在校生从1000余人发展到6000多人，万人大学不断涌现，民办高校进入一个快速发展的通道，在实现科教兴国、推进高等教育大众化的历史进程中开始发挥积极作用。

表5-2　　　　　　1998—2007年民办普通院校建校数增加情况　　　　单位：所

类别＼年份	1998	1999	2000	2001	2002	2003	2004	2005	2006	2007
增加数	1	15	6	46	44	40	53	26	26	19
合计数	22	37	43	89	133	173	226	252	278	297

资料来源：根据相关资料整理。

表5-3　　　　　　1998—2007年民办普通院校在校生数增加情况　　　　单位：万人

类别＼年份	1998	1999	2000	2001	2002	2003	2004	2005	2006	2007
增加数	0.6	1.8	2.8	7.2	20.1	49.5	58.5	70.53	67.87	69.2
合计数	2.2	4	6.8	14	34.1	83.6	142.1	212.6	280.5	349.7

资料来源：根据相关资料整理。

表5-4　　　　　浙江省1998—2007年民办院校在校生比例增长情况

年份	1998	1999	2000	2001	2002	2003	2004	2005	2006	2007
总在校生数	11.35	15.13	21.24	29.31	39.31	48.46	57.28	65.13	71.99	77.8
公办高校	11.16	13.73	18.63	21.41	33.94	36.43	42.78	48.91	49.2	52.33
民办高校	0.19	1.39	2.61	7.9	5.37	12.03	14.5	16.22	22.79	25.47
民办比例（%）	1.7	9.19	12.59	26.95	13.66	24.82	25.31	24.9	31.66	32.74

资料来源：根据历年浙江省教育发展统计资料整理。

2004年6月28日，教育部发布从2005年开始执行的《关于取消高等教育学历文凭考试的通知》，7月2日通过教育部考试中心网公之于众，当年影响到不少民办高校的招生。"文凭考试"是从1993年开始的、国家对尚不具备颁发学历文凭资格的民办高等教育机构的一种扶持形式，已经成为国内大部分民办高校的生存支柱。学历文凭考试的突然取消使得 400 多所民办高等教育机构必须寻找新的出路。学历文凭考试是自学考试和正规学历教育间的一种过渡形式，它解决了高等教育资源不足的问题，随着高等教育资源日益充足，学历文凭考试也已完成自己的历史使命而退出历史舞台。但是这一措施的不告而出，客观上对一部分民办院校的发展造成巨大影响，对民办院校举办者造成了巨大的心理顾虑和压力，民办高等教育机构大幅度减少，许多机构直接关门，致使一部分民办院校办学资源闲置和浪费，并挫伤了举办者的积极性，因而遭到部分研究者和举办者的批评。

这一阶段的另一个显著标志是地方政府（人大）的民办教育立法。由于《民办教育促进法》及其实施条例本身留有地方政府立法的空间，因此围绕《民办教育促进法》的贯彻落实，地方政府纷纷启动立法，出台民办教育发展的地方政策。2005 年实际上已经成为中国民办教育发展地方立法的重要主题。以 2004 年 12 月 2 日陕西省通过中国第一部民办教育地方法规《陕西民办教育促进条例》为标志，中国民办教育法制化建设进入一个以地方立法为主的新阶段。2005 年之后，先后有上海、贵州、山西、内蒙古、江西、北京、湖南、吉林、黑龙江、四川、重庆等共有十三个省、自治区、直辖市级政府通过了关于促进民办教育发展的地方立法。

五　民办院校发展转型期（2007—），政策完善期

这一时期的发展主题是，根据民办院校发展的实践，不断完善民办院校的相关政策体系。其标志有三个：2006 年年底国务院印发《关于加强民办高校规范管理　引导民办高等教育健康发展的若干规定》（国务院办公厅〔2006〕101 号文件）和 2007 年 2 月 3 日发布、2 月 10 日起施行的教育部 25 号令的颁布实施；2010 年《国家教育中长期改革和发展规划纲要（2010—2020 年）》颁布；2016 年 11 月全国人大审议通过《民办教育促进法》修正案和国务院办公厅 2016 年 12 月印发的《关于鼓励社会力量兴办教育　促进民办教育健康发展的若干意见》（国发〔2016〕81号）等相关文件。与此相关的文件还有 2006 年 12 月 31 日中共中央组织部和教育部党组联合印发的《关于加强民办高校党的建设的若干意见》（教党〔2006〕31 号文件）和 2016 年 12 月 29 日中共中央办公厅《关于加强民办学校党的建设工作的意见（试行）》（中办发〔2016〕78 号），

这些文件和法律都在不同的角度提出来了发展民办院校的相关政策。

高等教育大众化不断深入，国家提出全面提高高等教育质量和建设高等教育强国的目标，民办院校发展开始转型，走内涵建设、质量提升之路。民办院校管理体制法规不断深化和完善，基本形成了民办院校管理的国家制度框架。

从高等教育发展环境来看，伴随着高等教育大众化的进程，我国高等教育资源快速增加，规模快速扩张。2001年高等教育毛入学率达到15%，跨入世界公认的大众化门槛。2005年，我国高等教育在学规模达到2300万人，成为世界上高等教育规模最大的国家。高等教育资源的快速增加，迅速缓解了高等教育的供需矛盾，满足了经济和社会发展对人才的需求。但是，规模的快速扩张也带来了资源的稀释和管理的难度，引发了对高等学校质量的质疑。国家顺乎民意，及时提出全面提高高等教育质量和建设高等教育强国的目标，引导高等教育发展开始转型，提高质量，鼓励特色，启动了高等学校教学工作质量工程，将高校发展的重点从规模扩张转变到内涵建设上来。整个高等教育系统已经进入发展转型，也促使民办高校开始内涵建设。与此同时，长期以来实施计划生育政策带来的少子化进入一个新阶段，高等教育的适龄人口在2008年达到最高峰的12487万人，随后2009年开始将持续快速下降，高等教育规模快速扩张的生源条件不再，高等教育市场的主动权随着办学资源的快速增加不知不觉中逐渐从卖方（学校）转移到买方（考生），社会接受高等教育的观念逐渐理性，自主选择权逐渐增强，对高等学校办学质量提出了更高的要求。

在新的发展时期，国家实施了较为积极的民办院校发展政策，在发展空间方面给予民办院校发展提供更为宽松的条件，民办院校办学规模继续增长，而发展速度大幅放慢。在校生万人、数万人的民办院校不断涌现，规模达3万多人的巨型大学也有好几个，民办普通院校在校生在全国高校中的比例开始突破20%。这种发展速度和资源准备与投资能力和管理水平形成了巨大反差。加上部分民办院校举办者功利主义抬头，不规范办学行为大幅增加，部分民办高校出现了稳定危机。"据统计，仅2006年10至2007年6月，江西高校共发生学生群体事件近60起，其中相当一部分发生在民办高校。特别是2006年，个别民办高校相继发生因学籍、学历、收费等问题而导致的学生群体事件，且在事件性质、聚集规模、激烈程度和反复性方面，都要比以往严重"，"2006 年 10 月 21 日，江西某民办高校部分学生因学籍与学制问题与校方发生矛盾，在没有得到校方满意答复的情况下，数百名学生聚集在一起，出现了打砸教学楼、宿舍、食堂，砸汽车，焚烧窗帘被服等过激行为"。"除了控制较好的积极型事件和活动型事件以外，其他类型的民办高校学生群体性事件或多或少会对学校、社会造成一定的负面影响。它的发生不仅损害了民办高校自身的公众形象，降低了民办高校的公信力，还破坏了学校的正常教学和生活秩序，严重影响校园和社会的稳定"①，牵制了政府部门很大的工作精力，给地区稳定工作带来很大的影响，也引起了党中央、国务院的高度重视以及社会各界的广泛关注，从而将民办院校的管理问题推到了社会舆论的风口浪尖。由此政府开始高度警觉民办院校的管理问题，地毯式地排查民办院校发展中的稳定隐患，并着手起草相关规定规范民办院校管理。实践证明，对民办院校既要坚持鼓励支持的政策，也要有规范指导的政策。2006 年 12 月 21 日，国务院办公厅专门下发了《关于加强民办高校规范管理　引导民办高等教育健康发展的通知》（国办发〔2006〕101 号），要求"各级政府要按照党的十六届六中全会关于引导民办教育健康发展的要求，全面落实《中华人民共和国民办教育促进法》及其实施条例，把规范管理民办高校、促进其健康发展，作为当前的一项重要工作抓紧抓好"。事实说明，光谈发展，没有管理，没有稳定的秩序和规范，民办院校难以实施可持续发展。这是《民办教育促进法》颁布以后乃至民办院校恢复办学以来，国家层面专门针对民办院校下发的最重要的文件之一。与此同时，中共中央组织部和中共教育部党组于同年 12 月 31 日专门下发了《关于加强民办高校党的建设工作的若干意见》的文件，就民办院校党组织建设的重要意义、民办院校党组织的作用和职责、民办院校党组织自身建设等重大问题做出明确规定。2007 年 1 月 16 日，教育部讨论通过《民办高等学校办学管理若干规定》（教育部 25 号令），对民办院校的政府管理、内部管理进行规范，特别提出要"建立民办高校督导员制度"。此后一段时间，各地纷纷响应，制定本地区贯彻落实国务院办公厅 101 号

---

① 陈美红：《新时期民办高校学生群体性事件防范问题研究》，硕士学位论文，江西财经大学，2009 年。

文件的实施意见。

　　对于民办院校的规范指导，并不意味着与鼓励发展之间的政策相矛盾。实际上，一个稳定、健康的发展环境，本身也是民办院校有序发展的必需。没有规范和指导，缺乏良好有序的发展秩序，民办院校不可能健康可持续发展。因此，规范和指导同样服务于鼓励和支持，两者的关系是辩证统一的。事实上，国家并没有因为少数民办院校中出现的问题，而对民办院校的发展加以限制，这在 2010 年颁布的《国家教育中长期改革和发展规划纲要（2010—2020 年）》中得到充分体现。这一规划的范围是今后 10 年整个国家的教育改革和发展规划，而民办教育在其中得到充分的肯定和评价。在 70 个章节的文本中，专门有大力支持民办教育（第四十三条）和依法管理民办教育（第四十四条）两个专题论述推动民办教育的发展。《国家教育中长期改革和发展规划纲要（2010—2020 年）》延续了"坚持教育公益性原则，健全政府主导、社会参与、办学主体多元、办学形式多样、充满生机活力的办学体制，形成以政府办学为主体、全社会积极参与、公办教育和民办教育共同发展的格局。调动全社会参与的积极性，进一步激发教育活力，满足人民群众多层次、多样化的教育需求"的鼓励政策，同时强调指出："民办教育是教育事业发展的重要增长点和促进教育改革的重要力量。各级政府要把发展民办教育作为重要工作职责，鼓励出资、捐资办学，促进社会力量以独立举办、共同举办等多种形式兴办教育。完善独立学院管理和运行机制。支持民办学校创新体制机制和育人模式，提高质量，办出特色，办好一批高水平民办学校。"因此，要"大力支持民办教育"。"健全公共财政对民办教育的扶持政策。"尤其值得关注的是，文件第一次提出要"开展对营利性和非营利性民办学校分类管理试点"，回应了社会对《民办教育促进法》颁布以来"合理回报"不落实和"公共财政支持民办教育"难实施的问题。针对部分民办院校举办者希望光明正大取得营利的实际，2015 年 8 月第十二届全国人大常委会第十六次会议将国务院第 77 次常务会议讨论通过的《教育法律一揽子修正案（草案）》首次列入全国人大常委会会议议程，正式进入立法程序。分别制定于 1995 年、1998 年和 2002 年的《教育法》《高等教育法》《民办教育促进法》，在加强我国教育法治建设、促进和保障教育事业持续健康发展方面发挥了重要作用。但随着教育事业的快速发展、教育改革的不断深化，一些法律规定已经不适应现实情况。尽管也有其他内容的不相适应，但是这些法律中均有"不得以营利为目的"的条款，与"开展对营利性和非营利性民办学校分类管理试点"相冲突，应予修正，以克服法律之间的矛盾。政府进一步明确了"坚持依法治教，规范民办院校的办学行为，引导民办院校将发展的重点转移到稳定规模、规范管理、提高质量的轨道上来，积极构建政府依法管理、民办院校依法办学、行业自律和社会监督相结合的管理格局"①。2016 年 11 月 7 日，全国人大常委会通过三次审议，通过了《民办教育促进法》修法草案，就允许"营利性民办学校"存在和发展，实施差异化扶持政策，促进民办学校深入发展做出法律规定。同年 12 月 29—31 日，国务院办公厅印发的《关于鼓励社会力量兴办教育　促进民办教育健康发展的若干意见》（国发〔2016〕81 号），中共中央办公厅《关于加强民办学校党的建设工作的意见（试行）》（中办发〔2016〕78 号），教育部、人力资源社会保障部、民政部、中央编办和工商总局联合印发《民办学校分类登记实施细则》，教育部、人力资源社会保障部和工商总局联合印发《营利性民办学校监督管理实施细则》等文件陆续密集下发，这些文件所体现的政策是针对整个民办教育体系设计的，也包括民办院校的办学在内。至此，国家层面民办院校发展政策体系架构基本成型。

这一时期，整个国家高等教育面临调整。由于资源的增加和生源的大幅萎缩，一些民办院校招生发生困难，有的甚至停业关门。但总体来看，由于国家政策支持，民办院校规模稳中有增，发展态势总体良好。

六　改革开放以来民办院校政策演变的特征

在民办院校发展过程中，由于国家出台的相关政策都带有权威性、原则性、限制性特征，使民办院校发展始终处于国家权力的绝对掌控之中。通过解读民办院校各个发展阶段的政策文本，我们可以梳理出改革开放以来民办院校发展政策演变所具有的一些特征。

一是民办院校发展的合法性不断增强。从"文革"期间民办教育近乎绝迹，到改革开放初期民办教育被默许存在，进而成为社会主义教育事业的有益补充和组成部分，最后明确是"国家教育事业的重要组成部分，

---

① 教育部：《进一步加强民办高校规范管理》，新华网，http：//education. news. cn/2007-03/02/content_ 5794269. htm。

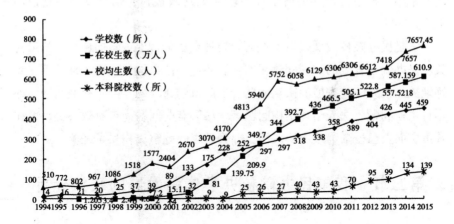

图 5-4 1994—2015 年民办高等教育发展相关数据

资料来源：根据相关资料整理。

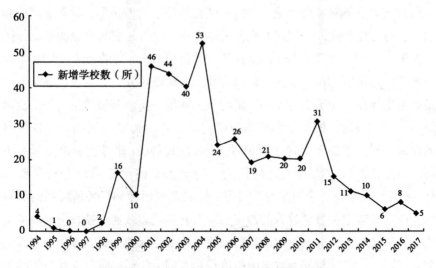

图 5-5 1994—2017 年民办院校历年建校数

教育事业发展的重要增长点和促进教育改革的重要力量"，国家对民办教育的价值认同不断提高，民办教育包括民办院校的合法地位不断增强。

二是民办院校的各种政策工具综合运用。从最初的较为单一的主要以限制性手段为主（如严格准入门槛、限制准入等），到逐渐开始采用一些鼓励性手段（如给予财政扶持、解决教师待遇等）；从早期采用比较单一的鼓励性手段（如最初仅在法律层面予以支持，缺乏其他政策配套），到逐渐采用多种组合形式的鼓励性手段（如财政拨付、信贷支持、划拨用地等）。

三是民办院校发展政策关注的问题焦点逐渐从宏观转向微观。从最初关注民办院校发展的宏观问题，如发展环境、法律地位、准入标准等，到逐渐关注民办院校发展的微观问题，如产权归属问题、师生权益问题、办学自主权问题、法人治理结构问题等。尽管有些问题尚未有效解决，但在政策层面上已逐渐为政府所关注，并为后续问题解决积累了经验。

第二节　我国民办院校办学体制发展的政策分析

一　我国民办院校办学体制政策价值分析

政策是一种与人类的生存和发展紧密联系的社会历史现象，反映了社会公共权力主体对社会政治、经济、文化各种事物的统治、管理、调控和引导，是理论和实践、理想和现实的结合点，是处理各种利益关系的原则和决策。任何一项政策总是体现执政者的价值取向，并据此对一定的目标和任务予以价值评价，因此政策具有特定的价值内涵。政策价值理想取向是政策主体在一定历史时期和一定的政策环境下实施某项政策行为的价值倾向，由一系列价值观念和价值原则构成。各国私立（民办）院校发展的政策不同，主要区别在于价值理想取向的不同，即对主观价值标准不同。因此，教育政策作为人的活动，追求一定的价值目标是其重要特征。[①] 教育政策是一个国家为了实现一定的教育目标和任务所做出的战略性和准则性规定，教育政策的制定实际上就是代表政府行使权力的政策主体的价值选择。因此，一国的教育政策往往集中反映了其教育的国家价值观念问题。民办院校发展政策的价值观是人们关于民办院校发展政策的价值判断，也是民办院校在国家一定时期内之所以能存在与发展的依据。民办高等教育政策必须反映社会的需要，不断确立新的价值观念是其必须遵循的规律，能否迅速对社会需要做出反映并确立适合社会发展和教育进步的价值观，则取决于人们对民办院校政策价值问题的认识程度。我们可以说，民办院校发展的政策其实就是不断进行适合于时代需要而做的价值选

---

① 褚宏启：《教育政策学》，北京师范大学出版社 2011 年版，第 69 页。

择的结果。

民办院校发展政策的制定与实施，本质上是教育政策主体的一种利益表达与整合过程，而在利益表达与整合的过程中，最重要的是教育政策主体都必须确立合理的教育政策的价值取向，即坚持合目的性与合规律性的统一。合目的性要求民办院校发展政策的价值取向做到为国家发展与为教育发展的统一、公平与效率的统一；合规律性要求教育政策的价值取向在统一性原则基础上坚持偏移性原则，相对突出"为教育发展"和"教育公平"的价值选择。基于这一观点，我们从纵向发展的视角对民办院校发展政策做些分析。

1. 在民办院校发展酝酿期，政策从完全禁止到有限尝试。"拾遗补阙"的"补充论"反映了当时人们对发展民办院校的认识，政策主要基于这一定位展开。

考察世界各国私立大学的发展，可以看出，私立高等教育在起步崛起的过程中大都受到政府的歧视和打压。形成民办院校普遍发展局面的最初考虑，大都是解决政府办学经费不足，弥补财政性经费紧张局面，办学主要层次和类型，都是社会需要的各种补充性资源。

我国民办院校起步于改革开放初期，其时正值整个社会拨乱反正，百废待兴。历时10年的"文革"结束，经济发展处于崩溃的边缘。十一届三中全会决定将全党工作的重点转移到经济建设上来，努力恢复和发展经济，得到全国人民的衷心拥护，参与建设社会主义现代化的热情空前高涨，各行各业都在鼓足干劲快速发展。然而，经济建设必然需要人才的支撑和配合。而"文革"中高等院校已经停招多年，经济建设对人才的需求和人民群众对求学的渴望，与高等教育有限的财政支撑和资源供给形成巨大反差。

高等教育招生数量有限，而高等教育求学者众多，经济恢复发展需要众多人才，办大学又得不到批准。为了满足适应这一形势，社会上产生了一种专门帮助考生复习迎考的机构——高复班，招收准备参加高考或者高考落榜后准备再次参加高考的考生，通过补习和训练，提高高考成绩，考入大学或好的大学。高复班是民办高等教育机构最早期产生的特殊办学形式，有的民办院校就是从这里起家的。

由于上大学机会稀少，针对部分知识青年在10年"文革"中大学停招后许多青年发奋学习的实际，贯彻宪法鼓励自学成才的有关规定，1981年国务院批准创立国家高等教育自学考试制度，简称自考。通过组织自学者进行以学历考试为主的高等教育国家考试，提供造就和选拔德才兼备的专门人才、提高全民族的思想道德素质和科学文化素质的又一路径，以适应社会主义现代化建设对人才的需要。学员经过系统的学习后，通过毕业论文答辩、学位考核达到规定成绩，符合学位申请条件的，可申请授予成人学士学位，并可继续攻读硕士学位和博士学位。自学毕竟不是正规教育，要检验学校效果，获得国家颁发的学历文凭，参加自学考试的助考辅导就显得必要。为适应这一要求，克服青年自学成材的问题，政府鼓励社会力量积极参与助考辅导，提高学习质量和水平，加快人才培养的速度，补充正规大学人才培养不足，满足经济恢复和发展的急迫需要。

由此可见，在体制内短期无法解决矛盾和问题的背景下，必然有人会从体制外考虑动员和补充。

对于民办院校"补充"的含义：主要有四个方面。

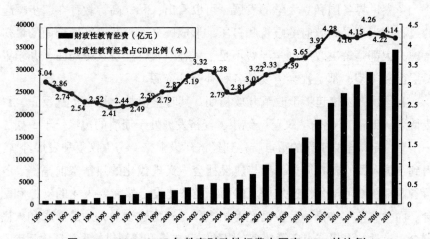

图 5-6　1990—2017 年教育财政性经费占国家 GDP 的比例

民办院校"补充"的第一层含义是指补充财政投入不足。我国是一个人口大国，承担着世界最大的教育体系，经济发展滞后，教育经费缺口大。经济规模总体不大，财政性教育经费所占 GDP 比例长期偏小，造成高校办学经费长期匮乏。中共中央、国务院 1993 年 2 月 13 日印发的《中国教育改革和发展纲要》，提出"逐步提高国家财政性教育经费支出（包括：各级财政对教育的拨款，城乡教育费附加，企业用于举办中小学的经费，校办产业减免税部分）占国民生产总值的比例，20 世纪末达到 4%"的目标，但是实际上一直难以付诸实施（直到 20 年以后的 2012 年才达到这个目标)。教育规模的扩大和质量的提高,需要有充足的经费做支撑。我国是一个大国,社会发展不平衡,要办的事业、要花钱的地方很多,GDP 的 4% 的比例,意味着相当大的一个数量。事实上,即使达到 4%,作为举办世界上最大的教育体系,经费仍不会显得充裕。而发展民办院校,可以从社会筹集必要的资金用于新院校的建设和运行,弥补财政性资金的投入不足,缓解高等教育财政压力。表 5-5 虽然不是民办院校创办初期的投入结构,却反映了民办学校参与办学以后,教育经费来源结构的状况。借鉴世界上许多国家的经验,从社会筹集部分教育经费,既是必要的,也是可行的。

表 5-5　　　　　　　　**1998—2011 年全国教育经费来源结构**　　　单位:千元

年份	合计	国家财政性教育经费	公共财政预算教育经费	民办学校中举办者投入	社会捐赠经费	事业收入	学杂费	其他教育经费
1998	29490592	20324526	15655917	480314	1418537	6091515	3697474	1175700
1999	33490416	22871756	18157597	628957	1258694	7497174	4636108	1233835
2000	38490806	25626056	20856792	858537	1139557	9382717	5948304	1483939
2001	46376626	30570100	25823762	1280895	1128852	11575137	7456014	1821643
2002	54800278	34914048	31142383	1725549	1272791	14609169	9227792	2278722
2003	62082653	38506237	34538583	2590148	1045927	17218399	11214985	2721943
2004	72425989	44658575	40278158	3478529	934204	20114268	13465517	3240414
2005	84188391	51610759	46656939	4522185	931613	23399991	15530545	3723842
2006	98153087	63483648	57956138	5490583	899078	24073042	15523301	4206736
2007	121480663	82802142	76549082	809337	930584	31772357	21309082	5166242
2008	145007374	104496296	96855602	698479	1026663	33670711	23492983	515225
2009	165027065	122310936	114193032	749829	1254991	35275939	2515983	5435371
2010	195618471	146700670	134895629	1054254	1078839	41060664	30155593	5724045
2011	238692936	185867009	168045617	1119320	1118675	44246927	33169742	6341005

表 5-6　　　　　　　　**2003—2007 年全国教育经费分类占比状况**　　　单位:千元

	2003 年		2004 年		2005 年		2006 年		2007 年	
	数量	比例(%)	数量	比例(%)	数量	比例(%)	数量	比例(%)	数量	比例(%)
国家财政性教育经费	8405779	47.91	9697909	45.54	10908368.7	42.77	12595712	48.96	15983187	50.60
民办学校举办者投入	603015	3.44	1121982	5.27	1801315.4	7.07	2327498	9.06	318788	1.02

续表

	2003 年		2004 年		2005 年		2006 年		2007 年	
	数量	比例(%)	数量	比例(%)	数量	比例(%)	数量	比例(%)	数量	比例(%)
社会捐赠经费	256375	1.46	215440	1.01	210796.3	0.83	193315	0.75	271809	0.86
学杂费	5057307	28.83	6476921	30.41	7919249.3	31.05	8575028	33.33	12231914	38.72
其他教育经费	3220992	8.36	3785362	17.77	4662641.1	18.28	2032778	7.90	2781040	8.80
总计	17543468		21297613		25502370.8		29388769		36341851	

　　民办院校"补充"的第二层含义，是"补充"高等教育资源的不足。改革开放之前，与经济发展相类似，高等教育也几乎陷于停顿状态。新院校停建，大学多年停招，教师下乡接受"再教育"，校园荒芜，杂草丛生。改革开放后，党中央高度认识发展高等教育对于国家发展的重要作用，尽快启动了恢复高考的工作。而从求学方面来看，积累了近十年的高中毕业生，形成了巨大的考生队伍。五六百万考生争取20余万录取指标，形成了"千军万马过独木桥"的壮观景象。巨大的求学需求呼唤和催生新大学的诞生。正因为这一巨大需求，民办院校从一开始诞生就受到社会的欢迎。

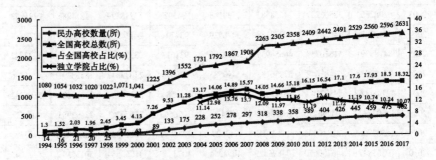

图 5-7　1994—2017 年民办高校数量及全国占比

说明：独立学院2008学校数计入学校总数，但此处未计入民办学校总数。限于图标空间，独立学院数未标出。

　　民办院校"补充"的第三层含义，是指民办院校发展还比较单薄，还难以胜任承担大比例、大规模、高层次的发展任务。从办学资源的建设来看，都是不入社会主流的"拾遗补阙"的相关品种。改革开放初期，我国民间资金十分单薄，资本集聚率极低，民间少有大的财团和资金。要满足举办高等院校的要求差距甚远。因此，社会力量举办高等教育的条件

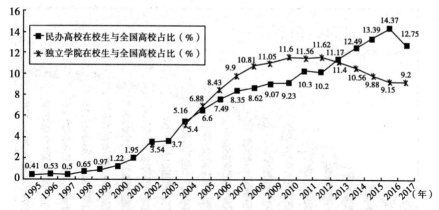

图5-8　1995年以来民办院校在校生和独立学院在校生在全国占比

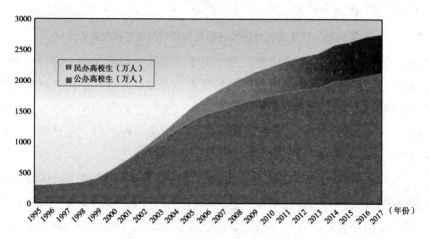

图5-9　民办院校在校生占比示意

尚不成熟，需要培育和等待。也正是因为这一点，早期的民办院校，几年后大部分夭折和消失。剩存的少数民办院校大都得到国外（境外）资金的资助，或者得到政府相关部门的重大支持，抑或借助了政府的部分公共资源。如1984年举办的浙江树人大学，就得到省政协的大力支持，虽然政协无资金投入，但是政协依托自己的资源帮助学校渡过了难关；北京城市学院办学初期得到海淀区政府的定额补助；西安培华学院初期就办在姜维之先生所担任校长的学校校园里面……

　　民办院校"补充"的第四层含义是指民办院校是一个新生事物，共识还没有形成，政府需要探索。改革开放初期，人们的思想观念还是长期处于一个相对封闭的状态，姓"社"姓"资"的担心时时影响着人们的

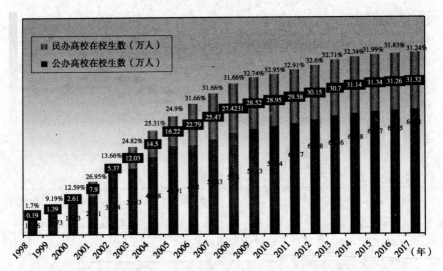

图5-10　浙江省民办院校在校生与公办院校在校生及占比

思维，甚至影响政府的决策和政策。大学是国家上层建筑的一部分，对于发展民办院校的问题十分敏感，尤为慎重。在改革开放初期，在民办院校发展的萌芽期和探索期，整个社会对发展民办院校的共识尚未形成，市场出现一些不同的声音。"补充"既是政府探索的一种心态，也是减少社会压力的一种策略。

在"补充"价值的定位下，政府对于民办院校的发展，总体政策是有限制的开放。对于社会举办民办院校的热情，政府表示支持，政策给予引导。在限制社会力量举办民办普通院校的同时，又鼓励民办高等教育机构举办高等教育自学考试助考，随后还开展了高等教育学历文凭考试，使得一部分有意参与举办高等院校的人们，有一个"练兵"的舞台和空间。事实说明，政府的这一政策是有效的，这一策略也是准确的。

2. 在民办院校发展的起步期，政策从观望到认可。对民办高等教育机构办学予以"鼓励"，而对于社会力量举办民办普通高校采取"限制"政策。

民办高等教育机构继续举办自学考试的辅导学校（班）和继续教育的进修班，大批民办高等教育机构获得批准。1984年10月，中共中央《关于经济体制改革的决定》颁布，比较系统地提出和阐明改革中的一系列重大问题，预示着经济体制改革的进一步深化。经济的改革必然需要人才培养体制的支撑。次年5月，中共中央又下发《关于教育体制改革的决定》，提出了教育体制改革的目标和要求。决定指出："党的十二届三中全会关于经济体制改革的决定，为我国社会生产力的大发展、为我国社会主义物质文明和精神文明的大提高，开辟了广阔的道路。今后事情成败的一个重要关键在于人才，而要解决人才问题，就必须使教育事业在经济发展的基础上有一个大的发展。"针对改革开放对人才培养的要求，决定提出，"社会主义现代化建设的宏伟任务，要求我们不但必须放手使用和努力提高现有的人才，而且必须极大地提高全党对教育工作的认识，面向现代化、面向世界、面向未来，为90年代以至下世纪初叶我国经济和社会的发展，大规模地准备新的能够坚持社会主义方向的各级各类合格人才。要造就数以亿计的工业、农业、商业等各行各业有文化、懂技术、业务熟练的劳动者。要造就数以千万计的具有现代科学技术和经营管理知识，具有开拓能力的厂长、经理、工程师、农艺师、经济师、会计师、统计师和其他经济、技术工作人员。还要造就数以千万计的能够适应现代科学文化发展和新技术革命要求的教育工作者、科学工作者、医务工作者、理论工作者、文化工作者、新闻和编辑出版工作者、法律工作者、外事工作者、军事工作者和各方面党政工作者。所有这些人才，都应该有理想、有道德、有文化、有纪律，热爱社会主义祖国和社会主义事业，具有为国家富强和人民富裕而艰苦奋斗的献身精神，都应该不断追求新知，具有实事求是、独立思考、勇于创造的科学精神。这就向我国教育事业的发展和教育体制的改革，提出了伟大而又艰巨的任务"。在《关于教育体制改革的决定》精神指导下，教育体制改革加快步伐，全面展开。

对于发展民办高等教育，这一阶段也出现了一些新情况。中共中央《关于教育体制改革的决定》中明确指出："地方要鼓励和指导国家企业、社会团体和个人办学，并在自愿的基础上，鼓励单位，集体和个人捐资办学，但不得强迫摊派。"这一表述与1982年颁布的《宪法》中仅仅提出"鼓励和指导社会力量办学"简单的法律条文又进了一步。尤其是1987年7月国家教育委员会下发了《关于社会力量办学的若干暂行规定》，对刚刚兴起的民办高等教育乃至整个民办教育，提出了鼓励和支持的措施。文件中指出："本规定所称社会力量，是指具有法人资格的国家企业事业组织、民主党派、人民团体、集体经济组织、社会团体、学术团体，以及经国家批准的私人办学者。"（第二条）"社会力量办学是我国教育事业的组成部分，是国家办学的补充。各级人民政府及教育行政部门应鼓励和支持社会力量举办各种教育事业，维护学校正当权益，保护办学积极性，在条件允许的情况下，尽力帮助解决办学中存在的困难，对办学成绩卓著者给予表彰和奖励。"（第三条）"社会力量办学应遵循教育规律，量力而行，扬长避短，注重质量，讲求实效。应结合本地区经济建设和社会发展的实际需要，主要开展各种类型的短期职业技术教育，岗位培训，中、小学师资培训，基础教育，社会文化和生活教育，举办自学考试的辅导学校（班）和继续教育的进修班。"（第五条）

《关于社会力量办学的若干暂行规定》是这一时期专门针对民办教育发展的重要文件，它规定了民办教育的办学主体，明确了民办教育的发展定位和具体的办学内容，表明了国家发展民办教育的基本态度。虽然这一阶段国家教委等相关部门也印发了一些其他文件，但是大部分是面向单项问题的文件，如国家教委、财政部 1987 年印发了《社会力量办学财务管理暂行规定》、国家教委 1988 印发了《关于社会力量办学几个问题的通知》《社会力量办学教学管理暂行规定》，1991 年印发了《关于不得擅自颁发毕业证书的通知》《社会力量办学印章管理暂行规定》等文件，相对而言，《关于社会力量办学的若干暂行规定》是面向民办教育发展全面的重要的基础性文件。总体来看，这一时期政府对于民办院校办学的态度是"观望和认可"。

1984 年前后一段时间，部分省市一些民办院校以"筹建"的名义获准开展普通高等学历教育，纳入地方招生计划，享受"地方粮票"，实行统一招生、不包分配的政策。从现有的一些档案材料来看，教育部门对此采取观望和默许的态度。既不反对和禁止，也不支持和鼓励。对办学中出现的问题，也是就事论事，"头疼医头"，或者针对问题"亡羊补牢"，体现了"摸着石头过河"的宽容和试验态度。

3. 在民办院校发展探索期，政策从默认到鼓励，"组成部分"成为政府政策的主要目标。学历文凭考试在全国推广。民办普通高校获准建校。政策密集出台，新旧体制冲撞激烈。

这一时期，民办高等教育机构继续举办"高等教育自学考试助考"，得到社会的肯定和欢迎。

在邓小平南方谈讲话精神鼓励下，改革的思想和理念不断深入人心，办学体制改革更加迫切。贯彻落实邓小平南方谈话精神，1992 年国家教委印发了《全国教育事业十年规划和"八五"计划要点》，提出"为满足社会日益增长的需求，要逐步建立以政府办学为主的社会各界共同办学体制。这种办学体制大体设想为：学前教育以社会各界办学为主，中小学教育以地方政府办学为主；职业技术教育和成人教育，除部分骨干学校由政府办学外，在当地政府统筹支持下，城市主要由行业、企业、事业单位办学和各方面联合办学，农村由多方集资办学；高等教育以中央和省、自治区、直辖市两级政府办学为主"。"我国是世界上教育规模最大的国家，但国家财力有限。从我国的实际出发，筹措教育经费是教育发展与改革所面临的一个重大课题。要确立以国家财政拨款为主，多渠道筹措教育经费的体制，牢固树立'人民教育人民办，办好教育为人民'的观念。"这是教育部门第一次明确提出建立以政府办学为主的社会各界共同办学体制，尽管其中没有提到民办院校的办学体制。

1993 年 1 月，国务院国办发〔1993〕3 号转发国家教委《关于进一步改革和发展成人高等教育的意见》，提出要"动员社会各方面的力量大力支持，积极兴办多种形式、多种层次、多种规格的成人高等教育，进一步增加和拓宽社会成员接受高中后教育的机会和渠道，使成人高等教育为经济和社会发展提供更加广泛的服务"。提出对"不具备颁发学历文凭资格的各类成人教育机构，毕业生要取得国家承认的学历，可以参加国家组织的文凭考试和自学考试"。这一文件成为民办非学历高等教育机构开展学历文凭考试试点的依据。随后，国家教委先后批准北京、辽宁、上海等省市进行国家学历文凭考试的试点工作。1996 年国家教委下发《关于进一步做好高等教育学历文凭考试试点工作的意见》（教成〔1996〕10号），提出"高等教育学历文凭考试是国家对尚不具备颁发学历文凭资格的民办高校学生组织的学历认定考试。它是教育考试制度的组成部分，同时，也是以学校办学和国家考试相结合、宽进严出、教考分离为特点的全日制高等学校教育。通过试点逐步形成学历文凭考试制度是落实《中国教育改革和发展纲要》精神、多种形式发展高中后教育的重要举措，是对民办高校的重大扶持措施，是广开学路、培养人才的重要途径，同时也是对民办高校实施管理、对其办学水平、教育质量进行评估检测、促其健康发展的重要手段"。文件还对学历文凭考试的专业设置、教学性质、课程设计、招生规模和考试方法等作出了规定。根据这一文件精神，全国逐步展开大规模的学历文凭考试工作。学历文凭考试成为社会力量参与举办高等教育的主要形式。当然，从本质上说，民办高等教育机构仍没有取得独立颁发学历文凭的资格，因而还是非学历高等教育机构的性质。

　　1993 年 2 月中共中央、国务院发布《中国教育改革和发展纲要》，成为指导 20 世纪 90 年代乃至 21 世纪初我国教育改革和发展的纲领性文件。这一文件对教育体制改革作出全面的谋划和部署，明确提出："党的十四大确定我国经济体制改革的目标是建立社会主义市场经济体制。在 90 年代，随着经济体制、政治体制和科技体制改革的深化，教育体制改革要采取综合配套、分步推进的方针，加快步伐，改革包得过多、统得过死的体制，初步建立起与社会主义市场经济体制和政治体制、科技体制改革相适应的教育新体制。只有这样，才能增强主动适应经济和社会发展的活力，走出教育发展的新路子，为建立具有中国特色的社会主义教育体系奠定基础。"

　　《中国教育改革和发展纲要》第三部分专门论述教育体制改革，确立了"改革办学体制。改变政府包揽办学的格局，逐步建立以政府办学为主体、社会各界共同办学的体制"的改革思路，提出"国家对社会团体和公民个人依法办学，采取积极鼓励、大力支持、正确引导、加强管理的方针"，从而从国家最高决策层确立了鼓励发展社会力量办学的方针。

　　根据《中国教育改革和发展纲要》确定的方向和改革目标，1993 年 8 月，国家教委印发了《民办高等学校设置暂行条例》（教计〔1993〕129 号），将社会力量举办普通高等教育纳入国家制度，正式启动了民办普通高校的设置工作。文件本身简洁明了，对社会力量举办普通高校从名称、含义、设置标准、办学要求、师生权益、审批管理等做出了明晰的规定。文件还重申了"民办高等学校是我国高等教育事业的组成部分"。从而将《中国教育改革和发展纲要》确立的改革方向和目标延伸到普通高等教育，实现改革方向和目标的全覆盖，认可了社会力量参与举办普通院校的权利，因此这一文件带有里程碑式的重大意义。根据这一文件精神，1993 年 10 月，国家教委首次接纳民办普通高校设置申请，并于 1994 年 3—4 月发文，批准四所民办院校开展普通高等教育，将部分省市审批筹建的民办普通高校列入国家计划，从而开启了国家民办普通高等教育发展的新历程。但是，限于当时的认识和条件，民办普通高校在首次审批后，次年又批准两所，随后基本处于停批状态。

　　1994 年 6 月，第二次全国教育工作会议召开，李鹏在《动员起来，为实施〈中国教育改革发展纲要〉而努力》的报告中再次强调："改革办学体制。过去由政府包揽的办学体制，在当时的历史条件下曾经起过积极作用，现在已经不能适应发展社会主义市场经济的要求，不能满足社会日益增长的需要，也不利于调动社会各方面力量办学的积极性。近年来，由政府包揽办学的格局已经开始打破。今后，要把这项改革进一步引向深入，逐步建立以政府办学为主体、社会各界多方筹集资金办学的体制。基础教育特别是义务教育主要由政府来办，同时鼓励企事业单位和其他社会力量按照国家法律和政策，采取多种形式办学，有条件的地方也可以采取'民办公助'、'公办民助'等办学形式。职业教育和成人教育应在政府的管理下，主要依靠行业、企事业单位、社会团体举办，或者由社会各方面和公民个人联合举办，政府给予适当资助和扶持。职业学校要走教育和产业相结合的路子，增强学校自身发展的能力。高等教育实行以政府办学为主、社会积极参与、各方面联合办学的体制。某些高等学校可以试行以学生缴费、社会集资为主、国家补助为辅的办学模式。社会各界办学应以职业学校为主。企业举办的中小学应继续办好，有条件的地方在政府统筹下也可以逐步交给社会来办。欢迎境外机构和个人按照我国法律和教育法规，来华捐资办学或合作办学。"1996年国家教委下发的《全国教育事业"九五"规划和2010年发展规划》中也强调："到2010年，我国要形成以政府办学为主体，社会各界积极参与的办学体制，以及公办学校与民办学校共同发展的格局。"但是这些政策导向在民办院校落实不多，反映了政府在发展民办高等教育方面共识尚未形成的状态。

1997年国务院颁发《社会力量办学条例》（国务院令第226号），分总则、教育机构的设立、教育机构的教学和行政管理、教育机构的审批及财务管理、教育机构的变更与解散、保障与扶持、法律责任、附则等八章。这是我国第一个规范民办教育的行政法规，标志着中国民办教育进入了依法办学，依法管理、依法行政的新阶段。但是文本中提出"国家严格控制社会力量举办高等教育机构"，使得这一工作实际上陷于停顿。

4. 在民办院校发展快速期，政策导向鼓励支持与规范管理并举，"重要组成部分"成为政府政策的主要目标和具体指标。形成公、私立院校并行发展的生态，共同发展成为主要价值基础。

这一阶段学历文凭考试逐步退出，民办普通教育异军突起，成为实施高等教育大众化的生力军。

1998年，全国人大审议通过了《中华人民共和国高等教育法》，进一步理顺改革关系，明确改革目标，明确提出"国家鼓励企事业组织、社会团体及其他社会组织和公民等社会力量依法举办高等学校，参与支持高等教育事业的改革与发展"。"国家鼓励企事业组织、社会团体及其他社会组织和个人向高等教育投入。"这明显与前一年颁发的《社会力量办学条例》截然不同。国家法律不仅鼓励举办普通高校，也鼓励对高等教育的投入。说明通过实践，各界的思想认识有所接近。

这一年国家教委还印发了《面向 21 世纪教育振兴行动计划》，这是一个为贯彻落实党的十五大提出的跨世纪社会现代化建设的宏伟目标与任务，落实科教兴国战略，全面推进教育的改革和发展，提高全民族的素质和创新能力的行动计划。行动计划中第一次提出"要认真贯彻国务院对社会力量办学实行的十六字方针，要求在今后 3—5 年内，基本形成以政府办学为主体、社会各界共同参与、公办学校与民办学校共同发展的办学体制；要制定有利于吸纳社会资金办教育和民办学校发展的优惠政策；社会力量办学要纳入依法办学、依法管理的轨道。社会力量办学不以营利为目的，鼓励滚动式发展"。这里第一次从国家教育行政部门的文件中提出"要制定有利于吸纳社会资金办教育和民办学校发展的优惠政策"，推动民办院校办学体制政策的制定。

这一阶段最重要的会议是 1999 年召开的第三次全国教育工作会议，会议通过的《中共中央国务院关于深化教育改革，全面推进素质教育的决定》成为深化教育改革的重要指导文献，并推动了民办教育的立法工作。

第三次全国教育工作会议，江泽民、朱镕基、李岚清等党和国家领导人出席，并做了重要讲话，而且都涉及民办教育发展问题。江泽民在讲话中指出："要根据需要和可能，采取多种形式积极发展高等教育，特别是社区性的高等职业教育，扩大现有普通高校和成人高校的招生规模，尽可能满足人民群众接受高等教育的要求。也可以动员社会的力量办一点民办高校，作为现有高校的补充。兴办一所新的大学很不容易。但只要政府有关部门加强管理和引导，制定相应的政策措施，合理配置资源，经过一段时间的努力是可以逐步办好的。"不仅提出可以办，而且相信可以办好，消除一些认识上的顾虑。朱镕基在讲话中指出："只有深化改革，才能加快教育发展。关键是要进一步解放思想，发展教育产业。""这次会议的一个重要精神是要进一步改变政府包办教育的状况，鼓励社会力量以多种形式办学，形成以政府办学为主体、公办学校和民办学校共同发展的格局。凡是符合国家有关法律法规的办学形式，都可以大胆试验。在发展民办教育方面可以迈出更大的步伐。要鼓励社会力量以各种形式举办高中阶段和高等职业教育，有条件的也可以举办普通高等学校。发展民间办学，吸引社会力量各方面共同办教育，才能实现大国办大教育。"这些重要的讲话精神，都体现在《中共中央国务院关于深化教育改革，全面推进素质教育的决定》中，成为推动民办院校发展的重要推动。

与此同时，1998 年九届全国人大将民办教育的立法工作列入了本届人大的立法规划，1999 年全国人大教科文卫委员会会同政府有关部门组成了民办教育立法领导小组，开始了起草工作。

在第三次全国教育工作会议精神指引下，1999 年国家决定加快发展高等教育，推进高等教育大众化，从而从发展空间上为民办院校的发展开启大门。

经过近四年的调研、论证，2002 年 6 月《民办教育促进法（草案）》正式提交九届全国人大常委会第 28 次会议审议。2002 年 12 月 28 日，第九届全国人民代表大会常务委员会第 31 次会议审议通过了《中华人民共和国民办教育促进法》（以下简称《民办教育促进法》），于 2003 年 9 月 1 日起施行。《民办教育促进法》对民办学校的设立、学校的组织与活动、教师与受教育者、学校资产与财务管理、管理与监督、扶持与奖励、变更与终止、法律责任等各方面作了规定。《民办教育促进法》的出台，标志着我国民办教育立法体系的初步建立，民办高等教育发展和管理更加规范。配合《民办教育促进法》的贯彻实施，2004 年 2 月 25 日国务院第 41 次常务会议通过《民办教育促进法实施细则》，分总则、民办学校的举办者、民办学校的设立、民办学校的组织与活动、民办学校的资产与财务管理、扶持与奖励、法律责任、附则等八章，共 53 条。它主要解决了《民办教育促进法》中明确规定应由国务院具体规定的问题，根据《民办教育促进法》有关规定设计了具体的制度，根据《民办教育促进法》的立法原则或精神，结合民办教育的实际，规定了具体的措施，增强了法律规范的针对性和可操作性。

《民办教育促进法》及其《实施细则》的颁布，对于优化民办教育发展的法律环境，推进民办教育的依法保障和治理，具有重要意义。我国自 1982 年在《宪法》中规定国家鼓励各种社会力量举办各种教育事业以来，在此后的《教育法》《义务教育法》《教师法》《职业教育法》《高等教育法》等教育法律中，都有涉及社会力量办学的条款。但作为专门的法规，只有1987年原国家教委制定的《关于社会力量办学的若干暂行规定》（以下简称《暂行规定》）和1997年国务院颁布的《社会力量办学条例》（以下简称《条例》）。随着我国民办教育的快速发展，制定民办教育专门法律的必要性也越来越大。1998年，全国人大常委会将民办教育立法列入人大立法规划，经过数年的研究起草工作，2001年12月21日，《中华人民共和国民办教育促进法（草案）》经九届全国人大教科文卫委员会第46次全会审议通过，被提请九届全国人大常委会（以下简称人大常委会）审议。此后，经历了人大常委会的四次审议，2002年12月28日，人大常委会第31次会议通过了《中华人民共和国民办教育促进法》。从《宪法》的原则性规定，经《暂行规定》《条例》到《民办教育促进法》，不仅体现了我国民办教育法律法规的逐渐完善，同时也标志着民办教育法律地位的不断提升。①

在各种利好的鼓舞下，短短几年，民办院校得到快速发展，学校单体规模也有较大增长，甚至数万人的巨型大学也在不断涌现。民办院校成为推动高等教育大众化的主要力量。国家因势利导，下放专科层次高等院校的设立审批权，民办专科和高职学院由省政府直接审批，精简了审批的流程，民办高校新建院校连年倍增，肩负起大众化人才培养的光荣任务。

在公办高等教育的投入不足而容量接近饱和，大量新建的民办院校只能承担专科层次的人才培养任务，这可能导致人才培养结构的失衡，为了加快增加高等教育资源，有效保证培养质量，保持人才培养结构平衡，探索高等教育办学体制新模式，部分公办高校还探索开展二级学院的独立运作试点。这些学院后称独立学院，以其母体为依托，培养本科层次的人才，在化解高等教育大众化难题和扩大优质高等教育资源利用上发挥重要的作用。

5. 在民办院校转型发展期，政策加快完善，依法管理为主要目标。民办院校已经成为国家教育体系中的"重要组成部分"，成为高等教育事业发展的重要增长点和促进高等教育改革的重要力量。面临高等教育发展

---

① 韩民、张力：《民办教育促进法颁布实施的意义及其政策课题》，《教育研究》2004年第4期。

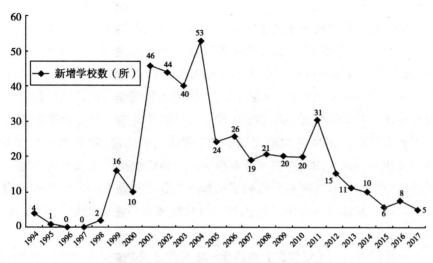

图 5-11　1994—2017 年民办院校建校数据

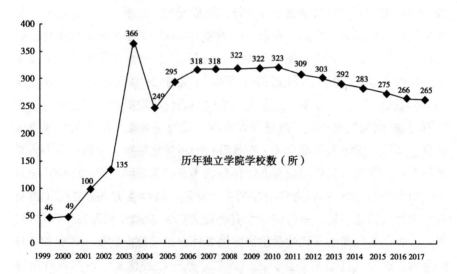

图 5-12　1999—2017 年独立学院建校数据

方式的转换，民办院校需要规范自律，提高质量，转型发展。

在政府政策倡导下，在各方面的支持下，高等教育加快发展，高教资源快速增加，新大学倍增，办学规模快速扩大。

2002 年，高等教育毛入学率超过 15%，跨过国际公认的高等教育大众化门槛。经过几年的努力，高等教育供给与需求之间的矛盾得到显著缓解。民办院校的规模效应初步得到显现，投入增加，基建加快，经济效益提高，资产快速积累。

鉴于高等教育资源矛盾缓解，学历文凭考试学生生源大幅萎缩，教育部于 2004 年印发《关于取消高等教育学历文凭考试的通知》，决定"在通知发布后将不再对文凭考试试点省份进行资格审批，已具有文凭考试试点资格的省级教育行政部门，一律不再对文凭考试试点机构进行资格审批，并切实做好各项善后工作。已具有文凭考试试点资格的民办高等教育机构，2004 年可适度招生文凭考试学生。自 2005 年始，所有进行文凭考试试点的民办高等教育机构，一律终止招收文凭考试学生"。虽然通知的发布有些突然，也确实给部分以学历文凭考试为主要内容的非学历高等教育机构带来运行困难，但是整体来说还是能够顾全大局，做好善后。

与此同时，由于规模扩大和指导放松，部分民办普通院校举办者办学思路发生变化，片面追求办学规模和效益，忽视内部管理和办学规范，导致办学质量下滑。少数学校不顾条件，粗放发展，乱做广告、乱招生、乱做文凭发放承诺等，内部管理混乱，损害学生权益，引发群体性事件，影响社会稳定，也引起管理层的警觉。国务院办公厅专门下发《关于加强民办高校规范管理　引导民办高等教育健康发展的通知》（国办发〔2006〕101 号），一方面，充分肯定了民办高校的发展成绩和意义，认为"我国民办高校发展迅速并取得很大成绩，成为高等教育事业的重要组成部分。这对于满足人民群众接受高等教育的多样化需求，为国家培养各类适用人才，以及深化高等教育办学体制改革，具有重要的积极作用"。另一方面也指出："一些民办高校在招生、管理、教学等方面存在不少混乱现象和严重问题。近一段时间来，有些地方的民办高校相继发生因学籍、学历、收费等问题而导致的学生群体性事件，经过地方党委、政府和高校的努力，这些事件已经平息，正常的教学秩序已经恢复。这些事件的发生，既是民办高校发展进程中出现的问题，也是民办高校深层次矛盾长期积累的结果，集中反映了一些民办高校办学指导思想不端正，内部管理体制不健全，法人财产权不落实，办学行为不规范，也反映了一些地方政府对民办高校疏于管理、监管不到位。"文件进一步指出："这些问题如不引起高度重视并及时解决，势必影响民办高等教育的健康发展和社会稳定。"要求"各级政府要按照党的十六届六中全会关于引导民办教育健康发展的要求，全面落实《中华人民共和国民办教育促进法》及其实施条例，把规范管理民办高校、促进其健康发展，作为当前的一项重要工作抓紧抓好"。提出了一手抓支持发展，一手抓规范管理的工作方针。文件就如何依法规范民办高校办学行为和内部管理、依法落实民办高校有关扶持政策和切实加强对民办高校规范管理工作的领导等问题做出了规定。与之相应，教育部也于次年 2 月颁布了《民办高等学校办学管理若干规定》（25 号令）和《关于规范并加强普通高校以新的机制和模式试办独立学院管理的若干意见》（教发〔2003〕8 号），对民办院校和独立学院的办学行为加以规制，保证其健康稳定规范发展。

与此同时，就全国而言，一方面，高等教育资源逐步丰富，高等教育供给矛盾得到根本上缓和，但是高等教育质量却备受质疑；另一方面，从2008 年开始，由于多年严格实施计划生育政策产生的效应，高等教育适龄人口开始大幅下滑，生源快速萎缩，高等教育毛入学率快速提升。国家倡导高等学校办学转型，将发展重点转移到内涵建设上来，全面提高高等教育质量。在这样的背景下，民办院校发展面临新的挑战和压力。加快从规模扩张的粗放型发展向质量和特色发展的转型，已经成为新时期民办院校发展的新方向核心目标。

2010 年，国务院颁布《国家中长期教育改革和发展规划纲要（2010—2020 年）》（以下简称《纲要》），对未来十年国家教育改革和发展做出了全面系统的规划，为 10 年教育发展指明了方向。对于民办院校的发展，这一文件也多有涉及。《纲要》充分肯定民办教育发展的成绩和贡献，提出"民办教育是教育事业发展的重要增长点和促进教育改革的重要力量。各级政府要把发展民办教育作为重要工作职责，鼓励出资、捐资办学，促进社会力量以独立举办、共同举办等多种形式兴办教育。完善独立学院管理和运行机制。支持民办学校创新体制机制和育人模式，提高质量，办出特色，办好一批高水平民办学校"。要求"大力支持民办教育"这个评价是迄今为止国家层面给予民办教育发展的最高评价。提出要"深化办学体制改革。坚持教育公益性原则，健全政府主导、社会参与、办学主体多元、办学形式多样、充满生机活力的办学体制，形成以政府办学为主体、全社会积极参与、公办教育和民办教育共同发展的格局。调动全社会参与的积极性，进一步激发教育活力，满足人民群众多层次、多样化的教育需求。深化公办学校办学体制改革，积极鼓励行业、企业等社会力量参与公办学校办学，扶持薄弱学校发展，扩大优质教育资源，增强办学活力，提高办学效益。各地可从实际出发，开展公办学校联合办学、委托管理等试验，探索多种形式，提高办学水平"。同时对民办学校管理也提出了要求："依法管理民办教育。教育行政部门要切实加强民办教育的统筹、规划和管理工作。积极探索营利性和非营利性民办学校分类管理。规范民办学校法人登记。完善民办学校法人治理结构。民办学校依法设立理事会或董事会，保障校长依法行使职权，逐步推进监事制度。积极发挥民办学校党组织的作用。完善民办高等学校督导专员制度。落实民办学校教职工参与民主管理、民主监督的权利。依法明确民办学校变更、退出机制。切实落实民办学校法人财产权。依法建立民办学校财务、会计和资产管理制度。任何组织和个人不得侵占学校资产、抽逃资金或者挪用办学经费。建立民办学校办学风险防范机制和信息公开制度。扩大社会参与民办学校的管理与监督。加强对民办教育的评估。"除此之外，《纲要》还提出了"开展对营利性和非营利性民办学校分类管理试点"的工作要求，这就从国家层面默认了营利性民办学校存在和发展的合法性，意义重大而深远。

这一时期，民办院校朝着《纲要》确定的目标和方向继续发展，规模和速度有所放缓，内涵建设得到加强，有50多所民办本科院校参加了教育部组织的本科教学合格评估，约有3/4的院校顺利通过，达到合格的办学要求。

对于开展"对营利性和非营利性民办学校分类管理试点"，各地也进行了有益的尝试。浙江温州承担了国家试点工作，出台了1+11文件系统，但是由于是地市政策，因此直接涉及民办院校的并不多。

根据《国家中长期教育改革和发展规划纲要（2010—2020年）》中开展分类管理试点的要求和实践，为民办学校发展扫清法律障碍，十二届全国人大常委会第十六次会议初次审议《教育法律一揽子修正案（草案）》。由于部分人大常委对《民办教育促进法修正案》存在较大分歧，2015年12月26日举行的第十二届全国人大常委会第五十九次委员长会议上，全国人大法律委员会建议，对《教育法律一揽子修正案（草案）》进行调整，"一揽子"中的《民办教育促进法》修改暂不提交本次常委会会议表决。第十二届全国人大常委会第十八次会议表决通过了关于修改教育法和关于修改高等教育法的决定。新修改的教育法、高等教育法将于2016年6月1日起施行。而《民办教育促进法》修正案经过三次审议，最终于 2016 年 11 月 7 日获得通过，并于 2017 年 9 月 1 日施行。

《民办教育促进法修正案》最主要的改动，一是加强民办学校党组织的建设，这是总结以往民办教育发展和加强党的建设的需要，也是在法律上确立党的领导地位的体现，弥补了以往法律的欠缺；二是开展民办学校的分类管理，开启营利性民办学校合法办学的新时代，也推动民办教育发展进入新阶段。目前这项工作还在进行中。

除了国家层面的政策以外，各省市区也根据各自地区发展民办教育的需要，制定了发展民办教育的地方政策法规，由于各地区政策文本多，内容差异性大，因此这些内容没有列入研究。

总的来说，在不同的发展阶段，民办高等教育政策的价值观有着不同的取向，在某一个特定的发展阶段，在总体价值取向之下，民办院校发展政策价值观又必须从不同方面、不同侧面提出具体的看法。从起步尝试到有效补充，从组成部分到重要组成部分，从限制发展到共同发展，从不得以营利为目的到实行营利性与非营利性民办学校分类管理，从自主管理走向加强管理再到依法管理，我国民办院校发展政策走过了曲折艰难的路子。当然，除了上述几种民办院校发展政策价值取向变化，在改革开放以来的我国民办院校的发展进程中，还有许多其他的价值选择，或者说是还有许多对于价值选择的其他表述，这些都反映了不同阶段政府对发展民办院校的认识水平。当然，民办院校发展政策的价值取向的选择是辩证的，将某种价值选择绝对化就会出现问题，比如"国家取向"，过分强调就会走向极端，因为民办高等教育政策为一定的阶级、一定的国家服务是无可非议的，但过分强调就会走向极端，因为民办高等教育为国家服务的范围毕竟是有限的，它有着其自身的规定性和独立性。所以我们必须辩证的看待我国民办高等教育政策的价值取向，避免将其绝对化。[1]

二　我国民办院校办学体制政策文本分析

经过 30 多年的努力和积累，我国民办院校办学体制基本形成，相关的政策、体系逐步完善，形成了具有中国特色的民办院校办学体制政策框

---

[1]　佟欣：《改革开放以来我国民办高等教育政策演变分析》，硕士学位论文，上海交通大学，2009 年。

架。这里对这些政策文本做些分析①。

1. 民办院校发展相关政策文本的数量

考虑到《民办教育促进法》新法的实施还需时日，政策配套还需要一定的时间，这里将改革开放以来至 2015 年一揽子修法以前这段时间的相关政策文本收集的时间区间。需要说明的是，限于条件可能收集中有些遗漏。另外，由于省、自治区、直辖市政府也有许多政策的颁布，但是难以一一收集在手，因此这里只收集国家层面的相关政策文本。

根据本人多年来的研究积累，从 1978 年开始至今，实际上从 1982 年开始，在国家层面（包括中共中央和国务院的文件、国家层面的立法、国家教育行政部门和其他部门文件）政策法规文本共 61 件（见表 5-7），平均每年不足 2 项，其中主要是面向民办院校的。说明在我国民办教育发展中对民办院校的发展相对得到更多的关注。如果从前面分析的阶段来看，第一个阶段只有 2 项，体现了民办院校萌芽阶段政策观望的心态。第二个阶段有 9 项，说明探索的深入和实践的推进，新旧体制矛盾加剧，政策也开始介入。第三个阶段有 28 项，政策大量加密，节奏加快，说明已经触及到政策本质，仅仅小修小补已经不能解决问题，需要系统全面的解决问题的方案。尽管这期间国务院颁发了《社会力量办学条例》，但是法规终究是法规，不能代替法律。第四个阶段 18 项，虽然数量不是最多，但是由于制定了《民办教育促进法》，颁布了《民办教育促进法实施条例》，出台了最有权威、最全面、最系统的政策，因此满足了政策的需求。本人认为，从民办院校的实践来看，《民办教育促进法》和《民办教育促进法实施条例》的贯彻是不到位的。相关部门没有就贯彻落实《民办教育促进法》引起重视，并且民办院校的许多问题《民办教育促进法》中并不涉及，政策法规体系不完善，政策的制定者不具有充分的预见性和前瞻性，一些深层次的问题并没有得到很好的解决，使人觉得民办高等教育政策不可捉摸，致使问题和矛盾越积越多，造成民办高等教育发展的大起大落，最终给民办院校的发展带来损害。亡羊补牢为时不晚。在新的形势和挑战面前，政府理清头绪，坚定态度，敢于作为，制定新的政策，鼓励支持和规范监管两手抓，引导民办院校实施可持续发展战略，在建设小

---

① 佟欣：《改革开放以来我国民办高等教育政策演变分析》，硕士学位论文，上海交通大学，2009 年。

康社会的进程中发挥积极作用。

表 5-7　　　　1982—2012 年民办院校办学体制相关政策文本清单

序号	时间	颁布单位	文件名称
1	1982	全国人大	中华人民共和国宪法
2	1984	教育部、国家工商局	关于刊登文化、教育、卫生广告的通知
3	1985	中共中央、国务院	中共中央关于教育体制改革的决定
4	1986	中央宣传部、国家教委	关于不得乱刊登办学招生广告的通知
5	1986	全国人大	中华人民共和国义务教育法
6	1987	国家教委	关于社会力量办学的若干暂行规定
7	1987	国家教委、财政部	社会力量办学财务管理暂行规定
8	1988	国家教委	关于社会力量办学几个问题的通知
9	1988	国家教委	社会力量办学教学管理暂行规定
10	1991	国家教委	关于不得擅自颁发毕业证书的通知
11	1991	国家教委、公安部	社会力量办学印章管理暂行规定
12	1992	国家教委	全国教育事业十年规划和"八五"计划要点
13	1992	国家教委	关于加快教育改革和发展的若干意见
14	1993	国务院	关于进一步改革和发展成人高等教育的意见
15	1993	中共中央、国务院	中国教育改革与发展纲要
16	1993	国家教委	民办高等学校设置暂行规定
17	1993	全国人大	中华人民共和国教师法
18	1993	中共中央	关于建立社会注意市场经济体制若干问题的决定
19	1994	国家教委	关于近期全国高等学校设置审批工作的意见
20	1994	国务院	第二次全国教育工作会议报告：动员起来，为实施《中国教育改革与发展纲要》而努力
21	1994	国务院	关于民办教育问题的报告
22	1994	国务院	关于《中国教育改革和发展纲要》的实施意见
23	1994	国家教委	关于实施《社会力量办学条例》若干问题的意见
24	1994	国家教委	关于民办学校向社会筹集资金问题的通
25	1994	国家教委	关于社会力量举办的非学历高等教育机构名称问题的批复
26	1995	全国人大	中华人民共和国教育法
27	1995	国家教委	关于民办学校向社会筹集资金问题的通知
28	1996	全国人大	中华人民共和国国民经济和社会发展"九五"计划和 2010 年远景目标纲要

序号	时间	颁布单位	文件名称
29	1996	国家教委	关于加强社会力量办学管理工作的通知
30	1996	全国人大	中华人民共和国职业教育法
31	1996	国家教委	全国教育事业"九五"规划和 2010 年发展规划
32	1996	国家教委	关于社会力量办学管理经费问题的意见
33	1997	国家教委	关于加强社会力量办学管理工作的通知
34	1997	国务院	社会力量办学条例
35	1997	国家教委	关于印发国家教育委员会关于实施《社会力量办学条例》若干问题的意见的通知
36	1997	国家教委、劳动部	关于实行社会力量办学许可证制度有关问题的通知
37	1998	全国人大	中华人民共和国高等教育法
38	1998	教育部	面向 21 世纪教育振兴行动计划
39	1998	国务院	教育行政处罚暂行实施办法
40	1999	教育部	关于严格控制社会力量办学评比活动的通知
41	1999	中共中央、国务院	中共中央、国务院关于深化教育改革，全面推进素质教育的决定
42	2000	中共中央	关于加强社会力量举办学校党的建设工作的意见
43	2000	共青团中央，教育部	关于加强社会力量举办的高等学校团的建设工作的意见
44	2001	教育部	全国教育事业第十个五年计划
45	2001	民政部	教育类民办非企业单位登记暂行办法（试行）
46	2002	全国人大	中华人民共和国民办教育促进法
47	2002	教育部	关于进一步做好民办高等教育机构招生工作的意见
48	2002	教育部	教育部关于进一步规范民办教育机构办学秩序的通知
49	2004	国务院	民办教育促进法实施条例
50	2004	教育部	2003—2007 年教育振兴行动计划
51	2004	教育部	关于取消高等教育学历文凭考试的通知
52	2004	教育部	教育部等七部门关于进一步加强职业教育工作的若干意见
53	2004	教育部	中华人民共和国中外合作办学条例实施办法
54	2005	教育部	实施教育行政许可若干规定
55	2006	国务院办	关于加强民办高校规范管理 促进民办高等他教育健康发展的通知
56	2006	教育部、中央组织部	关于加强民办高校党的建设工作的若干意见

序号	时间	颁布单位	文件名称
57	2007	教育部	民办高等学校办学管理若干规定
58	2008	教育部	独立学院设置与管理办法
59	2008	教育部	关于修订和换发民办学校办学许可证的通知
60	2010	国务院	国家中长期教育改革和发展规划纲要
61	2012	教育部	关于鼓励和引导民间资金进入教育领域促进民办教育健康发展的实施意见

2. 民办院校发展相关政策文本的名称

改革开放以来，我国颁布的涉及民办高等教育发展的政策法规名目繁多，包括法律、办法、通知、决定、规定、计划、条例、纲要以及意见等等，其中以"通知"（12 部）和"意见"（13 部）命名的最多，"法""条例""纲要"命名的最少。这在一定程度上说明，我国民办高等教育的政策更多的是以临时补救措施为主，体现了"头疼医头、脚疼医脚"的特征，规范性的顶层设计政策和前瞻预测性的政策比较缺乏。政策的颁布严重滞后于民办院校发展的实践。

另外，从民办高等教育政策颁布名称的演变上来看：在开始起步阶段，政策名称大多以"通知"、"意见"、"暂行规定"、"方法"和"决定"等形式对民办高等教育发展中的一些问题做出的应对性措施或原则性规定；而后两个阶段的政策名称，更多的是以"纲要""规划""计划"等形式对民办高等教育的发展做出预测性、远景性的规定；或以"条例""法"等形式对民办高等教育的发展做出强制性、规范性的规定。这种名称上各种不同形式的演变，一方面反映了我国民办高等教育政策法规颁发的丰富性和政策法规制定的导向性不断变迁，即由起初的匆忙应对到后来的规划发展再到依法治理的演进过程；另一方面，名目繁多的称谓使一些权威性的法规变的比较随意，不能很好的突出政策本身的特点，如1997 年的《社会力量办学条例》，应该说"条例"一词本身含有操作性非常强的意思，但我们从该条例的内容来看，操作性并不十分强，这就影响到它本身的权威性；又如一些政策用了"决定""意见""方法""通知"等词，这反映出政策决策者们的主观性和随意性。再如一些法规用了"暂行规定"一词，这就使人不知道要"暂行"多久，造成了民办院校的实践者对政策实质难以把握。

3. 民办院校发展相关政策颁布的部门

从民办院校发展相关政策颁布的部门上看，有最高的人民权力机关全国人民代表大会和最高的行政机关国务院，也有与这些机关密切联系的部门，如财政部、劳动部、宣传部、中共中央组织部、共青团中央、国家发展与改革委员会、卫生部、公安部、工商总局等部门，当然还有负责民办高等教育的主管部门教育部（国家教育委员会）及其下属单位。

可以看出民办高等教育政策颁布的部门相对繁多，这一方面说明民办院校发展政策涉及面广，需要主管部门与其他一些相关部门的配合，协同推进，才能为民办高等教育的发展争得了更大范围和更大力量的支持，为民办院校的发展奠定更好的基础；另一方面，如此众多的部门都参与到了民办院校发展规范的制定中来，客观上给政策制定带来协调的难度。也可能会出现政出多门、多头审批、相互矛盾的情况，造成民办院校相关政策难以落到实处。

4. 民办院校发展相关政策文本的内容

我国民办院校的发展政策深受经济体制、政治体制、科技体制、教育体制变革的影响和制约。制度环境是民办高校赖以生存发展的社会环境中最重要的部分。我国高等教育长期以来是在"计划体制"下运作的，造成公办院校独占国家高等教育舞台的发展格局，所有政策面向公办院校，在这种环境下民办院校不可能获得发展的权利，因此从产生之日起就受到了诸多的限制和歧视，亟须政策安排发展的空间和制度。随着我国社会转型和市场经济体制的逐步建立，民办院校获得了发展的难得的机遇。但由于缺乏促进民办院校发展的制度环境，导致民办院校普遍存在社会信誉度不高，公众认同度低的窘境。要扭转这一状况，营造民办院校发展的良好环境，就必然需要政府的政策支持和干预，以营造新的发展生态，弥补市场机制的不足，在全社会形成鼓励、支持和参与民办院校发展的良好氛围。

任何政策的制定和执行都有着明显的阶段特征，政策是顺应事业发展的需求而制定的。在事业发展的不同阶段，即便关注的问题相同，政策内容所重点关注的问题也不尽相同，关注的问题层面也会不同。民办院校的发展政策也不例外。在民办院校发展初创和起步时期，民办院校的合法性一直是政策的急迫需求。因此，解决合法性的政策就显得特别重要。1982

年《中华人民共和国宪法》虽然从法律上解决了合法性问题，但是当时政府限于对民办院校的认识和管理上的难度，迟迟不愿开放民办院校办学，法律缺乏落实的机制。法律地位不是一句空话，不是一句法律条文就可以解决的，它需要实实在在的行为体现。法律允许和政策不允许，实际上这个法律是不可能得到全面贯彻执行的。

当然，《宪法》是根本大法。"国家鼓励集体经济组织，国家企事业单位组织和其他社会力量依照法律规定举办各种教育事业"的法律规定毕竟为民办院校的生存和发展提供了法律依据，也是解决民办院校的性质与地位问题，制定相关政策的重要依据。

在民办院校发展的探索时期，尽管民办院校发展的体制优势逐步彰显，得到国家有关部门的肯定，认可其具有"补充"作用，属于"组成部分"，民办普通院校有了专门的设置文件，审批有了依据，但是实质性的政策进展仍然十分缓慢。一方面，申报条件简陋难以达标；另一方面，亟须树立样本，开展工作尝试。但是在具体步子上，还是开创不足，谨慎有余，稍有不顺，迅即喊停。1993年尽管有《民办普通高校设置暂行条例》颁布，但还是小心翼翼，不敢迈步，不敢超越，集中表现了决策者的矛盾心理。

发展探索期是我国颁布的涉及民办院校发展政策最多最频繁节奏最快的阶段之一。这些政策的重点内容仍然集中在民办院校发展的地位问题和发展中的矛盾处理，其中1993年《中国教育改革与发展纲要》中的"改变政府包揽办学的格局，逐步建立以政府办学为主体，社会各界共同参与办学的体制；国家对社会团体和公民个人依法办学，采取积极鼓励、大力支持、正确引导、加强管理"的方针肯定了民办高等教育在我国高等教育体系中的补充地位，并在1995年的《中华人民共和国教育法》、1996年的《"九五规划"和2010年发展纲要》以及同年颁布的《中华人民共和国职业教育法》中加以强调和重申。1993年，在由中共中央、国务院颁布的《中国教育改革与发展纲要》中，国家则第一次明确了对社会力量办学的十六字方针——积极鼓励、大力支持、正确引导、加强管理。而1997年制定的《社会力量办学条例》和1998年的《面向21世纪教育振兴行动》不仅重申了这十六字方针，而且提出社会力量办学事业是社会主义教育事业的组成部分，并要求各级人民政府应当将民办教育事业纳入国民经济和社会发展规划中。至此，国家对民办高等教育制度框架基本成型。同时，这一时期的民办高等教育政策在内容上也开始涉及民办高等教育作为一种独立的教育形式在实施教育活动时所遇到的若干问题，像民办高校的设置条件、民办高校的审批、民办高校名称的规范以及颁发学历证书等的问题。如此密集的政策下发，目的在于"重申"和"强调"，树立政策的权威和信任度。而 1994 年的《关于近期全国高等学校设置审批工作的意见》《关于民办学校向社会筹集资金问题的通知》和《关于社会力量举办非学历高等教育机构名称问题的批复》、1996 年《关于社会力量办学管理经费问题的意见》以及 1997 年《关于加强社会力量办学管理工作的通知》等政策都是对民办高等教育实施的过程中所遇到问题的解决，但这些政策基本上还是对民办高等教育办学过程中出现的相对零散的问题的解决，还没有形成系统性的应对措施。

1999—2007 年是我国民办院校发展最快的阶段。这一阶段政策的最重要的应属 2002 年《民办教育促进法》及 2004 年的《民办教育促进实施条例》。在民办院校进入大发展的年代，单纯依靠修修补补的政策已经难以解决发展中的问题，加快立法势在必然。法律是最高最大的政策，尤其是专业法律，直接面向对象，澄清模糊认识，解决实际问题，对于加强管理促进发展作用巨大。以民办院校办学主体政策的变迁为例。改革开放以来民办院校的办学主体政策经历了一个由单一走向多元化发展的过程。起初的政策，对民办院校的资金来源渠道规定模糊，并没有明确规定社会力量办学资金来源渠道。之后政策的出台，对其资金筹措、来源等作了明确规定，规定了民办院校的设置资格、师资、校舍、规模、体育设施等各方面的条件。在其中"办学主体可以多元化"的条款中，明确了办学经费可以个人独资也可以通过产权界定，明晰产权多种形式的联合办学。实行股份制的学校应明确出资各方占有的股份。举办者要有足够数额的开办资金，并到专门指定的地方验资，出资方投入的开办资金不得抽逃。目前我国还是穷国办大教育，需要社会方方面面的力量投入，作为管理部门不能管得过死。过去的民办院校多是民办公助校，资金来源多是独资或是私立。有的民办高校往往是租用公办校校舍或是其他建筑，这就容易造成出资方与国有资产的产权界定不清楚，带来许多矛盾。对于这些股份制学校无法回避的利润分配问题，在《民办教育促进法》中都作了相关的说明和规定。"民办高校的投资主体、投资形式的多元化在很大程度上影响和制约着民办高校的决策模式，由于解除了经济来源方面的政府制约性，学校举办者责权利相对统一最终形成了民办高校管理体制的相对自主特性。"①

以上分析可见，自改革开放开始至今，我国民办院校办学体制政策有一个较长的发展过程。随着民办院校的发展，决策部门对民办院校发展的认识从有益补充—领域限制—组成部分—重要组成部分逐步深化，政策导向从由改革开放初期的"松禁"、观望到逐渐认可，再到从法律法规上对其发展给予鼓励和支持并将之纳入我国高等教育事业发展的总体规划中，政策的管理从"摸着石头过河、引导和规范"—"积极鼓励、大力支持、正确引导和加强管理"—"积极鼓励、大力支持、正确引导和依法管理"，政策文本从零散政策—密集政策—系统政策—立法—修法—分类管理整套制度，取得了积极的进展。这些都反映了民办院校办学体制的探索进程。

第三节　民办院校办学体制发展的政策工具分析

政策工具是政府在部署和实施政策时运用的实际方法，也是政策推行过程中的常用手段，政府主要通过运用政策工具的手段将所掌握的资源信息发布给个人或者组织的行为②，并用针对不同的政策工具对民办院校不同的办学行为实施管理和指导。

一　政策工具的概念内涵和分类

迄今为止，学界对政策工具（又称政府工具、治理工具）尚未形成统一的定义。鉴于研究者对政策工具的理解角度不同，从因果角度、目的角度、机制角度层面，政策工具主要有以下界定③。

一是从因果的角度，英格汉姆把政策工具界定为探讨政策问题与政策方案之间的因果关系的过程。萨拉蒙把政府工具或者公共行动的工具视为

① 佟欣：《改革开放以来我国民办高等教育政策演变分析》，硕士学位论文，上海交通大学，2009 年。

② 唐崇雯：《我国大学生创业政策运用策略分析——基于政策工具的视角》，《盐城工学院学报》（社会科学版）2017 年第 1 期。

③ 曲洁：《义务教育改革与发展的政策工具研究》，博士学位论文，复旦大学，2013 年。

一种明确的方法，通过这种方法推动集体行动来解决公共问题。彼德斯和冯尼斯潘认为，政策工具可以被刻画为目标，法律和政府的行为可以被看作其具体的工具。

二是从目的的角度，埃莫尔把政策工具定义为为实现政策目标而对政策手段做出的权威性选择，并区分了四种政策手段：命令、激励、能力建设和权威重组。林德和彼得斯把政策工具定义为实现政府目标的手段，涵盖间接的工具（如道德劝诫、现金激励）和更直接的工具（如政府直接提供）。施耐德和英格拉姆把政策工具定义为激励目标群体遵守政策或利用政策机会的政策手段。

三是从机制的角度，胡德把政策工具定义为政策目标转化为具体政策行动的机制，通过工具箱中各个工具的不同组合来达到不同的政策目标。休斯把政府工具定义为政府干预的方式，在某种程度上也是政府行为正当化的应用机制达姆把政策工具定义为相对于公共主体的、可用的、具有合法性的治理机制。豪利特和拉米什把政策工具定义为政府的治理途径，即政府影响其政策的有效方式及手段。

笔者认为，以上三种概念界定的角度并不是彼此排斥，而是相互间有融合与交集，是对于同一问题不同侧面的阐述。综合以上不同角度的观点和定义，笔者认为，政策工具可以简单概括为：政策执行者在既定的政策环境背景下，为达成政策目标、解决政策问题、实施政策方案而采取的机制、途径与手段。

二　政策工具的概念分类

政策工具分类的观点和理论五花八门，众说纷纭。相对来说，施耐德（Schneider）和英格拉姆（Ingram）的分析，在当下政策工具理论研究和运用中较有影响。按照施耐德和英格拉姆的分析，政策工具共有以下五种常见类型①。

一是权威型工具。指以正当性权威为基础，在限定的情况下允许、禁止或要求某些行为。权威型工具是政府为了达到政策目标而使用的最古老也是最普遍的技术，也是使用频率最高、政府最乐于使用的一种政策工

---

① 王邦永：《基于政策工具视角的民办教育扶持及工作机制研究》，硕士学位论文，复旦大学，2011年。

具。政府合法的权威包括许可、禁止或要求在特定环境下的行动, 所期待的结果是服从, 或者行为与规则所要求的一致。权威型工具主要在政府的等级系统中使用, 从而指导其他层级的代理机构和官员的行为。这种工具偶尔也扩展到政策对象中去。权威型工具要求的是强制, 并把强制成本施加在执行机构和政策对象身上, 政策执行的成本是高昂的。对于收益来说, 权威型工具通常致力于使更广泛的作为一个整体的团体或社会受益。权威型工具要求政策对象即使没有切实的回报, 也要按照政策所期望的方式行动。由于权威型工具能够得以成功使用的逻辑在于此, 因此政府在面临触及多数人的利益的政策问题时, 倾向于首先使用这种政策工具。这种工具假定政策执行者和政策对象对领导者—跟从者 (leader-follower) 关系的组织结构有着高度响应, 低层次的组织和个体通常按照接到的指示而行动。而且, 还假定政策的目标对象能够如此行动是因为他们承诺遵守法律和管制, 不需要切实的刺激。对职责的忠诚被假定为文明社会和政府结构中的人和官员的内在品质。然而, 权威工具要求政策对象即使没有切实的回报, 也要按照政策所期望的方式行动。由于权威工具能够得以成功使用的逻辑在于此, 因此政府在面临触及多数人的利益的政策问题时, 倾向于首先使用这种政策工具。

二是象征和劝诫型工具。象征和劝诫型工具亦称作符号和劝诫型工具。此类政策工具认为人们是根据自己的价值与信仰体系而决定作为或不作为, 因而期望借用此类工具使得政策目标群体的价值与政策目标趋向一致。

象征和劝诫工具假定人们是否采取与政策相关行动的动机和决定, 是基于他们的信念和价值。这种工具假定目标群体如果看到所要求的行动与他们的信念一致, 那么就更倾向于采取这种行动。象征和劝诫工具也可以用于鼓励对政策的遵从、使用或支持, 从而呼吁政策目标采取自发的、有利于达到政策目标的行动, 而无须政府的强制或刺激驱动; 或者只是简单地声明与某些价值观一致的目标和优先权, 而政府无须采取切实的行动。这些政策通过呼吁无形的价值 (如公正、公平、平等、正确和错误), 或者通过使用典型、象征和标签, 寻求改变与政策偏好行为有关的观念。政策工具可以使用劝服的方式来改变关于政策行动或目标的观念, 而根本不需要改变物质回报。

象征和劝诫工具使用的频率仅次于权威工具。这种劝诫方式并不是让执行机构或政策对象获得可见的、短期的回报，而是希望采用决策启发法，让他们在做决策时能考虑到政策规定所体现出来的这些价值和偏好，从而有利于政策目标的达成。象征和劝诫工具虽然使用得比较普遍，但是只有在满足了三个潜在的假设的情况下才能更好地起作用：第一，目标和行动是由政府官员提出来的重要的、高优先权的议题；第二，目标和行动与他们的价值、信念和偏好相一致；第三，目标和行动与正向的象征、标签、比喻（典型）和实践相一致。

三是激励型工具。即以实质的报酬诱导执行或鼓励某些行为。激励型工具是依靠切实的回报——正向的或负向的，来诱导人们遵从或鼓励人们作出某种行动。激励型工具假定个体是追求效用最大化的人，如果不是受到影响，得到鼓励或遭到金钱、自由、生命被剥夺或其他有形回报的制约，他们就不会积极地采取与政策相关的行动。激励提供正向的回报，鼓励参与者采取政策所期望的行动。内在的假设是个体对正向的激励有所回应，大多数人将选择价值回报更高的方式。

激励型政策工具使用过程中，政策条款就像是试验者，提供某种正向或负向的回报给个体或组织。激励型政策工具巧妙的操纵决策者的预期及其与情境相关的可见的回报、成本和可能性。实际上，目标群体在情境中可能感知到许多其他的价值，包括有形的和无形的。相比能力建设型工具而言，激励型工具假定个体有机会做选择，并且有符合他们自己利益最大化的足够的信息和决策技能可供选择。与象征和劝诫型工具相比，激励型工具假定有形的回报或惩罚将会抑制不相关的、不实际的价值。

对于这种工具的使用效果并没有必要的预期。可选择的方式是，采取税收优惠、授权、降低标准或要求、土地优惠等方式。

四是能力建设型工具。即提供信息、教育和资源，使个人、团体或机关有能力做决定或完成某些行动。能力建设工具型提供个体、群体或机构得以做决策或采取某种行为的信息、培训、教育和资源。这种途径假定问题不在于激励，而是还缺少必要的信息、技术或其他的资源，使得人们难以做出对政策目标有利的决策和行为。能力建设型工具适用的情境包括：第一，决策者可能不知道更有效的政策选择是可能的，或者他们没有意识到改变他们的决策或行为的需要或机会，因此，他们既不搜索也不考虑任何针对他们当前的行为模式的替代选择；第二，如果机构或目标人群知道一个备选方案，并且意识到改变当前状况的需要和机会，但是他们可能缺乏关于这个备选方案的相关特征的精确信息；第三，决策者可能做出对达成政策目标有害的决策或行动；第四，决策者可能意识到了政策偏好的活动的工具性价值，但是缺乏足够的财政的、组织的、社会的、政治的资源或支持来执行。在上述情况下，政府就需要资源，通常是某种形式的授权、直接支出或补贴、贷款、贷款担保、凭证、技能培训或咨询，来影响下级决策者或政策执行者的行为。

五是学习型工具。当目标群体想要开展解决问题的行动时遇到不知道或者不确定的情况时所使用的一种政策手段。一个问题可能被意识到，但是并不被理解，或者对于应当做什么，没有达成一致意见，这时就可以使用学习型工具。学习型工具假定机构和目标人群能够进行的学习行为，并从其他有效的工具中进行选择，学习型工具与其他工具相比，是一种过程性的工具，一般不体现在政策文本之中，政府更有可能把学习型工具当作一种为了做决策或执行决策而开展的临时性的活动。

结合政策工具的行为假设和各种政策工具的使用频率，容易发现政府常用的政策工具是权威工具、象征和劝诫工具。在政策理念上强调的是"领导者—服从者"的关系。然而。这些教育政策工具是具有可替代性的，政府可以选择激励工具、能力建设工具、系统变革工具和学习工具等等，作为权威工具、象征和劝诫工具的替代或补充。但是，政策工具的使用者往往很难清醒地意识到各种政策工具之间可替代性。在面对同类型的、反复出现的政策问题时，近20年来政府倾向于使用相同的教育政策工具，这可能是缺乏对政策工具效果的认识、理解和评估，因而较少更换政策工具类型的缘故。由于不同类型的政策工具潜在的行为假设不同，即政府对各种政策工具在使用权威、资金等有形的回报，还是能力、信念等无形的价值，给予政策执行机构和政策对象以多大的决策自主权等方面，是不同的。因此，对教育政策工具的使用频率体现了政府的价值选择和行为取向。对于民办院校办学体制实践中出现的问题，政府及时采用了权威的政策工具，暂时解决了这些政策问题。但是，随着时间的流逝，相同性质的问题还是出现了，这意味着这些政策工具的效果并没有被巩固，而是被消耗了。由于起初在面对政策问题时，政府选择政策工具主要考虑的是政策工具的内在性质与政策问题以及政策环境之间的匹配性，采用的是"合适性"的逻辑，所以在当时会显得很有效。但是，毕竟政策工具的效果并不只是由其内在性质和政策环境来决定的①。

三　民办院校发展政策工具角度分析

对改革开放以来国家和地方的民办院校发展政策进行简单梳理，从中我们不难发现，国家和地方的政策均基于不同视角的考量，所选择的政策以及政策实施的效果有明显的差异；而国家和地方各自在不同阶段，所选择的政策以及政策实施的效果也存在明显差异。这里按照宏观——纵向的维度对民办院校发展政策工具的应用情况进行相关分析。

如前所述，我国民办院校发展可分为酝酿期（1978—1984 年），政策空白期；发展起步期（1984—1991 年），政策探索期；发展探索期（1992—1998 年），政策密集期；发展快速期（1999—2007 年），政策立法期和民办院校发展转型期（2007—），政策完善期五个阶段。由于五个阶段的划分都有一些发展特征，因此在政策工具的使用上，也具有阶段的特色。

1. 民办院校发展萌芽期政策工具应用分析

按照霍莱特和拉梅什的观点，当国家能力强、政策子系统复杂程度低时，决策者倾向采用强制性政策工具。我国改革开放初期，政府出于集权管理状态，以"强政府"为明显特征，政府对社会行为者的管制能力较强，而在民办院校发展的第一个阶段，民办院校相对而言还是一种新生事物，可不可以办，允许不允许办，实际上国家制度层面还不明确，国家和社会对发展民办院校仍存有不少顾虑，对民办院校的市场准入（包括准入范围和准入标准）等均有待明确或完善。

基于此阶段解决民办院校市场准入等问题的政策目标，以及当时的具体政策情境，民办院校发展政策工具的选择主要是以权威型强制性的政策工具为主，允许有控制的逐步开放，对于社会力量举办民办院校的相关政策迟迟不出台，国家政策处于关闭状态。而对于社会举办的一些非全日制学历教育，如高考复习班、自学考试助考和各种技能培训班等，则坚持加强引导，有限鼓励的原则。如规制这一政策工具的应用，具体涉及许可的手段和工具。例如，1987 年 7 月由原国家教委颁布的《关于社会力量办

---

① 侯华伟、林小英：《教育政策工具类型与政府的选择》，《教育学术月刊》2010 年第4 期。

学的若干暂行规定》共有22条内容，除了第三条对社会力量办学的地位予以肯定，并要求"各级人民政府及教育行政部门应鼓励和支持社会力量举办各种教育事业"之外，从第四条开始直至第十九条，全部采用了"须""应""必须"等语言，主要是对社会力量办学做出一些硬性规定、约束或要求。如该规定第五条指出，"社会力量办学应遵循教育规律，量力而行，扬长避短，注重质量，讲求实效。应结合本地区经济建设和社会发展的实际需要，主要开展各种类型的短期职业技术教育，岗位培训，中、小学师资培训，基础教育，社会文化和生活教育，举办自学考试的辅导学校（班）和继续教育的进修班"，实际上该条款是限定了社会力量办学的范围。再如该规定第十二条明确，"社会力量办学应面向学校所在地区招生。确需跨省、自治区、直辖市招生或设教学管理机构的，除应经学校所在地的省级教育行政部门同意外，还须经所涉及地区的省级教育行政部门批准"。

　　2. 民办院校发展起步期政策工具应用分析

　　这一时期，社会需求和民间热情催生和推动着民办院校的发展。尤其是1985年前后，由于讨论出台《中共中央关于教育体制改革的决定》，在社会上深化了教育改革的思想解放，对举办民办院校的认识有所认可。在1984年前后，举办了一批地方政府批准筹建的民办普通院校。对于教育体制改革总的方向是明确的，但是环境条件还不成熟。甚至在《中共中央关于教育体制改革的决定》中找不到社会力量举办高等教育的相关字样。从实践中来看，政策还是坚持有所为有所不为的原则。对社会举办普通高校，国家层面还是采取旁观的态度，即对于地方政府筹建民办院校，不禁止，不鼓励，不支持，不表态。实际上，当时省级政府根本没有权限筹建民办院校。但是出于"摸着石头过河"的原则，政府放宽了这一管制。并且1988年国家教委在《社会力量办学教学管理暂行规定》中，在明确"本规定的适用范围是：社会力量举办的、未取得颁发国家学历证书资格的、面向社会招生的各级各类学校机器分校、分部以及独立设置的培训中心、各类培训班、辅导班、进修班等从事教学活动的组织等（第二条）"，这里显然没有民办院校的关联。但是文件还提出"社会力量举办的各类高等层次学校的专业设置，应报批准办学的教育行政部门备查；开设的专业应参照国家教育委员会公布的专业目录以及自学考试的开考专业办理；确需开辟新专业，应经过充分论证（第六条）"。这里实际上就提出了一个举办高等教育学历教育的专业设置问题。一方面，国家层面仍然禁止举办高等院校；另一方面又默认地方政府许可举办，这种矛盾的政策实质上反映了政府对于发展民办院校的矛盾心理。这种权威政策工具的使用，实际上等于屏蔽了其他政策工具的运用。而对于社会力量举办非全日制高等教育，例如自学考试、业余大学等，政策还是有所进展。这一阶段最大的动作就是开启了高等教育学历文凭考试，将社会办学与国家考试结合起来，将办学和培养标准分开，既做到鼓励办学，又能够保证培养质量。政策相对来说比较宽松。从政策工具的运用上，加大了权威型工具，对有些领域仍然实施严格的管制。对于许可领域，加大象征和劝诫工具的运用，及时杜绝违规和不负责任的办学行为发生，加强学习型工具的运用，引导举办者的办学行为，提高知识和管理水平。这些为民办院校的产生和发展，积累了经验，奠定了基础。

3. 民办院校发展探索期政策工具应用分析

这一阶段，在邓小平视察南方谈话精神鼓励下，教育体制改革迈开了实质性的步伐，办学体制改革缓步进展，社会力量办学在中小学阶段得到快速发展，相关政策密集出台，大多运用权威性工具和学习型工具，规制办学行为。但是由于举办民办普通院校，需要较大的财力、较强的师资和较高的管理能力，因此政府仍然十分小心谨慎。这一阶段国家教委出台了《民办高等学校设置暂行规定》，明确了举办民办院校的相关条件，使得社会力量举办民办院校有章可循。但是具体行动仍然十分谨慎。从实践来看，1993 年 8 月《民办高等学校设置暂行规定》印发以后，10 月国家教委即在长沙召开高校设置专家会议，对当时各地递交的举办民办院校的申请进行审议。次年下文批准了 4 所"民办"院校。这是自从 1949 年以来，我国第一次重新允许民间举办普通高校的开始，因而具有里程碑式的意义。但是，对于这一政策的实施，领导层的态度上没有完全统一。办学条件简陋，办学质量能否保证，引发社会担心，因而在第一次审批以后，国家教委实际上又重新关闭了大门。从 1993 年《民办高等学校设置暂行规定》印发以后到 1998 年，除了 1994 年、1995 年共审批了 6 所民办院校，备案了将近 10 所由各省市政府审批筹建的民办院校以外，政府实质上停止了对民办院校的审批。1997 年 10 月，国务院颁布《社会力量办学条例》，提出"社会力量应当以举办实施职业教育、成人教育、高级中等教育和学前教育的教育机构为重点。国家鼓励社会力量举办实施义务教育的教育机构作为国家实施义务教育的补充，国家严格控制社会力量举办高等教育机构"（第五条），从而为国家教委的行为提供了依据。社会力量办学的领域和范围进一步扩大，基本涵盖了各个类别、各种层次的教育，对高等教育也仅是采用"严格控制"的提法，而非"禁止准入"。因此这一阶段有限开放的政策主题，仍然是权威工具的运用。当然，根据管理层的制度安排，这就基本上取消了民办院校创建的环境。其他政策工具的运用也就无从谈起了。

4. 民办院校发展快速期政策工具应用分析

1999 年 6 月 13 日颁布的《中共中央国务院关于深化教育改革全面推进素质教育的决定》提出，要"进一步解放思想、转变观念，积极鼓励和支持社会力量以多种形式办学，满足人民群众日益增长的教育需求，形成以政府办学为主体、公办学校和民办学校共同发展的格局。凡符合国家有关法律法规的办学形式，均可大胆试验。在发展民办教育方面迈出更大的步伐。鼓励社会力量以各种方式举办高中阶段和高等职业教育。经国家教育行政主管部门批准，可以举办民办普通高等学校"。这是中央文件中第一次明确提出社会力量可以举办民办普通高等学校。如果说《民办高等学校设置暂行规定》还只是"暂行"的规定、带有浓厚的探索和试验性质的话，那么，《中共中央国务院关于深化教育改革全面推进素质教育的决定》是从中央高层确立了民办院校办学的地位，从国家最高层面推进民办院校办学体制的实施，因而具有划时代的意义。

这一阶段，随着市场经济建设步伐的加快，社会对各级各类教育的需求更加旺盛，尤其是推进教育普及化、高等教育大众化的方针实施，为民办院校的发展提供了肥沃的土壤和广阔的空间，在公共财政投入远远无法满足群众接受教育需求的情况下，政府采取了鼓励为主的政策导向，允许私人资本进入教育领域，国家对包括民办院校在内的社会力量办学，均持"鼓励和支持"政策，从国家制度设计层面，扫清了社会力量举办民办院校的制度障碍，也打消了政府相关部门发展民办院校的顾虑，极大地鼓舞了社会力量举办民办院校的积极性。教育行政部门因势利导，乘势而上，快步跟进，使得民办院校掀起了一个发展的高潮。民办院校的数量和在校生快速增加，民办院校、独立学院、高等职业技术学院快速发展，办学体制不断创新，各种投资模式、办学模式层出不穷，快步推进高等教育大众化。

　　我国民办院校发展是在政策一片空白的背景下起步的，除了中央的宏观政策原则推动，实践中的指导政策和规制政策还是非常匮乏。

　　按照霍莱特和拉梅什的观点，在国家能力强、政策子系统复杂程度高的情况下，国家具有较强的管制能力，而社会行动者的类型和数量相对较多，且其中良莠不齐，政府难以辨析孰优孰劣，因此自愿性工具（市场、市场自由化）和混合型工具中带有明显市场化特征的政策工具（用者付费、服务外包、产权拍卖等）被较多地采用，以期通过市场来实现优胜劣汰。基于此阶段需要大力发展民办院校以推动高等教育大众化的政策目标，以及当时具体的政策情境，民办院校的发展政策工具的选择主要是以带有明显市场特征的政策工具为主，如市场自由化（民办高校跨省招生的实现）、民营化（更多教育领域向社会力量开放）、用者付费（出于成本分担考虑，民办学校的学生往往需缴纳更高的学费以购买入学机会或高质量的受教育机会）、合同承包（鼓励社会力量承包改建、改制公办学校）、公私伙伴关系（政府资助民办教育、政府购买民办教育机构的服务、政府向民办学校开放公共资源）等。

　　在这个阶段，2002年全国人大常委会四审通过了《民办教育促进法草案》，国务院印发了《民办教育促进法实施条例》，运用法律和政策引导民办学校办学行为。当然，法律条文较粗，实际操作影响不大。而民办院校快速发展、规模急速扩大，管理政策一下子很难跟上，于是也引发了不少问题，如违规招生、违规办学、恶性竞争等，在社会上造成了一些负面影响，甚至影响社会稳定，因此国家辅以规范性措施，建立和调整规则、设定和调整标准、许可证和执照、制裁、处罚、监督、禁止等强制性工具也在一定程度上得以继续采用并不断完善。2006年年底，国务院办公厅下发《关于加强民办高校规范管理 引导民办高等教育健康发展的通知》（国办发〔2006〕101号），教育部也及时下发《民办高等学校办学管理若干规定》（教育部25号令），中共中央组织部和教育部党组下发了《关于加强民办高校党的建设工作的若干意见》（教党〔2006〕31号），使用权威型政策工具，对办学中一段时间出现的问题实行强制性规范。同时，为不致打击社会力量举办民办院校的热情和积极性，混合型政策工具更多地被采用，如信息与劝诫（信息共享、示范等）、补贴（直接补助、财政奖励、税收优惠、票券等）、契约（服务外包、公私合作等）及诱因型工具（程序简化、利益留存、权力下放等），引导民办院校健康稳定和可持续发展。

5. 民办院校发展转型期政策工具应用分析

进入 21 世纪，在各方面的努力下，在政策的鼓励引导下，2002 年我国高等教育毛入学率跨过 15%，实现了高等教育大众化，高等教育资源供不应求的矛盾快速缓解，上学机会不再珍贵，而人民日益增长的对优质高等教育和个性化高等教育的需求，成为新的资源新贵。资源的丰富，高等教育适龄人口的快速下滑，招生数持续增加，民办院校的发展迅即遭遇危机，热切盼望政府予以政策支持。

而从民办院校发展实践来看，政策工具仍显单一。权威性政策为主，政府倡导的"鼓励和支持"激励性政策风大雨小，落不到位。有的政策仅具象征性，缺乏操作性。随着经济的发展和财政的好转，政府加大了公办院校的支持力度，民办院校与公办院校之间的差距逐渐拉大，制约了民办院校的发展。

在民办院校鼓励和规范并重阶段，政策子系统所面临的环境既简单又复杂。简单是因为经过前几个阶段的摸索与实践，民办院校发展所面临的宏观问题相对而言已比较明确，甚至逐步得到了解决；复杂是因为在微观层面出现了一些瓶颈问题，难以突破。此阶段国家仍具备较强的管制能力，但与此同时，社会能力也逐步增强并上升到了一个新的高度，具备替代一部分国家能力的可能性，从各地相继建立民办教育协会、学会等行为可见一斑，民办院校的利益表达机制及渠道逐步健全并完善，政府对民办教育利益相关者团体的意见和建议也比以往更为重视。在这种情形下，政府具备一定的掌控能力，充当着导航者的角色，但同时也希望能与社会力量结成伙伴关系，更多依靠社会资源来实现公共管理目标，政府与社会都在努力寻求双方权利与义务的最佳平衡点。

在新的阶段，国家改革开放进一步深化，对于社会力量办学地位共识逐步形成并牢固确立。如何突破政策平静，破除政策障碍，激励长期可持续发展，成为政府政策选择的关键。2010 年，《国家中长期教育改革和发展规划纲要（2010—2020 年）》颁布，专门就民办教育发展做出了筹划，特别指出实施公共财政政策，鼓励民办学校发展，开展营利性非营利性分类管理试点，实行差异性扶持政策等，积极探索民办院校发展之路。2015 年，受国务院委托，教育部提出教育一揽子修法方案，报全国人大常委会审议。针对实践中民办教育存在民办学校法人属性不清、取得合理回报不好操作、相关配套优惠措施制定实施困难等问题,《纲要》提出要积极探索营利性和非营利性民办学校分类管理。为了消除探索民办学校分类管理的法律障碍,给教育行政部门留出探索、规范民办学校分类管理的制度空间,草案对民办学校管理制度作了以下调整:"一是修改教育法、高等教育法关于举办学校不得以营利为目的的规定,允许营利性民办学校存在。二是修改民办教育促进法,允许民办学校自主选择办学方式,登记为非营利性或者营利性法人,并按照其法人属性享受相应优惠政策;非营利性民办学校收费的管理方式由省、自治区、直辖市人民政府规定,营利性民办学校的收费标准由学校自主决定;相应删除民办学校取得合理回报的具体办法、经营性民办培训机构管理办法由国务院规定的内容。"① 由于《民办教育促进法》修法碰到的问题较多,因此直至 2016 年 11 月 7 日才获得通过。《民办教育促进法》新法针对民办教育长远发展的问题,系统全面提出促进民办教育发展的具体规定。从法律以及后续公布的配套文件来看,政府有意在民办教育发展政策中,综合运用各种政策工具,从多个层次、多个领域、多条渠道全面解决民办院校长远发展的问题,形成完整的发展民办教育的国家制度,从而将国家民办教育发展政策提升到一个新的高度,为民办教育(包括民办院校)的未来发展提供长远的法律和政策指导。

---

① 袁贵仁:《关于〈教育法律一揽子修正案(草案)〉的说明》,中国人大网,http://www.npc.gov.cn/wxzl/gongbao/2016-02/26/content_ 1987042. htm。

第六章　民办院校发展政策的问题与趋势

我国民办院校发展政策已经有了良好的基础，服务于民办院校的健康稳定和可持续发展。但是与国家"支持和规范社会力量兴办教育"的政策目标和导向来看，我国民办院校发展政策还存在许多不足和努力空间。

第一节　民办院校办学体制政策存在的问题

我国民办院校已经具有近40年的办学历史，初步积淀了发展的基础和制度环境。就专门针对民办院校办学体制特点的政策而言，也有了初步的一套制度文本和政策框架。但是，现有的政策还不能满足民办院校发展的需求，还需要不断完善和丰富。只有更为有效的民办高等教育发展政策，才能促进民办高等教育的健康有序发展。而审视其政策自身存在的问题能够为不断调整与完善民办高等教育政策提供实践依据。根据我国民办院校办学体制和发展的相关政策现状，这里从政策的制定、政策的执行和政策的完善三个层面，来分析存在的问题。

一　民办院校发展政策制定中的问题

政策制定是政策活动的实质性起点。在民办院校发展政策制定过程中，实践总是领先于政策，换句话说，政策总是滞后于实践。这是由民办院校办学体制改革和发展的背景决定的。根据课题组的研究，当下我国民办院校办学体制和发展的相关政策制定，主要存在三大问题。

（一）政策主体职能定位清晰度不够

改革开放至今的民办院校，从兴起到不断扩大规模的进程中，政府与民办院校产生了一种不可脱离的依存关系，而且越来越复杂与紧密。无论国内还是国外，政府与大学之间的关系都长期备受关注。"尽管大学为维护其独立与自主，从来没有停止过对政府介入的抗拒，但政治、经济、文化乃至大学自身的变化无可避免地推动着政府对大学的渗透。"① 这个分析同样适合对我国民办院校的分析。整体而言，政府与大学之间的关系呈现出不断复杂化的态势。同样作为大学组织机构的民办院校，也必然与政府产生一种不可脱离的关系，而且与传统的公办院校相比，显得更加复杂和紧密。"政府责任是政府作为公共权力的代表，对公民应该切实履行的义务和承担的职责，其责任体系应是政治责任、法律责任和道德责任的统一。"② 在我国，民办高等教育政策体系不断形成的过程中，作为决策主体的政府，其角色的变化不仅是其改革与发展的必然要求，也是政府自身的本质要求。但是，我们应当承认，政府与民办院校之间确实存在关系上的失调。而这种关系的失调很大程度上源于政府角色定位的不恰当，从而导致政府政策的摇摆和随性。民办高等教育场域中的政府角色定位不恰当主要体现为一定程度的政府角色的"越位"与"缺位"。

胡卫认为③，政府在民办教育管理上的缺位和越位问题，是目前民办教育发展无法抗拒的政策环境。

首先是缺位。政府对一些本该由它管的"大"问题，管得不够，比如规划民办教育发展的规模、前景、经费资助等。这在很大程度上制约着民办学校的发展。这种缺位还表现在信息上，很多民办学校无法获得足够的信息，这种信息的不对等制约着民办学校对宏观形势的把握。

政府角色的"缺位"主要表现为政府对民办院校发展有权轻责和政府对民办与公办高等教育两者的不公平对待。④ 对民办高等教育而言，市场在其发展中的力量是不言而喻的，但是我们并不能否定政府的责任与作用。一方面，就政府而言，对民办高等教育的扶持与监督是其不可推卸的责任；另一方面，市场是极其不稳定和无序的，尤其是在改革不断深化的社会中，这种不稳定和无序容易干扰民办院校的发展秩序，因此更需要获得政府的有效调节。政府理应肩负起推动民办院校发展的重要责任，但事实上，从政府在民办院校发展中扮演的角色来看，政府存在责任的缺位，

---

① 李爱岛：《政府与民办高等教育应然关系的建构》，《黑龙江高教研究》2007 年第 3 期。

② 郑扬波：《试论当下我国民办高等教育发展过程中的政府责任》，《继续教育研究》2010 第 11 期。

③ 樊未晨：《管理缺位与越位捆住民办教育手脚》，《中国青年报》2004 年 8 月 24 日。

④ 罗腊梅：《民办高等教育政策变迁研究》，博士学位论文，西南大学，2015 年。

并未很好地承担起自己的责任。这样的缺位严重影响到民办院校举办者对政府的信任和对办学的信心。现有《民办教育促进法》虽然使民办院校作为高等教育体系重要组成部分的地位有了清晰的规定，但是并未赋予其与其责任相对应的权利。实际上，政府通过对招生计划和范围、专业设置、课程安排和收费税收等制定规则，采用行政手段掌控了民办院校的办学行为。与此同时，政府并未对民办院校承担相应的成本分担责任，对民办院校的财政资助甚微，而民办院校却肩负起了推动高等教育多样化、实现高等教育大众化、办学主体多元化、创新教育管理体制等重大责任。但是事实上，民办院校的主要权力仅限于其内部的师资管理、部分课程的设置与具体教学的管理方面，这与其承担的重大责任极不相称。综观民办院校发展历程，其财政、产权、投资回报等方面的规定模糊，长期困扰着民办院校的发展。虽然政府早已意识到这些问题的存在，但是作为决策手段的政策反映却十分缓慢，即使改进的政策内容也呈现含糊不清或不予回应，严重影响政策执行的有效性。"民办教育是教育事业发展的重要增长点和促进教育改革的重要力量"，这是自改革开放以来对民办学校（民办院校）地位与作用的重新认识与评估。两个"重要"要求政府对于民办高等教育发展必须加强责任意识，以对社会和国家负责的态度对待民办院校的发展问题。

其次是越位。对那些学校自己可以解决的"小"问题，政府却插手太多，干预力度太大。现在，民办院校在招生指标获得、收费标准制定、中外合作办学决策权等问题上都做不了主。政府这种"事无巨细"的管法实际上束缚了民办院校的手脚，同时也阻碍了它们的发展。

政府角色的"越位"主要表现为政府干预多于调控、控制多于监督、管理代替治理。一直以来，高等教育产权属性问题是学术界和社会关注的焦点和热点。对公办院校来说，政府作为所有者，有权对公办院校实施直接干预。虽然这种较多的直接干预受到公办院校一定程度的抵制，并促使管理体制的不断改革，但是这样的抵制不能改变政府对公办院校采用行政手段实施直接干预的现实，根本的原因是公办院校的办学主体是政府。对民办院校而言，其举办资金来自民间，举办主体为非政府，举办者拥有合法的所有权，民办院校应当具有更多的办学自主权。正如《社会力量办学条例》中规定"社会力量举办的教育机构依法享有办学自主权"；《民办教育促进法》中也规定"民办学校与公办学校具有同等的法律地位，国家保障民办学校的办学自主权"；《国家中长期教育改革和发展规划纲要（2010—2020）》中也规定"依法落实民办学校、学生、教师与公办学校、学生、教师平等的法律地位，保障民办学校办学自主权"。可见，政策赋予民办院校多项办学自主权，但是这些政策所规定的办学自主权缺乏具体政策配套，在实际工作中却很难落实。

"现在的问题是政府该管的没管好，不该管的却又管得太多。"胡卫说。他认为，根据世界发达国家的经验，大的教育变革都应该由政府来推动。在我国，政府就应该进行宏观层面的管理——信息、资助、规划、比例、规模、发展目标等都在政府管理范围内。

由于政府并非民办院校的出资人，政府的角色定位应该是服务者，为民办高等教育事业的改革与发展提供宏观层面的调控服务。然而在民办院校办学实践中，政府却行使着所有者的权利，导致其角色的"越位"。在民办院校的招生计划、专业设置、收费标准、课程安排等方面，主管部门按照公办院校的要求，照搬公办院校的管理制度，严重削弱和侵占民办院校办学自主权，影响了民办院校办学体制机制优势的发挥，也影响民办院校走特色办学、质量兴校的发展道路。政府的"控制者"角色，逾越了其本应担当的职责，大量运用行政手段对民办院校进行直接调控，极大地损伤了社会举办民办院校的积极性，从而严重影响了民办院校的可持续发展。

因此，面临供给侧改革的呼声和具体落实的深化，政府应从传统公共行政向新公共行政的活动方式转变，变侧重管理职能为注重服务职能、变注重直接管理向直接管理与间接管理相结合。而保障和落实教育公共性和公益性制度的政策也应做出相应的调整，从而为公共教育权力的博弈提供和营造相应的环境。民办院校办学体制和改革发展的政策，首先要为权力转移以后政府教育行政机构的权力结构提供外在的制度安排，保障教育行政机构权力的顺利行使；其次，在教育政策活动中赋予内在制度安排以合法性，把引导内在制度安排作为教育政策活动的内容，并提供合理的外部政策环境。

(二) 政策的前瞻性和计划性不够

教育政策的制定，无外乎有两种因素促成：一是遇到问题或困境，需要重新调整教育与社会或教育内部间的关系，摆脱某种困境，解决某些问题；二是预见可能存在的问题，或预示事物发展的趋势，超前制定"游戏规则"。后者的政策制定具有前瞻性与战略性，能更好地促进和引领教育事业的有序、规范发展。然而在我国民办院校发展中，由于缺乏对于发展民办院校的政策积淀和准备，政府决策者习惯或热衷于对前者的重视，遇到问题、解决问题成为思维习惯和定式，造成政策制定严重滞后于客观实际。现有的民办院校发展政策很多是为处理问题的应急性政策，缺乏超前性的规则制定。

　　我国民办院校的发展是一个改革、探索、实践、提高的过程，反映在政策上，出现了政策前瞻性不够，计划性不强的问题，集中表现在政策的滞后性方面，在民办院校发展初期表现得尤其突出。例如对于民办院校的营利问题，虽然大多数民办院校秉承公益性育人的原则，但是实际上在民办院校创建初期营利行为就屡有发生，有的学校甚至非常严重，被学界称作"学店"，备受社会关注。政策和法律的制定不能看不到这一点。但是对于这样一个事关民办院校发展的根本性的问题，政策一直避重就轻，避而不谈，而坚持空喊"不得以营利为目的"的口号。私立院校不得以营利为目的，在国外很多国家都实行这一政策，如前所述，日本、韩国和我国台湾地区的私立大学都不准营利，问题是要有政策规划和顶层设计。如果没有政府的引导和规制，那么资本的寻利特质将自发体现。尽管改革开放以来我国民办院校的发展文件中一直强调"不得以营利为目的"，但是界限不清，政策不力，毫无效力。一些院校我行我素，甚至以公益性为名，行营利性之实。在问题比较显性发生以后，政策不是引导和规制，而是采取了退让、迁就的做法，做出了允许取得"合理回报"的规定，这不仅没有体现公益性的导向，而且助长了营利性的行为，大批社会资本据此投资兴办民办院校，营利性行为在民办院校遍地开花。有的专家甚至认为，"投资办学是我国民办教育的本质特征"[1]，"目前，我国大约80%的民办高校都是'投资办学'，这意味着创办者是有投资意图并希望获得收益回报的"[2]。由于缺乏前瞻性和顶层设计，使得民办院校相关政策迟迟难以出台，造成政策制定和实施中的被动状况。虽然是否允许"营利性民办院校"的争议随着《民办教育促进法》新法颁布而告一段落，然而

　　① 邬大光：《投资办学：我国民办教育的本质特征》，《浙江树人大学学报》2006年第6期。

　　② 沈轶：《美国营利性大学对我国营利性民办高校发展的启示》，《才智》2015年第14期。

消化政策滞后所带来的结果却需要花费较大的行政资源和社会心理。

民办院校发展政策滞后的原因,一方面固然是改革开放后恢复发展的民办院校与以往的私立大学具有本质的不同,限于中国的国情也没有现成的经验可供借鉴,民办院校办学实践需要体验和探索;另一方面,对于是否要发展民办院校、发展多大规模的民办院校、发展多长时间的民办院校、发展一个什么样的民办院校,国家政策是含糊的,不清晰的,是在实践中一步一步加深认识的。当然,长期以来公私分明、褒公贬私,一公独大的所有制格局,在人们思想中埋下了深深的根基,要改变这种状况实在也不容易,因而在相当长的时间里,看不起民办院校、不认可民办院校、不相信民办院校的大有人在,甚至在掌握政策制定和实施大权的人群中也不少见,这是不难理解的。

(三) 政策的准确性和稳定性不够

民办院校政策的精准性和稳定性,是指政策对于民办院校发展的定位和界定以及享受相应的政策支持,具有清晰的界定和界限。伴随我国政治体制改革的稳步深入、市场经济体制的逐渐发展、教育体制改革的加快和不断变化的政策环境,对民办院校的地位和性质的界定也发生着变化。对政府而言,以政策的形式界定民办院校的概念和明晰民办院校的定位是政策制定和实施的基础。第一,关于民办院校的概念模糊,是"民办"还是"私立"? 实际上多有争议。有的时候用"民办高等教育",有的时候用"社会力量办学"。笔者曾经多次应邀参加有关文件的起草和讨论,每每对于这两个概念都是不确定的,这在一定程度上影响了政策的制定。事实上,我国的"民办"办学体制,不像一些私有制国家那样单纯和清晰,远远不止是"私立"的概念所能包含的,实践中,大量"公有"单位参与办学,甚至有的国有企业投资办学。简言之,"民办"不等于"私立"。第二,政策对于民办院校的定位多变不清。在我国民办高等教育政策体系中,多项政策法规对民办院校的地位与性质做出了一定程度的定位,主要有《民办高等学校设置暂行规定》(1993)、《社会力量办学条例》(1997)、《民办教育促进法》(2002)、《民办高等学校办学管理若干规定》(2007) 和《国家中长期教育改革和发展规划纲要 (2010—2020)》(2010)。《民办高等学校设置暂行规定》中首次对民办高等教育给出了法律的定位;"民办高等学校是我国高等教育事业的组成部分",《社会力量办学条例》中也定位为"社会力量办学事业是社会主义教育事业的组成部分。各级人民政府应当加强对社会力量办学工作的领导，将社会力量办学事业纳入国民经济和社会发展规划"；《民办教育促进法》则更为明晰界定"民办教育事业属于公益性事业，是社会主义教育事业的组成部分；各级人民政府应当将民办教育事业纳入国民经济和社会发展规划"；《民办高等学校办学管理若干规定》中对民办高等教育虽然未给出直接的定位，但是明确要求"教育行政部门应当将民办高等教育纳入教育事业发展规划"；《国家中长期教育改革和发展规划纲要（2010—2020）》中则确立"民办教育是教育事业发展的重要增长点和促进教育改革的重要力量"。由于前后说法不一，使得一些社会人士有理由解读为认识变化，定位不清。对于社会力量是否可以举办普通高等教育，在1999年以前一直是反反复复，动摇不定的。往往是前一个文件说"限制"，后一个文件说"可以"。第三，民办院校的办学性质不明。从对民办院校及民办高等教育定位的政策法规可见，民办高等教育是"不得以营利为目的"，是为社会提供公共产品和以实现社会效益为目标的教育事业。然而，在市场经济体制下，民办高等教育自产生以来，由于投资办学的特殊性，资本先天的逐利性，使得部分民办高等教育举办者的办学动机主要是经济利益的追求。在原有的《教育法》和《高等教育法》中，对教育机构营利问题做出了原则性的规定，其中《教育法》指出"任何组织和个人不得以营利为目的举办学校及其他教育机构"，而《高等教育法》中则对高等学校，当然包含民办院校，做出了强制性规定，"设立高等学校，应当符合国家高等教育发展规划，符合国家利益和社会公共利益，不得以营利为目的"。民办院校不得以营利为目的，属于非营利性组织。显然，政策的"不准营利"与部分投资型民办院校先天的"逐利性"之间存在着本质的矛盾，且这种矛盾难以调和。解决这种矛盾的冲突，《民办教育促进法》首度使用"合理回报"来回避"营利"这一敏感议题。直到《国家中长期教育改革和发展规划纲要（2010—2020）》才尝试性地提出"开展对营利性和非营利性民办学校分类管理试点"，从政策上肯定营利性民办院校存在的合理性。政策曲曲折折，误导了社会心理，浪费了政策资源。综观现有政策中对于民办院校地位与性质的规定，其模糊规定严重影响了民办院校举办者的自信心，一定程度挫伤了社会投资民办高等教育的热情。第四，民办院校的政策随性不稳。2004年国家突然宣布取消学历文凭考试就是一个典型案例。高等教育学历文凭考试（1993—2007年）是对尚不具备独立颁发国家承认学历文凭的民办院校的一种学历认证考试。它是社会力量办学与国家考试相结合，教考分离，宽进严出的全日制高等教育，其办学主体是个人或民间机构出资建立的民办院校，是民办高等教育的一种，主要招生对象为刚从中等学校毕业出来的想接受高等教育的学生。学历文凭考试只有专科层次，没有本科层次，毕业证书国家承认其学历。就读学校是在当地教委备案的办学机构。部分普通院校的计划外招生也属于学历文凭考试。高等教育学历文凭考试 1993 年率先在北京进行试点，两年后推广全国，由于办学门槛低，办学质量保证，受到社会欢迎。2004 年 7 月，教育部公布了取消学历文凭考试的通知，要求在 2007 年完成学历文凭考试的全部工作。这一举措使得许多民办高等教育机构陷于绝境而关闭，也浪费了大量的国家教育资源。

二　民办院校发展政策执行中的问题

公共政策从政策科学理论角度来看，一般包含政策制定、政策执行以及政策评估三个主要阶段。其中，政策执行不同于另外两个阶段，位于整个公共政策的中间部分，是协调前后两个阶段，完成公共政策活动和实现政策目标的重要组成部分。

所谓政策执行，是指政策执行者通过建立组织机构，运用各种政治资源，宣传、实验、协调与控制等各种行动，将政策观念的内容转化为实际效果，从而实现既定的政策目标的活动过程。政策执行处于政策制定和政策效果的中间环节，在政策过程处于核心地位，发挥着至关重要的作用。

（一）政策执行作用主要表现

政策执行的作用具体主要表现在以下六个方面①。

（1）实现既定政策目标。政策的出发点和归宿都是解决社会问题，实现既定的预期目标。而政策执行就是实现政策目标、发挥政策效果的最直接、最具体的决定性环节。若没有这一环节，再好的政策方案也只能是一纸空文，不但政策本身失去了存在意义，政策问题也有可能无法得到解决，政策制定时所耗费的人、财、物等资源也会造成巨大的浪费。因此，政策执行很大程度上决定着政策目标实现与否及其最终实现的成效。

①　万芊：《我国公共政策执行中存在的问题及对策分析》，硕士学位论文，南京航空航天大学，2013 年。

　　（2）发挥政策实际功能。政策功能是政策对社会生活的各个方面所产生的广泛影响和作用的具体体现，其在政策未得到执行前只是潜在的功能，必须依赖于有效的执行活动才能真正得到实现和全面的发挥。政策的制定既有深刻的社会背景，同时也是权威性的社会价值分配方案，这一方案必须通过实际执行过程，才能物化为具体的政策行为，达到政策目标。政策的实际功效充分表明只有通过政策执行才能得以实现。如果想要其达到理想的效果，则是不断修正政策缺陷、弥补政策不足，从而使政策实际功能得以全面发挥的过程。

　　（3）检验政策质量。政策经过程序化的逻辑推理和理论预设以后，其正确与否、质量优劣等都应以政策执行这一社会实践作为检验标准。政策执行是过程与结果的统一，只有通过政策执行，才能使政策在具体的执行实践当中不断得到评价、分析和检验，从而使其在修正和补充中不断完善与充实，以提高政策的可行性与有效性，从整体上提高政策质量。正是从这个意义上说，政策执行是检验政策质量好坏的唯一途径。

　　（4）检验政策工具选择。任何一项政策的执行都离不开相应政策工具的选择。政策工具是多种因素共同作用的结果，需要根据政策执行者和目标群体的价值判断，以及所面临的政策环境加以选择和确定。但政策工具选择的恰当与否，能否在政策执行中得到有效应用，都必须通过政策执行的探索与实践才能加以最终评判。一般来讲，政策执行过程中没有太大的阻碍，能够达到预定的目标，某种程度上就可以说政策工具的选择是正确的。反之，则需要及时的调整政策工具。

　　（5）完善后续政策制定。政策由制定到执行再到制定完善的过程，充分体现了理论与实践之间的逻辑循环。政策执行体现出实践检验理论的效果，其执行的过程也是检验和完善政策方案的过程。反之，政策的制定也是政策执行的谋划和预备过程。一般来说，一项政策的后续政策一般包括两方面的内容：一方面是对制定的政策进行补充和完善，即通常所说的追踪决策；另一方面是制定新的政策。无论是对原政策的修改、调整、补充，还是新政策的制定，都必须以以前的政策执行实践所获得的实际效果、经验教训及反馈的信息为依据，必须在以前政策结果的基础上思考新问题。

　　（6）检验政府管理效率。政策作为政府管理社会的重要手段和措施，其能否有效执行是衡量政府管理效率高低的重要标准。政策执行组织的设置和分工是否合理，计划、指挥、沟通、协调是否恰当，信息反馈是否及时，监督是否有力，技术手段是否先进合理等都影响着政府管理效率的高低。若政策执行机关臃肿、人浮于事、推诿扯皮，就会导致行政成本增加，政府权威削弱，管理系统凝聚力下降。高效的政府管理来自高效的政策执行，所以，不容置疑，政策执行水平的提高是政府管理水平提高的重要途径。改革开放以来，我国在民办院校政策制定及执行的实践过程中，常常出现政府非常重视政策制定，同时却往往忽略了政策执行问题，因而造成政策执行的效益和效率低下的状况。

（二）政策执行的刚性和硬性不够

重大问题、重点问题回避不敢碰，或者解决的不彻底，政策就难以真正落实到位，尤其是一些带有根本性、基础性的问题，更是解决问题的牛鼻子。前已分析，民办院校办学的营利性许可问题就是一个典型的例子。这里再以民办院校的产权问题为例作些分析。

产权是经济领域的概念，其含义有多种不同的理解。这种不确定性源于现实生活中产权产生及其运行的复杂性，同样也来自产权研究者价值取向的不同。但无论是从何种价值观、历史观出发审视产权问题，产权作为一个概念，反映该概念价值的基本内涵应该是独立存在的。经济学意义上的产权是指自然人、法人对各类财产的所有权、占有权、处置权、使用权、让渡权、收益权等，包括了物权、债权、股权、知识产权和人力资本产权以及其他无形财产权。这是一种广义的产权概念。其基本内涵还包括：产权具有排他性，即除了所有者外没有其他任何人能持有使用资源的权利，并且产权以财产所有权为核心，财产所有者依法对自己的财产享有占有、使用、收益、处置等权利；产权涵盖了财产的所有权、占有权、处置权、使用权、让渡权、收益权等权利，但它是可以分解为多种权利并统一呈现一种结构状态的一束权利；产权是界定人们责、权、利相统一的行为权利，其本质上是规定人们行为模式和相互行为关系的规则，它界定的是人与人之间的关系，而非人与物之间的关系；产权是可以自愿自由地进行交易的一种权利。然而我国民法通则并没有使用"产权"这一概念，而是使用了"财产所有权"这一概念，民法通则第七十条规定：财产所有权指所有人依法对自己的财产享有占有、使用、收益和处分的权利。这是一个与债权、人身权、知识产权等并列的概念。

根据对产权的阐释，我们将民办院校产权理解为包括民办院校财产所有权、占有权、支配权、使用权、经营权、收益权、交易权、处分权等一束物、责、权、利的关系的总和，即是一系列权利与义务的法律关系总和。当然，民办院校的产权作为特殊的内容和表现形式，具有不同于一般产权的特点。第一，民办院校产权的内容具有多样性。不仅包括投资形成的财产所有权和收益权，还包括了其他更广泛的权利。第二，民办院校产权的主体具有多样性。学校举办者当然享有学校资产的所有权或控制权。但是按照有关规定，学校资产在学校存续期间归学校法人所有，即法人财产权。因此，在学校存续期间，学校所有权与使用权是分离的，或者说不一定紧密联系在一起的。学校的学生、教师也拥有学校财产的使用权，校长和管理人员拥有对学校的管理权等。第三，民办院校产权的本质也是一种规定人们行为方式的社会关系。举办者、办学者、教职工、受教育者拥有不同的权利和不同的行为方式，从而对学校发展的影响也不一样。如果民办院校产权得不到明确界定，各方的权益得不到有效的保护，行为也得不到有效监督，就容易导致许多短期行为出现。只有合理界定产权，才能明确相关利益各方的权利与义务，规范并保护人们的行为，使人们形成长远的预期，从而促使民办院校持续健康地发展。第四，民办院校的产权是需要争取和保护的。民办院校各利益主体权利的范围、大小与他们各自的争取努力和政府部门的保障有关，对于《民办教育促进法》中"民办学校与公办学校具有同等的法律地位"的规定及其落实，举办者、办学者等各方都需要不断地争取和做出积极努力。[1]

　　产权问题是民办院校发展和研究中的基本理论问题，也是国家民办高等教育发展制度框架的基本问题。汪家镠曾认为，"学校产权的归属是举办者普遍关心的问题，是立法必须要解决的一个重要问题。产权明晰，才能调动和保护投资人的积极性，保证民办学校正常运行，降低风险，有利于民办学校的稳定与发展"[2]。产权是内部管理和权益划分的依据所在，也是投资者利益的载体所在。而由于产权界定不清楚，许多民办高校的出资者、举办者出于对自己投入的资产的关心，同时充当具体办学者，一部

---

　　① 沈美媛、张琦英：《探析民办高校产权及其对学校管理体制的影响》，《教育与职业》2006 年第 26 期。

　　② 全国人大教科文卫委员会教育室：《民办教育促进法学习宣传讲话》，中国青年出版社2003 年版，第 23—24 页。

分没有高校管理经验和能力的举办者常年"坐班"控制学校，导致一些营利行为和违规操作时常发生。这也是为什么民办院校举办者明知学校存续期间不能享有产权但仍然有众多的人愿意投资举办民办院校的原因所在。

明晰产权，规范和维护各产权主体的利益和地位，不仅对民办院校办学得到自主和管理体制构建影响重大，而且对整个高等教育的改革和发展也显得非常重要和紧迫。

从投资的寻利性和民办院校的办学实践来分析，举办者主要关心三个问题：一是出资人对其投入部分所形成的校产是否拥有所有权与收益权；二是出资人对办学增值的校产享有什么权利，包括投入增值和办学积累增值；三是民办院校停办以后的资产归属问题，投入的资产能否归还，增值部分可否分配。简而言之，产权问题表现为"投入民办院校的资产和增值部分归谁所有；办学期间的积累和资产可否分配、如何分配；学校停办后资产如何清算，投资利益如何保护"等三个方面。下面就针对这三个问题作些分析。

（1）关于投入民办院校的资产和增值部分归谁所有。从法律的角度上看，这个问题一直是明确的。现有法律规定，不管是捐资办学还是投资办学，学校开办后，投入的资金都是属于学校法人财产，归学校使用，任何人不得抽逃已经投入学校的资产。也就是说，不论捐资还是投资，资产一旦投入学校，就与出资者分割开来，没有关联。投资人一旦投资民办院校，所投入部分资产的管理权和使用权将归学校而不再归投资者（假如投资者不直接参与学校管理的话）。《民办教育促进法》第三十五条和三十六条规定，"民办学校对举办者投入民办学校的资产、国有资产、受赠的财产以及办学积累，享有法人财产权"，"民办学校存续期间，所有资产由民办学校依法管理和使用，任何组织和个人不得侵占"。政府要求"民办院校要落实法人财产权，出资人按时、足额履行出资义务，投入学校的资产要经注册会计师验资并过户到学校名下，任何组织和个人不得截留、挪用或侵占"①。"民办高校对举办者投入学校的资产、国有资产、受赠的财产、办学积累依法享有法人财产权，并分别登记建账。任何组织和

---

① 国务院办公厅：《关于加强民办高校规范管理 引导民办高等教育健康发展的通知》（国办发〔2006〕101号）。

个人不得截留、挪用或侵占民办高校的资产。民办高校的资产必须于批准设立之日起 1 年内过户到学校名下。本规定下发前资产未过户到学校名下的，自本规定下发之日起 1 年内完成过户工作。资产未过户到学校名下前，举办者对学校债务承担连带责任。"① 可见，从投资者来说，投资民办院校形成的校产归学校法人所有，学校存续期间举办者不拥有学校的财产所有权和支配权。在监管体系尚未完善和落实的状态下，投资者对投入学校的产权感到不放心，有顾虑，这是可以理解的。

对于办学后产生的其他资产（包括增值部分），现有法律法规也有规定。2004 年 4 月 1 日实施的《民办教育促进法实施条例》明确"国家的资助、向学生收取的费用和民办学校的借款、接受的捐赠财产，不属于民办学校举办者的出资"（第五条）。教育部 25 号令也明确："民办高校的借款、向学生收取的学费、接受的捐赠财产和国家的资助，不属于举办者的出资。"仅从文本理解来看，办学增值部分资产与投资者毫无关系，基本割断了投资者对办学增值部分资产的拥有权，与投资企业相比相距甚远，与投资者的办学期望形成截然反差。

（2）关于办学期间的积累和资产处理。这一方面，早期的《民办教育促进法》确实是一个重大突破。第五十一条规定："民办学校在扣除办学成本、预留发展基金以及按照国家有关规定提取其他的必需的费用后，出资人可以从办学结余中取得合理回报。取得合理回报的具体办法由国务院规定。"这里的规定存在几个以下问题。一是根据《民办教育促进法》和相关法规的规定，合理回报的具体办法应由国家财政部门另行制定，《民办教育促进法实施条例》要求："财政部门要依据《中华人民共和国民办教育促进法》及其实施条例规定的原则与程序，制定民办高校合理回报的标准和办法。"而客观上从《民办教育促进法》颁布以后，所谓"合理回报的标准和办法"一直未面世，致使这一法律规定成为一张空文，无法操作；二是合理回报本身的性质含糊，是属于营利性还是非营利性？不明确，按照相关解释，合理回报是属于"奖励性质"的，表明民办院校的出资人实际上拥有一种受管制的剩余索取权。但是现有的文件都表明，取得合理回报的学校都将被作为"营利性学校"，在税收、财务管理等方面与捐资办学有很大的区别，这似乎又是与法律初衷相悖的。既然

---

① 教育部：《民办高等学校办学管理若干规定》，中华人民共和国教育部令第 25 号。

是奖励性质的，就应该与办学行为无关。三是在现今社会心理中，合理回报等同于"营利"，就可能会遭到社会的"白眼"，影响学校的社会形象，所以举办者往往不敢触碰。在现有的民办院校许可证发放工作中，至今少有民办院校提出"合理回报"的要求和定位，就是一个典型的说明。实际上，现有民办院校的"回报"都是在"不要求合理回报"的幌子下躲躲闪闪、遮遮盖盖、羞羞答答地隐性操作的。由于政府管制宽松，监督主体不落实，民办院校不准自准的"合理回报"行为还是非常严重的，对此政府相当清楚。"投资办学是为了获取收益，如果办学不能获得收益，便不可能有举办者将资本投入到高等教育中来。"① 投入的资产不能有效的得到保护，增值的部分资产又不能真正取得"合理回报"，"导致不少民办院校的投资者由于对未来政策不明确，出现从学校大量抽逃资金的事件。"② 当然，这个问题在今后的分类管理中将可能得到解决。

（3）关于民办院校停办以后的资产归属问题。这一问题修订前的《民办教育促进法》没有明确规定，第五十九条明确：民办学校终止并进行财产清算时，在清偿"应退受教育者学费、杂费和其他费用""应发教职工的工资及应缴纳的社会保险费用""偿还其他债务"后，"剩余财产，按有关法律、行政法规的规定处理"。文中只字未提投资者投入的资产返还问题，也没有明确规定清算后"剩余财产"的归属，即对出资人投入资产的最终归属没有明确的规定，而是含糊其辞、回避矛盾、能过且过。立法的空白、语词的含糊，增加了法律的不确定性，难以使举办者放心投入，很多民办院校的举办者宁可租房办学，也不愿意投资于校舍等硬件的建设，致使办学条件的提高和改善缺乏巨额资金的支撑。

《民办教育促进法实施条例》对民办院校产权也有规定："民办学校的举办者可以用资金、实物、土地使用权、知识产权以及其他财产作为办学出资。国家的资助、向学生收取的费用和民办学校的借款、接受的捐赠财产，不属于民办学校举办者的出资"（第五条）。第三十七条提出："在每个会计年度结束时，捐资举办的民办学校和出资人不要求取得合理回报的民办学校应当从年度净资产增加额中、出资人要求取得合理回报的民办

---

① 潘懋元、邬大光、郭敦荣：《民办高教发展需要有更多的路径》，《中国教育报》2012年1月9日，第5版。

② 朱永新博客，http://zhuyongxin.blog.zj.com/d-105309.html。

学校应当从年度净收益中，按不低于年度净资产增加额或者净收益的25％的比例提取发展基金，用于学校的建设、维护和教学设备的添置、更新等"。第四十四条规定："出资人根据民办学校章程的规定要求取得合理回报的，可以在每个会计年度结束时，从民办学校的办学结余中按一定比例取得回报。"新修订的《民办教育促进法》鉴于分类管理的实施，对这部分资产作出原则规定，具体操作性实施文件还在修订中。

　　综上分析，在民办院校产权规定上，我国现有相关法律法规做出的规定是相互矛盾、脱离实际，自话自说，难以操作的。个别条文虽然看似清晰但难以落实，仅具表态性不具操作性。由于对民办院校财产权的规定存在残缺，即产权界定不全、产权所有模糊和产权配置不当等，造成现实中存在的权利与责任和利益的缺失、不清楚和不对称等等。比如，对民办院校财产权的界定，只体现了国家与学校之间的权责关系，私人所有者和学校之间的权责关系；在产权的权能方面考虑了办学期间学校的法人财产权，而没有考虑投资者或举办人的所有权；允许出资人取得合理回报的规定也只是作为扶持与奖励的手段，而不是正式承认出资人对财产的收益权；清偿后的资产按有关法律、法规处理，只有投入机制，没有退出机制，收益与各自投入成本不相符合。可见，对民办院校产权法律关系主体即投资人、举办者的产权主体地位与权能所包括的所有权、交易权、收益权等权利与义务的内容规定不明，直接影响着办学实践中的产权关系。同时，由于现有法律只对民办院校资产中的国有资产和受赠资产的监督、使用和管理作了原则规定，完全回避了对举办者投入和办学积累增值部分校产的产权及民办学校终止时清偿债务后剩余财产的分配问题，导致民办院校的产权状况和产权关系依然难以厘清，民办院校的明晰产权工作难以开展，产权纠纷经常出现。在产权政策不明晰的情况下，甚至还有民办院校的举办者或管理者，因为学校资产问题进了监狱；法院在介入民办院校资产纠纷案件时，评判尺度也没有统一的依据；对于是否允许民办院校在董事会管理下，将一定比例的资金用于其他回报率较高的营利性事业，建立学校自身的资本增值机制等，也没有明确规定。而在实际操作中，已经有不少学校采取了这种投融资的新渠道。可以看出，目前的产权设计完全是为捐资办学模式设计的，不能适应我国民办院校多样化的举办模式。这个问题在国家实施分类管理以后可能也会得到部分解决。

　　对于民办院校产权问题的影响。阎凤桥教授认为，"从外部治理角度看，应加强我国民办教育的规范性，增强其社会信任度。在与民办教育有关的诸多问题中，产权或所有权问题最为突出且无法回避。具体而言，民办学校的举办者和投资者应不应该拥有产权或所有权？如何对待部分民办学校创办者的利益诉求？如何对待部分企业参与创办学校并且从中寻利的动机？什么样的制度设计有利于吸引更多的社会资源以促进民办教育的健康发展？"① 这里很明确地揭示了民办院校产权问题与治理问题的联系。由于产权问题的解决思路不明确，使得举办者办学的经济责任不落实，蕴藏了民办院校办学的风险，也影响了社会对民办院校的投入热情。在整个民办教育投入中，举办民办院校的资金是巨额的。在民办院校建设过程中，几乎所有的民办院校都有一定的贷、借款，由此举办者所承受的压力是难以想象的。据此有一部分民办院校对举办院校的产权提出一定的想法，应该得到一定的理解和支持。《民办教育促进法》颁布以前，许多举办者总体来说相信政府解决这一问题的努力，计较不多，顾虑不及。2003年《民办教育促进法》颁布以后，许多举办者由观望转为失望。一个能够说明问题的事实是，从 2003 年以后举办的民办院校相对较少，比例较低，现有的民办院校和独立学院，大部分是《民办教育促进法》颁布以前建立的，其中一部分是在计划经济年代以来依托招生指标的稀缺贵重积累滚动发展起来的，或者是《民办教育促进法》颁布以前就是进修、专修学院，随后积累滚动发展而来的。并且就全国来说，大财团投入民办院校的比例并不多，中国民办院校要很好地解决投入问题，很重要的路径就是解决好民办院校的产权问题。

（三）政策执行的效益和效率低下

由于受内、外部诸多因素的影响，教育政策在执行过程中往往会出现"走样"或"失真"。石火学将教育政策执行的问题概括为五种类型，包括象征性执行、附加式执行、残损式执行、替代式执行和机械式执行等②。陈学军和邬志辉认为，教育政策执行过程中存在着"虚假化"和"扭曲化"的现象，其主要表现为教育政策的表面化、扩大化、缺损和替代。关于教育政策执行问题的表现，虽然每个研究者都有自己的观点，但

---

① 阎凤桥：《试析我国民办学校的产权形式和治理结构——基于对非营利组织特征的分析》，《教育研究》2002 年第 2 期。

② 石火学：《教育政策执行偏差的表现、原因及矫正措施》，《教育探索》2006 年第 1 期。

是实质相差不多，只是表述不同而已。归结起来教育政策执行问题主要表现为执行表面化、执行扩大化、执行替代和执行缺损等四个方面。

改革开放以后，我国相继出台了一系列民办院校相关政策，极大地鼓励了社会力量投资举办民办院校的热情，增加了高等教育的投入，新办了大量的高等院校，缓解高等教育资源的匮乏，在其迅速发展的过程中，规模扩张尤为突出。在高等教育逐渐步入后大众化时代，民办院校在我国高等教育体系中的地位和作用日益突出，成为高等教育事业的重要增长点和高等教育改革的重要力量。但不容忽视的问题是，我国民办高等教育政策体系存在诸多方面存在不健全、不完善之处，使得有限的政策多停留在文本形式上，在实践中难得到很好落实，政策效果不理想，甚至偏离预期政策目标。

以落实民办院校办学自主权为例。改革开放至今，我国先后召开了四次全国教育工作大会，大会召开的同时相继颁布了四项重要政策，分别是《中共中央关于教育体制改革的决定》（1985）、《中国教育改革和发展纲要》（1993）、《关于深化教育改革全面推进素质教育的决定》（1999）、《国家中长期教育改革和发展规划纲要（2010—2020）》（2010）。这四个文件可称为我国教育改革和发展规划的纲领性文件，都对院校办学自主权政策做出了制度安排。高等学校办学自主权可以理解为"高等学校作为相对独立的教育实体而拥有自我支配、自我约束、自我发展的权力"。按照《高等教育法》第四章之规定，高等学校的办学自主权包括八项，分别是民事权、招生权、学科专业设置权、教学权、科研开发和社会服务权、国际交流合作权、机构设置和人事权、财产管理和使用权。

作为改革开放的产物，民办院校的举办者希望在一种相对宽松的环境中获得更多的办学自主权。从民办院校自身的属性和特点来看，民办院校作为独立的办学实体也应当享有充分的办学自主权。而由于民办院校特殊的办学体制，对办学自主权的需求更为迫切，更为重要。然而，从目前来看，受之前计划经济体制的惯性影响，教育行政部门在招生计划、招生批次、招生分数、招生区域等方面严格管理，并采用公办院校的统一标准对民办院校的专业设置、教学计划、课程安排等做出要求。民办院校不但没有拥有比公办院校充分的办学自主权，反而由于政府担心其办学质量和办学能力，自主性空间更加狭窄。作为高等教育体系的成员，根据《宪法》《教育法》《高等教育法》《民办教育促进法》等法律规定，民办院校依法应当享有与公办院校同样的办学自主权，而且还应在招生、教育教学、教职工聘任、法人财产和学生管理方面获得更多的自主权。在《民办教育促进法》中，仅第二十四条和第二十五条规定了民办院校享有的办学自主权范围，主要限于日常管理权、教职工管理权、学历证书权，并未明确详细涉及自主设置专业与课程权、自主招生权、自主定价权的规定。就自主设置专业与课程而言，《民办教育促进法实施条例》虽然规定"实施民办高等教育和中等职业技术学历教育的民办学校，可以按照办学宗旨和培养目标，自行设置专业、开设课程，自主选用教材"，但是并未对具体如何自主设置进行较为明确的规定。而且 2012 年教育部制定《普通高等学校本科专业设置管理规定》中对我国院校的专业设置和调整，当然包括民办院校都必须遵从，实行备案和审批制度，由教育部统一管理。确实备案制的实行改变了过去一直实行的审批制，高等院校可申报设置尚未列入《专业目录》的新专业。但是实际上，教育部对院校专业设置的管理依然十分严格。2013 年年初，教育部发布的 2012 年普通高等学校本科专业设置备案或审批结果的通知显示，有 60 余所院校的 258 个专业未获教育部批准，仅有 7 个新专业获得批准。虽然没有对民办院校专业申报批准的相关统计数据，但是普通高等学校尚且如此，更何谈民办院校。而专业与课程的设置是影响民亦院校从招生到就业的整个人才培养过程的重要内容。此外，自主招生权作为直接关系民办院校生源问题的重要权利，是民办院校生存与发展的重要基础。对于自主定价权，虽然教育具有公益性，政府基于社会公平与效益的考虑对民办院校学费标准进行管理是合理的，但是由于投资办学为主的特点，民办院校具有先天的资本逐利性表现，对学费的收取理应享有一定的自主权。因此，进一步加强专业和课程设置自主权、自主招生权和自主定价权的完善与落实，是民办院校发展政策的一项重要内容。

收费政策也是民办院校办学自主权的一个很重要的政策。政府的政策要求是按成本收费，但是实际工作中这个成本很难计量，哪些经费算成本，基建算不算，土地算不算，要不要折旧，等等，这些实践中的问题非常复杂难以决断。也有的地区探讨公办院校生均拨款作为收费基数，似乎有一定的道理，但是问题又来了，公办院校的政府财政性经费，仅仅是生均拨款吗？以浙江省为例，本科公办院校的生均拨款只有 1 万元，但是培养成本已经达到 3 万余元。并且公办院校的基本建设大多由政府买单。凡此种种问题不断涌现，弄得一些政府管理部门像一个进入超市的家妇，不知道如何决断了。迄今为止，关于民办院校放开收费的呼声极高。2017年2月13日，国家发改委根据《国务院关于取消中央制定地方实施行政许可事项的决定》（国发〔2017〕7号），取消"民办学校学历教育收费项目及标准审定"，意味着学历教育学校收费今后也不一定需要许可审批。但是半年来，根据研究调查，这一文件实际上也没有最后得到有效实施，文件成为一纸空文。

民办院校发展政策执行力弱化，损害了政府政策的权威，浪费了政府的行政资源，也耽误了民办院校发展的机遇。

（四）政策执行的协同性和覆盖性不够

民办院校是在公办院校独占高等教育舞台的背景下、在政策一片空白的状态中起步的，本身就是作为高等教育园地的奇葩和另类成长起来的。民办院校发展政策是一个庞大的工程体系，政策的制定和落实往往要涉及多个政府部门，是一个多部门合作决策的行为。民办院校政策制定和落实的有效性，在一定意义上取决于各个相关部门之间的配合程度，并且受到既有规则能否及时做出调整的影响。首先来看法人登记，根据现行规定，民办非企业法人登记在民政部门进行，而民政对于非企业法人有严格的相关规定；一部分事业登记的民办院校法人在人事部门登记，与原有的事业单位登记条例也不完全一样。分类管理以后，营利性民办院校登记在工商部门登记，但是工商部门登记的单位大都为"有限责任公司"，因此原有的登记规定也不符合。加上教育部门许可审批，就民办院校登记这样简单的问题就涉及四个部门，可见简单问题的解决并不简单。据不完全统计，民办院校办学体制改革，涉及主要的政府部门有教育、民政、工商、人事、编制、公安、物价、税务、财政、国土等十多个，由此形成庞大的民办院校发展政策制定体系。再以解决教师队伍建设问题为例，民办院校反应多年的落实民办院校与公办院校教师相同地位和待遇的问题，首先就是教师身份的确认，"事业编制"的解决首先需要得到各级编制委员会的文件确认，才有资格争取教师的身份资格，换句话说，只有首先解决好单位身份，才有解决教师身份的可能。按照现有事业单位注册改革的文件精神，部分民办院校可以登记为事业单位，这为解决教师的"事业编制"开启了一扇大门，但是也不能说这个问题就解决了。事业单位登记以后具有了申报"员额"的可能，但是员额的确定、各个岗位的设置、岗级审定就成为下一个部门的工作职责——人力社会保障厅。在几经努力成功的可能条件下，得到教师的员额确定，按照员额录用的教师就将具有事业编制的身份，但是这也不是问题的终极结果。因为事业单位的养老中心是一个相对独立的部门，只有进入事业单位、教师同时进入机关事业养老保险中心缴纳事业单位的养老金等（有的地区医保、年金等分开部门管理），才能真正获得名副其实的"事业编制"待遇。由于流程复杂，工作量大、牵涉面广，可想而知要达到这个目标并不容易。因此，民办院校政策的协同性和覆盖性，对于政策的贯彻落实落地非常关键。

我国民办院校政策的协同性和覆盖性不够，主要是因为面向民办院校的政策制定历史短。我国高等教育的政策已经有几十年的完善，经受了历史的考验，但是这些政策都是以公办院校为对象制定的，现在高等教育体系包括了公办院校和民办院校，有一些政策对民办院校并不适合，因此应做出调整，以保证政策良好的协同性和覆盖面，满足高等教育改革对政策提出的要求。但是由于民办院校的独特政策需求，政策制定往往既涉及调整已有相关制度和民办院校群体之间的复杂关系，所以常常表现得共识难达，分歧明显，矛盾集中，过程曲折。这种状况充分体现在立法和政策制定的讨论过程中，并且影响法律和政策的执行效果，甚至出现政策出台后迟迟难以实施的状况。另外，我国民办院校政策系统性全面性不够，也是造成政策的协同性和覆盖性不够的重要原因。事实上，政策的制定和实施是一个工程，一个涉及各方面的庞大工程，如果一个部门单兵独进，哪怕就是教育部门，也难以收到效果，也难以做到顺利落实。

（五）政策执行的绩效跟踪评估不够

我国民办院校政策执行力不够，同时也缺乏必要的政策跟踪和评估。民办院校的政策建设取得了一些成绩，使得一些政策制定者盲目乐观，感觉良好。但是实事求是地说，政策的绩效确不是很理想，甚至有的禁止和限制形同虚设，民办院校不准自准。由此，许多研究都提出要加强民办院校发展政策的跟踪和绩效评估，引入政策评估机制。一方面，政策评估机制的引进在民办院校与社会之间建立了一个信息互通的渠道，能够准确、及时、真实地反映社会对民办院校发展政策的需求，使政府在制定完善政策的过程中，及时了解社会需求和政策的时效，及时调整思路，明确政策方向，主动适应社会及办学者的需求；另一方面，建立政策评估机制，可以吸纳各方面人员参与对民办院校发展政策的评价和监督，吸取各方精华，有利于制定出更适合民办院校发展的政策措施。还有，民办院校也可利用评估的机会，增强开放程度，推动自身内涵建设更大发展。建立民办院校政策评估机制有利于完善民办院校发展政策的质量。以前对公共政策的评价时往往按单一的标准来设置评价标准。对象是单一或者是具有共性的，在一些方面反映了政策的有效性，但是针对民办院校这一不同的办学模式，政策是否达到了预期的效果，是否与其他政策一样容易执行，这些都可以在评估的过程中予以了解和解决，切实提高政策的质量。再次，开展民办院校发展政策评估可以及时发现其中存在的问题，例如滞后性、操作性不强、片面性等等，以此让政策制定部门及时进行调整，更好地发挥政策的引导和扶持作用。

三　政策工具在民办院校发展中的运用

政策工具是政府将其实质目标转化为具体的路径和机制，是连接政策制定与政策执行之间的中间桥梁，是政策制定走向政策执行的关键所在，也是政府得以推行政策的手段和方式。下文将借鉴英格拉姆（Ingram）和施耐德（Schneider）对政策工具理想类型的分析，从权威工具、激励工具、能力建设工具、符号和规劝工具以及学习工具五个维度，详细分析政策工具视角下民办高校分类管理的问题。

第一，权威工具过度。权威工具是政府部门使用频率最高的用以达成政策目标的工具，是公共机构或政策制定者执行指派任务的法定权力。权威工具主要在政府的科层体制中被使用，用以指导政府机关和官员的行为。当权威工具面向目标群体时，总是伴随着其他动力机制。

权威工具是以行动者自愿服从为基础，这些行动者承认颁布者赋予规章和命令的合法性，而且认可颁布者的这项权力。政府权威工具的过度体现在对民办院校管理职能上的"越位"，即民办院校本可以自己解决的"小"问题，政府却插手太多，主要表现为：习惯用公办院校的管理模式来管理民办院校，直接干预民办院校的办学自主权，对民办高校的收费标准、民办高校招生比例的设置、民办高校的校企合作等问题都有干涉，这种事无巨细的管理束缚了民办高校的自主，阻碍了民办高校的发展，政府管理角色的不明确对民办高校的发展造成了阻力。

根据王江璐的研究，在每年全国两会涉及民办教育的相关提案中，涉及"推进、改善、促进、扶持、支持、完善、保护"的内容要大大多于

"引导、规范、限制、监督、禁止、加强管理",从中我们也可以看出,政策中权威工具的运用可能是要多于其他劝诫性工具的使用。而权威工具的过度使用,在某种程度上会影响民办院校参与分类管理的积极性和自主性。

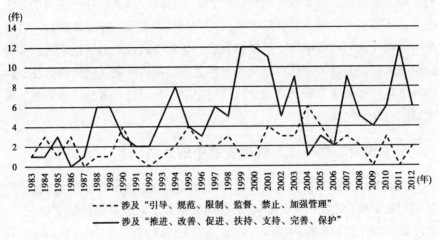

图 6-1　　涉及民办教育态度的提案

资料来源:王江璐:《人大议案和政协提案中民间办学问题的特点分析》,《中国教育财政》2017 年第 6 期。

第二,激励工具不足。激励工具是依靠正向或负向的切实回报来诱导人们遵从的工具。激励工具假定个体是效用最大化的个体,除非他们受到被操控的金钱、自由或者其他切实回报的影响、鼓励或强制,否则不会积极地采取政策倡导的相关行动。《民办教育促进法》第四十五条规定:"县级以上各级人民政府可以采取经费资助,出租、转让闲置的国有资产等措施对民办学校予以扶持。"由于缺乏民办院校分类管理政策,激励工具仅限于规范条例中,流于形式,社会效应好的非营利性民办院校未享有充分的政策优惠与激励。《民办教育促进法》第二十七条规定:"民办学校的教师、受教育者与公办学校的教师、受教育者具有同等的法律地位。"

尽管民办院校教师的法律地位得到了肯定,但他们未享受到与公办院校教师同等的社会福利保障,主要存在社会地位不高、身份编制不清、薪酬待遇较低和社会保障不足等问题。

21 世纪以来,世界各国普遍将非营利性私立教育纳入广义的公共教育的组成部分。我国民办高等教育的快速发展，促进了高等教育办学体制改革和层次结构的优化，在推进高等教育大众化进程等方面发挥了重要作用。然而，民办院校至今仍未真正享受到与公办院校同等的待遇。

激励工具的缺乏，影响民办院校利益相关者参与分类管理的积极性，不利于民办院校分类管理政策的制定和实施。

第三，能力建设工具缺位。能力建设工具是指提供信息、培训、教育和资源给那些有能力的个体、群体或机构去决策或开展活动。

长期以来，我国高等教育的经费投入主要流向公办院校，民办院校一直处于补充地位，主要体现在：财力资源和人力资源分配的不公平；在财力资源方面，公办院校办学经费来源渠道广，不仅可以享受政府的直接财政拨款，而且在税收、土地、银行贷款和社会捐赠等方面享有诸多的政策优惠，但民办院校到目前为止还难以得到政府有力的财政资助，在银行贷款、土地征用和税收优惠等方面也没有享受到与公办院校同等的优惠政策。这种教育资源分配明显不均的状况，不利于民办院校的能力建设。

民办院校的快速发展，亟须一个更公平的政策环境。这不仅是非营利性民办院校的渴求，也是构建公办、民办院校公平竞争和良性高等教育市场形成的重要因素。教育公平与效率问题归根到底是教育政策的核心问题，而目前我国民办院校发展政策存在的不足，主要是教育政策总体上重效率而轻公平的结果。在我国，政府严重干预民办高等教育的效率，而轻视民办高等教育的公平。由于政府支持的教育资源通常放在公办院校，民办院校的办学经费往往得不到保障，技能培训及信息咨询服务也得不到支持。缺乏与资金保障相关的扶持政策，将难以推动分类管理政策的落地。

第四，符号和规劝工具失灵。符号和规劝工具假定人们从内部受到刺激，并以他们的信仰和价值观为基础决定是否采取与政策相关的行动。个体在决策情境中感知到的诸多价值观是以激励为基础的政策工具所不能掌握的。如果目标群体认为这些行为与其价值观一致，则更容易接受并遵循这种价值观导向。

符号和规劝工具对政府提出了更高的要求，政府在拟定和颁布政策时需要考虑到民办院校不同的价值观，善用决策启发。现实中，政府惯用新闻媒体宣传其倡导的价值观的重要性，通过数据指标及符号标榜的方式使民办院校跟随政府的价值观，从而培养出符合国家意识形态需要的公民。这种思维模式导致政府制定的决策往往过于笼统、权威，市场干预过强，未考虑实际情况。

在网络时代，尽管政府的政策工具十分权威，但市场可能不听任、不配合政府的指引，也可能不相信政府制定的目标活动是最优先或最科学的决策。

符号和规劝工具是否有效，取决于政府的公信力，若政府干预内容多、范围广、强度大，必将导致其与民众的疏离、与市场的对立，导致市场失去活力，最终造成政府符号和规劝工具失灵。

第五，学习工具缺失。学习工具是指当目标群体采取行动解决问题时具有模糊性和不确定性，但能够通过自身的学习行为，对其他政策工具做出有效的选择。

民办院校大多是投资办学，较少有捐资办学。受市场竞争的影响，一些民办院校往往容易出现只顾眼前利益的"短视"行为，忽视可持续发展。目前，由于《民办教育促进法》的相关配套政策尚未落地，民办院校还未能实施分类管理政策，致使政府对民办院校的管理还只能是参照公办院校的管理模式。

第六，政策工具运用单一。在民办院校发展的某一个阶段，政策工具的选择应该是有所侧重，这是没有问题的。问题在于政府在运用政策工具时，往往想到的只是权威工具，很少有其他工具的运用。或者政策工具运用中，不善于混合、综合使用政策工具，从而降低了政策执行的效益和效率。

评价机制决定着个体或群体的发展动向，传统既定的评价机制诱导以公办院校为主流对象，公办院校的办学模式和办学理念成为国家高等院校的示范，因此评价体制主要以公办院校为标杆。受此影响，民办院校在办学模式及办学理念等方面大都参照公办高校，缺乏自身个性。加上民办院校缺乏自省机制，更囿于社会评价机制的压力，他们就更难形成特色。即使权威工具、激励工具、能力建设工具、符合和规劝工具都发挥作用，若民办高校学习工具缺失，也很难对民办高等教育政策做出有效选择。

第二节　我国民办院校办学政策的发展趋势

笔者认为："在大众化甚至普及化以后，民办高等教育走向何方，很大程度上仍然取决于政策的转型，决定于政策的顶层设计和空间。"①

在当前和今后一个时期，民办院校的发展仍然是高等教育发展中政府着力推动的重要政策内容，改革已经进入深水区。根据国家现有政策和相关改革方向思考，我国民办院校办学体制政策具有以下几个趋势。

一　从零散政策走向综合系统

改革开放以来，我国民办高等教育除了为社会提供日益增加多样化的教育机会外，还通过持续不断的政策改进，为改革我国教育的计划体制模式和建立适应社会主义市场经济体制的现代教育体系做出了独特的贡献。民办院校的产生、发展本身就是一种政策改革上的突破，由于改革开放以来我国民办院校的创建和发展，改变了我国高等教育的基本结构，使得原先处于封闭、保守状态下的公办高等教育不断走向一个逐步开放、充满活力和多元化的现代教育体系转型，并成为我国社会整体转型中的一个必要的环节。我国民办高等教育的快速发展对民办院校发展政策提出了改革的诉求，以期获得国家教育政策更有力的支持和推动。一直以来，我国的民办高等教育实践都走在政策和法规的前面，常常是实践中出现什么问题就制定什么法规，政策和法规的滞后制约着民办高等教育的发展。要改变这种情况，必须改革和完善现有政策法规建设，建设全面系统的民办院校办学体制的发展政策，适应我国民办院校长远发展的需要。

我国民办院校办学体制的政策，经历了一个过程。民办院校的发展政策是随着民办院校发展的时间而逐步完善的。由于民办院校是"另起炉灶"，没有任何的政策积淀，并且一切在公办院校政策成熟而完善的背景下空白起家，从头开始，需要有一个探索、尝试和固化的过程。政策滞后于实践的发展是在所难免的。"头疼医头，脚疼医脚"的政策行为也是可以理解的。由于对民办院校办学这个新生事物缺乏了解，缺乏共识，事先能出台完善的政策当然更好，但是事实说明并没有发生，政策还是依照事物发展的进程，一步一步开始积累。

民办院校发展最初的政策是问题导向的"点政策"，开门见山，就事论事，文本简单，问题聚焦，这主要是因为对于问题本身的相关情况了解

①　徐绪卿：《加快政策转型支持民办高校健康和可持续发展》，《人民政协报》2013 年 7 月 17 日。

和把握还不够清晰和准确，实际上决策层对民办院校发展的相关问题也不是很清楚，政策的导向自然难以确定，只能针对现实问题，做出调整和规制。例如，关于社会力量办学印章管理的规定、关于社会力量办学收费的相关规定、关于社会力量办学教学管理的规定、关于×××要求举办×××大学的意见（有关问题的函）等，一文一题，简单明了，直面问题，针对性强。通过零零星星问题的处理，能及时纠正发展过程中的偏向和问题，调整与已有政策规定的关系，积累政策的素材和经验，又不伤及发展主流，保证宽松有序的发展环境，使得探索和尝试不至于问题的发生而终止。

学者林小英在撰写博士学位论文《民办高等教育政策变迁中的策略空间》① 时，曾经在教育部档案馆工作 2 个月，查阅大量的文件。根据林博士论文提供的资料，教育部（国家教委）最早印发的与民办院校办学相关文件是从 1984 年 3 月开始的，至 2003 年止，文件粗略统计就有百余件，其中"点政策"大致有 85% 以上。这些政策对于及时回应社会对民办院校发展中的问题，引导民办院校的健康发展，具有重大的指导意义。

经过 30 多年的探索和积淀，民办院校已经在国家高等教育体系中占据一定的地位，成为国家发展战略不可或缺的组成部分。而我国的民办院校发展政策，也经历了一个从探索、默许、认可到鼓励、扶持、支持的发展路子。从 1982 年的《宪法》、1997 年的《社会力量办学条例》，到 2003 年的《民办教育促进法》、2010 年的《国家中长期教育改革和发展规划纲要（2010—2020 年）》，民办院校办学体制的改革政策一步一步走向成熟和完善。

综合系统的另一层含义，是建立民办院校发展政策的协调推进制度。民办院校发展政策涉及许多政府部门，政策的制定和实施，是一个庞大的工程。国务院《关于鼓励社会力量兴办教育　促进民办教育健康发展的若干意见》（国发〔2016〕81 号）指出："各级人民政府要将发展民办教育纳入经济社会发展和教育事业整体规划，加强制度建设、标准制定、政策实施、统筹协调等工作，积极推进民办教育改革发展。国务院建立由教育部牵头，中央编办、国家发展改革委、公安部、民政部、财政部、人力

① 见林小英《教育政策变迁中的策略空间》，北京大学出版社 2012 年版，第 15 页。

资源和社会保障部、国土资源部、住房和城乡建设部、中国人民银行、税务总局、工商总局、银监会、证监会等部门参加的部际联席会议制度，协调解决民办教育发展中的重点难点问题，不断完善制度政策，优化民办教育发展环境。各地也应建立相应的部门协调机制。要将鼓励支持社会力量兴办教育作为考核各级人民政府改进公共服务方式的重要内容。"尤其是2015 年教育法律一揽子修法、2016 年《民办教育促进法》修法，为此国家和地方层面出台了相对完整系统的相关配套文件，目前已经出台了的有：中共中央办公厅印发《关于加强民办学校党的建设工作的意见（试行）》的通知（中办发〔2016〕78 号）；国务院《关于鼓励社会力量兴办教育　促进民办教育健康发展的若干意见》（国发〔2016〕81 号）；教育部等五部门关于印发《民办学校分类登记实施细则》的通知（教发〔2016〕19 号）；教育部、人力资源社会保障部、工商总局关于印发《营利性民办学校监督管理实施细则》的通知（教发〔2016〕20 号）；等等文件。并且根据文件要求和各地实际，全国各省市区几乎都要制定实施政策文件，由此形成庞大的系统的完善的民办院校发展政策体系。2017 年 8月 5 日，国务院办公厅印发《关于同意建立民办教育工作部际联席会议制度的函》（国办函〔2017〕78 号），同意建立由教育部牵头的民办教育工作部际联席会议制度。联席会议由教育部、中央编办、发展改革委、公安部、民政部、财政部、人力资源和社会保障部、国土资源部、住房和城乡建设部、中国人民银行、税务总局、工商总局、银监会、证监会等部门组成，教育部为牵头单位。根据工作需要，经联席会议研究确定，可增加成员单位。联席会议由教育部主要负责同志担任召集人，相关成员单位负责同志为联席会议成员。联席会议成员因工作变动等原因需要调整的，由所在单位提出，联席会议确定。联席会议办公室设在教育部，承担联席会议日常工作。联席会议设联络员，由各成员单位有关司局负责同志担任。要求各成员单位要积极做好本部门涉及民办教育的相关工作，主动研究民办教育改革发展重大问题，按照联席会议各项工作机制扎实开展工作。要认真落实联席会议确定的各项任务，指导地方对口部门落实具体工作措施。要及时通报相关情况，形成反应迅速、配合密切、应对有力的长效工作机制，共同做好民办教育工作。可以想见，这对于全面系统贯彻落实《民办教育促进法》相关精神，是非常必要的，也是切实可行的。

二　从"合理回报"走向"分类管理"

坚持不以营利为目的，是我国教育事业发展的传统。教育历来是公益事业，这已经成为全人类的习惯理念。在我国 2015 年以前的所有教育法律法规中，一直明确强调这一宗旨。正因为这样，在民办院校的发展法规政策中，也一直明确禁止营利性行为的存在。

邬大光教授认为："教育的公益性是人类社会基于对教育的本质及规律的深刻认识而得出的一个基本命题，它折射着教育活动与其他人类活动的本质区别。教育包括高等教育在一定历史时期内或者说相当长的历史时期中，其公益的属性仍将存在。从教育的终极目标而言，伴随着社会生产力和人类自身的发展，教育的公益性可能是教育追求的最终目标。……教育的公益性相对于整个教育体系而言，是人们对教育活动的一种理想追求。但世界各国高等教育发展的现实，尤其是高等教育大众化进程的加快实施，使得教育活动的公益属性率先在高等教育领域受到挑战，免费接受义务教育、高等教育的措施也正在逐步解体，缴费上学正逐步成为人们的共识。"[1] 在另一论文中，邬教授进一步分析了我国民办院校投资特性的渊源。"我国改革开放后早期起步的民办教育，与历史上捐资办学的私立教育大相径庭，几乎都是在'一无资金，二无校舍，三无教师队伍'的背景下起步的，民办学校的举办者几乎没有一个是声名显赫的实业家。这种"白手起家"的办学模式，更多地是根据旺盛的教育需求与国有教育资源不足留出的市场空间，利用市场机制介入民办教育领域的，由此导致当时进入民办教育领域的办学者只能采取'以学养学'——靠学费维系发展的模式。在巨大的教育需求和市场经济改革的推动下，重新复归的民办教育从其诞生之日起就留下了浓厚的投资办学的痕迹，从此走上了一条特殊的发展道路。20 多年来，国家和地方政府对民办教育的财政资助体系始终没有建立起来，民办学校的资金链始终比较脆弱。'教育储备金制'只解决了办学初期的建校融资问题，而学校发展所需要的资金并没有得到根本的解决。于是，通过扩大办学规模，追求规模效益就成为民办学校生存与发展的又一种新的选择。也就是说，通过短期内的规模扩张，

---

① 邬大光：《中国民办高等教育发展状况分析（下）——兼论民办高等教育政策》，《教育发展研究》2001 年第 8 期。

尽快完成民办学校的'原始资本积累'，成为了民办学校发展最为有效的方式。民办教育的发展实践证明，凡是较早意识到规模扩张重要性的民办学校、较早进行或完成规模扩张的民办学校，几乎都走上了成功之路。与之相反，那些没有及早完成规模扩张的学校，如果该学校又没有盈利产业做支撑，几乎都面临着财政困难。这也就是说，不论采取何种融投资方式建立的民办学校，只要抓住了规模扩张，就比较容易完成'原始资本积累'；没有抓住规模扩张，也就没有把握住发展机遇。在我国民办教育领域被称为'西安现象'和'江西现象'的发展模式，其成功之处就是在短期内快速完成了规模扩张。"[1] 这一理论成为我国民办院校研究经典的论述之一。

当然，对于我国民办院校营利性的办学倾向，笔者还有自己的看法。民办院校之所以具有愈演愈烈的营利性倾向，既有民办院校发展阶段的特殊性，也与政府的监管引导相关。虽然一系列的法律法规强调民办学校"不以营利为目的"，但是对于民办院校中普遍存在的营利行为，政府司空见惯，见怪不怪，开只眼闭只眼，很少做出法律的处理，形成了虽然法律禁止，实际上只是一种倡导性的"假禁止"状况。笔者无法得知这是不是政府有意为之，甚至暗藏后续允许营利的政策倾向。合理回报政策的出台，导致营利性行为实际上的合法化，"投资办学"成为可能，极大地鼓舞了营利动机举办民办院校的行为。这不仅偏离了民办教育发展的原有政策方向，也与"合理回报"政策制定的"奖励"初衷相偏移，也出乎许多民办院校举办者的意料，当然也给社会理解民办院校涂上了负面的色彩。就笔者看来，投资是一种资本行为，没有资本就谈不上投资。从我国民办院校举办的实际情况来看，大多数早期创建的民办院校少有经费投入，因此还谈不上投资。但是，随着民办院校办学资产的积累，以及政府放松对民办院校营利行为的监管，助长了民办院校办学的营利性。据笔者最近的调查，在政府完善政策的引导下，民办院校中真正坚持营利性办学的并不多。

现在，《民办教育促进法修正案》已经获得全国人大常委会的批准，分类管理已成定局。不论过程如何发生，不管原因结症何在，民办院校的营利性已经在中国大地获得认可，并从法律上取得地位。从此，民办院校将以是否"营利"分成两大阵营。过去"不得以营利为目的"规定下的

---

[1]　邬大光：《我国民办教育的特殊性与基本特征》，《教育研究》2007 年第 1 期。

政策体系将不再适用,需要重新组织起允许"营利"的新政策体系。为了体现国家导向,出台有差异的扶持政策,"分类管理"将成为民办院校新一轮发展的政策特征。

尽管举办营利性学校已经获得法律认可,但是并不是说教育的公益性就不需要坚持了。从国家现有的制度设计来看,仍然坚持非营利办学的政策导向,政策向非营利学校倾斜。"与私立教育的传统相比,投资办学是教育传统的一种'异化',也可以说是对教育传统和理念的一种挑战。对于这种'异化',我国的教育管理部门和教育理论界是始料不及的。对于投资办学的价值取向和未来走势,人们表现出了极大的担忧,这是可以理解的。无论是从教育的公平性、教育的起始目标和终极目标来说,毫无疑问,投资办学都背离了上述轨道。在这个意义上说,投资办学似乎是民办教育发展中的一个过渡阶段,把业已形成的投资办学逐步引导到捐资办学的轨道上,是我们的责任和使命。"① 国务院《关于鼓励社会力量兴办教育 促进民办教育健康发展》(国发〔2016〕81 号) 也指出:"分类管理,公益导向,实行非营利性与营利性分类管理,实施差别化扶持政策,积极引导社会力量举办非营利性民办学校",说明政府的导向也是明确的。

三　从"规范"走向鼓励支持

任何政策都具有阶段性,不同发展阶段具有不同的政策需求。民办院校的发展政策也不例外。从 1982 年的《宪法》,到 1993 年颁布的《民办高等学校设置暂行规定》,再到 2003 年颁布的《民办教育促进法》,直到 2010 年《国家中长期教育改革和发展规划纲要》之前,这一阶段我国民办高等教育的政策主要是解决民办院校的合法性和规范性问题。

1. "规范"是民办院校发展初期政策的基本基调

一方面,民办院校的举办,本身就是对原有制度的挑战和突破。这些突破有的是必需的,有的是暂时的、探索性的。另一方面,在民办院校发展的过程中,对于一些明显的违规办学行为,有必要进行教育、引导和明确规范,以规制民办院校办学的秩序和环境。无论是《民办教育促进法》及其《实施条例》,还是教育部的 25 号令,都是以"规范"为基本特征。明确规定民办院校可以干什么或者不能干什么。如《民办教育促进法》

---

① 邬大光:《我国民办教育的特殊性与基本特征》,《教育研究》2007 年第 1 期。

5511 字中"应当"两字出现了 36 次，《国务院办公厅关于加强民办高校规范　管理引导民办高等教育健康发展的通知》有 2900 余字，其中"规范"两个字就出现了 12 次，《民办高等学校办学管理若干规定》（教育部 25 号令）共有 3488 个字，其中"应当"一词出现了 22 次，这种坚定和刚性的用语，足以体现政府对于民办院校办学的"规范"导向和态度。

　　若以历史的视野来看待这一时期的民办高等教育政策，就会发现，以"规范"为基本基调的政策是符合这一阶段我国民办院校发展现实的。规范为主的政策具有必要性和合理性。改革开放后的民办院校，是在强烈的社会需求驱动和政府高等教育资源严重不足的状态中发展起来的。民办院校的发展为社会做出了突出的贡献。但是也不可否认，部分民办院校举办者办学动机不端正，办学指导思想有偏差，功利观念严重，出现了许多不规范的办学行为。有的民办院校内部管理体制不健全，法人财产权不落实，资金运作极不规范，擅自抽逃办学资金，掏空学校财政，致使学校运作困难。一些民办院校招生虚假宣传、乱发学历文凭，教学等方面也存在不少不规范的现象。甚至有些地方的民办院校相继发生因学籍、学历、收费等问题而导致的学生群体性事件。这些问题既不利于民办院校提高质量，还有可能引发社会稳定问题，因此引起了政策制定者的高度关注，希望通过政策杠杆来强制"纠正"和"规范"民办院校不良的办学行为，进而促进民办院校健康稳定和可持续发展。

　　这一时期我国的民办高等教育政策以规范为主，还反映了管理层对举办者过分谋求经济利益的担心。我国大部分民办院校的举办者希望得到办学回报，这是区别于其他国家私立高等教育的一个显著特征。"《民办教育促进法》的起草者发现，属于投资办学的民办院校大约占我国民办高校总数的 90% 左右。"[1] 大量的民办院校属于投资办学，与我国长期以来坚持的"不以营利为目的"办学要求差距甚远，政策制定者由此担心民办院校办学中大量营利行为的发生，这种心态促使管理部门所制定的政策以规范为主。

　　政策是动态连续的主动选择过程，教育政策应该根据教育事业的发展而变化。当教育事业发展变化以后，教育政策必须随之调整，否则就不能

---

① 韩民、张力：《〈民办教育促进法〉颁布实施的意义及其政策课题》，《教育研究》2004 年第 4 期。

对教育发展起到促进作用。如果说之前我国的政策基调是"合法"和"规范",那么当下的基调应逐步转向"鼓励"和"支持"。

2. "规范"发展已经成为民办院校的自觉行为

我国民办高等教育已经完成"合法"和"规范"发展阶段。民办高等教育发展的合法性已经得到法律的确认。就规范来说,虽然还有必要,但是就整体而言,大规模的全过程的"规范"任务已经结束,政策转型的条件基本成熟。

第一,国家对民办院校的监管体系日渐完善,监管绩效日渐明显。《民办教育促进法》及其实施条例的贯彻落实、对民办院校进行年检、民办院校内部管理体制的规范、建立民办院校的监事制度、向民办院校派驻党委书记和督导专员、民办院校领导更换报批制度等一批规章制度的建设,使得民办院校的办学行为始终处于政府的有效管控之中。

第二,民办院校的内部管理体制进一步健全,董事会领导下的校长负责制普遍建立,法人治理结构普遍实施,绝大多数民办院校董事长、校长分设,在学校运行中分工明确,相互配合,关系融洽。以党委为政治核心的监督机制地位已经确立,并逐步完善。许多民办院校举办者认识到,只有"规范"办学,注重质量,完善管理,才能实现稳定和可持续发展。规范办学已成为民办院校普遍的自觉选择。

第三,我国民办高等教育的公益性已大大增强。越来越多的民办院校选择了公益性的发展道路,2012年浙江树人大学等民办院校发起成立了"中国公益性高水平民办高校联盟",得到了20多所民办院校的积极响应。坚持公益性发展已经成为越来越多的民办院校的共识。

综上所述,我国民办高等教育发展中的"规范"任务已经基本完成,未来民办院校的发展任务是注重特色培育和质量提升,增强核心竞争力。在政策方面,政府在继续对民办院校规范管理的同时,需要转变政策的内涵和方向,加大支持力度,使支持成为我国民办高等教育政策的主旋律,引导民办院校优质化发展。

3. "规范"发展民办院校需要政策的强大支持

在国家政策的规范和指导下,经过艰难曲折的发展历程,民办高等教育已经成长为我国高等教育的重要组成部分。截至2017年,我国民办普通院校已经占全国普通院校总数的约1/3,在校生数占23%左右,其比例已经接近美国私立大学在校生的规模和占比。民办院校的发展,为国家经济和社会发展培养了大量应用型人才，同时也激活了高等教育的改革和竞争，推进了高等教育的五大改革，①在高等教育大众化、多样化和选择性发展方面做出了杰出的贡献。在高等教育发展转型、注重内涵建设的进程中，部分民办院校抓住了机遇，调整发展思路，转变增长方式，质量提升较快。若干所民办院校顺利通过教育部的教学评估。一批在全国有一定影响、具有较高质量和较好信誉的民办院校正在茁壮成长，发挥了榜样示范效应。

但是，我们也要看到，由于民办院校产生和发展的特有国情，由于历史的和社会的各方面特有原因，民办院校处于"弱势"地位的现状没有改变。首先，民办院校"拾遗补阙"的配角作用没有改变。整体实力不强，绝大多数民办院校只能提供专科教育，还不具备提供高层次高质量教育服务的能力，在不断增长的高层次、优质化高等教育需求面前，民办院校显得无能为力，无奈乏力。目前政策方面对于民办院校提高办学层次也还有许多制约。其次，民办院校办学实力不强、社会认可度不高。大学的办学质量要为社会和民众所认可，需要一个相当长的过程。目前我国大多数民办院校积淀不多，并且大都是在极其艰难的条件下创办起来的，民办院校大都以学费作为主要的运作经费，办学资金不足，学科实力不强，可持续发展的能力比较弱。与许多国家相比，迄今为止我国尚未建立公共财政对民办院校的支持政策，经费来源单一，有的民办院校生存危机尚未解除。再次，民办院校正在经历艰难的竞争期。我国民办院校本身实力不强，却又面临着日益激烈的竞争环境。特别是随着高等教育大众化的不断发展和计划生育少子化政策产生的效应，高考适龄人口逐年大幅萎缩。生源竞争激烈，民办院校遇到了前所未有的生源危机。对于多数民办院校来说，学生数量多少是决定生存的关键。生源不足和不稳，正在进一步压缩民办院校的发展空间。而目前民办院校的办学空间缺乏政府的布局规划。最后，民办院校的体制优势正在丧失。民办院校的生命力在于它的体制机制优势，办学自主权是民办院校体制机制优势的重要内容。但是迄今为止民办院校的办学自主权大都是空中楼阁，并不落实。专业设置、自主招生、收费备案、课程开发等，虽然是各相关政策一再提及的，但是由于政策的重心是在"规范"，体现的是政府对民办院校行使办学"自主权"缺

① 周远清：《高等教育体制的重大改革与创新》，《中国高等教育》2001年第1期。

乏足够的信任和信心，因此相关政策仅具象征性不具操作性。种种分析说明，现有政策只是解决了民办院校生存的合法性问题，但是还没有解决民办院校长久可持续发展的问题。尽快实现"规范"政策到"支持"政策的转变，已经成为民办院校政策发展的重要指向和急迫任务。

4. 民办高等教育发展政策的"支持"导向初步确立

近几年来，随着民办高等教育的发展及其作用的发挥，政府也意识到了政策转型的重要性。以《教育规划纲要》的颁布为标志，国家一些重要文件中已经初步确立了民办高等教育发展政策的"支持"导向。

第一，2010 年颁布的《教育规划纲要》指出，要"大力支持民办教育。民办教育是教育事业发展的重要增长点和促进教育改革的重要力量。各级政府要把发展民办教育作为重要工作职责"。并且指出要"支持民办学校创新体制机制和育人模式，提高质量，办出特色，办好一批高水平民办学校"，要"制定完善促进民办教育发展的优惠政策。健全公共财政对民办教育的扶持政策"等。在《教育规划纲要》之前，没有任何政策文本对民办教育的重要地位做出如此明确的强调，没有任何政策文本如此强调"支持"的政策导向。

第二，2010 年国务院下发《关于鼓励和引导民间投资健康发展的若干意见》提出要"鼓励民间资本参与发展教育和社会培训事业。支持民间资本兴办高等学校……修改完善《中华人民共和国民办教育促进法实施条例》，落实对民办学校的人才鼓励政策和公共财政资助政策"。教育部下发的《关于鼓励和引导民间资金进入教育领域　促进民办教育健康发展的实施意见》提出，要"支持高水平有特色民办学校建设。扶持和资助民办学校提高管理水平，加强教师队伍建设，建立民办学校与公办学校共享优质教育资源的机制"，这些耀眼的词汇体现了政府对民办高等教育的新认识，凸显了国家民办高等教育政策的新走向。

第三，中央深改小组第二十三次会议强调：支持和规范民办教育发展。国务院《关于鼓励社会力量兴办教育 促进民办教育健康发展》（国发〔2016〕81 号）也指出："以实行分类管理为突破口，创新体制机制，完善扶持政策，加强规范管理。"在国家层面政策的指导思想上，已经达成支持在先、支持领先、支持优先的格局。

第四，党的十九大政治报告中明确指出，要"支持和规范社会力量兴办教育"。而党的十八大报告的表述是"鼓励和引导社会资金进入教育领域"，党的十七大报告中，相应的表述则是"鼓励和规范社会资金进入教育领域"。用"支持"一词来代替"鼓励"，显示出国家对民办教育更加信任和肯定。党的十九大报告是指引我国未来建设改革、发展的纲领性文件，党的十九大报告对民办教育的大力肯定，将鼓舞和激励更多的民办院校办好学校的努力。

从以上近期部分文件的相关内容来看，"支持"已经成为民办院校政策的基调。我们有理由认为，我国民办院校发展政策从"规范"转向"支持"，不仅具备了环境条件，而且具备了实施条件。

四　从鼓励举办走向优质创新

进入 21 世纪，我国高等教育改革与发展进入了不平凡的历史时期，规模实现了跨越式发展，改革取得了历史性突破。经过近 20 年的"积极发展"，我国高等教育资源得到较快的增长。国家加大对高等教育的投入，财政性教育经费占国家 GDP 的比例在 2012 年已经超过 4% 的门槛，并从此时起至 2016 年连续 5 年超过 4%，财政性教育经费大幅提高。社会力量举办高等院校积极性高涨，高等教育毛入学率快速提升。我国已经成为高等教育规模最大的国家。

从国家实施积极发展高等教育政策和启动高校扩招以来，我国高等教育规模已经得到快速扩张。2002 年高等教育毛入学率超过 15%，正式跨入高等教育大众化阶段。从 1998 年到 2016 年，高等学校在校生从 340.87万人增加到 2695.84 万人，宽口径的高等教育在学人数从 800 万人增加到3699 万人，高等教育毛入学率从 9.8% 提高到 42.7%（见图 6-2），成为世界上高等教育规模最大的国家。高等教育的快速发展，为我国改革开放和现代化建设提供了强有力的人力资源支撑，也大大缓解了高等教育的供求矛盾，满足了人民群众上大学、接受高等教育的机会需求，提高了人民群众的文化科学素质。

但是，高等教育的发展终归要受到经济条件的制约。从高校办学的实践来看，在高等教育大幅扩招的初期，政府投入力不从心，导致高校办学条件的严重吃紧，规模的扩大客观上稀释了办学资源，连续几年的"跨越式"快速扩招带来了办学条件和师资队伍的全面紧张，牵制了学校内涵建设和内部管理的精力。高校领导主要忙于应付规模扩张所带来的基本建设和条件配备压力，自身的内部管理却难以顾及。多种原因引发了社会

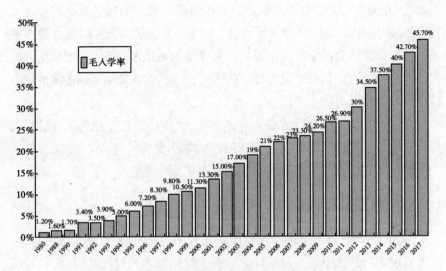

图 6-2　1980 年以来我国高等教育毛入学率增长情况

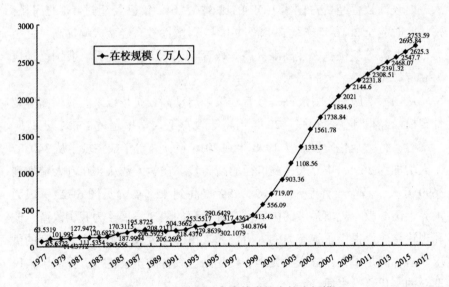

图 6-3　1977 年以来高等学校在校生规模

对高校人才培养质量的质疑和关注，成为一年一度人大、政协会议的提案内容和热点议题。针对这一发展形势，着眼于国家的长远发展，党和政府及时提出了提高高等教育质量、建设高等教育强国的目标。《国家教育规划纲要》关于高等教育的相关章节，排在前列的就是"全面提高高等教育质量"，胡锦涛在清华大学百年校庆上的讲话中也提出了"不断提高质

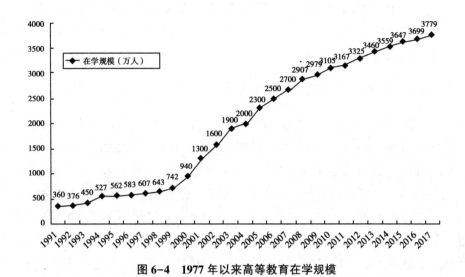

图6-4　1977年以来高等教育在学规模

量，是高等教育的生命线"的呼吁。我国高等教育的发展主题已经开始
从规模扩张转向提高质量，从外延发展转向内涵建设。

　　高等教育发展从规模扩张走向质量提升的国家导向已经坚持十多年。
实践证明，经过各界努力，我国高等教育发展的矛盾已经发生了深刻的变
化，高等教育发展已经进入内涵建设的轨道，人民日益增长着的简单接受
高等教育的需求与资源严重不足、供不应求的矛盾已经逐渐转为人民对接
受优质、合适和满意的高等教育与高等教育发展和改革不平衡不充分之间
的矛盾。在整个国家高等教育体系进入质量建设期，在全面提升办学质量
背景下，民办院校的发展不能不受到影响和引导。为着国家科教兴国、人
才强国战略的实施，为着民办院校的长远可持续发展，国家倡导民办院校
转变发展方式，深化人才培养模式改革，加快内涵建设，创新体制机制，
把发展重点转移到提高质量和彰显特色上来。"积极引导民办学校服务社
会需求，更新办学理念，深化教育教学改革，创新办学模式，加强内涵建
设，提高办学质量。……职业院校应明确技术技能人才培养定位，服务区
域经济和产业发展，深化产教融合、校企合作，提高技术技能型人才培养
水平。鼓励举办应用技术类本科高等学校，培养适应经济结构调整、产业
转型升级和新产业、新业态、新商业模式需要的人才。充分发挥民办教育
在完善终身教育体系、构建学习型社会中的积极作用。"｛见：国务院
《关于鼓励社会力量兴办教育 促进民办教育健康发展》（国发〔2016〕81

号）｝。可以想见，今后一个时期，随着民办院校办学环境的成熟和完善，民办院校的质量建设将成为工作主流，建设优质高水平民办院校，将成为国家政策的重要指向。

五　从单向管理走向共同治理

"治理"一词既是古老的词语，也有新的含义。在古代汉语中的治理既包含管理、统治，也有修整、处理的意思。在西方语境中，"治理"一词凸显出"因势利导、多元参与、多方共赢"的特有内涵含义，同时也与我国古代"君者，舟也；庶人者，水也。水能载舟，亦能覆舟"这一管理思想不谋而合。在西方，政府与治理具有相同的词源，可以理解为"治理（国家）的系统"即为政府。20 世纪 90 年代，随着社会的发展和民主管理的兴起，治理的概念和理论逐渐得到重视，引发专家学者的兴趣，"治理"的理论研究得到深化，治理的概念使用范围渐渐宽泛。治理理论的主要创始人之一詹姆斯·N. 罗西瑙认为，治理是通行于规制空隙之间的那些制度安排，或许更重要的是当两个或更多规制出现重叠、冲突时，或者在相互竞争的利益之间需要调解时才发挥作用的原则、规范、规则和决策程序。① 格里·斯托克指出："治理的本质在于，它所偏重的统治机制并不依靠政府的权威和制裁。'治理的概念是，它所要创造的结构和秩序不能从外部强加；它之发挥作用，是要依靠多种进行统治的以及互相发生影响的行为者的互动'。"② 理解"治理"这个概念有两个核心贯穿始终：第一，治理是多权力主体的，相对于统治概念的单一君权而言，治理体系下各方权力更为平等，既包括政府也包括社会组织和个人多方利益博弈、协调；第二，治理不是靠某个人、某个机构说了算，而是构建起一个符合各方利益、大部分人认同的正式或非正式的制度安排，并在制度安排下协调各方行为。

治理已经成为公共管理、政治学、社会学等诸多学科的高频词汇，治理理论依托多学科的成长成为令人瞩目的现象。在这一现象的背后，反映了理论研究适应社会变化、指导社会发展的一个基本规律。治理理论的提

---

① ［美］詹姆斯·N. 罗西瑙：《没有政府的治理》，张胜军等译，江西人民出版社 2001 年版，第 9 页。

② ［英］格里·斯托克：《作为理论的治理：五个论点》，《国际社会科学》1999 年第 2 期。

出正是现代社会发生一些根本性变化的反映。自 20 世纪 70 年代以来，许多学者从不同的角度刻画了工业社会之后的现代社会正在发生的一些重要变化，如丹尼尔·贝尔的"后工业社会"（1973 年）、界沃太一的"知识价值社会"（1985 年）、乌尔里希·贝克的"风险社会"（1986 年）和彼得·德鲁克的"后资本主义社会"（1993 年），以及现在耳熟能详的"后现代社会""信息社会"和"知识经济社会"等。尤其需要强调的是，由于社会进步和发展，一方面，从政府管理的角度来看，市场失效本身为政府全面干预经济和社会公共事务提供了空间；另一方面，政府干预的一个直接结果是政府权力和职能的无限膨胀，而政府每每碰到新的问题和挑战，却不可能是万能政府。随着 20 世纪 70 年代西方国家经济"滞胀"的出现，古典自由主义重新抬头，反对政府过度干预，并发展出一整套关于"政府失灵"的理论。所有这些在理论渊源上为治理理论提供了坚强的后盾；而在价值层面上，公共治理理论可以看作是对西方古典个人自由的回归。

"自 20 世纪 80 年代以来，西方各国便以治理理论的一些核心理论为指导，开始在本国推行高等教育改革。从西欧的英国开始，一直到南太平洋的新西兰和澳大利亚，再到北美洲的美国和加拿大，无一不受到这场意义深远的高等教育治理改革的影响。"① 其实，这些高等教育的先发国家在实施共同治理方面已经具有较好的基础和传统，但是在新的形势下，这一理念还在不断深化和完善。

党的十八届三中全会通过的《中共中央关于全面深化改革若干重大问题的决定》中强调指出：全面深化改革的总目标是"完善和发展中国特色社会主义制度，推进国家治理体系和治理能力现代化"。在这里，将"推进国家治理体系"和"治理能力现代化"置于改革开放新的目标的高度，说明"治理体系"和"治理能力现代化"的建设在国家各项事业管理中将得到凸显和加强，并将预示着党和国家各项事业管理模式和方法的转型和变化。

高等教育作为上层建筑的重要组成部分，理应贯彻落实"推进国家治理体系和治理能力现代化"的精神，深化改革，实现从管理到治理的转变。根据十八届三中全会精神，随着教育系统中行为主体的多元化、利益主体的多元化和教育结构的复杂化，政府与民众、社会、企业、学校逐

---

① 吴慧平：《西方大学的共同治理》，北京师范大学出版社 2012 年版，第 3 页。

渐趋向于平等的、双向的、互动的、协同的关系。在"从管理向治理转变，推进国家治理体系和治理能力的现代化"的大背景下，教育领域综合改革也要努力以教育管理方式创新、教育治理方式创新引领教育发展方式创新。现实情况要求高等教育从管理向治理转变，推动中国特色现代高等教育治理体系和治理能力的现代化。强调由微观管理走向宏观管理，由直接管理走向间接管理、由办教育向管教育转变、由管理向服务转变。

　　我国高等教育已经进入内涵发展阶段，内涵建设需要治理发挥作用。管理是提高高等教育质量和办学效益的必备条件，也是高校内涵建设的重要内容。由于独特的发展条件和环境，相对于传统的公办院校，我国民办院校的组织复杂化、结构多样化、水平差异化、权益多样化和诉求多元化等问题更加凸显，形成了我国民办高等教育实施治理的急迫需求。由于公共财政政策的滞后，我国民办院校主要由社会出资兴办。当下民办高等教育相关的管理法规严重短缺，已经颁发的法律法规也没有得到全面系统的贯彻落实。相关部门和管理人员，习惯于公办高校单一的、单向的、带有严格强制性的"管理"和"规范"，忽视广大高等教育消费者的选择权，漠视广大投资者和举办者的办学自主权，无视民办院校严峻的挑战和艰难的生存环境。举办者、办学者和高等教育消费者等相关利益主体在民办高等教育管理中鲜有发言权。"生不逢时"和"营养不足"，造成我国民办院校质量难以提升，特色难以凸显，核心竞争力难以增强。在满足不断增强的优质高等教育的新常态下，民办院校步履维艰。与此同时，我国民办院校办学历史较短，条件较差、起点较低、质量不高。由于投入能力不足，建设资金难以到位，民办院校大都将发展重点放在规模扩张方面，希望通过规模效益增加积累，加快条件建设，维持正常运转，而不同程度地忽视内部管理体制的建设，影响民办院校机制优势的发挥。在规模快速增加的同时，资源问题矛盾突出，牵制学校大量精力，内部治理却无暇顾及，并且产生了一些新的问题。

　　国家治理的目标决定了高等教育改革的方向，国家治理的需求也决定了高等教育治理的产生，国家治理的模式决定了国家高等教育管理的制度。在整个社会贯彻落实科学发展观，加快发展转型的背景下，高等教育必须与之相适应，全面提高人才培养的质量。在整个高等教育转变发展方式，加强内部管理、提高管理效益的背景下，民办院校也不能置身度外，不能沿着规模扩张、粗放发展的老路一意孤行，而应及时抓住机遇，果断转变方向，强筋壮骨，苦练内功，加强内部治理，发挥体制优势，以管理促进教育质量和办学效益的提高。在教育领域贯彻全面深化改革、促进国家治理体系和治理能力现代化的宏观形势下，民办院校发展就应该加快贯彻"治理"理念，转变管理方式，深化管理改革，发挥各界积极性，共同推进民办高等教育事业的发展升级。

民办院校由于其独特的举办体制，治理涉及的主体更复杂。民办院校的治理包括内部治理和外部治理两个层面的内容，其中内部治理涉及民办院校的内部组织结构设计、学校内部各个利益相关者（包括出资人、董事会、校长、教师、学生、家长）之间的权利、义务的分配等，它解决的是民办院校的内部运行机制问题，关系到民办院校的运作，如何能从激励和约束两个角度调动各方积极性，保障教学质量，维护各方利益；而外部治理涉及政府和社会如何参与到民办院校的运作管理当中，比如政府与民办院校的关系应该如何定位，政府通过法律手段还是经济手段进行干预，国家的法律是否允许民办院校投资人取得合理回报，民办院校的产权在法律上有无明文的界定，等等，这些都和民办院校的长期发展方向密切相关。前面阐述的民办院校发展过程中存在的问题，归根结底都是属于民办院校治理的问题．其中有些属于学校内部治理需要处理的，比如学校的产权界定，内部运行机制、筹资决策、教学质量保障等；有些是由于学校外部治理需要处理的，如政府对民办院校运作的规制、法律环境的构建、舆论监督的完善、信息的畅通明晰、融资机构对民办院校资产运作的监督等。因此，建立并完善民办院校的治理结构是解决前面所说的种种问题的根本出路。

国务院《关于鼓励社会力量兴办教育 促进民办教育健康发展》（国发〔2016〕81 号）指出："改进政府管理方式。各级人民政府和行政管理部门要积极转变职能，减少事前审批，加强事中事后监管，提高政府管理服务水平。进一步清理涉及民办教育的行政许可事项，向社会公布权力清单、责任清单，严禁法外设权。改进许可方式，简化许可流程，明确工作时限，规范行政许可工作。建立民办教育管理信息系统，推广电子政务和网上办事，逐步实现日常管理事项网上并联办理，及时主动公开行政审批事项，提高服务效率，接受社会监督。"这些规定，可以视作政府在民办院校发展中从管理向治理转变的方向。当然，现有政策距离民办院校治理还有较大差距。并且内部治理方面还需做出相关制度建设，因此要真正实施民办院校治理，还有很多的工作需要开展。

第七章　民办院校发展的宏观政策设计

我国民办院校办学体制的发展政策，总体来说主要包括两个部分，即宏观发展政策和微观发展政策。宏观发展政策实际上指的是民办院校办学体制国家层面的相关政策，包括民办院校办学体制的顶层设计、民办院校办学体制的国家规划、民办院校办学体制的办学性质（营利与非营利）规定、民办院校办学体制的重大政策规范等。这些构成我国民办院校办学体制发展的宏观环境，是民办院校办学体制发展的基础性政策。

第一节　民办高校发展国家制度的顶层设计

一　顶层设计的概念和内涵

"顶层设计"，英文为 Top-Down Design，是来自西方国家自然科学或大型工程技术领域的一种设计理念，意指在工程设计中，统筹考虑项目各层次和各要素，追根溯源，统揽全局，在最高层次上寻求问题的解决之道。不难理解，顶层设计具有三大特征。一是顶层决定性。顶层设计是自高端向低端展开的设计方法，工程设计的核心理念与目标都源自顶层，因此顶层决定底层，高端决定低端，顶层设计的品质直接关联工程的科学性、合理性和高质量；二是整体关联性。顶层设计强调设计对象内部要素之间围绕核心理念和顶层目标所形成的关联、匹配与有机衔接；三是实际可操作性。设计的基本要求是表述简洁明确，设计成果具备实践可行性，因此顶层设计成果应是可实施、可操作的。

顶层设计在社会发展和管理领域的运用，也可以理解为政府"战略管理"。从管理的角度来看，战略一词的核心意思就是整体性、全局性、长远性、重大性目标的设定。战略管理这一概念则包含三个内涵：一是战略目标的规划与设计；二是战略过程的组织与控制；三是战略的执行与实施。顶层设计就是要从政府战略管理的高度统筹改革与发展的全局，使改革与发展按照预期的目标迈进。

我们这里所说的"顶层设计"，意义有所延伸，是指对于一个大的事业的开展，能站在一个战略的制高点，从最高层开始，明晰目标、优选内容和确定路径，加强宏观指导，目的是使所有的层次和子系统都能围绕总目标，产生预期的整体效应和效益，实现稳定、健康和可持续发展。

"顶层设计"已经成为国家工作的指导。在《中共中央关于制定国民经济和社会发展第十二个五年规划的建议》中，提出要"以更大决心和勇气全面推进各领域改革，更加重视改革顶层设计和总体规划，明确改革优先顺序和重点任务，深化综合配套改革试验，进一步调动各方面积极性，尊重群众首创精神，大力推进经济体制改革，积极稳妥推进政治体制改革，加快推进文化体制、社会体制改革，在重要领域和关键环节取得突破性进展"①。可见，"顶层设计"已经成为国家工作的重要指导原则。

近几年来，"顶层设计"理念开始进入到高等教育理论领域。理论工作者从不同角度阐释了顶层设计理念，在高等教育政策与决策、高校人才培养和战略规划等方面得到广泛运用。但总的来看，顶层设计理念在教育政策和教育规划的制定和落实中更具意义。教育领域的顶层设计，实际上就是从教育的国家利益和国家意志出发，对教育发展的总体目标、总体性质、各个层次、各个要素进行统筹设计，提出要求，落实路径，通过各地区、部门、单位理念一致、功能协调、结构统一、资源共享，促使教育改革和发展目标的实现。在"优先发展、育人为本、改革创新、促进公平、提高质量"20字方针统领下，《教育规划纲要》对我国教育事业的总体战略、发展任务、体制改革、保障措施等四个方面进行了通盘考虑，形成了涵盖教育改革发展各个环节的战略体系，这是从国家层面对我国教育事业进行"顶层设计"的典型案例。

刘延东在贯彻落实全国教育工作会议和教育规划纲要座谈会上曾强调指出，贯彻落实教育规划纲要任务繁重复杂，必须加强顶层设计，全面规

① 《中共中央关于制定国民经济和社会发展第十二个五年规划的建议》，中国共产党新闻网，http://theory.people.com.cn/GB/13066239.html。

划部署，分步有序推进。①　她在 2011 年全国教育工作会议上的讲话中指出，"要科学谋划，注重整体设计。每项改革和发展任务都是一项系统工程，必须整体谋划和前瞻布局，这样才能事半功倍、少走弯路。'十二五'规划是今后 5 年国家经济社会发展的顶层设计，教育规划纲要是未来 10 年教育改革发展的顶层设计，在编制出台教育事业'十二五'规划和分地区、分领域规划时，要按照这两个规划的要求，把 10 年改革发展目标任务按时间节点规划好，形成清晰的工作指南"②。由此可见，当前我国已进入到对整个社会发展的制度进行设计的阶段，更多的研究开始步入对改革过程的整体研究以及探讨改革的基本规律方面，这为政策和制度创新提供了根本性作用因素以及相关的约束条件。在今后的教育事业发展中，必须抓住机遇，加强顶层设计，统筹规划，保证各项工作的健康发展和目标实现。

从顶层设计的角度整体推进民办高等教育改革的全面深化，建立健全民办高等教育法律制度体系，为民办院校发展提供更为清晰明确稳定的法律和政策环境，更加有利于凝聚民办高等教育改革创新发展的共识与合力，使得"依法办学、依法管理"落到实处，也有利于集中破除制约民办院校发展的制度性障碍，从而逐步形成完善成熟的民办院校办学体制法律制度体系。

二　民办院校发展国家制度的主要内容

民办院校发展的国家制度，指的是在国家政权管辖范围内，举办民办高等教育所必须遵循的基本制度。毫无疑问，这一制度将代表国家意志，体现国家国情，符合国家高等教育长远发展战略，满足人民群众接受高等教育的需求。"大学制度一般可以从宏观和微观两个层面进行界定。宏观的大学制度是指一个国家或地区的高等教育系统，包括大学的管理体制、投资体制和办学体制等；微观的大学制度是指一所大学内部的组织结构和运行机制，包括组织结构的分层、内部权力体系的构成等。"

国家制度是民办院校办学体制发展的根本依据。民办院校政策的制定

① 刘延东：《抓好教育工作会和教育规划纲要学习贯彻》，中央政府门户网站，http：//www. gov. cn/zxft/ft201/content_ 1656303. htm。

② 同上。

和选择不是凭空的，它必须依赖或者受制约于已有的高等教育制度，即已有制度环境会制约教育政策的价值选择，已有制度框架会约束或促进教育政策价值的实现。所以民办高等教育政策选择的实现最终必然体现在制度创新上，可能是对现有制度的局部改进，也有可能是在新价值诉求指导下对某些制度做彻底的颠覆。

根据我国的国情，借鉴世界各国发展私立高等教育的经验，民办院校办学体制发展的国家制度，至少应该包括这样几个内容。

1. 民办院校发展的国家地位问题

这一问题是发展民办院校的首要问题，也是民办院校办学体制发展的基础。首先是民办院校办学体制的合法性问题。这个问题从国家法律层面已经基本得到解决。国家《宪法》、《教育法》、《高等教育法》、《职业教育法》和《民办教育促进法》，这些法律都为民办院校办学体制的现实存在提供了合法保障。现阶段需要解决的问题是：发展民办院校，是克服财政支付的暂时困难，是短期策略，抑或是缓解社会暂时的高教资源不足矛盾，还是作为国家重大的发展战略，满足人民群众选择高等教育的需求，营造高等教育发展生态，增加高等教育发展生机活力。经过多年的努力，随着改革的深化，我国政府已经明确，从基本国情出发，借鉴世界高等教育发展经验，发展民办院校，是国家发展的战略定位。这就是说，发展民办院校的认识，不能仅仅局限于财政的角度。不仅仅是因为国家教育财政投入不足才要鼓励举办民办高等教育，财政充裕了就可以不要民办院校了，而是国家高等教育的发展必须建立起多元化体制互相促进的新格局、新生态，以适应社会主义市场经济条件下个人需求与社会需求多样化的长远需要。

2016年11月7日全国人大审议通过的《民办教育促进法修正案》第一条就明确提出："为实施科教兴国战略，促进民办教育事业的健康发展，维护民办学校和受教育者的合法权益，根据《宪法》和《教育法》制定本法"，这就说明制定和修改《民办教育促进法》本身，实际上也是国家科教兴国战略的组成部分。《中共中央办公厅印发〈关于加强民办学校党的建设工作的意见〉（试行）》（中办发〔2016〕78号）明确指出："民办学校是社会主义教育事业的重要组成部分。"国务院《关于鼓励社会力量兴办教育　促进民办教育健康发展的若干意见》（国发〔2016〕81号）也强调指出："改革开放以来，作为社会力量兴办教育主要形式的民办教育不断发展壮大，形成了从学前教育到高等教育、从学历教育到非学历教育，层次类型多样、充满生机活力的发展局面，有效增加了教育服务供给，为推动教育现代化、促进经济社会发展作出了积极贡献，已经成为社会主义教育事业的重要组成部分。"《国家中长期教育改革和发展规划纲要（2010—2020 年）》明确指出：要"大力支持民办教育。民办教育是教育事业发展的重要增长点和促进教育改革的重要力量。各级政府要把发展民办教育作为重要工作职责，鼓励出资、捐资办学，促进社会力量以独立举办、共同举办等多种形式兴办教育（第四十三条）"。从"拾遗补阙"到"有效补充"，从"组成部分"到重要组成部分，由此从国家最高层面确立了我国民办院校办学体制发展的地位。

当下我国高等教育已经实现大众化，并迅速从大众化走向普及化。接受高等教育已经成为提高国民素质的基本需求，开始成为国民职业生涯的基础教育。今后一段时间，高等教育发展仍然是社会发展的重点。民办院校作为高等教育的重要组成部分，必将受到社会各方面的关注，在经济和社会发展中发挥重要作用。

2. 民办院校发展的类型性质问题

这个问题的主要内涵是，在我国发展民办高等教育，是完全像日、韩等国家和我国台湾地区一样的纯公益性的？还是公益性为主、营利性为辅的？抑或是自由发展的？国家政策的导向是如何的？

传统的观点认为，高等教育服务是社会的公共产品，应该以政府办学的方式来提供，而反对从事高等教育活动的学校追求利润目标，各国政府为此做出了强制性的法律规范，不允许大学从事营利活动。但是随着教育经济理论的发展，逐渐形成了新的共识。美国教育经济学家约翰斯通（D. B. johnstone）在 1986 年的《高等教育成本分担：英国、联邦德国、法国、瑞典和美国的大学生资助》专著及后来的《高等教育财政：问题与出路》一书中提出并运用的成本分担理论，是将高等教育作为准公共产品来看待的。这一理论一经传播就迅速而广泛地影响了各国学术界和政府决策部门。该理论认为，高等教育成本不应该完全由政府财政提供，而应该由家长、学生、政府（或纳税人）和高等院校（或慈善捐助者）四方共同承担，并明确指出学生及其家长应该支付高等教育的学杂费[①]。斯

---

① ［美］D. B. 约翰斯通：《高等教育财政：问题与出路》，沈红、李红桃译，人民教育出版社 2004 年版，第 3 页。

蒂格利茨（Stiglitz，1997）、瓦里安（Varian，1997）等研究者也提出[1]，高等教育服务是具有正外部性的私人产品。个人对高等教育的投资能够获得很高的私人收益。高等学校与学生是以高等教育教学服务为商品而构成的买方和卖方的关系，因此，高等教育服务的提供者应该有权自主定价，学生也应该在自由择校后实行缴费上学。同时，高等教育的正外部性在客观上要求社会及政府对产生外部性的受教育者提供有效的经济资助，克服高等教育私人投资的市场失灵。这种观点为高等教育市场化改革提供了理论依据，同时也论证了政府资助私立大学的合理性。尽管这样，从世界各国的实践来看，教育的公益性规定仍占绝大多数。

　　我国民办院校开始起步时一直规定教育公益性的原则，坚持不以营利为目的。2002 年全国人大常委会审议《民办教育促进法》时，考虑到民办学校发展的一些实际情况，在继续强调"民办教育事业属于公益性事业"的同时，保留了"可以取得合理回报"的条款。尽管有关部门解释"合理回报是奖励性质的"，但实际上是在公益性办学的制度下扯开了适度营利的一个口子。由于"合理回报"实施操作的具体难度，鉴于"我国民办院校绝大多数是投资举办的"现实和美国等国家营利性高等教育发展的经验，特别是在 2010 年《国家中长期教育改革和发展规划纲要（2010—2020 年）》中提出"开展对营利性和非营利性民办学校分类管理试点"，从国家制度层面实际上已经默许了营利性民办院校的存在。2015—2016 年，全国围绕《民办教育促进法》中是否允许民办教育营利的立法问题，开展了多次讨论和审议。2016 年 4 月 18 日习近平同志主持中央全面深化改革领导小组第二十三次会议，审议通过了《关于加强民办学校党的建设工作的意见（试行）》《民办学校分类登记实施细则》《营利性民办学校监督管理实施细则》，会议提出"要建立营利性和非营利性民办学校分类登记、分类管理制度，提高教育质量"。[2] 2016 年 11 月7 日全国人大常委会通过的新修订的《民办教育促进法》已经明确："民办学校的举办者可以自主选择设立非营利性或者营利性民办学校。但是，

---

①　刘省非：《转型期俄罗斯高等教育市场化改革研究》，博士学位论文，华中师范大学，2009 年。

②　《中央深改领导小组第二十三次会议强调：支持和规范民办教育发展》，搜狐教育，http://learning. sohu. com/20160419/n444989714. shtml。

不得设立实施义务教育的营利性民办学校。非营利性民办学校的举办者不得取得办学收益，学校的办学结余全部用于办学。营利性民办学校的举办者可以取得办学收益，学校的办学结余依照公司法等有关法律、行政法规的规定处理（第十九条）。"这既明确了国家允许举办营利性民办学校的态度和政策，同时又明确划分了"营利非营利"民办学校的界限和政府对分类管理的基本导向。至此改革开放以来伴随民办教育发展而来的关于是否允许民办学校营利与非营利的争论尘埃落定，中国自有国家教育制度以来不允许办学营利的传统理念被一朝突破，国家允许举办营利性民办学校的制度已成定局。当然，就目前而言，我国民办院校发展的相关政策，包括分类管理的相关政策仍很缺失，有待于在实践中探索、试验和完善。

3. 民办高校发展的数量和层次问题

民办高等教育是我国高等教育重要组成部分，民办院校的办学资源也是我国珍贵的高等教育资源。与民办中小学不一样，民办院校的资源特别巨大，动辄数亿元甚至数十亿元。用好这些资源，发挥资源的最大效益，涉及资源的配置和筹划，也是政府的重要责任。耶鲁大学的罗杰·盖格（Roger L. Geiger）教授通过系统的国际比较研究，依据私立高等教育规模与整个高等教育规模的比例，将各国私立高等教育系统划分为三种类型：即分别为"庞大私立型"（mass private sector，又称为普及型）、"公私并存型"（parallel private sector，又称作双轨型或并行型）和"私立边缘型"（peripheral private sector，又称作补充型）等三种类型。他认为，第一种"庞大私立型"的情况是，规模较小的但具有较高学术水准的公办高等教育机构构成高等教育系统的核心，私立高等教育机构则仅是公立部门的补充。然而由于中等教育的普及，作为高等教育需求的吸纳主体，私立高等教育机构成为高等教育扩大的主力。日本、韩国可谓这种类型的典型代表。第二种"公私并存型"的典型代表，是比利时和荷兰等福祉国家，这一类型的前提是在这些国家存在着多个获得公认的民族与文化集团。政府对各民族与文化集团提出了高度而统一的学术标准要求，为此，政府承诺向选择私立高等教育机构的社会、文化集团提供高额的公共财政支持。因此从这个意义而言，私立高等教育部门从最初定位就拥有与公立高等教育部门同等的地位，无论在数量规模还是学术质量上都能与公立部门相抗衡。第三种"私立边缘型"的原型源自拿破仑体制下的法国。在当时的法国，高等教育是以国家垄断为原则的。然而天主教大学设置却打破了这一原则，使得原本处于边缘地位的大学得以承认，出现了第三种形态。在这种模式国家中，与规模庞大的公立高等教育部门相比，私立高等教育的规模微小，高等教育规模的扩大受到政府调控政策的严格限制。[①]

直观地看，在"庞大私立型"国家，私立大学数量多，招生数量超过公立学校（私立占比为70%左右）；在"公私并存型"国家，私立和公立高校的招生人数大致持平（私立占比为50%左右）；在"私立边缘型"国家，私立学校数量少、规模一般较小，招生人数受到国家控制，仅起补充作用。

罗杰·盖格（Roger L. Geiger）教授的这种划分方法已逐渐为比较高等教育界人士所接受，确实能够在某种程度上反映各国私立高等教育的一些数量特征。当然，在高等教育扩张过程中这种类型也不是一成不变的，一些国家的私立高等教育规模已经在不断扩大，招生人数也显著增加。这一趋势在发展中国家中尤为显著。在几十年前，在大多数国家中，私立高校不存在或者处于边缘位置。而今，在中东地区、非洲北部以及撒哈拉以南地区、东亚和南亚以及拉丁美洲这些地区的主要发展中国家，私立高校在入学比例上占据着主要地位或者处于快速增长的过程中。菲律宾、智利、巴西、马来西亚、格鲁吉亚等国私立高等教育机构占该国高等教育机构总数的比例更是超过80%，巴西、智利、马来西亚等国甚至高达90%以上。巴基斯坦、巴西、智利、菲律宾等国家私立高等教育所占入学比例均高于60%。我国民办高校大致发展到什么规模，在整个高等教育体系中允许达到多少比例？允许达到什么样的层次？等等问题，作为国家民办院校发展制度，也需要政府根据发展目标做出合理的规划和安排，以免出现供过于求，甚至造成高等教育资源的巨大浪费，冲击社会对民办高等教育的信心，避免办学出现巨大风险。[②]

4. 民办院校发展的宏观政策规范

法律和政策是民办院校治理赖以生存和发展的重要条件和环境，也是民办院校未来发展的重要依据。制定民办高等教育发展的政策规范，既是

---

① 鲍威：《高等教育系统分化中的民办高等教育》，中国海洋大学出版社2009年版，第25页。

② 陈武元：《论私立高等教育发展的制度环境——兼论中国民办高等教育发展的制度环境选择》，《教育发展研究》2008年第5—6期。

民办院校办学的必备，也是政府不容推卸的职责。正是由于大量的法律法规，使得民办院校办学有法可依，有章可循，政府规制有根有据。我国民办院校是在公办高校一统天下的背景下发展起步的，是在法律法规一片空白的状态下发展的，特别需要法律法规的跟进和规范。加快法律法规的完善，是我国民办院校发展的急需，在这一方面政府大有作为。这里说明一点，法律的审议和立法，从职责上说，属于全国人大及常委会的权限。但是，观察立法的流程不难发现，中央政府及主管部门也有着相当大的工作权限，至少是立法建议的倡导者和立法进程的重要参与者，具有巨大的工作空间。

根据国家相关规定和政策界定，按照分类管理的要求，目前国家层面民办院校办学体制发展的政策大致有准入条件、法人登记、土地政策、税收政策、教学评估、内部治理、退出机制等。这些将在后面展开讨论。

5. 民办院校的治理体制

我国是共产党领导下的社会主义国家，政府对于大学的治理体制负有设计和规范的职责。外国私立大学的治理经验可供我们参考借鉴，但是必须从基本国情出发，设计具有中国特色的民办院校治理体制，而不能照搬照抄国外私立大学的治理体制。比如，政府管理民办院校的权限问题，民办院校治理的社会主体参与权问题等。还有民办院校党建和思想政治工作的要求等等，在早期的《民办教育促进法》等相关法律法规中没有得到体现。尽管民办院校党建工作一直受到重视，但党委会的权限和职责却显得无章可循。现在，中共中央办公厅《关于加强民办学校党的建设工作的意见（试行）》的通知（中办发〔2016〕78号）已经下发，澄清了过去的一些模糊观点，但是针对民办院校的相关规定还有待细化，具体执行中还需要进一步明确和落实。在民办院校，学生及家长有没有治理参与权，政策迄今也不明确。诸如此类治理中的要素，应该由政府统一做出规定，以避免操作中的随意性。

在我国民办高等教育发展的30多年中，国家主管部门一直在努力构建符合中国国情、体现中国特色的民办高等教育发展国家制度。但是迄今为止，实际上与目标相差甚远。确切地说，我国还没有形成一个完整的民办高等教育发展的国家制度。尽管也有许多相关的文件下发，但是这些制度零散、繁杂，尚未形成系统。许多政策都是事业发展中"头疼医头、脚疼医脚"的产物，是民办高等教育发展实践中"打哪指哪"的产物，不系统、不全面、不完善，并且这些制度的执行刚性差，执行力不足，执行率低下，缺乏一贯的坚持。由此造成我国民办高校的制度设计"各吹各的号、各定各的调"的无序治理状态。在民办院校发展初期，民办高等教育整体规模较小，对整个高等教育的影响不大。但是，在民办高等教育发展崛起的今天，在民办院校三分天下有其一的背景下，这种情况再也不能继续下去了。加强民办高等教育发展的国家制度顶层设计，尽快明确我国民办高等教育发展的制度规范，很有必要，非常迫切。

三　民办院校发展国家制度的顶层设计

1. 民办院校国家制度需要设计

我国民办院校是在特殊环境下恢复发展的，是在"摸着石头过河"的背景下壮大成长的。改革年代矫枉过正，先发展后规范也是常理，有利于事业冲破过去的障碍，得到较为宽松的发展环境。但是，时过境迁，民办高等教育已经发展到一定规模，社会环境也已发生了深刻的变化，如果再随性发展、任性自长，听之任之，那就可能形成新的障碍，制约事业的健康和可持续发展。优化顶层设计、加强制度建设，加快政策转型，已成为民办院校新一轮发展的突破口。明确发展目标与发展模式，完善民办高等教育发展的国家制度，明晰发展导向，制定完善的政策体系，既是民办高等教育发展的迫切需要，也是高等教育深化改革的必然要求。

因此，制度需要设计，不能随性而行。尤其是国家制度，从最高层面规制整个制度体系的建设，对于整个民办院校办学体制发展的制度体系具有强制性的规范意义。总结以往民办院校办学体制发展正反两方面的经验和教训，得出的一个结论是，必须加强、加快民办院校办学体制国家制度的顶层设计。

从当下我国民办高等教育发展的内、外部来看，加强国家制度的顶层设计已经到了刻不容缓的地步。党的十九大政治报告指出："经过长期努力，中国特色社会主义进入了新时代，这是我国发展新的历史方位。""新时代我国社会主要矛盾是人民日益增长的美好生活需要和不平衡不充分的发展之间的矛盾。"这一判断是准确的，是带有全局性根本性的判断，应该成为我国各项事业发展的指导。

我国民办高校已经进入一个新的发展时期。从 1993 年正式启动民办院校审批制度以来，短短的 20 多年间，我国民办院校从无到有，从少到多，从小到大，已经具有一定的规模，涌现了一批质量较高、声誉较好的民办院校。抓住《国家教育规划纲要》实施的大好机遇，一批民办院校自加压力，提出"高水平民办学校"的建设目标，在一批国家级质量工程项目中也能见到民办院校，重品牌、实内涵、抓质量、创特色已经成为部分民办院校的自觉行动。可以看出，民办院校已经成为国家高等教育体系中新的增长点，成为国家高等教育的重要组成部分，在推进高等教育大众化、多样化和选择性方面，担当了重要角色，发挥了积极作用，做出了巨大贡献。

　　但是，我们也要清醒地认识到，我国民办院校也面临着严峻的挑战，繁荣发展的背后掩盖着深层危机。根本原因在于。

　　第一，我国民办院校办学历史短，根基不牢。虽然在规模上有了一定的发展，机构和在校生占比持续提高，但是至今还没有产生与公办名校相比肩的民办名校，难以产生品牌效应；同时，社会对民办高等教育的认可和接受程度还比较低，时常因为个别民办院校的不端行为导致民办院校整体形象受到损伤。民办院校的发展现状与国家提出的公、民办高等教育共同发展的要求相距甚远，还难以满足人民群众接受优质高等教育的需求，久而久之，不仅原有的发展成果难以巩固，而且在一些地区已经出现了规模下滑和比例萎缩的趋势。

　　第二，部分民办院校面临生存危机与挑战。民办院校在总体上还没有完全发展成熟的时候，高等教育大众化甚至普及化迅即到来，许多民办院校的生存问题再一次被推到风口浪尖，经受严峻考验。随着大众化的不断深入，社会的高等教育需求开始从机会需求向质量需求转变。"这种质量需求可能会给民办高校粗放式发展模式带来挑战，可能会压缩民办高校的发展空间。"[①] 近几年来高教适龄人口大幅萎缩，高考生源持续急剧减少，民办院校逐渐表现出社会需求的快速下滑，不少民办院校开始出现招生困难。有学者甚至断言，在不远的将来，"随着出生人口基数的下降，特别是随着 18 岁到 22 岁适龄大学生青年数量的减少，某些高校，特别是某些

---

　　①　张应强：《高等教育改革与我国民办高校的可持续发展》，《大学教育科学》2006 年第6 期。

民办学校和独立学院离破产可能不遥远了"①。"这种'先天不足'和'长不逢时'导致民办高教发展面临深层危机。"②

第三，看似公平的制度安排实则隐含了不公平性。近几年来，国家加大教育投入，设计了很多竞争性项目，在表面看似"公平"的评审制度安排中，隐含着对民办院校的歧视和不公，民办院校很难得到政策的阳光。一方面，政府财政性经费进入民办院校障碍没有理顺；另一方面，评审条件的限制实际上将民办院校排除在外，因为一些民办院校办学的特征、特色办学并没有得到政府评审文件的承认。比如，外聘教师"由于人事关系不在学校不得计入"，就此一条就将民办院校排除在大量竞争性项目之外。在全国和各省市设置的众多重点学科、重点专业、重点基地、重大专项等大量项目中，民办院校所占比例极低；在国家级的重点专业、重点实验室、重点实习实践基地，动辄数亿、数十亿的国家财政投入中，占普通高校1/3的民办院校，所占比例少得可怜，有的项目根本就没有民办院校的份额。这种状况表明，如若任其发展，民办院校与公办院校的质量差距将进一步拉大，在原有政策优势逐渐弱化的趋势下，民办院校的发展形势将越来越严峻。

民办院校的成长之路，关键当然是依靠自身的努力。转变观念、苦练内功，提高质量、凸显特色，加强内涵建设，发挥体制优势，加强内部管理等等，都是民办院校健康发展的重要路径。但是，从系统发展的视角看，民办院校发展的政策与制度环境不完善、不系统，顶层设计的缺失是重要的原因之一。

（1）我国民办高等教育政策缺乏一致性。一方面，国家顺应国际潮流，倡导发展民办院校，希望民办高等教育在未来的高等教育改革和发展中担当重任；另一方面，民办高等教育发展可供操作的政策却非常稀缺。例如，教育部第25号令《民办高等学校办学管理若干规定》指出："民办高校的资产必须于批准设立之日起1年内过户到学校名下。本规定下发前资产未过户到学校名下的，自本规定下发之日起1年内完成过户工作。"这对于当时许多民办院校发展而言是难以做到的，甚至至今部分民

---

① 顾海良：《未来十年某些高校破产》，《中国青年报》（教育·科学版）2010年3月24日。

② 张应强：《体制创新与建设高水平民办大学》，《高等教育研究》2002年第4期。

办院校仍没有实现资产过户，虽然其中有很多利益因素在内，但恰恰反映出了该政策缺乏现实基础、操作性差的过急问题。又如，2004 年教育部门突然叫停学历文凭考试，影响了许多民办院校的生源，导致很多民办院校改变运行管理模式，带来了较大政策冲撞，政府政策不连续，民办院校意见很大，矛盾也很激烈。另外，由于缺乏国家层面制度的系统设计，教育、工商、财税、人事、劳资等部门，各自都有自己的政策，相互之间矛盾尖锐，国家给予民办院校支持政策的实惠难以落实，政策之间出现矛盾甚至冲突、部门之间扯皮推诿的情况难以解决。

（2）民办高等教育政策执行状况差。由于民办院校国家层面的制度架构还没有完全建立，一些已经出台的政策，也难以落实，久悬难决。例如，《国家中长期教育改革和发展规划纲要（2010—2020 年）》提出要落实公共财政的资助政策，这对经费匮乏的民办院校来说当然是重大利好。但是 7 年多时间过去了，这一政策始终没有见到下文。比如民办院校发展的性质问题，一方面文件规定说公益性质；另一方面又提出要分类管理，事实上默许和承认了营利性学校的存在。再如教育部 26 号令明确规定独立学院要做到 8 个独立，但是时至今日，期限已过，真正"独立"的院校又有多少？还有教育部门向民办院校派遣党委书记问题、民办院校监事会制度建立问题等，有的是一阵风，没有坚持，有的根本就没有实施过。民办院校的管理体制问题、民办院校政策体系问题、民办院校的财政支持问题等，几乎找不到任何一个文件来系统阐述。虽然也有的省市出台了一些地方性的支持政策，甚至是一些所谓的"试点地区"，但是由于缺乏国家层面的制度支持和依据，往往有始无终，短期效应，难以持续。

（3）民办高等教育发展，对政策的需求已经进入"全面、系统、完整"的阶段。这一阶段的政策诉求，有待于国家相关部门的通力合作，高度协调，否则都可能是一文空纸。民办院校发展中的教师队伍建设"编制"问题、"法人属性"问题、公共财政的支持问题、税收问题等，都由国家人力资源、民政部门、财政部门等掌管，教育部门无力解决。但是这些问题不解决，民办院校的发展环境就难以得到根本的改善，并将导致民办院校发展失去方向，失去发展的活力和能量。由于缺乏顶层设计，部门之间难以协调。同时，头疼医头、脚疼医脚的应急政策，滞后、被动，不但时限性差，而且也缺乏普适性。我国民办院校的发展，已经到了国家明确"顶层设计"的时候了，民办院校的健康发展急迫需要一个自上而下的顶层设计。现在和过去不一样，不能再靠"摸着石头过河"，"水深了"已经摸不着"石头"了。加快民办院校国家制度的顶层设计，已经成为民办高等教育发展的重要需求。

根据党的十九大确定的发展目标，根据全面实现小康社会、建设社会主义现代化强国的任务，民办院校将肩负新的历史使命。实现分类管理，鼓励社会投入，引导非营利办学，将成为未来我国民办院校发展的重要走向。加快内涵建设，提高教育质量，满足国家要求、满足社会需求、满足求学者诉求，将成为民办院校办人民满意的民办教育的自觉行动。而这一切的实施和深化，必然需要国家制度建设的支撑和保障。

2. 民办院校国家制度顶层设计重要形式是立法

立法是国家最高政策的表达。狭义的理解，国家制度就是国体。民办院校办学体制作为国家制定的社会力量举办高等院校的根本制度，自然需要国家立法来约束和规制。世界上也有一些国家对私立大学的办学立法的先例。

在我国办学体制改革的进程中，政府也有考虑针对民办院校的办学体制立法。1993 年《中国教育改革和发展纲要》明确指出"在政府与学校的关系上，要按照政事分开的原则，通过立法，明确高等学校的权利和义务，使高等学校真正成为面向社会自主办学的法人实体"。潘懋元教授发表的《关于民办高等教育体制的探讨》中，除了呼吁各界关注民办高等教育以外，还提出了"对民办高等教育，应当适时立法。立法的意义不在于限制，而在于扶持、引导"[①]，以引导其向正确的方向健康发展。这也是学术界最早正式提出民办高等教育立法的建议。潘懋元教授在 1995年 11 月召开的亚太地区私立高等教育国际研讨会上宣讲的论文题目，就是"立法——私立高等教育发展的保障"，文中指出了民办高等教育立法的重要意义，分析了立法面临的若干问题，提出了立法的若干要点。对民办高等教育立法进行了较为全面的分析研究。1994 年 6 月，厦门大学潘懋元教授的弟子魏贻通的博士学位论文《民办高等教育立法之前期研究》通过了答辩，这是当时唯一的专门论述民办高等教育立法的博士学位论文，引起学界的关注。论文提到"1990 年国家教委委托厦门大学高等教育科学研究所进行民办高等教育立法前期研究"，说明其研究得到国家教

---

① 潘懋元：《关于民办高等教育体制的探讨》，《上海高教研究》1988 年第 3 期。

育行政部门的重视，魏贻通甚至根据课题约定，起草了《私立学校法》（拟写稿）和《私立高等学校条例》（拟写稿），开展了相关的探索。

我国民办院校的快速发展对政府政策提出了改革的诉求，期望获得国家教育政策更有力的支持和推动。一直以来，我国的民办院校的发展实践都走在政策和法规的前面，常常是实践中出现什么问题就制定什么法规，政策和法规的滞后制约着民办高等教育的发展，并且政策零散杂乱，不全面，不系统，不稳定，由此不利于稳定社会力量投入高等教育的信心和决心。要改变这种情况，必须改革和完善现有政策法规体系，使民办院校政策具有前瞻性和引导性。我国已提出完善和规范以政府投入为主、多渠道筹措经费的教育投入体制，形成公办学校和民办学校共同发展的格局的目标。为了加快实现民办院校投资主体多元化、办学形式多样化、经营模式产业化的步伐，应尽快建立起充满生机与活力的民办院校发展政策体系。

回顾过去，我国民办院校快速发展的原因，大环境的影响是主要的，其中《民办教育促进法》及其实施条例的颁布发挥了很好的作用。鉴于国家中长期民办院校还将持续稳定快速发展的实际情况，有必要继续加强民办院校立法和政策的制定工作，进一步建立健全民办高等教育的法律、法规，努力改善民办院校发展的法律和政策环境。应当承认，从《中华人民共和国宪法》（以下简称《宪法》）到《社会力量办学条例》《民办高等学校设置暂行规定》《高等教育法》再到《面向 21 世纪教育振兴行动计划》和《民办教育促进法》《民办教育促进法实施条例》，2016 年对《民办教育促进法》又进行了修法，又有一批配套政策法规出台，规范民办教育办学行为已经有了一系列法律法规。这些法律法规在确立民办教育的发展地位、提高全社会对民办教育的认识、浓郁民办教育发展的氛围、促进社会投入资金和规范学校办学方面，起到了一定的作用。但是我国《民办教育促进法》立法的特殊条件，使得民办院校办学的许多具体问题无法进入法律条文。我国现行民办教育政策法规只对民办高教发展过程中的一般性问题作了规定，部分条文只是概括性和原则性的，要使它落到实处，还必须制定配套的、可操作的实施办法和具体细则。2016 年年底全国人大常委会审议通过了新修订的《民办教育促进法》、中共中央办公厅印发《关于加强民办学校党的建设工作的意见（试行）》的通知（中办发〔2016〕78 号）、国务院下发了《关于鼓励社会力量兴办教育 促进民办教育健康发展的若干意见》（国发〔2016〕81 号）、教育部等五部门关于印发《民办学校分类登记实施细则》的通知（教发〔2016〕19 号），如此密集大力度地下发文件，体现了国家对于民办教育发展的重视。但由于我国二元社会的现实，加上各地办学环境、办学条件差异较大，有必要针对具体情况制定适合地方实际的民办院校发展政策，推进法律法规的落地落实，保障和促进民办院校的持续健康稳定发展。同时，由于近几年高等教育体制改革并未有新的突破，受高校政府化、公益化、事业化观念的影响，法律对民办院校的公益性或商业性的界定及产权、利益处置等问题的规定还是比较模糊，对原来的混乱情况没有约束规章，加上由于全国各地经济发展的不平衡和文化背景及地理环境的不同，各地民办院校形式多种多样，缺少合理规范，给民办院校的整体发展带来了不良影响。因此，贯彻落实《民办教育促进法》，加快民办高等教育的立法，营造全社会关心、支持、鼓励促进民办院校发展的政策环境，仍然是国家中长期民办高等教育发展的重要工作。

严格地说，我国迄今为止还没有就民办院校办学和管理问题专门立法。有关民办院校的相关法律法规，除了《民办教育促进法》和《民办教育促进法实施条例》对所有民办学校的相关情况做出规定以外，主要散见于中共中央、国务院的一些重大改革文件中和国务院、教育部的一些"暂行规定"等文件中。尤其是在民办院校发展的萌芽阶段，处于改革的初期，对一些学校的办学行为带有较浓的"试验"性质，存在的问题对学校发展和社会影响不大，用一般的法规代替法律是一个普遍的现象。

鉴于民办院校在整个民办教育中具有特殊的性质，许多国家都制定了专门的私立大学法。例如，日本很早就制定了《私立大学法》，美国、韩国、泰国、马来西亚和菲律宾等国家都相继制定了《私立高等教育法》或相关法律，对私立大学、大学学院及外国大学分校的建立，对现有国内私立学院提升为大学的条件制定了具体的规定，赋予国家私立高校更大的自由发展空间，以大力发展高等教育事业和培养技术人力资源，满足和适应日趋增长的社会需求。历史上我国也曾制定过《私立大学规程》（1912年）。经验已经证明，对于一个发展刚刚起步、即将进入快速发展期的民办高等教育，制定专门的法律法规十分重要。这不仅仅是一个法律形式问题，更是直接推动事业发展的动力所在。因此，国家立法部门应借鉴世界上其他国家的经验，尽快将制定《民办大学法》等相关法律提上立法议程，对现有法律出台与民办院校发展有关的实施细则，进一步明确民办院校的地位、作用、权利、义务和产权关系，健全监督、管理和评估机制。各省、自治区、直辖市政府应在充分考虑引导民办院校办出地方特色的同时，尽快制定出适合各地区实际情况的地方性政策法规，确定最佳办学形式和政策措施。这有利于政府部门在引导民办院校发展中少走弯路，也可以实现政府对民办院校的依法治理。

3. 民办院校发展国家制度顶层设计的要求

"不能谋全局者不能谋一域，不足谋万世者不足谋一时。"民办高等教育发展的"顶层设计"，是国家发展民办高等教育的总体制度安排，它是国家和地区制定民办高等教育发展政策的基本依据，并引导和规制着民办高等教育发展的方向。民办高等教育发展制度的"顶层设计"是一件巨大而复杂的制度工程，涉及方方面面的工作，在工作中需要注意以下几个问题。

第一，实事求是，确定发展目标。总目标是顶层设计的出发点和终点，决定着顶层设计的基本框架、实施路径、行动措施。必须根据我国民办高等教育的历史背景和发展阶段、文化传统和国家意志，与我国的教育制度改革方向一致的原则，以长期战略思维，全面系统综合性地确定我国民办院校发展的价值、性质、空间和目标任务，明晰发展思路、进程和路径。"顶层设计"意味着政府要在未来的国家民办高等教育发展中真正担负起"舵手"的角色，主动担当，当好民办高等教育发展"总设计师"。在整个社会贯彻落实科学发展观，加快发展转型的背景下，高等教育与之相应，将主要精力集中到全面提高人才培养的质量上来。在整个高等教育转变发展方式，加强内涵建设，提高服务能力的背景下，我国民办院校也不能置身度外，不能沿着规模扩张、粗放发展的老路一意孤行，政府有责任做出决策，引导民办院校及时抓住机遇，果断转变方向，不断增强核心竞争力。

第二，统筹协调，着眼发展全局。顶层设计不同于改革开放初期自下而上的"摸着石头过河"，也不是各显神通式的单兵独进，而是自上而下的"系统谋划"，因此，必须统筹安排，全面协调，着眼于总体目标，总体布局。顶层设计这一概念强调的是一项工程"整体理念"的具体化。就是说，要完成一项大工程，就要以理念一致、功能协调、结构统一、资源共享、部件标准化等系统论的方法，从全局视角出发，对项目的各个层次、要素进行统筹考虑。民办高等教育的顶层设计涉及国家许多部门、许多工作之间的协调。民政、工商，税务、公安、人力资源、编制财政等政策，都需要统一，顶层设计的关键环节是制度层面的平衡。顶层设计总的特点是具有"设计的前瞻性""整体的明确性"和"具体的操作性"，既要考虑理念的先进性，也要关注可行性，以便于"按图施工"，避免部门之间各自为政造成"工程"实施过程的混乱无序。为了顺利实施顶层设计，需要建立专门的设计机构。从30余年的实践来看，成立由中央政府直接领导的民办高等教育政策领导协调机构，有利于从全局上把握发展的进程，以便强化决策机制，做好总体部署，对所涉及的各方面政策实施具体、统一协调，使决策机制更加统一有力。国务院已经同意建立"由教育部牵头的民办教育工作部际联席会议制度"（国办函〔2017〕78号），这是一个良好的开端。

第三，科学论证，设计目标模式。发展目标是顶层设计的核心内容，它将规范和制约民办高校的发展性质、发展加之、发展空间和发展路径，因此，确定目标模式非常重要，应该引起领导层的高度重视。然而，尽管顶层设计字面含义是自高端开始的总体构想，但并不意味着将一切问题推给顶层去设计。顶层设计不是闭门造车回归，不是"拍脑袋"拍出来的，而必须要自上而下的权力推进和制度驱动，让各个所谓的利益相关方都参与进来，应该是充分吸纳公众参与、尊重民意、集中民智的民主过程。在民办高等教育发展的顶层设计中，要高度发挥"民办"的优势，集中举办者、管理者、所涉部门和社会各界方方面面的智慧，经过周密详细论证的设计，理顺各方面关系，凝聚各方面力量。在民办高等教育发展的许多政策中，往往没有得到大部分民办院校的认同和响应，甚至激化了政府管理部门与民办院校之间的矛盾，带来了民办院校发展的一些波动，根本原因在于调查研究不够，政策制定不透明，基层参与度欠缺。实际上，没有社会参与的顶层设计本身就不可能科学。很多决策表面上看非常理性和科学，但实际上是脱离社会现实，并不能反映民办院校发展现实的需求，最后终究事倍功半，浪费政策资源。

第四，突出重点，扫除发展障碍。顶层设计要在重点领域和关键环节有所突破。除了要在蓝图设计、制度平衡、政策协调性、战略性调整等方面取得实质性突破以外，一个基本的改革着力点就是要破除制约发展的体制机制性障碍和解决发展的深层次矛盾。换句话说，就是要解决制约民办高等教育发展的"短板"问题，促进民办高等教育的健康和可持续发展。

当下民办院校发展中，对于分类管理、发展空间、财政资助和办学自主权等方面反映突出，久悬未决，顶层设计中应该理顺关系，明确方向，重点突破，推进各项政策的落实，创设民办高等教育良好的发展环境，在整个高等教育事业的发展中发挥积极作用。

第五，研究路径，落实顶层设计。顶层设计的最终目的在于落实，再好的设计没有落实的路径都会成为空中楼阁。《民办教育促进法》和一些政策所以没有办法实施，关键在于没有考虑好实施的路径。比如，《民办教育促进法》中明确规定，"民办学校在扣除办学成本、预留发展基金以及按照国家有关规定提取其他的必需的费用后，出资人可以从办学结余中取得合理回报。取得合理回报的具体办法由国务院规定"。《民办教育促进法》已经颁布实施 10 年，但是"国务院规定"一直没有出台"具体办法"，导致"合理回报"的法律规定成了一纸空文。类似情况在民办高等教育发展政策制定和实施中并不少见。因此，在顶层设计中，必须高度重视实现的路径，分析相关要素，确保顶层设计得到全面落实。

第二节　民办院校办学体制发展的国家规划

一　规划的内涵

《礼记·中庸》说道："凡事豫则立，不豫则废。言前定则不跲，事前定则不困，行前定则不疚，道前定则不穷。"豫者预也，任何事情，事前有准备就可以成功，没有准备就要失败。说话先有准备，就不会理屈词穷站不住脚；行事前计划先有定夺，就不会发生错误后悔的事。因此，大至国家，小至一个部门，领导者必须抓好制订规划的工作。

规划是个人或组织制订的比较全面长远的发展计划，是对未来整体性、长期性、基本性问题的思考和考量，设计未来整套行动的方案。这里阐述的是国家层面对于民办院校发展的规划，它是国家整个民办院校发展的目标制订的延伸，是实现国家宏观发展战略和目标的具体的分步骤的阶段行动计划和重要手段。总体目标只有通过具体的规划来加以实施，才能最后达到预期的效果。规划的职能主要包括决定最后结果，以及获得这些结果的适当手段和全部管理活动。

西方管理理论认为，规划的职能主要包括四个部分：一是确定目标以及目标的先后次序；二是预测对实现目标可能产生影响的未来事态；三是通过预算来执行规划；四是提出和贯彻指导实现预期目标的活动政策。这四个部分总是相互联系，相互依赖，依靠它们最后制订出全面的规划，并且引导组织达到预定的目标。缺少其中任何一个方面，都会给规划的实现造成障碍。

发展规划与发展战略具有相同之处。战略与规划涉及的对象是相同的。战略与规划都是针对一个组织（机构）或者一项事业的全局的问题，又都是涉及一个组织或者一种事业的未来长期发展的问题。因此，战略与规划既有涉及国家、地区、企业等组织的发展战略与规划，又有涉及某种事业（如教育、科技、文化等）的发展战略与规划。战略与规划具有相似的特性，两者都具有全局性、长远性、前瞻性等特点，也都希望具有可操作性的要求。由于"战略"与"规划"具有相同的主体和类似的性质与要求，因此，两者彼此间是互相联系、密不可分的。

发展规划与发展战略有三大区别，①在概念的层次上，战略高于规划。战略强调的是思想理念，是涉及组织或者事业发展的思路。战略是制定规划的指导思想，任何一个组织的规划都是在既定的战略指导下形成的。②在形成的时序上，战略先于规划。如果一个企业，一个地区、一个国家没有形成既定的战略思路，就很难制订其发展规划。因此，一个国家，地区、企业组织，或者一个事业，要制订发展规划，必须先着手研究其发展战略，在战略的指导下，再编制发展规划。③在具体内容上，战略"软"于规划。战略是规划的抽象原则，规划是战略的具体体现。从某种意义上说，战略是规划的纲要，规划是战略实现的蓝图。我们通常所从事的战略研究，其研究的重心是设计"系统"生存与发展的"计谋和策略"。其研究的结果在战略内容的表述时一般比较原则，比较抽象。与此相反，我们通常所进行的规划研究，其研究重心在于设计"系统"生存与发展的"蓝图，途径和进程"；同样，作为研究成果的规划内容在表述上一般应该比较具体、比较实际，具有更大的可操作性。因此，战略与规划也是不能混为一谈的两个不同概念。

"计划"也是一个与"规划"有所不同的概念。规划与计划基本相似，不同之处在于：规划具有长远性、全局性、战略性、方向性、概括性和鼓动性。规划的基本意义由"规（法则、章程、标准、谋划，即战略层面）"和"划（合算、刻画，即战术层面）"两部分组成，"规"是起，"划"是落；从时间尺度来说侧重于长远，从内容角度来说侧重（规）战略层面，重指导性或原则性。计划的基本意义为合算、刻画，一般指办事前所拟定的具体内容、步骤和方法；从时间尺度来说侧重于短期，从内容角度来说侧重（划）战术层面，重执行性和操作性。计划是规划的延伸与展开，规划与计划是一个子集的关系，既"规划"里面包含着若干个"计划"，它们的关系既不是交集的关系，也不是并集的关系，更不是补集的关系。

二　民办院校办学体制发展需要规划

规划引领未来，是"预"的重要形式。"不谋万世者，不足谋一时；不谋全局者，不足谋一域。"制订规划，用规划来指引和推动事业的发展，已经成为我国各项事业发展的基本范式。做好民办高等教育事业发展的国家规划，安排好民办高等教育发展的节奏，也应成为国家层面推动和促进民办高等教育发展的重要形式。民办院校的发展，需要有一个国家层面顶层的发展规划，以使民办高等教育发展符合国家高等教育发展战略，符合我国基本国情，符合老百姓接受高等教育的要求，引导和规范民办高等教育事业的稳定健康有序和可持续发展。

规划，严格的说不是政策本身，但是任何政策都是阶段的目标、策略和措施的结合体。伴随规划制订的，既有政府的长远的和阶段性的目标，也有为实现目标而提供的政策保障，并且由于规划的阶段性，在制订规划的进程中包括考虑了阶段的政策措施，因此规划本身自然成为促进事业发展政策的重要组成部分。

一个国家实施什么样的大学院校办学体制，是由这个国家的国情、历史文化传统和长远发展的需要所决定的。一个时期以来，由于实行完全的公有制和严格的计划经济，社会力量参与办学权失去存在和发展的空间和土壤，形成国家办学、政府办学的单一的办学体制，公办院校成为国家高等教育的唯一形式。民办院校办学体制的出现和发展，客观上弥补了公办院校办学的不足，在高等教育资源逐渐丰富的背景下，还会挤占公办院校的发展空间，由此导致公、民办院校之间的越演越烈的竞争。这种竞争对于提高质量，鼓励特色，更好地满足社会多样化的需求，是非常必要、非常有效的。但是这也对竞争环境带来了严峻的挑战。

国民经济和社会发展规划是国家对未来时期国民经济和社会发展所作

的部署和安排。它的对象一般是全国的国民经济和社会发展，也可以是一个地区的国民经济和社会发展，按时间长短，分为长期、中期和短期三种，是经济和社会发展的重要依据。教育是经济和社会发展的基础性事业，属于社会大民生事业，应当纳入规划。民办教育作为整个教育事业的组成部分，纳入国民经济和社会发展规划，有利于推动民办教育的有序发展。为了克服恶性竞争和无序竞争，建立和完善竞争的秩序和环境，避免高等教育资源的浪费，打击和损伤社会举办民办院校的热情，很有必要对整个国家高等教育的发展做出新的筹划，把民办院校的发展作为教育的重要组成部分纳入国家和地区高等教育发展规划。

从民办院校的发展规模来看，民办院校数和在校生数已经占到全国普通高校的29%左右和23%左右，比例确实已经不低。在短短20多年时间里能够发展到这个规模，已经非常不易。民办院校的办学质量和水平已经有了喜人的进展，民办院校办学体制已经得到社会认可和肯定。但是，随着大众化的不断深化，随着高等教育入学适龄人口的大幅萎缩而带来的生源紧张，随着高等教育竞争带来的优质化和选择性需求快速增长，民办院校办学体制的优势和长远存在的价值受到质疑。民办院校走向何方？民办院校的办学体制还能不能、需要不需要长期存在？如果政策不明确，民办院校举办者会感到顾虑重重，信心不足。因此，民办院校的可持续发展也有待于国家规划的引领。

考察我国民办高等教育发展历程，在国家规划中对民办院校发展进行规划时间不长。2004年，国家开始制订"十一五"发展规划，教育部门也在制订全国教育事业"十一五"发展规划。在规划制订的小型研讨会上，本人作为唯一的民办院校代表出席，并荣幸地承担了招标课题"'十一五'期间中国民办高等教育发展"的研究，这可能是民办院校国家层面规划工作的开始。国家"十一五"教育发展规划，首次将民办教育发展列入其中，要求"进一步贯彻落实《中华人民共和国民办教育促进法》及其实施条例，引导民办教育健康发展。依法落实对民办学校的有关扶持政策，特别是税收优惠政策，保障民办学校教职工在业务培训、职务聘任、教龄和工龄计算等方面与同级同类公办学校教职工享受同等权利的相关政策和落实民办学校学生在升学、评奖评优等方面与同级同类公办学校学生享受同等权利的政策。政府对为民办教育事业做出突出贡献的集体和个人给予表彰奖励"。同时也提出"各级政府要切实加强对民办学校的规范管理，落实民办高校督导制度，实行民办学校年检制度，确保民办学校法人财产权。加强对民办学校招生工作的督察和财务状况的监管，督促民办高等学校稳定规模、规范管理、提高质量。尽快形成政府依法管理、民办学校依法办学、行业自律和社会监督相结合的管理格局"。这是在国家层面的规划中首次对民办教育的发展做出规划。当然，尽管规划与计划相比，具有内容相对宏观、原则的特点，但是显然这一规划还是比较粗疏的。

在此后的教育规划中，或多或少都有关于民办教育发展的相关内容。尤其是在《国家中长期教育改革与发展规划纲要（2010—2020 年）》中，专门列有《办学体制》一章，阐述深化办学体制改革、大力支持民办教育、依法管理民办教育三大问题，在其他章节中也对民办教育相关问题做了提及和强调，这是迄今为止在国家规划中对民办教育最周全的规划。在国家教育"十三五"发展规划中，继续强调"促进和规范民办教育发展"。"推进民办学校分类管理。建立非营利性与营利性民办学校分类管理政策体系，实行差别化扶持，加强分类指导和规范管理，推动各类民办学校明确法人属性，明晰产权归属。建立健全政府补贴、政府购买服务、助学贷款、基金奖励、捐资激励等制度，引导社会力量举办非营利性民办学校。推动民办学校适应经济社会发展需要，更新办学理念，深化教育教学改革，提高办学质量。鼓励公办学校、民办学校开展人才交流和深度合作。保障民办学校依法自主办学，完善法人治理结构，健全收费制度、资产管理和财务会计制度，建立教育质量监测、财务监管、风险防控和退出机制，规范民办学校办学秩序，防范办学风险。鼓励社会力量进入教育领域。拓展社会力量参与教育发展的渠道和范围。建立更加透明的教育行业准入标准，强化监测监管，鼓励社会力量和民间资本通过多种方式举办学校和教育机构，提供多样化教育产品和服务。发挥市场机制的作用，支持培育教育新业态，扩大教育需求与消费。研究制定相关规范和管理办法，鼓励教育服务外包，引导社会力量为学校提供信息化课程包、实训实习、教师培训、管理支持、质量监测、就业指导等专业化服务，作为政府教育服务的重要补充。"

制订好民办院校办学体制和发展的规划，就是将发展民办院校发展纳入经济社会发展和教育事业整体规划，加强相关的制度建设、办学标准制定、发展政策实施、统筹协调等工作，为民办院校发展留足空间，规划品种和层次。从上面的分析可以看出，民办教育，包括民办高等教育的发展，已经列入国家教育改革和发展规划中，在国家教育体系发展中具有重要地位。我国民办高等教育总体发展速度快，事业发展遇上了前所未有的好时机。但是，民办院校的各种类型以及在各个地区发展很不平衡，在发展中也面临着许多新问题，不仅将制约事业的发展，而且会带来一些风险。从国家层面来说，长远的发展规划不明确，社会难以持续地对民办院校投入，民办院校也难以作长远办学的计划，不利于社会树立举办民办院校的信心，不利于民办院校增加投入提高质量，不利于社会对民办院校的认可和支持，并且容易误导社会认知。尤其是在国家发展规划和教育事业规划制定的背景下，更需要加快民办院校发展规划的制订。正如《国家中长期教育改革和发展规划纲要（2010—2020年）》所指出的，要"依法管理民办教育。教育行政部门要切实加强民办教育的统筹、规划和管理工作"（第四十四条）。

目前有关教育发展的市场信息渠道还不是十分畅通，政府掌握着权威信息。加强规划指导，促进民办高等教育健康发展，既是政府的义务，也是政府不可推卸的责任。本地区民办院校应该办多少，规模和类型应如何布局，这是只有政府规划才能解决的问题。政府在制定国家和区域规划时，应将民办院校发展作为教育事业发展总体规划的规定内容，协调各类高等教育的发展空间和服务面向。民办院校的整体布局要与区域高等教育的发展相适应，努力做到科学、合理，避免重复建校，造成资源和投资浪费。首先，同一地区同类院校设置不应过多，应该鼓励民办院校多样化发展，避免办学的雷同化和重复建设。其次，政府部门要根据区域高等教育发展的总体状况和发展趋势，调控民办院校的比例和发展规模，避免教育资源的闲置和浪费。再次，各校应有所分工，科类结构有所区别，以满足区域内各行各业对人才的需要。总之，在制定和实施整个地区高等教育发展规划时，必须适当考虑民办院校的相关因素。民办院校的发展应与公办院校保持合理的比例，发挥各自优势，培育各自特色，以保证资源的有效利用。

政府部门还要引导民办院校制订好学校的发展规划。帮助学校找准自己在国家和区域高等教育体系中的位置，根据不同定位明确各自的发展目标和思路，确定公立高校和第三节加快完善民办院校发展的宏观政策。

教育政策是党和国家为实现教育目标所制定的有关教育的谋略、法令、办法、方法、条例等的总称。理解这一定义，需要把握如下几个要点。第一，制定教育政策的主体是各级机关，上至中共中央、全国人大、国务院及相关部委，下至最基层的教育行政机构。第二，政策旨在解决存在于两所或更多所学校间的普遍性问题，根据袁振国的观点，"学校内部的决策主要是管理学研究的范畴"，而不是教育政策所要解决的问题。[①]第三，教育政策应该包括教育法规在内。除了教育法规之外，教育政策还包括各级政府机关所出台的规范各级学校办学行为的教育规划、通知、（部长）令、意见等文件。2016年审议通过的《民办教育促进法》新法，决定实施分类管理。根据这一重大变化，民办院校的发展政策也应做出相应的分类安排。

第三节　民办院校办学体制发展的相关政策

民办院校办学体制和发展，需要系统的发展政策，营造民办院校发展合法、合理和可持续发展的环境。由于《民办教育促进法》修正案已获得审议通过，意味着原有的民办院校发展政策大部分都不适合，需要修改或调整。当前，民办院校发展政策，主要应在分类管理原则指导下，制定一系列的发展政策。

一　关于分类管理政策的内涵

何为民办学校分类管理政策？尽管学界和社会讨论和争议很多，但是迄今为止还少有人对此做出一个合适的阐述。笔者认为，民办学校的分类管理政策与一般意义上的分类管理政策不一样，它有着特指的含义，仅指根据民办学校办学营利性与非营利性的性质，采取差别化扶持的政策。而对于营利性与非营利性的区别，本质的区别只有一个，那就是学校办学积余的经费举办者是否可以分配，可以分配的就是营利性。"非营利民办学校不能取得收益，营利性学校可以取得收益。[②]"尽管许多国家从教育市场化的角度都认可和允许私立学校自主选择营利与非营利办学，但是从世

---

① 袁振国：《教育政策分析与当前教育政策热点问题》，《复旦教育论坛》2003年第1期。
② 刘增辉：《教育部政策法规司原司长孙霄兵：新（民办教育促进法）为教育营利确立法律保障》，芥末堆（www.jmdedu.com）。

界各国私立学校实施分类管理的现状来看，政府都有引导私立学校走非营利办学路子的导向。因此，实施分类管理的内涵，就是实施差异化的扶持政策。

为什么要对民办学校实施分类管理？迄今为止讨论实施分类管理的理由，主要的有以下两个方面。一是从政府的层面来看，需要实施分类管理。我国民办教育是在法律和政策一片空白的状态下逐步发展起来的，自发创建、自主成长、自我管理成为民办学校发展的重要特征。随着教育普及化、大众化的推进和教育资源的快速增加，随着国家经济的发展和财政状况的好转，民办学校中要求享受公共财政补贴的呼声日益高涨。而《民办教育促进法》中出台了"可以取得合理回报"的条款，这一条款后续实施的具体政策又没有跟进，造成许多民办学校不准自准获取回报的状况，与享受政府财政补贴的政策实施有冲突。因此，政府因势利导，积极推进分类管理。"2002 年《民办教育促进法》规定的合理回报是有问题的。合理回报没有任何限制，这就是说任何举办者在任何时间、任何地点，都可以任何方式进行分红。如果学校成了老板的提款机，没有积累，没有剩余资产，那么学校还怎么发展？从 2002 年到 2016 年，已经 14 年了，一直是合理回报，长此以往，我国的民办教育怎么提高质量？所以，必须坚持分类管理。"① 全国人大法律委员会副主任李连宁也撰文指出："本次修法一是明确了民办学校的分类及其分类的标准，做出了允许自主选择非营利性办学或者营利性办学这样的一个决定，从根本上厘清和解决了长期困扰民办教育健康发展的一个重大问题。二是从民办学校来看，由于我国民办学校特殊的发展背景，许多民办学校举办者有着投资办学的动机，营利是投资的必然结果。2003 年颁布的《民办教育促进法》，允许民办学校取得合理回报，激发了社会许多举办者的投资热情，民办教育迎来了一个发展高潮期。由于修订前的《民办教育促进法》规定了民办教育、民办学校是非营利性事业，同时又允许这些学校取得合理回报。这样的规定是当时立法博弈的结果，但苦于缺乏上位法的支持和配套的政策难以实施，十多年来一直困扰民办学校的发展。具体表现在：一方面，政府部门无法明确民办学校的营利性质或非营利性质，对民办学校不敢加大投入，

---

① 刘增辉：《教育部政策法规司原司长孙霄兵：新〈民办教育促进法〉为教育营利确立法律保障》，芥末堆（www.jmdedu.com）。

担心通过合理回报的渠道使对民办学校的扶持经费流到学校之外。并且要求取得'合理回报'的办学其实是一种在教育领域的投资行为。既然是投资，就应履行投资的责任和义务，就应当照章纳税。民办学校举办者一边根据'合理回报'取得投资收益，一边又根据'非营利'享受税收优惠、公益事业用地等在内的各项政策优惠，这对于社会其他事业的投资，比如医疗、文化、环保、科技等投资，客观上造成了不公平。另一方面，民办教育办学者也心存顾虑，担心自身的合法权益难以保障，因此采取各种方式来规避法律监管。随着国家法制的完善，特别是国家将要编纂《民法典》，国家法人制度要求明确民办学校营利性和非营利性法人及其标准。本次修法明确了营利性和非营利性的分类及其标准，选择营利性的民办学校可以规范办学，堂堂正正收益；选择非营利性的民办学校，政府可以毫无顾忌地加大扶持力度。显而易见，经过分类管理改革后，民办学校可以各行其道，从而促进民办教育的健康发展。"① 正如教育部副部长朱子文指出的："对民办学校按照非营利性和营利性进行分类管理，从法律上破解了困扰民办教育发展的学校法人属性不清、财产归属不明、支持措施难以落实等瓶颈问题，扩展了民办教育发展的空间。"②

对私立（民办）院校进行营利性与非营利性的分类，采取差别化的资助、支持政策，是世界各国开展办学体制改革、发展私立高等教育的普遍做法，也是国际私立高等教育发展的成功经验，其政策主要体现在财政资助、税收减免和政府管制等方面。美国一些州政府，甚至通过购买服务的形式，将营利性院校有限纳入政府购买服务系统。至于学生奖助学金的拨款在国际上更是普遍。而对于非营利私立院校的扶持政府，则根据各国国情和需要，颁布相关政策。

是否实行营利性与非营利性分类管理问题是我国民办教育顶层制度设计最基本的问题。这一问题由来已久，早在民办院校发展起步阶段就有人提出。1996—2002年《中华人民共和国民办教育促进法》（以下简称《民办教育促进法》）的立法过程中，就是否实行营利性与非营利性分类管理曾经开展广泛的讨论，各种观点激烈交锋。2002年12月28日，九

① 李连宁：《对〈中华人民共和国民办教育促进法〉修改决定的重要思考整理》，《教育与职业》2017年第5期。

② 柴葳：《民办教育辟出分类管理新路径》，《中国教育报》2018年1月1日，第2版。

届全国人大常委第三十一次会议审议通过的《民办教育促进法》达成初步一致，坚持"教育不得以营利为目的"的理念和精神，放弃了营利和非营利分类管理的制度设计。考虑到民办院校发展的历史和实际，《民办教育促进法》用"合理回报"制度来过渡相关的问题。在"扶持与奖励"一章中，规定"民办学校在扣除办学成本、预留发展基金以及按照国家有关规定提取其他的必需的费用后，出资人可以从办学结余中取得合理回报。取得合理回报的具体办法由国务院规定"。至此，民办教育的营利性和非营利性之争暂时得以平息。

2004 年 3 月，国务院颁布了《民办教育促进法实施条例》，对于"取得合理回报的具体办法"的标准和程序都做出了规定。但是，这一规定一直无法落实，难以操作，"合理回报"成为一个挂在墙上的"画饼"，一些对于合理回报寄予期待或者因此加大投入的举办者深感困惑和沮丧。而许多管理层也认为，"'合理回报'究竟是营利还是非营利？这不好界定，但如果不界定的话很多优惠政策和管理制度就不好出台，因为各个管理部门有各个管理部门的考虑"①。由于"合理回报"的政策承诺已经出台，而后续的政策执行又难以操作，因此许多民办院校采取了"不准自准，自我执法"的状况。许多民办学校的举办者热切期待的"合理回报"等国家对于民办教育的鼓励扶持政策难以落实到位；在换发《民办学校办学许可证》时许多民办院校都违心地宣称"不要求合理回报"，而在实际操作中许多民办院校都以合理回报的名义分配办学积余和经费，这成为我国民办院校独有的奇怪现象。

《民办教育促进法》和《民办教育促进法实施条例》都明确规定了的"合理回报"政策，为何在实践中难以落实？问题的根源主要是以下三个方面②。

第一，《民办教育促进法》和《民办教育促进法实施条例》都模糊了民办学校的法人属性，未对民办学校的法人类型做出明确规定。2004 年以后，民办学校均被登记为民办非企业单位。2004 年 8 月，财政部制定并发布了《民间非营利组织会计制度》。自 2005 年 1 月 1 日起，民办学校执行《民间非营利组织会计制度》。该制度规定："该组织不得以营利为

---

① 孙霄兵：《纲要考虑对民办学校实行分类管理试点》，http://www.jyb.cn/china/gnxw。

② 王文源：《民办教育顶层制度设计之争》，《高教发展与评估》2014 年第 4 期。

宗旨和目的；资源提供者向该组织投入资源不得取得经济回报；资源提供者不享有该组织的所有权。"这一会计制度不仅为民办学校提取"合理回报"设置了制度上的障碍，彻底否定了《民办教育促进法》允许"合理回报"的规定，实际上还通过设置免税资格认定的门槛，要求民办学校举办者放弃其投入民办学校资产的所有权。

第二，《民办教育促进法实施条例》回避了《民办教育促进法》关于民办学校产权归属的本意，使得民办学校举办者投入民办学校的资产的属性变得模糊。《民办教育促进法》规定："民办学校对举办者投入民办学校的资产、国有资产、受赠的财产以及办学积累，享有法人财产权。……民办学校清偿上述债务后的剩余财产，按照有关法律、行政法规的规定处理。"立法者的本意是将民办学校的产权认定为举办者投入民办学校的资产属于举办者所有；民办学校中的国有资产投入部分属于国家所有；民办学校受赠的资产属于学校所有；校产的增值部分，国家允许"合理回报"的部分归举办者所有，其余增值部分的产权归学校所有。但是，后来颁布的《民办教育促进法实施条例》并未理会这种立法本意，只对民办学校资产中的国有资产和接受的捐赠财产做出了规定，而对于举办者投入民办学校的资产和办学积累形成的校产的所有权问题未做任何规定。这就导致了民办学校的产权属性至今仍然模糊不清。

第三，《民办教育促进法实施条例》遗留的关于要求"合理回报"的民办学校的税收政策至今没有出台。《民办教育促进法实施条例》第三十八条规定："捐资举办的民办学校和出资人不要求取得'合理回报'的民办学校，依法享受与公办学校同等的税收及其他优惠政策。出资人要求取得'合理回报'的民办学校享受的税收优惠政策，由国务院财政部门、税务主管部门会同国务院有关行政部门制定。"其本意是，《民办教育促进法实施条例》授权国务院财政部门、税务主管部门会同国务院教育行政部门、国务院劳动和社保部门，制定对要求取得"合理回报"的民办学校的税收优惠政策。现实情况是，《民办教育促进法实施条例》留给有关部门的"家庭作业"十年未交，也无人督查。重要的税收政策不明，民办学校的举办者无法做出选择。实际上，就在《民办教育促进法实施条例》发布之前的一个月，财政部、国家税务总局就发布了《关于教育税收政策的通知》（财税〔2004〕39号），该通知对于民办学校的税收政策，以学历教育和非学历教育区分，根本没有理会民办学校的"合理回报"问题，并且至今仍然执行这一通知。

许多民办院校的举办者都希望获得营利，而作为解决营利的"替代"政策——"合理回报"又迟迟难以落实，分类管理就成了大家都期待的政策。在这种背景下，学界对分类管理开展了广泛而深入地研究。2010年7月《国家中长期教育改革和发展规划纲要（2010—2020年）》发布，明确提出将民办学校进行营利性和非营利性分类管理的改革思路，紧接着2011年国务院办公厅印发《关于开展国家教育体制改革试点的通知》，确定了将上海市、浙江省等列为试点地区，从理论和实践的结合上研究、探索民办学校分类管理办法，形成了研究小高潮。

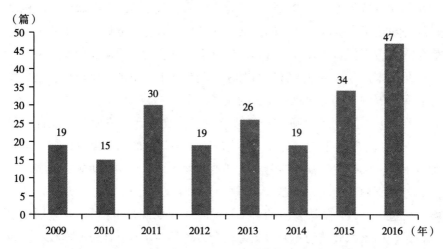

图7-1　2009—2016年民办教育分类管理研究年度论文发表量

2011年相关研究论文数量达到30篇。2012—2014年间稍有回落。2015年全国民办教育发展高峰论坛、全国第二次非营利高等教育联盟会议、2015年中国民办教育协会学前教育专业委员会工作会议上，"民办教育30条"的修改问题受到高度关注，引发学界再掀研究高潮。随着2016年国务院《关于鼓励社会力量兴办教育　促进民办教育健康发展的若干意见》的出台和《民办教育促进法修正案》的审议和通过，2016年相关研究达到最高值47篇。理论研究极大地推动了分类管理政策的落地，也扩大了分类管理在社会中的影响。

不难想见，实行非营利性与营利性民办学校分类管理，是基于民办教育发展的历史经验和现实的需要，是设计和明细民办院校未来发展导向的重要依据。当然也是国家确定的重大改革方向，是深化教育领域综合改革、构建公办民办教育共同发展办学格局的重要举措。尤其是针对我国民办教育发展的历史阶段和现实情况，实现了将深化改革与维护稳定相统筹、坚持鼓励扶持与分类管理政策相协调、将优化服务与加强监管相统一、将顶层设计与操作实施相结合，从而有利于破解民办教育发展瓶颈、落实国家各项扶持政策、拓展民办教育发展空间，鼓励和吸引社会力量兴办教育，促进民办教育办出特色、办出水平。对于提高民办院校质量、促进民办高等教育长远稳定健康发展影响深远。"虽然面临重重发展难题，但不可否认，改革开放以来，我国民办教育在数量规模、所占比重、结构层次和质量特色等方面均取得了不容小觑的成就，既以民办教育体制机制的活力奠定了自身的发展基础，又有效增加了教育服务供给，培养了大批合格人才，为创新教育体制机制、促进经济社会发展贡献了创新力量。从这个角度来说，开启分类管理新时代，既是自上而下的顶层设计，也是民办教育发展到一定阶段由内而生的抉择。"[1]

现在，思路已经明确，方向已经确立，政策已经清晰，争议告一段落，《民办教育促进法》新法已经实施，相关政策的陆续出台，构成了新形势下我国民办院校发展的全新的基本制度体系。根据法律规定，国家将实施分类管理后的差别化扶持政策。国务院《关于鼓励社会力量兴办教育　促进民办教育健康发展的若干意见》中，明确指出："建立差别化政策体系。国家积极鼓励和大力支持社会力量举办非营利性民办学校。各级人民政府要完善制度政策，在政府补贴、政府购买服务、基金奖励、捐资激励、土地划拨、税费减免等方面对非营利性民办学校给予扶持。各级人民政府可根据经济社会发展需要和公共服务需求，通过政府购买服务及税收优惠等方式对营利性民办学校给予支持。"这就明确指出了差别化政策的具体范围和内容，为制定相关的配套政策提供了依据。

民办院校的发展需要有具体的支持政策。一方面，民办高等教育事业作为国家庞大的高等教育事业的重要组成部分，其成长需要一定的政策环境；另一方面，民办院校在办学过程中，终归还涉及国家高等教育资源的配置，如果没有具体的政策，就缺乏配置的依据。还有一点，民办院校由于运用崭新的办学体制，与原有的办学体制难免会产生体制冲突，需要出

---

① 柴葳：《民办教育辟出分类管理新路径》，《中国教育报》2018年1月1日，第2版。

台新的政策予以扶持和支持。而这些政策中，根据政策制定的权限不同，需要国家立法机构、中央政府或者地方政府来承担。

二　确立扶持民办院校的政府导向

实施分类管理，发展多元办学体制，鼓励社会力量对高等教育的投入，已经获得法律的允准。从法律意义上说，社会力量投入民办（私立）院校，无论是举办营利性的民办（私立）院校还是举办非营利性的民办（私立）院校，都是法律许可的，都应当得到社会的尊重和鼓励，都应当得到政府的支持。政府应该积极营造营利性、非营利性民办院校发展的政策和环境，鼓励社会力量多种形式、多种途径、多种动机举办民办院校。

如前所述，就世界范围而言，高等教育发展对经费的需求是巨大的，甚至是无限的。仅仅依靠政府的财力，肯定难以满足社会发展高等教育的需求。同时，作为激活高等教育竞争的有效路径，民办（私立）在激励社会提高教育质量，发展多样化、个性化、特色化的高等教育，促进整个社会培养能力、培养水平和培养效率的提高，能够起到重要的无可替代的作用。越来越多的国家在发展民办（私立）院校上采取越来越开放、越来越优惠的政策，就是一个有力的例证。据研究，2009 年与 1999 年相比，世界高等教育在校生规模增长了 53%。需要指出的是，高等教育规模增大主要发生在私立高等教育系统，目前约有 30% 的学生在私立高校学习。除古巴、朝鲜、不丹等少数国家外，其他国家都先后建立了高等教育公立与私立并存的双轨体制①。

根据私立大学办学的动机，许多国家将私立大学区分为非营利院校和营利性院校，并实行分类管理，采取差异性扶持政策。

所谓非营利性私立院校，主要是指出资者举办高等院校不谋求取得经济收益的办学方式。这里的"营利"区别于"盈利"，非营利性民办院校不等于不赚钱，而是不能把挣到的钱当做利润分给投资者，只能投入后续建设和运行中去。按照《国务院关于鼓励社会力量兴办教育　促进民办教育健康发展的若干意见》（国发〔2016〕81 号）文件，"非营利性民办学校举办者不取得办学收益，办学结余全部用于办学。营利性民办学校举办者可以取得办学收益。"

---

① 阎凤桥：《私立高等教育的全球扩张及其相关政策》，《教育研究》2010 年第 11 期。

传统教育观认为教育是人社会化的途径，其意义在于培养合格的社会公民，来维持既有的社会结构和秩序，教育的文化性质和政治意义决定了教育应是一项国家事业，是一项公共性的支出和福利性的消费。非营利性民办高等教育更是一项不可忽视的国家事业，是一项福利性的教育制度安排，它具有准公共产品属性，是一种准公共产品，也是一种有投资、有收益的产品，可满足政府、学生、纳税人、企业、家庭、高等学校等多个主体的需求，最大的受益者当然是政府和社会。

从世界范围看，非营利性民办院校基本占据着民办教育的主导地位，因此，相对来说，非营利民办院校办学的动机和办学行为与社会民众的愿望和需求更接近，与政府的目标更加一致。非营利性民办院校举办者不取得办学收益，学校的办学结余全部用于办学，有利于学校办学条件持续改善，在体制上有利于学校更加聚焦人才培养和学生长远发展而不是追求经济利益和回报，因此，世界上许多国家在发展私立大学过程中都大力倡导非营利办学，采取比营利性院校更加优惠的政策加以支持。在一些国家，非营利私立大学与公立大学之间在享受政府支持方面，甚至实行淡化界限，一视同仁的政策。在美国，非营利性私立高校从创办起就得到了政府的大量资助，甚至一些私立高校本身就是政府机构所创办的，如哈佛大学为马萨诸塞大法院（the General Court of Massachusetts）所创办，得到哈佛的捐赠之后更为现名。在非营利性私立高校的发展过程中，联邦、州和地方政府的资助一直是其重要收入来源。即使在18世纪70年代美国州立大学大规模发展以后，政府依然继续向非营利性私立高校提供大量资助。

在非营利组织的框架下，公办院校和民办院校平等的法人地位具有了现实可能性。在民办院校领域大力培育非营利性学校，对于推进公办院校改革、冲破事业单位体制和建立现代学校制度，对于确保公办院校的"非营利"性质、为人民提供公平普惠的教育服务等，都具有很强的示范效应。

我国非营利性民办院校向社会提供高等教育产品和服务，政府是非营利性民办高等教育最大的受益者，应在高等教育成本分担中承担较大的份额；非营利性民办院校学生及家长是非营利性民办高等教育的直接受益者，社会和高校也是非营利性民办高等教育的相关受益者，理应负有共同分担其教育成本的义务。通常，我国的高等教育成本是根据"利益获得，能力支付"的原则实行成本分担。我国非营利性民办院校是向社会提供高等教育产品和服务的一个重要高等教育机构，实行政府分担部分教育成本有利于促进高等教育公平，促进高等教育资源的有效配置，提升高等教育教学质量，为更多人提供接受高等教育的机会，助推社会公平。政府对非营利性民办院校提供公共财政资助就是与其共同承担高等教育成本，也是为具有公益性的非营利性民办院校分配一定的社会公共资源，使在非营利性民办院校接受教育的学生能够获得的公共教育资源份额有所增加，这样可以在一定程度上促进非营利性民办高等教育的发展，也有利于促进高等教育的公平，让更多低收入阶层的孩子有获得接受高等教育的机会。可见，非营利性民办院校办学经费获得政府公共财政资助，并实行教育成本分担，有助于促进教育公平。政府理应成为非营利性民办院校成本分担的主体，其他学生、家长、企业和社会相关人士等受益者也应共同承担非营利性民办院校提供服务和产品产生的成本。当然，还有相当多的国家至今仍不承认营利性私立院校的合法地位，这是市场和社会长时间选择的结果。少数国家的法律允许营利性教育组织的存在，并采用差异性的扶持政策区别对待营利性与非营利性高校，参照公司法注册和管理营利性教育机构。例如，美国就允许营利性教育机构的存在，在税收方面，将其与企业一视同仁。美国营利性高校在校生人数占高等教育规模的 8%—10%，约占私立高等教育规模 的 1/3。Laureate 是美国最大的高等教育公司，其通过股票市场融资，不仅在美国境内多个地方办学，而且还收购了智利、墨西哥等国的一些私立学校，从事营利性高等教育活动。南非也允许营利性高校存在，按照公司法注册，营利性高等教育规模占私立高等教育规模的 2/3。2005 年，巴西营利性高校在校生人数占高等教育规模的 19%。乌克兰的私立高等教育以营利性为主。无论是合法的还是不合法的营利性高校，多采取企业运行模式，权力集中在董事会或少数管理者手里，教师的管理参与度和影响力很小，学校把学生当做消费者对待。①

　　在一些允许社会力量举办营利性大学的国家，对营利性大学都有许多的限制措施，限制营利性大学的办学规模和办学行为。而在另一些国家和地区，如日本、韩国和我国台湾地区，甚至禁止举办营利性大学，由此指导社会力量办学的方向。但是，即使这样，实践中仍然难以避免私立高校的实际营利行为。

---

① 阎凤桥：《私立高等教育的全球扩张及其相关政策》，《教育研究》2010 年第 11 期。

2009 年世界高等教育大会报告指出，高等教育是一种公共产品，应该是政府承担的责任，并由政府提供经费资助①。因此，政府仍然是高等教育资源和资金的主要供给方。从世界范围内的高等教育而言，在绝大多数国家，高等教育的供应主体是政府。因此不能放弃高等教育发展中的政府责任，不能把所有发展高等教育的责任都推给社会。同时还要指出，国家实施分类管理，绝不意味着营利性和非营利性都能够得到一视同仁的政策支持。前面本书对于公、私立高等院校界限趋于模糊的观点，说得更清楚一点，主要是公立院校与非营利私立院校之间的政策界限而言。换句话说，实施分类管理，需要明确政府导向，采取差异化的扶持政策。并且世界范围内私立院校的发展中，确实也出现了大量的"野鸡大学""学店"等蒙骗民众的行为，质量保障问题、公平性问题等引发社会不稳定的事件时有发生，需要政府介入规制和监督。

本课题研究中发现一个实证，那就是计算两类私立高校的生命周期证明了非营利性私立高校比营利性高校"更长寿"②。阿什比指出，大学是一个具有生命特征的文化机构，它像动物和植物一样地向前进化。大学和其他社会组织一样，具有诞生、成长、壮大直至死亡的生命周期。计算发现，非营利性私立高校的校龄平均为 109 年，营利性私立高校的校龄平均为 65 年。从具体的校龄分段来看，非营利性私立高校校龄在 150 年以上的比例为 22.4%，而相同校龄的营利性高校的比例只有 4%，百年以上校龄的非营利性私立高校的比例为 56.5%，而同校龄的营利性私立高校的比例只有 22.7%，见表 7-1。

表 7-1　　　　　　　美国私立高校校龄分布表　　　　　　单位:%

校龄	非营利性私立高校		营利性私立高校	
	有效百分比	累计百分比	有效百分比	累计百分比
201 年以上	5.9	5.9	0	0
151—200 年	16.5	22.4	4.0	4.0
101—150 年	34.1	56.5	18.7	22.7

① 阎凤桥:《私立高等教育的全球扩张及其相关政策》,《教育研究》2010 年第 11 期。
② 王一涛等:《美国两类私立高校的发展对推进我国民办高校分类管理的启示》,《教育研究》2018 年第 8 期。

校龄	非营利性私立高校		营利性私立高校	
	有效百分比	累计百分比	有效百分比	累计百分比
51—100 年	25.3	81.8	29.3	52.0
50 年以下	18.2	100	48.0	100

资料来源：根据美国各高校官网计算而来。

　　非营利性私立高校的生命周期之所以长于营利性私立高校的生命周期，主要原因在于非营利性私立高校可以得到政府的更多支持、吸引到更多的社会捐赠、吸引更多卓越的校长和学者的加入，所以能够有效克服各种内外部风险。比如创立于 1838 年的联合学院（Union College）一直处于风雨飘摇之中，但是从 1892 年开始获得杜克家族持续捐赠之后开始快速发展，学院为纪念杜克家族而于 1924 年更名为杜克大学。和非营利性私立高校相比，营利性私立高校面临的风险较多，而且克服风险的能力较低。首先，学生的部分学费被当作利润分配给股东，导致营利性高校实际可用的资源少于非营利性高校。其次，由于获得营利动机，营利性私立高校很少获得政府的直接财政扶持和社会捐赠。最后，营利性高校还面临着国家监管政策多变、资本市场起伏波动、举办者撤资、举办者变更（即学校转让）、内部权力争斗等特殊风险，这些风险往往对营利性私立高校的可持续发展造成严重损害。

　　在我国，社会力量办学总体来说是健康有序的。早期举办的大学，绝大部分都坚持非营利原则。坚持公益性办学，体现了一代人的教育理想，一代人的价值追求，更是一代人的高风亮节。在过去的政策和领导讲话中，都十分注意倡导民办院校的非营利办学。在教育部支持下，在中国民办教育协会指导下，部分非营利性民办院校还自愿组成协作组织——"非营利性民办高校联盟"，体现了大力发展非营利性民办高等教育的政策导向，为推动符合我国国情的非营利性民办院校建设搭建了新的平台。相关院校共同向全社会郑重承诺：遵循高等教育规律和民办教育发展规律，坚持走民、特、新的发展道路，坚持公益性和非营利性办学，不谋求任何经济回报，办学经费全部用于所在高校的建设与发展。可以看出，这些院校与政府之间有共同的奋斗目标、共同的价值追求和共同的责任担当，因而受到政府更多的关注和支持。高举民办院校非营利性的大旗，也有助于树立民办院校良好的社会形象，让社会各界全面深入了解和认识民办院校。教育部原副部长鲁昕认为，建立非营利性民办高校联盟有利于引领民办高等教育改革创新。通过推动非营利性民办高校坚持公益性办学、坚持应用型定位，引导非营利性民办高校按规律办学，促进联盟成员高校依法治校、规范管理、科学发展，还有利于培养民办高等教育的国家示范项目。建立非营利性民办高校联盟，就是要以联盟成员高校为标杆，树立民办高校榜样。同时，联盟作为政府与民办高校合作的一个重要平台，政府将通过制度建设支持高水平、有特色的学校发展，以此推动建立一批民办高等教育国家示范项目。①

　　在新的法律规定中，营利性民办院校已经取得了办学的合法地位，得到社会的认可和接受，但是这丝毫不能说明营利性民办院校和非营利性民办院校处于同一支持地位。《国务院关于鼓励社会力量兴办教育　促进民办教育健康发展的若干意见》（国发〔2016〕81号）明确指出："分类管理，公益导向。实行非营利性和营利性分类管理，实施差别化扶持政策，积极引导社会力量举办非营利性民办学校。坚持教育的公益属性，无论是非营利性民办学校还是营利性民办学校都要始终把社会效益放在首位。""建立差别化政策体系。国家积极鼓励和大力支持社会力量举办非营利性民办学校。各级人民政府要完善制度政策，在政府补贴、政府购买服务、基金奖励、捐资激励、土地划拨、税费减免等方面对非营利性民办学校给予扶持。各级人民政府可根据经济社会发展需要和公共服务需求，通过政府购买服务及税收优惠等方式对营利性民办学校给予支持。"因此，在制定民办院校发展政策中，应该注意政府导向，引导民办院校坚持公益性、非营利性办学，加强办学的责任心和自觉性，将人才培养放在工作首位，克服短期的、过于功利的行为，从而实现健康稳定和可持续办学。

三　关于民办院校的产权制度

　　产权是经济领域的概念，是指自然人、法人对各类财产的所有权、占有权、处置权、使用权、让渡权、收益权等，包括了物权、债权、股权、知识产权和人力资本权以及其他无形财产权。这是一种广义的产权

---

① 王强：《非营利性民办高校联盟：倡导坚持公益办学方向》，《中国教育报》2014年2月26日，第1版。

概念。

如前所述，产权问题是民办院校发展和研究中的基本理论问题，也是国家民办高等教育发展制度框架的基本问题。产权的确权是调动社会投入的重要杠杆，也是民办院校内部治理权的依据所在。明晰产权，规范和维护各产权主体的利益和地位，对民办院校治理结构的构建和规范带来直接的影响，而且对整个高等教育办学体制的改革和发展，也显得非常的重要和紧迫。

从投资的寻利性和民办院校的办学实践来分析，在产权方面，举办者主要关心三个问题：一是出资人对其投入部分所形成的校产是否拥有所有权与收益权；二是出资人对办学增值的校产享有什么权利，包括投入增值和办学积累增值；三是民办院校停办以后的资产归属问题，投入的资产能否归还，增值部分可否分配。简而言之，产权问题表现为"投入民办院校的资产和增值部分归谁所有；办学期间的积累和资产可否分配、如何分配；学校停办后资产如何清算，投资利益如何保护"等三个方面。《民办教育促进法》新法对民办院校产权做出了新规定。

（一）非营利性民办学校举办者不拥有学校产权

非营利性民办学校的举办者不能取得办学收益，办学结余全部用于办学，非营利性民办学校清偿债务后的剩余财产继续用于其他非营利性学校办学。换言之，非营利性民办学校的产权呈现"无所有者"的特征，举办者选择非营利性，意味着放弃对产权的要求，不再追求所有权和收益权。"学校法人"成为学校产权的拥有者。对于真正的捐资办学者而言，可以选择登记为非营利性民办学校。作为对举办者放弃产权的鼓励，非营利性民办学校在财政资金、税收和土地等方面可享受更大的优惠，比如，"对非营利性民办学校还可以采取政府补贴、基金奖励、捐资激励等扶持措施""非营利性民办学校享受与公办学校同等的税收优惠政策""新建、扩建非营利性民办学校，人民政府应当按照与公办学校同等原则，以划拨等方式给予用地优惠"。

（二）营利性民办学校举办者可以取得办学收益

营利性民办学校的办学结余依据国家有关规定进行分配，营利性民办学校清偿上述债务后的剩余财产，依照《公司法》的有关规定处理。也就是说，营利性民办学校的产权是清晰的。营利性民办学校在工商部门登记为有限责任公司、股份有限公司或其他企业法人，从产权角度来看，营利性民办学校就是企业。在《公司法》等法律框架内，举办者拥有营利性民办学校的所有权、收益权和剩余财产分配权等各项权能，可以自由分配利润。对于希望通过产业化和商业化的方式获得合法办学利润的举办者而言，可以选择登记为营利性民办学校。营利性民办学校虽然享受的优惠政策较少，但是营利性民办学校有更多的融资渠道、有更多的办学自主权，这些优势使得营利性民办学校可以和非营利性民办学校以及公办学校相竞争，这也是美国的营利性私立高校蓬勃兴起的原因之一。由于我国营利性民办学校发展的社会认同度不高，《工商总局　教育部关于营利性民办学校名称登记管理有关工作的通知》（工商企注字〔2017〕156号）规定，营利性民办学校可以在招生宣传资料、成绩单、学校匾牌等等使用简称，即"某某学校"而非"某某学校公司"，这些规定有利于提高民办学校的社会认同，为营利性民办学校的发展营造了更好的发展环境。

新的《民促法》突破了我国长期以来教育不得以营利为目的的传统观念，处理了改革开放40年来我国民办教育发展的历史问题，顺应了广大以投资为目的的民办教育举办者的诉求，对于丰富我国的教育生态、吸引更多社会资金进入民办教育领域具有重要的历史意义。

值得强调的是，《民办教育促进法》新法不仅对民办学校举办者的财权或者产权给予了法律保障，而且对民办学校举办者对于学校的治理权和管理权等非财产权益也提供了法律保障。法律特别增加了民办学校举办者根据学校章程规定的权限，参与学校的办学和管理，这是对举办者对民办学校非财产权益保障最重要的保护。

对于非营利性民办院校的积累资产，按照李连宁的观点①，"这是一种新的财产权益的形态，因为我们国家有公有财产（国有的和集体所有的），有私有财产，现在还有混合所有制，公有和私有混合所有。随着国家慈善法的推进和公益事业的发展，将来就出现一个由独立法人拥有的公益财产。非营利性学校法人财产，它是举办人依法设立的一个独立的公益性财产。按照学校的章程由理事会来管理，教育部门是不能随便调拨支配的。""虽然是公益财产，我的所有权放弃了，但是我作为举办人，我对公益财产还是有管理权、掌控权的。这就要通过学校章程来加以实现和

① 《全国人大常委、法律委员会副主任委员李连宁对〈民办教育促进法〉新法解读》，见中国民办学校网，http://www.hrmbedu.com.cn/News_content.asp?id=2706。

规定。"

对举办者而言，非营利性办学虽没有财产所有权，但如何保障举办者对民办院校的掌控权、决策权、管理权，也需要根据学校章程处理。根据章程决定学校的办学方式，明确规定学校的决策、师资、运行体制机制，董事会、理事会构成，董事长、理事长任期制度和产生形式，董事会、理事会中家族成员能占多大比例，出资财产安排，剩余财产处理，等等。

四　关于民办院校准入政策和分类登记

准入政策，简言之，就是民办院校举办的入门条件，或者说门槛。

我国原有高等院校审批的权限在中央政府。教育部作为国务院主管教育的行政机关，具体受理和负责高等院校的审批。而民办院校专门的审批制度，只有 1993 年原国家教委出台的《民办高等学校设置暂行条例》（教计〔1993〕29 号），文件分总则、设置标准、设置申请、评议审批、管理、变更与调整、其他等七章，从民办院校内涵、举办者要求、校长等校领导任职条件、教师队伍、校园校舍、教学仪器设备和适用图书、建校相应的建设资金和稳定的经费来源等几个方面设定民办院校举办的门槛。尽管这个文件出台当时许多学校都难以达到，但是历史地看这个文件还是非常宽松简单的，甚至"长期租用"校舍都可以。关键是在当时条件下毕竟为社会力量举办民办院校提供了明确的信息和要求。

2001 年，教育部将高职学院的审批权下放到省政府。2010 年 12 月 13 日第 28 次部长办公会议审议通过了中华人民共和国教育部令第 30 号《教育部关于修改和废止部分规章的决定》，《民办高等学校设置暂行条例》也在废止之列。民办院校毕竟不是公立院校，除了一般的办学条件，也应该有办学体制所规定的办学要件。因此，虽然这个文件的有些条文不合时宜，但是废止以后也没有新的文件替代，简单地用公立院校的准入文件来替代恐怕也不妥当，毕竟有些办学体制所约定的条件有其特殊性。

《民办教育促进法》修正案颁布以后，教育部、人力资源社会保障部、民政部、中央编办和工商总局于 2016 年 12 月 30 日下发了《关于印发〈民办学校分类登记实施细则〉的通知》，正式出台了《民办学校分类登记实施细则》。根据分类管理的原则，提出："民办学校的设立应当参照国家同级同类学校设置标准，无相应设置标准的由县级以上人民政府按照国家有关规定制定。"显然，民办院校的设置标准应该由教育部制定。

在以往准入文件中，民办院校举办者资格中无任何要件规定，或者只有正向条款，如对举办者必须拥护四项基本原则……而没有方向（负面）约束条款，可能也不完善。

根据《民办教育促进法》新法，民办学校的举办者可以自主选择设立非营利性或者营利性民办学校。但是，不得设立实施义务教育的营利性民办学校。并规定，以后营利性民办院校在工商部门登记。据此教育部、人力资源社会保障部、工商总局联合下发了《关于印发〈营利性民办学校监督管理实施细则〉的通知》（教发〔2016〕20号），对营利性民办院校的等级和准入做出了规定。根据这一文件精神，目前民办院校准入的主要问题有三个。一是名称问题。一方面，在工商机关现有登记的机构中，均带有"有限责任公司"，而根据《民办教育促进法》新法，营利性民办院校几近于公司化管理。由此民办院校名称是否也要加上"有限责任公司"的后缀。另一方面，新的登记办法实施以后，在部分登记为"事业单位"的民办院校名称如何核定。目前有关事业单位登记部门并不具有名称核查能力的机制。三是准入门槛问题，如前所述，目前教育部对高等院校设置的相关规定难以适合民办院校的登记。应尽快出台《民办高等学校设置条例》，以弥补废止《民办高等学校设置暂行条例》（教计〔1993〕29号）以后带来的政策空白。三是对民办院校办学主体缺乏要件约定。《营利性民办学校监督管理实施细则》中，对举办主体做了如下约定。

　　第九条　举办营利性民办学校的社会组织，应当具备下列条件：
　　（一）有中华人民共和国法人资格。
　　（二）信用状况良好，未被列入企业经营异常名录或严重违法失信企业名单，无不良记录。
　　（三）法定代表人有中华人民共和国国籍，在中国境内定居，信用状况良好，无犯罪记录，有政治权利和完全民事行为能力。
　　第十条 举办营利性民办学校的个人，应当具备下列条件：
　　（一）有中华人民共和国国籍，在中国境内定居。
　　（二）信用状况良好，无犯罪记录。
　　（三）有政治权利和完全民事行为能力。

这里一个严峻的问题是"无犯罪记录"证明是否需要书面出具？如果需要，那么由谁出具？公安机关是否能出具相关文件？按照目前操作，尚无可行约定。

国务院《关于鼓励社会力量兴办教育　促进民办教育健康发展的若干意见》中，明确要求"放宽办学准入条件。社会力量投入教育，只要是不属于法律法规禁止进入以及不损害第三方利益、社会公共利益、国家安全的领域，政府不得限制。政府制定准入负面清单，列出禁止和限制的办学行为。各地要重新梳理民办学校准入条件和程序，进一步简政放权，吸引更多的社会资源进入教育领域"。有关部门在制定民办院校准入条件时，也应贯彻落实这一文件精神。

长时期以来，民办院校的法人登记不明确，导致政出多头，杂乱无章，责任不清，监管困难。现在，根据国务院《关于鼓励社会力量兴办教育　促进民办教育健康发展的若干意见》以及与之配套由教育部、人力资源社会保障部、民政部、中央编办和工商总局联合下发的文件，明确"正式批准设立的非营利性民办学校，符合《民办非企业单位登记管理暂行条例》等民办非企业单位登记管理有关规定的到民政部门登记为民办非企业单位，符合《事业单位登记管理暂行条例》等事业单位登记管理有关规定的到事业单位登记管理机关登记为事业单位。""实施本科以上层次教育的非营利性民办高等学校，由省级人民政府相关部门办理登记。实施专科以下层次教育的非营利性民办学校，由省级人民政府确定的县级以上人民政府相关部门办理登记。""正式批准设立的营利性民办学校，依据法律法规规定的管辖权限到工商行政管理部门办理登记。"，这对今后民办院校的设立提供了明确的登记信息，克服了以往多头登记的问题，为政府监管和工作考核提供了依据。

这里附带讨论一下现有民办院校的补偿和奖励问题。

全国人大常委会在关于修改《民办教育促进法》的决定中明确：本决定公布前设立的民办学校，选择登记为非营利性民办学校的，根据依照本决定修改后的学校章程继续办学，终止时，民办学校的财产依照本法规定进行清偿后有剩余的，根据出资者的申请，综合考虑在本决定施行前的出资、取得合理回报的情况以及办学效益等因素，给予出资者相应的补偿或者奖励，其余财产继续用于其他非营利性学校办学；选择登记为营利性民办学校的，应当进行财务清算，依法明确财产权属，并缴纳相关税费，重新登记，继续办学。具体办法由省、自治区、直辖市制定。

分类管理，意味着从法律实施之日起，举办者将严格按照营利与非营利办学的要求设计学校制度，处理民办院校的资产。但是对于法律实施以前的民办院校，由于原有政策的中断而阻碍了举办者取得"合理回报"的预想。对于这个问题，全国人大常委会充分考虑到我国民办教育发展的特点和现实，对现有民办学校举办者的权益给予了充分的保障。

关于补偿奖励问题，也存在需要继续探索的空间。第一，奖励和补偿是针对现有民办院校的。因此，在此规定以后建立的民办院校将不能享受。但是，在2016年11月7日以前筹备、2017年9月1日以前获批的民办学校是否符合这一规定，则需要由各地自行做出规定。第二，奖励和补偿只有在学校办学终止后才可以实施，难以满足部分现有民办院校举办者的要求，那么可否在学校运行期间在不影响学校资金稳定性的前提下提前分期获得补偿或奖励。第三，奖励和补偿的经费是从终止办学清算积余经费中开支的。如果清算以后没有积余，奖励和补偿的经费无从着落，似乎就不符合奖励和补偿的条件，因此就不可能实施。第四，具体的补偿奖励测算方案也存在争议。有的地方认为，补偿数额为累计出资额或累计出资额及其增值部分，视情况再给予不同额度和形式的奖励。也有的地方认为应该以依法清偿后的净资产作为核算依据，扣除已经取得的"合理回报"后，按照比例进行补偿奖励。有人认为还应根据民办学校的办学效益和贡献进行补偿奖励，也有一定的道理，但是从调查的情况来看，还没有地区这样考虑。

补偿和奖励是鼓励现有民办院校举办者办学积极性的主要方面，通过补偿和奖励真正体现国家对举办者以往办学贡献的认可和鼓励，当然也是鼓励民办院校选择非营利并继续办学。对于选择非营利性的民办院校，应对不同办学层次、不同资产规模、不同原始投入采取不同的奖励政策，比如，初始投入很少、办学历史长、目前资产规模大的民办院校的补偿和奖励政策应该区别于初始投入大、办学历史短的民办院校。另外，对非营利性民办院校的补偿和奖励必须遵循"一事一议、一校一策"原则，以最大体现政府鼓励社会力量举办民办院校的诚意，激励社会各界勇于投入举办、办好民办院校。

五　关于民办院校的土地政策

根据我国法律规定，土地是国家的资源，任何人无权所有。因此，民办院校的土地使用政策，也只能由国家土地相关部门来约定。

校园是办学的物质载体。一定数量的土地使用权是民办院校办学的基本准入条件，也是民办院校可持续发展的必需。根据教育部门相关规定，院校用地的数量每生需要接近一分（约为66平方米）土地。因此，在民办学校群体中，民办院校相对来说用地需求更大。

长期以来，国家对于高等院校用地，历来采取宽松的"划拨"政策。划拨土地使用权指的是土地使用者经县级以上人民政府依法批准，在缴纳补偿、安置等费用后所取得的或者无偿取得的没有使用期限限制的国有土地使用权。可以想见，划拨土地取得土地使用权，既有经费上的低成本，又有使用期限的无限制。

1982年修正的《宪法》颁布以前，有关民办教育的条款是空白，民办院校校园建设用地征用更是无根无据。1982年后，《宪法》规定国家鼓励社会力量依照法律规定举办各种教育事业。1987年国家教委发布的《关于社会力量办学的若干暂行规定》中没有提及民办院校建校土地征用的政策问题。1995年颁布的《教育法》第六十四条规定："地方各级人民政府及其有关行政部门必须把学校的基本建设纳入城乡建设规划，统筹安排学校的基本建设用地及所需物资，按照国家有关规定实行优先、优惠政策。"1997年10月国务院颁布了《社会力量办学条例》，这是新中国第一个规范民办教育的行政法规，标志着中国民办教育进入了依法办学、依法管理、依法行政的新阶段。《条例》第四十七条规定："教育机构建设需要使用土地的，县级以上地方各级人民政府应当根据国家有关规定和实际情况，纳入规划，按照公益事业用地办理，并可以优先安排。"1999年6月《中共中央国务院关于深化教育改革全面推进素质教育的决定》第十二条规定："要因地制宜地制定优惠政策（如土地优惠使用、免征配套费等），支持社会力量办学。"

在法律法规的指导下，各地根据实际情况，出台了相关政策，落实文件精神，及时供应土地，满足了民办院校发展的应急需求，支撑了民办院校规模扩张和办学设施完善。2000年陕西省人民政府出台了《关于进一步办好民办高等教育的决定》，规定民办院校建设应当根据国家有关规定纳入当地建设规划，民办院校在规划范围内依法征用土地，在减免建设配套费方面享受与公办院校同等优惠政策。政府鼓励企事业单位、公办学校将闲置的场地、设施、设备等资源优先出租、转让给民办院校办学。这些扶持政策的制定为陕西民办院校的发展奠定了良好的基础，也为民办院校土地使用积累了经验。

2002 年底《民办教育促进法》颁布，标志着我国民办教育又进入了一个快速发展期。该法第四十五条规定："县级以上各级人民政府可以采取经费资助、出租、转让闲置的国有资产等措施对民办学校予以扶持。"第五十条规定："新建、扩建民办学校，人民政府应当按照公益事业用地及建设的有关规定给予优惠。教育用地不得用于其他用途。"这为快速发展中的民办院校提供了急需的校园建设用地。因此，迄今为止我国现有民办院校的用地，绝大多数是通过划拨形式获得的，这也体现了国家对民办院校办学的重视和支持。

民办院校土地政策之所以出现新的问题，是因为《民办教育促进法》新法出台了差异性的土地政策。《民办教育促进法》新法第五十一条规定："新建、扩建非营利性民办学校，人民政府应当按照与公办学校同等原则，以划拨等方式给予用地优惠。新建、扩建营利性民办学校，人民政府应当按照国家规定供给土地。"国务院下发的《关于鼓励社会力量兴办教育 促进民办教育健康发展的若干意见》（国发〔2016〕81 号）文件第十五条进一步明确："实行差别化用地政策。民办学校建设用地按科教用地管理。非营利性民办学校享受公办学校同等政策，按划拨等方式供应土地。营利性民办学校按国家相应的政策供给土地。只有一个意向用地者的，可按协议方式供地。土地使用权人申请改变全部或者部分土地用途的，政府应当将申请改变用途的土地收回，按时价定价，重新依法供应。"以上规定大多数人理解为：举办营利性民办院校，必须以出让方式获得土地使用权，由此可能大幅增加营利性民办院校的建校成本，并且由于出让土地使用权有年限约定，因此毫无疑问也会增加运行成本，从而冲击民办院校的办学能力和积极性。进一步的问题在于，大量民办院校已经在用划拨土地，如若转为营利性院校，势必遇到土地如何过度、费用如何计量和缴纳的问题。因此，有必要进一步细化民办院校的土地供应政策，调整思路，新老有别，分类管理，坚持历史观点，科学制定政策，巩固民办院校办学体制改革的成果，稳定民办院校办学。

《民办教育促进法》新法的颁布将进一步激发投资者兴办民办院校的积极性，但教育用地政策的不确定和变化可能成为投资者举办民办院校时所面临的重要问题之一。土地征用费在一所民办院校的筹建费用中所占的比例最大，而土地是政府所掌握的资源，政府完全可以通过制定优惠的土地征用政策来促进民办院校的建设和发展。

首先应把民办院校的用地纳入当地教育用地的总体规划中，按照一定的比例为民办院校发展预留教育用地或物业，在旧城改造或工业区改造项目中留出适量土地，以招拍、协议转让或租赁等方式支持民办院校改扩建或迁建；对于租期到约的院校，应建立第三方专业机构督导、政府审核的民办院校租地的监管和协商机制，分别给予积极鼓励长期续约、可续约、提前规范整顿后续期、迁移、终止合约或淘汰的不同处理办法。在城市规划中，也应将各民办院校校园选址尽可能靠近有关高校，以便各高校之间能共享资源，取得外延性规模效益，也便于其塑造良好的学习环境和学术文化氛围。[①]

其次，根据差别化的扶持政策的精神，采取"差别化"的土地政策。[②] 基于民办高等教育的公益性、差别化以及不同发展阶段的特殊性，在不改变教育用地属性的前提下，在供地形式、规划审批、民办院校与其他民办教育用地以及不同时期的民办院校用地四个方面实现差别化管理。

（1）供地形式的差别化。从教育公平原则上说，不管是营利性民办学校还是非营利性民办学校，都是培养人才，与公办学校一样具有正外部效应，所以理当享受与公办学校同等的用地政策。在具体供地形式上，根据民办院校新建、改扩建的用地需求，按"划拨""出让"和"划拨+出让"三类形式分别执行，采取差别化的供地形式，并在收取拆迁赔付或出让金时，考虑实行缓缴或者分期缴纳的政策，适当缓解投资者的资金压力。凡符合《划拨用地目录》的，政府可按"划拨"方式提供土地，按拆迁赔付成本价向民办院校供地；民办院校有能力愿意以"出让"方式

---

① 刘永根、谭永红、孙希刚：《广西民办高校用地政策研究》，《学术论坛》2005 年第 12 期。

② 高红琴、黄海燕：《四川省民办高校差别化用地政策研究》，《浙江树人大学学报》2016 年第 3 期。

依法取得土地使用权的，可优先将土地使用权出让给民办院校，并按照优惠价格提供土地，对优惠价格给予最低和最高的价格指导；根据投资者的需要，也可采取"划拨+出让"（部分划拨、部分出让）的供地形式，扶持民办院校。

（2）规划审批的差别化。针对民办院校的各种类型（包括非学历教育和学历教育中的高等教育等）分别制定差别化用地政策，在土地规划时加以分类安排、区别对待。在符合城镇规划和土地利用总体规划的前提下，做好用地选址工作；建立简单易行的申报、审批程序，做好各项对接工作，在具备办学条件和符合用地双重指标的前提下，按照"成熟一个，报批一个"的原则，解决用地需求。

（3）不同发展阶段用地的差别化。我国民办高等教育经过20余年的发展，形成了相当的办学规模，政府的管理也在逐步规范，但部分已具规模的民办院校用地问题仍未得到合理解决，制约了民办院校的进一步发展。目前比较成熟的民办院校兴起于20世纪90年代末高校扩招之时，但受诸多原因影响，征地进展缓慢，这期间由于学校周边土地价格大幅上涨，造成土地征用资金的差价还得由民办院校自行承担，这无疑给学校的建设和发展带来了巨大负担，也在很大程度上制约了学校教育环境的改善和教学质量的提高。所以，对于发展比较成熟的民办院校而言，如果政府只是"一刀切"地按照"公共公益设施用地级别与供地价"的条例来管理，将严重影响投资者兴办民办院校的积极性，也会使民办院校出现巨大的资金缺口。为此，建议省级政府相关部门在教育用地差别化管理的前提下，对原有民办院校转设为营利性的，适当减免土地出让金和变性过程中的相关税费，以保持原有政策的稳定和营利性民办院校的稳定；对新建民办院校制定新的土地政策，重点安排建设用地指标，除自愿以"出让"方式依法取得土地使用权的以外，统一按划拨方式供应土地；对已形成一定规模、尚未彻底解决土地问题的民办院校，应在新的用地扶持政策指导下，充分考虑该校用地的客观情况，彻底解决遗留用地问题，给予举办者更多的信心。

再次，提高民办院校的土地使用效率。一些民办院校按照办学规模征用土地，但是限于各方面的条件，规模短期内还难以达到，造成土地闲置。建议对部分用地"比较宽裕"的民办院校，经批准允许运用校园内土地建设创业创新园地，服务大学生创新创业，甚至用特许经营权进行资本运作来筹措资本，并以规划提高高校园区土地的未来收益预期，改善高校周边的基础环境和基础设施建设。

六　关于公共财政对民办院校的支持

资金短缺，投入不到位，公共资金对民办院校的支持力度偏弱甚至缺失，是制约我国民办院校健康发展的重要原因之一。由于缺乏资金，大部分民办院校的办学条件远弱于公办院校，从而制约民办院校教学质量的稳步提高。从地方民办院校的财政支持政策来看，当前呼声高涨不下。近几年来，各地政府加大了对公立院校的资金支持力度，公、民办院校之间资金充裕度、办学条件等差距拉大。由于学费难以持续提高和经费来源单一，民办院校的发展遭遇资金的严重瓶颈。在公共财政的使用中，应该具有民办院校尤其是非营利性民办院校的一席之地，并且也有利于实现教育公平，全面提高高等教育质量。"大学非大楼之谓也，大师之谓也。"现阶段民办院校的教学质量难以和公办院校相媲美，另一个重要的原因是师资队伍偏弱，深层次原因就在于民办院校经费不足。在公办院校普遍实施绩效工资以后，绝大部分民办院校教师的薪酬水平处于相对偏低水平，而民办院校教师退休后的收入水平与公办院校教师之间的差距更大，教师待遇差异悬殊导致近几年许多民办院校中出现了一股不小的教师流失潮，少数民办院校几乎成为公办院校教师的"实训基地"。因此，加强财政资助，改善办学条件，稳定教师队伍，已成为民办院校当前发展中亟待解决的重大问题。

比较而言，世界上许多国家都对私立院校的办学给予财政资助、补贴和支持政策。美国私立大学早早占据高等教育体系核心地位，因此美国联邦和州政府主要采用"项目"经费提供公共财政，推进公、私立大学公平竞争，从而实现对优质私立院校的财政资助。据研究，美国一些州政府甚至对营利性私立院校采用购买服务的方式给予资助。欧洲许多国家（如英国、法国等）对私立院校的日常办学经费实行普遍资助，有的甚至对私立大学基建予以大幅补助，以至于人们感觉这些国家私立院校的性质都有些模糊。在日本、韩国和我国台湾地区，私立大学普遍较弱，据此采用了一种以生均经费补助为主的形式，推进公共财政对私立大学的支持。公办院校也在花私人（机构）的钱，私立院校也要花公家的钱，已经成为国际高等教育体制改革的常态，也是发展私立高等院校的成功经验。

公共财政不是公办财政。我国公共财政在很长的一段时间内没有对民办院校进行补助，这固然有财力紧张的原因。但是经过近 40 年的改革开放，我国经济有了长足的发展，经济总量已经跃居世界第二，财政性教育经费支出占 GDP 比例连续 5 年超过 4%。因此，财力不足已经不能成为公共财政拒绝支持民办教育的理由。

《国家中长期教育改革和发展规划纲要（2010—2020 年）》明确提出："健全公共财政对民办教育的扶持政策。政府委托民办学校承担有关教育和培训任务，拨付相应教育经费。县级以上人民政府可以根据本行政区域的具体情况设立专项资金，用于资助民办学校。国家对发展民办教育作出突出贡献的组织、学校和个人给予奖励和表彰。"《民办教育促进法》新法也重申了对民办学校的财政扶持政策。《国务院关于鼓励社会力量兴办教育　促进民办教育健康发展的若干意见》（国发〔2016〕81 号）明确指出："国家积极鼓励和大力支持社会力量举办非营利性民办学校。各级人民政府要完善制度政策，在政府补贴、政府购买服务、基金奖励、捐资激励、土地划拨、税费减免等方面对非营利性民办学校给予扶持。各级人民政府可根据经济社会发展需要和公共服务需求，通过政府购买服务及税收优惠等方式对营利性民办学校给予支持。""地方各级人民政府应建立健全政府补贴制度，明确补贴的项目、对象、标准、用途。完善政府购买服务的标准和程序，建立绩效评价制度，制定向民办学校购买就读学位、课程教材、科研成果、职业培训、政策咨询等教育服务的具体政策措施。地方各级人民政府可按照国家关于基金会管理的规定设立民办教育发展基金，支持成立相应的基金会，组织开展各类有利于民办教育事业发展的活动。"这些都为财政性资金资助支持民办院校提供了足够的依据。但是迄今为止，从国家层面，还没有出台任何有关落实的相关具体政策文本，因此需要政府加快制定相关政策。当然，鉴于目前我国财政体制，各省市区制定财政支持民办院校的政策可能更加实在和重要。

建立公共财政对民办院校的支持制度，既是体现教育公平、解决民办院校资金不足和鼓励社会力量投入高等教育的重大举措，也是落实《民办教育促进法》，实施分类管理能否成功的关键。近几年来，各地出台了许多好的政策和做法，如设立民办教育专项资金、通过建立购买服务机制（生均经费拨付、市场供需匹配型的购买服务等）、分担办学成本（补助教师工资、社保和培训经费；补助校舍租赁建设费、教学设备购置维修费、融资贷款利息等）和实施各种奖励机制（办学绩效奖励、引资引智奖励、捐资和投资办学奖励等）等。这些举措对于激励民办院校的办学热情，鼓励社会投入，鼓励学校提高质量，起到了重要的作用。

在实施分类管理以后，推进公共财政资助民办院校政策制定，需要进一步解放思想，大胆创新。事实上，各地在政策制定过程中，也是将此作为工作重点，认真论证，围绕着"加大财政投入力度、创新财政扶持方式、明确财政扶持重点、加强财政资金监管"为着力点完善非营利性民办校的财政资助体系，提出切实可行的突破性方案。比如，陕西省将在原来每年 3 亿元民办高校发展专项基金的基础上进一步提高标准；上海和重庆按照生均经费标准下拨民办院校相关项目费用，山东和福建设立高水平民办院校建设资金等。在贯彻落实《民办教育促进法》新法的背景下，估计绝大部分省市区都将建立"民办教育发展专项资金"和"民办教育发展专项基金"，并根据管理权限，分层分级实施，落实支持政策。可以相信，随着分类管理的积极推进和不断深化，公共财政支持民办院校发展，尤其是支持非营利性民办院校发展，将成为新常态，并逐步扩大和增加。

与公共财政资助相联系的是，政府对于社会捐助民办院校的政策并不明确，难以落实。捐赠是许多国家私立院校资金的重要来源之一。突出表现的是美国的私立院校，在学校收入结构方面，捐赠占比非常大（见表 7-2），许多资金来源于校友和企业界的慷慨捐助，有力地支撑学校的发展。接受个人、校友、公司以及社会团体等捐赠也是日本私立高校经费来源的重要渠道之一。捐赠的具体经费来源是校友、公司、社会团体以及个人等，捐赠收入约占日本私立大学经费来源的 5%—10%。有两种捐赠形式：一种是不指定用途的一般捐赠；另一种是指定用途的捐赠，如奖学金、土地款等类型的特别捐赠。

我国目前对于民办院校的资助很少，这一方面民办院校办学时间长，有实力的校友还不多；社会的捐赠文化还需要培育。但是还有一个关键的问题，就是目前民办院校接受捐赠的政策并不明确和落实。对于捐赠的企业来说，政府对于鼓励捐赠的政策缺失，地方政策又有一定的风险。而对于广大民办院校来说，不具有免税资格，因此捐赠往往需要缴纳一笔占比不少的所得税，诸多原因使得企业不愿捐，不敢捐，不想捐，而民办院校接受捐赠就更难。

表 7-2　　　　　　　　2014 年美国私立院校接受捐助前五名　　　　　单位：亿美元

校名	哈佛大学	耶鲁大学	斯坦福大学	普林斯顿大学	麻省理工学院
金额	364.3	238.6	214.7	205.8	124.3

资料来源：《美国获得捐赠最多的 10 所大学是谁》，http://liuxue.zhan.com/northamerica43995.html。

有鉴于此，为扩大民办院校资金来源，壮大民办院校办学实力，政府应尽快出台和完善民办院校捐赠的优惠政策，从法律上解决和保护民办院校接受捐赠的合法性，为社会创设良好宽松的捐赠环境，支持和鼓励社会对我国民办院校的捐赠行为，为我国民办院校经费筹措和可持续发展创造良好政策环境。政府还应引导和鼓励民办院校成立专门的筹资机构或基金会组织，积极开展社会捐资活动，加强与校友联系，扩大校企的联系，扩大社会服务，培育捐赠群体，赢得社会各方力量的支持。

修法以后，将实施对民办院校的分类管理，更便于统一大家对财政性经费资助民办院校的认识。国家及时出台政策，对财政性经费支持民办教育做出新的制度安排。《关于鼓励社会力量兴办教育 促进民办教育健康发展的若干意见》中，第四部分有较大篇幅阐述财政扶持政策：

（十一）加大财政投入力度。各级人民政府可按照法律法规和制度要求，因地制宜，调整优化教育支出结构，加大对民办教育的扶持力度。财政扶持民办教育发展的资金要纳入预算，并向社会公开，接受审计和社会监督，提高资金使用效益。

（十二）创新财政扶持方式。地方各级人民政府应建立健全政府补贴制度，明确补贴的项目、对象、标准、用途。完善政府购买服务的标准和程序，建立绩效评价制度，制定向民办学校购买就读学位、课程教材、科研成果、职业培训、政策咨询等教育服务的具体政策措施。地方各级人民政府可按照国家关于基金会管理的规定设立民办教育发展基金，支持成立相应的基金会，组织开展各类有利于民办教育事业发展的活动。

（十三）落实同等资助政策。民办学校学生与公办学校学生按规定同等享受助学贷款、奖助学金等国家资助政策。各级人民政府应建立健全民办学校助学贷款业务扶持制度，提高民办学校家庭经济困难学生获得资助的比例。民办学校要建立健全奖助学金评定、发放等管理机制，应从学费收入中提取不少于5%的资金，用于奖励和资助学生。落实鼓励捐资助学的相关优惠政策措施，积极引导和鼓励企事业单位、社会组织和个人面向民办学校设立奖助学金，加大资助力度。

（十四）落实税费优惠等激励政策。民办学校按照国家有关规定享受相关税收优惠政策。对企业办的各类学校、幼儿园自用的房产、土地，免征房产税、城镇土地使用税。对企业支持教育事业的公益性捐赠支出，按照税法有关规定，在年度利润总额12%以内的部分，准予在计算应纳税所得额时扣除；对个人支持教育事业的公益性捐赠支出，按照税收法律法规及政策的相关规定在个人所得税前予以扣除。非营利性民办学校与公办学校享有同等待遇，按照税法规定进行免税资格认定后，免征非营利性收入的企业所得税。捐资建设校舍及开展表彰资助等活动的冠名依法尊重捐赠人意愿。民办学校用电、用水、用气、用热，执行与公办学校相同的价格政策。

这些措施的范围和力度是以往所有政策中所没有达到的。当然，我国国土幅员辽阔，各地发展还不平衡，有的地方落实政府财政的政策还有难度，并且由于每个地方民办教育发展的情况不一致，资助和扶持的对象可能还不完全一样，具体的财政资助和扶持政策需要地方政策的支撑，不一定能够一步到位，但是，政府支持民办教育发展的态度和决心，将为民办院校办学体制改革提供更强大的支持，极大鼓舞包括民办院校在内的广大民办学校更高涨的办学热情，并为各地政府制定相关政策，提供依据和借鉴。

七　关于民办院校发展的税收政策

按章纳税是任何一个组织和个人应尽的社会责任。对教育机构的税收优惠是世界上通行的税收政策。我国政府也不例外，长期以来对教育机构采取了最大限度的减税或免税优惠政策。

但是民办院校的税收问题比较复杂。首先，对于民办院校办学是否免税，本身没有政策支持；其次，民办院校群体的成分很复杂，既有学历教育，也有非学历教育的培训，等等。有的院校兼而有之，税务部门出不了手；再次，民办院校营利非营利混在一起，许多人认为，民办院校全部减免税有失公平，还会使国家税源流失。因此，在民办院校创建和发展的很长一段时间里，有关民办院校减免税收的政策一直没有出台。

2003 年颁布《民办教育促进法》，首次提出了"民办学校享受国家规定的税收优惠政策"的政策。2004 年 3 月出台的《民办教育促进法实施条例》中，政府将税收优惠分为两种情况：捐资举办的民办学校和出资人不要求取得合理回报的民办学校，依法享受与公办学校同等的税收及其他优惠政策；出资人要求取得合理回报的民办学校享受的税收优惠政策，由国务院财政部门、税务主管部门会同国务院有关行政部门制定。这是政府针对民办学校实行税收分类优惠的指导原则。但是限于税收政策制定复杂性，后续政策一直没有跟进，政策也无法落实。2004 年 2 月，财政部、国家税务总局出台了《关于教育税收政策的通知》。尽管涉及的优惠税种比较多，但还是没有明确民办学校是否享有同等的优惠政策。

2009 年 11 月，由财政部、国家税务总局出台的《关于非营利组织免税资格认定管理有关问题的通知》。该通知规定，"对经省级（含省级）以上登记管理机关批准设立或登记的非营利组织，或经市（地）级或县级登记管理机关批准设立或登记的非营利组织，提出免税资格申请。财政、税务部门按照管理权限，对非营利组织享受免税的资格联合进行审核确认，并定期予以公布。"这是一种新的尝试，但也由于该通知未明确规定民办院校是否可以享受这一政策，且针对民办院校税收优惠的条件、范围等具体办法几乎没有形成政策文本，各地政府在执行中仍存在很大的差别和随意性。由于缺乏相关政策明确，税收就像一把刀，随时可能砍在民办院校的头上，对民办院校办学造成很大干扰。

民办院校税收方面存在的冲突和问题，有其"先天"的缘由①。

（一）法人属性模糊，无法享受事业单位的税收优惠政策

1998 年国务院颁布了《民办非企业单位登记管理暂行条例》，民办学校一般登记为"民办非企业单位"，未与 1986 年颁布的《中华人民共和国民法通则》中规定的法人分类对接。2002 年颁布《中华人民共和国民办教育促进法》后，民办教育被定性为公益事业，规定民办学校应当具有法人条件，但未明确法人属性，各省也都未出台具体办法。在各地行政

---

① 民进中央课题组：《关于完善民办教育分类管理税收政策的建议》，《教育与职业》2016年第 22 期。

实践中，要么是事业法人，要么是企业法人，"民办非企业"法人首先意味着不是"事业"法人，行政部门一般就会简单地将民办学校按照"企业"法人对待，税收按企业规定办理。

（二）税收优惠政策难以落实，无法享受与公办教育同等的待遇

2004 年财政部、国家税务总局发布的《关于教育税收政策的通知》规定："对学校经批准收取并纳入财政预算管理的或财政预算外资金专户管理的收费不征收企业所得税。"因民办学校利用非国家财政性经费举办，其收入不可能纳入预算内管理，也难以纳入预算外的资金专户管理，所以对从事学历教育的民办学校获得的学费收入也会征收企业所得税，导致民办学校连带不能享受免征房产税、城镇土地使用税、营业税等公办学校所享受的待遇，造成民办学校与公办学校事实上的不平等。

（三）适用国家有关学校税收优惠政策的界限始终不清晰

《关于非营利组织免税资格认定管理有关问题的通知》规定，对非营利组织获得免税资格认定的条件之一是"投入人对投入该组织的财产不保留或者享有任何财产权利"。此规定导致大部分民办院校无法通过免税资格的认定，从而成为企业所得税的纳税主体。一些地区已出现对民办院校补征企业所得税的现象。税务执法人员仅从民办院校财务报表中看民办院校经营是否有盈余，若有盈余，则按对营利性组织征管税收的办法对其征收所得税。这一做法表面上未把民办院校当作营利性组织，但事实上已把民办院校视为营利机构。

减免税收也是国际上通行的对私立院校支持的重要政策，美国、日本是典型国家。以美国为例，各级政府为了促进教育发展，通常采用教育免税政策。但一般规定学校必须满足几点要求：财产属于教育机构所有；财产所有者作为非营利机构进行组织和管理；财产必须用于教育机构进行的活动；所有者只能将财产用于教育目的。美国法律对营利机构（包括营利学校）和非营利机构（包括非营利学校）的划分很明确，原则上营利性院校不是免税实体；而非营利性私立大学和公立大学都是免税实体。非营利性大学每年需要通过税务申报、审核并向公众公开财务报告，以证明其符合联邦和州法律法规的免税资格；而营利性大学没有此义务。但是，无论营利或非营利，私立教育机构税率不同于工商业的税率。日本也重视通过立法完善私立学校的税收制度。1975 年制定的《私立学校振兴助成法》（昭和 50 年法律第 61 号）第四条明确规定对私立学校提供经常性费

用补助和税收优惠政策。可以说，日本政府主要是通过税收优惠立法，促进私立学校的发展。如日本《关税税率法》规定，由政府批准的私立学校，在进口和接受国外捐赠学术研究用品时予以"特定用途免税"。对设立私立学校的"学校法人"经营非营利事业时，减免法人税、所得税、继承税、赠与税、印花税、居民税。除此之外，日本还通过《特定公益增进法人》对捐款者给予税收优惠。①

随着我国民办院校的发展，要求落实国家对教育机构减免税的呼声日益高涨。

税收政策是国家的重要政策，容不得各行其是，擅开口子。现在，随着分类管理的实施，国家对民办学校的税收已经有了新的规定。《关于鼓励社会力量兴办教育 促进民办教育健康发展的若干意见》中，专门阐述了民办学校税收政策：

> （十四）落实税费优惠等激励政策。民办学校按照国家有关规定享受相关税收优惠政策。对企业办的各类学校、幼儿园自用的房产、土地，免征房产税、城镇土地使用税。对企业支持教育事业的公益性捐赠支出，按照税法有关规定，在年度利润总额 12% 以内的部分，准予在计算应纳税所得额时扣除；对个人支持教育事业的公益性捐赠支出，按照税收法律法规及政策的相关规定在个人所得税前予以扣除。非营利性民办学校与公办学校享有同等待遇，按照税法规定进行免税资格认定后，免征非营利性收入的企业所得税。捐资建设校舍及开展表彰资助等活动的冠名依法尊重捐赠人意愿。民办学校用电、用水、用气、用热，执行与公办学校相同的价格政策。

实施分类管理以后，非营利性民办院校享受与公办院校同等政策已无大碍，当然还要看如何执行到位。另外，社会比较关注的是营利性民办院校如何享受税收政策，这个问题也要国家税务部门来明确。国家政策明确要以购买服务和税收优惠等方式扶持营利性民办院校发展。具体对营利性院校，可以有哪些税收优惠政策，需要国地税部门向上级部门反映，进一

---

① 周海涛、张墨涵：《完善民办学校税收分类优惠政策的思考》，《教育与经济》2014 年第 5 期。

步协调确定。在此提出四点粗浅的建议。

（1）完善民办院校的税收制度，保障健康发展。区别对待不同诉求，完善针对不同类型民办院校实施的税收优惠政策，对非营利性与营利性民办院校分别采取相对公平且利于各自发展的税收优惠政策。通过分类管理，让选择非营利的民办院校获得更多的税收优惠。非营利性民办院校原本积累的教育资产的所有权可保持不变，但学校必须接受政府的监管，收益不能成为私人收益，也不能用于分红，可以继续用于发展民办高等教育事业。

（2）支持规范民办院校发展，鼓励社会力量和民间资本通过投入举办院校提供多样化的教育服务。落实"十三五"规划要求，以教育服务业为公共服务的突破口，对从事学历教育的营利性民办院校也要减或免营业税，实行真正的所得税，并采取低税率政策。强化民办院校捐资、融资税收激励，助力非营利性民办院校发展。鼓励公众捐赠民办院校，对捐赠者个人或组织给予所得税扣除额优惠，建立直接"捐赠抵税"制度。过去已经出台试验的相关免税政策可以继续执行，以保证政策的连贯性。

（3）对于营利性民办院校的各类合法收入，有的学者建议比照高新技术企业15%的税率收取企业所得税，有一定道理；对营利性学校从主管部门和上级单位取得的用于事业发展的专项补助收入，考虑到直接来自财政经费，本身带有支持性质，建议不征收企业所得税。对学校提供教育劳务取得的收入也应免征营业税。

（4）对于从事学历教育的营利性民办院校自用的房产、土地可以暂缓征收房产税、城镇土地使用税；对于从现有民办非企业单位转设为公司制企业的营利性学校，在不改变教育用地性质的前提下，按账面原值过户的校园用地及校舍暂缓征收土地增值税和契税。

此外，对于民办院校分类管理后所涉及的其他税收，建议在过渡期内缓收或减半征收，以创设更加宽松的民办院校发展环境。

八　关于落实民办院校办学自主权

办学自主权是指学校为实现其办学目标依法享有的独立自主地进行教育教学管理、实施教学科研等活动的资格和能力。建立和健全民办院校办学自主权，是高等教育适应市场经济不断深化的必然要求。市场经济的基本目标就是使资源得到最优最佳的配置。为此必须使得生产者对生产过程具有决策权。"市场经济对高等教育的调节，就是把学校看作生产者，而生产者在市场经济条件下，为了在竞争中求得生存和发展，必须对其生产过程享有充分的自主决策权。"① 因此，《民办教育促进法》明确规定："第五条 民办学校与公办学校具有同等的法律地位，国家保障民办学校的办学自主权。"

教育部、中央编办、发展改革委、财政部、人力资源社会保障部等五部门联合下发的《关于深化高等教育领域简政放权放管结合优化服务改革的若干意见》（教政法〔2017〕7号）中指出："我国高等教育进入内涵式发展阶段，改革进入攻坚期和深水区，必须要加快推进高等教育领域'放管服'改革，破除束缚高等教育改革发展的体制机制障碍，进一步向地方和高校放权，给高校松绑减负、减除烦苛，让学校拥有更大办学自主权，激发广大教学科研人员教书育人、干事创业的积极性和主动性，培养符合社会主义现代化建设需要的各类创新人才，培育国际竞争新优势。"②

给予民办院校充分的办学自主权，既是民办院校生存和发展的必要条件，是政府扶持民办院校发展的重要政策，也是高等教育办学体制改革的重要探索，对高等教育的改革深化具有重大的现实意义和深远的理论意义。

根据我国《高等教育法》规定：

第三十条 高等学校自批准设立之日起取得法人资格。高等学校的校长为高等学校的法定代表人。

高等学校在民事活动中依法享有民事权利，承担民事责任。

第三十一条 高等学校应当以培养人才为中心，开展教学、科学研究和社会服务，保证教育教学质量达到国家规定的标准。

第三十二条 高等学校根据社会需求、办学条件和国家核定的办学规模，制订招生方案，自主调节系科招生比例。

第三十三条 高等学校依法自主设置和调整学科、专业。

第三十四条 高等学校根据教学需要，自主制定教学计划、选编教材、组织实施教学活动。

---

① 蔡克勇主编：《20世纪的中国高等教育体制篇》，高等教育出版社2003年版，第453页。

② 教育部网站，http://www.moe.edu.cn/srcsite/A02/s7049/201704/t20170405_301912.html。

第三十五条 高等学校根据自身条件，自主开展科学研究、技术开发和社会服务。

国家鼓励高等学校同企业事业组织、社会团体及其他社会组织在科学研究、技术开发和推广等方面进行多种形式的合作。

国家支持具备条件的高等学校成为国家科学研究基地。

第三十六条 高等学校按照国家有关规定，自主开展与境外高等学校之间的科学技术文化交流与合作。

第三十七条 高等学校根据实际需要和精简、效能的原则，自主确定教学、科学研究、行政职能部门等内部组织机构的设置和人员配备；按照国家有关规定，评聘教师和其他专业技术人员的职务，调整津贴及工资分配。

第三十八条 高等学校对举办者提供的财产、国家财政性资助、受捐赠财产依法自主管理和使用。

高等学校不得将用于教学和科学研究活动的财产挪作他用。

归纳而言，按照高等教育法的规定，高等学校的办学自主权主要有以下七方面。

（1）招生自主权。高等学校可以根据社会需求、办学条件和国家核定的办学规模，制订招生方案，自主调节系科招生比例。包括自主确定招生来源和具体的招生人数；自主决定系科招生比例；根据专业特点对所招学生设置特殊规定的条件；在国家规定允许的范围内自主决定学生的收费标准；等等。

（2）设置和调整学科、专业的自主权。高等学校根据国家经济和社会发展需要，遵循教育规律，以提高教育教学质量和办学效益为目的，在国家颁布的学科、专业目录内合理选择，设置或者调整本校的学科、专业，使学科和专业的设置更加体现效能的原则，符合时代的需要。

（3）教学自主权。高等学校可以自主地根据本学校的培养目标、任务以及不同专业和师生的特点，制订教学计划、选编教材、组织实施教学活动、办出各自的特色。

（4）开展科学研究、技术开发和社会服务的自主权。高等学校根据自身条件，自主开展科学研究、技术开发和社会服务。国家鼓励高等学校同企业事业组织、社会团体及其他社会组织在科学研究、技术开发和推广等方面进行多种形式的合作。

（5）开展对境外科技文化交流的自主权。高等学校按照国家有关规定，自主开展与境外高等学校之间的科学技术文化交流与合作。这可以使我国的高等学校学习和借鉴外国先进经验，吸引国外资金和优秀文化成果，提高我国高等学校的办学水平。

（6）进行内部机构设置、评聘教师和其他专业技术人员，调整津贴和工资分配的自主权。高等学校有权根据自己的教学任务、培养目标和教育教学的需要，本着精简效能的原则，自主设立、调整学校内部机构的设置和人员配备。有权根据教师和其他专业技术人员的表现，对他们进行评定和聘任，并且按照国家有关规定，以按劳分配、多劳多得为原则，调整教师和其他员工的津贴和工资。

（7）财产管理和使用的自主权。高等学校对举办者提供的财产、国家财政性资助、受捐赠财产依法自主管理和使用。但不得将用于教学和科学研究活动的财产挪作他用，否则要承担相应的法律责任。

以上七个方面构成了高校办学自主权的主要内涵。这些内容民办院校当然也是适用的。为了有利于市场机制的发挥，需要对民办院校的机制优势发挥创设良好的办学环境，提供更宽松的有利于民办院校体制机制优势发挥的政策。"要加快推进高等教育领域'放、管、服'改革。结合高校特点，简除烦苛，给学校更大办学自主权。凡高校能够依法自主管理的，相关行政审批权该下放的下放，要抓紧修改或废止不合时宜的行政法规和政策文件，破除制约学校发展的不合理束缚。"① 这个要求既表明了高等教育改革的方向，也符合民办院校发展的要求。在民办院校的办学实践中，针对民办院校的办学体制，在民办院校的收费政策、民办院校的专业设置和民办院校的招生等政策呼声高涨，这些政策需要宏观指导，但权限一般都在省级政府相关部门。

（一）收费政策

民办院校依靠社会投资举办。但是据研究，世界上绝大多数的私立（民办）院校都是依靠学费运行的。我国民办院校办学时间不长，历史积淀单薄，经费来源单一，日常运行主要依靠收取学费解决。因此，收费政策就成了民办院校关注的重要政策之一。

---

① 杨芳：《简除烦苛，给学校更大办学自主权》，《人民日报》2016 年 4 月 18 日，第 1 版。

收费政策涉及民生问题，一直都是政府严格控制的项目。民办院校的收费，有一个逐步走向市场的过程。在民办院校起步阶段，都采取了低收费的政策。收费也是民办院校办学的主要经济来源，是民办院校运行的基础条件。整个社会的经济水平很低。我国民办院校的快速发展对政府政策提出了改革的诉求，期望获得国家教育政策更有力的支持和推动。改革开放以来我国经济和社会发展，为民办院校的合理收费提供了理念的支撑和现实的支持。

一直以来，民办院校的收费标准受到有关部门的严格控制，这在一个阶段内应该是合理的、需要的。2005年3月，国家发改委、教育部、劳动和社会保障部曾联合下发关于印发《民办教育收费管理暂行办法》的通知（发改价格〔2005〕309号），规定了民办院校的收费范围（学费、住宿费和代管费），收费价格的核定部门、核定依据、手续办理等，为民办院校的收费提供了指导。文件还提出了"民办学校学历教育学费标准按照补偿教育成本的原则并适当考虑合理回报的因素制定"的原则，并提出"教育成本包括人员经费、公务费、业务费、修缮费、固定资产折旧费等学校教育和管理的正常支出，不包括灾害损失、事故等非正常费用支出和校办产业及经营性费用支出"。

这一文件的下发，为民办院校的收费提供了政策依据，因而得到社会的广泛肯定。湖南省有关文件中，除了重申生均教育成本的原则以外，还提出"民办学校收费标准应当以当地学校的生均教育成本为依据，同时综合考虑以下因素。①学校接受社会各类资助的情况；②学校的办学条件和师资力量；③当地居民的收入水平和经济承受能力；④重点学校的名校效应；⑤学校的生源情况；⑥出资人的合理回报"。

不同地区、不同专业、不同层次和不同办学条件的办学机构，其收费标准应当有所区别。

由于民办院校大多处于建校期，规模短期内尚未到位，大量办学成本难以分摊，加上队伍建设、财务成本等，学校支出居高不下，制约着民办院校办学条件的改善和办学质量的提高。

当下高等教育正在由卖方市场向买方市场转化，资源日渐丰富，市场逐渐成熟，学费收取成为市场竞争的一个内容。在这种情况下，应该给予民办院校较大的学费定价权。考虑到我国高等教育发展的实际，采用自主定价、市场调节、政府备案的机制操作比较妥当。对于一些办学质量较高、社会信誉良好的民办院校，应该允许他们根据自身的办学成本适当提高学费水平。在这个背景下，许多省市开始了"放开管制，自主收费"的改革尝试，取得了良好的效果。在《民办教育促进法》修订前，江苏、福建、山东、湖南、广西、宁夏、陕西等省、自治区相继放开了民办院校的收费管制。江西、山东、云南、湖南等十多个省市全面放开民办院校收费，实行自主定价。实行分类管理后，关于非营利性民办院校的收费办法，大多数地区倾向于放开，由民办院校自主确定收费标准，并向社会公开。一些物价部门担心，放开收费标准以后，可能会导致民办院校全面涨价，成为社会不稳定的因素。从已经实施的地区来看，这一担心完全是多余的。相反，有的民办院校还主动降低了收费标准，原因在于举办者更加理性地看待收费，将收费和办学成本与增强学校竞争力结合考虑，使之更加符合市场预期。

2016 年年底，国务院下发的《关于鼓励社会力量兴办教育 促进民办教育健康发展的若干意见》中提出"实行分类收费政策。规范民办学校收费。非营利性民办学校收费，通过市场化改革试点，逐步实行市场调节价，具体政策由省级人民政府根据办学成本以及本地公办教育保障程度、民办学校发展情况等因素确定。营利性民办学校收费实行市场调节价，具体收费标准由民办学校自主确定。政府依法加强对民办学校收费行为的监管"。目前来看"市场调节，自主定价"已经成为收费政策的主要方向和趋势。由于各地经济发展水平和消费水平的差异，社会对于民办院校收费也有一个接受的程度限制。因此由各地政府制定收费政策，更能符合当地经济社会发展的实际情况，也有利于民办院校的稳定发展。

（二）专业设置政策

之所以需要这个政策，主要处于三个方面的考虑。一是市场机制。民办院校与公办院校不同，它首先是市场化的产物，面向市场是民办院校的根本要求，市场机制是民办院校的优势所在，也是民办院校成功的关键。人才市场的一个重要规则就是要求毕业生的专业与社会岗位之间"对口"，以提高人才专业的适切性，克服人才培养结构性失业的危险。"市场需要什么专业的人，学校就办什么专业"，就是这一原理的简单阐述。二是办学特色。专业的特色，是办学特色的重要表现和基础，没有富有特色的专业和课程体系，学校就很难有自己的特色。在高等教育大众化条件下，高校之间竞争白热化，民办高校在当下办学竞争中尚处于劣势，办学特色成为与公办高校竞争的有效手段。三是设置机制。民办院校专业的设置机制与公办院校不一样，民办院校设置专业首先是看市场，而不是看条件。条件往往在专业获得批准进入建设后完善，不可能将所有的办学条件完善后等待审批。而这在传统的按照专业目录、专业设置流程、专业设置要求的专业设置流程中是不允许的，不可以的，或者说相悖的，这就需要主管部门的宽容、理解和支持，需要政府相关政策的支撑。据此，政府多次提出要"扩大民办高等学校和中等职业学校专业设置自主权，鼓励学校根据国家战略需求和区域产业发展需要，依法依规设置和调整学科专业"①。《关于深化高等教育领域简政放权放管结合优化服务改革的若干意见》中指出：要"改进高校本专科专业设置。除国家控制布点的专业外，高校自主设置《普通高等学校本科专业目录》内的专业，报教育部备案；自主设置高等职业教育（专科）专业，报省级教育行政部门备案。支持高校对接产业行业需求，经学科和产业行业专家充分论证后，按照专业管理规定设置经济社会发展急需的新专业。加强专业建设信息服务，公布紧缺专业和就业率较低专业的名单，逐步建立高校招生、毕业生就业与专业设置联动机制。开展专业设置抽查，对存在问题的专业，责令有关高校限期整改或暂停招生"。这些文件精神亟须在民办院校得到落实。

目前虽然许多文件都认为要推进专业设置改革，下放高等院校专业设置权，但是目前我国民办院校和公办院校的专业设置都还属于计划审批，而民办院校与公办院校专业产生和成长的机制却差异很大，实际上所受到的管制更为严格。要激活民办院校的体制机制优势，就应该适当"放手"，给予民办院校自主设置专业的权利，鼓励民办院校根据产业发展需要大胆设置新专业，甚至是目录外专业，使之能够根据市场需求来自主灵活调整专业结构，满足市场对人才的需求。当然，为了保证培养质量，针对民办院校专业设置的实际，加强民办院校专业办学条件建设的督查，尤其是加强新专业评估，也是很有必要的。比较合适的办法，是新专业建设过程中（一般是第三年）组织对新专业建设的"合格"评估，可能更符合民办院校的专业设置和建设实际，也更能够获得民办院校的接受和欢迎。

---

① 国务院：《关于鼓励社会力量兴办教育 促进民办教育健康发展的若干意见》，中国政府网，http://www.gov.cn/zhengce/content/2017-01/18/content_5160828.htm。

（三）招生政策

招生是民办院校的重要工作，是民办院校实质性办学的开始，没有招生就没有民办院校。民办院校的办学效益获得和成功关键，首要的还是招生工作。尤其是在当下资源丰裕、生源萎缩的激烈竞争态势下，能不能招到学生，能招到什么样的学生，成为民办院校生存和发展的关键。

在我国高校招生中，仍然实施国家统管的计划体制，招多少学生，在哪里招生，招什么样的学生，政府主管部门都有一整套规则和流程。这些规则和流程虽然也有改革，但是进展不快，主体变化不大，由此对民办院校造成很大的风险。招不到学生，报到率不高，成为民办院校生存的极大威胁。

当前对于民办院校招生，主要存在几个问题。一是招生计划数控制严格。民办院校招多少学生，几乎由教育部门说了算。目前教育部门的计划依据是"办学资源"，而办学资源的"统计口径"主要的是根据公办院校的状况制定的，这就导致制订计划时就存在不平等的因素。比如教师队伍的构成，外聘教师在审核办学条件时就可能被扣除，致使民办院校因此招生数量减少；二是招生范围控制严格。民办院校在哪个地方招多少学生，也是政府严格控制的一个内容。民办院校高额的收费，对一些经济相对落后地区的考生难以接受。广大的招生省份，庞大的招生信息，加大了民办院校招生的工作量和工作难度。而应用型人才培养，需要对接地方经济和社会发展，但是学生来源的复杂多样，地区众多差异很大，使得民办院校难以面向地区培养区域经济和社会发展需要的人才，毕业生就业更加困难。如此分析，不难看出民办院校对招生自主权的呼声渊源。

学生是办学的根本，一定数量的学生规模是民办院校正常运转的必要条件。由此我们建议政府应妥善处理民办院校的招生问题，给予更多的招生自主权。

首先，要统筹规划。在分配招生指标的时候，要统筹兼顾，适当留出民办院校的发展空间。虽然教育部多次明确规定这一要求，但是从实际工作来看，相关部门往往从定式思维出发，优先安排公办院校招生，而一些民办院校招生不足没有受到重视。其次，要根据实际考虑民办院校的招生范围，并适当给予弹性空间。近几年各地区在落实教育部关于"招生指标向西部倾斜"的工作中，许多南方省份教育主管部门没有考虑民办院校的实际，公办、民办院校"一刀切"统一安排西部招生指标，而实际上由于民办院校的学费相对于西部家庭而言非常昂贵，所以生源报名数和报到率都非常低，造成国家原本为西部考生优惠的招生计划和支持西部人才培养的目标付诸东流。而民办院校却浪费了可贵的招生指标。再次，高度关注民办院校招生改革。要鼓励民办院校参与招生改革，尝试新的招生方法，如三位一体招生等。有条件的地方，可以采取"注册入学"的招生，适当开放民办院校招生工作。最后，希望给予民办院校更多的招生自主权，在一些特色的地方、特殊的阶段和特殊的条件下，应当允许民办院校采取"补录"等措施，顺利完成民办院校招生计划，及时帮助民办院校解决招生中出现的问题，完善制度，改进措施，探索改革，促进民办院校健康稳定可持续发展。

自主办学，是民办学校生存的机制优势所在，政府应该从民办教育可持续发展的高度，切实落实好民办院校的办学自主权。民办院校面向市场办学具有体制机制的优势，但是这些优势并不能自发地发挥作用，而必须借助于环境和制度的"许可"和"放权"，因此政府要发挥市场机制在配置教育资源中的作用，就应当给予民办院校应有的办学自主权。当然，笔者也认为，自主办学不是"自由"办学，不能由着性子乱来，办学需要相关的条件和行为与之相应。自主办学并不意味着政府放手不管，而是管的方法、手段和机制、路径发生改变。比如专业自主设置以后的专业建设督查问题，自主招生的区域计划协调问题，收费放开以后的乱收费治理问题，都需要政府监管和督查，维持民办院校发展的良好生态和环境，真正做到把好事办好。

第八章　民办院校发展的微观政策创新

民办院校办学体制的发展，不仅需要良好的宏观环境，还需要一整套完整具体的维持民办院校运行的微观政策。按照袁振国的观点，"学校内部的决策主要是管理学研究的范畴，而不是教育政策所要解决的问题"。① 但是这里研究的不是某一所学校的内部治理体制，而是面对整个民办院校群体普遍存在的需要由国家制度层面或者由政府统一规制的与民办院校的治理相关的政策。具体包括民办院校的治理结构政策；民办院校的人才培养政策；民办院校的队伍建设政策；民办院校利益相关者的权益保护政策；等等。这些政策具体指导和规范民办院校的运作，成为民办院校日常运行的基本依据。

第一节　民办院校内部治理体制创新

民办院校的内部治理体制主要指民办院校内部各利益相关者的权力与责任划分，以及运行过程中相互协作的一整套制度设计和安排。学者汪明义曾经著文指出："如果把高校的校舍和师资队伍比喻成计算机的硬件，那么高校内部的治理结构就如同计算机的操作系统。硬件条件相同的高校由于所运行的治理结构不同，导致发展状况差异极大，就如石墨和金刚石虽然均为碳元素，因其结构不同，导致其功能迥异。"②

目前我国民办院校治理问题还未引起足够的重视。随着政府"放、管、服"改革的不断深化，在推动政府向学校放权、落实民办院校办学自主权的同时，完善学校内部治理结构，实行共同治理，建立学校自主办

---

① 袁振国：《教育政策分析与当前教育政策热点问题》，《复旦教育论坛》2003 年第 1 期。
② 汪明义：《地方高校内部治理中必须处理好的十大关系》，《中国高等教育》2013 年第 9 期。

学、自我治理、内部监督和自律机制显得更为紧迫。并且相对于公办院校，民办院校由于在体制外生长发育，在推动学校治理结构改革、建设现代学校制度方面具有很多独特的优势，如果能够做出有意义的探索和尝试，就有可能为公办院校的管理改革提供有益的经验和启示。

由于办学体制的差异，民办院校与公立院校的内部治理体制也有很大的不同。根据现有政策，目前民办院校的内部治理体制的主要表现形式是董事会领导下的校长负责制。主要内涵包括五个方面：一是董事会、理事会的决策地位；二是校长受托的执行地位；三是学校党组织的政治核心地位；四是教职工代表大会的共同治理地位；五是民办院校其他利益相关者的参与治理。董事会领导下的校长负责制，校党委的政治核心作用和教代会参与的民主管理，构成了我国民办院校内部治理的基本框架，已经被我国民办院校普遍接受并实施，并在民办院校发展中发挥重要作用。

一　董事会履行学校决策职能

民办院校必须设立决策机构。第一，民办院校是一个独立的法人，需要有一个独立的决策机构来处理决定其内部的重大事务。如制定和修改学校的章程，制定规章制度和发展规划，筹集办学经费，决定学校的拓展、分立、合并和终止等重大事项。第二，建立决策机构，是实现效率与制约、分权与协作相结合的重要保证。决策与执行相分离是现代行政管理的一项基本原则，建立决策机构，把决策与执行相对分开，使决策者集中精力决策，执行者专注于执行，有利于提高效率，并且相互监督和制约，有利于防止学校发展走偏方向。第三，建立决策机构，是实现民主决策、科学决策的重要条件。决策机构由多个人组成，并且来自不同方面，按照民主程序讨论研究问题，集思广益，按多数人意见决定问题，有利于保证决策的正确性。第四，建立决策机构是综合保护各方面权益，保证办学宗旨的重要措施。教育是一项综合性的社会活动，涉及政治、经济、文化等各个方面，牵涉举办者、办学者、教师、家长、学生、所在社区以及政府等多方面的利益相关者，建立决策机构，适当吸收各方面的人士参加，有利于各方意见的表达，实现办学目标。第五，有利于规范办学行为。民办院校与公办院校相比，其特点是与国家教育行政部门之间缺乏直接的隶属关系，其自主权较大。虽然较大的办学自主权能够提高工作效率，充分发挥其积极性和主动性，但也可能带来管理不够规范，带有较大的随意性，缺乏必要的决策程序和监督机制，造成管理混乱，影响民办院校的声誉。总之，设立民办院校的决策机构，有利于规范办学行为，促进民办教育的健康发展。

我国《高等教育法》第三十九条明确规定："国家举办的高等学校实行中国共产党高等学校基层委员会领导下的校长负责制。中国共产党高等学校基层委员会按照中国共产党章程和有关规定，统一领导学校工作，支持校长独立负责地行使职权，其领导职责主要是：执行中国共产党的路线、方针、政策，坚持社会主义办学方向，领导学校的思想政治工作和德育工作，讨论决定学校内部组织机构的设置和内部组织机构负责人的人选，讨论决定学校的改革、发展和基本管理制度等重大事项，保证以培养人才为中心的各项任务的完成。"实践证明，党委领导下的校长负责制是具有鲜明中国特色、适合我国现阶段国情的高校领导体制，是中国特色现代大学制度的核心内容，从而也是党对高校领导的根本制度。党委领导，党委在高校处于领导核心地位，统一领导学校的工作，决策学校发展的重大事项。党委领导是集体领导、集体决策，不是某一个人包揽一切；校长负责，是校长和其他行政领导班子成员自觉接受党委的集体领导，在党委领导下负责处理学校的日常教学科研活动，完善学校的管理等工作。党委领导与校长负责是一个有机整体，相辅相成、相得益彰。

民办院校由社会出资举办，其办学体制的不同决定了其治理结构与公立院校之间的差异。《高等教育法》第三十九条明确规定"社会力量举办的高等学校的内部管理体制按照国家有关社会力量办学的规定确定"。这就明确了民办院校采用与公立院校不一样的治理结构。

从国外私立学校的发展来看，很多国家普遍采用理事会、董事会作为决策机构，因此这一形式有比较好的基础，积累的经验比较多，制度上比较成熟。得到有关部门的推荐。

《民办教育促进法》规定："民办学校应当设立学校理事会、董事会或者其他形式的决策机构并建立相应的监督机制。"这里具有二层意思，第一，民办学校的决策机构可以是理事会、董事会，也可以是其他的形式；第二，与决策机构相适应，民办学校应当建立相应的监督机制。而作为出资举办者而言，《民办教育促进法》规定："民办学校的举办者根据学校章程规定的权限和程序参与学校办学和管理。"而不能以出资者、举办者的身份肆意干预学校决策。不仅如此，《民办教育促进法》还对民办学校理事会、董事会的职权做出了规范："第二十二条　学校理事会或者董事会行使下列职权：（一）聘任和解聘校长；（二）修改学校章程和制定学校的规章制度；（三）制定发展规划，批准年度工作计划；（四）筹集办学经费，审核预算、决算；（五）决定教职工的编制定额和工资标准；（六）决定学校的分立、合并、终止；（七）决定其他重大事项。其他形式决策机构的职权参照本条规定执行。

"第二十三条　民办学校的法定代表人由理事长、董事长或者校长担任。"

如此详尽的规定，说明"民办学校理事会、董事会"是法律推荐的主流决策机构，因而在全社会得到广泛的采纳。在国务院办公厅2006年印发的《关于加强民办高校规范管理　引导民办高等教育健康发展的通知》（国办发〔2006〕101号）中，明确要求"民办高校要依法健全内部管理体制。学校理事会（董事会）为学校决策机构，依法行使决策权"。进一步强化理事会、董事会在民办院校的决策地位。

在《民办教育促进法实施条例》中，还进一步规定了民办学校理事会、董事会的工作机制：

第二十条　民办学校的理事会、董事会或者其他形式决策机构，每年至少召开一次会议。经1/3以上组成人员提议，可以召开理事会、董事会或者其他形式决策机构临时会议。

民办学校的理事会、董事会或者其他形式决策机构讨论下列重大事项，应当经2/3以上组成人员同意方可通过：

（一）聘任、解聘校长；

（二）修改学校章程；

（三）制定发展规划；

（四）审核预算、决算；

（五）决定学校的分立、合并、终止；

（六）学校章程规定的其他重大事项。

民办学校修改章程应当报审批机关备案，由审批机关向社会公告。

不仅如此，《民办教育促进法》和《民办教育促进法实施条例》还规定了民办学校理事会、董事会组成和相关人员的要件。《民办教育促进法》规定：

第二十一条　学校理事会或者董事会由举办者或者其代表、校长、教职工代表等人员组成。其中三分之一以上的理事或者董事应当具有五年以上教育教学经验。学校理事会或者董事会由五人以上组成，设理事长或者董事长一人。理事长、理事或者董事长、董事名单报审批机关备案。

而《民办教育促进法实施条例》则进一步要求：

第十九条　民办学校理事会、董事会或者其他形式决策机构的负责人应当品行良好，具有政治权利和完全民事行为能力。国家机关工作人员不得担任民办学校理事会、董事会或者其他形式决策机构的成员。

第二十条　民办学校的理事会、董事会或者其他形式决策机构，每年至少召开一次会议。经 1/3 以上组成人员提议，可以召开理事会、董事会或者其他形式决策机构临时会议。

2006 年国务院办公厅印发《关于加强民办高校规范管理 引导民办高等教育健康发展的通知》（国办发〔2006〕101 号）也指出："民办高校要依法健全内部管理体制。学校理事会（董事会）为学校决策机构，依法行使决策权；校长依法行使教育教学和行政管理权。理事长、理事（董事长、董事）名单必须报审批机关备案；校长必须具备国家规定的任职条件，并报审批机关核准。"

针对分类管理以后民办学校面临的新情况，国务院《关于鼓励社会力量兴办教育　促进民办教育健康发展的若干意见》（国发〔2016〕81 号）对民办学校的内部治理结构作了进一步明确："完善学校法人治理。民办学校要依法制定章程，按照章程管理学校。健全董事会（理事会）和监事（会）制度，董事会（理事会）和监事（会）成员依据学校章程规定的权限和程序共同参与学校的办学和管理。董事会（理事会）应当优化人员构成，由举办者或者其代表、校长、党组织负责人、教职工代表等共同组成。监事会中应当有党组织领导班子成员。探索实行独立董事（理事）、监事制度。健全党组织参与决策制度，积极推进'双向进入、交叉任职'，学校党组织领导班子成员通过法定程序进入学校决策机构和行政管理机构，党员校长、副校长等行政机构成员可按照党的有关规定进入党组织领导班子。学校党组织要支持学校决策机构和校长依法行使职权，督促其依法治教、规范管理。完善校长选聘机制，依法保障校长行使管理权。民办学校校长应熟悉教育及相关法律法规，具有5年以上教育管理经验和良好办学业绩，个人信用状况良好。学校关键管理岗位实行亲属回避制度。完善教职工代表大会和学生代表大会制度。"

以上这些规定，是从民办院校发展的实践中提炼的，经过近十多年的实践，加上教育部门实施《民办学校办学许可证》制度的推动，得到普遍的实施。

董事会是民办院校法人治理结构的重要组织机构。从中外私立大学发展的历史和国内外私立大学发展的经验来看，董事会体制比较适合私立大学管理的特点，它能够调动个人和社会组织投资高等教育的积极性，有利于提高全社会投资教育的整体能力，有利于促进整个社会对高等教育的关心与参与，形成社会化大教育格局，并从观念和政策上较好地解决资本的寻利性和高等教育的公益性之间的矛盾。同时，它有利于民办高校内部重要问题的决策，体现举办者的权益维护，并使决策与执行相分离，集中精力履行自身的职责，形成相互监督、相互制约的内部治理机制，避免个别人或个别集团垄断学校的决策权，实现学校的民主自治；也有利于加强民办高校与社会的联系，广泛筹措办学经费，从而为民办高校持续发展提供一个制度保障。①

在民办院校的办学实践中，对理事会、董事会制度有所创新。在机构组织形式上。大部分民办院校都组织了理事会或董事会，其他组织形式占比极少。当然组织的健全度不太平衡。有的地方还提出，捐资与滚动发展起来的民办院校和投资举办的民办院校应分别以理事会和董事会形式相适应，以组织形式的不同体现董事会功能的差异。早期创建的黑龙江东方学院、南京三江学院和上海杉达学院等都在前几年改为理事会。不过本人认为名称问题无碍大局。韩国、日本和我国台湾地区的私立大学决策机构都称作董事会，但是均实施非营利性办学，说明组织名称与职能的关联也不严密。在成员结构组成上。根据利益相关者共同治理的理论要求，民办院

① 杨炜长：《民办高校法人治理制度研究》，国防科技大学出版社2006年版，第77页。

校董事会的结构必须坚持多样性、专业化、合作性、高效性原则。多样性指的是董事会人员组成的代表性，应有各方面的代表参加；合作性是指根据学校实际情况合理分配董事会成员比例；专业化是指要充分考虑到学校董事会与企业董事会的不同，这是一个知识密集的组织，要让熟知高等教育的人在董事会中占多数，以提高决策的科学性和高效性。国务院印发的《关于鼓励社会力量兴办教育　促进民办教育健康发展的若干意见》提出，"完善学校法人治理。民办学校要依法制定章程，按照章程管理学校。健全董事会（理事会）和监事（会）制度，董事会（理事会）和监事（会）成员依据学校章程规定的权限和程序共同参与学校的办学和管理。董事会（理事会）应当优化人员构成，由举办者或者其代表、校长、党组织负责人、教职工代表等共同组成"。2006 年 12 月开始贯彻落实中共中央组织部、中共教育部党组《关于加强民办高校党的建设工作的若干意见》（教党〔2006〕31 号），民办院校党组织负责人成为董事会当然成员，多数民办院校都是举办者牵头、校长、党委书记和部分学校领导、部分校友和一部分社会贤达等参加。相对来说，目前几乎没有教职工或学生参加董事会的案例，这不能不说是一个欠缺。有的地方，如陕西、河北、江西、甘肃等省市，明确规定，董事长和校长必须分设，并约定举办者家族人员在董事会中的占比，规定董事长和校长举办者及家族只能担任一职，在实践中具有重大意义。在人员组成数量上，各校差异较大。有调查统计，目前民办院校董事会成员一般在 5—11 人之间，其中又以 7 人为最多。① 根据国内外经验和民办院校的办学实践，本研究认为民办院校董事会人数拟确定在 11—17 人左右为宜。一方面，董事会本身就是集思广益的机构，人员过少不利于董事会作用的发挥；另一方面，人数过少，覆盖面小，决策有偏颇，相关利益者的代表性难以体现，诉求反映难以保证。当然，董事会人数也不宜过多，否则会影响决策效率。确定民办院校董事会的人数，还要从学校的投资结构、学校的规模、办学的性质等综合考虑。在机构工作机制上，情况不一。部分民办院校制度健全，工作程序、流程正常，对重大问题的决策充分讨论，董事会成员充分酝酿表达意见，学校的发展也趋于稳定。尚有一部分民办院校举办者单一，家族化决

---

① 董圣足、黄清云：《我国民办高校董事会制度的重构》，《黄河科技大学学报》2010 年第 4 期。

策味浓，董事会虚设，工作很不稳定，制约了民办院校办学体制优势的发挥。

有的部门管理领导认为，民办院校也可以实施党委领导下的校长负责制。从现实情况看也有少量这样的案例。本人认为，对于这个问题，不能简单地说"可以"还是"不可以"①。我们说治理是利益相关者的权益保护机制，但是在利益相关者群体中，每个主体的地位和作用不可能是平等的。就民办院校的普遍情况来看，由于社会出资举办民办院校，办学者有一定的诉求和权益需要得到体现和保护，办学决策就是这种体现和保护的体制保证。从领导关系来说，董事会依据出资而建立，党委会主要对上级党组织负责，两者之间难以建立直接的隶属关系。再者，从《社会力量办学条例》到《民办教育促进法》等一系列法律法规，提出"民办学校应当设立学校理事会、董事会或者其他形式的决策机构"。虽然也有理事会或者其他形式的机构形式，但从实践来看，董事会作为民办院校的决策机构形式占主体。从民办院校自身的实际情况出发，建议主要还是采用董事会为决策机构比较妥当。

董事会是民办院校法人治理结构的上层建设，是建立和完善民办院校法人治理制度的重中之重。"在非营利法人中，董事会是一切权利、权力、责任、义务的中枢。"② 事实证明并将继续证明，一个健康稳定坚强有力的决策机构对于民办院校未来发展意义重大。

对于民办院校的监事会制度和其他监督机制的建立，2002 年颁布的《民办教育促进法》未作规定。国务院办公厅《关于加强民办高校规范管理 引导民办高等教育健康发展的通知》（国办发〔2006〕101 号）提出，要"依法建立政府对民办高校的督导制度，省级政府教育主管部门向民办高校委派督导专员。督导专员依法监督、引导学校的办学方向和办学质量，向政府主管部门提出工作建议，同时承担有关党政部门规定的其他职责"。这是从国家文件层面第一次提出有关建立监督机制的问题。《国家中长期教育改革和发展规划纲要（2010—2020 年）》第一次从国家层面提出"民办学校依法设立理事会或董事会，保障校长依法行使职权，逐

---

① 徐绪卿：《我国民办高校治理及机制创新研究》，中国社会科学出版社 2017 年版，第335 页。

② 金锦萍：《非营利法人治理结构研究》，北京大学出版社 2005 年版，第 167 页。

步推进监事制度"。《民办教育促进法》新法则明确提出："第二十条　民办学校应当设立学校理事会、董事会或者其他形式的决策机构并建立相应的监督机制。"国务院《关于鼓励社会力量兴办教育　促进民办教育健康发展的若干意见》（国发〔2016〕81 号）提出要"健全董事会（理事会）和监事（会）制度，董事会（理事会）和监事（会）成员依据学校章程规定的权限和程序共同参与学校的办学和管理"。"探索实行独立董事（理事）、监事制度。"总体来看，有关民办院校建立和健全监事会制度，原有政策比较模糊，新政策规定出台不久，具体操作还有待探索和完善。

二　校长独立行使行政管理权

校长是大学的灵魂。纵观世界优秀的私立大学，无不与它们优秀的校长相关。他们先进的办学理念、丰富的管理经验、高超的治理能力，与优秀大学的品牌一起载入史册。从世界著名大学发展的踪迹中，我们不难看到这些杰出校长的印迹。事实说明，一校之长，对于成长中的民办院校，意义重大。

麦可斯曾经发表《大学里，校长是怎样的存在?》[1] 的文章，对大学校长的作用做了细分。认为"校长是大学所处时代的敏锐观察者"。大学最需要的是思想，校长及其公开讲话就是大学思想的集中体现。这里的思想主要是校长针对大学所处时代的各种重大难题提出解决方案。"校长是大学传统的坚定守护者。"从时间维度来看，校长对时代的敏感用来处理大学与未来的关系，对传统的尊重用来处理大学与过去的关系。对本校的传统进行挖掘并守护，这是校长的又一本领。"高等教育搞整齐划一，结果就是大批特色高校的消失和高校特色的淡化。""校长是大学与国家、社会的衔接人。"国家与社会需要大学做什么? 或者换种说法，大学能为国家与社会做什么? 这是校长思考的重要问题之一，也是校长在大学、国家、社会这三方之间传递的信息。"校长是激发院系活力的授权者。"如果说校董会与国家和社会是对外、对上的关系，那么校长与院系就是对内、对下的关系。

根据现有法律规定，我国民办院校实行董事会（理事会）领导下的校长负责制。现实中绝大多数民办院校校长兼任学校法定代表人。因此从

---

① 郭娇：《大学里，校长是怎样的存在?》，《麦可思研究》2017 年 9 月 3 日。

法律及行政意义上来说，校长即为民办院校最高负责人，对内负责学校的领导与管理，对外代表学校处理与上级部门、社会的关系。校长具体执行董事会的决策。执行是决策和计划具体的实施过程。执行决定发展，没有对董事会决策的分解、落实与执行，民办院校的决策就成为一纸空文。执行机制是执行的原理、依据、机构、内容及原则等，它是民办院校运行机制的核心机制，是运行中枢，对整个民办院校的发展起决定作用，决定民办院校的办学质量、办学效益和办学水平等。因此，确立校长地位，发挥校长作用，高度重视校长团队的建设，加强民办院校校长相关制度建设，是民办院校内部治理和机制创新的关键。

民办大学的校长是学校组织的最高行政长官，不仅要发挥组织、协调、激励的管理职能，还要充当战略管理者、资源配置者、任务分配者、危机处理者、变革执行者和运行考核者等各种不同的角色。他对外代表学校，对内主持校务，处于大学治教者（教师）、治校者（管理人员）和求学者（学生）三大群体结构的顶层，是具有最高行政权力的治校者[①]。民办大学校长的作用对民办大学办学的影响甚大，他是学校的一张名片和品牌，他的办学思想、办学行为决定一所学校的成败。"一个好校长就是一所好学校，一个好校长就是一面旗帜。"因此，加强民办院校校长队伍的建设，非常必要，非常急迫。

正因为如此，民办院校的校长才得到格外的重视和关注。对于民办院校校长的规定和规范，伴随着民办院校发展的始终。

《民办教育促进法》对民办院校的校长提供了明确政策规定：

　　第二十三条　民办学校的法定代表人由理事长、董事长或者校长担任。

　　第二十四条　民办学校参照同级同类公办学校校长任职的条件聘任校长，年龄可以适当放宽。

　　第二十五条　民办学校校长负责学校的教育教学和行政管理工作，行使下列职权：

　　（一）执行学校理事会、董事会或者其他形式决策机构的决定；

　　（二）实施发展规划，拟订年度工作计划、财务预算和学校规章

---

① 史飞翔：《论民办大学校长在构建办学特色中的核心作用》，《学理论》2011 年第 15 期。

制度；

（三）聘任和解聘学校工作人员，实施奖惩；

（四）组织教育教学、科学研究活动，保证教育教学质量；

（五）负责学校日常管理工作；

（六）学校理事会、董事会或者其他形式决策机构的其他授权。

《民办教育促进法实施条例》对民办院校校长也做出了规定

"第二十一条　民办学校校长依法独立行使教育教学和行政管理职权。

"民办学校内部组织机构的设置方案由校长提出，报理事会、董事会或者其他形式决策机构批准。"

作为专门针对民办院校治理结构的文件，2007年2月颁布的《民办高等学校办学管理若干规定》（教育部25号令）也做出明确规定："第十条 民办高校校长应当具备国家规定的任职条件，具有10年以上从事高等教育管理经历，年龄不超过70岁。校长报审批机关核准后，方可行使《民办教育促进法》及其实施条例规定的职权。校长任期原则上为4年。报经审批机关同意后可以连任。"国务院《关于鼓励社会力量兴办教育促进民办教育健康发展的若干意见》（国发〔2016〕81号）提出："完善校长选聘机制，依法保障校长行使管理权。民办学校校长应熟悉教育及相关法律法规，具有5年以上教育管理经验和良好办学业绩，个人信用状况良好。"

从以上法律法规条款，我们可以得出一些结论：

（1）校长是民办院校的重要成员，是学校董事会自然董事，因而也是民办院校的决策者之一；

（2）民办院校校长的任职条件与同级同类公办学校校长任职的条件相同，但年龄可以适当放宽；

（3）民办院校校长的主要权力是教育教学和行政管理职权，这个权力是董事会委托的，是一个执行权力。同时，对于民办院校内部的一些具体事务，校长还具有提议权和决策权；

（4）民办院校校长依法独立行使教育教学和行政管理职权。这一法律规定使得校长在行使《民办教育促进法》等法律赋予的职权时，不需要经过学校决策机构或者其负责人及其他组成人员的默认和许可。校长一旦受聘董事会，就享受国家法律赋予的相关地位，其独立办学权受国家法律保护。不能招之即来，挥之即去，任意支配。这就为民办院校校长独立地不受影响地贯彻执行党和国家的教育方针创造了条件。

关于民办院校校长任职资格，法律中规定不多。教育部办公厅《关于民办高校校长变更（连任）核准有关规定的通知》（教发厅〔2009〕3号文）提出，民办高校校长的任职条件是，①具有中华人民共和国国籍，在中国境内定居的公民。具有政治权利和完全民事行为能力。②身体健康，年龄不超过70岁。遵守宪法和法律，热爱教育事业，具有良好的思想品德。③应具有大学本科以上学历，副高职以上专业技术职称，10年以上从事高等教育管理的经历。文件还规定，"本通知所指民办高校为教育部批准正式设立的民办本科学校、民办高等专科学校和独立学院（以下简称学校）。上述学校的校长（不包括副校长）变更，须经学校董事会（理事会）2/3以上组成人员同意，省级教育行政部门审核后，报教育部核准"。这里明确的是"核准"，而不是备案，这就规定了民办高校校长任命的最终确认权在教育部。这些规定为民办院校选拔和遴选提供了参考。

目前，落实民办院校董事会领导下校长负责制的政策，有几个方面值得借鉴。

第一，重视民办院校校长的选拔工作。

校长选拔是民办院校董事会等决策机构一项很重要的工作。这项工作从民办院校的筹建就开始了。能不能物色和遴选出符合民办院校办学理念、愿意为民办院校作奉献的校长，是民办院校能否成功的首要的和关键的工作。因此，民办院校创办者首先应把遴选民办院校校长放在办学很重要的位置。总体来看，校长遴选大致需要做四个方面的工作：一是需要一个什么样的校长，即遴选标准问题；二是在多大的范围内遴选的问题，即哪些人可以参加校长竞聘；三是由哪些人来主持遴选的问题，即遴选机构的组成问题；四是怎么样遴选的问题，即遴选的程序和流程问题。至于各校中的具体要求，还可以根据学校的办学层次、办学类型、学科结构、办学特色和办学目标等等要素加以补充。如许多民办本科院校要求提高校长的学历（学位）标准，有的民办工科院校希望校长具有工学基础，有的民办外语院校要求校长具有国外留学背景，等等，这些要求应根据学校的实际需要设置，在满足一般要求的前提下有所侧重，不宜一刀切。

第二，落实民办院校校长的工作职责。

对于民办院校校长的职权，《民办教育促进法》以及实施条例、国务院办公厅〔2006〕101 号文件和教育部 25 号令都作了明确的规定。要明确民办院校校长的责权利，落实法律赋予民办院校校长应有的办学权，在学校内部事务管理上做到独立运作，有职有权，加强民办院校决策的执行力。董事会及学校党委、职代会都应该依法维护校长权威，尊重校长的领导，支持校长独立开展工作，让校长做到有职有权，令行禁止，以提高学校经营团队的凝聚力和决策的执行力。

支持校长独立开展工作，提高民办院校决策执行力，要明确校长的职权与责任。在校长遴选和考察过程中，应该让候选人清楚校长责、权、利，为落实校长的职责奠定基础。同时，为确保校长能够全面履行职责，充分发挥作用，必须认真落实民办院校董事会领导下的校长负责制，充分落实校长的办学自主权。落实"董事会领导下的校长负责制"，就要全面地、不折不扣地落实各项法定的校长职权，"依法保障校长行使管理权"[①]，进一步明确校长在依法治校中所负有的责任，充分保障校长以自己独立的办学理念、卓越的学术水平和高超的管理能力，对学校进行有效的指挥，做到有职有权，实行科学管理。

支持校长独立开展工作，提高民办院校决策执行力，要建立完善校长的考核制度。为了最大限度调动校长的工作积极性、主动性和创造性，应该健全校长目标管理与绩效考核制度。管理大师彼得·德鲁克认为，如果一个领域没有目标，这个领域的工作必然被忽视；管理者应该通过目标对下级进行管理。与目标管理紧密相关的便是绩效考核。民办院校办学体制的独特性也必须要求对其实行目标管理和绩效考核。除了《民办教育促进法》规定的职能外，投资人（委托人）或董事会赋予的职责会更多，主要体现在学校经营目标的考核上，即学校的招生规模、学校的经济效益和社会效益等。通过设定具体的评价指标来引导校长的行为并对其最终成果进行评定。

支持校长独立开展工作，提高民办院校决策执行力，要建立健全校长的激励机制。一是要建立对校长的高度信任，激发校长投入学校的工作热

① 见国务院《关于鼓励社会力量兴办教育　促进民办教育健康发展的若干意见》（国发〔2016〕81 号）。

情，给予校长较大的组阁权，为校长工作创造良好的环境。二要建立具有民办院校特点的校长薪酬制度。大学校长工作的高度复杂性和专业化，决定了其薪酬标准应该大大高于普通的社会职业，只有这样才能吸引和留住最优秀的人才从事校长工作。如何设计一套对外有竞争力，对本人有诱惑力，对内又不失公平性的校长薪酬制度，是一件极为重要的工作。民办院校可以借鉴企业的成功做法，充分发挥自身的体制机制优势，在校长的薪酬制度设计上有所创新和突破，从而最大程度地调动校长的工作积极性、能动性和创造性，促进学校更好、更快地发展。三是尝试建立隐性激励机制。隐性激励机制，又称"信誉机制"。研究表明，信誉机制不仅可以节约大量的交易成本，也可以大大降低风险成本。在民办院校中引入并建立起信誉与隐性激励机制，一方面是要加强诚信教育、提高校长的道德修养和职业操守，增强其对自身行为的自律性和约束力；另一方面则要加快培育职业校长市场，建立行业从业规范，逐步在民办高校校长的选任上引进竞争机制和退出机制。[①] 优秀的大学为杰出的校长成长和成功提供了舞台，而优秀的校长也铸造了优秀学校的辉煌。民办（私立）大学由于其学校独特的环境和性质，因此更应该鼓励校长干出成绩，做出成效。

第三，加强民办院校校长的培训提高。民办院校校长来源复杂，且多数对民办院校办学了解不多，对民办院校校长职责知之很少，而要肩负民办院校的发展的重任，仅仅依靠已有的知识、或者以往担任公办院校校领导的经验是远远不够的，必须加强学习，继续学习，熟悉和掌握民办院校的管理规律，不断提升领导民办院校改革和发展的能力和水平。

目前国家层面关于校长培训的制度主要针对公办院校，且按照学校"级别"分别组织。民办院校校长没有"级别"，因此难以纳入体制内的培训。而民办院校校长培训提高的相关规定还没有。对民办院校校长任职的要求条款散见于一些文件中。并且文字不多，规定不系统，不全面。教育部下达的第一个关于民办院校校长队伍建设的专门文件是 2009 年《关于民办高校校长变更（连任）核准有关规定的通知》（教发厅〔2009〕3号文）。但文件的内容主要限于民办院校校长变更（连任）的程序和流程，与系统全面的民办院校校长队伍建设内容还有很大差距。值得一提的

---

① 董圣足、黄清云：《我国民办高校董事会制度的重构》，《黄河科技大学学报》2010 年第4 期。

是黑龙江省在贯彻这一文件精神的过程中，专门下发了《关于加强我省民办高校校长队伍建设的意见》，除严格明确民办院校校长的核准程序和各项职责外，还提出了建立校长培训制度，即通过组织高端培训、国内考察、国外集中培训等活动，使民办高校校长牢固树立忠诚于党的民办教育事业的信念，成为民办教育事业的专家，忠于职守，敬业克己，成为民办教育工作者的表率和楷模。并明确要把民办高校校长培训纳入全省高校校长培训计划，在校长培训基金中按一定比例安排给民办高校，民办教育发展专项资金项目安排中优先安排校长培训，建立民办高校校长培训基地等。通过培训来提高民办高校校长的政治素质和业务管理能力。据了解，这是我国民办院校恢复办学以来各省市自治区下发的第一个关于民办院校校长队伍建设的专门文件，值得推广和借鉴。

第四，维护民办院校校长的合法权益。民办院校校长是一个特殊的群体。由于这一职务属于非公权，不是传统的"任命制"，由此经常出现"被炒鱿鱼"的状况，使之成为一个高风险的职业。同时，由于民办院校校长工作的难度，在民办院校校长与董事会等发生矛盾时，尤其是在涉及教学和内部事务处理出现意见不一致时候，往往是校长离开，由此影响学校的正常秩序，影响党和国家教育方针政策的贯彻落实。因此，对于民办院校校长的权益必须进行保护。

目前对于民办院校校长的权益保护，没有系统完整的文件规定，大多是在明确民办院校校长的职权规定文件中提到，这显然是不够的。根据笔者多年的研究和管理实践，感觉以下几个民办院校校长的权益必须得到保护。

一是管理权。法律已经明确"民办学校校长依法独立行使教育教学和行政管理职权"。要"依法保障校长行使管理权"。因此，必须尊重和保护校长对民办院校的管理权力。有的民办院校聘请"挂名校长"，这一做法对学校发展有害无益。2008年12月，江西省教育厅曾下发《江西省民办高校聘任校长、副校长核准办法》的通知（赣教规划字〔2008〕38号），明确规定"民办高校决策机构负责人不得兼任校长，实行校内决策权与行政管理权分离。民办高校聘任校长、副校长应实行与决策机构负责人直系亲属回避制。校长、副校长应专任本校职务，不得兼任其他全职工作"。目前来看这一规定在全国还是最早提出的，从而从制度上杜绝"挂名校长""虚职校长"的存在，因而意义非凡，值得借鉴和推广。据悉，近年来陕西、甘肃等省市也出台了类似的相关规定。

二是薪酬权。民办院校校长，是一个职责重大、使命光荣、艰苦繁重的工作。取得工作报酬，既是对民办院校校长工作的肯定，也是国家赋予民办院校校长的权利。因此，民办院校决策机构应根据双方合约，足额及时支付相应的薪酬，不允许打折扣、打白条等不规范行为产生。由于民办院校校长身在其中，"不能自己为自己发工资"，因此，民办院校董事会有必要根据民办院校工作性质和难易程度、工作目标等事先约定民办院校校长的薪酬支付方式、额度、支付时间，税收承担等，以免造成发放时的矛盾，激发和调动校长的工作积极性。

三是工作权。民办院校校长的法定职务，一旦受聘即享有国家法律赋予的工作权力。有的民办院校董事会对民办院校校长的聘任比较随意，对民办学院校长的处置比较随性，未经董事会正式会议和必要的流程，举办者擅自解除校长聘约和职务，剥夺民办院校校长的工作权，这是极其错误的，事实说明对民办院校发展也没有好处。一个稳定的校长是民办院校稳定可持续发展的重要基础。如果校长变动频率过高，对学校的稳定发展只会带来损害。

三　党组织发挥政治核心作用

加强党对民办院校的领导，确立民办院校党委的政治核心地位，是我国的国家性质和我党的执政地位所决定的。高等学校是党和国家培养社会主义事业建设者和接班人的重要阵地，无论其办学性质是公办的还是民办的，其基本任务是一致的，都是为了履行"坚持以马克思列宁主义、毛泽东思想、邓小平理论和'三个代表'重要思想为指导，以进行理想信念教育为核心，以树立正确的世界观、人生观、价值观为重点，以养成高尚的思想品质和良好的道德情操为基础，紧密结合全面建设小康社会的实际，遵循未成年人思想道德建设的规律，坚持以人为本，促进未成年人的全面发展，努力培育面向现代化、面向世界、面向未来，有理想、有道德、有文化、有纪律，德、智、体、美全面发展的中国特色社会主义事业建设者和接班人"① 的崇高使命。人民性是我国现代高等教育的价值属

---

① 胡锦涛：《大力培育中国特色社会主义事业接班人》，人民网，http://www.people.com.cn/GB/shizheng/1024/2491483.html。

性，为人民服务、办人民满意的高等教育，是公办、民办院校的共同目标。民办院校党组织与公办高校党组织一样，是党的基层组织的一部分，是党在社会基层组织中的战斗堡垒，是党的全部工作和战斗力基础的重要组成部分，这是党章赋予民办院校党组织的重要地位。始终坚持马克思主义理论教育和武装学生，以辩证唯物主义和历史唯物主义正确看待事物、看待历史、把握发展方向，加强和改善党在民办院校的政治领导地位及其政治核心作用，充分发挥党组织的服务、保证、监督功能，是贯彻执行党的路线方针政策和促进教育事业发展的重要举措，也是民办院校适应市场需要，深化改革，培养社会主义建设人才和提高办学质量与效益的需要。"培养什么样的人、如何培养人以及为谁培养人"是关乎高等教育事业成败的根本性问题。我国高等院校肩负着培养德智体美全面发展的社会主义事业建设者和接班人的重大任务，必须坚持正确的政治方向。这就离不开思想政治工作。实践证明，思想政治工作，既是大学人才培养过程中的重大创举，又是办好中国特色社会主义民办大学的重要保障。思想政治工作影响一代青年的思想观念、价值取向、精神风貌。面对新形势新任务，高校思想政治工作只能加强不能削弱，只能前进不能停滞，只能积极作为不能被动应对。高校必须坚持正确的政治方向，坚持把立德树人作为中心环节，把思想政治工作贯穿教育教学全过程。

因此，要把民办院校办成国家教育事业的一部分，就必须加强党对民办院校的领导，坚持和把握民办院校的办学方向，并善于把党的政治优势同市场机制结合起来，形成强大的政治核心，不断创新工作机制，调动一切积极因素，凝心聚力，推进以德治校和依法治校，保证学校健康可持续发展。

党组织的存在和发挥作用，是我国的基本国情国体所决定的。因此，伴随民办高等教育的发展，民办院校的党组织建设一直受到关注和重视。有关部门专门下发了加强民办院校党的建设的一系列文件。但是，在民办教育的相关法律中，尤其是在2002年颁布的《民办教育促进法》及其实施条例中，一直没有写入，因而也存在一些落实不到位的问题。

为加强对民办教育的领导和引导，2016年下半年，党和国家连续出台了多项关于加强民办教育、民办学校党建工作的法律和文件，习近平同志在全国高校思想政治工作会议上也专门就加强民办高校党建工作提出了具体要求。这些都成为今后一段时间民办院校加强党建工作的重要法理依据和政策支持。

2016 年 11 月 7 日，全国人大常委会审议通过了《民办教育促进法》修正案，新法引起了社会的广泛关注。本次修法共有 16 处修改，集中体现在进一步突出强调了党对民办教育的领导、确立了分类管理的法律依据、充分保障了举办者的权益、完善了民办学校师生的合法权益、明确了学校的扶持政策、健全民办学校的治理机制、保障实现平稳的过渡等七个方面。其中《总则》中明确"民办学校中的中国共产党基层组织，按照中国共产党章程的规定开展党的活动，加强党的建设。"这就从专业法律的地位上，明确和确定了民办院校党委工作的合法性，填补了民办院校党组织参与治理的法理空白，第一次用法的形式明确了民办院校党组织依法开展工作，赋予民办院校党组织明确的使命和任务。

新印发的中共中央办公厅《关于加强民办学校党的建设工作的意见（试行）》（中办发〔2016〕78 号）和《国务院关于鼓励社会力量兴办教育　促进民办教育健康发展的若干意见》（国发〔2016〕81 号）为民办高校党组织治理提供了明确的政策依据。

中办发〔2016〕78 号文件，首次将民办学校党建工作从教育部党组、中组部等部委层面的工作上升到中央层面的工作，这是党中央站在历史新方位做出的重大决策，充分反映了新形势下加强民办学校党建工作的重要性和迫切性。文件从充分发挥民办学校党组织政治核心作用、推进党的组织和党的工作有效覆盖等七个方面提出了具体要求。这些要求也是对民办院校做好党建工作的要求，它将会成为今后一段时间加强和改善党对民办院校的领导，创新性地开展党建工作的重要指南。文件规定民办学校必须配备党组织，建立民办学校是举办民办学校的法定条件；党组织成员全方位介入学校的决策层、监督层和管理层，是学校董事会、监事会和校级领导层的法定成员；党组织是民办学校的政治核心，在事关学校办学方向、师生重大利益的重要决策中发挥指导、保障和监督作用。2016 年 12 月习近平总书记在全国高校思想政治工作会议的讲话中强调"要把民办高校纳入高校思想政治工作整体布局，完善体制机制，延伸工作手臂，建立健全党组织，全面推行党组织书记选派，确保民办高校党建和思想政治工作全覆盖"，这进一步体现了党中央对通过加强党的建设来确保办好党领导下的中国特色社会主义民办院校的决心和要求。不仅如此，文件还专门列出"建立健全党组织参与决策和监督机制"一章，提出要"坚持党的领导与依法治校有机统一，推动民办学校把党组织建设有关内容列入学校章程，明确党组织在学校法人治理结构中的地位，保证党组织在重大事项决策、监督、执行各环节有效发挥作用"，文件还就"推进党组织班子成员进入学校决策层和管理层""健全党组织参与决策和监督制度"做出详细规定，从而使得文件的落实更具操作性。

国发〔2016〕81号则强调要全面加强民办学校党的建设，完善民办学校党组织设置，理顺民办学校党组织隶属关系，健全各级党组织工作保障机制，选好配强民办学校党组织负责人。要发挥党组织的政治核心作用，牢牢把握社会主义办学方向。要加强和改进思想政治教育，培育和践行社会主义核心价值观，引导学生树立正确的世界观、人生观、价值观。监事会中应当有党组织领导班子成员。……健全党组织参与决策制度，积极推进"双向进入、交叉任职"，学校党组织领导班子成员通过法定程序进入学校决策机构和行政管理机构，党员校长、副校长等行政机构成员可按照党的有关规定进入党组织领导班子。这一要求与中央精神是一致的，进一步明确了民办高校党组织做什么等问题。

以上可以看出，《国务院关于鼓励社会力量兴办教育　促进民办教育健康发展的若干意见》把加强民办学校党的建设和加强党对民办学校思想政治工作的领导结合起来，从而使民办学校党的建设有事要做，有事可做，指导到位。

最近一段时间，国内许多省市组织部门，贯彻落实中共中央、国务院的文件精神，出台了省市部门关于加强民办高校党的建设工作的意见，如浙江省就出台了《关于加强民办高校党的建设工作的指导意见》（浙两新〔2016〕10号），有的省市将民办高校纳入两新组织（新经济组织和新社会组织的简称）之中，下达了《关于加强社会组织党的建设工作的意见》。总体来看，民办院校党的建设工作今后将得到加强。

贯彻落实民办院校党组织政治核心作用发挥，首先要全面准确理解民办院校党组织政治核心作用的内涵。

中共中央办公厅印发的《关于加强民办学校党的建设工作的意见（试行）》的通知（中办发〔2016〕78号），归纳了民办学校党组织政治核心作用的六个方面。文件还就不同类型民办学校党建工作的着力点提出指导，"民办高校党组织要突出坚持马克思主义指导地位，把握党对意识形态工作的领导权、管理权、话语权，加强对青年教师、党外知识分子和大学生的思想引导，促使他们增强政治认同，增强政治敏锐性和政治鉴别力，坚定中国特色社会主义道路自信、理论自信、制度自信、文化自信"。

根据这一文件精神和民办院校的实践，民办院校党组织政治核心地位的确立，主要在于落实政治上的领导权、决策上的参与权和行为上的监督权三个方面。政治上的领导权主要体现在宣传和执行党的路线方针政策，把握党对意识形态工作的领导权、管理权、话语权，切实保证民办院校坚持社会主义办学方向，全面领导学校党建、思政工作和德育工作。决策上的参与权主要体现在参与学校改革、建设和发展以及教学、科研、行政管理等工作中重大问题的讨论与决策。根据相关文件精神，民办院校党委要通过多种途径对学校的发展规划、人事安排、财务预算、基本建设、招生收费等重大事项，提出意见和建议，直接参与研究、讨论和决策。并且根据学校决策，支持学校改革发展，及时向上级党组织和政府职能部门反映学校的合理要求，帮助解决影响学校改革发展稳定的突出问题；支持董事会和校长依法行使职权，组织开展教育教学活动。行为上的监督权主要体现在引导和监督学校坚持教育公益性原则，引导和监督民办院校依法治教、规范管理、诚信办学。监督学校党员领导干部的廉洁自律，加强党风建设。党委通过政治核心作用的发挥，确保民办院校始终坚持社会主义办学方向，确保马克思主义的理论指导地位，提高民办院校大学生的思想政治素质和社会主义核心价值观，确保民办院校在社会主义市场经济条件下健康有序发展。

民办院校党组织发挥政治领导作用，主要体现在三个方面。第一是把握政治方向，即保证正确的办学方向。民办院校作为我国社会主义市场经济条件下的一个新生事物，在筹资渠道、资产性质、领导体制、管理方式等方面都与公办高校有着明显的区别，但其培养社会主义建设者和接班人的根本任务与公办高校没有差异，同样必须坚持社会主义的办学方向。高校历来是意识形态的重要阵地，民办院校也不能例外，"民办高校党组织要突出坚持马克思主义指导地位，把握党对意识形态工作的领导权、管理权、活语权，加强对青年教师，党外知识分子和大学生的思想引导，促使他们增强政治认同，增强政治敏锐性和政治鉴别力，坚定中国特色社会主义道路自信、理论自信、制度自信，文化自信"①。第二是保证教育质量，

---

① 中共中央办公厅印发《关于加强民办学校党的建设工作的意见（试行）》的通知（中办发〔2016〕78号）。

即确保人才培养政治思想品德和科技文化的质量。无论是公办院校还是民办院校，育人的基本要求是一致的。要达到这一要求，就要把教育学生树立正确的世界观、人生观和价值观放在首位。目前我国民办院校在高等教育体系中处于弱势，民办院校在录取时属于最后批次，其生源的普遍状况是知识储备不够，学习兴趣不强、学习习惯不端，学习的自觉性、积极性都比较欠缺。在世界观、人生观、价值观方面，他们思想开放、独立，发现问题敏感，处世务实，视野宽广，自信阳光，但是知识体系的搭建尚未完成，价值观塑造尚未成型，情感心理尚未成熟，需要用科学的理论和正确的思想加以教育引导。大多数学生追求上进，渴望参加党组织，但存在分析问题的偏激性和心理上的脆弱性。还有一些人在人生观和价值观方面受到外界的不良影响，不能正确处理国家、集体和个人三者之间的利益关系。面对这样的生源状况能否保证育人的质量，这就要取决于学校"德育为先"的落实程度。而如果没有坚强有力的党的"政治核心"力量去领导、设计和实施，那么，要在生源质量相对来说比较差的基础上去提高和坚持育人质量是十分困难的。而民办院校党组织发挥政治核心作用的基本任务中就有领导学校思想政治工作和德育工作的职责。第三是维护校园稳定，即维护学校安定团结的政治局面。安定团结是一切事业发展的基本条件，是我国社会主义现代化建设赖以依托的环境基础。维护安定团结是全国人民的根本利益所在，是党的重要工作内容。由于民办院校投资主体的多元化，创办之初教师和管理人员一时难以到位，引进和聘用人员的来源复杂，学生的综合素质相对较差，这就使得民办院校中存在诸多不稳定的思想因素。加上民办院校是一个利益相关者构成的组织集体，投资者与办学者、董事会与校长、学校与教师之间、教师与学生之间矛盾错综复杂，稍有疏忽就可能酿成群体性事件，影响学校稳定，并可能为社会的稳定带来影响。因此，民办院校保持稳定的任务十分繁重。历史证明，高校的稳定直接关系到整个社会的稳定。在民办院校内部治理体制中加强和重视党的政治核心作用发挥，才能增强科学研判形势的能力，善于从复杂多变中掌握事物发展的内在规律和学校发展的大局，从而结合本校实际，创造性地执行党的路线、方针和政策，完成学校的各项任务；才能不断增强应付复杂局面的能力，正确处理学校的各种矛盾，及时解决改革中出现的和师生在学习、工作、生活中提出的问题，妥善处理各种突发事件，及时消除可能成为影响学校稳定的潜在因素，把各种矛盾和问题解决在萌芽状态；才能充分发挥思想政治工作的作用，协调和保证民办院校组织内部的相关利益，帮助广大师生员工正确认识改革中出现的暂时困难，引导他们同心同德，共同推动学校的改革和发展；才能建立一支以党员为主体的专、兼结合的政工骨干队伍，对大学生进行正确的引导，把广大师生员工紧紧地团结在党的周围，抵制各种不良思想的影响，维护高校的稳定和国内安定团结的政治局面。由此可见，党对民办院校的领导实际上主要体现的是政治领导，发挥的正是政治核心作用。

民办院校党组织作为执政党的一级基层组织，正确的定位应该是通过融合、渗透成为学校的政治核心，履行对民办院校参与决策和监督的责任。

第一，依照《中国共产党章程》规定，健全民办院校党组织机构。

机构是工作的物质载体，民办院校党组织发挥治理中的参与监督和监督作用，是通过党的组织机构承担和体现的，没有机构就谈不上开展工作，相关职能得不到落实。要加强党对民办高校的领导，民办院校党组织要健全组织机构，履行工作职责，首先必须加强和健全党的组织机构。要配强党委领导班子，提高党委领导的待遇，赋予其明确的任务和职责。就当下来看，民办院校普遍建立了党的基层组织，但这是第一步，就全国而言，民办院校党委班子建设和内设机构建设，任重道远。特别是在民办院校中党组织工作机构几乎没有建立。虽然民办院校党组织机构不能像公办院校一样庞大、人员众多，应本着精干、高效和有利于加强党的建设的原则构建，但是必要的组织机构还是需要的，否则工作职责就会落空。从当前需要出发，民办院校至少要设立综合办公室和纪律检查等工作部门，配备专职工作人员，落实相关工作内容和职责，便于开展工作。党组织的活动经费应列入学校年度经费预算。这样民办院校党组织机构的活动和工作开展才有着落。同时也要按照学校党委—党总支—党支部—党小组的体制完善各级党组织，建立健全民办院校基层党组织体系。要加强民办院校党务工作队伍建设。根据民办院校人事管理的特点，及时调整各级组织机构成员；加强党务骨干队伍的培训，提高他们的思想政治理论素质、业务水平和工作能力。与此同时，要以党建带团建，加强对共青团工作的领导。通过建立和健全党的组织体系，为充分发挥党组织在民办院校改革发展稳定中的政治核心作用奠定坚实的基础。

第二，建立民办院校党组织参与重大问题决策机制和党政联席会议制度。

民办院校党组织参与学校重大问题的讨论，提出意见与建议，是党委充分发挥政治核心作用的重要途径之一。根据现有法律法规的规定，党委书记也应成为董事会的自然董事，同时可通过法定程序进入学校行政管理机构。符合条件的学校决策机构和行政管理机构中的党员，可按照党的有关规定进入党委班子。民办院校党委应按照依法办学、依法治校的要求，通过组织学习、开展调研、进行督查等方式，对学校的教育、教学、管理和队伍建设等方面的工作积极提出建设性的意见，认真落实党的教育方针和各项政策。党委主要领导应加强学习，熟知国家对高校的方针政策，深入调研，及时了解国家对民办院校的要求，在董事会讨论重大决策时阐明意见，在重大问题上贯彻国家意志，替学校把关，以高度负责的精神，保证学校决策与国家的政治大局保持一致。

事实证明，在学校内部建立党政联席会议制度，就学校一些重大问题统一思想认识，有利于党委和学校行政工作的密切配合，提高决策的科学性。在学校的干部选拔任用中，尽管党委无最后决定权，但应保证民主集中制原则的贯彻执行，落实教职工对干部选拔任用的知情权、参与权、选择权和监督权，严格履行民主推荐、民意调查、民主测评和组织考察等程序，提供真实可靠的政审和廉政表现材料。党委在参与决策中，还应重点把握学校重大决策是否体现了以人为本，以人才培养为目标的原则，使得决策更具科学性、合法性和人本性。

第三，正确处理党组织与学校董事会和校长的关系，加强决策和执行的合力。

作为政治核心的民办院校党组织不是一级独立的权力机构，而是对学校决策、监督、管理具有广泛包容性的政治组织。党委会与董事会、校长分别处于政治核心、顶层决策和学校运行中心的地位，他们之间的和谐统一，密切配合，是学校办学成功的关键。正确处理好党委会与董事会、校长之间的关系，有利于提高学校科学发展的能力和水平，落实民办院校的办学方向，推进民办院校改革和发展，最终有利于学校的长远发展和举办者根本利益的保证。

要建立党组织和董事会、校长相互支持和制衡的领导体制和运行机制。民办院校党委要及时推动并积极参与建立和健全学校治理体制，完善董事长、校长和党委书记相互配合、相互制约的法人治理结构，形成决策、执行、监督有机结合的治理机制。根据工作需要和人员素质条件，可以实施交叉任职。校级领导作为工作班子，有条件的可以进入党委。许多学校实行党委书记兼任副校（院）长，包括其他校级和中层党员干部共同组成党委会。这种交叉兼职、相互任职的办法，加强了相互之间了解沟通的机会，为党委会、董事会和校长之间协调沟通创造了组织条件，明显减少党委会与董事会、校长之间的工作摩擦，在学校治理中能够相互无缝对接，也使党委的重大问题决策参与作用更到位，从而提高学校的管理效益，同时也保证了党建工作在直接了解、参与行政工作的前提下有针对性的开展，在经费、活动安排上获得举办者和学校校长更多更直接的理解和支持。

要建立校党委与校董事会、校长的沟通协商机制。民办院校党委要积极发挥协调沟通、决策参谋作用，和谐处理党、董（理）、校之间关系，督促各方责任和权益到位。要支持和帮助董事会、校长办好学校的努力，全力支持和配合校长抓好教学质量。要积极引导董事会正确处理投资与回报、经济效益与社会效益、市场规律与教育规律的关系，遵循高等教育育人规律；支持校长依法行使职权，自主办学，全面提高教育教学质量，同时，要兼顾举办者的利益，从民办院校的办学特点出发，引入市场机制，努力使教育资源利用最大化，在"治学"中体现效益，努力使董事长（理事长）的举办权与校长的治学权得到和谐统一，朝着培养高素质人才、打造学校特色和品牌、提高社会形象和声誉的目标努力。

这里着重讨论一下民办院校中的"党管干部"问题。在许多民办院校，干部管理成为校长和党委矛盾的冲突点。尤其是许多从公办院校退下来到民办院校任职的党委书记，往往认为"党管干部"是天经地义、顺理成章的事情，因此在这个问题上往往成为校长与党委书记矛盾的焦点。《民办教育促进法》明确规定，学校校长具有"聘任和解聘学校工作人员"的职权。《民办教育促进法实施条例》提出"民办学校校长依法独立行使教育教学和行政管理职权。民办学校内部组织机构的设置方案由校长提出，报理事会、董事会或者其他形式决策机构批准"。从法律上看，校长具有提出"学校内部组织机构的设置方案"的职权，并且有权"聘任和解聘学校工作人员"，包括中层干部。许多民办院校的章程甚至规定："副校长由校长提名。"在国家层面的文件和法律中，确实没有出现"党管干部"的字眼。江西省教育厅曾经印发《江西省民办普通高等学校行政管理工作规程》（试行），其中明确校长具有"向学校董事会（理事会）提名副校长人选；组织拟订学校内部组织机构、二级分院（或系）

的设置方案，任免内部组织机构、二级分院（或系）的负责人；聘任与解聘教师及高校内部其他工作人员，实施奖惩制度"的职权，明确提出"二级分院（或系）的负责人由校长任命"。可见，对于干部管理的权限比较明确。也有的地方提出党务干部由学校党委提出任命，但是两张皮的干部管理搞得不好也会产生矛盾。笔者认为，干部是党委实施政治核心作用和保证办学方向的重要力量，没有广大干部的参与和工作，党委的政治核心就难以得到落实和保证，因此党委不可以不管干部。在调研中，我们课题组发现一种较好的机制。在陕西某民办院校，对于中层行政干部，实施的是校长提出干部的任命人选；党委负责干部的政治审查；纪委出具干部的廉政表现，校长与党委沟通后决定任命。而党委"研究决定党的组织机构设置、党务干部配备和任免"前，也要征得校长的意见，以便于工作的开展。有的院校实施党政联席会议制度讨论干部任命，则更便于沟通，能够收到更好的效果。

要发挥党的政治优势，为学校改革和发展做出贡献。有效发挥党组织的政治核心作用，要把党组织发挥作用的重点放在"服务"上，贯穿于学校决策的全过程。这里特别需要强调的是，民办院校党员流动性较大，有的教师党员有比较严重的"雇用思想"，组织观念不强、党性意识弱化，缺乏工作主动性，甚至对学校内部一些改革举措有强烈的逆反和抵触情绪，影响到决策的执行。而在日常工作中，党委的政治核心作用就是通过党员的先锋模范作用来体现的。因此，发挥党的政治优势，增强党性教育，激发党员的先锋模范作用，不断增强基层党组织的凝聚力和战斗力，是发挥民办院校党委政治核心作用的有效方法。在发挥作用的形式上，如前所述，要把党组织的整体作用与发挥党员个体及群团组织的作用有机结合起来，以党的组织纪律来规范和约束党员的个体行为，以党员个体的先锋模范作用来体现党组织的整体影响力和战斗力，从而提高学校决策的执行力。

四　民办院校内部治理机制创新

民办院校内部治理，目前的政策还是宽松的，但是也表现出政策的乏力和软弱。就当下民办院校内部治理而言，总体感觉是太零散、太原则、太笼统。需要在后续立法和政策制定中引起关注和着手解决。

第一，建立健全民办院校章程修订要件。作为办学最基本依据的学校章程，目前政策尚无规定。章程是学校内部治理最基础的文本和制度，是学校内部运作的"最高大法"。《民办教育促进法》提出："民办学校的举办者根据学校章程规定的权限和程序参与学校的办学和管理"，而对于民办学校的章程并没有任何政策规定，这就为民办院校办学带来很大的规范问题。

第二，完善董事会的工作制度。现有政策对董事会职责规定较细，但是对于董事会工作机制，诸如会议制度、表决制度、回避制度等，都没有提及。有的虽然提及但并不落实，比如教职工代表参加董事会问题。有的民办院校董事会虚设，有名无实，一年一次会议都没有，董事会的职责和权利都不落实。

第三，加强校长在学校中独立行使管理权。民办院校校长具有独立行使学校管理权的法律规定，但是现实中仍然受到举办者直接的制约，致使校长成为举办者的执行者。在一些学校内部机构设置和职工岗位安排方面，虽然法律法规有明文规定，但是往往是举办者说了算，民办院校校长的独立办学权落实不多。

第四，健全教职工代表大会的职责。目前法律法规都提及民办学校教职工代表大会制度，但是仅仅是"提及"，实际上无法操作。现有高校教职工代表大会制度，是面向公办高校制定的，有的条款肯定不符合民办院校的实际。但是又没有民办院校教代会的相关规定出台指导，民办院校教职工代表大会制度处于有法难依的尴尬地位。

第五，完善民办院校内部治理的体系。民办院校是一个利益相关者集合体。根据利益相关者共同治理理论原理，民办院校中所有的利益相关者都有资格参与治理。但是目前民办院校在治理主体上规定不清，社会中介、学生家长等都难以参与治理，造成民办院校内部治理的广度、深度、效度和认可度都受到影响。

第二节　民办院校人才培养模式改革创新

民办院校的主要功能是人才培养。如何搞好民办院校的人才培养工作，既是民办院校自身的责任，是广大受教育者的期盼，也是政府的关注所在。能不能搞好人才培养，保证民办院校的办学质量，是民办院校成功的关键。

一　民办院校人才培养的主要特点

特殊的办学体制，特殊的发展阶段，形成了民办院校人才培养固有的特点。如果说管理体制上民办院校与公办院校具有逐步接近、"公私难分"的话，那么，当下我国民办院校人才培养，实际上还是存在与公办院校不一样的基础条件的。

1. 培养对象的低端性

长期以来，民办院校的生源都是出于高考生的底层。这种底层的显性特征是考生录取分数最低，基本上是处于最低的层次。绝大多数的学生录取分数要比公办学校学生分数线低得多，甚至低于一些新建的公办高校。一方面，社会对民办院校认可度相对较低，客观上办学时间不长，社会了解不多，加上收费高带来的效应，政府有关考试部门往往将民办院校安排在最后阶段招生，形成特有的"三本"招生段。经过多年的习惯性操作，即使短期内取消"三本"招生段，情况也难以改变。高职层次的民办院校，往往被安排在最后招生。另一方面，民办院校收费较高，相对限制了一些成绩较好但家庭经济状况较弱的考生入学。现有招生政策下，也有一部分民办院校认为，这种招生批次制度的安排，保证了民办院校的招生计划的顺利执行，避免由于考生报考不充分带来的生源危机。因此，就全国范围整体而言，民办院校的生源都是处于整个生源的末端。

民办院校的学生具有以下特点。

第一，文化基础薄弱，到民办院校就读的学生比较公办院校，分数相差许多，这是普遍现象。目前大部分民办本科院校，其考生录取分都在分数线垫底，民办高职学院，许多能完成录取计划就很不错了，有的甚至降分录取还不足。

第二，学习态度不端，习惯不佳。很多同学缺乏始终如一的学习态度，三分钟热情，好动难静，对于学习刻苦钻研精神不够，蜻蜓点水，浅尝辄止，难以深入掌握，学习的自觉性不高，自我学习能力不强，由于学习基础较弱，学生的学习兴趣不浓，主动学习、自我学习的兴致不高，而这正是大学学习生涯所不能缺失的能力。民办院校学生在学习能力和学习方法的选择上，与公办院校学生相比不占优势。高等教育对学生自主学习的要求，无疑又给文化基础本来就比较薄弱的他们增加了一些难度，尤其是一些专业理论课。从总体情况看，民办院校学生普遍缺乏对专业知识学习的主动性和积极性。

第三，学习动机多样。当前就读民办院校还是处于机会选择阶段。选择民办院校就读的考生，总体来说是考试成绩的原因，无奈选择民办校。也有一部分考生分数相对较高，但是希望就读自己感兴趣的专业，而公办院校相关专业也进不去，只能录取一些弱势专业或者自己不喜欢的专业，因此屈就选择民办院校，选择自己喜欢民办院校品牌专业。随着民办院校办学质量的提升和特色的彰显，这一部分学生在逐年增加。

第四，学生的学习、生活习惯差异性大。民办院校的学费较高。从考生家庭来看，经济条件差异性大。大部分学生的家境较好，能够承受民办院校较高的收费条件。但是由于民办院校办学规模的扩大，现在进入民办院校的家庭经济条件困难的考生越来越多，需要申请助学贷款和在校勤工俭学来完成学业的学生比例逐年上升。大部分来自独生子女家庭，也有部分来自经济仍显落后的农村和山区非独生子女学生。经济状况的落差和成长环境的差异，使得学生在日常生活和行为习惯方面表现出巨大的不同。部分民办院校学生缺乏与社会要求相适应的生活能力，自我管理能力较弱，受挫能力差，心理脆弱，自我意识强，不容易适应集体生活。

第五，学生较多存在自卑、失落心理。由于成绩不太理想等多种原因，民办院校的多数学生未进入理想的高校，无奈之下选择了民办院校，并由此而产生出自卑心理。虽然理论上讲，与落榜生相比，毕竟有了接受高等教育的机会，只要努力还是能够有所作为，但由于社会的偏见和认识上的偏差，认为与公办的学生相比，总感到低人一等，内心有一种失落感，心理负担很重。

学生是学校人才培养的"原材料"。什么样的学生，适合培养什么类型的人才。"因材施教"和"因才施教"，是当今教育需要解决的重大课题。正确认识民办院校的培养"对象"，科学合理地设计人才培养方案，是搞好民办院校人才培养的基础性工作。

张智峰认为，民办高校，包括高等职业学院、独立学院与民办普通本专科学校，是应用型、实用型高校，主要教育只能是培养各类职业的应用型、实用型高级技术人才和高级技能人才，在教学改革中必须明确教学质量，加强专业建设，改革课程设置，改革教学计划，创新教学模式。① 同时，他还对技能型民办高校人才培养模式的构建进行研究，认为将培养技能型、实用型人才的一些外在教育行为内化为技能型民办高校一种独有的

---

① 张智峰：《论民办高校提高人才培养质量的主要途径》，《黄河科技大学学报》2006 年第2 期。

办学理念与卓越的技能型教育品质与办学风格，这一培养模式特色化包括了办学定位目标特色化、人才培养模式特色化、课程体系、教学内容特色化、培养途径特色化、培养方法特色化以及专业师资队伍特色化等六个方面。[①] 胡建波在《民办高等学校人才培养的基本特点》中认为，目前民办高校多数主要从事高等职业技术教育，强调复合型和技术应用型人才的培养，单纯地以传授知识为主体的应试教育模式不可能培养出复合型、技能型、为社会所接纳的适应 21 世纪的合格人才，并认为民办高校必须转变教育思想，更新教学内容，探索新的人才培养模式和途径，把知识传授、能力培养与全面的素质教育结合起来。[②]

因此，考生分数低只是一个表面现象，而背后所透露出的是学生的学习基础、学习习惯、学习兴趣、学习方法等一系列学习和管理的矛盾和问题，决定了民办院校教学工作的出发点和起点，也决定了民办院校人才培养的目标定位，对民办院校的人才培养和管理带来挑战。要求我们破除传统观念，因材施教，因人施教，从对象出发，从对象的需求出发，安排和组织人才培养的各项工作。

2. 教师队伍的复杂性

与公办院校的教师队伍建设不一样，绝大多数民办院校的教师队伍建设都走过了兼职为主向专职为主、专兼结合的路子。民办院校发展初期，几乎没有教师队伍，主要依赖公办院校的闲余师资。随着高校扩招的深入，一方面，公、民办院校生源之间的能力水平差距拉大，一些高端院校的师资逐渐感觉教学力不从心，师生教学矛盾凸显；另一方面，许多公办高校自身师资紧张，甚至返聘退休教师作为补充，社会闲余师资变得非常稀少，而民办院校本身正处于规模快速扩张期，师资的紧缺和快速增加的需求形成巨大反差，比例过高的外聘教师对学校教学秩序的稳定和教学质量的提高也会带来许多问题。政府开展评估，对民办院校的教学秩序和质量保障也提出了加快民办院校师资队伍建设的要求。民办院校师资队伍建设显得迫切和重要。2000 年前后，在各界的呼吁和指导下，在政府的倡导和引导下，民办院校普遍开始建立专任教师队伍。迄今为止民办院校的教师队伍相对薄弱。图 8-1 是本课

---

① 张智峰：《技能型民办高校人才培养模式之构建》，《职业技术教育》（教科版）2004 年第 34 期。

② 胡建波：《民办高校人才培养工作的基本特点》，《浙江树人大学学报》2002 年第 1 期。

题组根据历年教育部颁发的全国教育事业统计公报等资料整理的民办院校教职工、教师队伍建设情况和民办院校教师在全国普通高校教师队伍的占比情况。可以看出，2016 年全国民办院校学校数和在校生数占比分别为 28% 和 23% 左右，但是专任教师的占比只有 19.4%，而且这个统计的数据可能还是包括了一部分兼职教师的，实际比例可能还会更低一些。

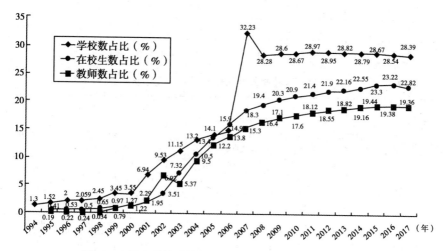

图 8-1 民办院校学校数、在校生数和专任教师数占比

在北京吉利大学主编的《中国民办大学报告 2009》① 中，曾经从多个纬度分析民办院校教师队伍的现状：

表 8-1 民办院校教师队伍中高学历人员占比

学历类别	民办大学				所有大学		
	对应学历人数>0的大学数（所）	对应学历从业人员总数（人）	占民办大学从业人员比例（%）	占所有大学同学历从业人员的比例（%）	对应学历人数>0的大学数（所）	对应学历从业人员总数（人）	占大学从业人员比例（%）
研究生及以上	702	44670	20.3	7.6	3331	585248	58.6
大学本科	1092	108830	49.4	12.3	4851	883667	43.2
大专	1035	38279	17.4	14.6	4705	263071	12.9
高中	714	17249	7.8	10.1	3712	171289	8.4

---

① 北京吉利大学主编：《中国民办大学报告 2009》，红旗出版社 2009 年版，第 77 页。

续表

学历类别	民办大学				所有大学		
	对应学历人数>0的大学数（所）	对应学历从业人员总数（人）	占民办大学从业人员比例（%）	占所有大学同学历从业人员的比例（%）	对应学历人数>0的大学数（所）	对应学历从业人员总数（人）	占大学从业人员比例（%）
初中及以下	362	11094	5.0	7.8	2518	142388	7.0
合计	3905	220122	100.0	52.4	19117	2045663	100.0

资料来源：李书福：《中国民办大学报告 2010》，红旗出版社 2011 年版，第 56 页。

表 8-2   民办院校教师队伍中高职称人员占比

学历类别	民办大学				所有大学		
	对应学历人数>0的大学数（所）	对应学历从业人员总数（人）	占民办大学从业人员比例（%）	占所有大学同学历从业人员的比例（%）	对应学历人数>0的大学数（所）	对应学历从业人员总数（人）	占大学从业人员比例（%）
高级	596	30419	29.0	6.5	3654	469726	35.0
中级	626	36220	34.6	6.6	3944	547017	40.8
初级	529	38142	36.4	11.8	3591	324544	24.2
合计	1751	104781	100.0	24.9	11189	1341287	100.0

资料来源：李书福：《中国民办大学报告 2010》，红旗出版社 2011 年版，第 57 页。

这些数据表明，尽管近几年来民办院校加快专任教师队伍的建设，但是无论从数量还是结构，民办院校师资队伍建设任务仍很艰巨，尚有较大空间。本研究从教育部发展规划司印发的《2015 全国教育事业发展简明统计分析》[①] 中整理得出，2015 年全国本科院校专任教师中研究生学位教师的比例为 68.4%，其中本科为 75.4%，专科高职为 44.5%；专任教师队伍中博士学位比例为 22.86%；高级职称教师比例为 41.9%，其中本科院校 46.9%，专科高职为 29.6%。而同期民办院校研究生学位教师比例为 60.1%，博士学位教师比例仅占 7.9%，其中本科院校 10%。另据教育部高等教育教学评估中心 2017 年 10 月公布的《中国民办本科教育质量报告》，2010 年与 2015 年相比民办本科院校"具有硕士与博士学位的专任教师比例从 47.8% 增加至 62.7%，35 岁以下专任教师所占比例从 55.9%

---

① 根据教育部发展规划司《2015 年全国教育事业发展简明数据分析》整理。

下降至 51.8%，36—55 岁专任教师所占比例从 29.7% 增加至 35.0%，双师型专任教师比例从 20.0% 增加至 2015 年的 22.2%"。而同期全国本科院校的相关数据为：具有硕士与博士学位的专任教师比例 78.1%，其中地方本科院校为 75.4%；35 岁以下专任教师所占比例 33.3%，36—55 岁专任教师所占比例为 60.14%。两组数据比较不难看出差距所在。

因此，民办院校教师队伍建设，无论在人数上还是在结构上，都有较大的发展空间。

3. 专业设置偏市场

当下大学生的入学动机大部分是为了就业。能就业、就好业是社会接受高等教育的重要动力。由于民办院校依赖学生的收费运行，甚至有许多民办院校的基本建设贷款尚有待于办学积累的偿还，因此，面向市场设置专业，增加专业与社会需求的切合度，更多的满足社会产业发展的需要，增加学生对专业的关注和兴趣，方便考生的就业，是民办院校专业设置的重要指向。但是，正是由于民办院校办学资金的缺乏，因此除了民办院校自身"多种经营"积极筹措资金以外，尽量设置办学成本较低、对办学经费开支直接关联较小的专业，也是民办院校办学的重要策略。出于这样的考虑，许多早期创建的民办院校，大多举办人文经管外语类专业。后期举办的民办院校虽有改变，但是也以经济管理人文类专业居多，以尽量减少实验室建设和管理带来的设备建设和实验人员的巨额开支。考察世界各国的私立大学，情况亦有大同小异之处。有研究对部分民办院校的专业设置做了统计，数据更加说明问题。①

表 8-3　　　　　　　　20 所民办高职学院专业设置状况　　　　（单位：个）

专业名称	开办数量	专业名称	开办数量	专业名称	开办数量	专业名称	开办数量
财会	17	日语	10	中文	2	公共关系	1
英语	17	工业民用建筑	7	经济法	2	土木工程	1
工艺美术	14	中医	6	律师	2	国际法	1
法律	13	市场营销	6	房地产、物业管理	2	学前教育	1
工商企业管理	13	应用电子技术	5	信息工程	2	艺术	1

---

① 万建明：《我国民办高校专业设置的现状、问题及对策》，《高等教育研究》2005 年第 3 期。

续表

专业名称	开办数量	专业名称	开办数量	专业名称	开办数量	专业名称	开办数量
计算机应用	13	计算机信息管理	5	影视表演	1	对外汉语教学	1
国际贸易	13	计算机软件应用	5	声乐与主持人	1	证券投资与实务	1
旅游管理	12	物业与行政管理	3	公共关系	1	国际信贷与投资	1
金融	11	饭店管理	2	中药	1	机电一体化	1
文秘	10	新闻	2	电器工程与自动化	1	烹饪	1

表 8-4　　9 所民办本科院校按 11 个学科门类开设的专业数　　　（单位：个）

学科门类\民办高校		哲学	经济学	法学	教育学	文学	历史学	理学	工学	农学	医学	管理学	合计
北京城市学院	开设专业数	0	1	0	0	2	0	2	3	0	0	2	10
黑龙江东方学院		0	2	1	0	6	0	0	2	0	0	3	14
上海杉达学院		0	2	0	0	3	0	0	1	0	0	7	13
江苏三江学院		0	0	0	0	5	0	0	4	0	0	2	11
福建仰恩大学		0	3	1	0	1	0	1	1	0	0	5	12
西安培华学院		0	0	0	0	3	0	0	0	0	0	2	5
黄河科技大学		0	1	1	2	6	0	0	6	0	0	1	17
浙江树人学院		0	1	1	0	2	0	0	5	0	0	1	10
吉林华侨外国语学院		0	1	0	0	6	0	0	0	0	0	0	7
合计		0	11	4	2	34	0	3	23	0	0	22	99

表 8-5　　不同性质的新建地方本科院校开设最广泛的前十个专业类

排序	公办院校（230 所）			民办院校（375 所）		
	专业类	开设学校数	广泛度（%）	专业类	开设学校数	广泛度（%）
1	外国语言文学类	221	96	工商管理类	336	90
2	电气信息类	221	96	电气信息类	212	83
3	工商管理类	207	90	外国语言文学类	310	83
4	数学类	197	86	经济学类	278	74
5	中国语言文学类	186	81	管理科学与工程类	201	54
6	化学类	170	74	机械类	190	51
7	经济学类	159	69	土建类	160	43
8	物理学类	143	62	新闻传播学类	152	41

续表

排序	公办院校（230所）			民办院校（375所）		
	专业类	开设学校数	广泛度（%）	专业类	开设学校数	广泛度（%）
9	管理科学与工程类	137	60	中国语言文学类	144	38
10	教育学类	130	57	法学类	139	37

资料来源：刘云波：《新建地方本科院校的专业设置结构分析》，《中国教育财政》2015年第1期。

当下民办院校专业设置也有自身的弱点。第一，专业设置缺乏科学合理的市场研判。一些民办院校，在专业设置过程中缺乏广泛深入的市场调查研究，市场前景分析不充分，培养目标定位不精确，市场需求预测缺乏足够的依据，有的甚至召集几个公办院校的"专家"开个"论证会"了事，致使专业设置实际上与市场需求脱节，造成专业设置上的盲目性。第二，专业设置缺乏对自身条件的分析，专业建设任务重压力大。市场机制容易受利益的驱使，"先上车后买票"的专业设置机制，容易重设置轻建设，弱化专业条件完善。尤其是对一些实验实习实训条件要求较高的专业，后续条件完善投入需求大，工作任务重。第三，专业雷同性大，缺乏学校特色，难以真正面向市场。由于民办院校自身的教师队伍所限，出现"有什么教师办什么专业的现象"，市场真正需要的专业却心有余力不足，与公办院校相同的专业大量开办，致使所在区域高校在学科专业结构的调整改革上，缺乏一种合理的宏观调控，造成人才培养的混乱、专业结构的比例失调和毕业生结构性失业以及培养人才的浪费。第四，偏重低成本专业，科类结构发展很不平衡。财经商业类、应用文科、社会服务类比重较大，而法律、医学、理工科专业、特别是面向拥有80%以上人口的广大农村的学科专业基本上是空白，致使学校专业发展面窄路狭，影响学科的架构和发展。第五，专业面太窄，不利于学科建设。从学科专业设置的情况看，民办院校学科专业大都是按职业或产品设置的，专业划分过细，口径过窄，适应面小，给学生就业带来困难。第六，专业设置缺乏内涵，短期实用主义倾向严重。一些民办高职院校学科专业名称五花八门，随意性很大，甚至内涵相同的学科专业在两个或同一学校中名称却不同，专业名称不规范，不科学。比如有一外语学院，同时设置英语专业日语方向和日语专业英语方向，自己都搞不清楚专业区别。

民办院校专业设置还有一个问题是机制问题。民办院校专业产生的动力和依据源于市场。但是民办院校并不具有面向市场轻易获得专业的办学资源。清晰一点说，虽然市场需要，但是民办院校并不自然具备条件。民办院校专业设置的机制往往是这样的：先根据市场需求，确定申报专业，等政府批准设置以后，再着手开始建设。所以，民办院校专业设置这种"先上车后买票"的机制和程序，与传统的先具备条件、审查条件同意以后再开办是有冲突的，因此这也成为政府限制和监控民办院校专业设置工作的重要理由，由此严重制约了民办院校专业的发展。由于民办院校重视规模效益，招生量大，也必然需要较多的专业来安排学生的专业流向，而专业太少既不利于大规模巨型学校的发展，也不利于民办院校根据市场需求调整和优化专业结构。

4. 课程安排重应用

民办院校人才培养，主要的是量大面广的应用型人才。课程是人才培养目标实现的落脚点。要实现实践基础更加扎实的应用型人才，课程的应用就是基本的要求。而民办院校学生的学习基础和学习能力，则更有利于培养和打造应用型人才。因此，民办院校的课程，更重要的特征就是应用性。通过应用性课程的教学，开展应用的实习实训实验环节，使学生具有扎实的实践应用能力，为毕业走上岗位做好准备。

根据笔者研究，民办院校课程体系具有以下基本特征[①]：

（1）各专业的课程结构受公办院校的影响：民办高等教育恢复发展以后，很大一部分民办院校的发展受到公办模式在管理、科研、教学等方面的影响。由于公办院校受到我国集权体制的制约，在专业建设中的课程结构比较单一，同一专业的课程设置大体相同。民办院校，尤其是实行普通教育的民办院校，很大程度上受到这种状况的制约，有的甚至直接搬用公办院校的课程设置模式，导致课程体系比较单一的情况。但是，毕竟有着灵活市场机制，一部分民办院校走出公办院校的课程体系，开设了许多面向市场的新型实用性课程，可谓是一个亮点。

（2）实用性课程占优势：能够招到学生和学生毕业后能够就业是民办院校生存发展的重要内容，因此，民办院校的专业设置必须是热门专

---

① 徐绪卿：《关于民办高等学校课程体系改革的思考》，《民办教育研究》（双月刊）2005年第 3 期。

业，市场对于这些人才有着强烈的需求，这一点在民办院校发展初期尤其明显。这种专业与课程设置的市场机制模式导致了民办院校课程体系中实用性课程、应用性课程占据绝对优势的状况，充分表明民办院校的人才培养目标的功利性、实用性、职业性的价值取向。

（3）通识性与基础性课程比例偏小：由于民办院校的功利性与过度依赖市场机制调节，通识性课程与基础性课程在其课程体系中的比例较小。虽然教育部在专业调整中强调"宽口径、厚基础"，但是对于民办院校而言，这需要一个转型时期。在大多数民办院校中，哲学、历史学、文学、经济学、数学、物理学等这些通识性、基础性学科专业是非常少的，相应的课程也是很少的。从市场角度分析民办院校的通识性课程与基础性课程建设薄弱是自然适应的结果，却违背了人的发展的基本规律。例如，人文主义课程在民办院校课程体系中是缺乏应有的地位的，许多文史哲类的课程都很难得开出，然而，人文主义课程对于通识教育的实施是非常重要的；基础性课程由于耗资巨大，成本高，对于学生就业的影响不明显，民办院校自然不敢也不想问津基础性学科、专业与课程。通识性与基础性课程的缺失让我们看到了中国民办高校教育的不平衡性与狭隘性。

如果将公、民办院校课程体系进行比较比较，不难看出，民办高等院校课程体系不平衡比较严重，一方面可能是民办院校的发展历史较短，受到市场机制的制约；另一方面可能是受到传统公办院校的影响，由于有许多民办院校的领导、学科带头人是从公办院校过来的，其中肯定会受到公办模式的影响。通过公、民办院校的课程体系的比较，这种不平衡性主要表现为：第一，民办院校课程体系中学术性课程少，职业性课程多；第二，民办院校课程体系中基础性课程少，应用性课程多；第三，民办院校课程体系中通识性课程少（尤其是人文课程少），专业性课程多。

民办院校课程改革受制于课程设置的历史局限性与自身功利性问题，主要表现为：一是受制于办学初期课程设置与课程教学模式与公办院校的同质性特征，课程改革偏向于课程体系的改造，而未能很好地将改革落实到课程教学的改革；二是民办院校主要以市场为导向设置专业和构建课程体系，而以市场为导向的改革主要落实在专业体系的设置，而未能很好地渗透推广到课程教学改革层面。因此，之前的民办院校课程改革主要表现为对课程体系的改造，既要改造一些脱胎于公办院校人才培养模式下的课程设置体系，又要着眼于适应市场与应用力导向的课程体系改造，民办院校课程体系基本形成了"三少三多"现象：学术性课程少，职业性课程多；基础性课程少，应用性课程多；通识性课程少（尤其是人文课程少），专业性课程多。

我们并不是说民办院校没有开展课程改革。近几年来，在整个大环境和民办院校发展双重压力推动下，许多民办院校能够积极探索，正确定位，深化课程改革，落实培养措施，凸显人才培养特色。但是，由于对应用型人才培养模式理解的时代局限性，在改革中曲解和割裂了在课程改革与人才培养模式改革之间的关系。高等教育体系内部最活跃的矛盾是教学内容，课程体系固然需要不断推陈出新，适应人才培养模式改革需要。但是，支撑人才培养模式改革更为关键的是要将课程结构改革实施到课程内容和教学方法的改革。例如，我们发现在教学质量工程实施过程中，各级教育主管部门都在抓精品课程建设，民办院校也在整体政策框架下实施精品课程建设。然而，在建设过程中很明显地存在以下四个显著的问题：一是精品课程建设重形式轻内涵，注重申报包装而忽视申报成功之后的建设，未能真正起到适应应用型人才培养目标下的示范效应；二是课程改革与应用型人才培养目标规格不相符合，过于注重上级部门的精品课程条件而忽视适应校本人才培养的实际定位需求；三是课程负责人注重课程的学科知识逻辑，缺乏对专业人才培养目标及其课程角色功能的理解，课程教学改革与人才培养目标要求不一致。四是教师队伍难以适应课程改革的需要。民办院校大多培养应用型人才，而大量从学校到学校的新教师却非常缺乏一线体验和实践，在应用型课程的教学中勉为其难，力不从心。因此，民办院校内部课程改革难以做到一以贯之的系统指导，在人才培养目标与课程改革之间的关联逻辑性难以持续。然而，应用型人才培养的主要途径是教学，包括理论学习、实验实习实训，课程是教学活动中内容和实施过程的统一，是实现教育目的的手段，课程改革恰恰是支撑人才培养模式的核心内容。由此而知，民办院校应用型人才培养模式改革的成效不够明显，显然受阻于当前自身课程改革的现实问题及其局限性。如果课程改革这一核心性与基础性问题得到突破了，人才培养模式改革也就必然会得到突破，民办院校的教育教学质量必然会得到较大的提高。

民办院校在课程体系建设中，必须根据教育基本规律与自身的定位，寻找发展的主动空间，摆脱课程体系建设中被动、适应与迎合的尴尬局面，平衡处理好上述三个关系。

5. 教学管理较薄弱

民办院校相对来说办学历史短，而教学管理需要积淀，这是不难理解的。民办院校面向市场的人才培养指向，专业设置、课程改革和教学计划制定等等，处在动态中，缺乏稳定性，本身也增加了教学管理的难度。首先，从管理队伍的数量来看，教学管理人员编制不足，队伍不稳定。教学管理范围包括日常教学管理、教学计划落实、排课、考试、学籍管理、教材、实验室等等。工作量大而繁重。据调查，有的民办院校一名管理人员要负责近1000名学生，相对于繁重的工作量和工作要求而言，这样的比例悬殊确实太大。而学校又普遍存在"重教学，轻管理"的现象，管理人员的待遇远不如教师，这使部分管理人员心理失衡或离职，队伍难稳定。其次，教学队伍的结构不合理。许多民办院校教学管理人员年龄呈现杠铃型，年纪大的多、年纪轻的多，青黄不接，缺乏中坚。年纪大的大多是公办院校退休的工作人员，经验丰富，但体力不济，还需要中间力量支撑。从专业技术职务来看，呈现宝塔型。副高以上很少，大部分为初级职称人员。从知识结构来看，人员来源繁杂，学教育学、懂教学的和来自教学一线的少，绝大多数都是非教育管理专业毕业，相对欠缺现代教学管理理念、教学管理规律等相关知识，队伍需要历练和有待成长。再次，教学管理人员理论素质不高。一方面，教学管理队伍中很大一部分人忙于应付事务管理和日常琐事，即使想学习一些管理科学知识和业务知识也没有机会和时间，无暇开展教育调查、分析、研究和总结工作，理论素质难以进一步提高。有关教学管理的论文稀少。另一方面，队伍缺乏带头人，没有人带，队伍处于自生自长的盲目状态。第四，教学管理总体偏松。从评估的状况来看，一方面学生的学习状况有待改善，考试大量不及格；另一方面是学生的总评成绩不低，毕业率、学位获得率偏高的状况比较普遍，有的专业甚至百分百毕业、百分百获得学位，出现学习投入和获得成效很不相称的状况。第五是创新意识和能力有待培育。由于工作量太繁重，日常工作占用了教学管理人员大量的时间和精力，人员参差不齐、精力难以集聚，改革很少开展，超越眼前工作进行创新、改革，成了一句空话。另外，民办院校中教学管理人员待遇偏低，激励措施少等也大大影响了教学管理人员工作的积极性和主动性。这在一定程度上限制了教学管理工作创新的开展。

6. 质量保障体系待完善

质量是民办院校生存和发展的生命线。建立科学完善的质量保障体系，是保证质量和提高质量的重要保证。"高等教育质量是指高等教育机体在运转发展过程中满足其自身特定的内在规定要求与社会的外在规定需要的一切特征的总和。"① 2009 年世界高等教育大会发布的《高等教育与研究的新动力：社会变革与发展》公报指出："日益扩大的入学机会对高等教育质量提出了挑战。在当代高等教育中，质量保障无疑起着至关重要的作用，而且必须涉及所有利益相关者。教育的质量既要求建立各种质量保障体系和多种评价模式，同时更需要在机构内部形成一种质量文化。"②

高等教育质量是内适性需要与外适性需要、内在质量与外在质量的有机融合与统一。内适性需要指学术的创新与发展、科学和真理的需要，学生个体发展与提高的需要，以及高等教育自身发展规律的需要；外适性需要是指家长的期望、社会的需要、国家的需要。高等教育本身也存在不同的类型和层次，从不同的角度有不同的划分。因此，评价高等教育质量的标准不一样，其高等教育质量的内涵和要求也不同。同一层次的高等教育质量存在好、中、差之别，高等教育的办学层次也并不反映教育质量的高低。实际上无论民办或公办，教学型或研究型，都能办出一流的高校。

《国家中长期教育改革和发展规划纲要（2010—2020 年）》指出：要把提高教学质量作为教育改革发展的核心任务；树立科学的质量观，把促进人的全面发展、适应社会需要作为衡量教育质量的根本标准；要牢固树立以提高质量为核心的教育发展观，注重教育内涵发展，鼓励学校办出特色、办出水平，出名师，育英才；要建立以提高教育质量为导向的管理制度和工作机制，把教育资源配置和学校工作重点集中到强化教学环节、提高教育质量上来；制定教育质量国家标准，建立健全教育质量保障体系。

随着我国经济和社会的发展，随着高等教育大众化普及化的不断深入，我国高等教育进入一个新的发展阶段。从以人民为中心、办人民满意的教育这一宗旨出发，高等教育发展目标从量的扩张逐渐向质的提高转变，发展模式从外延拓展向内涵建设深化。对于我国民办院校发展而言，

---

① 胡高、胡弼成：《高等教育质量：理性评价与认识》，《宁波大学学报》教育科学版 2004年第 4 期。

② 赵叶珠：《全球化背景下高等教育发展之新动力——〈2009 年世界高等教育大会公报〉述评》，《江苏高教》2010 年第 2 期。

这既是机遇，也是挑战。当前和今后一个时期，民办院校的主要发展也应转移到提高办学质量上来。首先，质量已经成为时代高等教育发展的主旋律。经过 20 年的发展，我国高等教育资源得到快速的增加，高等教育供求紧张的状况得到大大缓和，高等教育的一般资源已经不再匮乏。办人民满意的高等教育，就要不断提高质量，满足人民群众对优质、特色和适合高等教育选择的需要。作为民办院校必须清醒认识当前这一发展态势，加快发展转型。其次，在高等教育大众化、普及化条件下，高等教育市场的角色已经互换，从卖方市场走向买房市场，人民群众渴望接受优质高等教育，接受高等教育的选择性大为增强，只有不断提高质量，才能积极参与资源配置和市场竞争。劣质资源终究会遭到市场的抛弃。我国民办院校办学本身起点低，实力弱，在市场竞争中处于劣势，如不加快提升质量，壮大自身的人才培养能力，则在未来的发展竞争中更加艰难。再次，社会对人才的质量也提出了需求。当下就业结构性问题突出，大学生能否顺利就业成为国家发展重点关注的问题。在知识创新快速发展的年代，企业对高质量人才的需求日渐急迫。民办院校能否为社会培养适销对路的高质量人才，成为民办院校能否可持续发展的关键。"质量是民办院校发展的生命线"，这一句多年流行的口号将成为现实。民办院校将全面进入质量发展年代。

高等教育人才培养的质量保障体系，是学校为实现培养目标，运用系统理论的概念和方法，把质量管理的各个阶段、各个环节的职能组织起来，对人才培养活动实行体制化、结构化、持续化的监控，对教学过程进行评价和诊断，形成的一个任务、职责、权限明确又互相协调、互相促进的、能够保障和提高教学质量的、稳定的、有效的质量管理系统。具体落实到高校管理的实施过程中，主要包括教学目标体系、课程体系、师资体系、评价体系等。因此，质量保障体系是高校确保教育质量的一系列制度安排和体制机制的总和。目前，高校的教学质量保障体系主要体现于对教学过程和质量的评价。

质量保障体系在广义上讲是指学校为达到既定的教育质量要求必须具备的基础设施、办学条件和有计划的系统性活动，具体包括教学基础设施、师资力量、办学条件、教学管理等方面的保障。民办院校的教育质量保障体系，从保障主体的角度来看，包括内部质量保障体系和外部质量保障体系。内部质量保障体系是民办院校在内部计划或实行的一系列的保障教育质量的活动。外部质量保障体系指国家政府机构、社会团体和个人等外部力量对民办院校的质量的监督或进行改进所采取的一系列的活动。内部质量保障体系是民办院校教育质量保障最根本的因素，外部质量保障体系对民办院校的教育质量起到的是监督和督促的作用。民办院校只有将外部力量的监督和要求贯彻到学校的内部质量保障活动之中，才能保证学校的教育质量达到合适或者是优异的水平。因此，不管是内部质量保障体系还是外部质量保障体系，都对学校的教育质量保障起着重要的作用。

民办院校教育教学质量体系是以市场需求为导向，以提高教育教学质量为目标，运用全面质量管理的概念和方法，依靠组织内外机构，以学校质量保障为基础，把各部门、各环节的质量管理活动有效地组织起来，形成一个既有外部监督，又有学校内部保障，任务明确，职责、权限相互协调、相互促进的质量管理的有机整体。[①] 民办院校教育教学质量管理体系是建立在民办院校教育教学质量保障活动和教育教学质量保障机构基础之上的有关质量活动的有机整体。

民办院校需要尽快建立教育教学质量保障体系。一方面，建立民办院校教育教学质量体系，既是高等教育大众化背景下社会对民办院校质量质疑的回应，也是民办院校质量维护与改进提高的需要。由于它兼有"认可性"和"发展性"高等教育质量保障的效能，使得民办院校教育教学质量体系具有了鉴定、诊断、调控、监督、导向和激励等多项功能。另一方面，从办学实践来看，民办院校缺少质量的积淀、质量的意识、质量的环境、质量的制度，质量的文化相对薄弱，在全面提高高等教育质量，满足社会对高等教育优质化和选择性的要求的背景下，如果民办院校质量上不去，迟早会被社会所抛弃和淘汰。

当下民办院校教育教学质量普遍存在以下四个方面的问题：

（1）学校培养目标错位。民办院校要实现自己的快速、健康发展，首先要找准定位。只有定位准确，培养目标明确，才能使自己的教育水平不断提高。美国卡内基—梅隆大学校长柯亨先生说："制定大学战略目标的关键是找准自己的定位。"民办高校找准定位，就是要找准自己在全国

———————————

[①] 郭占元：《当代中国民办高等教育发展概论》，吉林科学技术出版社 2005 年版，第 166—169 页。

各类型高校中处于什么类别、什么层次，只有从自身的实际出发，找准自己的特色和优势，才能实现自己的准确目标。

民办院校在现阶段主要是培养适应市场需要的生产建设管理服务一线的应用型人才。但有些民办院校盲目追求学校的高层次、大规模、全学科，甚至提出严重脱离实际的目标；有的民办院校人才培养目标模糊，分不清培养什么类型和层次的人才；有的学校在定位时往往从专业角度分析学生需求，而忽视生源基础状况以及社会、用人单位对人才的需求，造成人才培养与社会需求的脱节。

（2）教学基本建设薄弱。教学基本建设的不足主要体现在专业、课程、师资队伍、实验室等方面。有的民办院校忙于应付日常教学活动，而忽视了教学基本建设，无法有效保障教育教学的质量。如专业设置仍未完全摆脱普通高校传统模式的影响和束缚，有些民办院校为了争夺生源，不顾自身条件，盲目设置所谓的热门专业，一哄而起，导致教育教学资源大量浪费，教育教学质量难以保证，教学目标要求未能实现，人才培养质量急剧下降。专兼结合的师资队伍中还特别缺少水平较高的中年骨干教师和应用型或"双师型"教师，使得专业的内涵建设受到严重的制约。与跨越式的规模扩张相比，民办院校较普遍存在教学经费投入不足、教学仪器设备短缺、实验实训基地紧张等问题。

（3）课程体系未能较好地适应社会需求。表现在教学内容跟不上时代发展的需求，不能及时反映现代企业或行业的最新技术发展方向，不能反映学科前沿的理论与实践。教学内容缺乏科学合理的整合，尚未形成系统的课程体系，课程之间缺少联系。目前民办院校中学生课程不合格率偏高，学生补考、重修的压力过大。而过高的不合格率压力又集中体现在毕业生清考和毕业资格的审查中，对学生就业、升学等也带来了很大的冲击。课程考试出现不合格率较高的现象，固然与学生的基础、学习方式等有关，但也与学校课程设置以及课程标准的设定等密不可分，即与民办院校大众化背景下的因材施教、因才施教不到位有关。

与不合格率居高相对应的是民办高校的学风建设，其状况令人担忧。学生上课迟到的人数偏多，旷课的也不在少数。个别学生沉湎网络游戏而不能自拔，致使成绩下降，最后不得不以退学收场。从教师方面来看，有的教师对课堂纪律要求不够，甚至出现了对不良课堂纪律采取默认的态度；有些教师管教管学，但方法不好，效果不佳，甚至造成师生间的截然对立。

（4）教学质量保障体系缺位。民办院校的教学管理制度主要来自两个"路径依赖"：一是传统的计划体制下的教学管理制度，这是纵向的依赖；二是对公办院校教学管理制度的依赖，这是横向的依赖。随着我国高等教育步入大众化发展阶段，民办院校承载着大众化的任务，仍使用传统的规章制度来管理已经变化了的高等教育，必须会出现不相适应的问题。有些民办院校对教学质量的保障还未引起足够的重视，既无质量保障的机构和人员，也未建立起各教学环节的质量标准，教学行为随意性大，无法评价、监督、保障基本的教学质量。

影响民办院校教育教学质量的因素是多方面的，既与民办院校的外部环境相关，也与民办院校内部的办学条件相联。从外部环境看，还没有形成能有效促进民办院校提高教育教学质量的宏观制度环境，这其中既有教育行政部门对民办高等教育的认识滞后问题，也有政府支持民办院校发展的政策缺位和执行不到位问题，同时也有人们惯用精英教育评价标准的错误导向问题，等等。

从内部办学条件看，由于民办院校真正恢复发展才20多年，出于生存的考虑，建设初期的民办院校多数选择了"规模扩张型"的发展模式，客观上还来不及进行与质量直接相关的内涵建设。有相当多的民办院校还没有建立起有效保障教育教学质量的运行机制，既没有建立专职的从上至下的教育教学质量保证组织体系，也没有建立行之有效的教育教学质量保障的规章制度。即使有的也以对付"评估"为职能，日常性的保障机制缺乏。学校投入不到位，提高教育教学质量的资源不足，特别在师资队伍建设、专业建设、课程建设、实验基地建设、图书资料建设、质量管理制度建设等方面投入差距较大。再加上生源整体水平不高，都是第三批次或第五批次录取的学生，而且生源的个体素质差异也较大，使得教学质量的保障任务十分艰巨。[①]

二 民办院校人才培养的政策要点

与其他内容的民办教育政策一样，民办院校没有专门的法律，民办院

① 陈新民：《构建民办高校教育教学质量管理保障体系》，《浙江树人大学学报》2008年第1期。

校人才培养也没有专门的政策。有关人才培养的政策，主要散见于一些相关文件规定中。

早期的民办院校，主要办学形式是自学考试和学历文凭考试，虽然也实行全日制教育，但是与传统的普通教育仍有较大差异，因此，在人才培养的微观政策方面，并没有很多的专门规定。但是学校的主要工作是教学，人才培养是学校工作的核心。因此，在民办院校刚刚起步之时，民办院校的人才培养工作就引发相关部门的高度关注，并随着民办院校的发展，出台了一系列政策规定。

早在1988年，民办院校刚刚起步探索时，原国家教委就印发了《社会力量办学教学管理暂行规定》（〔88〕教高三字017号），明确规定了民办院校的教学工作规范：

第四条　学校均应根据有关规定，按办学规模、层次、教学形式等，设立教务或教学管理机构，建立健全教学管理制度，逐步开展教研活动。

第五条　学校均应根据经济建设和社会发展对人才的实际需要，制定明确的培养目标。对培养目标不符合实际需要的学校或专业，教育行政部门应停止其招生。

第六条　社会力量举办的各类高等层次学校的专业设置，应报批准办学的教育行政部门备查；开高的专业就参照国家教育委员会颁的专业目录以及自学考试的开考专业办理的确需开辟新专业，应经过充分论证。

第七条　学校应根据培养目标和专业设置制定教学计划和各门课程的教学大纲，并报批准办学的教育行政部门备查。教学计划和教学大纲应包括学制、课程设置、使用的教材、总学时数、周学时数、实验和实习内容及其课时数等；庆指明各教学环节的衔接关系。

第八条　培养目标、教学计划和教学大纲一经确定，不得随意改动，确需改动者，除经批准办学的教育行政部门同意外，还应向任课教师以及学员讲明，并允许学员退学。

第九条　学校应按教学计划和教学大纲组织教学，保证开出教学计划规定的全部课程（包括实验和实习课），完成规定的课时数。

第十条　学校均应根据培养目标、教学计划和教学大纲编写或选用教材以及辅导资料，并报批准办学的教育行政部门备查。

第十一条　学校自行编写教材，应成立编审组织，应由学科专家担任主编。各类教材或辅导资料均应保证质量。对于质量低劣的教材或辅导资料，教育行政部门应责令学校予以调整或停止使用，直至销毁。

第十二条　学校还要有与办学规模相适应的、能胜任教学工作的、相对稳定的师资队伍（包括兼职教师）。教师应有良好的师德和实际任课能力，具备一定的教学经验；应按教学大纲规定的要求授课，并努力提高教学质量。

第十三条　学校要有与办学规模相适应的教学场所（包括租用和借用）。该场所须在开展政党教学活动时保证老师和学员的人身安全。由于教学场所不适宜、危害教师和学员生命财产安全的，应依法追究学校主要负责人的法律责任。

可以看出，这些规定非常详细，针对性很强。对当时刚刚起步的民办院校人才培养工作提供了有益的指导。

如果说《社会力量办学教学管理暂行规定》还主要是针对"社会力量举办的、未取得颁发国家学历证书资格的、面向社会招生的各级各类学校及其分校、分部以及独立设置的培训中心、各类培训班、辅导班、进修班等从事教学活动的组织等（以下称学校）"的话，那么，1993年原国家教委下发的《民办普通高校设置暂行规定》（教计〔1993〕129号）则是少数专门针对民办普通院校设置和相关工作所做出的制度安排。文件规定了民办高等学校的办学方针，设置标准，评议审批，管理，变更与调整等，对民办院校的人才培养也提出了明确的要求：

第五条　民办高等学校应坚持党的基本路线，全面贯彻教育方针，保证教育质量，培养合格的人才。学校要建立共产党、共青团和工会组织，以及必要的思想政治工作制度。

文件规定了民办院校的办学方向，并且规定坚持办学方向的必要组织保证。

第九条　设置民办高等学校，应具备下述基本条件：

配备坚持党的基本路线，大学本科毕业以上文化水平，具有高等教育工作经验，管理能力较强，并能坚持正常工作的专职正、副校长。还应配备有副教授以上职称的专职学科、专业负责人。

配备政治素质较高、业务能力与专业设置、在校学生人数相适应的稳定的教师队伍。各门公共必修课程、专业基础和专业必修课程，至少应有讲师或讲师以上职称的教师1人。每个专业至少应有二名具有副教授职称以上的教学骨干。

设置的专业数一般在三个以上；在校学生规模应超过500人，其中高等学历教育在校学生规模应不少于300人。

有固定、独立、相对集中的土地和校舍。校舍一般应包括教室、图书馆、实验室（含实习场所及附属用房）、校系行政用房及其他用房五项，合计建筑面积参考指标为：文法财经类学校每生10平方米，理工农医类学校每生16平方米。占地面积应满足校舍建设用地和供学生体育活动的场所。

按所设专业和学生人数配备必要的教学仪器设备和适用图书。实验课及实习条件应达到各专业教学的基本要求。

要有与建校相应的建设资金和稳定的经费来源。建校、办学费用由申办者自行筹措，并需有关部门审核、验资。其资金数额由省级人民政府规定。

《民办普通高校设置暂行规定》是我国改革开放以来民办普通院校审批的启动文件，因而具有重大意义。在这以前，民办院校大多为自学考试助考机构，或是高考复习辅导班，实际上尚未进入"高等院校"之列。而经过多年的探索和积累，社会举办民办普通院校的呼声和能量积累势已难挡。审时度势，乘势而为，推进民办院校的发展，必然需要国家层面政策的指导。而所有的指导里面，程序、方法等技术层面的内容当然重要，而如何组织教学工作，如何保证教学力量，如何保证人才培养的质量，无疑是社会力量举办民办院校最基本、最核心的内容。对民办院校的办学条件做出了严格而详细的规定。对于刚刚开始的民办高等院校发展，有着一定的规范作用，意义深远。

作为一般性的人才培养工作，相关部门将民办院校与公办院校同等看待，同等要求，在专业设置、培养方案、教学计划、教师队伍、学科建设、教学条件等方面，都是一把尺子，一个标准。这本身对于保证培养质量，提高民办院校的社会认知，起到了重要作用。尤其是在精英化状态下，考生基础差异不大，培养规格相对整齐的状态下，教学容易组织，质量容易保证。但是随着高等教育大众化的到来和深化，这种整齐划一的人才培养既做不到，也没有好处。首先，大众化条件下民办院校与公办院校考生之间已经发生了很大的变化。2000年以前民办院校的学生与公办院校考生之间分数和位数差异很小，而当下两者的差异近半。进一步解释，2000年浙江省高校录取3万人，那么民办院校最后一名录取为第3万名。而现在浙江高考招生30万人，国家重点院校考生与民办院校考生之间相差20万名以上，同一个培养方案、同一个教学计划、同一个课程要求，实际上已经不可能实施了。其次，在高等教育大众化条件下，社会对人才的观念发生了变化，大学毕业生不再是"皇帝的女儿不愁嫁"，而是从刚入学就需要担心就业的"劳动者"。就业成为大部分学生就学的需求和愿望。如果不能顺利就业，就会失去社会对高等教育大众化的支持。以往传统的不顾就业的"象牙塔"人才培养，再也难以持续下去了。再次，在大众化条件下，高等教育资源逐渐丰富，接受高等教育的选择性大为增加。在激烈的社会资源争夺战中，民办院校层次、质量和社会声誉往往都处于弱势，而增强核心竞争力的一个重要方面，就是办学特色，其中很重要的就是人才培养的特色。在实践中，民办院校大都是培养面向一线的应用型人才，其培养模式和路径与传统本科院校应有较大区别。因此，目前有关民办院校人才培养的制度规定尚不科学合理。

但是当下新建民办本科院校的合格评估，相关部门采用的也是与公办院校同一个标准，见于政策文本的只有三个方面的区别。一是内部治理体制。民办本科院校合格评估需要了解民办院校的内部治理体制，以明确人才培养的分工和责任。二是有关专任教师队伍的统计口径。民办院校的专任教师允许将部分外聘教师计入，合同期两年及以上的都算，合同期一年以上的折半计算。三是教育投入，评估指标要求以收费为基数，教学投入不低于生均1200元或收费总数13%。除此之外，民办院校与公办院校相同衡量。显然，这是一个不科学不合理的评估体系。笔者在担任教育部本科院校教学工作合格评估专家评估民办院校时，深切体会到民办院校参与评估的难度。随着民办院校的发展，制定适应民办院校质量保障系统的评估方案势在必行。

三　民办院校人才培养的机制创新

民办院校作为一种新体制的产物，在人才培养方面必然带有自身的特色，这个特色连同民办院校的办学体制在内，是民办院校的核心竞争力所在，也是民办院校发展的价值所在。因此，一方面，在政策上要坚持规范办学，标准规格，保证质量；另一方面，也要发挥优势、鼓励多样、积极探索，大胆创新。

1. 引导民办院校正确定位

高等学校定位，是指高校自身立足于高等教育发展的形势，经过纵、横向分析和比较，清醒地认识自己的发展条件、发展优势和发展特色，根据经济发展和社会进步的需要，根据学生的需求和学校自身的条件，按照扬长避短的原则，准确选择发展方向、工作重点、发展目标及任务而进行的带有前瞻性战略思考和发展规划的一系列活动。在新的形势下，民办院校的发展面临许多新问题，需要办学者正确定位，采取适合自身的发展战略，谋求可持续发展。民办院校的办学定位，主要是"办一所什么样的学校"的定位，虽然这一定位包含许多内涵，如营利还是非营利、本科还是高职、普及性还是精英（特色）化等等。鉴于学校办学的实际需要，大部分民办院校的办学定位还是在办学的层级和特色上体现较多。总体来看当下民办院校定位偏高，如"一流民办院校""民办院校领导者"提法偏多，甚至有的民办院校提出举办"东方哈佛""民办清华"等不切实际的模糊定位，往往导致学校发展目标不清晰。目前，在民办院校内部管理上普遍存在着两大问题：一是缺乏先进的办学理念和教育思想，照搬公办高校的比较盛行；二是缺乏充足的资金投入，办学条件还有待于改善。这两大问题影响着办学的人才培养规格定位和特色定位。另外，学校定位也是办学特色的标志性表达，是学校办学理念的重要体现，但是也没有引起民办院校领导的重视。这一点，我国台湾地区的私立大学做得较好，几乎所有的院校都有自身理念和定位的特色表达，引导学校的健康发展。目前，浙江树人大学提出建设"教学服务型大学"的办学定位，并从理论研究和实践探索中逐渐形成制度框架，成为学校办学定位的特色表达，得到社会的认可和肯定。

要做到正确定位，首先，民办院校应该提高学校定位的认识。举办者和办学者是民办院校发展大计的制定者，应该高度认识学校定位工作，在比较自身优势的基础上，确定学校发展的发展方向。其次，应该以定位为指向，制定好学校发展规划。再次，要注重定位的贯彻和落实。正确定位，狠抓落实，咬定青山不放松，一张蓝图绘到底，是许多民办院校成功经验的精髓。最后，要高度重视特色的建设。定位是一个过程，既不是学校与生俱来的，也不是一成不变的，是一个摸索、调整、发展、成形和完善的过程，是特色凸显和调整、巩固的过程。

民办院校的定位不仅仅是民办院校自身的事情，政府的作用也非常重要。一是政府应该重视民办院校的发展，应当将民办教育事业纳入国民经济和社会发展规划。高教发展规划要体现公办、民办高教事业的协调发展。二是政府掌握的信息应该进一步透明化，以便为民办院校的正确定位提供参考和依据，一些大的决策出台应该广泛听取民办院校实践者的意见。三是政府应该加强民办院校定位的指导，结合政府发展政策和地区高等教育的发展规划，指导民办院校做出选择，避免重复建设和发展。四是在政策导向上引导民办院校的发展定位。许多代表呼吁政府有关部门能够转变观念，带头贯彻"不管什么类型的学校都可以办成一流高校"的指导思想，当前特别是要按照分类管理的指导原则，区别不同类型的高校制定好分类评估的指标体系，引导和鼓励民办院校正确定位，立足定位，持之以恒，坚定办学信心，促进健康发展。

2. 引导民办院校立足应用

这里说的是在人才培养的类型定位上，民办院校要立足于培养应用型的人才。"应用型本科人才"是相对于学术型（理论型）本科人才而言的，是一种人才类型。应用型人才是指能将专业知识和所具备的能力应用于所从事的社会实践，主要从事生产、技术和管理一线的专业人才，它与学术型（理论型）本科人才在知识、能力与素质结构上具有很大的差异性。

应用型人才具有自身独特的特点。首先，在知识结构上，应用型人才不过分强调学科的完整性和系统性，而更注重专业素质、应用能力的培养，将以学科为导向的学术逻辑体系转变为以专业为导向的技术逻辑体系，学科要服务于专业，专业理论以适用为度，强调服务生产一线、管理生产一线的能力。既要提高学生的职业适应性，尽快适应岗位需求，也要为学生未来的发展奠定坚实的基础。其次，在能力培养上，不仅要强调实践操作能力，也要注重创新能力的培养；不仅要注重专业能力，也要注重沟通、协调等综合能力培养；不仅要强调就业能力，还要强调创业能力培养。只有这样，才能适应经济社会多元化、多样性的要求。最后，在素质结构上，应用型人才更强调职业素养。这里的职业素养，不仅仅是指职业技能，还包括责任心、道德感、心理素质、意志品质、身体条件等。总之，应用型人才主要是掌握和应用知识，而非科学发现和创造新知，培养应用型人才重在使之拥有丰富的职业技能，拥有合理的知识、能力结构，拥有终身学习、不断提高的潜力[①]。

高等教育大众化、多样化背景下，应用型人才培养具有必然性。从高校分类分工来看，庞大的高教体系本身需要多样化职能分配。不能千校一面，以满足社会多样化的需求；从生源来看，多层次的生源必然需要多样化的培养。相对较弱的文化基础使得学生学习传统的学术理论有一定的难度，但是在学习应用技术方面则可能更有兴趣和潜力；社会对于人才的需求不完全是学术型的，而应用型人才的需求量大面广，有利于民办院校毕业生的就业；民办本科院校前身往往是偏重于实践教学的高职学院，比较重视学生实际动手能力的培养，具有比较丰富的实践教育资源和应用型人才培养经验，民办院校过去的实践教学资源和传统恰恰能在应用型人才培养上体现出优势，提高质量的重要突破口就是加强实践教学；发展应用型教育是高等教育发达国家和地区在知识经济社会和高等教育大众化背景下的共同选择和普遍趋势。经过几年时间的努力"转型"，民办院校培养应用型人才的目标已经得到明确。

应用型人才的培养相对于传统的学术型人才培养，是一种新型的大学培养体系，并且在办学条件、办学理念、办学模式和队伍建设等方面需要做出重大的改变。在这个过程中，政府责无旁贷，政策十分重要。

首先，要倡导培养应用型人才的理念。政府应宣传和倡导应用型人才培养的必要性和重要意义，明晰应用型人才培养的理念、内涵和培养标准，为民办院校培养应用型人才提供科学的理论指导。要在全社会营造应用型人才培养的良好环境，树立"不以层次论英雄，不以类型论英雄，各级各类学校都是社会发展的需要，都可能成为高水平大学"的新风尚，鼓励民办院校发挥自身优势，勇于转型发展，立足办学条件，安心培养人才。

---

① 刘耘：《务实致用：对地方大学应用型人才培养模式的探索》，《中国高教研究》2006年第5期。

　　应用型本科教育更是一种人本主义教育理念，它关注的是为"人类未来职业生涯做准备"的教育，是实用主义教育理念在现实中的弘扬和发展，因而其培养目标不是传统的学科和学术本位的，而是对接现实，以满足社会需求为导向的，是理论与实践相结合、生产与劳动相结合、学校与企业相结合的教育，它更加强尊重学生的个性选择，强调学生的自主学习能力和岗位适应性，强调具备胜任某种职业岗位的技能，强调能够解决生产实际中的具体技术问题，而且具有技术创新和技术二次开发的就业竞争能力，具备更高的适应社会多种岗位的综合素质，即生活和生存力，培养的是现代技术的应用者、实施者和实现者。在深刻理解应用型人才内涵的基础上，进一步明确办学三原则，即以适应经济建设的需求作为最高办学准则；以社会评价作为衡量办学水平高低、人才质量优劣的最终标准；以服务经济、贡献社会作为学院自身发展的根本动力。

　　应用型人才是与理论型人才相比较而言的人才类型。应用型人才培养的规格定位应当是培养面向生产、管理、教育、服务一线的应用型技术人才，以技术应用能力的培养为主导，坚持学用结合、学做结合、学创结合。在知识方面，要求具有一定广度和深度的理论知识和应用知识。在能力方面，不仅要有较强的应用实践能力，还要有较强的创新能力。学生作为学校生产出的产品，学到的知识和能力不仅能够实用而且还要有发展后劲。教育部《关于进一步深化本科教学改革全面提高教学质量的若干意见》中指出："高度重视实践环节，提高学生实践能力。要大力加强实验、实习、实践和毕业设计（论文）等实践教学环节，特别要加强专业实习和毕业实习等重要环节。"实践教学是大学生素质养成、能力培养的重要路径，是应用型人才培养的重要路径。近年来一些本科院校沿袭传统本科人才教育模式培养出来的学生绝大多数不具备创新人才的基本素质，特别是实践应用能力、解决问题的能力、独立从事开创性工作能力较差，很难适应知识经济时代的需要。但是如何通过实践环节的教学，提高学生分析问题和解决问题的能力，提高学生综合素质，这是值得探讨的问题。

　　其次，政府应抓实民办院校应用型人才培养的模式，关注和落实民办院校应用型人才培养的各个环节，为社会培养优秀的应用型人才。

　　教育部在《关于深化教学改革，培养适应 21 世纪需要的高质量人才的意见》（教高〔1998〕2 号）中对"人才培养模式"的内涵是这样描述的："人才培养模式是学校为学生构建的知识、能力、素质结构，以及实现这种结构的方式，它从根本上规定了人才特征并集中地体现了教育思想和教育观念。"魏所康在《培养模式论》一书中，对人才培养模式给出了这样的解释和说明："人才培养模式是指人才培养活动的实践规范和基本样式，是对培养目标、培养过程、培养途径、培养方法等要素的结合概括。"①

因此可以认为，人才培养模式是指在一定的教育理论、教育思想指导下，按照特定的培养目标和人才规格，以相对稳定的教学内容和课程体系、管理制度和评估方式，实施人才教育的过程的总和。

应用型本科人才培养模式要充分体现应用型本科人才培养的特征。它是在应用型本科教育理念指导下的一个系统工程。包括应用型本科教育的理论基础、教育理念、办学指导思想、人才培养目标和规格及实现的教育过程。涵盖了以教学内容和课程体系为核心的人才培养内容；以科学的教学管理、质量监控体系为主体的人才培养制度；所采用的教学方式、方法等的人才培养手段以及自身评价和社会反馈的人才培养评价等。应用型本科教育人才培养模式明确了应用型本科人才培养目标、培养规格和基本培养方式；回答了在应用型本科专业建设中，培养目标与市场需求、学科与应用、学校与企业等涉及教育教学的若干重大基本关系问题；形成了在应用型本科人才培养模式指导下，设计人才培养方案和课程体系的方法；指导了课程与教学设计以及人才培养的教学过程等应用型本科教育和教学改革的实践。②

政府应引导民办院校更新教育教学理念，确立"应用"主导的培养目标；坚持以社会需求为导向，进一步优化专业结构；围绕专业能力培养，科学调整课程体系和教学内容；构建实践教学体系，加大实践教学改革；根据培养目标需要，推进教学方法改革；发挥产学研合作育人功能，培养学生综合应用能力。应用型本科人才培养模式涉及教学的各个环节，其设计的科学与否直接影响着人才培养的质量。民办院校应该根据自己的实际，在内涵和外延上有所创新，构建适合自己发展的应用型人才培养模式，办出自己的特色，提高自身的教育教学质量，为地方经济社会发展做

①　魏所康：《培养模式论》，东南大学出版社 2004 年版，第 22 页。
②　王青林：《关于创新应用型本科人才培养模式的若干思考》，《中国大学教学》2013 年第6 期。

出贡献。

再次，政府要制定相关具体政策，为勇于加快转型，培养应用型人才的民办院校提供优惠条件，帮助民办院校克服应用型人才培养的具体困难，如条件建设、设施购置、师资培训、企业合作、社会实践等，这些问题仅仅依靠学校单方面的努力是难以解决好的。尤其是实践条件建设和校企合作开展方面，民办院校应用型人才培养可能遇到更多的困难和问题，需要政府帮助协调联络、提供优惠鼓励措施。政府还可以以购买服务的形式，为一些经济社会发展急需的应用型人才培养提供经费和条件支持，以满足社会的急切需求，同时也能够提升人才培养的质量，营造特色人才培养的政策环境。

3. 鼓励民办院校深化培养模式改革

随着大众化的不断深入，民办院校人才培养模式改革显得必需和急迫。传统的培养模式既不符合学生的要求，也与应用型人才培养的目标相悖。但是改革需要承担风险，因此许多民办院校对人才培养模式改革不感兴趣。

应用型人才需要创新人才培养模式。政府应该出台政策加以引导和鼓励，在专业设置、培养方案、课程改革、队伍建设和条件建设等方面，给予大力支持。首先，政府应该明确导向，鼓励民办院校坚定地将应用型人才作为自己的培养目标，克服"虚、假、泛"应用，放下架子，转变观念，把主要精力和工作重点，转变到应用型人才培养上来。其次，政府要出台政策，帮助民办院校完善应用型人才培养的机制和条件。应用型人才培养，某种程度上说是一种崭新的培养模式，需要特殊的培养机制和路径。校企融合是应用型人才培养的有效路径，但是仅凭民办院校本身并不一定能够搭建起校企合作的平台，需要政府做"老娘舅"，协调相关关系和矛盾。必要时可以建立联席会议制度，建立制度化的民办院校应用型人才培养协调机制，以使学校应用型人才培养的各项举措顺利开展，落到实处。最后，采取特殊政策鼓励民办院校培养应用型人才。除了一些一般性的政策支持外，对于民办院校，政府还有许多政策工具可供选择，如设置民办院校应用型人才培养专项，开展民办院校与企事业单位之间的合作培养，用政府购买服务的方式支持民办院校培养特殊需要的人才等，能够起到稳定培养的作用，并能解决特殊需求人才的培养来源。

当前，国家正在大力提倡和鼓励本科院校深化校企合作，加快产学融合。这对民办院校人才培养模式改革是一个极好的机遇。应用型人才培养，绝不可能关门办学，闭门造车。一方面，大学始终是大学，具有自身的育人规律和办学规范，教学内容不可能全部是"面向应用"的；另一方面，大学的师资，无论如何都难以满足"应用"发展的需要，难以时时刻刻跟踪"应用"的前沿。如何提高应用能力培养的效率和精准度，如何保持民办院校应用型人才培养的持续性，需要企业行业的广泛、深度参与。而民办院校面向市场的办学机制，与企、事业单位具有广泛的联系，则具有产教融合的天然优势。要把这种体制机制优势转变为办学优势，需要民办院校进一步改革培养模式，推进产教深度融合，建立和健全企业、行业深度参与的工作机制，推进协同培养和共同治理，从而将应用性与企业的需求密切结合，提高应用型人才培养的适切度和精准性。

4. 支持民办院校办出特色

评估是促进民办院校办学质量提高的重要路径和抓手。政府要制定好科学的应用型人才培养和应用型院校的评价标准和方案，树立典型，以点带面，推动应用型人才培养质量提升和民办院校应用型人才培养能力提升，支持民办院校办出特色。

评估是一个比较有效和普遍使用的质量保证制度，是大学发展的重要指挥棒，对于大学的发展具有重要的导向作用。在我国传统的高等教育学制中，本科层次只有单一的学术性、理论性本科而缺乏应用性、职业性本科。大学往往是定位于一元化的学术定位，只有层次区分而缺少类型之别。因此，在评估过程中难免落入"一把尺子量遍所有高校"的情况。而目前我国本科教学评估以学科内在的学术逻辑为导向，更是忽略了应用型本科院校的应用取向。应用型人才培养难以评价，培养应用型人才得不到鼓励，院校培养应用型人才积极性不高，应用型院校资源配置稀少，使应用型本科院校的质量得不到良性的发展。

鉴于公、民办院校之间的差异性，应该制定不同的评估标准。由于民办高等教育起步较晚，没有形成一套完整、成熟的民办高等教育评估体系，于是公办院校的设置标准和评估制度就成为评估民办院校的现成标准。殊不知，民办院校的发展历史、发展环境都远远逊于公办院校，用公办院校的标准衡量民办院校的办学水平和质量，至少在现阶段对民办院校是不公平的。民办院校在办学理念、培养目标、教育对象、课程设置、教学方式方法、管理模式等方面都与公办院校存在很大区别。民办院校的评价标准的制定不仅要考虑高等教育的共性，也应该考虑民办院校的特殊性及我国民办高等教育发展的实际状况。尤其是要注意保护民办院校发展中有特色、有创新的举措，杜绝由于评估而损伤和扼杀民办院校办学特色，鼓励民办院校在保证质量的基础上大胆推进人才培养模式改革，满足社会多样化、个性化的需求。

当然，应用型本科人才培养的目标与过程决定了其评价指标不同于传统的学术性、研究性人才，不能仅仅考查学生对知识掌握的情况，而应该更加注重对能力的考核。如果说对知识掌握情况的考核往往以试卷、实验、论文、毕业设计等来考核，那么对专业能力的考核就应该是多种形式、多种渠道的了。要重视学生实践能力的综合评价，重视过程管理和评价，建立开放的、灵活的、个性化的评价方式，甚至可以参考和引进企业、社会评价指标。比如，学生实习期间的评价主要由所在企业技术人员或指导人员评价学生对技能掌握的情况和独立分析、解决实际问题的能力。一套良好的评价体系具有重要的激励作用，要以评价为助推器，推动应用型本科人才培养教学改革。要变革用试卷考核的单一知识性评价方式，采取多元化过程性综合能力评价方法，更加关注学生能力的培养和素质的提高；要改变对教师教学效果的评价标准，将学生学习能力提高作为评价教师的主要内容，重在激励与发展；要改革实践教学的评价机制，建立多元实践教学考核评价体系。

而对于培养应用型人才院校的评估，也与以往传统的评估指向、价值、内容和指标体系以及评价标准形成巨大区别。目前全国尚没有一个"应用型院校评价标准"正式出台。从当前和今后的发展实践来看，加快制定"应用型院校评价标准"迫在眉睫，政策滞后可能阻碍应用型院校的进一步发展，也可能给应用型人才培养带来新的矛盾和问题。

第三节　民办院校教师队伍建设政策创新

一　民办院校教师队伍建设的重要性

教师是大学教学的主体，是大学最重要的办学条件。邓小平同志曾经指出，"一个学校能不能为社会主义建设培养合格人才，培养德智体全面发展、有社会主义觉悟的有文化的劳动者，关键在教师"。百年大计，教育为本；教育大计，教师为本。优先发展教育，首先必须优先做好教师工作。未来民办院校能不能办好，能不能承担国家高等教育的重任，关键在教师队伍。因此，社会对民办院校最担心的就是教师队伍，而民办院校研究界历来都将民办院校教师队伍的建设置于重要地位，并就如何加强教师队伍建设提出了许多建设性的意见。

由于民办院校起步迟，又是社会投资，不可能像公办学校一样，一开始就建立完备的专职教师队伍。因此，就绝大多数民办院校来说，都普遍采用了从社会上聘请教师的办法，而主要对象是公办院校的退休教师。随着学校的发展，规模的扩大和专业增多，教师需求增加，退休教师慢慢不够，也聘用一部分公办学校在职空闲教师参与民办院校的教学工作。后来，一些在读的硕士研究生、博士研究生也出现在民办院校的讲台上。综观当时整个民办院校教师队伍的构成，公办高校的退休教师、兼职教师和在读或待分配研究生，是民办院校早期教师队伍的主要成分。其中，退休教师是这支队伍的主体。据笔者了解，退休教师大致占到民办院校教师总数的75%以上，一些办在大城市的民办院校甚至超过90%。

民办院校初期教师队伍建设主要走"借用"社会力量之路，有其深刻的历史原因。民办院校的开办，首先是补充高教资源不足的需要。经济建设需要高校培养更多的高级人才，人民群众渴望接受更高的教育，大批高校退休教师热切希望继续为培养人才做贡献，一些有远见的教育事业热心人士有意投资高等教育，使得民办院校应运而生。民办院校本身是运用新的机制利用社会资源办学的产物。在民办院校创办初期，由于长期以来在计划经济环境下形成的对民办、民营的片面认识，人们不太愿意到民办院校专职任教；人事制度改革的滞后阻碍着民办院校专职教师队伍的建立；早期民办院校规模较小，教师需求量不大，用公办院校退休或在职教师能适应学校快速起步的需求，并能节省办学经费和管理成本；生源与公办院校差异不大，教学没有太大的矛盾；社会上确实存在大批退休教师和闲置师资，尤其是在一些高教资源较为丰富的大城市，因此使得民办院校聘请教师多有便利。大批公办院校教师涌入民办院校，给民办院校的发展起步带来了信誉和条件。

民办院校发展初期社会高等教育的主要矛盾是资源不足供求失调的矛盾。在上学机会极其稀缺的状况下，学生只要跨过高考这个"独木桥"就十二万分满足，办学条件差一些，加上收费又不高，不太会引起学生及家长的计较，当时"三无"（无校舍、无经费、无教师）的民办院校为数不少。民办院校最紧缺最难解决的教师队伍，是以运行新机制、充分利用社会"闲置"的退休教师来解决的。大批公办院校退休教师的加入，解决了民办院校的师资矛盾，也保证了民办院校办学初期的办学质量，对起步中的民办高等教育是一个巨大的支持，满足了发展高等教育的需要，增强了民办院校的社会信赖度，同时也是办学体制上的大胆创新。这些教师具有丰富的教学经验和兢兢业业、乐于奉献的崇高师德，为新时期高教事业的发展做出了贡献，他们也是改革开放以来民办高教事业的奠基人，在民办高教的发展史上功不可没，书写了光辉的篇章。

但是，随着大众化和高校扩招的实施，民办院校教师队伍建设的任务急迫地被提到学校基本建设上来。

第一，社会外聘教师的数量大幅减少，难以满足规模扩大的教学需要。一方面，公办院校扩招以后，本身教师队伍出现了空缺不够的情况，尤其是一些公办院校举办独立学院以后，师资队伍瞬间出现了紧张局面，许多学校甚至推迟了教师退休时间和返聘退休教师的状况，使得社会上能够聘请的教师大幅减少。民办院校聘请教师出现了越来越困难的趋势。另一方面，民办院校如雨后春笋般快速发展，师资大都依赖于外聘，加剧了社会聘请教师的难度。需求和供应双方出现了巨大的反差。民办院校规模日益扩大，教师日益难聘，在职教师不用说，就是退休教师资源也不富裕，质量高的教师更难聘。

第二，大众化的不断深入对建设职业化的民办院校教师队伍也提出了要求。前已分析，在民办院校创建的"初级阶段"，由于当时高教资源的匮乏，民办院校与公办院校生源的文化基础相差不是很远，而由于民办院校管理上的严谨和学生迫切的求学心理，使得民办院校学生的学业状况与一般公办院校比较接近，学风上更具特色，公办院校的退休教师对民办院校学生的学习总体上也感到满意，教学困难不大，总体上是适应的。几乎所有的民办院校都曾经将此作为向社会表明本校教育质量不低的佐证，一些民办院校的培养质量确实不错，毕业生也确实受到社会的欢迎。然而，随着大众化的积极推进，情况发生了很大的变化。由于各方面的原因，就生源的文化基础而言，民办院校与公办院校之间差距总体呈现越来越拉大的趋势。教学的对象变化了，公办院校的退休教师原有用于公办院校的教学方案失灵了，原来在教学方面所积累的"经验"不够用了，有的教师知识结构也显老化，观念上也慢慢呈现出与现实脱节的状况。甚至有的教师对民办院校的学生表现出不满意的情绪。如何研究学生，适应学生，因材施教，成为这些教师头疼的问题。经常可以听到教师反映学生"学风太差""素质太低"的牢骚话，一些在民办院校兼职的公办学校教师也经常抱怨学生基础太差，"不好教""教不了"，同时也不屑花费精力去研究学生，研究教学。而学生也反映教师上课进度太快，听不懂，"教学水平低下"等。由于"教"与"学"互不配套，难配合，甚至产生厌教、厌学情绪，教学效果每况愈下，考试合格率持续下滑，提高教育质量难度很大，学校领导伤透脑筋。成为民办院校领导最棘手的问题之一。事实说明，民办院校如果没有专职教师队伍，没有对民办院校教学对象、教学环境、教学规律透彻的了解、研究和把握，要办出质量办出特色是十分困难的。

第三，没有专职教师队伍，学科科研难起步，专业建设难以落实，课程教学规范建立不起来，教学质量难以提高。而由于高等教育的发展，高等教育逐步由卖方市场逐步向买方市场转变，人民群众不仅要求接受更高的教育，同时也期望接受更优质更具特色的教育。国家倡导全面提高高等教育质量，办人民满意的高等教育。这就要求民办院校树立新的人才观，质量观，办出质量，办出特色。现在，大多数民办院校的主要收入是学生的学费，与民办院校举办初期相比，学生的学费已属较高水平。在整个社会特别是广大农村并不富裕的条件下，培养一个民办院校的学生，家庭将花费相当大的投入，而就业是家长的全部希望所在。民办院校只有深化改革，办出特色，培养出高质量有特色的毕业生，才能在市场中站稳脚跟，赢得社会的承认。有为才能有位，有为必须人为，所有这一切，光靠一支外聘的教师队伍是难以达到这一要求的，关键的关键是要拥有一支高素质高质量有特色的专职教师队伍。

第四，建立自身专职的教师队伍，是民办院校搞好管理，提高管理水平和管理效益的需要。很多民办院校的质量提不高，效益上不去，很大程度上与教师队伍的建设有关。由于大量教师主要靠外聘，有时出现了叫不应、管理到不了位的实际情况，教学秩序受到冲击，教学的不稳定因素太多，常规教学的考核困难很多，教学管理难度很大。教学改革就更难寄予希望，民办院校也不可能获得较快发展。事实使民办院校领导认识到，把基本的教师队伍建立在没有调配主动权的基础上，要保证教学秩序，提高教育教学质量，实际上也是不行的，民办院校的办学实践推动了师资队伍的建设。浙江树人大学自 1984 年创建后，任课教师主要从社会聘用，1997 年以前专业数一直增长缓慢，在校生 1000 人左右。近几年来，逐步引进专职教师，加快专职教师队伍建设，专业数也逐年增加到目前 44 余个，专业面覆盖文、理、工、经济、管理及艺术等学科，各种层次的在校生 16000 余人，在国内民办院校中的影响进一步扩大。这也充分说明专职教师队伍对于学校发展的重要意义。

第五，人们观念的改变，人事制度的改革，政策环境的宽松，使民办院校建立专职的教师队伍成为可能。在民办院校发展初期，由于人们的偏见，愿意到民办院校工作的人不多。政策环境也不宽松，民办院校总不能跟公有制单位"抢"人才吧，在评定职称等待遇方面也没有明显的政策可依。经过多年的运作，民办院校为社会所接受，人们的观念也发生了变化，越来越多的人愿意到民办院校从事教学工作，一些民办院校还以较优厚的待遇，引进人才，对社会人才有一定的吸引力。政府因势利导，在人才流动、档案管理、职称评定、货币化分房、医疗与养老制度改革等方面，出台了许多相应的政策，尽力减少民办院校教师与公办学校教师之间的差距，为民办院校专职教师队伍的建设提供了必要的政策支持。2000年国家又出台了教师资格制度，进一步拓宽教师选拔渠道，随着制度的实施，教师的身份逐步向"社会人"转变。而近年来由于多方面的原因，民办院校正在成为就业的新的热点。民办院校建立自身教师队伍的条件已经基本成熟。

高等教育的根本任务是人才培养，而教师始终是人才培养和教学质量保障体系中的核心要素。只有高水平的师资队伍，才能培养出高素质的人才，即大学因有"大师"而谓之大。高水平的师资队伍建设无疑是培养高素质创新人才的第一要素，是提高教师素质和教育教学水平的重要内容。2007 年年初，教育部、财政部联合发布《关于实施高等学校本科教学质量与教学改革工程的意见》，强调了加强"高校教学团队与高水平教师队伍建设"。随后，教育部下发的《关于进一步深化本科教学改革，全面提高教学质量的若干意见》，再次明确提出"建设高校教学团队，培养可持续发展的教学队伍"的要求。2010 年，《国家中长期教育改革与发展规划纲要（2010—2020 年）》中也明确指出要"加强教师队伍建设""建设高素质教师队伍"。可见，高水平的师资队伍建设已成为当前高校提高教师素质和教育教学水平的重要内容。因此，如何建设一支数量足够、素质优良、结构合理、富有创新精神和竞争活力的高水平教师队伍，促进学校教育事业的健康持续发展，是民办院校面临的重要课题。

从 2001 年以来，尤其是《民办教育促进法》颁布实施以来，学校之间的竞争日趋激烈，教师队伍建设引起民办院校领导的关注，相当一部分民办院校开始构建自身的专任教师队伍。一部分民办本科院校开始引进高层次人才，在师资队伍建设方面逐步开始由原来重视量的扩张转变为重视质的提高，逐步重视专职教师队伍建设。据统计，浙江树人大学、宁波大红鹰学院和越秀外国语学院的博士教师都已超过百人，教授达到新建本科院校的平均标准。学校办学也因此上了一个新台阶，学校声誉好，考生报考多，教学质量高，办学进入一个良性循环。

二　民办院校教师队伍建设的主要问题

民办院校开展专任教师队伍建设，既有传统意识的影响，有体制带来的矛盾，也有自身发展中的问题。

第一，总体数量不足。从调研的情况看，大部分民办院校专任教师数量不足。在新建民办本科院校中，相当一部分民办院校自有教师不足50%。自有教师加上合同教师难以达到 1：18 的基本指标。笔者作为教育部本科院校教学工作合格评估专家，曾参加多所新建本科院校的教学评估，"专任教师"条目只有很少的民办院校能顺利通过，也验证了这一结论。兼职教师存在着稳定性差，与学生沟通差，教师之间也缺乏沟通等弱点。由于专任教师队伍不足，在教学中过度依赖兼职教师，将会严重影响教学秩序和教学质量，不利于学校整体办学水平的提高和办学特色的形成。

关于民办院校教师队伍不足，有一个数据可以说明。根据教育部发布的全国教育事业发展统计公报，2016 年全国普通高校师生比为 17.07：1，其中，本科学校 16.78：1，高职（专科）学校 17.73：1。同期民办院校的师生比在 1：20 以上，明显低于同类公办院校。

第二，教师队伍的结构不合理。从年龄方面看，两端大、中间小的断层结构，又称"哑铃"结构，35 岁以下新参加工作的青年教师和 60 岁以上公办院校的老年退休教师居多，而 35—55 岁之间的有丰富教学经验和学术专长的中年教师人数很少，有些学校甚至没有，老龄化、年轻化现象极为严重。这种断层、青黄不接的师资队伍在知识和教学方式上都不太能适应当代学生的需求。老年教师在观念、知识更新及教学能力方面不适应现代教育工作的需要；年青教师又大多数从学校走出来的毕业生，在教学经验及知识点的掌握上尚有一定的距离（见表 8-6）。

表 8-6　　　　　　全国民办院校教师队伍年龄结构　　　　　　单位：人

年份	30 岁以下	30—40 岁	41—50 岁	51—60 岁	60 岁以上
1998	326	325	177	249	292
2001	3721	2688	1854	1869	1862
2004	6763	7624	5421	4076	2164

资料来源：根据相关年份《中国教育统计年鉴》整理。

从学历方面看，学位学历层次偏低，高学历教师偏少，很多民办院校具有硕士以上学历的教师不及 30%，并且还有相当一部分本专科毕业留校的学生，这些人员工作积极性高，但是知识起点低，基础弱，不少学校招的教师都是刚毕业的本科生，难以成为专业和学科的骨干。学缘结构也不合理，一些民办高校吸纳较多本校毕业或同一所高校毕业生，"近亲繁殖"现象普遍，不利于年轻教师的成长，也不利于学校的学科和专业发展。近几年来，许多民办院校开始建设专任教师队伍，教师的学历结构逐步由原来的本科为主，转变为以研究生学历为主，但是高学历教师所占比例仍然不高，尤其是具有博士及以上学历的教师所占比例更少。据教育部有关统计，2015 年全国民办院校教师博士学位教师仅占 7.9%，大大低于全国平均水平。教师学历整体水平不高，高层次人才缺乏，教学质量难以提高（见表 8-7）。

表 8-7　　　　　　全国民办院校教师队伍学历结构　　　　　　单位：人

年份	合计	博士	硕士	学士	专科及以下
1998	1369	21	195	734	419
2001	12172	267	1317	7895	2693
2004	26048	969	3643	17194	4242

资料来源：根据相关年份《中国教育统计年鉴》整理。

从专业技术职称来看，职称结构也不合理。民办院校教师职称层次不高，除退休老教师外，民办学校很难培养出高职称人才。具有副

高以上职称的教师所占比例小，达不到教育部规定的关于本科教学水
平合格评估的标准，具有中级职称教师的比例和具有初级职称的比例
相当，学校教师队伍的整体职称结构不够合理，这将在一定程度上影
响到学校教师的整体质量，也势必会影响学校的整体发展（见
表8-8）。

表8-8　　　　　　　　全国民办院校教师队伍职称结构　　　　　　单位：人

年份	教师数	正高	副高	中级	初级	无职称
1998	1369	261	481	417	249	61
2001	12172	1898	3186	3264	2661	1163
2004	26048	3688	7001	8281	4254	2824

资料来源：根据相关年份《中国教育统计年鉴》整理。

　　第三，队伍流动性大，职业稳定性差。民办院校没有在人们固有思维
中代表所属和稳定的编制，教师的归属感、认同感不强；学校对教师的职
业生涯发展提供平台不足，年轻教师成长进程缓慢；薪酬体系不健全，教
师待遇低，工作压力过大，收入不稳定，退休以后与公办院校教师待遇更
是相差一大截，教师的工作积极性和主人翁精神大打折扣；由于社会保障
以及缺乏职业培训等多方面的因素，加上待遇不落实不稳定，很多年轻教
师工作不安心，条件成熟，就考取公办院校的编制，或考公务员，或调到
待遇更高的其他公办高校。据笔者了解，民办院校普遍存在教师队伍流动
性大的不稳定现象，有的学校年流动教师超过20%，成为名副其实的
"公办院校教师历练的地方"，教师流失现象严重。师资队伍流动性大，
部分就职的教师对学校缺乏归属感，他们常常会把在民办学校就职与在公
司就职一样看待，所以在教学任务尚未完成的情况下，跳槽走人的现象也
是常有发生，而现有的劳动纠纷处理基本上都是教师胜算，频繁的更换教
师成为司空见惯的现象，在一定程度上影响了教学效果与质量。

　　稳定的师资队伍是提高人才培养的关键保障因素。民办院校教师流失
严重，对于组建教学和科研团队，提升整体的教学和科研水平相当不利，
严重影响教学质量的提高。

　　第四，科研意识薄弱，科研能力不强。胡锦涛总书记在庆祝清华大学
建校100周年大会讲话中指出，人才培养、科学研究、社会服务、文化传
承与创新是大学的四大基本功能。全面提高高等教育质量，必须大力增强

科学研究能力。民办本科院校多数定位在培养应用型的创新人才，这是学校的人才培养定位，那么作为应用型院校，科研也要为人才培养服务。没有具有创新意识的老师，就不可能教出有创新能力的学生。民办院校的老师，由于多方面原因，存在着科研意识薄弱，科研能力不强的现象。首先民办院校的教师课时量比较大，平均达到了周课时量 12 节，有些教师甚至达到了 16 节、18 节，或者由于当时该校缺乏某些课程的教师，让教师跨学科、跨领域的进行教学工作，繁重的课时使得很多老师无暇顾及科研；其次，在科研项目的申报过程中，民办院校和公办院校相比，也处于劣势地位，在科研项目经费的资助问题上，民办院校的资助项目所占比例甚小，在难度上，民办院校入围一部分重点项目的可能性相比公办院校而言难度更大。另外，很多民办院校本身对教师科研水平要求较低，许多民办院校领导片面认为，应用型院校不需要教师科研，教师搞科研得不到鼓励和支持，这在一定程度上也制约着民办院校教师科研主动性和积极性的发挥，长此以往，造成了他们科研意识薄弱，科研能力不强的局面。

第五，民办院校教师继续教育及培训较少。一方面，由于民办院校师资短缺，教师工作量大，教师在职培训机会少；另一方面是经费问题。许多民办院校教师培训经费没有纳入预算，教师个人又难以承担培训费用，经费不落实，培训难成行；还有就是年轻专职教师一般工作量大，需要比较多的时间备课，又面临沉重的生活压力，大多没有时间或不愿意继续深造。与此相反，大多公办院校鼓励教师参加在职培训，教师不仅可以报销部分或全部学费，还可得到晋升机会。如果民办院校教师在职培训问题得不到解决，民办院校与公办院校在教育质量上的差距势必会扩大，终将损害民办院校的利益，制约民办院校的可持续发展。

三　创新民办院校教师队伍建设的政策

民办院校教师队伍建设，是民办院校实施可持续发展的关键。针对民办院校师资队伍建设中存在的种种问题，学校必须从实际出发，制订科学合理的规划，促进师资队伍建设的良性发展，保障教育教学质量的进一步提高；政府也应制定公平合理的政策，大胆进行政策机制创新，大力支持和鼓励民办院校加强教师队伍建设，不断增强办学实力，提升民办院校办学质量和水平，促进民办院校的可持续发展。

（一）建立民办院校教师队伍建设的政策

政策是民办院校教师队伍建设的重要导向，也是不可缺失的制度保障。从民办院校的办学实践来看，当前民办院校教师队伍建设政策，大致上有以下几个方面。

1. 提高对民办院校教师队伍建设重要性的认识。民办院校是新生的事物，在许多政策方面有待于制度创新。民办院校与公办院校一样，都是为国家、为社会主义事业培养可靠的接班人和合格的建设者。现在，民办普通院校在校生大致占到全国普通高校在校生的23%左右，全国每年有160余万考生进入民办院校学习，还有大批的学生在机构培训或自学考试，他们学习如何、如何学习、学习的质量如何，关乎国家未来，牵涉千家万户，直接影响到社会和谐和稳定。因此，办好民办院校，同样也是政府的重要职责。对于民办院校教师队伍建设，也绝不仅仅是民办院校自身的事情，政府也有大量的工作需要做、可做。政府相关部门应该转变观念，提高对民办院校及教师队伍建设重要意义的认识，提高服务民办院校及教师队伍建设的自觉性和主动性，把引导和督促民办院校加强教师队伍建设作为民办院校发展政策的重要内容，创设民办院校发展和教师队伍建设的良好环境。

2. 制定民办院校教师的相关具体政策。对于民办院校教师队伍建设，一直以来得到政府的关注和支持。《民办教育促进法》第二十八条从法律上确认："民办学校的教师、受教育者与公办学校的教师、受教育者具有同等的法律地位。"这就从法律上确定了民办学校教师这个群体的法律特性。现在的问题是，这个法律条款似乎太过原则，以至于在实际工作中成为一句"客套话"。事实说明，光凭一句法律条文，并不能解决民办院校教师队伍建设的实际问题，需要政府部门制定配套政策，细化法律条款，具体落实法律。在2016年11月7日全国人大常委会通过的《民办教育促进法》新法以后，各地都在抓紧出台地方配套政策，落实法律精神，这对于加强民办院校教师队伍建设来说是一个极好的机会。

3. 重点抓好民办院校教师队伍建设的两大关键问题。本次课题研究过程中，经过大量的调研和访谈，我们认为当前制约民办院校教师队伍建设有两大问题。一是教师参与事业单位养老问题。由于制度缺失和改革的缓慢，形成民办院校教师与公办院校教师之间在参与养老方面两种完全不同的养老政策。根据现有政策安排，公办院校教师天经地义地自然参加事业单位养老保险，退休以后享受高额的退休金和年金。而民办院校的教师由于其学校"非企业法人"的性质，只能参加与企业员工一样的企业养老保险，两者退休以后享受的退休金形成巨大反差，由此造成民办院校教师的不公平待遇和自卑心理，对民办院校教师的稳定造成很大影响。近几年来，民办院校教师要求参与事业单位养老保险、享受事业单位退休待遇的呼声一直高涨不绝于耳，认为这是落实"公、民办学校教师同等待遇"的集中体现。现有政策享受人员面小且不稳定，在事业单位养老制度出台以后又面临新的问题，因此呼吁能切实落实。二是民办院校教师的培训提高问题。由于经费不落实，时间没保证，领导不重视，民办院校教师往往得不到培训提高，甚至连简单的参加学术会议的机会都很少，由此带来自身知识更新慢，教学水平难提高的职业发展环境。

调研中我们发现，切实解决这一问题也有难度。从政府有关部门来看，改革的方向是减少事业编制，也担心人员大批涌入事业编制养老造成养老机构经费支付能力不足；现实中事业单位养老制度刚刚实施，2014年以前的事业编制人员视同已缴，而民办院校教师参加事业养老政策，巨额的"视同缴纳"费用财政无力承担。此外，部分院校举办者则顾虑参与事业养老保险增将增加巨额的经费负担而不愿参与，认为这不符合民办院校的体制需求。从目前政策制定过程中了解到，普遍的考虑是为符合条件的非营利性民办院校教师缴纳事业编制养老保险，并对单位缴纳部分给予一定比例的补助。另外，各地对于民办院校为教师缴纳年金普遍给予支持。这一政策落地的难点在于目前养老制度的改革，缺乏合理的制度支撑。关于教师的培训提高问题，《民办教育促进法》第二十八条和第三十二条规定"民办学校教职工在业务培训、职务聘任、教龄和工龄计算、表彰奖励、社会活动等方面依法享有与公办学校教职工同等权利"。对于教师参加培训难的问题，各方的认知都比较一致，但是政策尚未落地。多地在最近制定政策中已经考虑到这一问题的严重性，也在积极想方设法推动问题的解决。解决思路是：从教师成长、学校发展和学生受益的角度，教师应该安排一定的机会和时间参加培训，经费也应由学校和相关部门共同承担。目前全国范围内正在开展贯彻落实《民办教育促进法》新法的地方配套政策制定工作，可以相信这是其中一个非常重要的内容，相信能得到各级政府的关注和支持。

《国家教育中长期改革和发展规划纲要（2010—2020年）》提出依

法保障平等权利，特别强调依法落实民办学校、学生、教师与公办学校、学生、教师平等的法律地位，"清理并纠正对民办学校的各类歧视政策"。目前民办院校教师在社会保障等方面与公办院校教师存在明显差距，各教育主管部门应该严格贯彻落实有关文件精神，保障民办院校教师与公办高校教师享有平等的权利和地位，提高民办院校教师待遇，从制度保障上努力造就一支师德高尚、业务精湛、结构合理、充满活力的高素质专业化教师队伍，促进民办院校教师队伍的稳定，保障民办院校的教育教学质量。

鉴于我国养老制度改革的进展和民办院校发展实际，笔者在许多场合都在呼吁解决以上两个问题，欣慰的是，在近年各地出台的相关文件中已经因地制宜地开始得到解决，相信通过政府引导、财政补贴和学校支持，两大问题解决为期不远。

4. 鼓励民办院校发挥体制机制优势用好共享教师。共享教师，是指人事编制和养老关系均在外单位而在学校任教的专任教师。目前民办院校专任教师主要由三部分构成：公办院校退休的老教师；本校自行招聘的普通高校毕业的大学毕业生或研究生和部分调入学校的教师；社会上招聘的有一定工作阅历和专长的专业技术人员。公办院校退休的老教师有高级职称，有丰富的教学经验，责任心强，其中不少人为系、部或教研室主任，但这些人多数年事已高，精力有限。校自行招聘的普通高校毕业的大学毕业生或研究生和部分调入学校的教师，总体来看年轻有为富有活力，他们是学校师资队伍发展的骨干和未来，但现在他们中的大部分人还缺少教学经验，学识也尚需巩固和提高。从社会上招聘的专业技术人员分两部分，一部分人曾是普通高校的青年教师，后转到其他行业做技术和管理工作，随着改革的深入和行业的相应调整，其中不少人又重新回到教学岗位上来；另一部分是从社会企事业单位招聘来的专业技术骨干，具有先进的前沿应用技术和丰富的实践经验，正处中年或中老年，精力旺盛，业务成熟，在社会上有一定的地位，把他们聘来充实专任教师队伍，有利于提高民办院校的知名度；可以承担民办院校难度较高的一些课程，保证教学质量；具有较高的学历，充实到专任教师队伍后，不仅可以改变专任教师队伍的职务结构，也可以改变专任教师队伍的学历结构，使专任教师队伍结构更加合理；这些知名教师在本单位也承担一定的技术开发和管理职务，对学科建设比较熟悉，有丰富的经验，聘来之后对学院的教学改革、学科建设都会起到重要的作用。因此，从公办高校和行业企业聘请一些知名教师来校充实专任教师队伍，在民办高校专任专有教师队伍不太成熟时，是提高教师队伍整体素质、提高学校知名度、推动学校教学改革和发展的一个重要举措，民办高校应该很好地利用这一资源。

专任共享教师的聘用，本来是民办院校自身的事情。但是政府也有可为之处。首先，政府可以允许相关教师列入专任教师系列，以便从政策上明确共享专任教师的合理性和合法性；其次，政府也可以鼓励企事业单位部分人员回流高校，解决贡献专任教师的建设机制问题；再次，可以出台部分规章，建立共享专任教师建设的考核办法。或者牵线搭桥，帮助民办院校与公办院校结对子，使共享教师队伍建设正常化、制度化。

5. 切实维护民办院校教师的合法权益

民办院校教师的权益保护，法律有明确规定：

依据《教师法》第二章第七条的规定，我国教师享有六大职业权利。

（1）教育教学权。教师有权依据教学计划、教学大纲的要求，根据课程内容、学生特点和教学规律，自主地进行教育教学活动，开展教育教学改革和实验。

（2）科学研究权。教师有权从事科学研究、学术交流，参加学术团体，并在学术活动中自由表达自己的学术观点。

（3）指导评定权。教师享有指导学生的学习和发展，评定学生的品行和学业成绩的权利。有权根据学生的个性情况，因材施教，促使学生德、智、体等方面能力得到充分发展，并予以客观公正的评价。

（4）物质保障权。教师有按时获取工资报酬，享受国家规定的福利待遇以及寒暑假期的带薪休假的权利。教师有权要求所在学校及其主管部门根据国家教育法律、教师聘任合同的规定，按时足额地支付各种合法收入。该权利是教师生活和工作的物质基础。

（5）民主管理权。教师有权对学校教育教学、管理工作和教育行政部门的工作提出意见和建议；有权通过教职工代表大会等形式，参与学校的民主管理。该权利有利于发挥教师的工作热情，有利于制约、监督学校和教育行政部门管理权。

（6）进修培训权。教师有权要求教育行政部门、学校提供各种进修培训机会，以不断提升自己的专业知识，提高专业素质，更好地为教育教学服务。

以上这些是基于民办院校教师与作为公民、一般教师而理应拥有的权利。除此之外，民办院校教师的还有法律专门规定的如下特殊权利。

第一，《民办教育促进法》及《实施条例》中规定的教师权利。《民办教育促进法》第二十八、第二十九、第三十、第三十一、第三十二条规定了民办高校教师的民主管理权、工资、福利、社保、培训等权利，《民办教育促进法实施条例》第二十九条规定"民办学校及其教师、职员、受教育者申请国家设立的有关科研项目、课题等，享有与公办学校及其教师、职员、受教育者同等的权利"。不过这些权利只是对上述六大基本权利的重复，如《民办教育促进法》中第三十条规定，"民办学校应当依法保障教职工的工资、福利待遇，并为教职工缴纳社会保险费"。实际上相当于《教师法》中规定的物质保障权，其他条款也大致如此。作为规范民办教育的根本法，《民办教育促进法》对教师权利的规定基本上与公办院校教师权利趋同，并没有突出民办学校教师的"民办"二字，这也是在制定后续法律时所要注意的。

第二，民办院校教师享有《劳动法》、《劳动合同法》规定的权利。《实施条例》中规定，民办院校教师与学校应当签订聘任合同。对公办高校的聘任合同与劳动合同的关系问题，学者们还存在着不同的看法。但对民办院校的聘任合同问题，普遍认为其与劳动合同并没有什么本质区别。因此，民办院校教师的权利应受《劳动法》及《劳动合同法》等调节。据《劳动法》第七条："劳动者有权依法参加和组织工会。工会代表和维护劳动者的合法权益，依法独立自主地开展活动。"因此民办院校的教职工同样具有参加工会和签订集体合同的权利。《劳动合同法》第五章第五十一条："企业职工一方与用人单位通过平等协商，可以就劳动报酬、工作时间、休息休假、劳动安全卫生、保险福利等事项订立集体合同。集体合同草案应当提交职工代表大会或者全体职工讨论通过。"集体合同对教师权利的保障起着非常重要的作用，应该得到尊重和落实。再如，民办学校教师的救济权可以依照《劳动法》的有关规定，进行劳动仲裁和民事诉讼。《劳动法》第七十九条："劳动争议发生后，当事人可以向本单位劳动争议调解委员会申请调解；调解不成，当事人一方要求仲裁的，可以向劳动争议仲裁委员会申请仲裁。当事人一方也可以直接向劳动争议仲裁委员会申请仲裁。对仲裁裁决不服的，可以向人民法院提起诉讼。"

以上这些权益，不仅需要法律明确，也需要有具体的政策支撑，以便于在实际中执行和操作。

（二）落实好民办院校教师队伍建设的各项措施

加强民办院校教师队伍建设，民办院校是责任主体，是落实《民办教育促进法》各项政策的执行者。因此，政府要督促民办院校举办者和学校领导提高认识，明确责任，主动担当，花大力气、诚心诚意加强民办院校教师队伍建设。

1. 学校领导要高度重视，制订科学合理的规划。思想理念是行动的先导。教育大计，教师为本，广大教师和教育工作者是推动教育事业科学发展的生力军。要把加强教师队伍建设作为教育事业发展最重要的基础工作来抓，充分信任、紧紧依靠广大教师，提升教师素质，提高教师地位，改善教师待遇，关心教师健康，形成更加浓厚的尊师重教社会风尚，使教师成为最受社会尊重的职业。民办院校学校领导要高度重视师资队伍建设，树立现代教育理念，集中优势资源，从人力、财力、物力和制度方面，制订科学合理的规划，保证学校的师资队伍建设。

2. 坚持引进与培养相结合，不断优化师资队伍结构，提升师资队伍建设水平。一是加大人才引进力度。教师是提高教育教学质量的关键，高校在发展过程中必须根据实际情况，加大对高水平人才的引进力度，保障教育教学的需要。高水平人才的引进能够不断优化民办院校的师资队伍结构，使之在学历结构、职称结构、年龄结构上不断得到优化，给教育教学质量的提高提供了充分的保障。二是制订青年教师培养计划，加强骨干教师建设。提高业务水平，完善培养培训体系，做好培养培训规划，优化队伍结构，提高教师专业水平和教学能力。

制定激励措施。建立一套完整的绩效评估系统，通过兑现绩效考核结果来激励优秀人才。此外，利用期望理论来激励，以教师期望的方式提供教师们想要的东西，能提高教师的激励水平和满意度。设计良好的教师职业生涯发展阶梯。对不同年龄阶段、不同教学水平的教师人力资源部人员在充分沟通的基础上做好教师的职业规划，拟定适宜的发展策略。

重视教师培训。要采取优惠政策鼓励和支持教师参加培训，使教师培训权力得到保障。做好经费预算，落实教师提高计划。教师在外出进修时，其在经济、待遇和职务评聘不受到损失。对于进修学习取得优秀成绩者，应给予表彰和奖励。在职攻读硕、博士学位的教师，除按规定享受学校的各种待遇外，还可享受引进人才的相应待遇。

通过研修培训、学术交流、项目资助和激励政策等方式，培养教育教学骨干、"双师型"教师、学术带头人和校长，造就一批教学名师和学科领军人才。

3. 进一步提高教师科研水平和能力。目前，一部分民办院校升格为本科院校后，势必要求进一步强化教师的科研能力，从而培养学生初步的创新意识和科研能力。教学、科研和社会服务、文化传承与创新是高校的四大基本职能。必须大力提高民办院校教师教学水平、科研创新和社会服务能力，促进跨学科、跨单位合作，形成高水平教学和科研创新团队。以老带新，引导教师潜心教学科研，鼓励中青年优秀教师脱颖而出。通过建立制度、制订方案，切实改善科研环境与条件，扩大科研合作与学术交流，探索科学的科研评价与考核机制，实施教学质量工程，有力地推进了教学和科研的结合，并在引导教师一手抓教学，一手抓科研的过程中，提高教师的本科教学基本功，强化教师的科研意识，增强学校的学术氛围，有力地推进师资队伍建设。

4. 全面完善落实民办院校教师各项待遇。民办院校应采用学校为主、个人参与的社会保障方式。《民办教育促进法》第三十条规定："民办学校应当依法保障教师的工资、福利待遇，并为教职工缴纳社会保险费"；第三十一条规定"民办学校教职工在业务培训、职务聘任、教龄和工龄计算、表彰奖励、社会活动等方面依法享有与公办学校教职工同等权利"。国务院办公厅《关于加强民办高校规范管理 引导民办高等教育健康发展的通知》（国办发〔2006〕101号）中也有明确的政策规定：民办院校要"加强教师队伍建设，保障教师的工资、福利待遇，按国家有关规定为教师办理社会保险和补充保险，为教师全身心投入教育教学活动创造良好的条件"。要完善民办高校教师的社会福利，如人员编制、工龄、职称评审、评奖、医疗保险、养老金和公积金等。关心教师的工作和生活，联络感情，增加联系纽带，突出感情留人。

5. 建立人才流失的防范保护系统。根据岗位的相关需求，做好人力资源后备措施；人事部门应对教师基本情况的信息做系统记录。对在职教师家庭背景、知识结构、教学评价、沟通、教学反馈等情况以及师资队伍建设情况（如教师的年龄、学历、职称等）进行动态管理。这样既有利于制定教师激励机制时进行有针对性地运用和执行。同时，教师信息的全面收集也能反映出教师个人职业生涯发展轨迹，有效地帮助教师在培训和职业生涯发展做出更好的规划。

第九章　研究小结

通过回顾和总结，我们了解和掌握了私立大学发展的起源、发展的进程和发展的动因，由此构成了私立大学办学体制发展的基本规律。比较英、美、日、韩、俄、印等国家私立大学办学体制的变革过程，研究我国民办院校办学体制的形成原因和基本特征，多角度、多层面剖析我国民办院校发展的政策，有针对性地提出我国民办院校办学体制与发展政策的建议。这里，再对研究的成果做个简单小结。

一　课题研究成果的六个结论

在课题研究过程中，初步形成了以下六个结论。

第一，公私并行办学体制是高等教育改革的基本规律。

回顾历史可以看出，高等教育办学体制的改革和发展有一个进程。在高等教育先发国家，私立院校先行发展。现代高等教育发源于中世纪大学，办学体制都是清一色的非政府举办，按照今天比较公认的划分标准，其性质都应是属于私立的。严格意义上的公立大学直至 17 世纪末、18 世纪初才产生，距最早的中世纪大学的诞生已经过去了数百年。而在高等教育后发国家，私立大学与公立大学并行起步和发展。无论高等教育先发还是后发国家，世界范围而言，私立大学都曾经遭受限制、排斥和禁止等政策，并被政府政策牢牢控制着发展的规模、层次和速度等等。当下提到私立大学，人们都仰慕美国，美国私立大学的发展甚至是当下世界私立高等教育发展的示范和引领。美国私立大学创建大大早于公立大学，并且在很长的一段时间里，私立大学独占高等教育版图，形成今天的局面有其深刻的历史渊源。但是研究表明，美国在建国以后发展高等教育进程中，也曾有人多次提议举办国立大学，或者将私立大学收归国（州）有。在达特茅斯案判决以后，这一动议被彻底否决。在随后一个相当长的时期里，一些州政府和议会削减甚至中断了对私立大学的资助，改而举办州立大学。

1862 年美国国会通过了《莫雷尔法案》（亦称"赠地法案"），规定各州凡有国会议员一名，拨给联邦土地 3 万英亩，用这些土地的收益维持、资助至少一所学院，而这些学院主要开设有关农业和机械技艺方面的专业，培养工农业急需人才。1890 年又颁布第二次《赠地法案》，继续向各州赠地学院提供资助，到 19 世纪末，赠地学院发展到 69 所。这些学院后来多半发展为州立大学，成为美国高等教育的一支重要力量，从而改变了国家高等教育办学体制和大学举办的结构。

在欧洲，在世俗国家政权日益强大的过程中，拿破仑公开将中世纪大学改为帝国大学。还有许多隐性操作控制私立院校的例子不胜枚举。日本也曾经将大学区分为帝国大学和私立院校，采取歧视的政策，私立院校长期得不到顺畅发展。在一些实行社会主义制度的国家，由于对社会经济体制和所有制之间以及意识形态方面的片面认识，私立大学被视作异端一度几乎全部退出国家高等教育系统。许多国家建立了纯而又纯的公办高等教育系统。

但是，现代社会总是向前发展的。单纯的办学体制，既不可能支撑大学满足现代社会需求的发展，也不符合提高效率的社会指向。比较单一的公立高等教育系统而言，私立大学具有无可替代的重大作用和强大的生命力。进入 20 世纪中后期，世界高等教育的发展进入一个需求强烈驱动的时代。一方面，世界各国都将发展知识经济作为重点，加大科技创新力度，积极发展知识密集型经济，这就需要大批高素质的人才，从而对高等教育发展提出更快更高的要求；另一方面，政府财政性经费的拮据和高等教育的需求之间形成强烈的反差，单一的经费来源难以承担大批高素质人才培养的重任。在经过一系列的认识和反思以后，世界各国政府不约而同地采取了同样的措施：推进高等教育办学体制改革，积极发展私立大学，广泛吸纳社会力量参与举办私立（民办）院校，解决高等教育经费不足和推进高等教育大众化、满足社会接受高等教育的巨大需求。在多种因素的推动下，私立大学的蓬勃兴起成为自现代大学产生以来最为壮观、最为强劲、最具突破性的普遍现象，发展私立大学甚至成为一场席卷全球波澜壮阔的革命，成为世界高等教育发展和改革中一道亮丽的风景。从此，私立大学重新成为高等教育的重要组成部分，昂首走入高等教育体系的中心。有的国家和地区，如亚洲的日本、韩国和我国的台湾地区，私立院校和在校生比例均超过 70%，占据高等教育的大部江山，或者引领国家高等教育的发展。私立院校的发展大大丰富了高等教育的资源，促进了教育公平，扩大了高等教育的培养能力。许多国家在深化办学体制改革、发展私立大学的过程中，出台了适合本国高等教育发展的政策，鼓励私立大学办学体制大胆创新，出现了美国模式（私立大学精英化）、日本和韩国模式（非营利私立大学成为高等教育的主流）、印度模式（独立学院为主）、拉美模式（教会大学为主）、马来西亚模式（外国办学主体为主）等，形成世界私立大学园地中百花齐放、百舸争流的繁华景象和院校生态。在我国，由于宽泛的"社会力量"口径允准，使得民办院校的办学体制更加多样多元。调动各种社会力量，广泛吸纳社会资源为发展教育所用，适应发展社会主义初级阶段举办全世界最大规模的高等教育的实际，为实现从人口大国向人力资源大国的转变，为全面建设小康、建设社会主义现代化强国提供各级各类人才支撑服务。并且随着办学体制改革的不断深入，办学体制的模式不断创新，内涵不断丰富，治理多元多样，极大地促进了高等教育的发展和繁荣。

高等教育的发展是与社会政治、经济发展相适应的。高等教育是一种社会活动，是社会发展的产物。在人类社会发展到今天，高等教育已经成为社会体系中不可或缺、不可分割的重要组成部分，大学比以往任何时候都更加依赖于社会的发展而发展，也比以往任何时候更能施加对社会发展的影响，引领社会的发展。经济和社会的发展对高等教育的发展提出了更高的要求，大学再也回不到中世纪那样——没有校园、没有教室、没有图书馆和实验室的窘态，再也回不到远离社会喧嚣的"象牙塔"。举办大学的资源需求越来越庞大，大学的举办权从最初的民间回到政府。但是举办高等教育需要巨额资金，单纯的办学体制举办大学政府倍感力不从心，有时也为垄断的办学体制支付高昂而低效的代价。开放办学权，调动社会力量的积极性，鼓励民间举办民办（私立）院校，成为世界高等教育发展的主流，成为高等教育办学体制改革的必然规律。

当今世界已经进入知识经济时代，广泛推行共同治理。私立大学与公立大学并行发展，动员社会各方力量参与人才培养，共同为国家经济和社会发展培养多样化人才。同时，私立院校与公立院校并行发展，互相促进，各有擅长，互为补充，满足个人多样化发展的需要。在公、私立大学的并行发展中，实际上营造了高等教育生态竞争的环境，推进了高等教育各项改革不断深化，促进了高等教育质量和效益的提高，满足了社会多样化的求学需求，从而使得私立（民办）院校的发展呈现新的发展价值。

第二，高校办学体制问题是高等教育体制改革的关键。

杨德广曾经从大学功能角度论证高等教育体制改革的重要性和必要性①。一是大学的学术性。大学是研究学问的机构，是交流学术的场所，应贯彻"百花齐放、百家争鸣"的方针，鼓励教师、学生勤奋学习，大胆探索，淡化权威，提倡在真理面前人人平等，在学术面前人人平等。这就必须改变过去行政化的、高度集中统一的管理体制。二是大学的社会性。大学是社会的产物，大学要适应社会的发展和变化，现阶段就是要适应市场经济的发展对大学的需求，适应经济大发展对大学的需求；大学要服务社会，推动社会的发展，要根据社会的需要培养各类合格人才，充分利用学校智力优势为社会服务；大学要依靠社会，利用社会力量办学。因此，这就必须改变封闭式的办学体制，改变由国家统包统管的领导体制。三是大学的产业性。计划经济下，把大学当作国家的事业单位，由政府全额投资办学。市场经济下，大学是非全额投资的事业单位，是具有事业性与产业性双重属性的单位。大学是生产知识的产业，是生产人力资本的产业。大学有教育产品和教育市场，包括知识市场、科技市场、信息市场和人才市场。大学是准公共产品，国家不再全额投资，大学必须面向社会、面向市场办学，必须改变原有的办学体制。四是大学的自主性。计划经济的一大特点是全社会的资源由政府统一计划调配，教育资源同样如此，大学没有自主权。市场经济下，政府不再统一调配资源，而由市场调配。进入新的时期，政府机构已经精简，职能已经转变，不再拥有无限的权力。大学自主性的功能日益显现出来，不可能再全部依靠政府，大学将成为相对独立的办学实体。五是大学的开放性。计划经济下，大学一切资源由政府统一调拨，没有必要对外开放。市场经济下，政府不再统包统配，财政性经费拨款不能满足大学发展的需求，大学必须走出校门，向社会开放，向市场开放，才能生存和发展。大学要拆除与社会隔绝的"围墙"，敞开大门，走向社会，了解社会需求，只有这样，才能更好地为社会培养所需人才，更好地为社会服务。大学的教育资源要向社会开放，让社会走进大学。大学还要对国外开放，既要走出国门办学，又要引进外国优质教育资

① 杨德广：《60年来中国高等教育办学体制和管理体制的变革》，《大学教育科学》2009年第5期。

源。为此，必须改变计划经济下由政府统得过死的管理体制。

由此可见，高等教育体制改革不仅仅是社会和政府的事，而且是高等教育发展的必需，是大学发展的强大驱动。

高等教育体制改革，包括高等教育办学体制改革、宏观管理体制改革、经费筹措体制改革、招生就业体制改革和内部管理体制改革。在这五大改革中，办学体制改革带有基础的、关键的性质。我国从改革开放开始逐步深化教育体制改革。1985 年中共中央下发了《关于教育体制改革的决定》，随后教育体制改革全面展开。改革开放以来我国的高等教育改革始终是以管理体制改革作为龙头来牵动，先后尝试了宏观管理体制、内部管理体制、综合改革等。然而，如果就事论事，仅仅是从领导被领导、管理被管理的关系层面改革高等教育显然难以达到目标。由于办学体制改革的敏感性没有得到很好的解决，因而在一个较长的时间内教育体制改革的进展并不顺利，成效并不显著，各项改革难以有效展开。从 1978 年到 1997 年的 20 年里，其中 1993 年国家教委还印发了《民办高等学校设置暂行条例》，但是全国范围内民办普通院校仅仅批准了六所，在校生不到 2 万人，在高等教育领域的影响几乎可以忽略不计。这样的改革效果当然不是政府和社会所期待的。我国民办院校办学体制改革的真正发展是在 1999 年全国第三次教育工作会议以后。会议前夕中共中央国务院颁布了《关于深化教育体制改革全面推进素质教育的决定》，将发展民办教育作为 "深化教育体制改革，为实施素质教育创造的条件"，极力推动办学体制改革，确立了 "以政府办学为主体，公办学校和民办学校共同发展的格局" 的改革目标，并提出了一系列具体举措，从而大大推动了民办院校的发展和崛起，民办院校开始得到快速的发展。事实说明，办学体制改革是民办院校成长和发展的基础和土壤。没有办学体制改革的基础，教育体制改革就难以形成共识，改革也就难以展开并取得成效。

表 9-1　　　　2003—2007 年四类院校对我国高等教育毛入学率的贡献率　　　单位:%

年份	教育部直属院校	地方本科院校	高职院校	民办院校	总和
2003	8.17	25.46	10.04	4.30	47.97
2004	8.37	28.12	13.53	7.05	57.08
2005	8.03	28.42	15.74	9.47	61.66
2006	7.44	27.92	17.74	11.21	64.31

续表

年份	教育部直属院校	地方本科院校	高职院校	民办院校	总和
2007	7.14	27.58	19.64	13.08	67.44
2008	6.83	27.50	20.49	14.00	68.82
2009	6.74	28.05	24.52	14.91	74.22
2010	6.73	29.28	21.76	15.45	73.23

资料来源：任丽婵：《我国大众化以来不同类型高等教育机构对毛入学率的贡献研究》，《中国高教研究》2011 年第 7 期。

办学体制改革既是教育体制改革的重要组成部分，更是深化高教体制改革的关键。邬大光教授早就指出："改革开放以来，我国的高等教育改革始终是以管理体制改革作为龙头来牵动的，先后尝试了宏观管理体制、内部管理体制、综合改革等。然而，如果仅仅是从领导被领导、管理被管理的关系层面改革高等教育显然已经不够，它需要在更深更广的层面上进行。办学体制是推动管理体制改革的关键。在办学体制没有根本触动的状态下，投资体制和管理体制以及政府与高校之间的关系是难以理顺的。""因为在办学体制没有根本触动的状态下，政府教育主管部门之间以及政府与高校之间的关系是难以理顺的。从这种意义上讲，办学体制改革是深化高等教育改革的突破口。"①

事实已经证明，办学体制的改革不仅仅能够调动社会举办高等教育的积极性，筹集更多的办学资金，从而弥补政府办学的资金不足，进一步丰富办学资源，满足社会不断增长着的教育发展需求，而且还是激活整个社会高等教育竞争，推动高等教育培养体制、管理体制改革，促进大学办学质量和效率提高的强大动力。由于私立（民办）院校的参与和投入，才形成了高等教育多样化的发展局面，才能够满足社会多样化的就学需求。正因为此，世界上绝大多数国家的办学体制，都呈现政府和社会力量并济，公、私立院校并行发展的格局。

有的观点认为：随着办学体制改革的开展，民办院校已经得到长足的发展，相对而言，管理已经成为当下民办院校发展新的障碍。笔者认为，这一观点有一定的道理，管理确实成为民办院校发展的重要障碍之一，管理体制的改革还需要不断深化，民办院校的管理也应该得到加强和改进。

---

① 邬大光：《办学体制：深化高教体制改革的关键》，《高等教育研究》1998 年第 2 期。

但是，管理的问题是如何产生的？原因在哪里？从哪里作为解决问题的依据和突破口呢？笔者认为，民办院校现在面临的这些困难和挑战，归根到底是办学体制改革不彻底、办学体制改革的政策不系统、不完善而至。我国民办院校办学体制还有继续深化的必要和空间。解铃还须系铃人。要推动管理问题的解决，还需继续推动办学体制改革，以确立和巩固办学体制改革的成果，创新办学体制改革的政策及实施路径，从而更大程度上实现办学体制改革的目标。

第三，私立（民办）院校办学体制都是国家文化的产物。

世界高等教育有其统一性，但是也有民族性和国家性。课题组通过中外比较研究得出结论，民办（私立）院校的办学体制与所在国家的国情密切相关，与所在国家高等教育的发展历史、文化传统密切相关，与民办（私立）院校的源起和发展阶段密切相关。潘懋元先生曾经指出，"高等教育"的概念出现得很晚，人类对于较高层次学校教育的需求却很久远。在欧洲中世纪大学创办前，高层次人才培养实际上已经存在了。古代埃及、印度、中国等都是高端教育的发源地；古希腊、罗马及阿拉伯国家都建立了较完善和发达的高层次教育。现代大学的诞生、形成和发展，归根到底都带有国家的基因、民族的烙印。

大学最初的形态应该是国际化的。中世纪的大学大多是国际化的，在大学产生以后的相当长一段时间里都是如此。人们不分种族，不分区域，不分信仰，为了学习知识、探求真理，翻山涉水聚集到一起，在学习知识的同时，创建了大学组织。18 世纪末期，随着国家主义的崛起和民族观念的增强，大学的举办和运行出现了许多新动向，突出的表现是大学逐步成为国家人才培养的重要阵地，大学逐渐成为国家的"大学"、民族的"大学"。从此开始大学自觉不知觉地打上了国家的、民族的、区域的烙印。严格意义上的"象牙塔"大学已不再存在，而大学的办学体制也打着深深的国家的、民族的和区域的印记。

大学既有自身的质的规定性，也由于不同的国情和文化而呈现丰富多彩的多样性，在办学体制方面，世界各国立足国情，面向未来，大胆创新，求同存异，形成了不同的格局，不同的特色。中国高等教育体制是"中国特色"和"高等教育体制"的高度统一，是在社会主义条件下、在中国国情背景下高等教育发展的一种形式，也是推进我国大学治理体系和治理能力现代化的积极探索和实践；是在遵循高等教育规律，对现代大学制度本质和内涵准确把握的前提下，建立的与中国特色社会主义建设和发展需要相适应的理念和制度体系。"我国有独特的历史、独特的文化、独特的国情，决定了我国必须走自己的高等教育发展道路，扎实办好中国特色社会主义高校。我国高等教育发展方向要同我国发展的现实目标和未来方向紧密联系在一起，为人民服务，为中国共产党治国理政服务，为巩固和发展中国特色社会主义制度服务，为改革开放和社会主义现代化建设服务。"① 这些分析和指导原则同样适合于民办院校。

"一个国家办学体制的形成根植于该国的文化传统和社会的政治、经济生活。"② 而我国民办院校的发展进程、发展阶段、发展目标和发展绩效，与社会主义初级阶段的国情密切相关，与高等教育发展的历史和传统文化密切相关，与政府的认识、决策和相关政策的制定、执行密切相关③。从实现高等教育大众化和普及化、解决有限的财政性教育经费与日益增长的社会对高等教育发展的需求之间的矛盾、逐步放开公民对教育的选择权、公办与民办院校的自由竞争生态建设和民办高等教育办学体制的优势等因素看，民办院校的发展是国家高等教育发展的必需。自改革开放以后才逐渐探索实施民办院校的办学体制，凭借国家经济和社会快速发展的环境，突破体制障碍，大胆探索创新，短短的时间内民办院校发展崛起，成为国家高等教育体系的重要组成部分。我国民办院校在校生发展的规模，已经接近或达到美国私立大学在校生的占比，这一成绩十分喜人，来之不易。民办院校的兴起和发展，有效弥补了政府财政的不足，大大丰富了高等教育的办学资源，缓解了高等教育供求矛盾，增加了高等教育的类型和品种，培养了社会多样化的人才需求，满足了社会对人才的急切需求和人民群众接受高等教育的热切渴望，推动了高等教育大众化进程，为实现办人民满意的高等教育做出了自身的贡献。产生于中国大地的民办院校，必然以中国的国情为自身发展壮大的土壤，吸取中国灿烂文化的营养，立足于服务新时代中国特色社会主义的伟大实践。不仅如此，民办院

---

① 《习近平在全国高校思想政治工作会议上强调：把思想政治工作贯穿教育教学全过程 开创我国高等教育事业发展新局面》，《人民日报》2016 年 12 月 9 日，第 1 版。

② 薛天祥：《加入 WTO 与我国高等教育体制创新》，《国家高级教育行政学院学报》2003 年第 2 期。

③ 徐绪卿：《我国民办高校内部管理体制改革和创新研究》，中国社会科学出版社 2017 年版，第 318 页。

校的发展，以先行者、改革者的姿态，探索高等教育改革之路，推动了国家办学体制的改革，顺应了世界高等教育发展主流，创新了高等教育的举办体制，积累了生动的实践经验，为我国跻身世界高等教育大国、进而建设高等教育强国提供了经验、信心和可能。

潘懋元教授曾经指出，"民办学校，实质上相当于私立学校，但范围宽窄有所不同"。① 这一观点从办学的管理上说是准确的。但是，由于社会所有制结构不同，我国民办院校呈现更加多元多样的态势。在国外以私有制为主的国家中，私立院校的非政府举办主要是指私法人和教会举办。但是在我国的相关规定中，"民办"并不单单是私法人举办，甚至不排斥国有资产参与举办。《民办教育促进法》规定："第二条　国家机构以外的社会组织或者个人，利用非国家财政性经费，面向社会举办学校及其他教育机构的活动，适用本法。"这里着重指出的是"非国家财政性经费"。在《民办教育促进法实施条例》中指出："对民办教育促进法和本条例所称国家财政性经费，是指财政拨款、依法取得并应当上缴国库或者财政专户的财政性资金。"而除此之外的国有资产，尤其是经营性资产，从法律规定上说，是可以进入民办院校的。

不仅如此，在《民办教育促进法实施条例》中，有许多对于国有资产进入民办院校的具体规定。如：

> 第六条　公办学校参与举办民办学校，不得利用国家财政性经费，不得影响公办学校正常的教育教学活动，并应当经主管的教育行政部门或者劳动和社会保障行政部门按照国家规定的条件批准。公办学校参与举办的民办学校应当具有独立的法人资格，具有与公办学校相分离的校园和基本教育教学设施，实行独立的财务会计制度，独立招生，独立颁发学业证书。
>
> 参与举办民办学校的公办学校依法享有举办者权益，依法履行国有资产的管理义务，防止国有资产流失。
>
> 实施义务教育的公办学校不得转为民办学校。
>
> 第七条　举办者以国有资产参与举办民办学校的，应当根据国家有关国有资产监督管理的规定，聘请具有评估资格的中介机构依法进

---

① 潘懋元：《关于民办高等教育体制的探讨》，《上海高教研究》1988 年第 3 期。

行评估，根据评估结果合理确定出资额，并报对该国有资产负有监管职责的机构备案。

《民办教育促进法》"第三十六条　民办学校对举办者投入民办学校的资产、国有资产、受赠的财产以及办学积累，享有法人财产权"。这里直接指出民办院校中具有"国有资产"的存在。而"第四十六条　县级以上各级人民政府可以采取购买服务、助学贷款、奖助学金和出租、转让闲置的国有资产等措施对民办学校予以扶持；对非营利性民办学校还可以采取政府补贴、基金奖励、捐资激励等扶持措施"。这里进一步指出国有资产进入民办院校的可能性。事实上在我国民办院校在起步和发展过程中，确实有大量的"国有""公有"资产存在。一些"民主党派"和"社会团体"的资金来源都是国家财政拨款，参与办学所投入的资金至少具有"公有"性质。也就是说，我国"民办"院校不一定是"私有"的。

与政府给予民办院校的财政资助、支持不同，这里讨论的是"国有"资产、"公有"资产直接参与举办民办院校，导致部分民办院校资产结构呈现"非私"性质，使得民办院校的产权划分、治理结构和利益相关权益更加复杂，由此给问题性质的确定、政策的制定和院校治理带来更多的挑战。这是我国民办院校与政府、社会关系难以厘清的原因所在，也是我国民办院校与国外私立院校显著不同的特点之一，特别需要研究者给予高度关注。至于说由于民办（私立）院校办学体制的"国家特色"而引发政策的变化和差异，那就更多、更复杂了。

第四，我国民办院校多样化办学体制格局已基本形成。

我国高等教育办学体制改革是从改革开放以后起步的。民办院校的发展是伴随着高等教育办学体制改革而兴起的。尤其是 1999 年以后，随着国家积极发展高等教育、实施高校扩招决策的实施，民办院校迎来快速发展期。学校数量快速增加，办学规模迅速扩大。短短几年时间迅速占领高等教育相当的份额。截至 2016 年，全国民办院校民办高校 742 所（含独立学院 266 所），约占全国普通高校总数 2596 所的 28.6%，基本达到三分天下有其一；在校生 634.06 万人，占全国普通高校在校生 2695.84 万人的 23.52%，达到或超过了美国私立大学在校生的比例，成为国家高等教育发展重要的增长点，成为高等教育体制改革的重要力量，成为国家实现高等教育大众化的重要支撑。

课题研究对我国目前民办院校的办学体制进行了细分。目前我国民办院校办学体制主要有五种。第一，个人举办。包括个人合伙举办。早期的民办院校，无论是机构还是普通教育，都是个人举办，或者说私人举办。与周边的韩国、日本以及我国台湾地区的私立大学不同，在我国，个人和机构不需要注册学校法人，就可以直接举办民办学校。第二，机构举办。分几种情况。一种是带有国有性质的企事业单位，如民主党派、国有企业或事业单位。早期的民办学校甚至很多是政府退休老领导、老同志举办，挂靠或借用单位的一部分资源发起举办；另一种情况是上市公司或个私企业（集团）举办，带有浓厚的投资性质，或者自身发展需要专门的人才培养。第三，混合举办。这里讲的混合是指资产性质。混合举办的内涵是指既有国有成分（股份），也有个人（非公企业）成分。这在独立学院举办体制中尤其多数。早期独立设置的民办院校中也不少。早期民办院校创办过程中，有的学校接受了政府的开办费或者基建拨款等，形成这部分产权的国有（公有）属性。独立学院是公办院校与社会力量合作举办，学校资产既有国有的也有个人的，实行股份制办学。第四，中外合作举办。随着我国对外开放的不断深化，教育合作出现多种形式，中外合作办学是其中的一种形式。目前我国许多院校开展与国外高校合作办学，得到政府的支持。第五，多元举办。在一个学校里具有多元的投资，投资主体是由若干个性质不同的投资者组成的多元结构的联合体。随着办学体制改革的不断深化，这种体制的院校将会越来越多。

民办院校的崛起和发展具有重大意义。第一，民办院校的崛起和发展，是我国社会文明发展、开放发展的重要体现，是我国高等教育办学体制改革的重大成果。"办学体制改革，说到底就是在中国兴办民办高等教育。民办高等教育的兴起，是改革开放后体制改革最重要的一个成果，没有体制改革就没有民办高等教育。"① 而民办院校办学体制在我国得到允许和鼓励，标志着在办学体制方面有了深刻的认识并付诸行动。社会主义允许举办民办院校，公有制为主体也包容私有事业的发展，将办学体制与意识形态适度分离，避免了以往简单划分姓"公"姓"私"、姓"社"

---

① 周远清：《在高等教育强国的目标下推进各级各类强校建设》，《浙江树人大学学报》2009 年第 2 期。

姓"资"的思维，归还了社会举办教育的权力，促进了教育公共服务体系完善，从而增强了教育的总体实力，促进了教育均衡发展，为实现教育公平奠定基础。第二，民办院校的崛起和发展，大大拓宽了高等教育经费的来源渠道，筹集了巨额资金，一定程度上弥补了财政性高等教育经费不足，满足了高等教育发展的需要。粗略估算，就民办院校运行而言，每年就从社会上筹集超过千亿元以上的资金，相当于几个大省每年对高等教育的总投入。还不包括大量的建校资金和其他投入，民办院校发展为国家财政分担了重要的负担。第三，民办院校的崛起和发展，丰富了我国高等教育的品种，满足了民众多样化的求学需求和社会多样化的人才需求，为全面建设小康和建设社会主义提供人才保证和支撑。民办院校为了获得发展优势，十分注重特色培养和差异化策略，满足社会的不同需要。国家正在实施人才兴国战略，而社会对人才的需求也是有结构的。民办院校的发展，本身就是实现人才兴国，实现从人口大国走向人力资源大国的重要路径。第四，民办院校的崛起和发展，大大推动了高等教育体制改革。办学体制改革是最基础的改革。而民办院校的发展，往往是对旧体制的突破和创新。广大民办院校在办学模式、内部治理、资源整合、运行机制、课程改革、教学实践、人才培养等多方面开展了十分有益的探索创新，展现了自身的活力，同时激活了高等教育内部竞争，破除了公办院校的垄断地位，推动了公办高校的改革深化，促进了高等教育系统质量、结构、效益和效率的提升。高等教育五大体制改革，民办院校始终站在改革的前列，许多改革的具体举措是民办院校首先提出并实施的，很多政策是根据民办院校的探索试验情况提炼的，在高校体制改革中，民办院校起到了良好的试验田的作用，为高等教育体制改革积累提供了经验。第五，民办院校的崛起和发展，为建设和谐社会和全面建成小康社会做出贡献。建设和谐社会和全面建成小康，建设社会主义现代化强国，人是关键的因素。没有和谐发展的人是不可能实现的。改革开放以来，民办院校为社会培养数以千万计的人才，为数以千万计的家庭带来了希望，减少了烦恼和困惑，为建设和谐社会和全面建成小康社会做出贡献。民办院校主要利用民间资金和各种社会资源，为数以亿计的青少年儿童提供了良好的教育服务，为国家社会经济建设培养了数以千万计的各级各类专门人才，为社会主义现代化建设提供和储备大批建设人才。

总之，民办院校已经成为我国高等教育发展的重要增长点，成为推动和深化高等教育改革的重要力量，是我国高等教育事业发展的重要组成部分，为提高保障和改善民生水平，加快教育现代化，办好人民满意的教育，做出了历史性贡献。

第五，政策的指引和创新决定民办院校办学体制改革。

"纵观世界各国私立教育发展的历史，各国私立高等教育发展的繁荣和衰败与国家政策的认可程度和行政管理严格程度是息息相关的，而且在发展过程中，几乎每个转折点都是以政策的颁布为标志的。世界银行1994 年关于高等教育的报告指出，政府制定的优惠政策和管理框架是私立院校得以繁荣的重要保证。从中国当代民办高等教育发展史来看，政策对民办高等教育发展的作用很大，可以说是关系到民办高等教育的生死存亡。20 世纪 50 年代我国私立大学的完全消失到 20 世纪 80 年代民办高等教育的恢复发展无不是政策作用的结果。""事实证明，每一次重大政策的出台，都会影响到民办高等教育发展，并可能会产生完全不同的后果，有些政策会促进民办高等教育的发展，也有些政策会阻碍民办高等教育的发展。"① 研究表明，20 世纪 50 年代我国私立大学的完全消失到 20 世纪80 年代民办高等教育的恢复发展无不是政策作用的结果。我国民办院校是在公办院校独占高等教育舞台的背景下起步的，是在政策完全封闭的状态下逐步崛起的，因此政策的开放和支持显得格外重要。政策放多少，民办院校发展多少。民办院校的发展对政策构成强大的驱动和需求，经常是民办院校办学的"越轨"和"突破"遭到政策的规制和制约，每一个政策的出台都预示着民办院校的发展或停顿。在与强大的政策博弈中，民办院校的发展往往显得很脆弱，很乏力，很无奈。政策成为民办院校办学体制深化改革、持续发展的强大驱动和关键因素。政策决定了民办院校可办还是不可办，决定了民办院校是允许还是限制，决定了民办院校的发展空间、发展内容、发展规模、发展层次和发展重点，民办院校发展速度与政府政策的态度相一致，政策的态度与民办院校发展的实践两条曲线高度吻合，也从实践路径印证政策的重大作用。鉴于我国民办院校发展的环境尚未成熟的状况和政策尚未定型的现状，今后一个相当长的时期，政策仍然是我国民办院校发展的强大引擎，因而应该高度重视政策的研究、制定、

---

① 饶爱京：《民办高等教育政策及其对民办高等教育发展的影响》，《黑龙江高教研究》2006 年第 10 期。

执行、评估和完善。

改革开放以后，我国民办院校大发展，作为与国家长期以来的经济体制和思想观念格格不入的民办院校在默许与禁止、赞成与反对、鼓励与控制、欣赏与疑虑、支持和规范等多种认识和看法的交战中艰难地成长，每时每刻都在期盼着政策的引导和鼓励和支持。在不同的发展时期，民办院校的发展面临着不同的焦点问题。比如，可不可以发展的问题；政府支持促进还是严格控制的问题；如何定位的问题，是拾遗补阙还是组成部分，抑或是重要组成部分的问题；招生自主和收费放开的问题；等等。对待这些问题的态度和问题的解决措施，都需要政府的层面出台文件，都要在国家的政策法规中加以明确体现。当然，在分析政策对于办学体制推动作用的同时，我们也要看到市场对于政策的促进和倒逼作用。因为"当国家中心、行政机关中心的话语模式转变为政府力量、市场力量和公民社会自治力量相互博弈的话语模式以后，政府行政机构、市场组织、社会自治组织和公民个人作为利益主体在教育活动中具有同样的合法性。所以政府、学校（不论公立学校还是民办学校）既是教育者又是教育服务的提供者，学生既是受教育者又是教育服务的消费者。在教育领域存在一个具有多元利益诉求的多样化的利益群体。其中民办高等教育不同的利益主体往往是从自身的需要和切身利益出发作出多样化的政策选择和政策执行，且都具有其合理性和存在价值"①。

中国特色社会主义进入新时代，我国民办院校面临着一个快速发展的难得的历史机遇。但是，民办院校自恢复以来一直缺乏合适的政策和制度保证，一系列体制性、政策性和制度性的歧视和障碍仍然不同程度存在，导致民办院校发展的无序和茫然运作，与当前政府和人们期待的目标很不协调。有的民办院校办学者甚至认为：成也政策、败也政策，政策取决于特定的人而非制度；中国民办高等教育发展的关键不仅仅是钱的问题，而是政策和制度的问题。可见，政策资源是最大的资源，理论上的潜在的民办院校发展的优势变为现实中的教育实践和发展成效，需要切实可行的政策来解决合法性、合理性和合适性的问题。

相对而言，我国办学体制改革起步晚，历史短。从制度而言，尚未形

---

① 方铭林：《我国民办高等教育政策分析和制度创新》，博士学位论文，中国人民大学，2009 年。

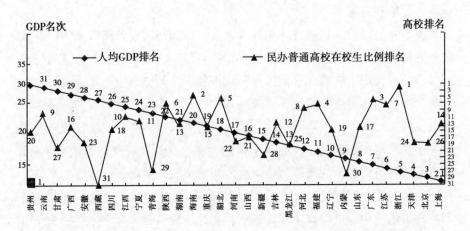

图 9-1　2008 年各省市自治区人均 GDP 排名与民办院校在比例排名关联

成成型成熟的办学体制。这是我们的短板。2016 年 11 月 7 日全国人大常委会通过《民办教育促进法》修正案，决定加强党的建设，实施分类管理。国务院以及相关部门围绕这两个主题，密集制定和下发相关配套文件，取得了较好的进展。针对我国幅员广大、各地区发展不平衡的实际，中央政府在贯彻落实立法的过程中，允许和要求各省市区政府制定地区配套政策，强化法律和政策落地机制，加快制度完善，提高政策绩效，当然这仅仅是开始。一个重大的政策改变，涉及一系列政策体系的建设和完善，绝不是简简单单几个月甚至几年就能完成的。随着政策的调整和完善，更多的政策工具将得到运用和综合运用。办学体制越是多样，教育事业越是繁荣，政策体系越是复杂。实行分类管理和差异性扶持政策，理论上讲意味着至少需要两套以上的民办院校政策配套，或者更多，而目前的政策体系建设与实践需要来说差距仍很大。从另一个角度说，根据以往的经验，这些政策的执行力和执行率还有待观察，还需要在实践中探索和完善。公共政策的执行效果往往会直接关系到政策目标和公共利益的实现，如若效果不佳可能会降低政府的威信，影响政府的公信力，损坏政府的形象。现阶段我国民办院校发展正处于关键时期，需要政府能够制定和实施有效的政策安排来解决问题。有效的方案更要依赖于有效的政策执行，方案做得再好如果得不到有效的执行，也只能是一纸空文。再好的理论如果只是空谈，不运用到实际中去，不能得到有效的运用，那它也是没有任何意义的。在我们这样的公有制为主体的社会主义制度下举办民办院校，本身就是一个伟大的创举，不说是后无来者，至少也是前无古人。我们没有深厚的积淀，也没有现成的经验可借鉴。但是，只要我们明确目标，认定目标，大胆实践，勇于创新，不懈改革，持之以恒向着目标迈进，达到目标就大有希望，我国民办院校的发展就大有希望。

第六，我国民办院校办学体制与发展的政策应该转型。

如文中所述，我国民办院校发展政策总体来说是缺乏顶层设计、缺乏系统完善、缺乏严格执行、缺乏绩效评估。政策文本和执行缺乏系统性、协同性、整体性和一致性，是民办院校发展政策的主要特点。民办院校发展政策大多是出于"摸着石头过河"的"探索"状态，不稳定、多变随性，政策时许时限，时放时禁，动摇不定，由此造成举办者心存顾虑，制约了民间对民办院校的放心投入和民办院校整体发展与水平的提高。顶层设计缺失带来民办院校发展的国家制度不清晰。多种体制的办学模式需要多样化的政策与之"配套"。协调不够、政出多门、上下不一、各行其是的管理政策，使得民办院校无所适从，降低了法律和政策的执行力，也损伤了法律政策的权威性。

在关注民办院校外部环境营造的同时，政府也应关注民办院校内部问题，尤其是内部治理和质量提升问题。

我国民办院校内部治理关系不顺，需要政策规制。民办院校由于实施特殊的办学体制，需要特殊的内部治理政策与之相适应。借鉴国外大部分国家私立院校实施董事会领导下校长负责制的经验，我国民办院校也规定民办院校实施理事会、董事会或其他形式的领导体制。这样宽泛的规定无疑是为了适应我国民办院校多样化的办学体制，但是也带来了政策执行的随意性和不确定性。同时，对于我国国情下民办院校党的领导体现问题，尽管已有一些政策出台指导，但是实践中仍有许多模糊之处。诸如党组织负责人的待遇和任职条件问题、党组织的实施机构建设问题、党组织在决策中的地位问题、校长与党组织在决策中的次序问题等，在一些民办院校中还难以自我解决。还有教职员工和学生以及社会中介在学校内部治理中的参与度、参与路径等体制、机制问题仍未落实。在民办院校决策中，教职工鲜有发言权和知情权，由此加剧学校与教职工之间的矛盾，助长了雇用思想和情绪的蔓延。

与我国民办院校政策需求密切相关，民办院校办学质量提升缓慢，有待政策引导。我国民办院校是在特殊的国情背景下产生起步的，投入不足

（到位），资金缺乏，办学层次低，教学团队弱，还难以与公办院校竞争。据有关方面研究提供的权威数据，大部分民办院校的办学经费只有公办院校的一半甚至一半都不到。民办院校的收费受到许多方面的限制，并且许多院校的经费中，还需要有一部分归还基建贷款或借款。经费紧张，投入不足。从校园面积、建筑面积、教师队伍建设、教学设备和图书藏书等多个生均指标上，民办院校与公办院校都存在着较大的差距，由此制约了民办院校办学质量和层次的提高。在高等教育大众化不断深入、生源大幅萎缩而办学资源日益丰富，人民群众的求学需求从简单的接受高等教育向渴望接受优质化和特色化高等教育转化的背景下，民办院校如不抓紧内涵建设，加快教学改革步伐，则可能会陷入越来越被动的发展困境。

当前，基于高等教育大众化的不断深化和推进，高等教育一般性资源已经得到较快的增长，高等教育已经从高速度发展转向高质量发展，高等教育的市场矛盾已经从满足人民的求学需求转化为满足人民不断增长着的优质、特色和个性化可选择的多样化需求，民办院校的发展面临新的挑战，肩负新的使命。民办院校的发展定位应该从满足"有大学可上"阶段的"补充"作用向"能上好大学"阶段的重要力量和重要组成部分，成为人民群众实现多样化、个性化选择的重要形式转变。作为主导民办院校发展的政策，也应该适应新时代的新要求，政策应该做出调整。从关注举办到关注办好，从关注外延到关注内涵，从关注规制到关注治理，引导民办院校加大投入，稳定办学，正确定位，深化人才培养改革，不断增强人才培养能力，与公办院校一起，为办人民满意的高等教育，服务全面建成小康和建设社会主义现代化强国做出贡献。

二　课题研究提出的六个建议

2017年10月召开的党的第十九次代表大会，是在我国全面建成小康社会决胜阶段、中国特色社会主义进入新时代的关键时期召开的一次十分重要的大会。习近平代表党中央所作的政治报告，分析了国际国内形势发展变化，回顾和总结了过去五年的工作和历史性变革，做出了中国特色社会主义进入了新时代、我国社会主要矛盾已经转化为人民日益增长的美好生活需要和不平衡不充分的发展之间的矛盾等重大历史和社会发展的全局性判断，提出了新时代坚持和发展中国特色社会主义的基本方略，确定了决胜全面建成小康社会、开启全面建设社会主义现代化国家新征程的目标，对新时代推进中国特色社会主义伟大事业和党的建设新的伟大工程做出了全面部署，为国家各项事业的未来发展指明了方向。

学习贯彻十九大报告精神，要深刻理解中国不平衡不充分发展的内在含义和外在表现。中国教育发展面临的主要矛盾已经发生重要变化，人民日益增长的更高水平、更高质量和更加多样的教育需求与不平衡不充分的教育发展之间的矛盾已经成为教育面临的主要矛盾。教育发展已经从规模增长为主要矛盾转向质量提升为主要矛盾的新阶段。面对决胜全面建成小康社会和建设社会主义现代化强国的宏伟目标，面对广大人民群众对民办院校提出新期盼，面对民办院校的未来发展，必须主动适应新时代教育发展从大到强的新趋势、新特点和新需求。针对我国民办院校办学体制中的新问题，我们对民办院校办学体制相关的发展政策提出六大建议。

第一，加强顶层设计，加快建立完善民办院校发展的国家制度。

要将民办院校办学体制上升为国家高等院校办学体制的重要组成部分，坚持多元化多样化办学体制共同发展的格局不动摇。根据新时代国家对高等教育的新要求，人民群众对优质、特色和合适可选的高等教育的新期待，设计与我国民办院校办学体制长远发展相适应的国家制度框架。国家民办院校办学体制本身就是在国家政权管辖范围内举办民办院校所必须遵循的基本制度。毫无疑问，这一制度将代表国家意志，体现国家国情，符合国家长远发展战略。民办院校办学体制的国家制度，至少需要回答几个问题：民办院校办学体制的价值何在？民办院校办学体制是否国家发展的重要战略？是短期过渡还是长远发展？对民办院校办学体制是限制发展还是鼓励发展？是鼓励多样化多元化发展还是鼓励哪几种体制发展？是全体系（各层级）发展还是仅限于某些低层次发展？这些问题，从国家层面有许多文件论述，但是不系统，不统一，不稳定。比如《国家中长期教育改革和发展规划（2010—2020年）》明确指出，民办教育是教育事业发展的重要增长点和促进教育改革的重要力量。这就明确指出了民办教育发展的价值所在。但是这一价值表达仅仅是在《国家中长期教育改革和发展规划（2010—2020年）》中，而这一规划的时限是2020年之前，国家层面的法律和其他正式文件尚未见到。再比如，对于民办院校办学体制的国家政策导向，有时表达为"鼓励和支持"，有时表达为"鼓励和规范"，有时表达为"规范和支持"。这些变大不一的细小改变所体现的政策导向，很容易被解读为政策不稳定、不确定，给社会力量办学的举办者留下顾虑。《民办教育促进法》新法的颁布，为国家民办院校办学体制的顶层设计指明了方向，为政策制定奠定了良好的基础。

与顶层设计相联系，规划也是民办院校发展政策的重要载体，是民办院校政策目标和路径的重要发布渠道。从"十一五"开始国家启动民办院校发展规划，对推动我国民办院校发展意义重大。特别是《国家中长期教育改革和发展规划纲要（2010—2020年）》，在民办院校方面出台了许多重要的政策，表达了大量政策趋势信息，积累了丰富的经验，应该继续发扬光大。规划是一定阶段的工作指导文件，是阶段发展目标、任务、重点、部署和路径的具体安排。通过加强规划指导，明确民办院校发展的阶段目标，制定务实有效的政策，能够更好地推动工作顺利开展，引领民办院校稳定健康可持续发展。

第二，贯彻落实新法，制定完善系统全面的民办院校发展政策。

贯彻落实《民办教育促进法》，制定完善系统全面的民办院校发展政策，创设办学体制改革和社会力量办学的宽松环境，为民办院校办学体制的巩固和发展提供稳定保证，是今后一段时间民办院校政策的重要任务和动向。

《民办教育促进法》新法，是我国民办院校发展的基础法律，也是民办院校办学体制的法律保证。新颁布的《民办教育促进法》，代表了国家发展民办教育的新态度和新要求，回应了民办院校发展中的问题和诉求，实施了分类管理和差异化的扶持政策。这是一部中国自有国家教育制度以来第一次允许教育营利的法律，因而受到各界的关注和重视。但是，实施分类管理，意味着今后民办院校将分成两类，本着分类管理、差异化扶持的要求，必然需要两类不同的政策。原有的政策将不适应要求而需要进行甄别、调整和修改。

贯彻落实《民办教育促进法》，根据《民办教育促进法》新法的要求，根据实行分类管理和差别化扶持政策的精神，全面系统完善民办院校发展的制度和政策，推动民办院校发展进入新的阶段，是各地政府当前和今后一个时期的一项重要工作。我国幅员辽阔，各地发展很不平衡，法律制定本身已经考虑到这些情况，给予地方政府政策创新的空间很大。我们既缺少营利性民办院校的发展政策，也缺少非营利性民办院校发展政策，政策缺口太大。目前许多省市根据法律要求已经制定并公布政策初稿。但是万变不离其宗，在加强党对民办院校的领导，实施分类管理，实行差别政策，落实补偿奖励，加强财政扶持和项目支持，创设公、民办院校和谐发展、公平竞争的良好环境，实行自主办学，进一步落实办学自主权，在招生、收费和专业设置等更加注重发挥市场机制的作用等等，这些基本上都囊括了地方政策的范围和内容，应该根据本地区的实际情况，加大政策创新力度，制定好地方配套政策。当然，各地经济发展不平衡，财政有宽有紧，民办院校发展阶段、发展重点和发展定位也不一致，因此，政策的创新区域、创新力度、创新重点、创新路径可以不要求一致，关键还是看政策是否符合区域民办院校发展的需求，符合区域政府民办院校发展的规划目标，是否符合民办院校健康稳定和可持续发展。

在出台地方政府政策中，需要明确政府导向和支持倾向，引导民办院校走健康发展的路子。实行分类管理，从法律来说营利性民办院校与非营利性民办院校应该一视同仁，给予鼓励。但是对于两类民办院校的支持力度应该说是有所区别的。国家层面已经明确实施差异性的扶持政策，《国务院关于鼓励社会力量兴办教育　促进民办教育健康发展的若干意见》明确指出，要"分类管理，公益导向。实行非营利性和营利性分类管理，实施差别化扶持政策，积极引导社会力量举办非营利性民办学校"。贯彻这一文件精神，需要加大力度，做足鼓励举办非营利性民办院校的政策文章，加大优惠和扶持力度，使得民办院校感觉到利亏理不亏，安心甘心办好学校。当然，对于营利性民办院校办学，既然法律上允许，政策上就不能歧视，也要根据市场原则给予更多的支持和鼓励。

第三，解决关键问题，切实落实落地民办院校发展的重点政策。

当前需要落实民办院校发展的重点政策：一是要进一步落实落地产权政策。实行分类管理以后，民办院校关心的产权政策实际上还没有完全落地，一些举办者欲续不愿、欲罢不甘，顾虑重重，精神不振。这里面有政策的理解问题，也有现实问题的解决。

课题组建议，一是产权政策制定时应该充分考虑到国家民办院校发展政策的继承延续和民办院校的历史贡献，实事求是地设计存量民办院校的产权政策。我们分析认为，在现有高等教育资源比较宽裕的状况下，今后一段时间将不会有大量的新院校产生，因此问题的解决具有一定的特殊性和不可比性。进一步的说，目前法律规定的非营利民办院校的奖励和补偿政策，是在学校终止以后。虽然政策明确，但是由于过去民办院校政策多变，举办者难以建立政策信心。并且由于终止办学可能是一个非常长期的时段，时间过长相关账目也难以计量。因此，有的举办者认为，这一政策的兑现可能是一个遥遥无期的画饼，这是不无道理的。从政策导向来说，政府也不希望举办者无故提前终止办学。因此，分析各方诉求，我们慎重提出，对于存量民办院校原先约定"需要取得合理回报"的，开展"在学校有所积累的基础上，允许分年度获得一部分奖励和补偿"的试点探索。处理得好可能为处理民办院校产权提供经验，当然这也是一种事实确权。

二是落实非营利民办院校的财政支持。在省级预算中明确，适当安排民办院校扶持资金和专项资金，以解决民办院校资金不足的实际问题。这一问题的具体实施，希望扶持资金按照生均经费方式划拨，以考虑到学校规模；专项资金主要是用于实验室、师资队伍建设、科研项目支持等质量提升项目。这方面陕西省和上海市的经验可供借鉴和推广。顺带一句，由于国家规定民办院校在省级民政部门登记，因此民办院校的相关资金在省级层面安排比较实际。因为在调研中发现，一些地区民办中小学属地政策管理，支持政策往往解决得比较好，而民办院校则因"块头大"，与地方政府之间的直接关联不大，尤其是在省会城市，院校集中，地方政府解决有难度，因此希望省级统筹落实比较妥当。

三是落实民办院校的办学自主权，为民办院校面向市场服务社会营造宽松的环境。民办院校的办学体制，是面向市场的办学体制，需要市场机制运作的政策环境。这个与公办院校形成巨大的区别。政府要坚持和发挥以市场机制配置教育资源的作用，充分理解和运用市场机制，落实民办院校的办学自主权。那种以"公、民办院校一视同仁"的理由取消或者限制民办院校办学自主权的理由是站不住脚的。对于民办院校的办学自主权，从调研的情况来看，多反映表现在三个方面：专业设置、招生方法和收费标准。目前高校专业设置的实际安排是"备案制"，但是这个"备案制"是具有限制权和否决权的申报制。实践中民办院校专业设置往往以各种理由被"不备案"，致使民办院校专业设置只能跟在公办院校后面亦步亦趋，专业设置相当趋同。而民办院校特有的专业设置机制又往往被看作"另类"和"不符合条件"，"办学条件不足"成为大部分民办院校专业设置被否决的"专家意见"。因此，要解决民办院校专业设置问题，解决民办院校专业设置趋同化问题，首先主管部门就要理解民办机制的运行程序和流程，允许先办后建，考核完善，并适当放宽民办院校对目录外专业的培养和探索，走特色创新之路。对于招生问题，民办院校反映较多的是招生计划的核定、招生区域和批次的安排以及招生方式的改革创新。有的民办院校反映招生指标不足，影响规模发展。这个问题作为政府需要理解，不要完全按照公办院校的"规模条件"来核定民办院校的招生计划指标，或者根据国家许可的民办院校办学条件参照公办院校的做法而有所"照应"；而民办院校也要体现"量力而行""力所能及""保证质量"的要求安排招生指标，逐步克服粗放型扩张办学的思路，走特色办学、优质办学的路子。在招生区域安排方面，由于民办院校收费较高，为提高录取率和报到率，应作适当安排。对于南方沿海省市民办院校承担政府支援西部计划面向西部招生的，希望适当给予生均补助，既解决西部考生经济条件不足缴费难的问题，提高学生的报到率，也使得政府支援西部的计划落到实处。在招生方式方面，允许和鼓励民办院校大胆探索，有的试验性质的招生方法，更可以在民办院校做些试点。经过试点取得经验再逐步推广可能更为妥帖。诸如三位一体招生、注册入学、专升本、中升本等立交桥式的招生，民办院校均可参与。关于收费放开，已经有十多个省市先后放开了民办院校收费标准的审批而改为按照成本、自我定价、市场调节、上报备案，积累了丰富可行的经验，值得借鉴和推广。当然，放开收费绝不是乱收费，自主收费不是自由收费，政府大可不必担心放开收费后学费大涨，从现有情况来看，由于发挥市场作用，有的院校实践中还会降低收费。落实办学自主权需要民办院校自律办学行为。即便这样，政府也不能放松对民办院校的监管。在这样一个庞大而复杂的系统内出现个别的违规行为也是可能的，而这正是政府加强监管的理由和价值所在。

第四，着眼国家目标，引导民办院校改善管理提高办学的质量。

质量是民办院校发展的短板，是民办院校可持续发展的关键因素。要制定完善民办院校内部治理相关政策，引导民办院校提高质量，办出特色，提高效益。

民办院校内部运行和治理，绝不仅仅是民办院校的"内部事务"。对于民办院校治理结构的规制和引导，理顺关系，保护利益相关者的权益，政府责无旁贷。

在民办院校内部运行方面，政策在以下几个领域显得急迫和重要。

一是关于民办院校内部治理体制方面。要理顺内部关系，完善管理机制。本次《民办教育促进法》修法增加了"民办学校党建"的内容。在国务院等相关文件中，突出强调加强党对民办学校的领导，从党的建设的地位、作用、工作职责、工作方式和机制等方面详细规定民办学校党的建设工作，为民办院校党建工作指明方向，也为民办院校党组织参与治理提供了依据。当然，这一精神的贯彻落实还有待于对文件的理解和深化，需要进一步的操作性文件相配套；二是董事会领导下的校长负责制。国家相关文件规定民办学校实行董事会领导下的校长负责制。国务院的相关文件提出要"完善学校法人治理。民办学校要依法制定章程，按照章程管理学校。健全董事会（理事会）和监事（会）制度"；"董事会（理事会）和监事（会）成员依据学校章程规定的权限和程序共同参与学校的办学和管理。董事会（理事会）应该优化人员结构，由举办者或者其代表、校长、党组织负责人、教职工代表等共同组成。……学校党组织要支持学校决策机构和校长依法行使职权，督促其依法治教、规范管理。完善校长选聘机制，依法保障校长行使管理权。"这些规定很明确，但是很原则、不具体，实施还有待于进一步细化，以提高政策的操作性。

总之，必须落实党对民办院校的领导，发挥民办院校办学的体制和机制优势，激活高等教育的发展活力。民办院校办学体制，需要与之相适应的内部治理机制。我们不能把眼光全部盯在营利非营利分类上，还要高度关注如何构建科学合理的内部治理结构，发挥体制机制优势，提高办学的效率和效益。在中国大地举办民办院校，必须加强党的领导，坚持社会主义的办学方向，充分发挥党组织在方向把关、内部和谐、政治核心、凝聚人心方面的作用，实行董事会领导下的校长负责制，合理划分各权利主体的权力，加强职工代表大会制度，实行民主管理，坚持以学生为中心，充分维护受教育者的权益，构建内部和谐的校园文化，彰显民办院校办学体制的优势、特色和生命力。

民办院校政策中很重要的就是如何保护学生的权益，具体体现主要就是如何稳定和提高教育质量。我国民办院校长期绝迹于高等教育舞台，改革开放以后好不容易有了一个恢复办学的机会，又遇上高等教育大众化的快速推进，过于稚嫩的肩膀却要承受高等教育优质化的转型，可谓"生不逢时"。但是，市场就是市场，竞争就是无情。如果不能适应和赢得市场的竞争，民办院校就难以在市场上站稳脚跟，也就没有民办院校的未来。同时，以人民为中心，办人民满意的高等教育，也是政府的重要职责。因此，如何引导民办院校加强内涵建设，不断提升教育质量，既需要民办院校的自觉，也需要政府的政策引导、支持和督促。当前民办院校提高质量需要政府支持的政策主要有：面向市场的专业设置、规范有序的招生环境、面向应用的课程安排，有利创新的教学改革，周到服务的教学管理。这些都需要政府和学校双方的协同和努力。

民办院校提升教学质量，关键还需要有一支稳定、善教和勇于创新的教师队伍，在这一方面当下民办院校与公办院校之间距离很大。队伍是大学办学的核心竞争力，是民办院校发展的弱处。需要从政策和制度上营造师资队伍建设和成长的环境，着力解决教师关心的养老政策和培训政策等，为队伍稳定和成长创造外部条件。当前民办院校教师队伍数量不足、层次不高、结构不佳，流动量大，稳定性差，高层次人才严重匮乏。存在这一问题的原因是多方面的，但是政策的关键问题还是要解决好教师的养老保险和培训提高问题，前者由于退休后待遇差距大而给教师工作带来严重的后顾之忧，难以安居乐业，后者制约民办院校教师队伍的职业提升和发展。这两个问题解决的关键主要是政策，应该引起重视下决心解决。要加强政策引导，推动民办院校专任教师队伍的建设。

还有一个政策值得重视，就是开展民办院校示范校的建设。建设一批高水平民办院校示范校，培育优质民办院校办学资源，加快形成公、民办院校共同发展的格局，是《国家中长期教育改革和发展规划纲要（2010—2020年）》确定的任务之一。从发展实力和发展水平来看，我国民办院校还处于发展的初级阶段。办学条件弱，办学层次低，办学质量和水平的社会认可度不高，定位不准，经费缺乏，团队不齐，模式传统，改革艰难。我国民办院校特有的处境，难以进入国家高等教育体系中心。尤其是在高等教育大众化和多样化深入发展的背景下，民办院校遭遇更多的挑战，许多民办院校成为竞争淘汰的首要对象。长此久往，民办院校的发展将成为一句空话，民办院校办学体制将被动摇。因此，有必要建设一批民办院校优秀示范校，在民办院校群体内树立自己的标杆。通过培育支持，深化改革和特色塑造，提高办学质量和水平，跻身区域高等教育发展名校行列，从而巩固民办院校的发展地位，坚定社会对民办院校办学体制的信心，构筑国家民办院校办学体制的坚实基础。

第五，实行共同治理，维护和保障民办院校利益相关者的权益。

"从现代的公司到大学直至基层的社区，如果要高效而有序地运行，可以没有政府的统治，但却不能没有治理。"① 经验证明，高等教育从精英化向大众化、普及化的进程中，大学毫无例外遭遇规模扩张带来的与传统的管理日益剧烈的矛盾和挑战，此时非常需要从理论上和实践上探索新的路子，运用新的理论，重新构建大学与国家、社会、大学之间的关系。而引入治理理论对大学进行公共治理，便是这种探索的体现之一，实践证明也是有成效的。与传统的管理相比较，治理最大的特点是"共同治理"。

在大学实施共同治理，有利于调动教师、学生、职工等多方的积极性，有利于集思广益，吸取群体智慧，形成正确的决策，有利于发挥学者在决策中的优势作用，形成良好的学术文化，共同治理有利于明确责任，分工合作，推进学校发展。而民办院校由于其独特的举办体制，治理涉及的主体更复杂。民办院校的治理包括内部治理和外部治理两个层面的内容，其中内部治理涉及民办院校的内部组织结构设计、学校内部各个利益相关者（包括出资人、董事会、校长、教师、学生、家长）之间的权利、义务的分配关系等，它解决的是民办院校的内部运行机制问题，关系到民办院校运作如何能从激励和约束两个角度调动各方积极性，保障教学质量，维护各方利益；而外部治理涉及政府和社会如何参与到民办院校的运作管理当中，比如政府与民办院校的关系应该如何定位，政府通过法律手段还是经济手段进行干预，国家的法律是否允许民办院校投资人取得合理回报，民办院校的产权在法律上有无明文的界定，等等，这些都和民办院校长远发展的方向密切相关。本书前面分析的民办院校发展过程中存在的问题，归根结底都是属于民办院校治理的问题。其中有些属于学校内部治理需要处理的，比如学校的产权界定、内部运行机制、筹资决策、教学质量保障等；有些则于学校外部治理需要处理的，如政府对民办院校运作的规制、法律环境的构建、舆论监督的完善、信息的畅通明晰、融资机构对民办院校资产运作的监督等。因此，建立并完善民办院校的治理结构是解决前面所述种种问题的根本出路。

---

① 埃利诺·奥斯特罗姆：《公共事务的治理之道》，余逊达、陈旭东译，上海三联书店2000年版，转引自俞可平《治理和善治——一种新的政治分析框架》，《南京社会科学》2001年第9期。

　　治理是民办院校发展的重要组成部分，也是发展的重要保证。民办院校要实施治理，并不是政府作为的消失，而是政府职能的转型和再造。民办院校的发展，既依赖民间资本的有力投入，更依赖于政府政策的有力支持，从现实情况看，更有赖于政府治理职能的发挥。因此，政府应该运用政策杠杆和工具，积极主动地出现在它所应该出现的地方，来弥补市场机制的失灵。

　　民办院校的发展除了内部机制外，还需要一个公平的竞争环境和维护这种环境的法律、政策。政府治理就应该发挥这方面的作用，就是要建立和完善市场，监督市场、引导市场以及部分的参与市场。民办院校办学体制产权结构多元化，其办学自主权要得到保护，政府不能干涉。政府要转变观念，转变职能，改变习惯性地对民办院校的微观办学行为进行控制的做法，对民办院校的支持重点主要体现为政策与制度建设的支持，应通过制定政策、完善法规、经费资助、信息服务、监督评估等间接手段，对民办院校的发展进行宏观调控和引导。而良好的动机和政策，如果没有机制创新，就容易成为空话。因此，政策制定、环境创设、职能转变和机制创新应成为政府参与民办院校治理的主要着力点。

　　在民办院校开展治理，从政府方面来说，第一，要转变观念，转变职能，从"管理政府"转为"服务政府"，将主要职能和工作重点，从管理转到服务上来，急民办院校所急，想民办院校所想，规范和支持并举，政策和措施齐下，建设好民办院校稳定有序健康发展的大环境。第二，要运用好政策工具，积极鼓励社会力量对高等教育的投入，尊重和表彰出资办学行为，尊重和表彰热心教育的举办者。第三，要落实好国家各项民办院校发展政策，及时帮助解决发展运行中的问题，坚持立德树人、坚持社会主义办学方向，坚持以人民为中心的理念。最后，适时对民办院校办学行为开展检查，督促其依法办学，规范办学行为。

　　与此同时，政府还要通过立法和政策引导，督促民办院校建立和完善内部治理结构。董事会（理事会）领导下的校长负责制是私立大学治理结构的基本形式，已经成为民办院校内部治理的主要形式，但有许多问题还没有解决好，影响了内部和谐和管理效率。诸如党组织建设和作用发挥问题，董事会和校长治理的权利划分和治理边界确定，教职工如何参与治理的问题，社会中介如何发挥作用、学生及家长如何保护权益的问题等。需要细化的还有董事会的组织程序和人员要素问题、校长的任职资格问题、学术权力与行政权力的分工问题，如此等等问题，依靠民办院校内部自发解决难度很大。根据国外经验，需要政府统筹协调，出台相关政策，作出制度安排。

第六，加强政策协同，继续创设民办院校可持续发展良好环境。

在民办院校开展治理，还有一个问题需要重视，就是如何加强政策协同，推动民办院校发展政策落实落地。办学体制改革涉及制度建设，民办院校发展政策关乎政府许多部门，仅仅依靠一、两个部门单兵独进是没有办法实施的。针对以往民办院校相关法律和政策落实落地中长期存在的部门间推诿和扯皮等问题，本次《民办教育促进法》颁布以后，中共中央组织部、国家工商总局、人力资源和社会保障部、民政部等许多部门根据法律的要求，出台了涉及学校党建、分类登记、队伍建设、物价收费等具体问题，回应了举办者在分类管理以后带来的疑虑。但是还很不够。目前还有一些部门的相关政策尚留空白，如土地、财政、税务等部门尚无相应的政策，给法律贯彻落实带来不确定的因素。2017 年 8 月 5 日，国务院专门批准建立由教育部主要负责同志担任召集人、相关成员单位负责同志为联席会议成员的全国"民办教育工作部际联席会议制度"，范围涵盖教育部、中央编办、发展改革委、公安部、民政部、财政部、人力资源和社会保障部、国土资源部、住房和城乡建设部、人民银行、税务总局、工商总局、银监会、证监会等，加上中央组织部，共 15 个单位，文件还确定了部际联席会议的工作规则和机制，从而解决了多年来民办院校发展政策难出台、难实施、难落地的问题。当然，这仅仅是开始。下一步要进一步落实工作机制，很好地发挥部际联席会议制度的作用，明确分工和工作责任，健全工作机制，协同推进民办院校发展政策的制定和实施，落实国家鼓励扶持民办院校发展的政策措施，强化对民办院校的监督指导，协调相关部门共同纠正违法违规行为，规范办学秩序，共同营造民办院校发展的良好环境，促进民办院校的可持续发展，共同为办好人民满意的民办高等教育做出努力。

附件一：本书图表清单

附件二：课题研究成果鉴定材料清单

一、课题立项通知书

二、《课题申请·评审书》

三、开题报告

四、中期报告

五、《成果鉴定申请·审批书》

六、成果主件（研究总报告和成果公报）

七、成果附件（已发表的系列研究论文24篇，其中C刊16篇）

八、问卷一、问卷二、问卷三、问卷四、问卷五

九、成果采纳相关证明（政策建议和采纳证明文件8份）

十、民办院校办学体制与发展政策调研报告（9篇）

十一、专著：《我国民办院校办学体制与发展政策研究》（草稿，60余万字）

十二、《社会力量办学法律法规选编》（1978—2017年）

十三、媒体相关报道

附件三：作者部分研究成果

一 已经出版的研究专著

1.《新时期中国民办高等教育发展研究》 浙江大学出版社 2005 年版

2.《新时期中国民办高等教育理论研究》 浙江大学出版社 2010 年版，2012 年重印版

3.《我国民办高校内部管理体制改革和创新研究》 中国社会科学出版社 2012 版

4.《教学服务型大学理论研究和制度框架》 中国社会科学出版社 2014 年版，2016 年修订出版

5.《我国民办高校治理及机制创新研究》 中国社会科学出版社 2017 年版

6.《我国民办院校办学体制及发展政策研究》 中国社会科学出版社 2018 年版

二 主持研究的部分项目和课题

课题名称	课题性质	状态
浙江树人大学民办高等教育研究规划	2001 浙江树人大学重点课题	完成
浙江省民办高等教育发展对策研究	2002 浙江省教育厅立课题	完成
浙江省民办高等学校党建工作研究	2003 浙江省教育厅立课题	完成
浙江民办高职院校师资队伍建设现状和思路	2004 浙江省教育厅立课题	完成
浙江省高等教育规模发展问题和对策研究	2006 浙江省教育厅立课题	完成
浙江省大学毕业生就业问题研究	2009 浙江省教育厅重点课题	完成

续表

课题名称	课题性质	状态
浙江省民办高等教育可持续发展研究	2002 浙江省哲学、社会科学资助课题	完成
基于评估标准的浙江省民办高校收费标准研究	2004 浙江省哲学、社会科学资助课题	完成
基于两创发展战略的浙江省高等教育适应性研究	2008 浙江省哲学、社会科学资助课题	完成
"十二五"期间浙江省大学毕业生就业对策研究	2011 浙江省哲学、社会科学共建课题	完成
教学服务型大学——民办高校办学定位的新类型	2012 浙江省哲学、社会科学后期补助课题	完成
民办高等学校教育评估研究	2002 浙江省教科规划"十五"重点课题	完成
民办高校教育评估体系构建研究	2002 浙江高教科规划"十五"重点课题	完成
民营机制下浙江省高教质量保证体系研究	2003 浙江省科技计划软科学一般课题	完成
浙江省教育服务业发展研究	2006 浙江省科技计划软科学重点课题	完成
浙江省中长期就业问题研究	2008 浙江省科技计划软科学重点课题	完成
民办本科院校教学质量提升的理论和实践研究	2006 全国高教规划"十一五"重点课题	完成
民办高校办学综合水平评估体系构建研究	2003 全国高教规划"十五"规划重点课题	完成
民办高等学校可持续发展研究	2007 全国教科规划课题教育部重点课题	完成
我国民办高校家族化管理问题研究	2009 全国教科规划课题教育部重点课题	完成
中国民办高校发展战略研究	2004 全国教科规划课题教育部重点子课题	完成
中国民办教育发展研究	2005 全国教科规划课题教育部重点子课题	完成
浙江省民办高校教师队伍建设对策研究	2005 全国教科规划课题教育部重点课题	完成
"十一五"期间中国民办高等教育发展研究	2004 全国教育事业规划办公室招标课题	完成
民办高校人才培养模式理论与实践研究	2005 浙江高校新世纪教改重大招标课题	完成
民办本科院校评估体系构建研究	2008 教育部、财政部特批专项	完成
国家中长期民办高等教育发展研究	2008 中国民办教育协会委托课题	完成

续表

课题名称	课题性质	状态
我国民办高校内部管理体制改革和创新研究	2010 教育部人文社科规划一般课题	完成
我国民办高校治理及机制创新研究	2015 教育部人文社科规划一般课题	完成
民办院校办学体制与发展政策研究	2015 国家社会科学基金重点项目	进行中

三　本人科研部分获奖成果

序号	成果名称	完成人	获奖名称、等级及时间
1	教学服务型大学背景下应用型人才培养的探索与实践	徐绪卿	2016 年浙江省高校教学成果一等奖，浙江省人民政府 2016.8
2	研究报告：我国民办高校内部管理体制改革和创新研究	徐绪卿	浙江省第 18 届哲学社会科学优秀成果三等奖，浙江省人民政府 2015.12
3	专著：我国民办高校内部管理体制改革和创新研究	徐绪卿	浙江省第 17 届哲学社会科学优秀成果三等奖，浙江省人民政府 2014.2
4	中国民办高校可持续发展研究	徐绪卿	浙江省第 16 届哲学社会科学优秀成果二等奖，浙江省人民政府 2012.1
5	"十一五"期间中国民办高等教育发展研究	徐绪卿	浙江省第 14 届哲学社会科学优秀成果三等奖（浙社科规办〔2008〕3 号）
6	民办高校人才培养模式改革的研究与实践	徐绪卿	浙江省高校教学成果二等奖（2008）浙江省人民政府 2009.9
7	中国民办高等教育发展战略研究	徐绪卿	浙江省第 13 届哲学社会科学优秀成果三等奖，浙社科规办〔2006〕15 号（参与）
8	中国民办高校可持续发展研究	徐绪卿	2009 年浙江省教科规划优秀成果一等奖（浙教科规办〔2009〕10 号）
9	中国民办高等教育发展战略研究	徐绪卿	2005 年浙江省高校科研成果一等奖，浙教科奖 0003676（参与）
10	民办高等学校教育评估研究	徐绪卿	浙江省第五届教育科学优秀成果评比三等奖（浙教科规〔2007〕1 号）
11	浙江省民办高等教育可持续发展研究	徐绪卿	2005 年浙江省高校科研成果三等奖，浙教科奖 0004337

注：以上均为第一获奖者。

四　公开发表的部分学术论文

2001 年

1.《浙江民办高校发展态势及问题》，《教育发展研究》2001 年第 2

期，《中国人民大学书报资料中心高等教育卷》2001年第6期全文转载。

2.《办出质量，办出特色，抓住机遇，加快发展》，全国民办高校人才培养工作会议交流论文，厦门大学，2001年1月8日。

3.《民办高校必须加快专职教师队伍建设》，《浙江树人大学学报》2001年第1期。

4.《抓住机会，加快民办高校专职教师队伍建设》，《中国高教研究》2001年第6期，第四届华文教学研讨会录用论文2001年12月8日。

5.《稳定提高教育质量，促进高教健康发展》，《杭州电子学院学报》2001年第10期。

6.《新时期民办高校专职教师队伍建设的几点认识》，《民办教育动态》2001年第6期。

7.《高教大众化与民办高校对策》，《浙江树人大学学报》2001年第3期。

8.《高教大众化与民办高教发展》，《国际视野中的高等教育》国际高等教育研讨会论文集，浙江大学出版社2001年版。

9.《有质量的发展才是硬道理》，《浙江日报》2001年10月29日，第7版。

2002年

1.《民办高校协作会在黑召开》，《中国教育报》2002年1月21日，第4版。

2.《崭新课题：可持续发展》，《中国教育报》2002年3月4日，第3版。

3.《加强协作，共同繁荣——首届民办普通高校协作会综述》，《浙江树人大学学报》2002年第2期。

4.《首批民办高校发展经验的若干思考》，《浙江树人大学学报》2002年第2期。

5.《浙江省高等教育规模发展现状、问题与建议》，《教育发展研究》2002年第6期。

6.《要想站稳脚，科研很重要》，《中国教育报》2002年8月19日，第4版。

7.《浙江省高教学会民办高教专业委员会2002年年会会议纪要》，《浙江树人大学学报》2002年第4期。

8. 《民办高教新发展中面临的问题》，《浙江树人大学学报》2002 年第 5 期。

9. 《教育创新是民办高校生存和发展的根本》，《教育信息报》2002 年 10 月 16 日，第 3 版。

2003 年

1. 《中国民办教育发展新的里程碑》，《教育信息报》2003 年 1 月 21 日，第 3 版。

2. 《中国民办高校新发展及存在问题》，《中国人民大学书报资料中心高等教育卷》2003 第 1 期全文转载。

3. 《民办高校科研工作问题研讨》，《中国民办教育》2003 年第 2 期。

4. 《我国民办高校图书馆建设浅见》，《图书馆论坛》2004 年第 1 期。

5. 《抢抓机遇做好规划促进民办高教持续健康发展》，《高职高专教育启示录——百名院校长的办学新理念》，教育部高教司、中国高教学会编，高等教育出版社 2003 年出版。

6. 《民办高校教育评估问题研究》，《浙江树人大学学报》2003 年第 5 期。

7. 《浙江树人学院加快基本建设实现持续发展》，《中国教育报》2003 年 3 月 24 日，第 2 版。

8. 《首批民办高校的升格本科及其思考》，《教育发展研究》2003 年 11 月专辑。

9. 《民办高校升格本科和持续发展》，《民办教育动态》2003 年第 12 期。

10. 《可持续发展的内因与外因》，《中国教育报》2003 年 11 月 17 日，第 4 版。

11. 《坚持教学工作的中心地位，创建民办高校的质量品牌》，《中国教育教学杂志》2003 年第 15 期。

12. 《民办高校评估同样重要》，《社会科学报》（上海）2003 年 8 月 28 日，第 2 版。

13. 《学习贯彻〈民办教育促进法〉，促进民办教育大发展》，《浙江树人大学学报》2003 年第 1 期。

2004 年

1. 《对发展我国民办高教中介机构的思考》，《黑龙江高教研究》

2004 年第 1 期。

2.《我国民办高校图书馆建设浅见》,《图书馆理论与实践》2004 年第 1 期。

3.《树人大学的办学模式和民办高校的持续发展》,《民办教育研究》2004 年第 1 期。

4.《关于做好民办高校规划的若干思考》,《中国民办教育》2004 年第 1 期。

5.《民办高校经费筹集的理想模式》,《高等教育与资本市场国际学术研讨会》,厦门大学 2004 年 1 月 5 日。

6.《办一所什么样的民办大学》,《中国教育报》2004 年 2 月 27 日,第 7 版。

7.《民办学校,迎来春天》,《钱江晚报》2004 年 4 月 1 日,第 6 版。

8.《树人大学的筹资模式及启示》,《经济全球化与教育产业国际研讨会》2004 年 4 月北京师范大学,《黄河科技大学学报》2004 年第 4 期。

9.《积极开展科研工作,提升民办高校整体办学水平》,《浙江树人大学学报》2004 年第 6 期。

10.《定位：精于准确荒于盲目,中外民办高等教育发展论坛综述》,《中国教育报》2004 年 12 月 24 日,第 7 版。

2005 年

1.《关于民办高校正确定位的思考》,《中国高等教育》2005 年第 2 期,《中国人民大学书报资料中心高等教育卷》2005 第 4 期全文转载。

2.《正确定位,扬长避短,发挥优势,促进发展》,《黄河科技大学学报》2005 年第 1 期。

3.《积极发展工科教育,拓宽民办高校发展空间》,《浙江树人大学学报》2005 年第 3 期。

4.《苦练内功,促进民办高校持续发展》,《教育信息报》2005 年 4 月 19 日,第 3 版。

5.《关于民办高等学校课程体系改革的思考》,《民办教育研究》2005 年第 3 期。

6.《发展本科教育：拓宽民办高校发展空间的重要策略》,《教育发展研究》2005 年第 15 期。

7.《民办高校开展学位与研究生教育试点的若干问题研究》,《浙江树人大学学报》2005 年第 5 期，《中国人民大学书报资料中心高等教育卷》2005 第 12 期全文转载。

8.《积极发展工科教育拓宽民办高校发展空间》，《民办教育研究》2005 年第 5 期。

2006 年

1.《师资队伍建设：民办高校可持续发展的根基》，《中国高等教育》2006 年第 8 期。

2.《第二届中外民办高等教育发展论坛综述》，《高等教育研究》2006 年第 6 期。

3.《再论中国民办高等教育的发展空间》，《黄河科技大学学报》2006 年第 2 期。

4.《认清形势发挥优势促进可持续发展》，《浙江树人大学学报》2006 年第 4 期。

5.《关于我国民办高等教育评估的若干思考》，《教育发展研究》2006 年第 22 期，《中国人民大学书报资料中心高等教育卷》2006 第 1 期全文转载。

6.《"十五"期间民办高等教育的发展和几个突出的政策问题》，《民办教育研究》2006 年第 3 期。

7.《我国民办高等教育发展空间深度探析》，《民办教育研究》2006 年第 4 期。

2007 年

1.《质量和结构："十一五"期间高等教育发展的主题》，《教育发展研究》2007 年第 5 期。

2.《加快民办教育地方立法促进民办教育健康快速发展》，《浙江树人大学学报》2007 年第 1 期。

3.《民办高校亟待实施内涵发展战略》，《中国高等教育》2007 年第 6 期。

4.《积极开展院校研究，促进民办高校健康发展》，《高等教育研究》2007 年第 6 期。

5.《规范管理、促进民办高等教育健康可持续发展》，《浙江树人大学学报》2007 年第 5 期。

6.《规范和支持并举促进民办高等教育健康可持续发展》，《现代教育科学》2007 年第 9 期。

7.《加快内涵建设努力提升民办高校办学水平》，《民办教育研究》2007 年第 4 期。

8.《以规范树形象以质量立地位以特色塑品牌》，《教育发展研究》2007 年第 24 期。

9.《"十五"期间民办高等教育的发展与若干政策问题》，《浙江树人大学学报》2006 年第 5 期；《中国人民大学书报资料中心高等教育卷》2007 第 1 期全文转载。

10.《首次"全国民办高校学报工作研讨会"综述》，《浙江树人大学学报》2007 年第 6 期。

11.《中国大陆民办高等教育的历史、现状及未来发展趋势》，《高等教育研究》（台湾）2007 年第 2 期。

2008 年

1.《分类管理，分类指导，分类评估，促进发展》，《浙江树人大学学报》2008 年第 3 期。

2.《建立和完善民办高校法人治理结构的若干思考》，《广东培正学院学报》2008 年第 1 期。

3.《内涵发展——民办高校发展的战略选择》，《黄河科技大学学报》2008 年第 1 期。

4.《论科学发展观视野下的民办高校发展转型》，《浙江树人大学学报》2008 年第 1 期。

5.《民办高校专业设置：管制与自治》，《教育发展研究》2008 年第 8 期。

6.《科学发展观视角下的民办高校发展转型研究》，《中国高教研究》2008 年第 6 期。

7.《论建立和完善民办高校法人治理结构》，《黑龙江高教研究》2008 年第 8 期。

8.《全国民办本科高校教学评估研讨会综述》，《教育发展研究》2008 年第 12 期。

9.《浅论民办大学精神》，《现代教育科学》2008 年第 5 期。

10.《国家中长期民办高等教育发展政策建议》，《中国民办教育协会简报》2008 年第 11 期。

2009 年

1.《民办本科院校教学评估管见——分类管理、分类指导兼顾办学特色》,《广东培正学院学报》2009 年第 2 期。

2.《我国民办高校家族化的若干问题之探讨》,《高等教育研究》2009 年第 7 期。

3.《关于我国民办高校家族化管理的若干思考》,《教育发展研究》2009 年第 12 期。

4.《上下联动 内外结合 打造民办高校品牌》,《教育发展研究》2009 年第 4 期。

5.《建设高等教育强国与国家示范性民办高校建设的若干思考》,《黄河科技大学学报》2009 年第 2 期。

6.《民办高校家族式管理现象的成因及对策》,《中国高等教育》2009 年第 8 期。

7.《我国民办高等教育发展回顾及中长期发展思路》,《浙江树人大学学报》2009 年第 1 期。

8.《民办高校产权:公益性对激励性的超越》,《教育发展研究》2009 年第 24 期。

9.《民办高校家族化问题若干思考》,《华中师范大学学报》2009 年第 12 期。

10.《浙江树人大学特色建设的理论与实践》,《浙江树人大学学报》2009 年第 12 期。

2010 年

1.《关于我国民办高校家族化问题的思考》,《中国人民大学书报资料中心高等教育卷》全文转载 2010 年第 3 期。

2.《关于民办高校内部管理体制的若干思考》,《浙江树人大学学报》2010 年第 1 期。

3.《民办高校内部管理体制改革若干问题探析》,《中国高教研究》2010 年第 5 期。

4.《当前民办高校产权问题研究与实践的思考》,《黄河科技大学学报》2010 年第 3 期。

5.《〈纲要〉颁布背景下我国民办高校发展趋势分析》,《教育发展研究》2010 年第 9 期。

2011 年

1.《全面落实〈教育发展规划纲要〉促进公、民办高等教育和谐发展》,《浙江树人大学学报》2011 年第 1 期。

2.《课程改革是民办高校人才培养模式改革的核心》,《黄河科技大学学报》2011 年第 1 期。

3.《关于建立全国民办高校战略联盟的若干思考》,《黄河科技大学学报》2011 年第 2 期。

4.《认真学习 深化理解 科学发展》,《浙江省教育厅理论学习论文》参赛论文。

5.《优先开展公益性高水平民办高校建设工程》,《人民政协报教育在线》2011 年 6 月 1 日。

6.《关于民办高校分类管理理论与实践的思考》,《教育发展研究》2011 年第 12 期。

7.《开展分类管理 推进高水平民办大学建设》,《浙江树人大学学报》2011 年第 4 期。

8.《教学服务型大学：民办高等学校的新定位》,《中国高教研究》2011 年第 10 期。

9.《跳出"象牙塔"高度 聚焦地方院校的新定位》,《光明日报》2011 年 10 月 27 日, 第 15 版。

2012 年

1.《以名栏建设为契机百尺竿头更进一步》,《浙江树人大学学报》2012 年第 4 期。

2.《建设国家级高水平民办高校的若干思考》,《教育发展研究》2012 年第 7 期。

3.《浅论教学服务型大学的若干问题——兼论地方院校和民办高校的发展定位》,《教育研究》2012 年第 2 期。

4.《加强名栏建设服务民办高等教育》,《浙江树人大学学报》2012 年第 1 期。

2013 年

1.《科研工作：高水平民办高校建设的着力点》,《教育发展研究》2013 年第 1 期。

2.《民办高校科研工作总体滞后——"四个偏少"》,《人民政协报教育在线》2013 年 2 月 20 日。

3.《高水平民办大学的中国特色》,《浙江树人大学学报》2013 年第 1 期。

4.《科研工作:高水平民办高校建设的重要着力点》,《黄河科技大学学报》2013 年第 2 期。

5.《论我国民办高等教育政策从"规范"向"扶持"的转型》,《高等教育研究》2013 年第 8 期。

6.《加快政策转型支持民办高校健康和可持续发展》,《人民政协报教育在线》2013 年 7 月 17 日。

7.《关于民办高等教育政策顶层设计的思考》,《教育发展研究》2013 年第 21 期。

2014 年

1.《家政服务大有可为》,《教育信息报》2014 年 1 月 22 日。

2.《论教学服务型大学的合法性和发展逻辑》,《浙江树人大学学报》2014 年第 1 期。

3.《治理背景下我国民办高等教育管理的转型》,《中国高教研究》2014 年第 8 期。

2015 年

1.《大学治理与民办高校的着力点》,《浙江树人大学学报》2015 年第 5 期。

2.《民办高校治理必须紧紧抓住 5 个着力点》,《教育发展研究》2015 年第 9 期。

3.《积极引导,推进民办高校转型升级》,《浙江教育报》2015 年 11 月 9 日第 3 版。

2016 年

1.《新常态下民办高校发展的若干思考》,《浙江树人大学学报》2016 年第 1 期。

2.《民办教育如何应对供给侧改革》,《浙江教育报》2016 年 3 月 30 日,第 3 版。

3.《期待独立学院"走出"新天地》,《浙江教育报》2016 年 1 月 18 日,第 2 版。

4.《浅论新常态下民办高校的发展着力点》,《中国高教研究》2016

年第 2 期。

5. 《教学服务型大学人才培养的探索与实践》，《院校研究专集》2016 年 6 月。

6. 《深耕应用型人才培养》，《浙江教育报》2016 年 7 月 30 日，第 3 版。

7. 《"供给侧改革"背景下民办高校的发展思路》，《浙江树人大学学报》2016 年第 1 期。

2017 年

1. 《世界私立大学办学体制极其演变：经验与启示》，《浙江树人大学学报》2017 年第 1 期。

2. 贯彻落实《民办教育促进法》新法的若干思考，《复旦教育论坛》2017 年第 2 期。

3. 《认真学习，贯彻落实〈民办教育促进法〉新法》《浙江树人大学学报》2017 年第 2 期。

4. 《把握六大区别，克服六大误区，贯彻落实〈新法〉》教育发展研究 2017 年第 4 期，《人大复印报刊资料教育学》2017 年第 7 期全文转载。

5. 《贯彻落实〈民办教育促进法〉新法的五大热点问题思考》，《浙江树人大学学报》2017 年第 6 期。

国家社会科学基金教育学重点项目
民办院校办学体制与发展政策研究（AFA150012）

附件四：课题组主要成员名单

姓名	工作单位	职务和职称	承担任务
徐绪卿	浙江树人学院	院长/研究员	主持项目研究；协调研究进程；撰写课题成果
王一涛	浙江树人学院	研究员	课题研究助理子课题负责人，主持状况调研
周朝成	浙江树人学院	研究员	课题研究助理子课题负责人
邱昆树	浙江树人学院	副研究员	参与政策研究
高 飞	浙江树人学院	副研究员	国际比较研究子课题负责人
宋斌	浙江树人学院	教授	国际比较研究子课题负责人，院校党建研究
胡建伟	浙江树人学院	教授	参与国际比较研究
尹晓敏	浙江树人学院	教授	参与法规研究
陈新民	浙江树人学院	研究员	参与政策研究
董圣足	上海教科院民办所	所长/研究员	课题研究助理子课题负责人，分类管理研究
阙明坤	太湖学院高教所	所长/副研究员	课题研究助理子课题负责人，独立学院研究
阎凤桥	北京大学教育学院	副院长/教授	参与政策研究
石猛	英才学院高教所	所长/副研究员	参与政策研究

主要参考文献

一　专著

1. 国内专著

北京吉利大学：《中国民办大学报告》，红旗出版社 2009 年版。

北京市教育科学研究院民办教育研究中心：《社会力量办学政策法规选编》，中国社会科学出版社 2001 版。

毕宪顺：《权力整合与体制创新》，教育科学出版社 2006 年版。

鲍威：《高等教育系统分化中的民办高等教育》，中国海洋大学出版社 2009 年版。

蔡国春：《院校研究与现代大学管理》，教育科学出版社 2006 年版。

蔡克勇主编：《21 世纪的中国高等教育 体制篇》，高等教育出版社 2003 年。

陈磊：《民办高等教育研究》，武汉理工大学出版社 2008 年版。

陈秋苹：《成长中的烦恼——中国民办教育政策评说》，南京大学出版社 2007 年版。

陈新民：《民办高校人才培养模式改革的理论与实践》，浙江大学出版社 2007 年版。

陈学飞：《美国高等教育发展史》，四川大学出版社 1989 年版。

陈振明：《政策科学——公共政策分析导论》，中国人民大学出版社 2003 年

程化琴：《〈民办教育促进法〉制定过程研究》，北京大学出版社 2012 年版。

褚宏启：《教育政策学》，北京师范大学出版社 2011 年版。。

邓小平：《邓小平文选》第 1 卷、第 2 卷、第 3 卷，人民出版社 1993 年版。

董云川：《论中国大学与政府和社会的关系》，云南大学出版社 2004 年版。

董圣足：《民办院校良治之道：我国民办高校法人治理问题研究》教育科学出版社 2010 年版。

范国睿：《教育政策的理论与实践》，上海教育出版社 2011 年版。

甘德安：《中国家族企业研究》，中国社会科学出版社 2002 年版。

高晓杰：《美国营利性私立高等教育与资本市场》，广东高等教育出版社 2008 年版。

顾宝炎：《美国大学管理》，武汉大学出版社 1989 年版。

顾建民等：《中国民办高等教育发展战略研究》，浙江大学出版社 2004 年版。

郭石明：《社会变革中的大学管理》，浙江大学出版社 2004 年版。

郭为藩：《转变中的大学——传统、议题与前景》，高等教育出版社（台湾）2004 年版。

胡建华：《战后日本大学史》，南京大学出版社 2001 年版。

胡卫：《民办学校的运营》，教育科学出版社 2006 年版。

胡卫、何金辉、朱利霞：《办学体制改革：多元化的教育诉求》，教育科学出版社 2010 年版。

贺向东：《中国社会力量办学概论》，首都师范大学出版社 2000 年版。

黄宇智：《潘懋元高等教育学文集》，汕头大学出版社 1999 年版。

黄忠敬：《教育政策导论》，北京大学出版社 2011 年版。

交通大学校史编写组：《盛宣怀，筹集商捐开办南洋公学析》，西安交通大学出版社 1986 年版。

金锦萍：《非营利法人治理结构研究》，北京大学出版社 2005 年版。

靳希斌：《民办高校发展与策略研究》，河北教育出版社 2010 年版。

课题组：《我国民办高校本科教育人才培养模式的研究》，高等教育出版社 2006 年版。

课题组：《从人口大国迈向人力资源强国》，高等教育出版社 2003 年版。

柯佑祥：《适度盈利与民办高等教育的发展》，南京师范大学出版社 2003 年版。

柯卫、刘铁:《我国民办高等教育的规范化管理研究》,法律出版社2010年版。

李福华:《大学治理的基础与组织架构》,教育科学出版社2008年版。

李福华:《大学治理与大学管理》,人民出版社2012年版。

李书福:《中国民办大学报告2010》,红旗出版社2011年版。

李文成:《国外私立高等教育发展研究》,郑州大学出版社2007年版。

李晓明:《中国民办高等教育30年(1978—1998年)》,人民武警出版社2008年版。

李兴业:《巴黎大学》,湖南教育出版社1988版。

林水波、张世贤:《公共政策》,台北:五南图书出版公司2006年版。

林小英:《教育政策变迁中的策略空间》,北京大学出版社2012年版。

林樟杰:《高等学校管理新认知》,上海教育出版社2007年版。

刘莉莉:《中国民办高等教育发展的研究》,吉林人民出版社2002年版。

刘铁:《中国高等教育办学体制研究》,广东教育出版社2006年版。

刘献君:《院校研究》,高等教育出版社2008年版。

刘雅静等:《高等教育理论与实践》,山东大学出版社2005年版。

刘智运:《大学教育哲学》,人民教育出版社2008年版。

吕锡坪等:《高等学校管理学》,山东教育出版社1993年版。

龙献忠:《治理理论视野下的政府与大学关系研究》,湖南大学出版社2007年版。

马陆亭:《高等学校的分层与管理》,广东教育出版社2004年版。

冒荣、刘义恒:《高等学校管理学》,南京大学出版社1997年版。

明航:《民办高校办学模式》,教育科学出版社2008年版。

宁本涛:《中国民办教育产权研究》,齐鲁书社2003年版。

聂秋华:《借鉴和创新——湖南高校与世界一流私立大学办学模式比较研究》,湖南大学出版社2006年版。

陶西平、王佐书:《中国民办教育》,教育科学出版牡2010年版。

潘懋元：《多学科观点的高等教育研究》，上海教育出版社 2001 年版。

潘懋元：《高等教育论文集》（2），厦门大学出版社 1994 年版。

潘懋元：《高等教育学》，福建出版社 1995 年版。

潘懋元：《高等教育研究方法》，高等教育出版社 2008 年版。

潘懋元：《潘懋元论高等教育》，福建教育出版社 2007 年版。

潘懋元：《新编高等教育学》，北京师范大学出版社 1996 年版。

潘懋元：《现代高等教育思想的演变》，广东高等教育出版社 2008 年版。

潘懋元：《中国当代教育家文存·潘懋元卷》，华东师范大学出版社 2006 年版。

潘懋元：《中国高等教育大众化的理论与政策》，广东高等教育出版社 2008 年版。

秦国柱：《私立大学之梦》，鹭江出版社 2000 年版。

瞿延东：《我国民办教育的发展与管理》，中国财政经济出版社 2002 年版。

全国人大教科文卫委员会：《民办教育研究与立法探索》，广东高等教育出版社 2001 年版。

全国人大教科文卫委员会教研室：《民办教育促进法学习宣传讲话》，中国青年出版社 2003 年版。

全球治理委员会：《我们的全球伙伴关系》，牛津大学出版社 1995 年版。

单中惠：《外国大学教育问题史》，山东教育出版社 2006 年版。

宋恩荣、章咸：《中华民国教育法规选编》（修订版），江苏教育出版社 2005 年版。

宋秋蓉：《近代中国私立大学研究》，天津人民出版社 2003 年版。

宋文红：《欧洲中世纪大学的演进》，商务印书馆 2010 年版。

孙绵涛：《教育政策学》，武汉工业大学出版社 1996 年版。

孙绵涛：《教育政策论——具有中国特色的社会主义教育政策研究》，华中师范大学出版社 2002 年版。

孙启林：《战后韩国教育研究》，江西教育出版社 1995 年版。

汤尧等：《高等教育经营》，高等教育出版社（台湾）2004 年版。

唐振平：《中国当代大学自治管理体制研究》，国防大学出版社 2006 年版。

台湾"教育部"：《中华民国教育年鉴》（第二次中国教育年鉴），台北宗青出版社 1991 年版。

王长楷：《现代高等教育管理研究》，海南出版社 2004 年版。

王焕斌、李和平：《民办学校管理引论》，重庆大学出版社 2008 年版。

王洪才：《大众高等教育论》，广东教育出版社 2004 年版。

王宁：《私立大学董事会制度研究》，东南大学出版社 2015 年版。

王宗敏、徐广宇：《中国民办学校研究》，天津科学技术出版社 1996 年版。

魏贻通：《民办高等教育研究》，厦门大学出版社 1991 年版。

文东茅：《走向公共教育——教育民营化的超越》，北京大学出版社 2008 年版。

吴慧平：《西方大学的共同治理》，北京师范大学出版社 2012 年版。

吴忠魁：《私立学校比较研究与国家关系角度的分析》，北京师范大学出版社 1999 年版。

伍启元：《公共政策》（香港），商务印书馆 1989 年版。

谢明：《政策透视——政策分析的理论与实践》，中国人民大学出版社 2004 年版。

谢维和等：《中国的教育公平与教育发展——关于教育公平的一种新的理论假设及其初步证明》，教育科学出版社 2008 年版。

熊庆年：《高等教育管理引论》，复旦大学出版社 2007 年版。

徐建培：《大学知识管理研究》，高等教育出版社 2005 年版。

徐绪卿：《教学服务型大学：理论研究和制度框架》，中国社会科学出版社 2016 年修订版。

徐绪卿：《我国民办高校内部管理体制改革和创新研究》，中国社会科学出版社 2012 年版。

徐绪卿：《新时期中国民办高等教育发展研究》，浙江大学出版社 2005 年版。

徐绪卿：《新时期中国民办高等教育理论研究》，浙江大学出版社 2010 年版。

严强、王强：《公共政策学》，南京大学出版社 2002 年版。

杨德广：《高等教育管理学》，上海教育出版社 2006 年版。

杨树兵：《民办高校发展战略和政策需求研究》，江苏大学出版社 2000 年版。

杨炜长：《民办高校法人治理制度研究》，国防科技大学出版社 2006 年版。

姚启和：《高等教育管理学》，华中理工大学出版社 2000 年版。

俞可平：《权力政治和公益政治——当代西方政治哲学评析》，社会科学文献出版社 2000 年版。

俞可平：《治理与善治》，社会科学文献出版社 2000 年版。

袁振国、周彬：《中国民办教育政策分析》，中国社会科学出版社 2003 年版。

张宝泉：《高等学校管理比较》，东北师范大学出版社 1998 年版。

张斌贤等：《西方高等教育哲学》，北京师范大学出版社 2007 年版。

张博树、王桂兰：《重建中国私立大学：理念、现实与前景》，教育科学出版社 2003 年版。

张国庆：《公共政策分析》，复旦大学出版社 2004 年版。

张宏博：《中国私立大学有效经营的制度研究》，人民出版社 2009 年版。

张金马：《公共政策分析——概念过程方法》，人民出版社 2004 年版。

张军：《产权经济学》，上海三联书店 1991 年版。

张乐天：《教育政策法规的理论与实践》，华东师范大学出版社 2008 年版。

张小劲、于晓红：《推进国家治理体系和治理能力现代化六讲》，人民出版社 2014 年版。

张维迎：《大学的逻辑》，北京大学出版社 2004 年版。

赵荣昌、单中惠：《外国教育史教学参考资料》，华中师范大学出版社 1991 年版。

赵硕：《欧洲私立大学高等教育的发展嬗变》，中央编译出版社 2015 年版。

赵中建主编：《全球教育发展的研究热点》，教育科学出版社 2003

年版。

　　周海涛:《民办学校分类管理政策研究》,经济科学出版社 2016 年版。

　　周远清:《周远清教育文集》(三),高等教育出版社 2007 年版。

　　中国高等教育编辑部:《德育为先》,高等教育出版社 2006 年版。

　　朱九思:《高等学校管理》,华中工学院出版社 1983 年版。

　　2. 国外专著:

　　[比利时] 希尔德·德·里德-西蒙斯 (H. DE RIDDER-SYMOENS):《欧洲大学史》(第一册),张斌贤等译,河北大学出版社 2008 年版。

　　[德] 雅斯贝尔斯:《什么是教育》,邹进译,生活·读书·新知三联书店 1991 年版。

　　[德] 彼得·扎格尔:《牛津——历史和文化》,朱刘华译,中信出版社 2005 年版。

　　[法] 让-皮埃尔·戈丹:《何谓治理》,钟震宇译,社会科学文献出版社 2010 年版。

　　[加] 约翰·范德格拉夫:《学术权力——七国高等教育管理体制比较研究》,王承绪等译,浙江教育出版社 2001 年版。

　　[马] 陈爱梅:《马来西亚私立高等教育》,钟海青、刘肖华译,广西师范大学出版社 2012 年版。

　　[美] E. P. 克伯雷:《外国教育史料》,华中师大教育系等译,华中师范大学出版社 1990 年版。

　　[美] 埃利诺·奥斯特罗姆:《公共事务的治理之道》,余逊达、陈旭东译,上海三联书店 2000 年版。

　　[美] 伯顿·克拉克:《建立创业型大学:组织上转型的途径》,王承绪译,人民教育出版社 2003 年版。

　　[美] 查尔斯·霍默·哈斯金:《大学的兴起》,梅义征译,上海三联书店 2007 年版

　　[美] 大卫·科伯:《高等教育市场化的底线》,晓征译,北京大学出版社 2008 年版。

　　[美] 丹尼尔·J. 布尔斯廷:《美国人建国的历程》,中国对外翻译出版公司译,上海译文出版社 1997 年版。

　　[美] 丹尼尔·J. 布尔斯廷:《美国人——开拓历程》,中国对外翻

译出版公司译，上海译文出版社 1989 年版。

　　[美] 道格拉斯·C. 诺斯：《经济史的结构与变迁》，刘瑞华译，上海三联书店 1980 年版。

　　[美] 菲力普·G. 阿特巴赫：《高等教育变革的国际趋势》，蒋凯主译，北京大学出版社 2009 年版。

　　[美] 菲力普·G. 阿特巴赫：《私立高等教育　全球革命》，胡建伟主译，中国社会科学出版社 2004 年版。

　　[美] 弗雷德里克·E. 博德斯敦：《管理今日大学》，王春春、赵炬明译，广西师范大学出版社 2006 年版。

　　[美] 罗伯特·伯恩鲍姆：《大学运行模式》，郭敦荣主译，中国海洋大学出版社 2003 年版。

　　[美] 理查德·鲁克：《高等教育公司——营利性大学的崛起》，于培文译，北京大学出版社 2006 年版。

　　[美] 玛格丽特·M. 布莱尔：《所有权与控制面向 21 世纪的公司治理探索》，张荣刚译，中国社会科学出版社 1999 年版。

　　[美] 托马斯·R. 戴伊：《理解公共政策》，彭勃译，华夏出版社 2004 年版。

　　[美] 约翰·S. 布鲁贝克：《高等教育哲学》，王承绪等译，浙江教育出版社 2002 年版。

　　[美] 威尔·杜兰：《世界文明史》，台湾幼狮文化公司译，东方出版社 1998 年版。

　　[美] 詹姆斯·W. 汤普逊：《中世纪晚期欧洲经济社会史》，徐家玲等译，商务印书馆 1996 年版。

　　[美] 詹姆斯·安德森：《公共政策制定》，谢明等译，中国人民大学出版社 2009 年版。

　　[日] 矢野真和：《高等教育的经济分析与政策》，张晓鹏等译，北京大学出版社 2006 年版。

　　世界银行：《发展中国家的高等教育：危机与出路》，蒋凯主译，教育科学出版社 2001 年版。

　　[英] 海斯汀·拉斯达尔：《中世纪的欧洲大学——大学的起源》，崔延强、邓磊译，重庆大学出版社 2011 年版。

　　[英] 克里斯托弗：《宗教与西方文化的兴起》，长川某译，四川人民

出版社 1989 年版。

　　[英] 迈克尔·夏托克：《高等教育的结构和管理》，王义端译，华东师范大学出版社 1987 年。

　　[英] 迈克尔·夏托克：《成功大学的管理之道》，范怡红主译，北京大学出版社 2006 年版。

二　博士学位论文（排名不分先后）

1	杨树兵：《关于提升民办高校核心竞争力的战略和政策研究》	苏州大学	2007
2	索丰：《韩国大学治理研究》	东北大学	2011
3	何雪莲：《前苏东国家私立高等教育研究》	厦门大学	2006
4	饶爱京：《江西民办高等教育发展研究》	厦门大学	2006
5	张旺：《美国私立高等教育发展的制度环境分析》	北京师范大学	2004
6	高晓杰：《美国营利性私立高等教育与资本市场》	厦门大学	2005
7	张剑波：《民办高校可持续发展研究》	华中科技大学	2006
8	赵军：《民办高等教育制度变迁中的政府行为研究》	华中科技大学	2007
9	梁燕玲：《民办普通高校组织文化研究》	华中科技大学	2007
10	李钊：《民办高校办学风险防范研究》	华中科技大学	2008
11	魏贻通：《民办高等教育立法之前期研究》	厦门大学	1994
12	柯佑祥：《民办高等教育盈利问题研究》	厦门大学	2001
13	杨炜长：《民办高校治理制度研究》	华中科技大学	2005
14	明航：《民办学校产权配置与治理机制研究》	北京师范大学	2005
15	张英婕：《民办教育投资环境与投资方向研究》	同济大学	2006
16	李青：《民办高校政府管制模式重构研究——基于公平与效率的视域》	北京师范大学	2010
17	尹丽：《民办高等学校的发展：一个亟待解决的问题》	华东师范大学	2000
18	赵旭明：《民办高校治理研究》	中共中央党校	2006
19	杨挺：《民办高等学校产权配置法律问题研究》	西南师范大学	2005
20	叶财富：《民办高职院校发展的制度优化研究》	华东师范大学	2010
21	周国平：《社会资本与民办高校资源整合研究》	厦门大学	2008
22	杨福清：《台湾民办高校实施责任会计研究》	天津财经大学	2004
23	安杨：《我国民办高等学校法人地位研究》	北京师范大学	2010
24	董圣足：《我国民办高校法人治理问题研究》	华东师范大学	2010

25	任芳：《我国民办高校融资问题研究》	西北大学	2007
26	徐绪卿：《我国民办高校内部管理体制改革和创新研究》	华中科技大学	2012
27	刘莉莉：《中国民办高等教育发展发展模式研究》	华中科技大学	2002
28	宋秋蓉：《中国近代社会转型中的私立大学》	华中科技大学	2002
29	卢彩晨：《中国民办高校倒闭问题研究》	厦门大学	2007
30	章茂山：《中国民办高校学费问题研究》	厦门大学	2007
31	毛勇：《中国公办、民办高校在教育市场中竞争的公平性问题研究》	厦门大学	2007
32	王彦才：《中国近代私立大学教育经费问题研究》	北京师范大学	2006
33	姜华：《中国民办高等教育组织的变迁及其特性》	北京大学	2007
34	王雄：《中国民办高等教育投资机制研究》	西北农林科技大学	2009
35	张宁：《中国高等教育制度创新与民办高等教育投融资瓶颈突破》	同济大学	2004
36	何彬生：《转型时期我国民办高等院校发展研究》	武汉理工大学	2007
37	刘省非：《转型期俄罗斯高等教育市场化改革研究》	华中师范大学	2009
38	罗腊梅：《民办高等教育政策变迁研究》	西南大学	2007
39	方铭林：《我国民办高等教育政策分析和制度创新》	中国人民大学	2009
40	宋文红：《欧洲中世纪大学：历史描述与分析》	华中师范大学	2005
41	余承海：《美国州立大学治理结构研究》	南京师范大学	2011
42	高燕：《不同类型高等教育机构对毛入学率的贡献率研究》	厦门大学	2012
43	张兴：《高等教育办学主体多元化研究》	华东师范大学	2012
44	石广盛：《欧洲中世纪大学研究》	复旦大学	2007

三　国内期刊论文

郭敦荣：《大众化与高等教育组织变革》，《清华大学教育研究》2006年第1期。

郭敦荣、郭冬生：《我国民办高等学校产权问题初探》，《高等教育研究》2000年第1期。

郭敦荣：《论高等教育管理权力》，《高等教育研究》2001年第2期。

郭敦荣：《论我国高等学校领导权力分治与统整》，《清华大学教育研究》2003 年第 2 期。

郭敦荣：《我国现代大学制度探析》，《江苏高教》2004 年第 3 期。

郭敦荣：《治理之于我国大学管理的意义》，《江苏高教》2007 年第 6 期。

郭敦荣：《现代大学制度的典型模式与国家特色》，《中国高教研究》2017 年第 5 期。

蔡宝田：《论民办高校的内部管理》，《黄河科技大学学报》2002 年第 1 期。

陈宝瑜：《民办高等学校应尽快完善董——校分立的管理体制》，《教育与职业》2002 年第 6 期。

陈宝瑜：《试论民办高等学校领导体制问题》，《国家高级教育行政学院学报》2000 年第 3 期。

陈磊、王敏论：《我国民办高等教育的科学发展》，《职业技术教育》（教科版）2006 年第 1 期。

陈潭：《公共政策变迁的过程理论及其阐释》，《理论探讨》2006 年第 6 期。

陈涛：《大学本质属性探源——基于三所欧洲中世纪大学的分析》，《高等教育研究》2016 年第 10 期。

陈涛、邬大光：《高等教育公私并举与分类管理走势分析》，《教育研究》2017 年第 7 期。

陈兴明：《新一轮高校管理体制改革的实质、特点与方向》，《江苏高教》2002 年第 2 期。

陈万年等：《完善民办高校法人治理结构的实践与探索——基于三江学院的个案分析》，《三江学院学报》2006 年第 1 期。

陈武元：《论私立高等教育发展的制度环境——兼论中国民办高等教育发展的制度环境选择》，《教育发展研究》2008 年第 5—6 期。

陈武元：《中国民办高校如何走出办学水平不高的困境》，《教育研究》2011 年第 7 期。

陈新民：《民办高等教育转型期的矛盾和对策探讨》，《中国高等教育》2006 年第 12 期。

程祁慧：《关于深化高校管理体制改革的几个问题》，《职业技术学院学报》2001 年第 3 期。

褚宏启、贾继娥：《教育治理中的多元主体及其作用互补》，《教育发展研究》2014 年第 19 期。

崔玉祥：《推进高校管理体制改革向纵深发展的思考》，《中国高教研究》2000 年第 3 期。

崔盛：《分类资助对我国民办教育的启示》，《中国人民大学教育学刊》2013 年第 6 期。

代林利：《试析大学法人治理结构的构成要素》，《现代教育科学》2006 年第 1 期。

杜作润：《论我国民办高等院校管理》，《河南大学学报》（教育科学版）2002 年第 2 期。

丁宜丽：《民办大学董事会结构及有效性分析》，《浙江树人大学学报》2005 年第 6 期。

董圣足：《教育领域探索"混合所有制"：内涵、样态及策略》，《教育发展研究》2016 年第 3 期。

董圣足、黄清云：《我国民办高校董事会制度的重构》，《黄河科技大学学报》2010 年第 4 期。

董圣足、王邦永：《民办高校法人治理问题研究综述》，《浙江树人大学学报》2007 年第 11 期。

方铭琳：《民办高校产权明晰的法律保护》，《高等教育研究》2005 年第 8 期。

费方域：《什么是公司治理》，《上海经济研究》1996 年第 5 期。

范国睿：《民办教育发展的保障与促进——解读〈中华人民共和国民办教育促进法〉》，《教育发展研究》2003 年第 7 期。

高红琴、黄海燕：《四川省民办高校差别化用地政策研究》，《浙江树人大学学报》2016 年第 3 期。

高燕：《公立与私立高等教育对毛入学率的贡献率研究》，《教育与经济》2013 年第 2 期。

耿建：《中国高等教育公共治理的模式选择》，《江苏高教》2005 年第 3 期。

顾来红、刘丽华：《建国初期我国私立大学的国家策略分析》，《南京理工大学学报》（社会科学版）2006 年第 2 期。

顾美玲：《中国民办高等教育的历史回顾与前景探析》，《教育研究》

1997 年第 8 期。

谷贤林：《美国私立高等教育管理体制成因探析》，《外国教育研究》1999 年第 3 期。

郭建如：《民办高等教育的市场化与民办高校的组织管理特征》，《高等教育研究》2003 年第 4 期。

郭丽、茹宁：《大学治理理论及我国大学的治理对策探析》《南昌航空大学学报》（社会科学版）2007 年第 10 期。

郭嫄：《教育中介组织：存在必要性、问题及发展策略分析》，《高校教育管理》2007 年第 3 期。

巩丽霞：《论高校办学自主权的落实——以民办高校为例》，《高教发展与评估》2014 年第 11 期。

巩丽霞：《民办高校内部管理机制的法律思考》，《教育发展研究》2008 年第 5—6 期 。

胡弼成：《论高校内部管理体制改革的症结》，《高等教育研究》2000 年第 5 期。

胡建华：《我国民办高等教育发展特殊性的若干分析》，《教育研究》2007 年第 1 期。

胡仁东：《高等教育管理体制改革研究综述》，《山西财经大学学报》（高等教育版）2005 年第 3 期。

胡四能：《民办高校建立共同治理结构模式研究》，《江苏高教》2007 年第 4 期。

胡象明、唐波勇：《整体性治理：公共管理的新范式》，《湖南师范大学学报》2010 年第 1 期。

韩民：《完善法人治理结构 促进民办高等教育可持续发展》，《中国高等教育》2006 年第 8 期。

韩民、张力：《〈民办教育促进法〉颁布实施的意义及其政策课题》，《教育研究》2004 年第 4 期。

韩艳：《民办高校董事会制度的运行与制衡机制构建》，《浙江树人大学学报》2006 年第 2 期。

贺国庆：《中世纪大学若干特征分析》，《教育学报》2008 年第 6 期。

侯华伟、林小英：《教育政策工具类型与政府的选择》，《教育学术月刊》2010 年第 4 期。

花长友：《高校内部管理体制创新必须正确处理的若干关系》，《中国高教研究》2002 年第 3 期。

黄福涛：《国际私立高等院校管理模式研究——历史与比较的视角》，《清华大学教育研究》1999 年第 3 期。

黄京钗：《民办高校可持续发展的必要条件》，《福建论坛》2001 年第 12 期。

黄丽：《美国私立高等教育概况》，《北大教育经济研究》（电子季刊）2004 年第 2 期。

黄藤：《关于我国民办教育基本理论的思考》，《教育研究》2004 年第 4 期。

贾东荣：《分类管理机制下的民办高等教育财政资助》，《教育发展研究》2011 年第 24 期。

贾少华、王庆喜：《民企发展对民办高校的启示》，《高等工程教育研究》2005 年第 6 期。

贾真真：《关于促进民办高等教育发展的若干思考》，《教育理论与实践》1999 年第 10 期。

江景波：《深化高校管理体制改革的若干思考》，《中国高等教育》2001 年第 7 期。

焦小丁：《对现行〈民办教育促进法〉的修改建议》，《教育发展研究》2006 年第 4 期。

柯佑祥：《民办高等学校的校本管理与经营》，《江苏高教》2002 年第 6 期。

柯佑祥：《新时期我国民办高等教育的发展》，《高等教育研究》2002 年第 4 期。

蓝志勇、魏明：《现代国家治理体系：顶层设计、实践经验与复杂性》，《公共管理学报》2014 年第 1 期。

李传军：《利益相关者共同治理的理论基础与实践》，管理科学 2003 年第 4 期。

李枭鹰：《中国民办高等教育政策法规发展历程及意义》，《教育发展研究》2007 年第 12B 期。

李爱良：《政府与民办高等教育应然关系的建构》，《黑龙江高教研究》2007 年第 3 期。

李爱良：《政府在民办高等教育场域中的定位》，《高教探索》2007年第3期。

李风华：《治理理论：渊源、精神及其适用性》，《湖南师范大学学报》2003年第5期。

李家兴：《大学治理与商度教育质量》，《国际关系学院学报》2008年第3期。

李连宁：《对〈中华人民共和国民办教育促进法〉修改决定的重要思考》，《教育与职业》2017年第5期。

李蓉：《论政府在高等教育管理体制改革中的职能定位》，《黑龙江教育》2007年第12期。

李晓康：《论我国民办高校办学自主权的落实》，《现代教育管理》2009年第6期。

李艳秋：《俄罗斯私立高等教育微探》，《世界教育信息》2008年第7期，

李泽或、唐拥华：《关于中国大陆民办高等教育政策与法规若干问题的探讨》，《民办教育研究》2005年第2期。

李健：《中日私立高等教育相关政策的比较研究》，《现代大学教育》2003年第1期。

李钟善：《意义　突破　发展——学习〈中华人民共和国民办教育促进法〉》，《浙江树人大学学报》2003年第2期。

李钟善、周海涛：《挑战与对策：跨入新时代的中国高等教育发展》，《辽宁教育研究》2003年第5期。

黎利云：《民办学校董事长与校长关系类型简析》，《湖南涉外经济学院学报》2005年第2期。

林小英：《教育政策过程中的规则和自由裁量权：以民办高等教育政策为例》，《清华大学教育研究》2007年第4期。

刘宝存：《美国私立高等学校的董事会制度评析》，《比较教育研究》2000年第5期。

刘河燕：《欧洲中世纪大学的经费来源研究》，《黑龙江高教研究》2014年第3期。

刘河燕：《民族调适张力与宗教救世压力下的历史选择》，《贵族民族研究》2011年第2期。

刘佳楠、李化树：《巴黎大学发展历程中的几次重大事件及启示》，《牡丹江大学学报》2012 年第 2 期。

刘俊学、王小兵：《"高等教育服务理念"论》，《中国高教研究》2004 年第 3 期。

刘献君：《大学共同治理的意义及其实现方式》，《山东高等教育》2015 年第 3 期。

刘永根、谭永红、孙希刚：《广西民办高校用地政策研究》，《学术论坛》2005 年第 12 期。

刘智运：《多样化：21 世纪初叶中国高等教育的基本走向》，《高等教育研究》2003 年第 2 期。

龙献忠：《城市治理理论及其在中国的实践》，《学术研究》2007 年第 7 期。

马陆亭：《高等教育管理体制的国际比较》，《人大复印资料高等教育》1998 年第 6 期。

毛建青：《关于我国民办高等教育发展困境的思考》，《教育与职业》2006 年第 12 期。

孟凡：《我国民办高等教育发展的特殊性分析》，《中国高等教育》2009 年第 2 期。

孟令霞：《俄罗斯非国立教育的发展历程》，《黑龙江高教研究》2009 年第 3 期。

孟昭昕：《深化高校管理体制改革要处理好六大关系》，《内蒙古教育》1999 年第 4 期。

苗庆红：《民办高校治理结构的演变研究》，《中国高教研究》2005 年第 9 期。

民进中央课题组：《关于完善民办教育分类管理税收政策的建议》，《教育与职业》2016 年第 22 期。

潘懋元：《关于民办高等教育体制的探讨》，《上海高教研究》1988 年第 3 期。

潘懋元：《关于〈民办教育促进法〉及其实施》，《高教探索》2003 年第 3 期。

潘懋元：《我国高校产权制度改革的若干问题——兼论公、民办高校产权问题》，《教育发展研究》2005 年第 7B 期。

潘懋元、郭敦荣、石猛：《论民办高校的公益性与营利性》，《教育研究》2013 年第 3 期。

潘懋元、胡赤弟：《民办高校产权制度改革的若干问题》，《教育研究》2002 年第 1 期。

潘懋元、林莉：《2020：中国民办高等教育的前瞻》，《浙江树人大学学报》2005 年第 5 期。

潘懋元、邬大光、郭敦荣：《民办高等教育发展的第三条道路》，《高等教育研究》2012 年第 4 期。

潘心纲：《我国高校管理体制的思考》，《江汉大学学报》（社会科学版）2007 年第 4 期。

彭华安：《独立学院政策执行的利益博弈分析》，《教育科学》2012 年第 9 期。

曲恒昌：《当今世界教育化营化特点探析》，《比较教育研究》2001 年第 1 期。

曲铁华：《当前我国私立学校发展简述》，《东北师大学报》（哲学社会科学版）1993 年第 6 期。

邱小健：《政府财政资助民办高等教育的范畴及模式的》，《浙江树人大学学报》2011 年第 4 期。

饶爱京：《民办高等教育政策及其对民办高等教育发展的影响》，《黑龙江高教研究》2006 年第 10 期。

沈美媛、张琦英：《探析民办高校产权及其对学校管理体制的影响》，《教育与职业》2008 年第 26 期。

史飞翔：《论民办大学校长在构建办学特色中的核心作用》，《学理论》2011 年第 15 期。

史林：《论民办高校的内部管理体制和办学机制创新》，《齐齐哈尔职业学院学报》2008 年第 4 期。

宋秋蓉：《近代中国私立大学办学成功的因素分析》，《高等教育研究》2003 年第 5 期。

宋秋蓉：《〈民办教育促进法〉出台后的若干思考》，《浙江树人大学学报》2004 年第 5 期。

沈轶：《美国营利性大学对我国营利性民办高校发展的启示》，《才智》2015 年第 14 期。

石邦宏、王孙禺:《民办高校营利性与非营利性的制度思考》,《中国高教研究》2009 年第 3 期。

石火学:《教育政策执行偏差的表现、原因及矫正措施》,《教育探索》2006 年第 1 期。

孙鹏:《民办高校董事会领导下的院校长负责制刍议》,《扬州大学学报》(高教研究版) 2004 年第 5 期。

孙沌睿:《民办高等教育的国家政策姿态:计划、市场与分化》,《浙江树人大学学报》2012 年第 4 期。

谭净:《近十年来不同类型高等教育对毛入学率的贡献率分析》,《井冈山大学学报》(社会科学版) 2013 年第 6 期。

唐崇雯:《我国大学生创业政策运用策略分析——基于政策工具的视角》,《盐城工学院学报》(社会科学版) 2017 年第 1 期。

田虹:《关于民办高校内部管理体制的研究》,《湖北社会科学》2008 年第 9 期。

田汉群:《教育服务理论提出及其实践价值》,《大学教育科学》2005 年第 5 期。

田正平、陈桃兰:《中国近代私立大学创建考辨》,《现代大学教育》2007 年第 4 期。

佟欣:《三十年来我国民办高等教育政策价值取向的变迁》,《浙江树人大学学报》2009 年第 5 期。

涂端午:《教育政策文本分析及其应用》,《复旦教育论坛》年第 5 期。

王斌林:《美日中私立高等教育相关政策分析比较》,《民办教育研究》2004 年第 2 期。

王幡:《从经营状况看日本私立大学的生存与发展》,《北京城市学院学报》2009 年第 3 期。

王幡、刘振敏:《浅析私立大学在日本高等教育发展过程中的作用》,《北京城市学院学报》2010 年第 1 期。

王虹:《发展民办高等教育的理论基础》,《职业技术教育》(教科版) 2004 年第 7 期。

王慧敏:《美国建国初期国立大学的理念及其失败 (1786—1796)》,《清华大学教育研究》2014 年第 2 期。

王建华：《论我国私立大学的独特性》，《江苏高教》2006 年第 3 期。

王建华：《论我国私立大学的制度创新》，《大学教育科学》2006 年第 4 期。

王江璐：《人大议案和政协提案中民间办学问题的特点分析》，《中国教育财政》2017 年第 17 期。

王利明：《制定〈民办高等教育法〉规范民办高校办学行为》，《高等教育研究》2000 年第 6 期。

王莉芬：《世界高等教育发展趋势及其启示》，《高等教育研究》2008 年第 12 期。

王磊：《教育政策的常态性政策偏离——以 1980—1991 年的民办高等教育政策为例》，《继续教育研究》2011 年第 6 期。

王彦风：《日本私立大学管理机构及决策方式》，《北京城市学院学报》2005 年第 3 期。

王阳：《教育政策执行过程中多元利益主体的交锋与制衡》，《清华大学教育研究》2010 年第 6 期。

王芸：《民办高等教育的困境与出路》，《职业技术教育》2007 年第 25 期。

王义遒：《多样化——我国高等教育大众化的关键》，《北京大学教育评论》2003 年第 4 期。

王文源：《民办教育顶层制度设计之争》，《高教发展与评估》2014 年第 4 期。

王一涛等：《美国两类私立高校的发展对推进我国民办高校分类管理的启示》，《教育研究》2018 年第 8 期。

汪明义：《民办高校的高层管理模式探索》，《科学中国人》2007 年第 12 期。

汪明义：《地方高校内部治理中必须处理好的十大关系》，《中国高等教育》2013 年第 9 期。

文东茅：《论民办学校的产权与控制权》，《清华大学教育研究》2003 年第 2 期。

文东茅：《办学体制的国际比较及其启示》，《中国民办教育协会简报》2008 年第 27 期。

文东茅：《调整财政政策促进民办教育发展》，《民办教育研究》2004

年第 5 期。

文胜利、王彦坦：《论高校内部管理体制改革的制约因素》，《教育发展研究》2000 年第 1 期。

文雯：《1976 年以后我国民办高等教育的合法性变迁》，《教育研究与实验》2005 年第 3 期。

吴春玉：《韩国私立高等教育政策的若干特点》，《教育评论》2004 年第 5 期。

吴雪慧：《我国民办高等教育发展的特殊性及其统整》，《高教探索》2016 年第 1 期。

邬大光：《办学体制：深化高教体制改革的关键》，《高等教育研究》1998 年第 2 期。

邬大光：《试论高等教育管理、办学与投资体制改革的相关性》，《高等教育研究》1999 年第 2 期。

邬大光：《我国民办教育的特殊性与基本特征》，《教育研究》2007 年第 1 期。

邬大光：《中国民办高等教育发展状况分析（上、下）——兼论民办高等教育政策》，《教育发展研究》2001 年第 7 期。

邬大光：《中国民办高等教育的市场化特征与政策走向分析》，《中国高等教育》2001 年第 11 期。

邬大光、卢彩晨：《艰难的复兴广阔的前景——我国民办高等教育 30 年回顾与前瞻》，《中国高教研究》2008 年第 10 期。

武毅英：《论民办高等教育的产权关系》，《现代大学教育》2002 年第 1 期。

谢作栩：《美、英、日、韩四国高等教育大众化发展道路的比较》，《人大书报复印资料高等教育》2001 年第 8 期。

析福良、陈洁：《对民办学校实行分类管理的调研与思考》，《教育发展研究》2009 年第 18 期。

谢作栩：《美、英、日、韩四国高等教育大众化发展道路的比较》，《人大书报复印资料高等教育》2001 年第 8 期。

徐智德：《我国民办高校的校内管理体制》，《西安欧亚学院学报》2006 年第 4 期。

徐辉：《民办教育五问》，《新华日报》2015 年 9 月 10 日，第 12 版。

徐力：《我国民办高等教育管理体制问题及对策研究》，《黑龙江高教研究》2002 年第 3 期。

徐绪卿：《对发展我国民办高等教育中介组织的若干思考》，《黑龙江高教研究》2004 年第 1 期。

徐绪卿：《建立和完善民办高校法人治理结构的若干思考》，《广东培正学院学报》2008 年第 1 期。

徐绪卿：《民办高等教育新发展中面临的问题》，《人大书报复印资料高等教育》2003 年第 1 期。

徐绪卿：《民办高校内部管理体制改革若干问题探析》，《中国高教研究》2010 年第 5 期。

徐绪卿：《关于民办高校分类管理的思考》，《教育发展研究》2011 年第 12 期。

徐绪卿：《关于民办高等教育政策顶层设计的思考》，《教育发展研究》2013 年第 21 期。

徐绪卿：《关于民办高等学校课程体系改革的思考》，《民办教育研究》2005 年第 3 期。

徐绪卿：《我国民办高校发展趋势分析》，《教育发展研究》2010 年第 18 期。

徐绪卿：《我国民办高等教育发展回顾及中长期改革和发展思路》，《浙江树人大学学报》2009 年第 1 期。

徐绪卿、王一涛：《论我国民办高等教育政策从"规范"向"扶持"的转型》，《高等教育研究》2013 年第 8 期。

徐文：《当前民办高等教育研究的若干热点问题》，《教育与职业》2000 年第 1 期。

徐文：《美国私立高等教育管理体制的特点及启示》，《教育与职业》2000 年第 8 期。

薛天祥：《加入 WTO 与我国高等教育体制创新》，《国家高级教育行政学院学报》2003 年第 2 期。

薛晓燕、张向前：《英国高等教育发展及其启示》，《唐山学院学报》2009 年第 2 期。

阎凤桥：《试析我国民办学校的产权形式和治理结构——基于对非营利组织特征的分析》，《教育研究》2002 年第 2 期。

阎凤桥：《私立高等教育的全球扩张及其相关政策》，《教育研究》2010 年第 11 期。

阎凤桥、林静：《商业性的市民化会：一种阐释中国民办高等教育特征的视角》，《教育研究》2012 年第 4 期。

阎凤桥：《试析我国民办学校的产权形式和治理结构——基于对非营利组织特征的分析》，《教育研究》2002 年第 2 期。

阎亚林：《大学内部管理体制比较研究》，《教育探索》2003 年第 10 期。

杨德广：《60 年来中国高等教育办学体制和管理体制的变革》，《大学教育科学》2009 年第 5 期。

杨平：《论高等教育的功能效应与服务特性》，《国家教育行政学院学报》2005 年第 3 期。

杨民刚、李代玉：《论管理、办学与投资体制之间的关联性与高等教育体制改革》，《山东商业职业技术学院学报》2010 年第 6 期，

杨雪冬：《走向社会权利导向的社会管理体制》，《华中师范大学学报》2010 年第 1 期。

杨雪梅、张锡侯：《简论民办高校内部管理体制的改革完善》，《黄河科技大学学报》2008 年第 3 期。

杨秀英、甘国华：《民办高等学校办学行为博弈分析》，《教育学术月刊》2009 年第 1 期。

《英国就读私立大学新生人数增至 16 万》，《世界教育信息》2013 年第 19 期。

俞可平：《治理和善治——一种新的政治分析框架》，《南京社会科学》2001 年第 9 期。

俞可平：《推进国家治理体系和治理能力现代化》，《前线》2014 年第 1 期。

于玲霞、陈光旨：《广西民办高校内部管理初探》，《浙江树人大学学报》2008 年第 1 期。

喻恺：《模糊的英国大学性质：公立还是私立》，《教育发展研究》2008 年第 Z3 期。

姚永强：《教育政策主体的利益冲突与整合》，《教育学术月刊》2012 年第 2 期。

袁贵仁:《加快推进教育治理体系和治理能力现代化》,《人民论坛》2014 年第 13 期。

袁振国:《教育政策分析与当前教育政策热点问题》,《复旦教育论坛》2003 年第 1 期。

张斌贤、孙益:《西欧中世纪大学的特权》,《北京师范大学学报》(社会科学版) 2004 年第 4 期。

张诚:《论高校管理体制创新》,《中国成人教育》2007 年第 7 期。

张慧云:《论高校管理体制和运行机制的现状》,《佳木斯大学社会科学学报》2008 年第 4 期。

张剑波:《处理发展民办高等教育的六个关系》,《高等教育研究》2005 年第 2 期。

张剑波、杨炜长:《完善法人治理结构:民办高校可持续发展的重要保障》,《湘潭大学学报》(哲学社会科学版) 2007 年第 1 期。

张建新:《社会文化对大学文化的影响——源于美国社会宽容文化的美国高等教育多元化》,《国际高等教育研究》2006 年第 3 期。

张进、尹农:《大众化高等教育质量标准界说》,《南京经济学院学报》2001 年第 5 期。

张乐天:《对我国高校内部管理体制改革的政策回顾与反思》,《复旦教育论坛》2008 年第 5 期。

张立娟:《重建中国私立大学:理念、现实与前瞻》,《职业技术教育》2007 年第 13 期。

张连国:《治理理论:本质是复杂科学范式》,《学术论坛》2006 年第 2 期。

张苗荧:《温州民办高校董事会领导下校长负责制的实施启示》,《职业技术教育》(教科版) 2005 年第 25 期。

张胜军、张乐天:《1978 年以来我国民办高等教育政策建设的历史、成就与问题》,《黑龙江高教研究》2007 年第 12 期。

张锡侯:《民办高校要改革完善内部管理体制和运行机制》,《民办高等教育研究》2007 年第 2 期。

张晓红:《浅析我国民办高等教育政策的起步及发展》,《经济研究导刊》2013 年第 11 期。

张学敏:《论教育供给中的政府失灵》,《高等教育研究》2004 年第

1 期。

张有声：《中、日、韩私立高等教育政策比较》，《哈尔滨工业大学学报》（社会科学版）2003 年第 5 期。

张应强、程瑛：《高校内部管理体制改革：30 年的回顾与展望》，《高等工程教育研究》2008 年第 6 期。

张应强：《高等教育改革与我国民办高校的可持续发展》，《大学教育科学》2006 年第 6 期。

张应强：《体制创新与建设高水平民办大学》，《高等教育研究》2002 年第 4 期。

张智峰、李同明：《论民办高校提高人才培养质量的主要途径》，《黄河科技大学学报》2006 年第 2 期。

占盛丽：《我国民办高等教育发展中政府的角色——基于美国私立高等教育政策类型分析》，《教育发展研究》2008 年第 24 期。

曾志平、杨秀英：《民办高校法人治理结构的比较》，《教育学术月刊》2009 年第 12 期。

湛中乐、马梦芸：《论英国私立高校的内部权力结构》，《国家教育行政学院学报》2015 年第 3 期。

赵炬明：《现代大学与院校研究》，《高等教育研究》2003 年第 3 期。

赵晓群：《民办高校内部领导体制探析》，《中国高等教育》2000 年第 8 期。

赵应生、钟秉林、洪煜、姜朝晖、方芳：《国外及港澳台地区私立高等教育发展的经验与启示——我国民办高等教育改革与发展探析》（五），《中国高等教育》2011 年第 15 期。

郑树山：《改革开放三十年来民办高等教育发展的回顾与展望》，《国家教育行政学院学报》2008 年第 12 期。

郑扬波：《试论当下我国民办高等教育发展过程中的政府责任》，《继续教育研究》2010 第 11 期。

曾志平、杨秀英：《民办高校法人治理结构的比较》，《教育学术月刊》2009 年第 12 期。

周大平：《民办大学兴起之后》，《瞭望》1986 年第 4 期。

周国平：《改革开放以来（1978—2006）中国民办高等教育政策法规回顾与思考》，《民办教育研究》2007 年第 5 期。

周海涛、张墨涵:《完善民办学校税收分类优惠政策的思考》,《教育与经济》2014 年第 5 期。

周济:《大学发展与科学管理》,《西安思源职业技术学院学报》2007 年第 4 期。

周远清:《把高等教育科学研究做强》,《中国高教研究》2008 年第 3 期。

周远清:《在高等教育强国的目标下推进各级各类强校建设》,《浙江树人大学学报》2009 年第 2 期。

周远清:《高等教育体制的重大改革与创新》,《中国高等教育》2001 年第 1 期。

中国人民大学课题组:《我国高校内部管理体制改革的问题与对策》,《教学与研究》2000 年第 4 期。

中国教育与人力资源问题报告课题组:《从人日大国迈向人力资源强国》,《高等教育研究》2003 年第 5 期。

朱宏清:《美国私立营利性高等学校的运营特点》,《世界教育信息》2003 年第 4 期。

朱为鸿:《论中国民办高等教育政策的演变与趋势》,《教育发展研究》2006 年第 6 期。

[美] 菲利普·G. 阿尔特巴赫:《民办高等教育:从比较的角度看主题和差异》,《教育参考资料》2001 年第 16 期。

[美] 约翰·奥布雷·道格拉斯:《寻求高等教育的明智增长——美国高等教育结构的历史与趋势》,徐丹译,《大学教育科学》2010 年第 5 期。

[瑞士] 弗朗索瓦-格扎维尔·梅里安:《治理问题与现代福利国家》,《国际社会科学杂志》1999 年第 1 期。

[英] 格里·斯托克:《作为理论的治理:五个论点》,华夏风译,《国际社会科学》1999 年第 2 期。

四 报纸论文和新闻稿 (不分先后)

教育部:《2010 年全国教育事业发展统计公报》,《中国教育报》2011 年 5 月 27 日,第 2 版。

顾海良:《未来十年某些高校破产》,《中国青年报》2010 年 3 月 24

日（教育·科学版）。

臧旭平：《民办高校面临生存大考出现较大缺额且报到率低》，《青岛早报》2010年8月31日，第6版。

邬大光：《大学姓"公"还姓"私"》，《中国教育报》2010年7月12日，第5版。

教育部：《2010年全国教育事业发展统计公报》，《中国教育报》2004年5月27日，第2版。

潘懋元：《民力民智推进高教事业大发展》，《中国教育报》2008年6月2日，第6版。

刘延东：《坚持改革创新，狠抓工作落实，努力开创教育事业科学发展新局面》，《中国教育报》2011年2月24日，第1版。

蒋宝麟：《校董会在近代私立大学治理中所起的作用》，《东方早报》2016年2月2日，第B13版。

潘懋元、邬大光、郭敦荣：《民办高教发展需要有更多的路径》，《中国教育报》2012年1月9日，第5版。

程维：《国内第一例高校拍卖案在渝推迟》，《第一财经日报》2009年7月3日（第A叠·深度版）。

潘懋元、邬大光、郭敦荣：《民办高教发展需要有更多的路径》，《中国教育报》2012年1月9日，第5版。

胡娟、李立国：《大学校长成长为教育家需良好制度环境》，《中国教育报》2008年11月25日，第4版。

刘延东：《努力提高教育工作科学化水平——在教育部2010年度工作会议上的讲话》，《中国教育报》2010年1月15日，第一版。

阎凤桥：《制度建设是大学校长重要任务》，《中国教育报》2012年3月26日，第2版。

陈至立：《坚持用科学发展观统领高等教育全局，加强管理，提高质量，办出特色——在教育部直属高校工作咨询委员会第十七次全体会议上的讲话》，《中国教育报》2007年1月9日，第1版。

邬大光：《民办高等教育的可持续发展》，《中国教育报》2002年4月16日，第3版。

高焦：《启迪领导智慧憧憬大学未来》，《人民日报·海外版》2002年10月28日，第6版。

朱振国：《私立大学管理亟待法制化、规范化》，《光明日报》2000年1月26日，第10版。

樊未晨：《管理缺位与越位捆住民办教育手脚》，《中国青年报》2004年08月24日。

傅正泰：《海淀走读大学的办学历程》，《中国教育报》2002年1月22日。

韩民：《日本私立学校法人制度改革趋向》，《中国教育报》2004年7月30日，第7版。

刘琴、赵秀红：《教育部七举措引导民办高校健康发展》，《中国教育报》2007年3月27日，第1版。

罗腊梅、王德清：《我国民办高等教育存在问题与应对之策》，《光明日报》2014年4月2日。

王强：《非营利性民办高校联盟：倡导坚持公益办学方向》，《中国教育报》2014年2月26日，第1版。

王文源：《优化政策环境：转型期中国民办教育健康发展的期待》，《文汇报》2005年3月18日，第14版。

徐绪卿：《加快政策转型支持民办高校健康和可持续发展》，《人民政协报》2013年7月17日。

邬大光：《大学姓"公"还姓"私"》，《中国教育报》2010年7月12日，第5版。

五　国内网站论文和新闻稿（不分先后）

首份中国高等教育质量报告出炉，教育部网站，http：//www.moe.edu.cn/jyb_ xwfb/s5147/201604/t20160408_ 237162.html。

《2011年全国教育事业发展统计公报》，教育部网站，http：//www.moe.edu.cn/publicfiles/business/htmlfiles/moe/moe_ 633/201208/141305.html。

制度、机制、体制、体系的定义区别，云真子的博客，http：//blog.sina.com.cn/08yunzhenzi。

公司治理机制，百度网，http：//baike.baidu.com/view/2114688.htm。

《美曝光"野鸡大学"新黑名单》，网易教育，edu. 163. com/12/0819/07. html。

牛津大学，http：//baike.baidu.com/view/9720.htm#3。

中世纪两种大学，http：//blog.sina.com.cn/s/blog_ 56a84e8101-00ri22.html。

周其仁：《"控制权回报"和"企业家控制的企业"——"公有制经济"中企业家人力资本产权案例研究》，中国战略与管理研究会官网，http：//www.cssm.gov.cn/。

《什么是两权分离理论》，MBA 智库百科，http：//wiki.mbalib.com。http：//news.163.com/12/0809/07/88ESNLP600014AED.html。

耶鲁大学：Yale Reaccreditation. http：//www. yale. edu/accreditation/1999/accred/standards/s1.html。

严峻嵘：《日本教育面临百年危机解读日本大学首次倒闭潮》，搜狐出国网，http：//goabroad.sohu.com/20090710/n265124576.shtml。

中华人民共和国驻大韩民国大使馆教育处：《韩国教育概况》，中国留学网，http：//www.cscse.edu.cn/publish/portal24/tab1092/info7550.htm。

中华人民共和国驻大韩民国大使馆教育处：《韩国高等教育机构基本数据统计资料》，中国留学网，http：//www.cscse.edu.cn/publish/portal24/tab1092/info9795.htm。

《韩国私立学校法》，奋斗在韩国网，http：//bbs.icnkr.com/thread-196172-1-1.html/。

台湾大专院校概况，http：//www.edu.tw/statistics/index.aspx。

国务院办公厅：《关于一次性拨款资助中华社会大学建校资金等问题的函》国办函〔1996〕19 号，国务院办公厅官网，http：//www.gov.cn/xxgk/pub/govpublic/mrlm/201011/t20101114_ 62666.html。

谢湘、刘万永：《大学学费是以何标准计算的》，http：//edu.people.com.cn/GB/1053/3677455.html。

杨金土：《职业教育 30 年波澜壮阔的重大变革》，中国网，http：//www.china.com.cn/zyjy/2009-07/14/content_ 18133775.htm。

http：//news.xinhuanet.com/edu/2007-03/02/content_ 5794269.htm.。

中央深改领导小组第二十三次会议强调：支持和规范民办教育发展，http：//learning.sohu.com/20160419/n444989714.shtml。

中国国民经济和社会发展第十二个五年规划纲要（全文），http：//ghs.ndrc.gov.cn/ghwb/gjwngh/P020110919590835399263.pdf，2013-08-10。

刘延东：《切实抓好全国教育工作会议和教育规划纲要学习贯彻》，新华网，http：//news.xinhuanet.com/2010-07/16/c_ 111963319.htm。

王经国、顾烨：《民办高校破产危机吹响教育改革号角》，新华网，http：//news.xinhuanet.com/politics/2010－04/01/c_ 1212966.htm，2013－09－10。

刘延东：《抓好全国教育工作会议和教育规划纲要学习贯彻》，中国共产党新闻网，http：//cpc.people.com.cn/GB/64093/64094/12169288.html。

习近平主持召开中央全面深化改革领导小组第二十三次会议，http：//news.xinhuanet.com/politics/2016-04/18/c_ 1118659626.htm。

朱永新博客：http：//zhuyongxin.blog.zj.com/d-105309.html。

习近平主持召开中央全面深化改革领导小组第二十三次会议，新华网，http：//news.xinhuanet.com/politics/2016-04/18/c_ 1118659626.htm。

陕西省教育工会：《建立健全民办高校教代会制度的调研与思考》，陕西思源学院教工之家网站，http：//home.xasyu.cn/web/gh？ path＝newsshow&newsid＝53。

中共江西省委、江西省人民政府《关于进一步加强和改进民办普通高等学校工作的若干意见》（赣发〔2007〕3号），中国教育报官网，http：//www.jyb.cn/cm/jycm/beijing/jybgb/gdjy/t20070620_ 92587.htm。

黑龙江省教育厅：《关于加强我省民办高校校长队伍建设的意见》，黑教法〔2010〕107号，云南民办教育网，http：//www.mbjyw.com/html/201009/20100921119.shtml。

胡锦涛：《大力培育中国特色社会主义事业接班人》，人民网，http：//www.people.com.cn/GB/shizheng/1024/2491483.html。

陕西省教育厅：《关于印发〈陕西省民办高等学校教职工代表大会实施办法〉（试行）的通知》，陕西省教育厅官网，http：//www.snedu.gov.cn/moreNewsJyxx.do？ id＝8a8a8090339d2ea40133aa8b835c0055。

湖南省教育厅：《关于印发〈湖南省民办学校教职工代表大会暂行规定〉的通知》，湖南省教育厅官网，http：//gov.hnedu.cn/web/0/201110/27175251624.html。

六　外语文献（略）

七　主要文件

中央人民政府教育部：《私立高等学校管理暂行办法》，1950 年 8 月 14 日。

国务院批转教育部：《关于高等教育自学考试试行办法的报告》，1980 年 12 月 4 日。

北京市人民政府：《北京市私人办学暂行管理办法》，1981 年 4 月 1 日。

北京市人民政府：《北京市社会力量办学试行办法》，1984 年 4 月 5 日。

河北省人民政府：《河北省私人办学暂行办法》，1982 年 10 月 23 日。

教育部：《关于社会力量举办高等学校和中等专业学校试行条例》，1984 年 10 月 19 日。

大连市人民政府：《关于社会力量办学管理办法（试行）》，1986 年 6 月 19 日。

国家教委：《关于社会力量办学的若干暂行规定》，1987 年 7 月 8 日。

国家教委：《关于社会力量办学几个问题的通知》，1988 年 10 月 17 日。

国家教委：《社会力量办学教学管理暂行规定》，1988 年 10 月 20 日。

国家教委：《民办高等学校设置暂行规定》，1993 年 8 月 17 日。

广东省政府：《广东省私立高等学校管理办法》，1995 年 7 月 6 日。

国家教委：《关于加强社会力量办学管理工作的通知》，1996 年 3 月 27 日。

国务院：《社会力量办学条例》，1997 年 7 月 31 日。

国家教委：《关于实施〈社会力量办学条例〉若干问题的意见》，1997 年 10 月 14 日。

《中华人民共和国民办教育促进法》，2002 年 12 月 28 日。

国务院：《中华人民共和国民办教育促进法实施条例》，2004 年 2 月 25 日。

教育部：《关于规范并加强普通高校以新的机制和模式试办独立学院

管理的若干意见》，2003 年 4 月 23 日。

黑龙江省人民政府：《关于促进民办教育发展的若干意见》，2005 年 4 月 19 日。

国务院办公厅：《关于加强民办高校规范管理 引导民办高等教育健康发展的通知》，2006 年 12 月 21 日。

中共中央组织部 中共教育部党组：《关于加强民办高校党的建设工作的若干意见》，2006 年 12 月 22 日。

教育部：《民办高等学校办学管理若干规定》（教育部 25 号令），2007 年 2 月 3 日。

国务院：《国家中长期教育改革和发展规划纲要（2010—2020）》，2010 年 7 月 29 日。

江西省教育厅：《关于民办普通高等学校巡视工作暂行规定》等五个文件，2011 年 8 月 22 日。

中共陕西省委办公厅：《关于加强和改进民办高等学校党的建设和规范管理的若干意见》，2008 年 1 月 15 日。

陕西省教育厅：关于印发《陕西省民办高等学校教职工代表大会实施办法（试行）》的通知，2011 年 11 月 8 日。

陕西省教育厅：《关于实施民办高等学校能力提升工程的意见》，2012 年 8 月 15 日。

山东省教育厅：《山东省民办高校党建工作联络员、督导专员选派和管理暂行办法》，2008 年 8 月 1 日。

湖南省教育厅：《湖南省民办学校教职工代表大会暂行规定》，2010 年 6 月 13 日。

黑龙江教育厅：《关于加强民办高校校长队伍建设的意见》，2011 年 11 月 8 日。

浙江省教育厅：《关于进一步扩大民办高等学校办学自主权若干意见》，2012 年 6 月 1 日。

福建省教育厅：《关于支持民办高校加强内涵建设的若干意见》，2010 年 1 月 14 日。

教育部：《关于鼓励和引导民间资金进入教育领域 促进民办教育健康发展的实施意见》，2012 年 6 月 18 日。

《中华人民共和国民办教育促进法》，2016 年 11 月 7 日。

中共中央组织部　中共教育部党组：《关于加强民办学校党的建设工作的意见（试行）》，2016 年 12 月 29 日。

国务院：《关于鼓励社会力量兴办教育　促进民办教育健康发展的若干意见》，2016 年 12 月 29 日。

教育部等五部门《关于印发〈民办学校分类登记实施细则〉的通知》，2016 年 12 月 30 日。

教育部　人力资源和社会保障部　工商总局：《关于印发〈营利性民办学校监督管理实施细则〉的通知》，2016 年 12 月 30 日。

教育部等五部门《关于深化高等教育领域 简政放权放管结合优化服务改革的若干意见》，2017 年 3 月 31 日。

国务院办公厅：《关于同意建立民办教育工作部际联席会议制度的函》，2017 年 8 月 5 日。

后　记

校完最后一行字，终于可以小憩一下。接受了国家社会科学基金重点项目的研究任务，意味着在接下来的几年时间里所有的休息都得取消。完成各项研究指标成为时时压在心中的重石。正如专家在开题报告会上的忠告："开题会开始，苦日子也就不远了。"

2015年10月，得知我主持申报的国家社会科学基金教育学重点项目《民办院校办学体制与发展政策研究》获得批准，我和团队的成员兴高采烈，欢欣鼓舞，几年来的努力目标终于成为现实。兴奋之后，通过开题和与全国教育科学规划办公室管理人员的接触，才知道所承接研究任务的分量。作为全国教育系统每年难得的几个和我校第一次承接的国家重点课题，我们不敢有丝毫的松懈和怠慢。在接下来的近两年时间里，我们定方案明分工，查文献搞沙龙，走南闯北调研，主动出击访谈，及时检查进度，倾听专家意见，适时发表论文。我和团队的成员调研了16个省市和60多所民办院校，走遍了浙江省各地市，走访了200余位相关人员，采用会议方法，邀请相关人员，近距离采访接触，广泛听取意见。通过量大面广的大调研，积累了近百万字的课题资料。抓住省域贯彻落实《民办教育促进法》新法、制定地方新政的机会，我们密切结合项目研究，边学习，边研究，边应用。我们的研究成果获得相关领导的肯定和关注。政策制定的严密性和责任感进一步增进了我们对项目研究的兴趣和信心，激发了做好研究的热情。短短两年时间，我们共完成9份调研报告，其中3份获得领导批示和采纳；公开发表了24篇论文，其中CSSCI和核心期刊16篇，而教育研究、新华文摘和人大书报复印资料全文转载的论文就达5篇；课题总报告（书稿）达到66万余字；召开了4次具有一定影响的会议，及时听取意见修正研究成果；课题组成员参加《民办教育促进法》修法讨论和《民办教育促进法实施条例》修改讨论30余人次，许多成员直接承担或参与了地方贯彻落实《民办教育促进法》新政的制定，研究成果得到直接引用，扩大了课题研究的效益和效率。如此庞大的成果工程，对于我来说是前所未有的，也可能是平生的最后一次。需要说明的是，课题研究期间，正值我国《民办教育促进法》新法颁布实施之时，部分研究内容与法律规定之间产生了一些差异，在这种情况下，为不影响研究成果与课题设计之间的矛盾，研究工作只能尽快完工。这也是课题为何提前结题的主要原因。尽管这样，我个人觉得，我们的研究成果还是很好的照应了《民办教育促进法》新法的贯彻实施，内容上与《民办教育促进法》新法较好的吻合，并可以成为贯彻落实《民办教育促进法》新法的理论研究成果。课题成果鉴定为"良"，也基本达到了我的预期。

作为一个有着近两万名师生员工巨型大学的一校之长，日常工作非常繁忙。由于工作的需要和研究的兴趣，我始终保持工作中研究、研究中工作的习惯。在担任 12 年副校长、6 年校长的工作期间，我完成了 30 多个研究课题，发表了 130 余篇文章，出版了近 200 万字的 7 本专著，获得了 10 余项科研成果奖，民办高等教育研究给了我工作之余的极大乐趣，也消耗了我几乎所有的休息和爱好。在此我想为自己的研究付出能取得一点点的成绩点赞。同时也感谢团队的各位同仁，两年来你们与我一起承受研究的压力，不辞辛苦与我同行。感谢各界朋友，帮助开题、参加会议、出谋划策、成果论证，您们的支持是课题成功的强大动力。特别感激已是耄耋之年的潘懋元先生，主持本课题的开题报告会和成果公开报告会，为课题研究和最终成果形成提出了许多建设性的意见，并欣然为本书作序。从 2001 年到现在，正是潘先生的鼓励和不弃，才有我今天的研究成果，在此谨向敬爱的潘先生表示诚挚的致意。感谢任明编辑的辛勤付出，在中国社会科学出版社出版的 5 本专著中，都浸透了您的心血。专著的出版，有您和出版社相关编辑的一份功劳，谢谢！

徐绪卿

2018 年 8 月于杭州